版本目錄學研究
Bibliographical Studies of Traditional Chinese Texts

北京大學國學研究院主辦

學術顧問（依生年爲序）
_____

宿　白　　田餘慶　　丁　瑜　　白化文　　李學勤
傅璇琮　　傅熹年　　袁行霈　　李致忠　　安平秋

尾崎康　　藤本幸夫　長澤孝三

編　委（依姓名拼音爲序）
_____

陳紅彦　　陳　捷　　陳　力　　陳先行　　程有慶　　杜偉生
杜澤遜　　方廣錩　　郭立暄　　李際寧　　林　明　　劉　薔
劉玉才　　羅　琳　　馬辛民　　潘建國　　沈乃文　　史　梅
宋平生　　王　菡　　王明舟　　吳冰妮　　吳　格　　嚴佐之
楊光輝　　張麗娟　　張志清　　趙　前

艾思仁　　高津孝　　高橋智　　馬泰來　　朴現圭　　橋本秀美
梶浦晋

主　　編：沈乃文
執行主編：橋本秀美
編輯部：張麗娟　史　睿　劉　薔　馬月華　欒偉平　湯　燕

版本目錄學研究

袁行霈題

Bibliographical Studies of Traditional Chinese Texts

第六輯

圖書在版編目（CIP）數據

版本目録學研究. 第6輯/沈乃文主編. —北京：北京大學出版社，2015.6
ISBN 978-7-301-25892-7

Ⅰ.①版… Ⅱ.①沈… Ⅲ.①版本目録學—中國—文集 Ⅳ.①G256.22-53

中國版本圖書館 CIP 數據核字（2015）第121100號

書　　　名	版本目録學研究（第六輯）
著作責任者	沈乃文　主編
責 任 編 輯	陳軍燕　王　珊　吴冰妮
標 準 書 號	ISBN 978-7-301-25892-7
出 版 發 行	北京大學出版社
地　　　址	北京市海淀區成府路205號　100871
網　　　址	http://www.pup.cn　　新浪微博：@北京大學出版社
電 子 信 箱	zpup@pup.cn
電　　　話	郵購部62752015　　發行部62750672　　編輯部62756694
印 刷 者	北京大學印刷廠
經 銷 者	新華書店
	787毫米×1092毫米　16開本　37.75印張　702千字
	2015年6月第1版　2015年6月第1次印刷
定　　　價	115.00圓

未經許可，不得以任何方式複製或抄襲本書之部分或全部内容。
版權所有，侵權必究
舉報電話：010-62752024　　電子信箱：fd@pup.pku.edu.cn
圖書如有印裝質量問題，請與出版部聯繫，電話：010-62756370

  著名歷史學家、北京大學資深教授、《版本目録學研究》學術顧問田餘慶先生，因病於2014年12月25日淩晨6時09分在北京逝世。先生是湖南湘陰人，1924年2月11日生於陝西南鄭（今漢中市），享年90歲。先生晚年以巨大的毅力堅持研究工作，同時還對《版本目録學研究》一直予以熱情的關懷、指導和支持，令人感動。我們將永志不忘。
  深切緬懷田餘慶先生。

目錄

典籍

《周易講義合參》疑義考辨　莊民敬 …………………………………………… 3
乾嘉學者對王應麟《詩考》的校、注、補、正　馬昕 ………………………… 25
孫鼎《詩義集説》之經學史意義　陳亦伶 ……………………………………… 47
《活人事證方》《活人事證方後集》編纂與流傳略考　陳曉蘭 ……………… 55
《古今合璧事類備要》管窺
　　——以"民事門"为例　李更 ……………………………………………… 63
華中師範大學圖書館藏程家穎批校本《有獲齋文集》述略
　　附：李道平小傳及李道平著述簡目　陳冬冬 …………………………… 85

目錄

《直齋書錄解題》宋蘭揮藏本及校記　朱天助 ………………………………… 93
存世毛氏汲古閣抄本知見錄　樊長遠 …………………………………………… 123
《四庫全書初次進呈存目》著錄而《四庫全書總目》
　　未收提要考　江慶柏 ……………………………………………………… 161
論宮廷書目在學術史上的典範意義
　　——以《天禄琳琅書目》爲例　劉薔 …………………………………… 177
蕭山王宗炎王端履父子十萬卷樓藏書題跋輯釋　陳詩懿 …………………… 189

《恬裕齋藏書記》文獻價值初探　王天然 …………………………… 199
翁心存、翁同龢書目手跋考釋　侯印國 ………………………………… 211

版本

九種早期刻本佛經小記　方廣錩 ………………………………………… 221
影印南宋越刊八行本《禮記正義》編後記　喬秀岩　葉純芳 ………… 227
《莊子》宋刻郭注本考述　馬鴻雁 ……………………………………… 245
《萬國公法》版本考述
　　——兼談清末漢籍的東傳與回流　郭明芳 ………………………… 261
李調元《函海》編修與版刻考論　王永波 ……………………………… 293
圖書館古籍編目中廣州刻書的版本著錄問題　姚伯岳 ………………… 309

校勘

《撫本禮記鄭注考異》之校勘學價值略論　李科 ……………………… 325

活字與套印

古籍版本鑒定必須加強對目驗法的研究和總結
　　——以活字印本鑒定方法爲例　劉向東 …………………………… 341

收藏

《增訂美國普林斯頓大學東亞圖書館中文古籍書目二種》
　　前言　馬泰來 ………………………………………………………… 363
徜徉大内　一窺堂奥
　　——論故宫博物院藏清宫陳設檔案的多重價值　朱賽虹 ………… 367
王蔭嘉藏《鐵琴銅劍樓藏書目録》批語輯存　李軍 …………………… 407
常熟周大輔鴿峰草堂鈔書藏書知見録　鄭偉章 ………………………… 465
濟寧孫氏蘭枝館舊藏清集補録　康冬梅　程仁桃 ……………………… 485
孫毓修顧希昭夫婦稿本四種掌故談　韋力 ……………………………… 505

人物

趙之謙的撰著與刻書　李蜜 …………………………………………… 517
小莽蒼蒼齋藏陳介祺致吳大澂函考證　馬楠 ……………………… 533
朱自清先生信札一通考釋　方韜 …………………………………… 539

形制

編輯部告讀者 …………………………………………………………… 546
版框樣式：描述與記録的歷史　石祥 ……………………………… 547
試論古籍版式中的魚尾及其在版本鑒定中的功能　向輝 ………… 581

《版本目録學研究》（第七輯）徵稿啓事 …………………………… 595
Contents（英文目録）………………………………………………… 597

典籍 版本目錄學研究第六輯

《周易講義合參》疑義考辨

莊民敬

一、前言

復旦大學出版社整理之《上海圖書館未刊古籍稿本》系列，首册開卷所收《周易講義合參》一書（以下簡稱《合參》），題名惠棟（1695—1758）所作，其説本於書首題箋：

> 惠定宇先生著《周易本義辨證》既成，復著《周易講義合參》。今《辨證》已刊板行世，《合參》只有鈔本，而流傳亦希。此則先生之原稿。若《易漢學》、《周易述》等書皆有刻本，即原稿亦不足爲貴。①

除此題箋外，手稿有兩處均蓋"惠棟之印"、"定宇"兩方印，是以近人對惠棟進行深入研究者，亦莫不信從題箋所道。

---

① ［舊題］惠棟：《周易講義合參》書首，收入《上海圖書館未刊古籍稿本》，經部第1册，復旦大學出版社，2008年，第7頁。據題箋語氣，惠棟之《周易本義辨證》《易漢學》《周易述》均已有刻本問世。今檢：《周易述》初刻雅雨堂本在乾隆二十四至二十五年間（1759—1760）；《易漢學》最早似爲鎮洋畢氏經訓堂叢書本，刻於乾隆四十六至五十三年（1781—1788）間；《周易本義辨證》最早爲蔣光弼省吾堂四種刻本，僅知爲乾隆年間（1736—1795）所刻，蔣氏爲乾隆四十九年（1784）舉人，嘉慶十年（1805）猶任於潛知縣，則其刻省吾堂四種蓋亦不至早於雅雨堂本。然則，撰寫題箋者的年代，上限約當乾隆晚年，約1780年以後，下限則無考。

漆永祥先生《東吳三惠著述考》最先爲此書撰寫提要，頗具影響力，其云：

> 首葉有"惠棟之印"、"定宇"等印，當爲惠氏原稿。偶有朱筆校改。其書仍《易》原章……《象》、《彖》在上下《經》中……其體例與《周易古義》不同，《古義》重訓詁，《合參》彰義理，而其詳遠勝《古義》。……皆言簡意賅，較《古義》之晦澀，反爲親切可讀矣。①

其後學者幾乎都踵步漆先生的意見，沒有異議②。黃曙輝替《上海圖書館未刊古籍稿本》之《合參》撰寫解題，也採用此說：

> 是本爲定宇稿本……首頁鈐記有"惠棟之印"、"定宇"。……定宇所撰《周易述》一書於《周易》正文頗有是正……蓋均仍舊文，未嘗用其新說改訂之，足見定宇之慎。③

漆先生已覺《合參》重義理，與惠棟《九經古義》重訓詁，兩者傾向不同。黃氏又發現《合參》之經傳文，與《周易述》所改訂的經傳文，並不一致。二人發現此書與惠棟其他著作不類，誠爲有見，只是仍以爲惠棟所作，未免不能盡愜人意。除上揭兩者已爲前人研究所發現而未能深入推敲外，筆者還發現數點可疑之處：

歷來的惠棟傳記資料均未提及有《合參》之作，此其一；除了重義理與經傳正文異於惠棟其他著作之外，《合參》之《易》說，在《圖》《書》與卦變等處，與惠棟《易》學主張出入頗大，此其二；《合參》卷首未題惠棟名字，徒有惠氏鈐印，且有兩個，似非撰作的落款形制，此其三。凡此三者，皆前賢所未及道，而爲辨《合參》之作者所不可視若無睹者，本文不揣淺陋，試爲詳述如下。

二、《合參》不會是惠棟所作，應是惠棟藏書

第一，就惠棟相關的傳記材料看來④，墓誌銘、傳、記、宗譜等等，均未見有《周易講義合參》之記載，各家藏書書目中也未見，今人考證惠棟著述最詳的漆氏《東吳三惠著述考》，也沒有引及他處曾提及《合參》者。本來，相

---

① 漆永祥：《東吳三惠著述考》，《國學研究》第13卷，2004年，第391—392頁。
② 陳修亮：《乾嘉易學三大家研究》，山東大學博士論文，2005年，第22頁；鄭朝暉：《述者微言—惠棟易學的邏輯化世界》，人民出版社，2008年，第25頁。
③ 惠棟：《周易講義合參》，收入《上海圖書館未刊古籍稿本》，經部第1冊，第5頁。
④ 參考惠周惕、惠士奇、惠棟撰，漆永祥點校：《東吳三惠詩文集》，"中央研究院"，2006年，附錄三所輯"東吳三惠重要傳記史料"，第459—521頁。

關傳記資料未有著錄，並不必然表示作者未曾撰作此書，但仍需要其他旁證以實之。今《合參》一書，學術傾向與《易》說內容，皆明顯不合於惠棟一貫之立場（詳下文），且門生後人皆無著錄或一語及之。凡此不能得一合理之解釋，則毋寧承認此亦指向《合參》非惠棟所撰之事實。

第二，《合參》中的《易》學主張，帶有很明顯的宋《易》色彩。此處所謂的宋《易》色彩，主要指以《河圖》《洛書》爲伏羲作《易》所本，崇信邵雍先天之說，甚而使用了朱熹《周易本義》所獨有的卦變說。其他個別卦爻辭之經說，對照惠棟其他《易》學著作，如《周易本義辨證》《易漢學》《周易述》等，亦不能脗合。

如《合參》書首有《河圖》《洛書》兩圖，《上繫》第九章論天地之數，仍以"《河圖》之數"稱之①，此信《河圖》《洛書》之說也。《上繫》第一章"少陰""少陽""太陽""太陰"用邵雍加一倍法與四象之說，而八卦、六十四卦次第也採用邵雍橫圖之序②，此信先天之說也。書首六圖中，分伏羲八卦與文王八卦，《說卦傳》第三至六章，分言先天後天③，《下繫》第十二章注云"以象告者，先天之《易》；以情言者，後天之《易》"④，《上繫》第二章注云"上章言伏羲之《易》，此章言文、周之《易》"⑤，以上皆信邵雍先天之說，分先天後天之《易》，進而以爲伏羲有伏羲先天之《易》，文王有文王後天之《易》。又《合參》中，《隨》《賁》《大畜》《解》《升》《鼎》《漸》《渙》等卦注解皆與《本義》中卦變一致⑥，以上用朱子卦變之說⑦。

今檢惠棟其他《易》學著作，皆與以上從《河圖》《洛書》到朱熹卦變諸說悖謬不合。《易漢學》卷八《辨河圖洛書》條云"乃知漢以來並未有《圖》、《書》之象……雖先儒皆信其說，吾不敢附和也"。⑧ 此斥《河圖》《洛書》。又同卷有《辨兩儀四象》條，云："愚謂邵子一分爲二、二分爲四、四分爲八之

---

① 惠棟：《周易講義合參》，收入《上海圖書館未刊古籍稿本》，經部第1冊，第204—205頁。
② 同上書，第185頁。
③ 同上書，第251—256頁。
④ 同上書，第247頁。
⑤ 同上書，第190頁。
⑥ 同上書，分見第70、84、94、125、142、152、159頁。
⑦ 朱熹書首《卦變圖》之說，與其《周易本義》注文中的卦變之說，並不相合，說見黃宗羲：《易學象數論·卦變三》，收入《黃宗羲全集》，浙江古籍出版社，1985年，第9冊，第60—62頁。《合參》乃採用後者。
⑧ 惠棟：《易漢學》，卷八，第2頁下，收入《續經解易類彙編》，藝文出版社，1986年，第116頁。

説，漢唐言《易》者不聞有此。……曾程子也而肯爲異説所惑哉！"① 又有《辨先天後天》條，云"知後天則知先天矣，捨後天而別造先天之位，以周、孔爲不足學，而更問庖羲。甚矣！異端之爲害也，不可以不闢"。② 另《易例》有"卦無先天"條，云"後世有陳摶、种放、穆修、李之才、邵雍諸人，造《先天圖》以亂聖經者"③，以上並斥邵雍加一倍法與先天後天之别。《辨證》凡例云："至於《彖傳》卦變，《本義》每以二爻相比者相易，往往與《傳》義多違"④，惠氏又有《卦變説》一文，末云"朱子又推廣爲《卦變圖》，復出《大壯》《觀》、《夬》《剥》兩條……然其作《本義》，則又拘于二爻相比者而相易，並不與卦例相符，故論者猶欲折中于漢儒焉"⑤，此斥朱子卦變。

惠氏《易》學獨標漢幟，上所舉宋人《易》説固在屏棄之列。其《易》學著作中，引用宋儒稍具分量者，惟《周易本義辨證》（以下簡稱《辨證》）與此舊題惠棟之《合參》兩書。學者或以爲《辨證》兼採宋明儒的作法，乃貫通漢宋的表現⑥；或以爲《辨證》展現了惠棟《易》學門户意識未嚴的早期立場⑦；又有進一步認爲《合參》與《辨證》的寫作約莫同時者⑧。然則，將謂惠棟《易》説前後有所轉變，一事兩説無足怪，此亦不通。究其實，惠棟的《易》學立場，自始至終皆爲漢學，而未有改變。《合參》不足論，《辨證》一書，學者早指明惠氏依傍朱熹重言，而挾漢學以自重，已嶄露明顯的漢學傾向⑨。雖於朱熹解《易》之説，或頗溯其源流、旁引印證，然對《河圖》《洛書》、邵雍

---

① 惠棟：《易漢學》，卷八，第2頁下，收入《續經解易類彙編》，藝文出版社，1986年，第118頁。
② 同上書，第117頁。
③ 惠棟：《易例》，卷上，第19頁下，收入《續經解易類彙編》，藝文出版社，1986年，第592頁。
④ 惠棟：《周易本義辨證》，乾隆年間省吾堂刊本，書首凡例，第3頁下，收入《皇清經解三編》，第1册，第418頁。
⑤ 惠棟：《易漢學》，卷八，第12頁上，收入《文淵閣四庫全書》，商務印書館，1983年，第52册，第370頁。此篇文字不見於《續經解》本之《易漢學》。
⑥ 潘雨廷：《〈周易本義辨證〉提要》，收入潘氏著《讀易提要》，上海古籍出版社，2003年，第390頁。
⑦ 張素卿：《從典範轉移論惠棟〈周易本義辨證〉》，臺灣師範大學《國文學報》第53期，2013年，第107—108、113—114頁。
⑧ 鄭朝暉：《述者微言—惠棟易學的邏輯化世界》，第一章第一節，第25頁。
⑨ 張素卿：《從典範轉移論惠棟〈周易本義辨證〉》，第107—113頁。

先天、朱熹卦變不稍假借①。若謂《合參》與《辨證》同出惠棟之手，且相續而作，何以自相乖戾如是？若謂前後立場移易，豈有《合參》自覆《辨證》前書之立場，晚年《周易述》又轉復與《辨證》同說，而不置一語之理？② 再者，《九曜齋筆記》卷二"趨庭錄"條錄有其父士奇之《易》說：

> 先君言："宋儒可與談心性，未可與窮經。"棟嘗三復斯言，以爲不朽。
> 《易》之理存乎數，舍數則無以爲理。《春秋》之義在事與文，舍事與文，則無以爲義。
> 宋儒談心性，直接孔、孟，漢以後皆不能及。若經學，則斷推兩漢。惜乎，西漢之學亡矣，存者惟毛公一家耳。
> 宋儒經學，不惟不及漢，且不及唐。以其臆說居多，而不好古也。
> 漢有經師，宋無經師。漢儒淺而有本，宋儒深而無本，有師與無師之異。淺者勿輕疑，深者勿輕信，此後學之責。③

---

① 《辨證》凡例第八條云："《本義》前列九圖，後附《五贊》、《筮儀》。尋《河圖》、《洛書》乃五行九宮方位，阮逸、劉牧僞撰以爲《圖》、《書》，先儒已辨其訛。若夫伏羲四圖，皆出邵氏。邵氏之學，本之廬山老浮圖（見謝上蔡《傳易堂記》，載《困學紀聞》），程子所不取（見陸氏游《劍南集·跋蒲郎中易老解》），顧寧人（炎武）謂'希夷之圖、康節之書，皆道家之《易》。'以道家之說，託爲伏羲，而加之文王、周公、孔子之上，竊有未安"；又同書"此言天地之數陽奇陰偶即所謂河圖者也"條下云："'天一地二'以下，乃五行之次，邵氏謂之《河圖》，而朱子誤信之，殊不足據。"參見惠棟：《周易本義辨證》，收入《皇清經解三編》，第1冊，卷首、卷五第8頁下—9頁上。

② 《辨證》一書中，可覘惠棟漢學之傾向，已見前揭張素卿：《從典範轉移論惠棟〈周易本義辨證〉》一文，然而何以汲汲爲朱熹《周易本義》之經說溯其源流、旁引印證，則頗難究明。查檢惠棟生平，其父惠士奇任廣東學政六年後，於雍正五年（1727）抵京，因奏對不稱旨而被罰修鎮江城，後以產盡停工罷官，惠家寥落之際，惠棟以課徒自給；又雍正九年甲子（1944）惠棟曾參加鄉試。且《辨證》中屢引李光地之《周易折中》，或有備引宋元明儒者之說後，復案以"《折中》是某說"者結尾。竊以爲《辨證》撰作於此段期間內，惠氏因課徒與準備科舉，而有較多機會鑽研《本義》以及相關的宋明儒《易》說（並非此前不讀宋《易》，而是此時較有深入鑽研之動機），遂將其心得結撰成《辨證》一書，而仍不忘其漢《易》本位。將《辨證》中對朱熹《本義》的闡釋，參照其後《周易述》系列的著作單方面闡發漢《易》經說，可見惠棟對宋《易》的義理說解大抵存而不論，對宋《易》中的圖書、先後天、卦變之說，則嚴正駁斥。

③ 惠棟：《九曜齋筆記》，"趨庭錄"條，收入《聚學軒叢書》第16冊，藝文出版社，1975年，卷二，第38頁上—39頁下。

《九曜齋筆記》內容未必皆成於《辨證》撰作之前①，然以上悉"趨庭錄"條中所錄，惠棟早年即受庭訓如此無疑。《學福齋集序》云"余弱冠即知遵尚古學"②，惠棟之子承萼、承緒在《周易述》書前題識云"先子研精覃思於漢儒《易》學，凡閱四十餘年，於乾隆己巳始著《周易述》一書"③，自乾隆己巳（1749）上推四十餘年，則惠棟十來歲即接觸漢《易》。凡此兩條，可爲佐證。又題箋云《合參》作於《辨證》之後，而《易漢學》《九經古義》的寫作與《辨證》大約同時④，何以篤守漢學之立場，會突然轉出一純然宋《易》的路數，是很難解釋的。然則，惠棟之篤定漢學，淵源於家學，不必在《辨證》成書之後，且立場並未移易，故《合參》之宋《易》風格，於惠棟《漢》易之學術立場齟齬不合。

　　實則以上所舉之歧異乃犖犖大者，其他尚有若干經文字句上的主張，參諸

---

① 漆永祥以爲此即惠棟隨父士奇在廣東爲學政時所著書，説見漆永祥著《東吳三惠著述考》，第409頁。今檢卷二"趨庭錄"條下云："漢人傳《易》，各有源流。余嘗撰《漢易學》七卷，其説略備。識得漢《易》源流，乃可用漢學解經。否則如朱漢上之《易傳》、毛西河之《仲氏易》，鮮不爲識者所笑。"根據惠棟《易漢學自序》，其父惠士奇"嘗欲別撰漢經師説《易》之源流而未暇也"，《自序》接着説"棟趨庭之際，習聞餘論，左右采獲，成書七卷"，然則此段"余嘗撰《漢易學》七卷"云云，乃因幹父之蠱而成《易漢學》（《漢易學》蓋即《易漢學》），故入"趨庭錄"條下，非惠士奇之語明矣。又《易漢學》之成已在惠士奇歿後，可見《九曜齋筆記》非盡成於惠士奇廣東學政任內。鄭朝暉繫此書於乾隆十四年（1749）左右，見鄭朝暉著《述者微言——惠棟易學的邏輯化世界》，附錄二，第267頁。今檢《九曜齋筆記》卷二"錢吳"條云："嘉定王孝廉（鳴盛）爲予言：'其同邑諸生錢大昕，字曉徵，年少力學，《十七史》皆能成誦。'（己巳正月二十八日）同里顧秀才德馨爲予言：'全椒吳烺，字荀叔，工西法天文及等音，其父敏軒先生亦名士也。'（庚午十月二十九日）辛未三月，皇上南巡，錢、吳皆獻詩……"筆記中提及己巳（1749）、庚午（1750）、辛未（1751），則《九曜齋筆記》有遲至乾隆十六年辛未者，漆、鄭二氏之説仍有修訂空間，然大致始於惠棟隨父士奇在廣東爲學政時則無誤。
② 惠周惕、惠士奇、惠棟撰，漆永祥點校：《東吳三惠詩文集》，第324頁。
③ 轉引自陳祖武：《乾嘉學術編年》，河北人民出版社，2005年，第160頁。
④ 《易漢學》初名《漢易攷》，省吾堂刻本《辨證》中稱《易漢學》《漢易攷》不一，而《續修四庫全書》所收紅豆齋清抄本《辨證》中，《易漢學》之書名已統一一致，説詳張素卿著《從典範轉移論惠棟〈周易本義辨證〉》，第103頁註42。又，《九經古義》初名《九經會㝡》，省吾堂刻本《辨證》卷二第10頁、卷三第8頁均引作《九經會㝡》，而亦或稱《九經古義》，或稱《九經會㝡》，但紅豆齋清抄本《辨證》卷仍作《九經會㝡》，卷三則稱《九經古義》，蓋追改未盡。要之，從追改的情形可以推測，《易漢學》與《九經古義》的撰作，有與《辨證》重疊的時間，故云"大約同時"。

惠棟其他《易》學著作，益顯扞格，限於篇幅，不一一羅列討論①。要之，《辨證》兼採漢、宋《易》說，而作於其後的《合參》純然不雜漢法，自學者學術發展歷程而言，是不合常理的。《合參》所展現的《易》學理念，在惠棟一貫宗尚漢學的著述風格中，不僅突兀，且明顯有自相矛盾之處，故不可能爲惠棟所作。

第三，《合參》抄本僅有惠棟藏書印而無署名，並不符合惠棟著作署名的體例。惠棟著作通常於每卷卷首自署"惠棟"或"定宇"。下列圖一《荀子微言》疑爲清鈔稿，圖二《周易本義辨證》爲紅豆齋清鈔本，知清鈔稿署名；圖三《漁洋山人精華錄》、圖四《周易古義》、圖五《春秋左傳補注》、圖六《山海經補注》②、圖七《明堂大道錄》，更是惠棟親筆塗抹修訂的手稿，亦且署名。以上確爲惠棟著述，咸有署名。相反地，圖八、圖九爲上海圖書館所藏《合參》鈔本，卻並不署名；與此相類者，圖十③爲惠棟批校宋人李衡《周易義海撮要》之手跡，亦不見署名④。

---

① 如《乾》卦初九注云"'潛龍勿用'，周公所繫之爻辭"，但《周易述》在《豫》九四、《升》六四、《文言傳》皆云文王作卦爻辭；又《合參》本《乾文言》"利貞者，性情也"，《辨證》與《周易述》皆主張當作"情性也"；《復》六四"中行獨復"，《合參》從鄭玄、王弼、程頤之通說，以爲六四爻在五陰之中，然《松崖文鈔·易論》《辨證》《易漢學》《周易述》皆駁斥通說，以"四得位應初，獨得所復"說之；《漸》上六"鴻漸于陸"，《合參》用宋人說，云"陸"當作"逵"，《辨證》駁斥於韵不合，主張依《折中》之說當爲"儀"。以上姑舉數例，尤"中行獨復"一條最可見《合參》與惠棟《易》說之扞格，其餘尚有從《本義》之說改動經傳文而與《周易述》不合者，詳見下文第19頁注4。

② 承蒙上海圖書館郭立暄先生指出，《山海經補注》似非惠棟手跡，惟手跡的鑑別已遠超出筆者能力範圍之外，姑據《南京圖書館珍本圖錄》之描述，識之爲惠棟的手稿。然無論然否，對本文最終的結論並無影響。

③ 以上書影，《荀子微言》摘自《續修四庫全書》，上海古籍出版社，1995年，子部932冊，第463頁；《周易本義辨證》摘自《續修四庫全書》，上海古籍出版社，1995年，經部第21冊，第291頁；《漁洋山人精華錄》爲中國國家圖書館藏稿本；《周易古義》摘自《蘇州博物館藏古籍善本》，文物出版社，2012年，第202頁；《春秋左傳補注》摘自《中國古籍稿鈔校本圖錄》，上海書店，2000年，第86頁；《山海經補注》摘自《南京圖書館珍本圖錄》，江蘇人民出版社，2007年，第108頁；《明堂大道錄》摘自《上海圖書館藏明清名家手稿簡編本》，上海古籍出版社，2004年，第30頁；《周易講義合參》摘自《上海圖書館未刊古籍稿本》，復旦大學出版社，第8、13頁；《周易義海撮要》摘自《蘇州圖書館藏古籍善本提要》，鳳凰出版社，2004年，第9頁。

④ 以惠棟著述必署名之特色，承蒙張素卿師指出，特誌謝忱。

圖一

圖二

圖三

圖四

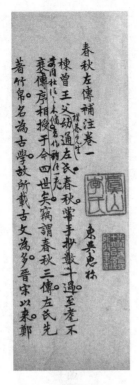

圖五

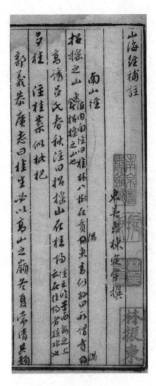

圖六

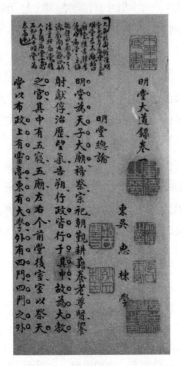

圖七

圖八

圖九　　　　　　　　　圖十

再就蓋章論之，以上所舉書影十圖，圖一至圖四、圖六、圖七乃惠棟之著述，都不加蓋自己的印，而爲惠棟批校的《周易義海撮要》，與《合參》同樣蓋上"惠棟之印"方印，《合參》多一"定宇"之印，《周易義海撮要》則多一"松厓"之印。比較特別的是圖五《漁洋山人精華錄》，今一般題作《漁洋山人精華錄訓纂》，爲惠棟續成徐夔未完之作①，此書不但署名，且加蓋"惠棟之印"、"定宇"兩方印。是以雖然不能認定惠棟的著述絕對不蓋印，但大多數確實如此，若真有蓋印，則必兼署名。今《合參》手稿的形式與惠棟批校《周易義海撮要》相同，合理推測，《合參》不會是惠棟所作，且可能是惠棟藏書之一。

還有另一個證據顯示《合參》爲惠棟藏書而非著作，那便是卷末"汲古得修綆"方印（如圖十一）。北大橋本教授指出，此等閒章，合理的理解應該是與書首方印合爲一套的藏書章②。筆者認爲橋本教授的說法可信，在自己的著述卷末

---

① 漆永祥：《東吳三惠著述考》，第48—50頁。
② 筆者原以此印乃明末藏書家毛晉（1599—1659）之印，然對照今人著錄毛晉"汲古得修綆"方印（如圖十二），其"得"字並不省去"彳"字旁，"修"字亦作"脩"，印圖參林申清：《中國藏書家印鑑》，上海書店，1997年，第55頁。這些些微的差異使得筆者不敢斷定此爲毛晉之印，且一旦斷此爲毛晉之印，對《合參》的著作時代（詳下文）會引起更多絞繞的問題，幸得橋本教授點明此等閒章不必爲毛晉所獨有，使筆者豁然開朗。

加蓋此等閒章反倒是不能理解的,是以《合參》更可能是惠棟的藏書而非著作。

綜合以上,《合參》不見於任何惠棟相關資料之記載,且與惠棟其他《易》學著述之主張乖戾,而抄本於書首加蓋印章代替署名,書後加蓋"汲古得修綆"印的情況,又與其他惠棟著述不符。凡此數端畢具,成爲有力的反面證據,然則《合參》非惠棟所作,殆無疑也,反倒爲惠棟藏書的可能性極大。至於《合參》書首題籤一來認《合參》爲惠棟所作,二來又毅然認爲《合參》作於《辨證》既成之後,似乎認爲兩者相繼而作,爲同一時期之著述。致誤之由,前者蓋單憑惠棟之印,片面斷其爲惠棟之作,而不察其與著述落款形制有別也;後者則因爲根據《合參》內容之宋《易》成分,思及惠棟《辨證》亦廣引宋元明儒《易》説,遂判其撰作與《辨證》同時而相續,而未宣究《辨證》實亦漢學傾向之作也①。

圖十一

圖十二

三、《合參》與《易經解》一書內容雷同

上節既已從反面證明《合參》不會是惠棟所作,此節則要進一步指出,《合參》內容實與舊題宋人朱長文(1039—1098)的《易經解》若合符節。此書今可見者,至少有三種版本:其一爲崇禎四年(1631)王文祿刻本②,題名《易經解》;其二爲宣統元年(1909)廣州方功惠所刻碧琳琅館叢書本③,題名

---

① 今若以爲題籤乃僞造《合參》者自題,有數點不可通。第一,惠棟以漢學標榜,作僞者以漢學風格之著作混於其中,不益取信於世?第二,作僞者若欲以一己之著述附惠棟之驥尾,又何以旁取前代之書(詳下節)而稱其爲惠棟所作?第三,作僞者豈不欲其書廣布?何以僅作一抄本而不刊刻?第四,其僞作何以不託於前代之人?惠棟門生弟子尚在,豈不畏揭發?要之,題籤自作僞書而刻意誤導的可能性極小,故本文不針對此情況作討論。

② [舊題]朱長文:《易經解》,明崇禎四年刻本,收入《續修四庫全書》,經部第1冊,上海古籍出版社,1995年。

③ [舊題]朱長文:《朱氏易解》,碧琳琅館叢書本,收入《廣州大典》,第八輯,第70冊,廣州出版社,2008年。

《朱氏易解》；其三爲民國二十四年（1935）南海黃肇沂所刻芋園叢書本①，題名亦爲《易經解》。三者之中，崇禎四年刻本，在惠棟之前，則此書不可能爲惠棟所作，又可得一旁證。此書注文部分，六十四卦中有十六卦缺注，若云惠棟將此缺注如此之多的半成品清鈔一遍並加蓋印章，也不合理，此又一旁證。經筆者逐一比對《易經解》與《合參》，出注點與注文內容基本雷同，僅有若干文句差別與刊誤文字，然則兩者爲一書，固彰明較著也。如上經第一條"乾元亨利貞"下，崇禎刻本《易經解》云：

> 六畫者，伏羲所畫之卦。"元亨利貞"，文王所係之彖辭。一，奇也，陽之數也。乾，健也，陽之性也。兩乾相承，純陽用事，有周流循環，運 元 停機之象，故四德渾然，相爲體用。而其行則由元達亨，復斂利以歸于貞，非若他卦陰陽有偏勝，而必用戒 詞 也。②

而《合參》則作：

> 六畫者，伏羲所畫之卦。"元亨利貞"，文王所係之彖辭。一，奇也，陽之數也。乾，健也，陽之性也。兩乾相承，純陽用事，有周流循環，運 无 停機之象，故四德渾然，相爲體用。而其行則由元達亨，復斂利以歸于貞，非若他卦陰陽有偏勝，而必用戒 辭 也。③

《易經解》之"元"明係"无"之誤字，此誤於二書所在多有。其他差距較大的段落，如《乾文言》第一條"文言曰元者善之長……貞者事之幹也"下，崇禎刻本《易經解》云：

> 《乾》《坤》二卦，于《彖》、《象》之外特設《文言》，以盡其蘊。此節以四德之同具于人者言之，而下乃歸之體乾之君子也。《乾》之元在人爲仁，得 最 先，統 至 大，故曰"善之長"。《乾》之亨在人爲禮， 條理自在人心 ，品節文章，此中无所不有，故曰"嘉之會"。《乾》之利在人爲義，人心裁制之用，處得其宜，不逆於物，故曰"義之和"。《乾》之貞在人爲智， 知而弗去 ，萬事皆依此以立，故曰"事之幹"。④

---

① ［舊題］朱長文：《易經解》，芋園叢書本，收入《叢書集成續編》，第26冊，新文豐出版社，1989年。
② 朱長文：《易經解》，收入《叢書集成續編》，經部第1冊，第574頁。
③ 惠棟：《周易講義合參》，收入《上海圖書館未刊古籍稿本》，經部第1冊，第13頁。
④ 朱長文：《易經解》，收入《叢書集成續編》，經部第1冊，第51頁。

《合參》則作：

諸卦《彖》、《象》而已，《乾》、《坤》獨設《文言》，以盡二卦之蘊。此節以四德之同具于人者言之，而下乃歸之體乾之君子也。《乾》之元在人爲仁，得之先，統之大，故曰"善之長"。《乾》之亨在人爲禮，人心自有條理，品節文章，此中無所不有，故曰"嘉之會"。《乾》之利在人爲義，人心裁制之用，處得其宜，不逆于物，故曰"義之和"。《乾》之貞在人爲智，知明守固，萬事皆依此以立，故曰"事之幹"。①

雖文句參差較多，但顯然仍是同出一源。其他異文較多之處，簡要列舉如下：

（1）《上繫》首條"天尊地卑……變化見矣"，《合參》在末尾較《易經解》多出一句"此言《易》非強作，朱子所謂觀天地即見《易》是也"。②

（2）《上繫》第五章"仁者見之謂之仁……君子之道鮮矣"下，《易經解》作"仁者質淳而氣未清，禀陽之動；知者氣清而質未淳，禀陰之靜；百姓則陰陽雜矣。道者，一陰一陽之謂，故全體之者少也"③，而《合參》將此四十六字省作"仁者、知者、百姓，指氣而言"④十字。《易經解》文義較明。

（3）《下繫》第六章"其稱名也小……以明失得之報"下，《易經解》作"大者，陰陽之象；文者，陰陽之章。曲而中，陰陽之變；肆而隱，陰陽之精。**肆，陳也。貳，疑也，因民疑而使徵于辭，所以覺之也**"⑤，而《合參》作"**取類**者，陰陽之象；**其辭**文者，陰陽之章。曲而中**者**，陰陽之變；肆而隱**者**，陰陽之精。因民**者**，疑而使徵于辭，**聖人覺世之權**。"⑥此處則《合參》被釋詞較明晰。

（4）《下繫》第七章，《易經解》在章首句"易之興也……其有憂患乎？"

---

① 惠棟：《周易講義合參》，收入《上海圖書館未刊古籍稿本》，經部第1冊，第19頁。
② 同上書，第184頁。檢此句不見於《朱子語類》《周易本義》，或是《朱文公易說》中，而始見引於元代胡炳文《周易本易通釋》，該書序題延祐丙辰（1316），後又有所刊削。之後，明代《周易大全》亦引及。《合參》此條注文應該是從二者中摘引，然則當作於此二書之後。詳參胡炳文：《周易本義通釋》，卷五，第1頁下，收入《通志堂經解》，第8冊，大通出版社，1969年，第4297頁；胡廣：《周易大全》，卷二十二，第3頁下，收入《文津閣四庫全書》，第23冊，商務印書館，2006年，第582頁。
③ 朱長文：《易經解》，收入《叢書集成續編》，經部第1冊，第579頁。
④ 惠棟：《周易講義合參》，收入《上海圖書館未刊古籍稿本》，經部第1冊，第9頁。
⑤ 朱長文：《易經解》，收入《叢書集成續編》，經部第1冊，第597頁。
⑥ 惠棟：《周易講義合參》，收入《上海圖書館未刊古籍稿本》，經部第1冊，第238頁。

注云"下特舉九卦，皆反身修德以處憂患之事"一句①，《合參》改至章末概述章旨"右第七章"云云之下，並略改字句爲"下特舉反身修德、處憂患之道耳"②。

（5）《上經》中《離·象傳》注云"日月以氣麗天，百穀草木以形麗土，君臣上下重明以共麗乎正，故可以成文明之治。**離中畫一陰**，坤中畫也，故象牝牛"③，《合參》作"日月以氣麗天，百穀草木以形麗土，君臣上下重明以共麗乎正，故可以成文明之治。**離中一畫**，**屬**坤中畫也，故象牝牛，**故云'畜牝牛吉'也**。"④

上述以外，其餘皆是零星一、二字之差異。觀其同異，除了明顯的刊刻與抄寫之誤外，有多處是改易句法而其義不變的情況，並其書名不同觀之，斷然認爲《合參》抄錄自崇禎四年本《易經解》似乎不妥。其次，《合參》中偶見朱筆改易，似非據崇禎四年刻本《易經解》塗抹，是又一證，然朱筆究竟又何所據焉⑤？第三，異文中最可疑者，莫過於引《上繫》"天尊地卑"引朱子一條，此句若出現在號稱朱熹五世祖朱長文所著《易經解》中，決不可通，是否《易經解》刊刻有意刪去？凡此等處，且按下不表，留待末節一併討論。

至於篇次部分，三本《易經解》與《合參》卻出入頗大。三本《易經解》與《合參》皆不標明卷數，然就板心頁碼起迄觀之，大致《上經》《下經》《上繫》《下繫》各爲一卷，《說卦傳》《序卦傳》《雜卦傳》合爲一卷，惟《合參》本經文與《繫辭傳》皆分作上下篇，頁碼卻各自相連不另起。崇禎四年本與《合參》的篇次最爲相近，與通用《周易》經傳相連本同，皆首《上經》《下經》（含《彖傳》《象傳》《文言傳》），次《繫辭傳》上下篇，次《說卦傳》《序卦傳》《雜卦傳》，惟《合參》缺卷首朱長文《序》與書末王文祿《跋》，書首所錄歌訣與《易》圖亦不全，並缺《筮儀》。碧琳琅館叢書本則將《上繫》《下繫》提至最前，次以《說卦傳》《序卦傳》《雜卦傳》王文祿《跋》，最後才是朱長文《序》、書首附錄、《上經》《下經》。芋園叢書本僅有《說卦傳》《序卦傳》《雜卦傳》被提至最前，刪去朱長文《序》、王文祿《跋》，餘同崇禎四年本。《合參》之《易》圖與三本《易經解》小有差異，除了各本有九圖而

---

① 朱長文：《易經解》，收入《叢書集成續編》，經部第 1 冊，第 597 頁。
② 惠棟：《周易講義合參》，收入《上海圖書館未刊古籍稿本》，經部第 1 冊，第 240 頁。
③ 朱長文：《易經解》，收入《叢書集成續編》，經部第 1 冊，第 543 頁。
④ 惠棟：《周易講義合參》，收入《上海圖書館未刊古籍稿本》，經部第 1 冊，第 103 頁。
⑤ 《同人》卦卦辭"不謂意氣之同"改作"不爲意氣之同"；《漸》卦《大象傳》"賢"字下"字疑衍"改作"賢疑衍"；《上繫》第五章"各主保合"改作"各正保合"。參見惠棟：《周易講義合參》，收入《上海圖書館未刊古籍稿本》，經部第 1 冊，第 60、159、194 頁。其中第一與第三處，塗改後同《易經解》，然第二處不符，可知其塗改又非依據崇禎四年本《易經解》。

《合參》只有六圖外，《合參》的《伏羲八卦方位圖》中間缺一小太極，而《河圖》《洛書》兩圖中夾雜了許多說明文字。現將以上篇次之大要，製成下表一，以便理解。Ⓐ至Ⓗ表示個別組成篇目，後加上"＊"之符號者表示圖或歌訣不全，表中可見崇禎四年刻本與碧琳琅館叢書本篇目最齊備，但前者篇次較合理。《合參》則缺三項，芋園叢書本缺兩項。各本篇次參差如此，尤其碧琳琅館叢書本與芋園叢書本將傳文提至卦爻辭之前，未詳其故，姑闕疑以待來者。

表一　三本《易經解》與《合參》篇次比較

崇禎四年刻本	《周易講義合參》抄本	宣統元年碧琳琅館叢書本	民國二十四年南海黃肇沂編芋園叢書本
各篇篇首與板心題名"易經解"。		各篇篇首題名"易經解"，書首與板心題名"朱氏易解"。	書首與各篇篇首題名"易經解"，板心題名"朱氏易解"。
Ⓐ朱長文《序》	Ⓑ＊《八卦取象歌》	Ⓕ上繫、下繫	Ⓖ《說卦傳》《序卦傳》《雜卦傳》
Ⓑ《八卦取象歌》《分宮卦象次序》《上下經卦名次序歌》《上下經卦變歌》	Ⓒ＊《河圖》《洛書》《伏羲八卦次序》《伏羲八卦方位》《文王八卦次序》《文王八卦方位》	Ⓗ王文祿《跋》	Ⓑ《八卦取象歌》《分宮卦象次序》《上下經卦名次序歌》《上下經卦變歌》
Ⓒ易象圖說：《河圖》《洛書》《伏羲八卦次序》《伏羲八卦方位》《伏羲六十四卦方位》《伏羲六十四卦次序》《文王八卦次序》《文王八卦方位》《卦變圖》	Ⓔ上經、下經	Ⓖ《說卦傳》《序卦傳》《雜卦傳》	Ⓓ筮儀
Ⓓ筮儀	Ⓕ上繫、下繫	Ⓓ筮儀	Ⓒ易象圖說：《河圖》《洛書》《伏羲八卦次序》《伏羲八卦方位》《伏羲六十四卦方位》《伏羲六十四卦次序》《文王八卦次序》《文王八卦方位》《卦變圖》

（續表）

崇禎四年刻本	《周易講義合参》抄本	宣統元年碧琳琅館叢書本	民國二十四年南海黃肇沂編芋園叢書本
Ⓔ上經、下經	Ⓖ《説卦傳》《序卦傳》《雜卦傳》	Ⓑ《八卦取象歌》《分宮卦象次序》《上下經卦名次序歌》《上下經卦變歌》	Ⓔ上經、下經
Ⓕ上繫、下繫		Ⓒ易象圖説：《河圖》《洛書》《伏羲八卦次序》《伏羲八卦方位》《伏羲六十四卦方位》《伏羲六十四卦次序》《文王八卦次序》《文王八卦方位》《卦變圖》	Ⓕ上繫、下繫
Ⓖ《説卦傳》《序卦傳》《雜卦傳》		Ⓐ朱長文《序》	
Ⓗ王文禄《跋》		Ⓔ上經、下經	

四、《易經解》亦非舊題朱長文所作

事有可説者，舊題朱長文之《易經解》，本身就是一令人摸不着頭緒的著作。《續修四庫全書總目提要·經部》中，柯劭忞已發其僞，其文云：

> 《易經解》分《上經》《下經》《上繫》《下繫》，無卷數。舊本題宋朱長文撰。長文字伯原，蘇州吳人，《宋史》有傳。長文有文三百卷，所著《春秋通志》，其從子詵知均州，表上之，不聞有《易經解》，諸家書目亦不載其名。巴陵方功惠，始據明王文禄校本刊入叢書。卷首有《筮儀》《八卦分宮取象》、《河圖》《洛書》、《伏羲》《文王八卦》諸圖，皆抄朱子《易本義》。《筮儀》云"其説並見《啓蒙》"，此朱子之言也，亦因而不改，殊爲可哂。其經解則襲取程、朱之義，依傍爲之，至《屯》、《蒙》、《否》、《蠱》、《剥》、《大過》、《遯》、《明夷》、《睽》、《夬》、《困》、《震》、《歸妹》、《旅》、《小過》、《既濟》十六卦，並無一字詮釋，長文著述名家，不應簡陋如此，其出於贗託明矣。卷末王文禄《跋》，謂朱子爲

長文五世孫，尤爲妄誕。疑文禄《跋》亦出於贗託者之手也。按朱彝尊《經義考》，著録朱長文之《易意》，下引子發曰"先人自少年登科，即嬰足疾"云云，是朱震爲朱長文之子。《宋史》朱震荆門軍人，朱長文蘇州吴人，各自爲傳，實非父子。子發之言，亦妄人所臆造，彝尊採之入《經義考》，誤甚矣。以朱漢上爲長文之子，與以朱子爲長文之五世孫，皆譌言以侮先哲，不可不辨者也。①

其要，一則此書《宋史》本傳、從子《春秋通志上表》、諸家書目均不見記載；二則書前歌訣、《易》圖、筮儀皆抄自朱子《本義》；三則書末王文禄《跋》稱朱熹爲長文之五世孫，兩人籍貫不同，不可信，恐此王氏《跋》文亦出僞撰。柯氏所言大致不誤，今更爲補苴數證如下。

其一，朱長文有《樂圃餘藳》傳世，爲其從孫朱思在宋室南渡《樂圃集》散亡之後重新裒輯，然已非全本，故名"餘藳"。至康熙年間，此書僅存寫本，其裔孫朱岳壽又重新刊刻之，《四庫全書》有收②。此書後附録，有張景修所撰《墓誌銘》、米芾所撰《墓表》、蘇軾薦剳、《國史·文苑傳》，書後又有裔孫朱岳壽《跋》，皆《宋史》以前之第一手資料，不聞有《易經解》之作。撰於康熙年間之朱《跋》稱"二十二世祖樂圃先生，平生所著詩文百卷，兵燹之後，盡爲灰燼，其傳于世者，僅有《吳郡圖經》《琴史》《墨池編》數種而已"③，可見朱長文傳世之作，別集以外，其餘數種單行專著也不含《易經解》。惟《墓誌銘》《墓表》《國史·文苑傳》稱朱氏"六經皆有辯説"，第觀《易經解》體例，亦絶非辯説之流。

其二，柯氏云書中襲取程、朱之義，今隨手翻檢，俯拾皆是，而襲用《本義》猶多④。襲用之義中，最無可辯駁者，厥在第二節所言之卦變。檢《易經解》於《隨》《賁》《大畜》《解》《升》《鼎》《漸》《涣》八卦之卦變説解，全同《本義》。《本義》之説卦變凡十九卦，其例，凡相比之兩爻皆可互换，是

---

① 中國科學院圖書館整理：《續修四庫全書總目提要·經部》，中華書局，1993年，第29—30頁。
② 以上據永瑢等：《四庫全書總目提要》卷155，藝文出版社，1979年，第3076頁。
③ 朱岳壽：《樂圃遺藳跋》，見朱長文著，朱思輯：《樂圃餘藳》書後，收入《景印文淵閣四庫全書》，第1119冊，臺北商務印書館，1983年，第61頁。
④ 如：《乾》卦"乾，元亨利貞"下注"元亨利貞，文王所繫……陽之性也"、"潛龍勿用"下注"潛龍勿用，周公所繫之爻辭"皆《本義》文句，《同人》卦《大象傳》下注"族以人言""物以事言"與《朱子語類》説同，《隨》卦上六注"居隨之極……可通神明"亦《本義》語，《家人》卦《彖傳》注"父初、子五、三夫、二四婦、五兄、三弟"同《本義》，《鼎》卦彖辭、《艮》卦《彖傳》下亦有數句襲用《本義》，《下繫》第九章"二與四同功而異位"、"三與五同功而異位"兩段與《本義》同。參見朱長文：《易經解》，收入《叢書集成續編》，經部第1冊，第510、527、532、549、562、563、599—600頁。

以某一卦可自多卦來，朱熹或取其一，或取其二，原無定則①。而《易經解》竟全同於《本義》，既非蟲葉成字，將謂朱子襲用其五世祖之經説而諱默不宣乎？必無是理可知矣。又《易經解》書前《易》圖，柯氏已指出乃《本義》前九圖，朱長文《序》云"爰是探求經義，演列象圖"②，可知《易經解》之附圖非後人所加而爲原書所有，更顯作僞之跡鑿鑿。又，不惟柯氏所謂"襲取其義"，《易經解》中改易經傳文之説，與程、朱同者不一而足③，此益可信爲作僞者竊取程、朱《易》説。

其三，柯氏云"疑文禄《跋》亦出於贗託者之手也"，第以其文妄誕言之。今案，王文禄，字世廉，海鹽人，《四庫全書總目提要》云嘉靖辛卯（1531）舉人④。《兩浙名賢錄》卷二《文定先生王世廉文禄》稱"年三十與計偕，迄八十無弗與"⑤，然則嘉靖辛卯年中舉人時，年未三十。又《萬曆野獲編》卷九《古道》稱王文禄"丙戌（1586）入都，年已望八"⑥，《兩浙名賢錄》又說"文禄生平樂善，尤喜成就後生。有所聞見輒，諄復相告，八十九年如一日"⑦，似王氏享壽八十九，就此推之，其卒年當在萬曆二十三年（1595）之後數年之間。今《易經解》王文禄《跋》題"崇禎辛未（1631）初夏茂苑後學王文禄"，頗讓人置疑，因上述史料所提及的王文禄，一則不可能崇禎辛未（十四）年尚健在，二則海鹽屬浙江，茂苑屬蘇州，非一地，且百陵學山本王守仁《大學古本問》末附錄"海鹽後學王生文禄"云云⑧，則王氏明係自道海鹽人矣。又考《五嶽山人集》卷三十六《慈淑孺人王母陸氏傳》云"慈淑孺人者，國士王文禄之母也。姓陸氏……久之乃贅昭勇王侯軒之仲子王君佐。王本前元貴族，

---

① 説見黄宗羲：《易學象數論・卦變三》，收入《黄宗羲全集》，第九册，浙江古籍出版社，1985年，第60—62頁。

② 朱長文：《易經解》，收入《叢書集成續編》，經部第1册，第499頁。

③ 如《坤文言》"後得主而有常"，夾注云"主"下脱"利"字，用程《傳》説；《賁》卦《彖傳》，夾注云"天文也"上脱"剛柔交錯"四字，用《本義》説；《鼎》九四"形渥"，夾注云當作"刑剭"，用《本義》説；《震》卦《彖傳》，夾注云"出可以守宗廟社稷"上脱"不喪匕鬯"四字，用程《傳》《本義》説；《上繫》"天一地二"以下，傳文次序依程頤《本義》；《上繫》"《易》曰'自天祐之'"章，夾注以爲錯簡，當在第八章之末，亦用《本義》之説，參見朱長文：《易經解》，收入《叢書集成續編》，經部第1册，分見第517、536、562、563、583、589頁。

④ 以上據永瑢等：《四庫全書總目提要》，卷九十六，儒家存目二，第1902頁。

⑤ 徐象梅：《兩浙名賢錄》，收入《續修四庫全書》，第542册，上海古籍出版社，1995年，第82頁。

⑥ 沈德符：《萬曆野獲編》，中華書局，1959年，第241—242頁。

⑦ 徐象梅：《兩浙名賢錄》，收入《續修四庫全書》，第542册，第82頁。

⑧ 王守仁：《大學古本問》，書末附錄，收入《續修四庫全書》，第159册，上海古籍出版社，1995年，第81頁。

始祖忠以從文皇帝靖難功，賜姓王氏"①，而《易經解》王文禄後跋卻説"宋儒樞密朱先生與禄祖懿敏公同事於朝"，顯然也齟齬不合。然則，豈明代史料所提及的海鹽王文禄外，天壤間別有一茂苑王文禄刻《易經解》乎？又或只是僞作者自鑄託辭而錯謬不可致詰？若爲後者，那麼這個最早版本的《易經解》大概也不會是崇禎四年刻本②，蓋崇禎四年距王文禄下世不久，此跋文尚不足以欺售世人。但筆者終究不敢斷言兩王文禄是否同一人，要之，此書決非舊題朱長文所作的結論，並不因此發生動搖。

五、小結

就文獻記載、《易》説傾向、鈔本落款各方面來説，《合參》都不會是惠棟所作，相反地，就僅蓋有兩方印而不署名觀之，《合參》更有可能是惠棟所收藏的鈔本。《合參》内容與崇禎四年所刻舊題朱長文所撰之《易經解》内容雷同，基本上可斷爲同書。然細按兩書之異文，不似單純刊刻或鈔寫之誤，證之以《合參》鈔本上的朱筆塗改並非根據《易經解》，筆者判斷《易經解》與《合參》皆前有所據，而所據爲同一書之不同版本。筆者認爲《合參》較接近所據原書的樣貌，刊刻《易經解》者，可能將原書前所附的若干朱子《易》圖、歌訣補足，並僞撰序文，冒稱作者爲朱長文，定名《易經解》，且删去註解中"朱子云"一條以自圓其説，至於署名王文禄的跋文似亦僞撰，然終究難以遽斷。《合參》的題名不知係所據原書名稱或鈔録者自題，豈"合參"指雜用程、朱《易》説歟？然何以没有鈔録作者，而注解又缺略甚多？皆不能明。

本文指出上海圖書館所藏《周易講義合參》鈔本非惠棟所作，只是因緣際會下的小發現，所説是否爲定論，自然留待專家檢視與公評。然而，這樣的例子不會是孤例，如今可見清代流傳的金履祥《尚書注》有陸心源《十萬卷樓叢書》本、方功惠《碧琳琅館叢書》本兩種，研究者指出二書不但内容不同，且皆爲僞書；又如康有爲學生蔣貴麟依據"中研院"近史所藏《康有爲未刊遺稿》重新排版的《詩經説義》，研究者指出其書幾乎是抄録魏源《詩古微》而

---

① 黄省曾：《五嶽山人集》，收入《四庫全書存目叢書》，集部第94册，莊嚴文化事業有限公司，1997年，第825頁。

② 考慮此後出版的《易經解》（或題《朱氏易解》）已是宣統元年的《碧琳琅館叢書》，且此套叢書中除了首列《易經解》外，次列金履祥《金氏尚書注》亦是後人取陳師凱《書蔡傳旁通》並湊補相關資料而成的僞書，論者推測作僞於清代中葉以後，説詳許育龍：《〈碧琳琅館叢書〉本〈金氏尚書注〉著者考疑》，《臺大中文學報》2011年第34期，第229—262頁。然則，號稱崇禎四年刻本的《易經解》，雖不一定爲《碧琳琅館叢書》所據，究在其先，而是否乃清人僞作，是值得懷疑的。

來，其中少數更動增益處，僅僅是抄寫之誤，並非有一己學術意見在其中[1]。這暴露出當前大量的清代鈔本、稿本、刻本影印出版，整理者需要更謹慎地驗證各種說法來源，並仔細考核撰作者及該書性質，才不會使得利用這些出版品的研究者殫精竭思，最後徒遺覆瓿之憾。

莊民敬：臺灣大學中國文學研究所碩士研究生

參考文獻

古籍

［舊題］朱長文：《易經解》，明崇禎四年刻本，收入《續修四庫全書》，上海：上海古籍出版社，1995年，經部第1冊。

［舊題］朱長文：《朱氏易解》，碧琳琅館叢書本，收入《廣州大典》，廣州：廣州出版社，2008年，第八輯，第70冊。

［舊題］朱長文：《易經解》，芋園叢書本，收入《叢書集成續編》，臺北：新文豐出版社，1989年，第26冊。

胡炳文：《周易本義通釋》，收入《通志堂經解》，臺北：大通出版社，1969年，第8冊。

胡　廣：《周易大全》，收入《文津閣四庫全書》，北京：商務印書館，2006年，第23冊。

王守仁：《大學古本問》，書末附錄，收入《續修四庫全書》，上海：上海古籍出版社，1995年，第159冊。

黃省曾：《五嶽山人集》，收入《四庫全書存目叢書》，臺南：莊嚴文化事業有限公司，1997年，集部第94冊。

徐象梅：《兩浙名賢錄》，收入《續修四庫全書》，上海：上海古籍，1995年，第542冊。

沈德符：《萬曆野獲編》，北京：中華書局，1959年。

黃宗羲：《易學象數論》，收入《黃宗羲全集》，杭州：浙江古籍出版社，1985年，第9冊。

惠周惕、惠士奇、惠棟撰，漆永祥點校：《東吳三惠詩文集》，臺北："中央研究院"，2006年。

惠　棟：《易漢學》，收入《文淵閣四庫全書》，臺北：商務印書館，1983年，第52冊。

惠　棟：《易漢學》，收入《續經解易類彙編》，臺北：藝文出版社，1986年。

惠　棟：《易例》，收入《續經解易類彙編》，臺北：藝文出版社，1986年。

惠　棟：《九曜齋筆記》，收入《聚學軒叢書》，臺北：藝文出版社，1975年，第16冊。

惠　棟：《周易本義辨證》，乾隆年間省吾堂刊本，收入《皇清經解三編》，濟南：齊魯書社，2011年，第1冊。

惠　棟：《周易本義辨證》，紅豆齋清抄本，收入《續修四庫全書》，上海：上海古籍出版社，1995年，經部第21冊。

惠　棟：《古文尚書攷》，收入《續修四庫全書》，上海：上海古籍出版社，1995年，經部第44冊。

惠　棟：《後漢書補註》，收入《續修四庫全書》，上海：上海古籍出版社，1995年，史部第270冊。

---

[1] 以上參許育龍：《〈碧琳琅館叢書〉本〈金氏尚書注〉著者考疑》，《臺大中文學報》2011年第34期，第229—262頁；張政偉：《康有為〈詩經説義〉的來源與性質問題》，慈濟大學《人文社會科學學刊》2012年第13期，第61—80頁。

惠　棟：《荀子微言》，收入《續修四庫全書》，上海：上海古籍出版社，1995年，子部932冊。
［舊題］惠　棟：《周易講義合參》，收入《上海圖書館未刊古籍稿本》，上海：復旦大學出版社，
　　　　2008年，經部第1冊。
永　瑢等：《四庫全書總目提要》，臺北：藝文出版社，1979年。

近人專書
中國科學院圖書館整理：《續修四庫全書總目提要·經部》，北京：中華書局，1993年。
林申清：《中國藏書家印鑒》，上海：上海書店，1997年。
潘雨廷：《讀易提要》，上海：上海古籍出版社，2003年。
陳修亮：《乾嘉易學三大家研究》，山東大學博士論文，2005年。
鄭朝暉：《述者微言—惠棟易學的邏輯化世界》，北京：人民出版社，2008年。
陳祖武：《乾嘉學術編年》，石家莊：河北人民出版社，2005年。
蘇州博物館編：《蘇州博物館藏古籍善本》，北京：文物出版社，2012年。
上海圖書館編：《上海圖書館藏明清名家手稿簡編本》，上海：上海古籍出版社，2004年。
南京圖書館編：《南京圖書館珍本圖錄》，南京：江蘇人民出版社，2007年。
蘇州圖書館編：《蘇州圖書館藏古籍善本提要》，南京：鳳凰出版社，2004年。
陳先行等編著：《中國古籍稿鈔校本圖錄》，上海：上海書店，2000年。

單篇論文
漆永祥：《東吳三惠著述考》，《國學研究》2004年第13卷。
張素卿：《從典範轉移論惠棟〈周易本義辨證〉》，臺灣師範大學《國文學報》2013年第53期，第
　　　　93—118頁。

乾嘉學者對王應麟《詩考》的校、注、補、正*

馬 昕

　　三家《詩》學發軔於漢初，歷經兩漢四百年興盛之後突然衰落下去，魏晉以來幾無傳人，其文獻著述也基本亡於南宋，至今惟存《韓詩外傳》。三家《詩》在宋代已成"絶學"，但隨着疑經辨僞與考據求實之風的興起，仍得到一定的關注。

　　宋末大儒王應麟（1223—1296），字伯厚，號深寧居士，世稱厚齋先生，慶元府（今浙江寧波）人，淳祐元年（1241）進士，官至禮部尚書。他從群書中廣加搜討，輯得三家《詩》佚文遺説數百條，撰成《詩考》一書，是爲三家《詩》輯佚之濫觴。自王應麟編成《詩考》後，三家《詩》輯佚在元明及清初久經沉寂，陷入低谷，直到清代乾嘉時期才迎來一次成果蜂出的高潮。而當時的一大批學者正是以《詩考》爲載體來間接展開三家《詩》輯佚工作的，形成了清代三家《詩》輯佚史上一道極富特色的風景綫。

　　乾嘉學者對《詩考》的整理，包括校、注、補、正四項内容。"校"是指對《詩考》進行校勘。"注"是指對《詩考》考證未周、言語不明之處進行注釋。"補"是指在《詩考》輯佚的基礎上續爲增補。"正"是指糾正《詩考》之失誤錯謬，並調整原書之格局體例。

---

* 本文係國家社科基金青年項目"三家《詩》輯佚史研究"（14CZW037）階段性成果。

實際上，在明末就已有董斯張在其《吹景集》卷八《補王伯厚〈詩考〉》一文中，對《詩考》提出十九條訂補意見，但可惜一無規模，二無體系。而第一位對《詩考》進行全面整理且成就較高的人正是乾嘉學者盧文弨，他以《增校詩考》一書爲《詩考》的整理開啓端緒，導引先聲。此後，胡文英、嚴蔚、陳鱣、周邵蓮、丁晏等人各有專著，繼續推進這一工作。

一、盧文弨《增校詩考》

盧文弨（1717—1795），初名嗣宗，字紹弓，人稱抱經先生，余姚（今屬浙江）人，乾隆十七年（1752）進士，歷官翰林院編修、侍讀學士、湖南學政。他於乾隆三十四年辭官，赴各地講學，著述甚豐。他受乾嘉漢學浸染甚深，曾盛讚惠棟"是古人之功臣而今人之碩師也"①，又與戴震交情甚篤，並在其影響下"始潛心漢學"②。在其學術成績中，最爲人所稱道者乃校勘學，一生所校之書竟不下二百種③，其中就包括《詩考》。另外，盧氏對輯佚之事也很關注：一方面爲其他學者的輯佚之作撰寫序跋、題辭，對其輯佚之功予以表彰；另一方面亦親力親爲，爲前人輯佚之作進行補充訂正，其《增校詩考》一書正屬此類成果。其實，在他看來，校勘與輯佚在本質上具有共通性，即都是對古書原貌的恢復。他在從事校勘時主張不改本文，而輯佚工作恰是從古書引文中將亡書鉤稽出來，彼之所改正是此之所采。盧氏將其對《詩考》的整理成果冠以"增校"二字，正體現了輯佚與校勘的結合。"校"是校勘王氏之書，"增"是爲王氏拾遺補漏，而這也算是一種新的輯佚。

（一）盧文弨《增校詩考》的成書情況

《增校詩考》的成書情況較爲複雜。據《王厚齋〈詩考〉跋》，盧氏在乾隆十五年第一次校訂《詩考》，"以元本《補遺》各歸本篇"④，"增其所未備者若干條，又所注書名復鱉而析之，視舊本稍詳正矣"⑤。

到乾隆四十五年，他又對《詩考》進行第二次整理。《增校詩考》終於形成較爲完善的面貌。據《增校王伯厚〈詩考〉序》，此次整理主要做了如下幾項工作。

其一，補入大量新材料。既云"增校"，增補新材料自是題中應有之義。

---

① （清）盧文弨：《抱經堂文集》，中華書局，1990年，第25頁。
② （清）江藩：《國朝漢學師承記》，中華書局，1983年，第91頁。
③ 許殿才：《盧文弨校勘學的歷史地位》，《社會科學輯刊》1990年第1期，第102頁。
④ 《抱經堂文集》，第14—16頁。
⑤ 《抱經堂文集》，第110頁。

此次增補新材料之來源主要有二。一是《經典釋文》，《詩考》對《釋文》中的異文材料採錄不多，盧氏却認爲《釋文》具有很高的校勘價值，應予重視。二是《七經孟子考文》，盧氏認爲此書"要爲中土舊傳之本居多"，值得採錄。盧氏從這兩部書中輯出了超過七百條，將近新補內容之一半，確實值得在序中大書一筆。

其二，爲引文出處增添篇名、卷數。這體現清人相比宋人，有更嚴格的學術規範。

其三，將全書釐爲四卷。《詩考》有兩大版本系統：《玉海》附刻系統皆爲一卷，《詩集傳附錄纂疏》附刻本則爲六卷。盧氏初訂《詩考》時用一卷本，未改卷數，二訂時就分爲四卷，這是因爲"所增益者多"。這也從側面說明，盧氏初訂時所作的訂補並不多，二訂才奠定了今天的面貌。

其四，廣泛吸收清代學者的最新成果。盧氏在《增校王伯厚〈詩考〉序》中批評清初學者嚴虞惇（1650—1713）《讀詩質疑》和乾隆學者范家相（？—1769）《三家詩拾遺》，"於王氏採用之誤則皆未能盡正"，並讚揚丁傑（1738—1807）校本"凡王氏之沿訛互異者，一一釐革"。他在序中僅言及嚴、范、丁三人，實則其所參考的前人意見遠不限於此三氏。筆者搜檢全書，梳其引用他人之處，共計十六家。其中包括已故的學界前輩，如陳啓源（1處）、嚴虞惇（11處）、何焯（1處）、范家相（23處）等；還包括與盧氏同時期的乾嘉學人，如惠棟（1處）、余蕭客（1處）、戴震（2處）、錢大昕（1處）、段玉裁（12處）、浦鏜（1處）、丁傑（53處）、梁履繩（80處）、陳樹華（2處）、孫志祖（19處）、臧庸（211處）、莊述祖（1處）[①]等。增補材料的體例分兩種情況：若是爲《詩考》增補新材料，則徑出專條，在出處末標以"某增"二字；若僅是爲《詩考》已收材料增添新的出處，則在原出處後標注"某云""某氏云""某引"或"某本"；若是對《詩考》引文或盧氏增補內容中的問題進行備註，亦標"某云"。

以上介紹的是二訂本的情況。但筆者認爲，這還並非《增校詩考》的最終形態。在此之後，盧氏至少還進行了第三和第四次修訂。盧氏在二訂時採錄范家相觀點23次，丁傑53次，這在盧氏序中已作交代。但盧氏對梁履繩、孫志祖和臧庸三人的引用也不少，甚至能超過范、丁，但盧氏序中却未提及此三人。這實在值得懷疑。今觀盧氏對梁氏、孫氏的引用，多是針對盧氏的增訂內容而

[①] 《增校詩考》卷一收莊氏所補材料，僅注"莊增"二字，未言何人。考莊述祖於乾隆四十二年攜所校《白虎通義》，見盧氏於鐘山講舍，盧氏作序以稱揚之。述祖又曾輯《鍼膏肓》《起廢疾》《發墨守》，盧氏於乾隆四十五年爲其作序。可知，盧、莊二人于盧氏二訂《詩考》之前已有交。且莊述祖曾作《毛詩考證》，亦頗涉三家《詩》。故所謂"莊增"，應即莊述祖所增。

言。這樣的案語，梁氏有 27 條，孫氏有 4 條。這些都是梁、孫專門針對《增校詩考》提出的，而非盧氏從二人著作中摘引的。例如卷三《小宛》篇，盧氏增引《七經孟子考文》："古本作鶺鴒。"梁云："《文選注》四十五正作鶺鴒。"其中"正"字就暴露出此點。再如卷二《蟋蟀》篇，盧氏增引《釋文》之異文"無以太康"，孫云："又見《後漢書·張升傳》注。""又見"二字亦如上例。《釋文》和《七經孟子考文》，是盧文弨二訂時才開始採録的。梁氏、孫氏的意見分明是對二訂本而言的，盧氏若再將梁、孫的意見收入《增校詩考》中，則還需三訂。

在盧氏對臧庸觀點的引用中，也有 60 條是針對《增校詩考》提出的，同上文之例。此外，還有一些臧氏的意見是針對梁、孫而發的。如卷二《新臺》篇，孫氏據《文選注》增引異文"嬿婉之求"，下引臧云："嬿婉之求，亦見《玉篇·女部》《白帖》十七。"卷三《行葦》篇，梁氏據《文選注》增引異文"嘉肴脾臄"，下引臧云："又見《玉篇·肉部》。"從"亦見""又見"即可知是針對梁氏、孫氏而言的。如果將梁氏、孫氏之説收入書中已是三訂時所爲，則收入臧氏説就只能是第四次修訂了。乾隆五十四年，盧氏主講常州書院，臧氏往受經學，得盧氏賞識。此後，二人在學問上切磋互進，建立起深厚的師生情誼。盧氏若要吸收臧氏的意見，只能在此年之後，這比二訂《詩考》還要晚九年。

關於《增校詩考》的版本情況，張祝平已有專文加以探查①。其中最重要的一種是 1936 年江蘇國學圖書館盋山精舍石印本。此本書名題作"盧抱經增校（附諸家校補）詩考"，扉頁正面題"盧抱經增校詩考，附李香子、臧在東、丁小雅、趙寬夫、汪小米、馮勺園、陳扶雅、孫頤谷、徐北溟、曹柳橋諸家校補"，背面題"乙亥冬十二月盋山精舍寫印"。書前有丁丙提要、王應麟《詩考序》及盧文弨《增校王伯厚〈詩考〉序》，書末有王應麟《詩考後序》、盧文弨《王厚齋〈詩考〉跋》及柳詒徵 1935 年跋。此本不僅保存了盧氏的訂補文字，還將臧庸、趙坦、汪遠孫、徐鯤、李富孫、馮登府、陳善、曹文昭等人的簽注批校録入正文，成爲一個全新的《詩考》匯校集注本。柳氏跋云：

> 詒徵久欲景印是書，以示清儒由宋儒而躋漢學之門徑，第以朱墨交逢，籤題複疊，艱於攝影，爰屬館友依范經篇第匯録諸家籤識於盧氏所補之下，詳其色位，不相雜廁，並據《抱經文集》增抄序跋，以彰商量邃密、前作後述之懿。雖未克使閲者備見群賢筆跡，而薈萃衆説，展卷了如，尤便循覽。

---

① 張祝平：《"三家詩"輯佚研究的重要系列著作》，中國詩經學會編《第三届詩經國際學術研討會論文集》，天馬圖書有限公司，1998 年，第 608—609 頁。

我們接下來對《增校詩考》的研究，就以此本爲准。

(二) 盧文弨《增校詩考》之內容與得失——三家《詩》部分

盧文弨對《詩考》的整理兼備校、注、補、正四個方面，下面逐一論述。

1. 校

校勘是盧氏的治學之本、入門之階。他遍校群籍，主張"相形而不相掩"，即在儘可能保存底本原貌的情況下提供校勘意見，對校是其最常用的方法。但《詩考》的特殊性在於，其爲輯佚之作，所收內容均係抄自群書，自作者少而取於前人者多，對校的意義也就不大了。而從盧氏的校記中確實也看不出他曾以多個版本對勘，他可能並未掌握可供參校的其他版本。反過來，據其引文之原出處進行他校就顯得特別必要。盧氏在《增校詩考》中用得最多的也正是他校法。

一是據今本原書完成他校，其中又有兩種處理方式：若《詩考》所引與《毛詩》相異，今本原書反而相同，盧氏便不改《詩考》本文，而僅將原書信息注於校記；若《詩考》所引與毛相同，今本却現異文，盧氏便徑改《詩考》本文，不加說明。盧氏似存在這樣一個邏輯習慣：古書引用《詩經》多係出於三家，本多與《毛詩》相異，但其書經多年傳抄、翻刻，後人竟據《毛詩》改之。若今本古書所引三家《詩》文字與《毛詩》相異，便是"漏網之魚"，彌足珍貴；若相合，便是後人竄改之結果。盧氏對前一種情況聽任不改，對後一種情況便認爲是王應麟所據之本已經竄改。盧氏《王厚齋〈詩考〉跋》云："余又觀近時人往往見古人所引《詩》《書》與今不類者，輒以意更之，使得見此書亦當瞿然知其不可妄作，故余急校而錄之。"正體現這一邏輯。

二是據原書之外的材料完成他校。在此類情況中，盧氏多數據他書改本文，只不過有時會出按語說明，有時則不出按語。

2. 注

"注"是對《詩考》所存之具體《詩》說的考證與申釋，最見盧氏考證之功。其所考釋者，大概包括三個方面：一是對訓詁材料進行考證；二是對異文材料進行解釋；三是以《詩考》所引《詩》說爲據，進而推衍出其他《詩》說的師法。第三方面尤其值得我們注意，意味着盧文弨對三家《詩》定派方法是有探索的。

3. 補

"補"，是對《詩考》的拾遺補漏。一是補充《詩考》所未收的新材料。二是將《詩考》引文抄錄不全的材料補足。三是爲同一條材料補足其他出處。四是爲引文出處補足篇名、卷數。下面重點説第一點。

《增校詩考》卷一是三家《詩》部分，盧氏在《詩考》之外增補材料 42 條。其中有 10 條出自《魯詩》石經，值得我們注意。《詩考》引《魯詩》石經，僅取其與《毛詩》相異之文，盧氏則認爲："《魯詩》今不傳，只此殘碑所有。其文雖與毛氏同，亦當載之，使後人猶得有所考正。今故據《隸釋》本全錄入。"可見盧氏已經注意到，不僅要搜集三家《詩》與《毛詩》相異的材料，也要重視那些相同的材料，不能片面誇大三家與毛之異，而看不到二者之同。

《詩考》在三家《詩》之後是《詩異字異義》。據筆者統計，盧氏在《詩異字異義》增補材料多達 1613 條，大大擴充該部分的篇幅。其中又以"異字"（即異文材料）爲主，共 1556 條，約占總數的 96.5%；"異義"（即訓詁材料）則僅有 57 條，相比於龐大的總數，幾乎可以忽略。可見，盧氏對異文材料的輯佚給以足夠的重視。但盧氏《增校詩考》所增内容竟以異文爲主，且大大突破三家《詩》的範疇，可見其所重視者乃在校勘而非輯佚，其所着眼者乃在整個《詩經》而非三家。若從引用來源來看，共涉及古籍 131 種，遍及四部。引用最多者爲：《毛詩釋文》（504 條）、《七經孟子考文》（187 條）、《爾雅》（56 條）、《説文》（55 條）和《文選注》（54 條）。

4. 正

"校""注"二事均不改變《詩考》原書的基本結構，"補"則是疊床架屋，層次分明，"正"則是對《詩考》本身的重新編排，是整理者意志的强烈體現。這方面工作雖使《詩考》體例更趨規整，却也使讀者難以辨别其原書之樣貌。經此一變，此書便不再是對王應麟《詩考》的簡單整理，而成了盧文弨自己的著作。盧氏所正之處共有四個方面。

一是調整引文材料的篇次歸屬。可惜的是，盧氏在這方面的改動往往不甚合理。

①某條材料所釋之詞出現於《詩經》多篇之中，若有據可考，王氏便系於某篇下。盧氏對王氏的判斷偶有不同意見，便將該條材料轉至他篇。如《水經注》引《韓詩》："其地在南郡、南陽之間。"乃釋地名"南"。《詩考》將此條列於《殷武》篇，盧氏則移至《韓詩》開篇以釋"二南"。筆者按，《殷武》篇言殷高宗武丁伐荆楚事，而《水經注》引《韓詩》此語，亦以釋荆楚地名，所指爲一，皆不同於周、召分治之二南。盧氏誤矣。

②《詩考》在《韓詩》之末列舉數條，王氏不知其究屬三百篇之何篇，便只能雜陳於此。盧氏則將其插入各篇之中。例如他將《文選注》所引《韓詩》"惟，辭也"之語插入《葛覃》篇。《詩考》之所以不將其插入具體詩篇，乃因

"惟"字多見於《詩經》,實不知其確屬何處。盧氏爲求體例規整,便將其插入首見"惟"字之篇。筆者以爲,此舉實無必要。

③《詩考》最後一部分是《補遺》,盧氏將此部分材料分別移入正文各篇之下。

④盧氏將《詩考》中不明師法歸屬而列入《詩異字異義》的材料插入三家《詩》部分。若能對這些《詩》說之師法歸屬有一正確判斷,此舉頗可贊許;但若不能,則反而會畫蛇添足。我們對此類改動是要頗爲謹慎的。如《關雎》篇收入《史記·儒林傳序》所云"周室衰而《關雎》作"之語,於《詩考》中本屬《詩異字異義》。馬端臨云:"《韓詩》說也。"盧氏據此將該條判爲《韓詩》,但馬說是否足據,頗可懷疑。

二是對同一詩篇中各條材料的順序進行規範化調整。《詩考》在同一篇中排列材料,大體依據其所釋語句在詩篇中的先後位置,不過也有失檢之處,盧氏則爲其順飭。

三是將部分小字注變爲大字正文。依《詩考》之例,在三家《詩》訓詁材料中,若其所釋語句與《毛詩》之間存在異文,王氏便先於大字正文中出其異文,再以小字注出其訓詁。盧氏則將小字訓詁皆升爲大字。

四是對引文出處進行規範化處理。

①《詩考》標注引文出處時,既要標出其所直接依據的古書,如《文選注》《漢書注》等,又要注明古書所引之原書,如《韓詩內傳》《韓詩薛君章句》等。我們權且稱前者爲"直接出處",後者爲"間接出處"。《詩考》標注出處時,若間接出處爲《韓詩》《齊詩》《魯詩》,則皆省去;若爲《韓詩內傳》《齊詩章句》《魯詩故》等,則二者全出。但王氏對二者的排列順序並無定制,時而先列直接出處,時而先列間接出處。盧氏改訂時則將其統一,皆先列間接出處,後空一格再標直接出處。

②《詩考》標間接出處時,常出全稱,盧氏皆改作簡稱。如《薛君章句》省稱爲"章句"或"薛君曰",《太平御覽》省稱爲"御覽"。

③對同一條材料多個出處的順序進行規範化調整,均按成書時間排列先後。

(三) 乾嘉時期其他學者對《增校詩考》的批校

盧文弨雖不是《詩考》校注補正工作的開創者,却是第一位集大成者。《增校詩考》在當時以盧文弨爲中心的學術圈子中產生了一定的影響。有十餘位學者爲《增校詩考》以眉批或夾註的方式作出批校。我們以1936年江蘇國學圖書館盋山精舍石印本及復旦大學圖書館所藏抄本爲據,分析出臧庸(1163處)、趙坦(144處)、汪遠孫(1處)、李富孫(21處)、陳善(6處)、徐鯤(11處)、曹文昭(8處)、顧廣圻(11處)、嚴元照(2處)、嚴蔚(1處)、馮登府（2處）、莊綏甲（1處）、臧鏞（9處）、馮桂芬（2處）等十四位學者。他們多數是活躍於乾嘉時期的學者，又以臧庸和趙坦爲最突出。乾嘉以後，這項工作逐漸没落，雖然問津者尚有幾位，但由於學術空間已很有限，新的成果在數量上早已大不如前。下面就臧庸和趙坦略作申説。

臧庸（1767—1811），本名鏞堂，字在東，更字西成，號拜經，一號用中，武進（今江蘇常州）人。益山精舍石印本保存了很多署名爲臧氏的墨筆眉批。臧氏眉批在三家《詩》部分增補的材料非常有限，且全部集中於《魯詩》《齊詩》兩部分，共計10處，取材於《漢書》《漢書注》《後漢書》和《白虎通》。而在《詩異字異義》部分，臧氏眉批所增補的材料共計1163條，涉及古書101種。其中異文材料1126條，占96.8%。

上文已述，盧氏在四訂《詩考》時大量引用臧庸的意見。筆者認爲，盧氏引用臧庸之説在前，而臧庸以批校方式對《增校詩考》進行訂補則在後，二者並非同時完成。

第一，盧氏引用臧庸之説與臧氏墨筆眉批存在自相矛盾的情況。《增校詩考》卷三《我行其野》篇，王應麟據《論語》引異文"誠不以富"。盧氏引臧云："案《正義》亦作'誠'，今本作'成'，誤。"此處，臧氏認爲作"成"是誤字。臧氏墨筆眉批却説："案《論語》'誠不以富'，邢《疏》引《詩》又云：'彼誠作成。'《箋》云：'女不以禮爲室家，成事不足以得富也。'則《詩》本作'成'字。"此處臧氏又認爲經文本作"成"字，前後矛盾，顯然這兩條意見並非一時所發。

第二，盧氏引用臧説與臧氏墨筆眉批所引的異文材料時常出現異文相同而出處不同的情況，共16例。這應是由於臧氏先補出前者，後又擴大了搜集範圍，於是在同一異文下增補了新的出處。若兩條材料爲同時所補，則不會如此。

而我們認爲臧氏眉批的時間更晚，則是因爲《增校詩考》一些較晚的稿本（如1936年楊晨《詩考補訂》本和國家圖書館藏梁濟愛古堂抄本）中只有盧氏對臧庸的引用，而没有臧庸的批校。並且，筆者還猜測，臧庸眉批是作於嘉慶五年（1800）參與校勘《十三經注疏》之後。因爲臧氏眉批與盧引臧氏説相比有一個明顯的區別，即眉批更重視來源古籍的版本。他引《毛詩故訓傳》有"古本"，引《爾雅注》有"宋本""吴本"，引《爾雅注疏》有"宋本""建本""元本"及"舊本"，引《毛詩釋文》有"宋本""葉抄本"，引《毛詩正義》則有"宋本""宋單疏本""馬本""葛本""秦本""監本""孫本""毛本"及"俗本"。這些材料均出自《十三經注疏》，臧氏對版本的關注，恐怕與他參與校勘《十三經注疏》的經歷有關。而臧氏正是在嘉慶五年入詁經精舍協助阮元校勘《十三經注疏》的。此時盧氏早已下世，臧氏眉批的意見也就不可能被盧氏收入《增校詩考》中了。

趙坦（？—1824），字寬夫，仁和（今浙江杭州）人，道光元年（1821）舉孝廉方正。阮元於嘉慶二年召諸儒編纂《經籍纂詁》時，將趙坦取入詁經精舍，著弟子籍。① 此時，趙坦得與臧庸結交。② 他對《詩考》的增補，也很可能是受了臧庸的影響。趙坦對《增校詩考》的增補都集中在《詩異字異義》，共144條，涉及古書48種。其中異文材料142條，占98.6%。趙坦增補的異文材料中，有25條是趙坦從臧庸之父臧琳《經義雜記》中援取的，可見其受臧氏父子影響之大。

在與盧文弨同時或稍晚，也有一些學者以專著形式對《詩考》進行整理，包括胡文英《詩考補》、嚴蔚《詩考異補》、陳鱣《詩考異再補》、周邵蓮《詩考異字箋餘》和丁晏《詩考補注補遺》。這些著作基本都在乾嘉時期完成，代表乾嘉學人的學術水平，也意味着對《詩考》的整理走向了深入。

二、胡文英《詩考補》

胡文英，字繩崖，武進（今江蘇常州）人，乾隆三十年廣東籍副貢，官高陽知縣，"覃精著述，尤粹於《詩》"③，著有《詩考補》《毛詩通議》《詩疏補遺》等書。《詩考補》共二卷，有乾隆四十九年留芝堂刻本。書前自序云：

> 王伯厚《詩考》一書援引精博，足以羽翼聖經。第其書……前後或有不倫重複，流傳既久，亥豕魯魚，茫然難辨。余好《詩》義數十載，虛心勤力，晚年始克成書，多得力於《詩考》。因念食其本而忘其報，心竊不適，爰取是書細校。倒者順之，誤者正之，複者刪之，蕪者節之，參差者整之。④

胡序指出其所做工作的四個方面："誤者正之"即訂謬誤，"缺略者補之"即補不足，"複者刪之"與"蕪者節之"即刪繁蕪，"倒者順之"與"參差者整之"即正次序。

（一）補不足

《詩考補》既以"補"爲名，其首義便在於增補拾遺。書中各篇皆先列

---

① （清）支偉成《清代樸學大師列傳》："會阮元視浙學，遂以經術受知，補諸生，入詁經精舍，著籍稱弟子。"周駿富編《清代傳記叢刊》，明文書局，1985年，第12册，第186頁。
② （清）趙坦：《保甓齋文録》卷上《哭臧再東先生文》，清道光七年（1827）刻本。
③ （民國）張維驤：《清代毗陵名人小傳稿》，周駿富編《清代傳記叢刊》，第197册，第112頁。
④ （清）胡文英：《詩考補》，《四庫未收書輯刊》影印清乾隆留芝堂刻本，北京出版社，2000年，第3輯第6册，第704頁。

《詩考》原條目，再列增補條目。以二《南》爲例，胡氏增補新材料134條，異文占112條。若按二《南》在全書中佔據的篇幅比例推算，全書所收新材料總數應在1400條上下，已接近盧文弨《增校詩考》的規模。

但這些新材料中也存在一些問題。

第一，將一些宋以後的書籍列爲搜采來源，這就將具有史料價值的古字古義與後人的一家之言相混淆，這些著述中的異文材料並無多少校勘價值，收之則過濫。如《關雎》篇引《六書精蘊》，乃明人魏子才所作。《樛木》篇引《奇字韻》，乃明人楊慎所作；又引《詩稗疏》，乃清人王夫之所作。《兔罝》篇引《詩集傳名物鈔》，乃元人許謙所作。《江有汜》篇引《五音篇海》，乃金人韓道昭所作。《何彼襛矣》篇引《詩解頤》，乃明人朱善所作。

第二，過分偏重對經部書的搜討，從史、子、集三部典籍中選取的材料很少。出自史部書的材料寥寥無幾，而子部只有類書稍多，集部只有《文選注》稍多。從二《南》來看，除一例未查明出處外，四部比例爲102：2：18：11。

（二）正次序

胡氏對《詩考》條目的調整絕非小修小補，而是在體例上作出根本改變。他打破《詩考》原有結構，破除了三家《詩》、《詩異字異義》和《補遺》的壁壘，將三者統一編排，依篇爲序，《國風》列爲卷上，《雅》《頌》列爲卷下。這就是"參差者整之"。接下來，在每一篇的《詩考》原條目和增補條目中，皆先列出對詩篇作者、時代、背景及大意的解說性材料，再列出與具體詩句有關的材料。而在後者中，異文、訓詁不相分立，渾然雜處，皆依所涉詩句在詩篇中的順序排列先後。這就是"倒者順之"。

（三）刪繁蕪

胡文英對《詩考》原條目並非完全採錄，而是刪其小半。以二《南》、三《衛》爲統計樣本，《詩考》原條目共計290條，胡氏刪去多達117條。刪去這些條目，有兩種原因。

其一是"複者刪之"，即將《詩考》中重出或互見的材料僅取其一，餘者刪汰。這種情況只是偶爾出現，不足重視。

其二是"蕪者節之"，即將《詩考》中重要性不大的材料直接剪除。這占了刪汰條目的絕大部分。但是，據筆者反復揣摩，並未看出其刪某條存某條的固定規律，只能隱約覺察出兩種取向。

一種是刪訓詁，存異文。我們以《卷耳》篇爲例，說明這一取向。下面是《詩考》中關於《卷耳》篇的全部條目，加括號文字爲《詩考》小字注。三段分別出自《韓詩》《詩異字異義》和《補遺》。我們用序號標出各個條目，以便叙述。

①項筐，欹筐也。②罍，天子以玉飾，諸侯大夫皆以黃金飾，士以梓。（《釋文》）③金罍，大夫器也。天子以玉，諸侯、大夫皆以金，士以梓。一升曰爵，爵，盡也，足也；二升曰觚，觚，寡也，飲當寡少；三升曰觶，觶，適也，飲當自適也；四升曰角，角，觸也，不能自適，觸罪過也；五升曰散，散，訕也，飲不自節，爲人所謗訕也；總名曰爵，其實曰觴。觴者，餉也。觥亦五升，所以罰不敬。觥，廓也，所以著明之貌。君子有過，廓然著明，非所以餉，不得名觴。（《韓詩說》，《正義》，又《儀禮疏》）④觥，容五升。（《釋文》）⑤云，辭也。（《文選注》）

⑥菤耳。（《爾雅》）⑦頃筐，易滿也。卷耳，易得也。然而不可以貳周行。（《荀子》）⑧能官人也。王及公、侯、伯、子、男、甸、采、衛大夫，各居其列，所謂周行也。（《左傳》）⑨酌彼金罍。（《漢書注》）⑩我乃酌彼金罍。⑪陟彼岨矣。（《說文》）⑫云何盱矣。（《爾雅注》）

⑬虺隤。（《卷耳》）⑭瘣隤。（《說文》）

①—⑤、⑦、⑧這七條是訓詁材料，其餘七條是異文材料。而胡氏刪汰的恰是七條訓詁，保留的也正是七條異文。此類現象在《詩考補》中比比皆是，無煩再舉。

第二種取向是刪同文，存異文。這裏的"異文"專指用字和今本《詩經》不同的，而《詩考》中還有與今本《詩經》相同的用字材料，我們在這裏暫稱爲"同文"。以《新臺》篇爲例，下面是《詩考》中《新臺》篇的全部條目，三段分別出自《韓詩》、《詩異字異義》和《補遺》。

①新臺有泚，河水瀰瀰。②泚，鮮貌。③瀰瀰，盛貌。（音"尾"。《釋文》）④嬿婉之求。⑤嬿婉，好貌。（《文選注》。《說文》作"㜷婉"）⑥得此戚施。（薛君曰："戚施，蟾蜍，喻醜惡。"《太平御覽》）

⑦新臺有玼。⑧得此醜䵷。（《說文》）⑨㜷婉之求。（同上）

⑩得此戚施，《韓詩》。⑪薛君曰："戚施，蟾蜍，喻醜惡也。"（《說文》："鼀黿，詹諸也。"）

②、③、④、⑪爲訓詁材料，皆被胡氏刪去。在七條異文中，只有⑥、⑩被刪，其餘皆存。就是因爲這兩條中的"得此戚施"與今本《詩經》相同，而其餘五條皆與今本不同。

另有一些現象更清晰地暴露出這兩種取向。《詩考》中的有些材料是兼異文與訓詁的，即所引古書中既保存了對字詞的解釋，而其所釋之字詞又與今本存在異文。胡氏對這種材料的做法通常是，保留異文，刪去訓釋。《詩考》中引用異文材料時常將上下句也引出來,其中只有一句存在異文,另一句是同文。胡氏對這種材料的做法則是,保留異文句,刪去同文句。例如,《詩考·詩異字異義》引《說苑》:"孔子曰:'未見君子,我心則悅。《詩》之好善道之甚也如此。'"胡氏僅存"我心則悅"四字,其餘皆刪。因爲"《詩》之好善道之甚也如此"一句是訓詁材料,"未見君子"則與今本《詩經》相同。而"我心則悅"在今本《詩經》中作"我心則說"。

(四) 訂謬誤

胡氏對《詩考》引文及出處信息中的一些錯誤加以指正,往往逕改而不加説明。

最後,我們對這四方面工作的得失作一評估。在《詩考補》中,訂的任務最少,僅偶爾出現,幾乎可以忽略,主要看其他三個方面。首先,此書既以"補"爲名,補不足便是最重要的任務。胡氏在這方面下的功夫最大,成果也最多。其增補數量已接近盧文弨《增校詩考》的水平,就着實證明了這一點。但其所補內容存在粗疏失衡之處,從其引用明清著作這一點來看,胡氏的學術眼光遠不能與盧文弨相比。但這還不是大問題。真正值得批判的是他在正次序時犯的錯誤。他將《補遺》中的條目插入各篇,這一點值得肯定,也與盧文弨所見略同。但他將三家《詩》和《詩異字異義》整合編排的做法却對《詩考》構成了根本性的打擊。應麟作《詩考》,其意首在網羅三家之遺存,並附帶收錄不明派屬的異字異義。前者是主,後者是輔。但胡氏將二者混編之後,三家《詩》材料的具體師法很少被提及,派屬特徵遭到消弭,變得與異字異義並無分别。如此一來,三家《詩》就成了異字異義的附庸,本末倒置。接下來,"删"的工作加劇了這一變化。如上文所言,胡氏所删者,多爲訓詁與同文。這樣一來,整部《詩考》就越發趨近於"詩異文考"。原本是一部三家《詩》輯佚著作,最後變成了異文類著作。至少從三家《詩》的角度來看,其學術意義大打折扣。這不利於三家《詩》輯佚與研究的開展,對《詩經》異文研究的幫助也很有限。胡氏的這一問題其實也反映出《詩考》校注補正類著作的一大問題,就是不斷向異文研究的方向靠攏,三家《詩》的色彩反倒逐漸暗淡。

三、嚴蔚《詩考異補》

嚴蔚,字豹人,一字豹文,吳江(今屬浙江)人。其所作《詩考異補》,書前有乾隆四十九年江聲序。該書編纂初衷,大抵如江序所云:

南宋王厚齋采輯其異文,作《詩考》。國朝嚴思聞先生纂《讀詩質疑》

四十六卷，內有《考異》一卷，蓋就王書而增廣之者。今思閣之從曾孫豹人者，好學敏求，多聞淹貫，讀其族曾王父《毛詩考異》，嫌其未備，從而補之。①

清初學者嚴虞惇著《讀詩質疑》，其卷首有《經文考異》（即江聲所言之《毛詩考異》），專收《詩經》異文材料。嚴蔚此書，即是在《經文考異》基礎上續爲增補。全書共二卷，卷上爲《國風》，卷下爲《雅》《頌》。各篇先列嚴虞惇原條目，再列嚴蔚增補條目。嚴蔚所補，共計309條，涉及古書43種，引用最多的是《説文解字》和《經典釋文》。

嚴蔚號稱是爲《經文考異》增補材料，實則是從《詩考》中採錄的，也就是《詩考》原有而嚴虞惇未加採錄的材料。那麽，嚴蔚重新補入這些《詩考》材料的標準又是什麽呢？據筆者觀察，大抵有兩種取向。其一是不取同文而存異文，這與胡文英《詩考補》類似；其二是不取同義而取異義，這就體現出嚴蔚獨特的品位。他從《詩考》摘抄異文材料補充《經文考異》時，這些材料並非簡單抄錄，而是附以古書中對該字詞的訓釋。若此異文的意義與《毛詩》不同，則錄之；若意義相同而僅是通假字或異體字的關係，則不錄。從中我們能覺察出嚴蔚"由字以通其義"的理念。例如，下面是《詩考》中《小星》篇的條目，三段分別出自《韓詩》《詩異字異義》和《補遺》。

①實命不同。②實，有也。（《釋文》）
③寔命不猷。（《爾雅注》）④維參與昴。（《集韻》）
⑤幬。（《小星》"裯"）

嚴蔚僅取前兩條，後三條皆棄而不取。因爲材料④與今本用字相同。材料③中的"猷"，今本作"猶"，二者義同；材料⑤中的"幬"，今本作"裯"，二者義亦同。而材料①、②則不然。材料①，今本作"寔命不同"，二者用字不同。材料②將"實"釋爲"有"，而《毛傳》云："寔，是也。"二者意義亦不同。但以上所說的兩種取向只是大體成立，在《詩考異補》中仍存在大量例外。

最後，我們還是要對《詩考異補》的得失作一評估。此書乃專對嚴虞惇《經文考異》進行增補，但其增補內容中創新者少，襲舊者多，因此成就不高，對後世的影響也不大。而其自序對此書的價值做出了這樣的概括："可見《毛詩》異文散見於古帙者尚多有之。"從中可以看出作者的自我期許，蓋其意皆在於《毛詩》異文，而不及三家。這與胡文英《詩考補》如出一轍。

---

① （清）嚴蔚：《詩考異補》，《四庫未收書輯刊》影印清乾隆二酉齋刻本，北京出版社，2000年，第3輯第6冊，第682頁。

四、陳屾《詩考異再補》

陳屾，乃嚴蔚妻弟，著有《詩考異再補》。該書今存二卷殘稿本，僅有《國風》部分，藏於清華大學圖書館。書前江聲序云："豹人之從事於是編也，予既爲叙之矣。刊成後，豹人出一册以贈其妻弟陳屾。屾，予之女壻也。取而讀之，猶以爲未備，乃更補之。補之者且倍於前矣。"其體例分明：嚴虞惇之説頂格直書，嚴蔚之説標以"補"字，陳氏己説則標以"再補"二字。三者相比，陳氏所補者遠多於二嚴，具備相當的創新性。可惜書未刊梓，影響受到限制。據筆者統計，陳氏增補材料共計1136條，採用古書98種，其中引用最多的是《經典釋文》《文選注》和《七經孟子考文》。而這只是殘存的《國風》部分，若按全書計算，其數量勢必會接近盧文弨和臧庸的總和。

此外，陳氏還以案語形式對其所補內容加以説明。這些案語的內容包括以下幾個方面。

（一）申明增補體例

全書各處共有十一處案語旨在發凡起例，規定增補體例。今筆者將其盡數摘錄於下，以見此書之編纂精神：

①《釋文》雖不全錄經文，而《釋文》所引即陸氏之定本也。《音義》所言"本亦作某"者，唐時別本也；所云"字亦作某"者，亦唐時士林經用之字也。雖有訛誤，來亦古矣。是編故一一收入無遺。雖間一録之，而訛謬字所不敢收。（卷一《關雎》篇）

②《爾雅》一書專爲釋經，故雖偏旁小異，且非全引詩語，亦所必録。（卷一《關雎》篇）

③"于""於"二字義異而音亦不同，然近人則溷爲一字久矣。是編故略存其一，以見所征之不漏而已，後不復及。（卷一《葛覃》篇）

④阮制軍元云：山井氏所稱古本及足利本，以校諸本，竟爲唐以前別行之本，所稱宋本，往往與漢晋古籍、《釋文》別本、岳珂諸本合，故屾於是集偶一録之，後不復及。（卷一《卷耳》篇）

⑤司農所讀皆當時別本，"本有作此"者斷無無所援據而專任臆見者也。考之《正義》，合之古説，歷歷可證，故是編亦盡取之。（卷一《野有死麕》篇）

⑥是編所引，斷自宋以上。然《集傳》則士林所崇奉也，邢、孫經疏則功令所折衷也，故備引之。餘如東萊、華谷、厚齋之等，間一及之，不

盡收矣。（卷一《何彼襛矣》篇）

⑦"維""惟""唯"，古者三字，音同義異，今則混而一之。故是編僅録此一條，以後不收。（卷一《何彼襛矣》篇）

⑧《説文》無"淒"字，華谷不識字，故有此言。以後凡遇此等無稽之談，勿復以溷是編已。惟《釋文》及《七經孟子考文》所載，雖俗書亦概録之，説見前。（卷一《緑衣》篇）

⑨《御覽》所引異文極多，何獨征此一條？今《再補》中概不收入，其收者因他書連及之，亦偶然耳。（卷一《凱風》篇）

⑩古"女""汝"迥别，今混而一之，故後不復綴。（卷二《大叔于田》篇）

⑪"珮"即"佩"之俗，實一字也，後不復收。（卷二《女曰雞鳴》篇）

以上皆是對材料的選取尺度加以規定，具體又分爲兩類。第一類是從材料來源的角度規定的。條例①和④認爲《釋文》《七經孟子考文》所保存的材料由來久遠，校勘價值較高，故當儘可能收録。條例②認爲《爾雅》專爲釋經，亦當收録。條例⑤認爲鄭衆所讀合於古説，當盡數收録。條例⑥認爲朱熹《詩集傳》雖爲宋人晚出之作，但影響較大，亦當收録；而其餘宋人著作包括吕祖謙《吕氏家塾讀詩記》、嚴粲《詩緝》和王應麟《詩考》等，只需偶爾引及，並不盡收。條例⑨認爲《太平御覽》在二嚴著作中就引述極少，故於《再補》中當沿其例，概不收録。第二類是從材料性質的角度規定的。條例③、⑦、⑩、⑪認爲於/於、維/惟/唯、女/汝、珮/佩這四組字雖本有别，但今已混用，故此類異文不復收録。條例⑧認爲無稽之談，不當收録。

（二）解釋異文材料中的疑難問題

一是確定異文材料所歸何篇。有些異文在今本中没有對應的句子，便不知當歸入何篇。陳氏在這方面提出了一些意見。如《文選注》引《詩》"皇輿夙駕"，今本並無此句。陳氏將其列入《定之方中》篇，以爲"星言夙駕"之異文。

二是申明異文材料與今本用字之間的假借、異體或同義互用關係。

三是指出異文材料出現分歧的原因。若異文材料與今本用字之間存在實質性分歧，便需決其正誤，並分析致誤原因。有將近二十處陳氏案語均是如此。如《七月》篇今本作"七月鳴鵙"，崔靈恩《毛詩集注》却作"五月"。陳氏首先從曆法角度，認爲夏正五月即周正七月，《七月》詩言月份時用夏正，《禮記·月令》又載"鳴鵙"之事當在夏五月，因此崔靈恩《集注》作"五月"是正確的，今本有誤。但這種訛誤是如何造成的呢？陳氏認爲此事源於文字訛誤，即古文中"五""七"形近易混。

（三）指斥部分三家《詩》異文材料之可疑

一是斥宋人董逌所引《韓詩》之妄。兩宋之際的董逌在《廣川詩故》一書中多存三家《詩》説，尤以《韓詩》爲主。陳氏於卷一《終風》篇云："廣川所謂《韓詩》，不過見《説文》而附會之耳。唐人未言而宋人言之，將誰欺？"

二是斥宋人所引《齊詩》之妄。《齊詩》亡於曹魏，久不爲人所識，却被一些宋人著作直接引用，殊爲可疑。比如王應麟《詩考》引曹粹中《曹氏詩説》，陳氏案云："《齊詩》亡於漢末，放齋何由見之？蓋徒據《儀禮》合樂之次而附會之耳，不足信也。"

三是斥明人《子貢詩傳》《申培詩説》之僞。陳氏在《螽斯》篇案語中稱此二書"皆後人僞造，不可信"。

關於宋人所引僞《齊詩》和明人所造僞《魯詩》，陳氏認爲是同一性質的事件，是經學發展過程中的逆流，必須嚴厲批判。在輯考《詩經》異文時，這些僞説也確實應當筐除。

（四）對前人説法或用或駁

陳屾在《詩考異再補》中多引元明清學者的説法，其中包括元代的胡一桂，明代的馮復京、張自烈，清代的顧炎武、陳啓源、惠棟、阮元、段玉裁、錢大昕、程際盛、鍾英等。此書既是承王應麟《詩考》、嚴虞惇《詩考異》和嚴蔚《詩考異補》之餘緒，自然也會引及王氏、二嚴之説，其中亦不乏批駁之見。即便嚴蔚是其姐夫，陳氏也不避嫌諱，不認私情，直下案斷，而且在對前人的批駁中以駁嚴蔚者爲最多。

（五）提供新材料

陳氏增補材料，依例當標以"再補"，直出其文。但若其所提供的新材料與二嚴增補的材料有密切關係，陳氏即在二嚴條目中隨文出案。

（六）加注引文出處或篇名、卷數、年份、部首等信息

以上介紹的三部著作——胡文英《詩考補》、嚴蔚《詩考異補》和陳屾《詩考異再補》，均是以補和正爲重點。在這兩方面均貫穿着一個趨勢，即對異文愈來愈看重，對訓詁愈來愈輕視，三家《詩》的色彩也隨之愈來愈淡。

在"補"這方面，胡著增補材料在1400條左右，異文爲主，訓詁次之。二者在數量上雖有多寡之別，但並無主輔之分，後者並不依附於前者。嚴著增補

共計300餘條，專收異文，部分異文材料之後附以訓詁。這時，異文和訓詁的數量對比已不重要，關鍵是後者完全處於附庸地位。三書中，陳著的增補數量最多，全書預計可近3000條，也是專取異文，訓詁材料則不再附入，甚至連附庸地位也保不住了。從這一發展過程中可以總結出：胡、嚴、陳三人對異文材料的偏好越來越強。

在"正"這方面，三書均打破了《詩考》的原有體例，將三家《詩》與《詩異字異義》的材料進行重排混編。在此過程中，《詩異字異義》的材料並未被考證出師法派屬，歸入三家；但三家《詩》的材料反而被撕下了師法的標籤，被視作尋常的異字異義。這樣一來，三家《詩》作爲漢代經學流派的一大本質特徵——師法派屬，便被淡化甚至抹除，《詩考》中三家《詩》的色彩被極大淡化。

以上兩方面均反映出，乾嘉（尤其是乾隆朝）學人對《詩考》的校注補正，正向着離三家《詩》問題越來越遠的方向發展。而這與盧文弨、臧庸等人如出一轍。此後，在嘉慶年間又出現了一部對《詩考》進行訂補的著作，即周邵蓮的《詩考異字箋餘》。

五、周邵蓮《詩考異字箋餘》

周邵蓮，字湘浦，奉新（今屬江西）人，乾隆五十四年舉人，先後任華容縣、武陵縣知縣。其所作《詩考異字箋餘》十四卷，乃針對《詩考》而作，故名曰"詩考"；它也像胡、嚴、陳三著一樣，將目光集中在異文方面，故名曰"異字"；但又不像三書那樣以補、正爲主，而是以箋注、考證見長，故名曰"箋餘"。

其體例特色可概括爲如下幾點：①依三百篇爲序，篇題頂格書寫；②下列《詩考》所收異文，並依所涉詩句之序對三家《詩》、《詩異字異義》及《補遺》中的材料做重新編排，皆上空一格書寫；③若增補《詩考》未收之異文，則系於《詩考》原文之下，空兩格書寫；④若引前人之說以申釋異文，亦空兩格書寫；⑤若邵蓮自發議論，則空三格書寫，並標"邵蓮案"三字。以下對體例③—⑤作詳細分析。

一是增補新材料。周氏所補新材料總量在1500條上下，與盧文弨《增校詩考》相當。其中引自《經典釋文》者過半，其次是《七經孟子考文》，與盧文弨二訂《詩考》相近。

二是引前人之說以申釋異文。周邵蓮所引前人之說至少包括楊慎、顧炎武、馮嗣京、陳啓源、惠棟、范家相、盧文弨、宋綿初、段玉裁等數家，其中借助於陳、盧二氏者最多。周氏引述前人，皆經精心選擇，多指向異文材料中的疑難問題。若前人之說已詳考其中原委，得出較爲允當的結論，則只引而無案；若前人之說存在可商之處，則先引之而後加案反駁。

三是自下案語，箋釋疑難。若前人之說無可據，則需自爲考訂，在案語中解釋異文材料中的疑難問題，或是解釋異文難字的意義，或是分析異文之間的關係，或是決定異文之去取。

我們將《詩考異字箋餘》與胡文英、嚴蔚和陳峃的著作放在一起，仍會發現一種強烈的"異文化"的傾向，即對《詩考》的整理和訂補愈加倒向異文研究。若就此發展下去，勢必將與專門的《詩經》異文研究合流，向着對全經進行通校通釋的方向發展，三家《詩》的地位便無法突顯。所幸，嘉慶晚期開始創作、道光初年終於成書的另一部著作有力地扭轉了這一局面，它不僅充分維護《詩考》中的三家《詩》色彩，而且避免了對異文材料的過分偏重。這就是丁晏的《詩考補注補遺》。

六、丁晏《詩考補注補遺》

丁晏（1794—1875），字儉卿，又字柘堂，號石亭居士，山陽（今江蘇淮安）人，道光元年（1821）舉人，官內閣中書。其著述極豐，且以雅好鄭學爲特色，很多著作都是圍繞鄭玄展開的（如《毛鄭詩釋》《鄭氏詩譜考正》等）。其補訂《詩考》之遠因亦是出於對鄭學的愛好。鄭玄箋《詩》注《禮》，皆兼采三家《詩》，丁氏由此而激發出對三家《詩》的研究熱情，倒也順理成章。而其近因則是對《詩考》的"舛謬錯出"感到遺憾。他認爲，王應麟所輯《周易鄭氏注》及《詩考》皆附刊於《玉海》之末，但前者已有惠棟校本，後者仍無善本，其謬誤一直未得是正。丁氏便欲承擔起這一使命，將《詩考》原書中"前後重出""編次未當"和"援據未精"的弊病，以及傳抄、刊刻過程中又出現的新謬誤，都進行一番訂正①。其自序又云："複者刪之，訛者正之，失次者移之，未詳者申之，加案字以別於舊，爲《補注》二卷；復捃摭其缺略，蒐羅遺軼，爲《補遺》一卷。"② 可見該書首爲《補注》二卷，所做工作包括刪繁冗、訂謬誤、正編次、注疑難這幾項；次爲《補遺》一卷，則專意於增補新材料。丁氏道光四年（1824）所作後序也說"始定爲三卷"③。兩序皆明言《補注》二卷，《補遺》一卷，可見三卷是此書最初形態。今北京大學圖書館藏稿

---

① （清）丁晏：《詩考補注補遺》，《叢書集成續編》影印《花雨樓叢鈔》本，新文豐出版公司，1989年，第108冊，第411頁。
② 《詩考補注補遺》，《叢書集成續編》第108冊，第411頁。
③ 《詩考補注補遺》，《叢書集成續編》第108冊，第498頁。

本和國家圖書館藏抄本，均不分卷。另有叢書刻本三種，《六藝堂詩禮七編》本和《頤志齋叢書》本均爲三卷，《花雨樓叢鈔》本則分爲四卷，改變了丁氏的原有編次。《詩考補注》二卷與別本無異；《詩考補遺》則分爲二卷，三家《詩》部分屬上卷，《詩異字異義》及《逸詩》屬下卷。下文即採用四卷形式，對《詩考補注》和《詩考補遺》分別加以介紹。

丁氏在《詩考補注》中最重要的工作便是"注"。其所注者，與別家相比，較有特色，大體包括如下幾方面。一是注完整出處。《詩考》於引文出處僅標書名，篇卷信息皆無，丁氏則詳注之。二是注引文語境。《詩考》引異文材料，僅出詩句，却不交代此句在原書中的上下文語境，丁氏則詳引之。如《詩考》於《甘棠》篇引《韓詩外傳》"蔽芾甘棠"，丁氏則將《外傳》此條故事悉數引出，以見該句本意。三是注四家異同。《詩考》援引三家《詩》説，丁氏則引毛説，較其異同，以揭示四家之同爲主。事實上，四家《詩》説確實是同者居多而異者較少。前人輯佚三家《詩》之初，多是標識出四家之異，以滿足好奇立異的需求。但隨着對三家《詩》認識的加深，人們越來越重視四家之同，並以三家佐證《毛詩》，這無疑是更接近於事實的。丁氏很少明言四家相通，而是將不同流派的《詩》説一一列出，讀者自然能體會出背後的傾向。

在"校"這方面，《詩考補注》最突出的特點是，丁氏很注意將《詩考》引文與今本原出處作比對，標出其中差別。而且尤其值得稱道的是，丁氏能公允地看待二者之間的差異，對二者的是非作出冷靜判斷，不輕易斷言是《詩考》誤引。如《詩考》於《汝墳》篇引《後漢書注》："今《後漢注》'焜'俱作'燬'，此後人據毛以改韓，不可依據。厚齋所見爲宋人舊本，當從之。《釋文》：'燬，字書作焜，音毀。'《説文》引《詩》亦作'如焜'。"丁氏據《釋文》《説文》所引異文，判斷"焜"乃古本已有之字，並非應麟誤引。今本《後漢書注》却作"燬"，同於《毛詩》，則是後世無識之人所臆改。

在"正"這方面，丁氏與盧文弨相似，均將《詩考·補遺》的零散條目一一併入正文各篇，對於王應麟判斷錯誤、自亂體例的條目，也能移至其當屬之處。

上引丁氏自序對《詩考補注》和《詩考補遺》的分工作過説明，增補新材料的任務僅在《詩考補遺》中完成，但實際上丁氏在《詩考補注》案語中也補充了很多新材料。由於丁氏的注皆是針對《詩考》原文而發，因此這些新材料也都是與《詩考》原文密切相關的內容。若與《詩考》引文無關，則列入《詩考補遺》中。這就是《詩考補注》和《詩考補遺》在增補材料上的分工。

《詩考補遺》乃專事增補。此前盧、胡、嚴、陳諸書在增補新材料時，均將重心放在不言師法的《詩異字異義》上，且以"異字"爲主。今觀《詩考補遺》，其對三家《詩》材料的增補甚多，且訓詁材料大大多於異文。以《韓詩》

爲例，共補材料119條，其中訓詁材料計有94條，占總量的79.0%。這就對此前"異文化"的傾向有所糾正，也使《詩考》的整理工作重返到三家《詩》的軌道上。

特別值得一提的是，丁氏非常重視對師法的考證，這就使三家《詩》的色彩特別濃重。他在《韓詩》《魯詩》和《齊詩》部分的開篇，均引用陸璣《毛詩草木鳥獸蟲魚疏》對三家源流的記載，又在此基礎上有所開拓，考證出數位古人的《詩》學師法。

《韓詩》部分，陸璣記載了韓嬰、賁生、趙子、蔡誼、食子公、王吉、栗豐、長孫順、張順、發福、薛漢父子、杜撫、澹臺敬伯、韓伯高、趙曄、召馴、揚仁、張匡等十八人的事蹟。丁氏案語又云：

> 朱氏《經義考·承師》，《韓詩》傳授，自班、范書所載外，謝氏書有陳嚚君期，《隸釋》有祝睦、馬江、丁魴、樊安，《隸續》有關中田君，《集古錄》有東平陽田君，《金石錄》有武梁綏宗，《華陽國志》有何隨，《晉書》有董景道，皆習《韓詩》。今考《後漢書》"劉寬明《韓詩》"，見本傳注引謝承書；"韋著持《韓詩》"，見《徐稚傳》注引謝承書；"朱勃能說《韓詩》"，見《馬援傳》注引《續漢書》；"梁商少持《韓詩》"，見本傳注引《東觀記》；《蔡中郎集·陳留太守胡公碑》"治韓氏《詩》"。以上五人皆竹垞之所遺，故特表而出之。①

丁氏於陸璣之外引朱彝尊《經義考》，得陳嚚君期、祝睦、馬江、丁魴、樊安、關中田君、東平陽田君、武梁綏宗、何隨、董景道等10人，又從《後漢書注》及《蔡中郎集》中補出劉寬、韋著、朱勃、梁商、胡碩等5人。綜上，丁氏所確認的《韓詩》學者共33人。

《魯詩》部分，陸璣記載了浮丘伯、申培、王臧、趙綰、孔安國、周霸、夏寬、碭魯賜、繆生、徐偃、闕門慶忌、瑕邱江公、許生、免中徐公、韋賢、韋玄成、韋賞、漢哀帝、王式、張長安、唐長孫、褚少孫、張游卿、漢元帝、王扶、許晏、薛廣德、龔舍、高嘉、高容、高詡、包咸、右師細君、魏應等34人。丁氏案語又云：

> 朱氏《經義考》列《魯詩承師》，自兩《漢書》所載外，謝氏書有李炳，《隸釋》有魯峻、武榮。今考《張敏傳》注引謝承書"李咸學《韓詩》"，亦竹垞之所遺也。②

丁氏於陸璣之外引朱彝尊《經義考》，得李炳、魯峻、武榮等3人，又從《後

---

① 《詩考補注補遺》，《叢書集成續編》第108冊，第473頁。
② 《詩考補注補遺》，《叢書集成續編》第108冊，第480頁。

漢書注》中補出李咸1人。蔡邕《獨斷》載《周頌》各篇之序，丁氏録之，並案云："邕書《石經》，用《魯詩》，則《獨斷》所引亦《魯詩》學也。"

此外特別值得注意的是，丁氏還引王應麟《漢藝文志考證》中對荀子、劉向師法歸屬的判斷。王氏認爲荀子之學傳於浮丘伯，浮丘伯又傳楚元王劉交，劉向乃劉交後裔，世傳家學。因此，荀子、劉向當與浮丘伯相同，所習皆爲《魯詩》。但《詩考》爲求謹慎，仍將二人引《詩》之語歸入《詩異字異義》。丁氏案云：

> 厚齋既著《魯詩源流》，而荀卿、劉向引《詩》不編入《魯詩》者，良以經師授受，間有改移，不敢爲意必之説，蓋其慎也。近有編輯《魯詩》者，以《荀子》《説苑》《列女傳》等廁入其間，是未喻厚齋之旨矣。太史公爲孔安國弟子，安國傳《魯詩》説，《史記》所載，《詩》多異説，當亦《魯詩》。然疑不敢定，謹依厚齋之例，附著其説於此，其史公引《詩》別置於後。①

丁氏沿用王氏成法，判定司馬遷爲《魯詩》傳人，却仍將《史記》引《詩》之語併入《詩異字異義》。綜上，若算上蔡邕、荀子、劉向和司馬遷，丁氏所確認的《魯詩》學者共42人。

《齊詩》部分，陸璣記載了轅固、公孫宏、夏侯始昌、后蒼、翼奉、蕭望之、匡衡、師丹、伏理、滿昌、張邯、皮容、伏黯、伏恭、任末、景鸞等16人。丁氏於案語中又云：

> 后蒼傳《齊詩》，戴德、戴聖皆后蒼弟，大小《戴記》引《詩》多異文，其《齊詩》之流歟？②

丁氏於陸璣之外，又考得戴德、戴聖二人。綜上，丁氏所確認的《魯詩》學者共18人。

以上丁氏據陸璣之記載，共得三家《詩》學者68人，又從朱彝尊《經義考》中得13人，從王應麟《漢藝文志考證》中得2人，自己又考出10人，共計93人。

最後，我們要對丁晏《詩考補注補遺》的價值作一評價。《詩考補注補遺》是清代最後一部對《詩考》進行整理、訂補的專著。筆者認爲，和之前盧文弨、胡文英、嚴蔚、陳㟲、周邵蓮等人的工作相比，此書具有"收束總結"和"矯枉糾偏"兩方面意義。

所謂"收束總結"，是指該書體例完備，内容全面，涵蓋了校、注、補、

---

① 《詩考補注補遺》，《叢書集成續編》第108冊，第480頁。
② 《詩考補注補遺》，《叢書集成續編》第108冊，第482頁。

正的每一個方面,而且用力均等,不失周允。他不像盧、臧、胡、嚴、陳等人,過度重視"補",而相對輕視了其他三項。他將"補注"和"補遺"區分開來的做法,也宣示出這一傾向。

所謂"矯枉糾偏",是指該書尊重王應麟撰著《詩考》之初衷,未有偏離,更多地專注於對三家《詩》本身的研究。而此前諸家著作多將心思花在不言師法的《詩異字異義》上,對於三家《詩》或是關注較少,或是索性棄置不論,大有喧賓奪主之嫌。

丁氏借助對《詩考》的訂補,間接地開拓了對三家《詩》的研究。他特別重視漢人《詩》説的師承屬性,考證師法不遺餘力,並借此成果拓展了三家《詩》輯佚的範圍。這也恰正是日後道光朝學者輯佚三家《詩》的主流傾向。

馬昕:中國社會科學院文學研究所助理研究員
《文學遺產》編輯部編輯

孫鼎《詩義集說》之經學史意義[*]

陳亦伶

一、前言

明代孫鼎（1392—1457）之《詩義集說》，阮元（1764—1849）於《四庫未收書提要》評其爲"展帙厘然，頗屬精備"，評價不斐，然而此書目前僅有臺灣商務印書館影印《宛委別藏》影鈔明刻本流傳。衆所周知《宛委別藏》是阮元巡撫浙江時，搜羅《四庫全書》遺漏未刊之書，仿《四庫提要》撰寫提要後上呈嘉慶帝，嘉慶帝相當喜愛此書，除賜名爲《宛委別藏》外，更於每部書之首頁加蓋"嘉慶御覽之寶"御璽，《宛委別藏》中所載之書多爲世所罕見之珍本秘笈，也因此更顯出《詩義集說》珍貴之處。張壽林（1907—?）亦於《續修四庫全書總目提要》中評此書云："阮氏謂其頗屬精備，固非虛譽，惟其所纂輯皆明人說詩之書，往往敷衍語氣，爲時文之用，尤多迂腐之論。"[①] 張壽林雖然同意阮元對此書的評價，但是却認爲全書所採内容爲明人以應付考試爲目的之迂腐言論，並不足爲觀。然而若細查《詩義集說》中所引著作，並非全爲明人之作，亦有宋元之作，如南宋輔廣（生卒年不詳，嘉定年間1208—1214

---

[*] This work was supported by the BK21 Plus project of The Society for the Development of Future Scholars of Korean Language and Literature at Korea University.

① 《續修四庫全書總目提要經部》，中華書局，1993年，上册，第318頁。

尚在)《詩童子問》、元彭士奇（生卒不詳）《詩經主義》、曹居貞（生卒不詳）《詩義發揮》、謝升孫（1227—1311）《詩經斷法》等書，實際採錄明人著作者，僅朱善（1314—1385）所著《詩解頤》一書，而其中元人作品不少均已亡佚，因此若以古典文獻學角度而觀，《詩義集説》可謂一輯佚書，這些已佚之書，透過孫鼎之書得以流傳下來。

然如前所述《詩義集説》是以收錄於《宛委別藏》叢書的方式保存下來，《宛委別藏》書成後一直存於宮中，民間並無刊刻流傳，直到1980年臺灣商務印書館將原書整理影印出版後，吾人才得以一窺堂奧。學界目前論及此書者，僅有南通大學張祝平教授《八股文探源——〈詩義集説〉中元代"股體"詩義著者考略》① 一文，從文學角度來探究《詩義集説》中保存的元代股體文獻，而本文將從經學文獻的角度分析《詩義集説》全書構成梗概、孫鼎纂輯此書的意義及其在《詩經》學上的價值，並借由此書爲主要輯佚材料，試圖輯出已佚之元人曹居貞《詩義發揮》。

二、孫鼎其人與《詩義集説》編纂意識

孫鼎，字宜鉉，江西廬陵人。《明史》及《明書》中載其於永樂年間中舉，任松江教授，擢監察御史，提督南京學政。知府張瑄（生卒年不詳）曾上疏贊言孫鼎之孝行可與曾子、閔子相比，學問繼承朱熹、二程之風，宜授予高職。天順元年（1457）十月卒於家中，年六十六。② 其著《詩義集説》四卷，由黄虞稷（1629—1691）《千頃堂書目》可知書成於正統十二年（1447），然書前序言現已佚失，因此無法得知孫鼎在編纂此書時採錄各書的意圖與源由。然而根據劉毓慶先生的考證，得知在葉盛（1420—1470）《水東日記》中有一段關於《詩義集説》的記載："古廉李先生在成均時，松江士子新刊孫鼎先生《詩義集説》成，請序，先生卻之，請之固，則曰：'解經書自難爲文，近時惟東里楊先生可當此。況《六經》已有傳注，學者自當力求。此等書，吾平生所不喜，以其專爲進取計，能怠學者求道之心故也。'"③ 李氏不願爲《詩義集説》作序的原因是認爲此書是爲科舉考試而編之書，覺得此類書籍沒有學術價值，且會妨礙學子用功進取之心，因而不願爲之作序。歷來關於科舉考試之書籍都被視爲書商射利之作，官府不收甚至嚴令禁止，藏書家亦不收藏，重要圖書目録更

---

① 《歷史檔案》2012年第1期，第80—86頁。
② 參自（清）張廷玉《明史》卷161；（清）傅維麟《明書》卷121。
③ （明）葉盛：《水東日記》卷6，收入《歷代筆記小説集成》，河北教育出版社，1994年，第50册，第105頁。

是不屑具載相關紀録。然而《詩義集說》與書中所録書籍却屢屢載録於重要圖書目録中，如《國史經籍志》《菉竹堂書目》《千頃堂書目》《經義考》等，而就史料中有關孫鼎個人的文史記載中看來，孫鼎亦不似爲求謀利而編纂科舉考試用書之人，此可由下列四段史料分三點說明，兹分類證澄：

（一）未有出版意圖

明劉孟雷（1573—1620）所撰《聖朝名世考》中提到：

> 博學篤行，以古人自期，待領永樂甲午鄉薦，授江浦教諭，升松江教授，所在立教率有品式，然皆本諸躬行，至誠以先之，諄諄訓誨，崇德義、敦孝弟而後文藝，兩學之士，率丕振嚮道，人曰胡瑗蘇湖之教，不是過也。……凡受其教者皆知名士，且終身佩服不忘，言必稱孫先生，既以老乞歸卒，所著文集藏于家，門人私謚之曰貞孝。①

孫鼎爲人品格高尚，教導學生時認爲比起求官名的文章，更重要的是爲人品格德行，先施予道德教育後才教授治文之道，世人甚至將之比擬爲宋代名儒胡瑗（993—1056）蘇湖之教，足見受人推崇程度。由此看來以出版考試用書沽名釣譽以爲牟利不似孫鼎之行，又此文提及孫鼎一生所著文集，皆藏於家中，在世時未曾出版，亦可得知其纂輯《詩義集說》之時並未有出版販賣之意圖，此爲其一。

（二）未有貪財射利之欲

又如《雲間志略》中提及：

> 公天資醇厚，儀狀端嚴，未嘗一苟言笑，嘗謂師道不立，故士風不端，至則首禁侈靡，以道義陶煦士類。終日坐堂上，與之講經辨析疑義必明，而其教以孝弟忠信爲本。諸生貧者賙之，病者藥之，無以殯殮者捐俸助之，而又聞義勇爲多所剏造，如輯廟廡、重建尊經閣、重繪先賢像、益祀漢陸康陸績……时遇國哀衰絰赴府，誤反其冠，一府之冠皆反，公請正之，趙守曰我效先生耳，若以爲林宗折角巾然。其推重公如是。②

孫鼎爲人端正，言行合一，受人推崇至極，地方官員位高於其者亦信服之，以致孫鼎匆忙誤將喪帽反戴，當地官員也跟着戴反。而從其救助貧困門生、出資修葺廟宇、重建藏書閣等義舉來看，更不似貪戀財物之人，此爲其二。

---

① （明）劉孟雷：《聖朝名世考》，收入《明代傳記叢刊》，臺灣明文書局，1991年，第41冊，第756—757頁。

② （明）何三畏：《雲間志略》，收入《明代傳記叢刊》，第145冊，第43—46頁。

（三）嚴謹看待科舉取士

又如明李贄（1527—1602）《續藏書》中提及：

> 學置《本原錄》錄諸生善行，以身為率，不事譏防，行部令勿先知，從單輿猝至，諸生集，輒閉門面試一文或破題數首，隨閱隨定，畢便開門，呼名而出，案牘隨之，先後允愜。私囑者無所措手。①

及清查繼佐（1601—1676）《罪惟錄》中的另一項記載：

> 簡卷必親，不付代閱。雖盛暑篝燈，亦焚香端坐，一字不遺。或曰："宴處披對，不妨適意，何乃自苦？"鼎正色曰："士人一生功名富貴發軔此刻，空中有神鑒，不可不敬。"②

由上述引文可知孫鼎對科舉取士的態度相當謹慎，除了公正評定名次，不受他人請托，亦不嫌繁瑣親自閱卷，在閱卷時想到自己的評比將影響到應試者的一生，便無法不仔細閱讀試卷，亦絲毫不敢輕率。如此嚴謹的看待士人功名又怎可出於私利纂輯考試用書出售？且孫鼎於所擇條文下皆一一注明來源出處，更顯然不是為求名而纂輯此書。

又如華亭錢溥（1408—1488）所撰《文林郎廣東道監察御史欽齋孫公墓表》裏提及"先生初以《詩經》領永樂甲午鄉薦"，③ 可見孫鼎用功於《詩經》甚多，絕非貪圖射利一時之作。因此，綜上而言，筆者認為《詩義集說》應為孫鼎為自己教學之便所整理的教材，創始之初並無牟利意圖，且前文提及《水東日記》中所載欲刊刻《詩義集說》並請李古廉作序者為"松江士子"，並非孫鼎本人。

三、《詩義集說》成書體例

此書採輯宋元明各代等人著作數種，擇其新義，匯為一編，但不盡釋全經，每篇各分總論、章旨、節旨等，先列所釋詩篇經文，後列釋義條文，並於采輯條文下以"解頤""斷法""發揮""衿式""主意"等注明出處。據筆者統計全書所輯條文共1071條，訪查歷代《詩經》相關著作並比對條文，得知所引著作為（南宋）輔廣《詩童子問》4條、謝叔孫《詩經斷法》81條、（元）彭士奇《詩經主意》259條、曹居貞《詩義發揮》110條、朱公遷《詩經疏義會通》

---

① （明）李贄：《續藏書》，收入《明代傳記叢刊》，第106冊，第415頁。
② （清）查繼佐：《罪惟錄》，收入《明代傳記叢刊》，第86冊，第848頁。
③ （明）朱大韶編：《皇明名臣墓銘》，收入《明代傳記叢刊》，第58冊，第397頁。

2條、林泉生《詩義矜式》173條、（明）朱善《詩解頤》235條，與標作"旨要"而不知確切書名者197條，未知者10條，詳細存佚情形列表如下：

表　一

朝代	作者	書名	籍貫	存佚	條數
南宋	輔廣	詩童子問十卷	慶源人	存	4條
元	彭士奇	詩經主意	世居廬陵	佚	259條
元	曹居貞	詩義發揮	廬陵人	佚	110條
元	林泉生	詩義矜式十二卷	永福人	存	173條
元	謝升孫	詩經斷法	南城人	佚	81條
元	朱公遷	詩傳疏義二十卷	樂平人	存	2條
明	朱善	詩解頤	江西豐城人	存	235條
		旨要			197條
		未知			10條
					總計1071條

由上表可知《詩義集說》中采輯最早的作品是南宋輔廣《詩童子問》一書，僅有4條，而摘引彭士奇《詩經主意》者最多，有259條，達四分之一強。而在《詩經》全書各篇章中孫鼎所輯錄的解說條目分佈如下：

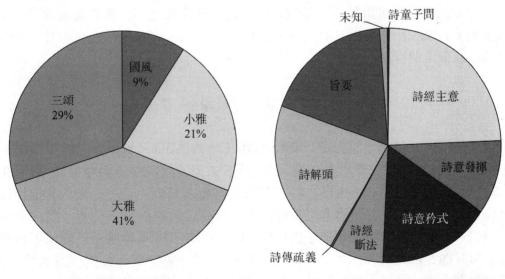

圖一　所輯《詩經》各篇條數分布　　圖二　《詩義集說》所輯各書比例

1071條條文中，國風95條、小雅226條、大雅443條、三頌307條，大雅所輯條文最多，有百分之四十一，相對而言幾近二分之一，而最少的則是國風只占百分之九。細看各條輯文可以發現，這數字顯示的意義是對於孫鼎及其門生而言，相較於其他詩篇，大雅的内容是較難理解，需要字斟句酌再三思索的，歷來批註《詩經》的著作中，向來以國風爲首開始解經注釋，因此前面的内容往往最多，然而《詩義集説》對國風的輯錄條文却最少，而是大雅的分量最多。此外，就編排上來看，《詩義集説》内文的編排次序與一般《詩經》順序略有差異，卷一爲周南、召南、墉風、衛風、鄭風、齊風、唐風、秦風、曹風、豳風，卷二爲小雅，卷三爲大雅，卷四爲周頌、魯頌、商頌，依次爲序，也就是説國風的部分次序略有更動。另外值得注意的是，十五國風中之邶風、王風、陳風、魏風没有相關條文，且涉及淫詩的篇章如《静女》《桑中》《邱》《木瓜》《叔于田》《有女同車》《山有扶蘇》《狡童》《東門之墠》等，皆無相關條文。《詩義集説》中涉及淫詩的篇章全無輯錄相關條文，而富教化作用的篇章得到偏重，這一情況亦可與前文所引各史料中體現出的孫鼎個人端正的行事風格相呼應，可知其編纂此書一方面爲教導門生準備科考，一方面也祈求在教學中達到潜移默化的作用。

所輯條文如《旨要》對《羔羊》篇的解説爲"叙詠有無限稱美意思，作此題者要於委蛇上形容"，或"上下作兩股"，"此題要有言之不足，故嗟歎之，嗟歎之不足，故永歌之之意"等等内容，因有"上股""下股"及教導解題等内容，而被判定爲爲科舉所作之書。此外，全書僅於第四卷中徵引《旨要》解説《有瞽》詩篇條文下，另有"愚按肅雝二字是《詩傳》注，未詳其義，《樂記》引此詩而曰夫肅肅敬也，雝雝和也，長樂陳氏釋之曰，樂之發肅肅乎，其敬雝雝乎，其和用之祭祀，而先祖不是聽邪"字句，疑爲孫鼎之言，其餘部分並無孫鼎個人的言語保存下來。

四、《詩義集説》所錄各書梗概

如前所述《詩義集説》是以輯錄輔廣《詩童子問》、謝叔孫《詩經斷法》、彭士奇《詩經主意》、曹居貞《詩義發揮》、朱公遷《詩經疏義會通》、林泉生《詩義矜式》、朱善《詩解頤》，與不知確切書名《旨要》而成，雖因書前序文已佚，無法得知當初孫鼎挑選這8種書籍的緣由，但輔廣之《詩童子問》與朱善《詩解頤》在《詩經》研究史上的價值，已有不少專論論及，於此不再贅述。而其餘5種元人著作中，朱公遷《詩經疏義會通》與林泉生《詩義矜式》至今保有全本，朱氏之作收錄於《四庫全書》裏，亦較常見著於《詩經》學相關書籍中。而林氏之作因被明遺民繆泳（1623—1702）評爲"此專爲科舉而設，無足存也"①，評價不高而未有單行本，但因其爲現今少見之元刊本，因而 2006 年北京國家圖書館出版"中華再造善本"時以《明經題斷詩義矜式》爲名出版，才得以廣爲流通。而其餘 3 種著作由於皆已佚失，也未獲得學界關注。但這三種著作中，《經義考》引《江西通志》之語"曹居貞，廬陵人，著《詩義發揮》。永樂中修《大全》多采之"②，引起筆者的關注。原因在於，臺灣東吳大學陳恒嵩先生之博士論文《五經大全纂修研究》中，曾細數胡廣（1369—1418）奉明成祖之命纂修《詩傳大全》時採録曹居貞之文僅 11 條，而非"《大全》多采之"，因此筆者以電子版《四庫全書》檢索"曹氏""曹氏居貞""曹居貞""居貞""詩義發揮"等關鍵字，檢得五千餘條資料，逐一檢閱排除不相干資料，共得見著於丘濬（1418—1495）《大學衍義補》中 2 條、張次仲（1589—1676）《待軒詩記》1 條、何楷（1594—1645）《詩經世本古義》中 9 條、朱鶴齡（1606—1683）《詩經通義》中 1 條、錢澄之（1621—1693）《田間詩學》中 8 條、《御定孝經衍義》中 1 條、《欽定詩經傳説匯纂》中 8 條，共計 41 條，經過比對皆未見於《詩義集説》中，加上《詩義集説》中的 110 條資料，經整理標點，便可以得出曹居貞《詩義發揮》151 條資料，約兩萬餘字，應可恢復已佚之書大約面貌（礙於篇幅本文僅於上文羅列所輯條文出處）。曹氏之作除了被孫鼎採録於《詩義集説》外，亦被上述 8 種著作數次徵引，可見其書抛去科舉成見後，亦有其解《詩》獨特之處，否則便不會被其他著作徵引，因此若能繼續查找《詩義集説》中收録目前已亡佚之元人《詩》作，便可爲元代《詩經》學研究增添新材料。

五、結語：學術史上之意義與價值

綜上而言，筆者認爲孫鼎編作此書應無出版牟利意圖，僅用作個人教導學生講義之用，以科舉之書看待而全然抹滅此書，不免失之偏頗，而關於《詩義集説》在學術史上的意義與價值可分四點叙説。

（一）經學輯佚上的貢獻

綜上可知，孫鼎《詩義集説》一書間接保留已佚元人著作，可作爲經學輯佚的材料，雖然嚴格來講不能説此書打破了清人對明人輯佚不注出處的成見，然而此書搜羅各書編輯的條文下，載明出自何書，對輯佚之功亦不可滅。

---

① （清）朱彝尊著，林慶彰等編：《經義考：新校》卷 111，上海古籍出版社，第 2072 頁。
② 《經義考：新校》卷 111，第 2069 頁。

（二）保存元代股體文學的內容

如同張祝平先生所言，科舉應試而作之書，通常被認爲學術價值不高而不受注目，藏書家也大多不收藏此類書籍，公私藏書目錄也不太著錄，因此使得有意研究元代科舉文體者遍尋無處，張祝平先生以文學的角度研究此書，高度評定其價值，認爲此書具有保存大量元代股體文學之功。

（三）瞭解明代學術風氣喜好

若將此書判定爲科舉應制之作，其所採各家之言必得迎合當代言論之好，亦不能是異端之説，否則便無法在科場取得高分，因此藉由孫鼎所輯"可作爲答案的條文"，亦可知悉當時社會考試風氣之好惡。

（四）元代詩經學研究的新材料

依據臺灣林慶彰先生《中國經學史上簡繁更替的詮釋形式》[①]一文可知："從元代起至明初年，是元明人爲宋人之注作疏的時段。這一時段的注經方法是采宋人的注，再加以詮釋。"孫鼎本人及書中所輯已佚元人著作，正屬此期，是中國經學史上對經典的詮釋形式中，由唐宋代的"簡"走入元代明初的"繁"的阶段，學術氛圍上朱子學説興盛，此時著作也被歸納爲"述朱之作"，被認爲過於繁瑣而不被後代重視，導致元人著作亡佚者不少。目前已搜羅曹居貞《詩義發揮》151條資料，其餘亡佚元人作品若也進行輯佚工作，將可爲元代《詩經》學研究提供進一步的文獻史料。

陳亦伶：韓國高麗大學韓國語國文學科漢文學專攻博士生

---

① 林慶彰：《中國經學研究的新視野》，萬卷樓圖書股份有限公司，2012年，第74頁。

《活人事證方》《活人事證方後集》編纂與流傳略考

陳曉蘭

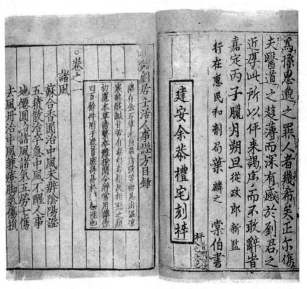

圖一 （南宋建安余恭禮宅刊本《活人事證方》首冊書影）

　　南宋寧宗嘉定時期，福建儒醫劉信甫抄撮、彙集各家醫方，並引相關事實為證，編成《活人事證方》二十卷，有建安余恭禮宅刊本。之後編刻的《活人事證方後集》（以下簡稱《後集》）二十卷，亦題其名。

此書分門別類地彙集了大量宋代醫方以及處方原理、藥物炮製、藥方療效、經驗案例、傳方人等相關資料，在宋代醫學文獻方面具有較高價值。理宗時期陳衍在《寶慶本草折衷》中述及《活人事證方》，此後未見明確著錄或稱引，國內久佚。然其宋本傳入日本，鐮倉時代僧醫梶原性全的《萬安方》以及有鄰的《福田方》對《活人事證方》多有援引。又有多種日本抄本從宋本錄出。十九世紀末以來，楊守敬等人在日本訪書，購回大批珍稀古籍，其中就包括宋本《活人事證方》以及日本抄本《活人事證方》《後集》。今宋本《活人事證方》僅有首冊存世。而在諸種日本抄本中，著名醫家多紀氏江戶醫學館所藏的影宋抄本《活人事證方》《後集》較好地保存了宋本全帙的面貌，今藏於日本公文書館內閣文庫。2008年人民衛生出版社《珍版海外回歸中醫古籍叢書》（第一冊）據以影印出版之後，中國國內醫界學林始獲睹此書全貌，然至今未見有專門研究之作。

本文以《活人事證方》《後集》爲研究對象，分別對其編纂與流傳情況略作考述，以作拋磚之用。

一、《活人事證方》之編纂

《活人事證方》二十卷，劉信甫編。劉信甫，名明之，號桃谿居士，桃谿（今福建永春，一說邵武）人。本習儒業，科舉屢不利，遂轉而行醫，編有多種醫書。除了此書，今存南宋建安余彥國勵賢堂刊本《新編類要圖注本草》題"劉信甫校正"，另有《醫學指南》與新編《和劑局方》皆已佚。事見《活人事證方》牌記、嘉定九年（1216）葉麟之序①以及《寶慶本草折衷》卷二十"群賢著述年辰"②。

卷首題"活人事證藥方總目"，之後有木記識語對於此書編撰原委與內容體例加以介紹：

> 余幼習儒醫，長游海外，凡用藥救人取效者，及秘傳妙方，隨手抄錄，集成部帙，分爲門類，計二十餘卷。每方各有事件引證，皆可取信於人，並係已試驗效之方，爲諸方之祖。不私於己，以廣其傳，庶使此方以活天下也。桃谿居士劉信甫編。

---

① （宋）劉信甫：《活人事證方》二十卷、《後集》二十卷，《珍版海外回歸中醫古籍叢書》第一冊，人民衛生出版社影印日本所藏影宋抄本，2008年。亦參見2000年中國嘉德公司拍賣宋本《活人事證方》首冊書影。

② （宋）陳衍：《寶慶本草折衷》，收錄於《南宋珍稀本草三種》，人民衛生出版社，2007年，第634頁。

總目中列出諸風、諸氣、傷寒、虛勞、補益、婦人、脾胃、水腫、瀉痢、喘嗽、小腸氣、腳氣、頭風、痔漏、癰疽、瘡瘍、補損、小兒、消渴、通類共二十門，一門一卷，標出相應卷次。後有嘉定九年（1216）從政郎新監行在惠民和劑局葉麟之序，謂"桃谿居士劉君信父本儒家者流，屢摒名場而壯志弗就，迺斂活國之手而爲活人之謀。既而思之，曩有妙劑僅可以濟一隅，曷若鳩千金之秘方，足以惠天下之爲博也。於是此書作焉"，又謂"正尔傷夫醫道之趨薄，而深有感於劉君之近厚，此所以伻來謁序而不敢辭"。葉麟之，字棠伯，建安（今福建建甌）人，慶元五年（1199）進士。劉信甫謁序之舉，無疑是为了提高醫書的影響力，進而促進医书的銷售和流通。序後有長方牌記"建安余恭禮宅刻梓"。

目錄部分，卷首題"桃谿居士活人事證方目錄"，之後有木記識語："藥有金石、草木、魚蟲、禽獸等物，具出溫涼寒熱酸鹹甘苦、有毒無毒相反相惡之類，切慮本草浩繁，卒難檢閱，今將常用藥性四百餘件附于卷首，庶得易於辨藥性也。"這是針對卷首附本草藥性（《寶慶本草折衷》稱作"本草要略"）所作的説明。核諸卷首內容，所附有《藥性相反歌》《藥性相妨歌》《六陳歌》《十八反歌》以及草木、金石、禽獸三部一百二十四種藥物藥性，與識語所謂"四百餘件"不符。各卷目錄中，除各門名稱，其後每行上空三格單列一種醫方兼及主治病症，如卷一"諸風"下"蘇合香圓治中風未辨陰陽證"、"五積散治卒急中風不醒人事"；或補充醫方來源，如卷一"如聖膏治紫白癜風輔漢卿方"、"退風丹治大風等疾華宫使方"；或提示正文內容，如卷三"傷寒"下"傷寒賦傷寒詩具載證候謌括"、"張仲景載傷寒陰陽用藥活法"。一般作十二字，亦有十三字，如卷一"大聖一粒金丹治中風不省人事"、卷二"血竭圓治一切氣塊刺痛不可忍"。《珍版海外回歸中醫古籍叢書》本《影印説明》稱"這一目錄體例爲他書所無"，"體現作者處處顧及方便讀者檢方用藥之良苦用心"。

正文各卷所題書名作"活人事證方"，與總目、目錄所題皆有所不同。全書分二十門彙集藥方，"每方各有事件引證"，以示其"皆可取信於人"，丹波元簡在影宋抄本跋語中稱其"蓋許白沙《本事》之流亞也"。"許白沙《本事》"即兩宋之際著名醫家許叔微（1080—1154）的《普濟本事方》（以下簡稱《本事方》），許氏醫術精詣，晚年取其平生已試之方，併記其事實，撰成此書。兩種方書在編纂形式上有相似之處，但其性質與價值迥然不同。《本事方》所載爲許氏本人的經驗諸方、醫理論議以及診療醫案，故極受醫家重視和推重，《活人事證方》則是劉信甫對包括《本事方》在內的多家方書所載醫方與事實材料的抄撮、刪編之作。

因《活人事證方》徵引的醫書有不少已經亡佚，今已無法確定書中全部醫方和相關事實的材料來源，但根據已有文獻大致可以瞭解，此書主要取材於南宋時期的各家醫書，尤其是許氏《本事方》這類載録醫方兼及事實的方書。以卷一"諸風門"和卷二"諸氣門"目録所出四十八方爲例，蘇合香圓、草烏頭圓、二生丹、救急稀涎散、真珠母圓、驚氣圓、枳殼散、鬲（膈）氣圓，出於許氏《本事方》；大聖一粒金丹、龍虎丹、回陽丹、靈效圓、三建湯、抱膽圓、治心氣不足發狂，出於南宋王璆《是齋百一選方》；烏犀圓、井金丹方、化滯圓，出於南宋陳曄《陳氏家藏經驗方》①（已佚，部分材料見引於明代《普濟方》等書。以下簡稱《經驗方》）；血竭圓，出於南宋洪遵《洪氏集驗方》；經進地仙圓、仙方伏虎丸、大烏沉湯，出於宋官修《太平惠民和劑局方》；千金續命煮散，出於唐孫思邈《備急千金藥方》。書中採録以上材料，均不標出處，且對原文大加删改。

由於引證事實多不標明出處，故其内容往往會被誤以爲是編者所述或是編者本人親歷的診療案例，并因此認爲編者多方遊歷，臨床經驗豐富。如《珍版海外回歸中醫古籍叢書》《影印説明》引用卷一"真珠母圓"條下的記載作爲作者介紹的一個醫案：

  紹熙間，董生者患伸②氣不寧，纔睡魂飛揚多惊，通夕不寐。衆醫皆作心病，用药不效，再召一儒醫診治。予曰：非心病也，是肝經因虛不能藏魂，所以臥則魂魄飛揚。持此議論，衆醫皆服。此證古今方書并無具載。予處此方，服此即愈。

這則醫案，實出於許叔微《本事方》卷一：

  紹興癸丑，予待次四明，有董生者患神氣不寧，每臥則魂飛揚，覺身在牀而神魂離體，驚悸多魘，通夕無寐，更數醫而不效。予爲診視，詢之曰："醫作何病治？"董曰："衆皆以爲心病。"予曰："以脉言之，肝經受邪，非心病也。肝經因虛，邪氣襲之。肝，藏魂者也，游魂爲變。平人肝不受邪，故臥則魂歸於肝，神静而得寐。今肝有邪，魂不得歸，是以臥則魂揚若離體也。肝主怒，故小怒則劇。"董欣然曰："前此未之聞。雖未服藥，已覺沉疴去體矣。願求藥法。"予曰："公且持此説，與衆醫言所治之方，而徐質之。"閲旬日，復至，云："醫徧議古今方書，無與病相對者。"故予處此二方以贈，服一月而病悉除。③

劉氏引録許氏醫案，不標出處，且對原文大加删改，尤其是將"紹興癸丑，

---

  ①（宋）晁公武：《郡齋讀書志》卷五上著録"《陳氏經驗方》五卷"，《四部叢刊三編》影印宋淳祐袁州刊本。
  ②當做神。
  ③（宋）許叔微：《普濟本事方》，上海科學技術出版社，1959年，第1—2頁。

予待次四明"改爲"紹熙間",更有故意惑人耳目之嫌。

偶有材料注明出處,如卷三"傷寒不辨證候妄投熱藥殺人",注明"出《夷堅志》",未知是直接引用還是從他書轉錄。又有個別方書,如南宋陳曄《陳氏家藏經驗方》,引用時或不加說明,或使用不同稱呼。陳曄,字日華,陳輝之子,福州長樂(今屬福建)人。孝宗淳熙六年(1179)知淳安縣①。寧宗慶元二年(1196)知汀州,四年除廣東提刑②。嘉泰二年(1202)爲四川總領③。有家學,擅詩文,通世務,所至多有善政。著作頗多,除《經驗方》之外,尚編有《夷堅志類編》《瑣碎錄》等,惜皆亡佚。《經驗方》雖佚,但部分内容見於宋代《婦人大全良方》《壽親養老新書》等書,尤其是明代大型方書《普濟方》作了大量引錄。《活人事證方》引用此書,多不標出處,其中涉及福州當地人事的文字更易被誤認爲是同爲閩人的編者所述。如《珍版海外回歸中醫古籍叢书》《影印説明》所及的"烏犀圓"下文字:

  此藥福州何家一鋪,遠近服食,遂置溫燠。余二親在日,鄉里常寄來,時時服之。後來鄉人林用卿常從其家子弟學,因得。

書中卷十五"黃耆膏"④條亦提及"門賓林用卿",標明"出陳氏方",可知"烏犀圓"條蓋同出於陳氏《經驗方》。此外,《經驗方》在書中又被稱作"陳總領妙方"(卷九"治禁口痢"之一)、"陳氏日華方"(卷九"治禁口痢"之二)、"陳總領日華方"(卷十三"立安散")、"陳總領日華妙方"(卷十三"帳帶飲")。這也反映出此書在徵引時的隨意。

通過探究《活人事證方》所載醫方以及引證事件的材料來源,可以大致明確此書的集錄性質和文獻徵引特點,從而充分瞭解其在醫學文獻方面的價值和缺陷,以便日後可以更好地進行閱讀和利用。一方面,《活人事證方》確實保存了大量宋代醫方和相關事件的材料,其中包括不少後世已佚的方書的內容,自有其重要價值;另一方面,此書徵引體例隨意、混亂,諸多醫方與引證事件材料不標出處,引用同一種方書時使用多種異稱,且對引用文獻任意刪改,這又極大地損害了其自身的文獻價值。

---

① (明)姚鳴鸞修、余坤纂:《嘉靖淳安縣志》卷九,《天一閣藏明代方志選刊》影印明嘉靖三年刻本。
② (明)解縉等:《永樂大典》卷七八九三引《臨汀志》,中華書局影印本,1986年。
③ (宋)李心傳:《建炎以來朝野雜記》甲集卷十六"錢引兑監界",中華書局點校本,2000年,第366頁。
④ 又見于(明)朱橚等:《普濟方》卷二七二"黄芪膏",出於陳氏《家藏經驗方》,影印清文淵閣《四庫全書》本。

二、《活人事證方後集》之編纂

《活人事證方後集》二十卷。《後集》的總目和各卷卷首所題書名皆作"活人事證方後集"，僅在目錄卷首和卷尾所題書名之上分別冠以"桃谿劉居士"和"桃谿居士"，並無劉氏題識或序文，取而代之的是書坊的識語："是書前集盛行於世，第限方之未全，今再求到桃谿劉居士編集常用已效之方，約計一千餘道。分門析類，先原其病候，次引事以證之，使用者無疑，服者必效，此方誠可活天下也。幸詳鑒。"這段識語顯示，在劉氏編集的《活人事證方》盛行的情況下，書坊在跟進、推動後集的編刻方面起到了很大作用。因無書坊牌記，難以斷言抄本《後集》所據底本是否同爲建安余恭禮宅刊本。

《後集》與《活人事證方》的編纂體例相同。總目中列出中風、心氣、虛損、白濁、盜汗、中暑、瘴瘧、霍亂、痰飲、嘔吐、腫滿、疝氣、腸風、胎產、淋閉、發背、血疾、中毒、咽喉、頭目、口齒、耳鼻、疹豆、湯火、雜方、服餌、修養共二十七門，標出相應卷次。雖然門類名稱與前集並無重複，但所涉症候實有相同。前集二十門下所附的一些門類，如"傷寒門"所附"傷暑"，"脾胃門"所附"霍亂、停痰、翻胃、寒瘧"，"小腸氣門"所附"疝氣、偏墜、膀胱"，"頭風門"所附"眼目、口齒、咽喉"，"痔漏門"所附"腸風"，在《後集》中大多成爲獨立一門。各卷目錄下，每行上空四格單列一種醫方兼及主治病症，亦作十二字。

《後集》亦是集錄、刪編性質的方書，材料徵引來源、特點與前集大致相同。個別醫方及引證事實與前集有重出之處，並非如《影印說明》所說"並無重複"。如"中風門"下的"真珠圓"即前集"諸氣門"下的"真珠母圓"，同出許氏《本事方》，前集對於本事材料大作刪改，《後集》僅刪去"紹興癸丑，予待次四明"九字，其餘文字大致照錄許氏原文。又如"白濁門"下"神仙不老圓歌"與前集"補益門"下"神仙不老圓"、"嘔吐門"下"安脾散"與前集"脾胃門"下"神效安脾散"等，均爲重出。對同一醫書的引稱，兩集亦存有差異。如《後集》同樣引錄了陳曄《經驗方》中的不少材料，或不標出處，或標以"陳氏云"（"金鎖丹"、"補氣圓"、"三奇散"等），與前集有所不同。鑒於兩集存在這些差異，故今恐難遽言《後集》亦爲劉信甫所編。

三、《活人事證方》《活人事證方後集》之流傳

《活人事證方》《後集》刊行之後，僅有理宗時期《寶慶本草折衷》一書述及《活人事證方》及其編者劉信甫，可知此書作爲閩中坊間編刻醫書未能見重於世。然此書書名雖不見明確著錄和稱引，但書中一些內容可能尚見載於元明

時期的醫方著作。《普濟方》是明太祖之子朱橚主持編修的大型方書，分類收錄了古今各家醫書以及其他著述中的方劑和相關材料，四庫館臣稱其"可謂集方書之大全者"。一百六十八卷原本已殘，今傳爲《四庫全書》本四百二十六卷。此書徵引條例較爲嚴謹，各方之下大多注明出處，但其中有一些僅見於《活人事證方》《後集》的醫方材料，却未注出處。如《普濟方》卷一一〇"治大風"，卷一四一與卷一五四重出的"活絡湯"，與《活人事證方》卷一所錄二方內容相同，均不標出處。有可能是編者抄錄其文時因未明所據原始文獻，故出處闕如。

宋本《活人事證方》《後集》傳入日本後，爲日本醫家所援引，然罕有流傳。享和二年（1802），著名醫家丹波元簡借吉醫官長達（即吉田祥，號長達）所藏宋本《活人事證方》後付寫手影鈔，並在抄本《活人事證方》卷末題跋說明原委："本邦性全《萬安方》、有鄰《福田方》往往援引其方，而世無傳者，每以爲憾焉。今茲吉醫官長達偶攜其所藏宋本來而見借，予驚喜不知所況，遂速付寫手影鈔以藏於家。"《經籍訪古志·補遺》記載，酌源堂與雲州侯分別藏有宋本《活人事證方》與《後集》各二十卷，均半葉十行，行二十一字①。可知此時宋本《活人事證方》已從吉田氏稱意館流入伊澤氏酌源堂。楊守敬《留真譜初編》卷八收錄此書首頁書影②。

宋本《活人事證方》被購回中國國內的確切時間已不可知。傅增湘《藏園群書經眼錄》卷七著錄宋刊本《活人事證藥方》二十卷，"收藏印記有'吉口氏藏'（白）、'芳櫻書院'（朱）、'伊澤氏酌源堂圖書記'（朱）、'稱意館藏書記'（朱）。以上日本人印。'陳介海外搜奇印記'（白）。（待求書室送閱，戊辰）③"。《藏園訂補郘亭知見傳本書目》補錄此本，稱"有日本人印記多方及'陳介海外搜奇印記'一印，蓋得之東瀛者。待求書室見"④。從藏書印來看，陳介似是從日本購回宋本之人。"待求書室"很可能就是當時北京琉璃廠的李氏的待求書莊，1925年曾與文奎堂、晉華書局以四萬六千元購得定興徐枋家藏書，不久便衰落，後終因虧損而倒閉。據此，戊辰年（1928）此書尚流落於琉璃廠書肆。莫伯驥在1934年編成的《五十萬卷樓藏書目錄初編》卷一著錄宋刊本《活人事證藥方》二十卷⑤，1937年"七七事變"後日軍連續轟炸廣州，莫

---

① 澀江全善、森立之：《經籍訪古志·補遺》，《日本藏漢籍善本書志書目集成》第一冊，北京圖書館出版社影印本，2003年。

② 楊守敬：《留真譜初編》，《珍稀古籍書影叢刊》之五（上）卷八，北京圖書館出版社，2004年，第767頁。

③ 傅增湘：《藏園群書經眼錄》卷七"子部一"，中華書局1983年版第三冊，第500—501頁。

④ 莫友芝撰、傅增湘訂補：《藏園訂補郘亭知見傳本書目》（二），中華書局，2009年，第568—569頁。

⑤ 莫伯驥：《五十萬卷樓藏書目錄初編》卷一，《海王邨古籍書目題跋叢刊》第七冊，中國書店影印本，2008年，第295頁。

氏前往香港避難，藏書幾乎散盡。今宋本《活人事證方》僅有首册存世，2000年5月北京嘉德春季拍賣會上以42萬9千元成交，創古醫書單册拍賣紀録，藏家不明。拍賣本上除了傅氏所記印記，尚有"淳化館主珍藏"與"周遑"之印，然此書未見載于《周叔弢古書經眼録》，故不明其經藏情況。

日本公文書館内閣文庫所藏多紀氏所藏的影宋抄本《活人事證方》六册、《後集》七册，較好地保存了宋本原貌。《活人事證方》卷末有享和二年丹波元簡題跋，已見上述。《後集》卷末有天保二年（1831）其子丹波元堅的識語："天保辛卯花朝讀。元堅。"寫手抄録間有誤字，天頭有多紀氏所出校字、校語。

日本杏雨書屋藏有兩種抄本：一是日本抄本《活人事證方》二十卷，六册；二是日本江户抄本《活人事證方》二十卷、《後集》二十卷，六册，有"與住草屋"、"野間氏藏書印"，可見是野間任夫的藏書①。至於小島氏《寶素堂藏書目録》所著録的影宋抄本《活人事證方》六册、《後集》七册②，流傳情況不明。

北京大學圖書館藏有日本抄本《活人事證方》一部六册。卷首有"仙壽院記"、"放龜堂記"之印。書中"圓"多作"円"，且在全書卷末"活人事證方卷之二十"之後題有"大尾"二字。牌記識語中"劉信甫編"漏抄"劉"字。

臺灣故宫博物院所藏日本抄本《活人事證方》及《後集》，爲楊守敬東瀛所購書，其《觀海堂書目》著録"《活人事證方》六本二十卷，影宋本"、"《活人事證方》③ 一本二十卷，日本古抄本"④。《活人事證方》鈐有楊守敬的藏書印："楊守敬印"、"星吾海外訪得秘笈"、"宜都陽氏藏書記"與"飛青閣藏書印"。1987年臺北新文豐出版公司《活人事證方後集》據影宋抄本影印出版；2003年上海科學技術出版社亦以此本爲底本點校出版，《點校説明》稱"本書繕寫未可稱精善，魚魯豕亥之訛時有可見；而抄手多人，又每亂體例"。

上文通過對中、日兩國的藏書目録以及書籍題跋、藏書印等材料的梳理，結合版本特徵的調查，對《活人事證方》及《後集》的諸種版本在中日兩國的流傳情況作了大致考察，以期對此書各種版本的特點價值以及在中、日兩國的流通、遞藏歷史有進一步的瞭解。

陳曉蘭：北京大學中國古文獻研究中心副教授

---

① 《杏雨書屋藏書目録》，日本武田科學振興財團杏雨書屋，1982年，第136頁。
② 參見岡西爲人：《宋以前醫籍考》（下），學苑出版社，2010年，第785頁。
③ 此當爲《活人事證方後集》。
④ 楊守敬：《觀海堂書目》，《中國著名藏書家書目彙刊》（近代卷）影印國家圖書館所藏抄本，分别見于第515、502頁。

《古今合璧事類備要》管窺
——以"民事門"为例

李 更

  《古今合璧事類備要》始刊於于南宋寶祐丁巳（1257），今可見前集六十九卷、後集八十一卷、續集五十六卷、別集九十四卷、外集六十六卷，可謂卷帙浩瀚。在明人眼中，不僅堪與《太平御覽》《册府元龜》比肩而爲"斯世之所謂三大類書"，且以"舊多宋刻"獨擅勝場，因内容豐贍，實用性强，以至"一時學士争購競鬻，坊肆日以告匱，又督索不已，而州里之藏書者莫不苦之"[①]，可見其流行程度。即使今人看來，亦是"幾乎包括了古代大型綜合性類書的主要類目，保存了大量早已散佚的文獻資料"[②]，在文史研究及古代詩文輯佚工作中有相當廣泛的應用。

  此書前、後、續三集出謝維新，别、外兩集出虞載，均建安人。謝維新，字去咎，序文自署"膠庠進士"，并稱編書一事受托于"友人劉兄"。黃叔度跋文則記録了"劉德亨"這一姓名，以及"不私所藏，欲廣其傳"[③]的編纂意圖。此書"蓋當時坊本"[④]，乃民間士人受雇於書商"命題作文"的實質亦由此而

[①] （明）顧可學：《重刊合璧事類序》，明嘉靖三十五年夏相刻本《古今合璧事類備要》卷首。
[②] 朱曉蕾：《〈古今合璧事類備要〉初探》，上海師範大學2009年碩士論文。
[③] 《中華再造善本》影印國家圖書館藏宋刻本《古今合璧事類備要》卷首。
[④] 《古今合璧事類備要提要》，影印文淵閣《四庫全書》本《古今合璧事類備要》卷首。

明。就其流傳與影響而言，這無疑是一次成功的商業運作。

隨社會文化發展和圖書出版業的繁榮，類書編刻之盛成爲宋代文化中一個相當引人注目的現象。而從編刻主體看，官方大規模運作僅見于北宋初，其後即逐漸淡出，而文人以私人身份編纂和書商的經營性操作逐漸占據主導，南宋中後期以降，坊賈之書更是蔚爲大觀，其間也留下了很多值得探究的問題。筆者曾以《錦綉萬花谷》續書爲切入點，考察了南宋書商類書編刻中的"抄襲"行爲及對資料價值的影響①，然而，就編纂的組織、編者的選用、資料纂輯方式與編者自身情況的關聯等問題而言，未留下任何編者信息的《錦綉萬花谷》續書，畢竟存在若干局限，其中現象具有怎樣的典型意義，也未宜輕斷。在這些方面，有着明晰的編者姓名、身份以及編纂緣由，且體量巨大、信息繁夥的《古今合璧事類備要》，無疑是一個絕好的標本。而在一個商業勃興的時代，士人新的"筆耕"方式及與書商間的關係模式，乃至其間透射的社會文化變遷，也頗具研究旨趣。

本文即以《古今合璧事類備要》前集卷五二"民事門"爲例，就其資料來源、纂錄方式，及類目結構所體現的社會觀念，試做探討。

一、資料來源與纂錄方式

《古今合璧事類備要》以"備所未備又摭其要"②爲標榜，這一目標如何達成？其中信息有怎樣的蒐匯選汰？資料價值究竟如何？《四庫全書總目提要》云"不及《太平御覽》、《册府元龜》諸書皆根柢古籍，原原本本，而所採究皆宋以前書，多今日所未見"③，尚稱公允。然而該書所依據的"宋以前書"有怎樣的特點？其所存"今日所未見"之資料可靠性如何？實有探討空間。

對於《古今合璧事類備要》在材料上對其他類書的依傍，曾有學者指出，其"後集歷官門多取自《唐宋白孔六帖》《職官分紀》及《錦綉萬花谷》，續集仕進門、性行門多取自《古今事文類聚》"④，"別集關于記載花果草木的卷二十二至卷六十一這四十卷是未經祝穆訂正的《（全芳）備祖》簡編本"⑤。筆者在考察北京大學圖書館所藏《錦綉萬花谷續集》"別本"時，亦曾注意到《古今

---

① 參拙稿《淵源與流變——從〈錦綉萬花谷續集〉看南宋坊賈之類書編刻》（《中國典籍與文化論叢》第十四輯，鳳凰出版社，2012年）、《〈錦綉萬花谷〉續書與〈初學記〉——南宋書坊纂書方式管窺》（《古典文獻研究》第十五輯，鳳凰出版社，2012年）。
② 謝維新：《自序》，《中華再造善本》影印宋刻《古今合璧事類備要》卷首。
③ 《古今合璧事類備要提要》，影印文淵閣《四庫全書》本《古今合璧事類備要提要》卷首。
④ 趙含坤：《中國類書》，河北人民出版社2005年版，第129頁。
⑤ 楊寶霖：《〈古今合璧事類備要〉別集草木卷與〈全芳備祖〉》，《文獻》1985年第一期。

合璧事類備要》前集"天文""時令""節序"諸門對該書有明顯的襲用①。這種現象是否具有普遍性？程度如何？"民事門"也不妨作爲一個例證。

"民事門"共包含"耕稼""蠶桑""工匠""商賈""貨殖""漁者""獵者"七類，所涉書籍雖與前舉有所出入，其現象却極其相似。從內容的雷同情况來看，其材料來源大體可分兩種情况：

（一）以祝穆《古今事文類聚》"民業部"相應類目爲基礎

可以"獵者"一類爲例：

表一

《古今合璧事類備要》"民事門‧獵者"	《古今事文類聚》"民業部‧獵者"
【事類】（1）捷取（獵，捷也。言以捷取之。亦曰狩，狩獸也。《月令章句》）（2）爲獠（宵曰爲獠。注《管子》曰：獵獠畢弋。江東亦呼獵爲獠。《爾雅》）（3）除害（春獵爲蒐，夏獵爲苗，秋獵爲獮，冬獵爲狩。郭璞注：蒐爲搜，索取不任者；苗，爲苗稼除害；獮爲順殺氣；狩謂得獸，取之無所擇。皆爲田除害之義。《爾雅》）（4）充庖（古者，天子諸侯無事則歲三田，一爲乾豆，二爲賓客，三爲充君之庖。無事而不田曰不敬，田不以禮曰暴天物。天子不合圍，諸侯不掩群。獺祭魚，然後漁入澤梁；豺祭獸，然後田獵。鳩化爲鷹，然後設罻羅；草木零落，然後入山林。昆蟲未蟄，不以火田。不麛不卵，不殺胎，不殀夭，不覆巢。《禮記》）（5）中林武夫（肅肅兔罝，施于中林。赳赳武夫，公侯干城。肅肅兔罝，施于中逵，赳赳武夫，公侯腹心。《毛詩》）（6）上蘭行伍（逢蒙列眥，羿氏控弦。皇車幽輬，光純天地。望舒彌轡，翼乎徐至於上蘭。移圍徙陣，浸淫麓部。曲隊堅重，各案行伍。壁壘天旋，神扶電擊。逢之則碎，近之	【群書要語】（3）春獵爲蒐，夏獵爲苗，秋獵爲獮，冬獵爲狩。郭璞注：蒐爲搜，索取不任者；苗，爲苗稼除害；獮爲順殺氣；狩謂得獸，取之無所擇。皆爲田除害之義。（《爾雅》）（4）古者，天子、諸侯無事則歲三田，一爲乾豆，二爲賓客，三爲充君之庖。無事而不田曰不敬，田不以禮曰暴天物。天子不合圍，諸侯不掩群。獺祭魚，然後漁入澤梁；豺祭獸，然後田獵。鳩化爲鷹，然後設罻羅；草木零落，然後入山林。昆蟲未蟄，不以火田。不麛不卵，不殺胎，不殀夭，不覆巢。又曰：季冬之月，天子乃教田獵，以習五戎。（《禮記》） 【古今事實】 蒐田以時（7） 文王蒐田以時，仁如騶虞，則王道成也。 發豝殪兕（11） 宣王，既張我弓，既挾我矢，發彼小豝，殪此大兕。 西狩獲麟（9） 魯哀公西狩于大野，叔孫氏之車子鉏商獲麟，以爲不祥，以賜虞人。仲尼觀之曰："麟也。"然後取之。 祖裼暴虎（13） 鄭太叔祖裼暴虎，獻于公所。將叔子狃，戒其傷汝。

---

① 參拙稿《〈錦繡萬花谷續集〉"別本"及其文獻價值》，《版本目錄學研究》第四輯，北京大學出版社，2013年。

(續表)

《古今合璧事類備要》"民事門·獵者"	《古今事文類聚》"民業部·獵者"
則破。鳥不及飛，獸不得過。軍驚師駭，刮野掃地。揚雄《校獵賦》）（7）蒐必以時（文王蒐田以時，仁如騶虞，則王道成也。）（8）獵不失期（魏文侯與虞人期獵，且以飲酒樂，天雨。文侯將出，左右曰："今日飲酒樂，天雨，君將焉之？"文侯曰："吾與虞人期獵，雖樂，豈不一會期哉？"乃往，自罷之。魏於是始強。《戰國策》）（9）西狩獲麟（魯哀公西狩于大野，叔孫氏之車子鉏商獲麟，以爲不祥，以賜虞人。仲尼觀之曰："麟也。"然後取之。《左》）（10）東都搏獸（宣王會諸侯東都，因田獵而選車徒焉。田車既好，東有甫草。駕言行狩，之子于苗。選徒囂囂，建旐設旄。搏獸于敖。《詩·車攻》）（11）發犴殪兕（既張我弓，既挾我矢，發彼小犴，殪此大兕。《吉日》）（12）射麋格麟（駕車千乘，選徒萬騎，畋於海濱。列卒滿澤，罘網彌山，掩兔轔鹿，射麋格麟。射中獲多，矜而自功。出《子虛獵賦》）（13）袒裼暴虎（鄭太叔袒裼暴虎，獻于公所。將子無狃，戒其傷女。）（14）跪遇獲禽（昔者，趙簡子使王良與嬖奚乘，終日而不獲一禽。嬖奚反命曰："天下之賤工也。"或以告王良，良曰："請復之。"強而後可，一朝而獲十禽。《孟子》）（15）獵得善言（梁君出獵，見白雁群下，彀弩欲射之。道有行者，梁君謂行者止，行者不止，白雁群駭。梁君怒，欲射行者。其御公孫龍止之，梁君怒曰："龍不與其君而顧他人！"對曰："昔宋景公時大旱，卜之，必以人祠乃雨。景公下堂，頓首曰：'吾所以求雨，爲民也。今必使吾以人祠乃雨，將自當之。'言未卒而大雨。何也？爲有德於天而惠於民也。君以白雁故而欲射殺人，無異於豺狼也。"梁君乃與龍上車歸，呼萬歲，曰："樂哉！人獵皆得禽獸，吾獵得善言而歸。"《莊子》）歸載老師（西伯將獵，（16）卜之，曰："非龍	因獵聞諫（15） 梁君出獵，見白雁群下，彀弩欲射之。道有行者，梁君謂行者止，行者不止，白雁群駭。梁君怒，欲射行者。其御公孫龍止之，梁君怒曰："龍不與其君而顧他人！"對曰："昔宋景公時大旱，卜之，必以人祠乃雨。景公下堂，頓首曰：'吾所以求雨，爲民也。今必使吾以人祠乃雨，將自當之。'言未卒而大雨。何也？爲有德於天而惠於民也。君以白雁故而欲射殺人，無異於豺狼也。"梁君乃與龍上車歸，呼萬歲，曰："樂哉！人獵皆得禽獸，吾獵得善言而歸。"（《莊子》） 放麑與母（22） 孟孫獵得麑，使西秦巴持之。其母隨而呼之，西秦巴不忍而與其母。孟孫適至，求麑，對曰："余不忍而與其母。"孟孫大怒，逐之。居三月，復召爲其子傅。曰："夫子不忍麑，又且忍吾子乎？"（《韓子》） 不失獵期（8） 魏文侯與虞人期獵，且以飲酒樂，天雨。文侯將出，左右曰："今日飲酒樂，天雨，君將焉之？"文侯曰："吾與虞人期獵，雖樂，豈不一會期哉？"乃往，自罷之。魏於是始強。（《戰國策》） 跪遇獲禽（14） 昔者，趙簡子使王良與嬖奚乘，終日而不獲一禽。嬖奚反命曰："天下之賤工也。"或以告王良，良曰："請復之。"強而後可，一朝而獲十禽。 馮媛當熊（見熊門） 諫帝射雉（見雉門） 以兒從獵（17） 孫盛爲庾公記室參軍，從獵，將其第三兒齊莊俱行。庾公不知，忽於獵場見齊莊，時七八歲。庾公謂曰："小兒亦復來乎？"應聲答曰："所謂'無小無大，從公于邁'矣。" 拔猛獸箭（21） 晉桓石虔，小字鎮惡。在荊州，於獵圍中見猛獸被數箭而伏，諸將素知其勇，戲令拔箭。石虔因急往，拔得一箭，猛獸跳，石虔亦跳，高於猛獸；獸伏，復拔一箭而歸。從桓溫入關，威震敵人。時有病瘧者，謂"桓石虔來"以怖之，多愈。

(續表)

《古今合璧事類備要》"民事門·獵者"	《古今事文類聚》"民業部·獵者"
非彲，非虎非羆，所穫伯王之輔。"於是果遇太公於渭之陽，載與俱歸，立以爲師。史書）（17）以兒從獵（孫盛爲庾公記室參軍，從獵，將其第三兒齊莊俱行。庾公不知，忽于獵場見齊莊，時七八歲，庾公謂曰："小兒亦復來乎？"應聲答曰："所謂'無小無大，從公于邁'矣。"）（18）與君言獵（唐元宗獵渭濱，召見姚崇。帝曰："公知獵乎？"對曰："幼所習也。臣年二十居廣成澤，以呼鷹逐獸爲樂。少ივज獵師，老而猶能。"帝悅，與俱馳逐，緩速如旨。《本傳》）（19）老麋哀請（晉州刺史蕭至忠將以臘月畋游，有樵者於霍山見一老麋哀請於黃冠者，黃冠曰："若令滕六降雪，巽二起風，則蕭君不獵矣。"薪者回，未明風雪，竟日，蕭不復出。《幽怪錄》）（20）群豕突前（唐太宗獵於洛陽苑，有群豕突出林中。上引弓四發，殪四豕。有豕突前，及馬鐙，民部尚書唐儉投馬搏之。上笑曰："天策長史不見上將擊賊耶？何懼之甚？"對曰："陛下神武，豈復逞雄心於一獸乎？"上大說，爲之罷獵。）（21）石虔拔箭（晉桓石虔，小字鎮惡。在荊州，於獵圍中見猛獸被數箭而伏，諸將素知其勇，戲令拔箭。石虔因急往，拔得一箭，猛獸跳，石虔亦跳，高於猛獸。獸伏，復拔一箭而歸。從桓溫入關，威震敵人。時有病瘧者，謂"桓石虔來"以怖，多愈。）（22）秦巴放麑（孟孫獵得麑，使西秦巴持之。其母隨而呼之，西秦巴不忍而與其母。孟孫適至，求麑，對曰："余不忍而與其母。"孟孫大怒，逐之。居三月，復召爲其子傅。曰："夫子不忍麑，又且忍吾子乎？"《韓子》）【詩集】（23）鷹疾（風勁角弓鳴，將軍獵渭城，草枯鷹眼疾，雪盡馬蹄輕。忽過新豐市，還歸細柳營。回看射鵰处，千里暮雲平。王維）	豕突帝馬（20） 唐太宗獵於洛陽苑，有群豕突出林中。上引弓四發，殪四豕。有豕突前，及馬鐙，民部尚書唐儉投馬搏之。上笑曰："天策長史不見上將擊賊耶！何懼之甚？"對曰："陛下神武，豈復逞雄心於一獸乎？"上大說，爲之罷獵。 匿鷯于懷（見鷯門） 田獵懼諫 憲宗嘗田苑中，至蓬萊池曰："李絳嘗以此諫我，今可返也。"帝嘗獵苑中，或大張樂，稍過差，必視左右曰："韓休知否？"已而疏輒至。 不可不獵 唐單王元吉喜鷹狗，出嘗載置網三十車，曰："我寧三日不食，不可一日不獵。"（本傳） 【古今文集】 雜著： 　　子虛賦　　司馬相如 楚使子虛使於齊。齊王悉發境內之士，備車騎之衆，與使者出畋。畋罷，子虛過詫烏有先生，而亡是公存焉。坐定，烏有先生問曰："今日畋樂乎？"子虛曰："樂。""獲多乎？"曰："少。""然則何樂？"曰："僕樂王之欲誇僕以車騎之衆，而僕對以雲夢之事也。"曰："可得聞乎？"子虛曰："可。（12）王駕車千乘，選徒萬騎，畋於海濱。列卒滿澤，罘網彌山，掩兔轔鹿，射麋腳麟，騖於鹽浦，割鮮染輪。射中獲多，矜而自功。…… 　　上林賦　　司馬相如 亡是公听然而笑曰…… 　　羽獵賦（并序）　　揚雄 孝成帝時，羽獵雄從……故聊因校獵賦以風之，其辭曰：……（6）逢蒙列眥，羿氏控弦。皇車幽輴，光純天地。望舒弥辔，翼乎徐至於上蘭；移圍徙陣，浸淫蹉跎。曲隊堅重，各案行伍。壁壘天旋，神扶電擊。逢之則碎，近之則破。鳥不及飛，獸不得過。軍驚師駭，刮野掃地。…… 　　長楊賦　　揚雄 明年，上將大誇胡人以多禽獸…… 律詩： 　　觀獵（23）　　王維 風勁角弓鳴，將軍獵渭城。草枯鷹眼疾,雪盡馬蹄輕。忽過新豐市,還歸細柳營。回看射雕處,千里暮雲平。

(續表)

《古今合璧事類備要》"民事門·獵者"	《古今事文類聚》"民業部·獵者"
(24) 馬驟（曉出鳳城東，分圍淺草中。紅旗開向日，白馬驟迎風。背手抽金鏃，翻身控角弓。萬人齊指処，一鴈落寒空。張祐）①	觀獵（24）張祐 曉出鳳城東，分圍淺草中。紅旗開向日，白馬驟迎風。背手抽金鏃，翻身控角弓。萬人齊指処，一鴈落寒空。②

　　爲便於直觀比較，上表在《古今合璧事類備要》各條目前加標序號，并將該序號標注於《古今事文類聚》相應條目。可以看到，雖條目名稱有增易，《古今合璧事類備要》全部24條中，與《古今事文類聚》"獵者"內容相重者達17條。而其餘七條中，"歸載老師"即《古今事文類聚》同卷"漁者"之"漁釣奸周"，文字略有刪減；"老麋哀請"則與該書卷四"天道部·雪·古今事實·滕六降雪"幾乎一致。因此，在《古今事文類聚》之外者，實僅"事類"之"捷取""爲獠""中林武夫""東都搏獸""與君言獵"五條。

　　在相重條目中，一個突出現象是二書之出處標註高度一致。17條中，二者均無出處（或作者）的5條，皆有且完全相同者7條，《古今事文類聚》收錄賦文全篇而《古今合璧事類備要》截取部分段落之2條，篇名小有變動，其文辭亦可見於賦中文句。《古今事文類聚》無而《古今合璧事類備要》有，即後者信息或有增益者，僅"西狩獲麟""發犴殪兕""跪遇獲禽"三條。

　　在文字方面，也有極高的一致性。除與體例相關，出自揚雄《羽獵賦》、司馬相如《子虛賦》的"上蘭行伍""射鹿格麟"僅採用部分段落外，其他均如出一轍。且多有相同的文字訛誤，如"充庖"條源出《禮記》，其"不麛不卵"二書均訛"麛"爲"麋"；"射鹿格麟"出《子虛賦》，其"神抶電擊"二書均誤"抶"爲"扶"；"獵不失期"條，《戰國策》原作"是日飲酒樂"，二書均誤作"且以飲酒樂"；"袒裼暴虎"當本於《詩經·鄭風·太叔于田》，而"將叔無狃"皆作"將子無狃"，等等。

　　相同的文字節略是另一顯著特征。《古今事文類聚》引文往往有刪節，而《古今合璧事類備要》亦別無二致。如"蒐必以時"條，當來自《詩經·召南·騶虞》一篇之《詩序》：

---

　　① （宋）謝維新：《古今合璧事類備要》卷五二，《中華再造善本》影印中國國家圖書館藏宋刻本。底本漫漶處以影印文淵閣《四庫全書》本酌加校補。本文所引《古今合璧事類備要》均據此本，下不一一注明。爲求更好地呈現諸書在內容和文字上的關聯，本文用以比對之諸類書盡量選用傳世最早或較早版本，其中部分文字在後世通行本有增益、訂補或變形，相關差異不逐一說明。

　　② （宋）祝穆：《古今事文類聚》前集卷三七，《中華再造善本》影印元泰定三年廬陵武溪書院刻本。本文所引《古今事文類聚》皆據此本，下不一一注明。

>《騶虞》,《鵲巢》之應也。《鵲巢》之化行,人倫既正,朝廷既治,天下純被文王之化,則庶類蕃殖。蒐田以時,仁如騶虞,則王道成也。①

《古今事文類聚》取"蒐田以時"以下文字,并冠以該事主體詞"文王",《古今合璧事類備要》無一字之差。再如"群豕突前",該故事今可見較早出處爲《唐會要》《大唐新語》,兩《唐書》之《唐儉傳》均有載,記事大體相同,行文則各有出入。相較之下,以《資治通鑒》卷一九五與此處所引最爲接近:

>貞觀十一年……冬十月……上獵於洛陽苑。有群豕突出林中,上引弓四發,殪四豕。有豕突前,及馬鐙;民部尚書唐儉投馬搏之。上拔劍斬豕,顧笑曰:"天策長史不見上將擊賊邪!何懼之甚?"對曰:"漢高祖以馬上得之,不以馬上治之。陛下以神武定四方,豈復逞雄心於一獸!"上悦,爲之罷獵。尋加光禄大夫。②

二書所引當源自此書,而均無"(上)拔劍斬豕""漢高祖以馬上得之,不以馬上治之"之文句,"陛下以神武定四方"亦均略作"陛下神武"。當非偶然。

"老麋哀請"一條亦堪稱典型。二書出處標註均作《幽怪録》,即唐牛僧孺《玄怪録》。該掌故頗爲古人所樂道,然《玄怪録》原始故事情節曲折離奇,長達九百餘字,後人記述相關典故時,文字往往節略,所存內容、行文各有千秋。宋曾慥《類説》卷十一"滕六降雪巽二起風"條據《幽怪録》節作:

>晋州刺史蕭志忠將以臘日爲畋游,有樵者於霍山見一長人,俄有虎兕鹿豕狐兔駢匝,長人曰:"余玄冥使者,奉北帝命,臘日蕭使君畋獵,汝等若干合鷹死、若干合箭死。"有老麋屈膝求救,使者曰:"東谷嚴四善謀。"群獸從行。薪者隨覘之,茅堂中有黄冠一人,老麋哀請,黄冠曰:"若令滕六降雪,巽二起風,即蕭君不復獵矣。"薪者回,未明風雪竟日,蕭果不出。③

故事始末因由,存其梗概。而《古今事文類聚》於"天道部"之"風""雪"二類兩見其事,前者作"巽二起風",文曰:

>蕭至忠爲晋州刺史,欲獵。有樵者於霍山見一長人,俄有虎兕鹿豕狐兔雜駢而至。長人曰:"余九冥使者,奉北帝命。蕭君畋,汝輩若干合鷹死,若干合箭死。"有老麋屈膝求救,使者曰:"東谷嚴四善課,試爲求計。"群

---

① 《毛詩正義》卷一,中華書局影印《十三經註疏》,1980年,第294頁。
② 《資治通鑒》卷一九五,《中華書局》,1956年,第6134頁。
③ (宋)曾慥:《類説》卷十一,影印文淵閣《四庫全書》本。

獸從行。樵者覘之,行至深巖,有茅堂,黃冠一人。老麋哀請,黃冠曰:"若令滕六降雪、巽二起風,即蕭使君不出矣。"群獸散去。翌日,未明風雪大作,竟日。蕭果不出。(《幽怪録》)①

後者即"滕六降雪",僅有老麋哀請之事與道人之言:

> 晋州蕭刺史至忠將以臘日畋遊。有樵者於霍山見一老麋哀請黃冠者,黃冠曰:"若令滕六降雪、巽二起風,即蕭君不復獵矣。"薪者回,未明風雪,竟日。蕭刺史竟不出。(《幽怪録》)②

很可能《古今事文類聚》兩處均非直接引自《玄怪録》而是據《類説》文字作了不同的節略,至少在相當程度上參考了《類説》。而《古今合璧事類備要》卷二"天文門·風·事類"之"巽二起風"與前者全同,此處則與後者基本一致,僅有"晋州蕭刺史至忠"作"晋州刺史蕭至忠"、"即蕭君不復獵矣"作"則蕭君不復獵矣"、"蕭刺史竟不出"作"蕭不復出"之小異;而所涉人物姓名,亦不同於《玄怪録》《類説》之"蕭志忠",與《古今事文類聚》皆作"蕭至忠"。

上述諸種跡象綜合起來,二書之間的淵源關係當無可疑。而以《古今事文類聚》"獵者"計,該書全部亦24條,"群書要語"之兩條均用(後者僅取前半);"古今事實"16條有其11,且未取之五條中,"馮媛當熊""諫帝射雉""匿鷂於懷"因與其他門類重出而無具體內容,可以説,《古今事文類聚》有載而《古今合璧事類備要》不取者僅"田獵懼諫""不可不獵"兩條;"古今文集"收賦4篇、律詩二首,其中《子虛賦》《羽獵賦》摘取了語句段落,詩則一概照抄。整體取用率相當高。因此,説《古今合璧事類備要》"獵者"以《古今事文類聚》同一類别的內容為主體、甚至"抄襲"均不為過。

這種情形普遍存在於"民事門"全部七個類别,而在程度上有所差異。總體而言,重合率約在六至七成,其最甚者,"貨殖"類全部22條均可見於《古今事文類聚》"民業部·貨殖家(商賈附)",僅第二條"言財"作:"或問子之治産不如用圭之富,曰:'吾聞市井相與言則以財為利。'"較《古今事文類聚》之"市井相與言則以財為利"有增益。而"桑蠶"類最少,22條中襲自《古今事文類聚》"民業部·蠶家"者僅5條,然而從《古今事文類聚》該類全部內容僅8條計,取用率亦同樣可觀。

而其中部分類别,在以《古今事文類聚》相應門類構建內容主體的同時,還可看到對其他類書的大面積襲用,即如下文所述。

---

① 《古今事文類聚》前集卷三。
② 《古今事文類聚》前集卷四。

（二）以《古今事文類聚》《錦綉萬花谷》相拼合

可以"耕稼"爲例。此類共計56條，與《古今事文類聚》前集卷三六"民業部·農家（田附）"重出者42條，與《錦繡萬花谷》前集卷二五"農家"重出者8條，如表二所示：

表二

《古今合璧事類備要》"民事門·耕稼"	《古今事文類聚》"民業部·農家（田附）"
【事類】（1）菑畬（一歲曰菑，二歲曰新，三歲曰畬。《爾雅》）（2）耕耨（漢武詔：火耕水耨。應劭曰：燒草，下水種稻益生。因悉芟去，復下水灌水，草死，獨稻長。所謂火耕水耨也。《漢書》）（3）良農（良農不爲水旱輟耕。《荀子》）（4）惰農（惰農自安，不昏作勞，不服田畝。《盤庚》）（5）舉趾（三之日于耜，四之日舉趾，同我婦子，饁彼南畝，田畯至喜。出《毛詩·豳·七月》）（6）興事（農祥晨正，天駟星也，立春見於南畝，以興農事。《國語》）（7）有秋（若農服田力穡，乃亦有秋。《盤庚》）（8）無飢（百畝之田，勿奪其時，數口之家可以無飢。《孟子》）（9）服襏襫（先雨耘耨，以待時雨。時雨既至，挾其搶刈耨鎛以旦暮從事於田野，脫衣就功，別苗莠，列疎遬，首戴茅蒲，身服襏襫，沾體塗足，暴其髮膚，盡其四肢之力，此謂之農。《管子》）（10）庤錢鎛（命我衆人，庤乃錢鎛，奄觀銍艾。《臣工詩》。注：錢、銚、鎛、鎒，田器也。）（11）薅荼蓼（其饟伊黍，其笠伊糾，其鎛斯趙，以薅荼蓼。荼蓼朽止，黍稷茂止。《良耜》）（12）納禾稼（採荼薪樗，食我農夫。九月築場圃，十月納禾稼，黍稷重穋，禾麻菽麥。《毛詩》）	【群書要語】：（14）提封五萬，疆場綺紛。溝塍刻鏤，原隰龍鱗。決渠降雨，荷插成雲。五穀垂穎，桑麻敷棻。（《西都賦》）（2）漢武詔：火耕水耨。應劭曰：燒草，下水種稻益生。因悉芟去，復下水灌水，草死，獨稻長。所謂火耕水耨也。（《漢書》）載芟載柞，其耕澤澤。（《詩》）（11）其饟伊黍，其笠伊糾，其鎛斯趙，以薅荼蓼。荼蓼朽止，黍稷茂止。（《良耜》）（5）饁彼南畝，田畯至喜。（《七月》）（7）若農服田力穡，乃亦有秋。（《盤庚》）（4）惰農自安，不昏作勞，不服田畝。（同上）人生在勤，勤則不匱。（《管子》）（3）農夫不爲水旱輟耕。（《荀子》）農簑圍笠，共談壠畝間。（葉正則文） 田：（1）一歲曰菑，二歲曰新，三歲曰畬。（《爾雅》）雍州厥田惟上上。（《禹貢》）（8）百畝之田，勿奪其時，數口之家可以無飢。（《孟子》） 詩句：夕陽臨水釣，春雨向田耕。（劉長卿）雨中耕白水，雲外斸青山。（許渾）種稻耕白水，負薪斫青山。（孟郊）水耕先浸草，春火更燒山。（杜）畬田貴火聲燎爐。（杜）曲江幸有桑麻田，故將移住白雲邊。（杜）雖爲尚書郎，不及村野人。藹藹桑麻交，公侯爲等倫。（杜） 【古今事實】 耕莘樂道（21） 伊尹耕于有莘之野，以樂堯舜之道。 耦耕（19） 長沮桀溺耦而耕，孔子過之，使子路問津焉。長沮曰："是知津矣。"問於桀溺，云云，耰而不輟。（《微子》） 荷蓧（20） 子路從而後，遇丈人以杖荷蓧，子路問曰："子見夫子乎？"丈人曰："四體不勤，五穀不分，孰爲夫子？"植其杖而芸。止子路宿，殺雞爲黍而食之，見其二子焉。（同上） 豚蹄禳田（28） 淳于髡滑稽多辯。齊威王八年，楚伐齊，齊使髡之趙

《古今合璧事類備要》管窺　71

(續表)

《古今合璧事類備要》"民事門·耕稼"	《古今事文類聚》"民業部·農家（田附）"
（13）抱甕占星（編茅結草，上漏下濕之悲；桔槔抱甕，占星望雲之勞。負薪烝以耕耘，徯一餉而不至者之苦；舉債於豪右，結一爲五者之宽。農之爲農，亦良苦矣。）（14）決渠降雨（提封五萬，疆場綺紛。溝塍刻鏤，原隰龍鱗。決渠降雨，荷插成雲。五穀垂穎，桑麻敷芬。《西都賦》）（15）耕耘種藝（子路問於孔子曰："有人於此，耕耘種藝，手足胼胝，以養其親，然而無孝之名，何也？"《荀子》）（16）鹵莽滅裂（長梧封人問子牢曰：昔予爲禾，耕而鹵莽之，則其實亦鹵莽而報予；芸滅裂之，其實亦滅裂而報予。來年深其耕而熟耰之，其禾繁以滋，予終年厭飱。《莊子》）（17）后稷教藝（后稷教民稼穡，樹藝五穀。）（18）樊遲學稼（樊遲請學稼，子曰："吾不如老農。"《論語》）（19）耦耕辟士（長沮桀溺耦而耕，孔子過之，使子路問津焉。長沮曰："是知津矣。"問於桀溺，溺曰云云，"與其從辟人之士也，孰若從辟世之士哉！"耰而不輟。《語·微子》）（20）荷蓧丈人（子路從而後，遇丈人以杖荷蓧，子路問曰："子見夫子乎？"丈人曰："四體不勤，五穀不分，孰爲夫子？"植其杖而芸。止子路宿，殺雞爲黍而食之，見其二子焉。同上。）（21）樂道莘郊（伊尹耕于有莘之野，以樂堯舜之道。）（22）躬耕壟畝（諸葛亮躬耕壟畝，好爲《梁父吟》。）（23）敬饁如賓（晋冀缺耨，其妻饁之，相敬如賓。晋侯曰："能敬，必有德。"以爲下軍大夫。《左傳》）（24）輟耕言志（陳勝字涉，少時嘗與人傭耕，輟耕之壟上，悵然曰："苟富貴，無相忘。"傭者笑，勝曰："嗟乎！	請救。齎金百斤，車馬千駟。髡仰天大笑，冠纓索絕。王曰："先生少之乎？"髡曰："臣今者從東方來，見道傍禳田者操一豚蹄，酒一盂，祝曰：'甌窶滿篝，汙邪滿車，五穀蕃熟，穰穰滿家。'臣見其所持者狹，所欲者奢，故笑之。"齊王乃益黄金千鎰、白璧十雙、車馬百乘。髡至趙，予精兵十萬，楚聞之引去。注：篝，籠也。汙邪，下地田也。 輟耕壟上（24） 陳勝字涉，少時嘗與人傭耕，輟耕之壟上，悵然曰："苟富貴，無相忘。"傭者笑，勝曰："嗟乎！燕雀安知鴻鵠之志哉！" 羊酒自勞（27） 楊惲《與孫會宗書》曰：臣之得罪已三年矣。田家作苦，歲時伏臘，烹羊炰羔，斗酒自勞。家本秦也，能爲秦聲；婦趙女也，雅善鼓瑟；奴婢歌者數人。酒後耳熱，仰天拊缶而呼烏烏。其詩曰："田彼南山，蕪穢不治。種一頃豆，落而爲萁。人生行樂耳，須富貴何時！" 躬耕壟畝（22） 諸葛亮躬耕壟畝，好爲《梁父吟》。 負郭十畝（以下係田）（29） 孔子曰："回家貧，胡不仕？"對曰："回有郭外之田五十畝，足以給飦粥；郭内之田十畝，足以爲絲麻。回不願仕。" 負郭二頃（29） 蘇季子曰："吾若有雒陽負郭二頃田，安能佩六國印乎？" 買田自污 黥布反，上數使使問相國何爲。客說曰："胡不多買田地，賤貰而自以污？"何從其計。 伯耕使學 陳平少時，家貧好讀書，治黄帝、老子之術。有田三十畝，與伯居，伯常耕，縱平使游學。 及貴買田（30） 張禹内殖貨財，及富貴，多買田，至四百頃，皆涇渭溉灌，極膏腴。 自耕而食（31） 徐穉嘗自耕稼，非其力不食。 身後桑田 諸葛亮自表後主曰：成都有桑八百株、薄田十五頃。弟子衣食自有餘饒。臣死之日，不使内有餘帛，外有贏財，以負陛下。

(續表)

《古今合璧事類備要》 "民事門·耕稼"	《古今事文類聚》 "民業部·農家（田附）"

燕雀安知鴻鵠之志哉！"出史書）（25）歷山遜畔（舜耕歷山，歷山之人皆遜畔；死葬蒼梧，有群象常爲之耕。《帝王世紀》）（26）兔園遺册（馮道本田家，狀貌質野，朝士多笑其陋。道入朝，任贊、劉岳在後，道行數步，反顧，贊問岳何爲，岳曰："遺下兔園册爾。"兔園册者，鄉校俚儒教田夫牧子之所誦也，故岳舉以誚道。道聞之大怒，遷岳秘書監。《劉岳傳》）（27）羔酒自勞（楊惲《與孫會宗書》曰：臣之得罪已三年矣，田家作苦，歲時伏臘，烹羊炰羔，斗酒自勞。家本秦也，能爲秦聲；婦趙女也，雅善鼓瑟；奴婢歌者數人。酒後耳熱，仰天拊缶而呼烏烏。其詩曰："田彼南山，蕪穢不治。種一頃豆，落而爲萁。人生行樂耳，須富貴何時！"）（28）豚蹄禳田（淳于髡滑稽多辯，齊威王八年，楚伐齊，齊使髡之趙請救，齎金百斤、車馬千駟。髡仰天大笑，冠纓索絶。王曰："先生少之乎？"髡曰："臣今者從東方來，見道傍禳田者操一豚蹄，酒一盂，祝曰：'甌窶滿篝，汙邪滿車，五穀皆熟，穰穰滿家。'臣見其所持者狹，所欲者奢，故笑之。"齊王乃益黃金千鎰、白璧十雙、車馬百乘。髡至趙，予精兵十萬，楚聞之引去。注：篝，籠也。汙邪，下地田也。）（29）負郭有田（孔子曰："回家貧，胡不仕？"對曰："回有郭外之田五十畝，足以給飦粥；郭内之田十畝，足以爲絲麻。回不願仕。"又蘇季子曰："吾若有雒陽負郭二頃田，安能佩六國印乎？"）（30）殖貨買田（張禹内殖貨財，及富貴，多買田，至四百頃，皆涇渭灌溉，極膏腴。）	求田問舍
	許汜見陳元龍，元龍謂汜曰："今天下大亂，所望君憂國忘家，有救世之意。而君求田問舍，言無可采。"
	有田不仕
	王素使謂文中子曰："盍仕乎？"子曰："疏属之南，汾水之西，有先人之敝廬在，可以避風雨。有田，可以具饘粥。彈琴著書，講道勸義，自樂也。願君侯正身以統天下，時和歲豐，則通也受賜多矣，不願仕也。"
	苦飢常勤（32）
	陸龜蒙有田數百畝、屋三十楹，田苦下，雨潦則與江通，故常苦飢。身畚插茠刺無休。或譏其勞，答曰："堯舜黴瘠，禹胼胝，彼聖人也。吾一褐衣，敢不勤乎？"（陸文）
	多田翁
	盧從愿占良田數百頃，自此薄之，目爲多田翁。
	【古今文集】
	雜著：
	  稼軒記 洪景盧
	國家行在，武林、廣信最密邇畿輔……
	古詩：
	  畬田行 劉禹錫
	何處好畬田，團團縵山腹。鑽龜得兩卦，上山燒卧木。下種暖灰中，乘陽坼牙蘗。蒼蒼一雨後，苕穎如雲發。
	  渭水田家（39） 王維
	斜陽照墟落，窮巷牛羊歸。野老念牧童，倚杖候荊扉。雉雊麥苗秀，蠶眠桑葉稀。田夫荷鋤至，相見語依依。即此羨閒逸，悵然歌式微。
	  田家（46） 聶夷中
	父耕原上田，子斸山下荒。六月禾未秀，官家已修倉。鋤田當日午，汗滴禾下土。誰念盤中飱，粒粒皆辛苦。二月賣新絲，五月糶秋穀。醫得眼前瘡，剜却心頭肉。我願君王心，化爲光明燭。不照綺羅筵，只照逃亡屋。
	  田舍曲（50） 王貞白
	古今利名路，只在儂門前。至老不離家，一生常晏眠。牛羊晚自歸，兒童戲野田。豈思封侯貴，唯只待豐年。征賦不辭苦，但願時官賢。時官苟貪濁，田舍生憂煎。
	  田家雜興（51）（52） 儲光羲
	梧桐蔭（去）我門，薜荔網我屋。迢迢兩夫婦，朝出暮還宿。稼穡既自務，牛羊還自牧。日旰嬾耕鋤，登高望川陸。空山足禽獸，墟落多喬木。白馬誰家兒，聯翩相馳逐。

(續表)

《古今合璧事類備要》 "民事門·耕稼"	《古今事文類聚》 "民業部·農家（田附）"
(31) 自耕而食（徐穉嘗自耕稼，非其力則不食。《本傳》）(32) 苦飢常勤（陸龜蒙有田數百畝，屋三十楹。田苦下，雨潦則與江通，故常苦飢。身畚插茅刺無休，或譏其勞，答曰：堯舜黴瘠，禹胼胝，彼聖人也，吾一褐夫，敢不勤乎？《陸文》）【詩集】(33) 牧牛（草肥朝牧牛，桑綠晚鳴鳩。列岫簷前見，清泉碓下流。春蔬和雨割，社酒向花篘。引我南坡去，籬邊有小舟。鄭谷）(34) 放犢（田家無五行，水旱卜蛙聲。牛犢乘春放，兒孫候暖耕。池塘烟未起，桑柘雨初晴。歲晚香醪熟，村村自迎送。章孝標）(35) 飯牛（蒲葉日以長，荷花日以滋。老農要看此，貴不違天時。迎晨起飯牛，雙駕耕東菑。蚯蚓土中出，田烏隨我飛。群合亂啄噪，嗷嗷如道飢。我心多惻隱，顧此兩傷悲。發食飼田烏，日暮空筐歸。親戚更相誚，我心終不移。儲光羲《田家書情》）(36) 飲犢（微雨衆卉新，一雷驚蟄始。田家幾日閑，耕種從此起。丁壯俱在野，場圃亦就理。歸來景常晏，飲犢西澗水。饑劬不自苦，膏澤且為喜。倉廩無宿儲，徭役獨未已。方慚不耕者，祿食出閭里。草應物詩）(37) 種黍（歌元豐。十日五日一雨風。麥行千里不見土，連山沒雲皆種黍。水秧綿綿復多稌，籠骨長乾掛梁梠。鮒魚出網蔽洲渚，荻筍肥甘勝牛乳。百錢可得斗酒許，雖非社日長聞鼓。吳兒踏歌女起舞，但道快樂無所苦。老翁塹水西南流，楊柳中間枕小舟。乘興欲眠過白下，逢人歡笑得無愁。王介甫）(38) 餉田（舊穀行將盡，良田米可希。老年方愛粥，卒歲且無衣。雀乳青苔井，雞鳴白板扉。	楚山有高士，梁國有遺老。築室既相隣，向田復同道。糗糒常共飯，兒孫每更抱。忘此耕耨勞，愧彼風雨好。蟪蛄鳴空澤，鵾鳩生秋草。日夕寒風來，衣裳苦不早。 田家書情 (35) 　　前人 蒲葉日以長，荷花日以滋。老農要看此，貴不違天時。迎晨起飯牛，雙駕耕東菑。蚯蚓土中出，田烏隨我飛。群合亂啄噪，嗷嗷如道飢。我心多惻隱，顧此兩傷悲。發食飼田烏，日暮空筐歸。親戚更相誚，我心終不移。 觀田家 (36) 　　韋應物 微雨衆卉新，一雷驚蟄始。田家幾日閑，耕種從此起。丁壯俱在野，場圃亦就理。歸來景常晏，飲犢西澗水。饑劬不自苦，膏澤且為喜。倉廩無宿儲，徭役獨未已。方慚不耕者，祿食出閭里。 野老歌 (48) 　　張籍 老翁家貧在山住，耕種山田三四畝。苗疎稅多不得食，輸入官倉化為土。歲暮鋤犁倚空室，呼兒登山收橡實。西江賈客珠百斛，舡中養犬長食肉。 歌元豐 (37) 　　王介甫 歌元豐，十日五日一雨風。麥行千里不見土，連山沒雲皆種黍。水秧綿綿復多稌，龍骨長乾掛梁梠。鮒魚出網蔽洲渚，荻筍肥甘勝牛乳。百錢可得斗酒許，雖非社日長聞鼓。吳兒踏歌女起舞，但道快樂無所苦。老翁塹水西南流，楊柳中間枕小舟。乘興欲眠過白下，逢人歡笑得無愁。 水車 (53) 　　蘇子瞻 翻翻聯聯銜尾鴉，犖犖确确蛻殼蛇。分畦翠浪走雲陣，刺水綠鍼抽稻牙。天工不念老農泣，喚取阿香推雷車。 律詩 長安秋夜 (34) 　　章孝標 田家無五行，水旱卜蛙聲。牛犢乘春放，兒孫候暖耕。池塘煙未起，桑柘雨初晴。歲晚香醪熟，村村自送迎。 陸渾山莊 (40) 　　宋之問 歸來物外情，負杖閱巖耕。源水看花入，幽林採藥行。野人相問姓，山鳥自稱名。去去獨吾樂，無能愧此生。 書邨叟壁 (33) 　　鄭谷 草肥朝牧牛，桑綠晚鳴鳩。列岫簷前見，清泉碓下流。春蔬和雨割，社酒向花篘。引我南陂去，籬邊有小舟。 張谷田舍 (49) 　　鄭谷 縣官清且儉，深谷有人家。一徑入寒竹，小橋穿野花。碓喧春澗滿，梯倚綠桑斜。自說年來稔，前村酒可賒。

（續表）

《古今合璧事類備要》"民事門·耕稼"	《古今事文類聚》"民業部·農家（田附）"
柴車馬羸牸，草屬牧豪豨。多雨紅榴拆，新秋綠芋肥。餉田桑下憩，傍舍草中歸。住處名愚谷，煩君問是非。王維）（39）荷鋤（斜陽照墟落，窮巷牛羊歸。野老念牧童，倚杖候荊扉。雉雛麥苗秀，蠶眠桑葉稀。田夫荷鋤至，相見語依依。即此羨閒逸，悵然歌式微。王維）（40）負杖（歸來物外情，負杖閱岩耕。源水看花入，幽林採藥行。野人相問姓，山鳥自稱名。去去獨吾樂，無能愧此生。宋之問）（41）椎鼓（高田二麥接山青，傍水低田綠未耕。桃杏滿村春似錦，踏歌椎鼓過清明。范至能）（42）踏車（下田畀水出江流，高壠翻江逆上溝。地勢不齊人力盡，丁男長在踏車頭。同上）（43）蒸梨（積雨空林烟火遲，蒸梨炊黍餉東菑。漠漠水田飛白鷺，陰陰夏木囀黃鸝。山中習靜觀朝槿，松下清齋折露葵。野老與人爭席罷，海鷗何事更相疑。出王維詩）（44）煮菜（夫因兵死守蓬茅，麻苧裙衫鬢髮焦。桑柘廢來猶納稅，田園荒盡尚徵苗。時挑野菜和根煮，旋斫生柴帶葉燒。任是深山更深處，也應無計避王徭。杜荀鶴）（45）種粟（春種一粒粟，秋成萬顆子。四海無閑田，農夫猶餓死。李申詩）（46）糶谷（父耕原上田，子劚山下荒。六月禾未秀，官家已脩倉。鋤田當日午，汗滴禾下土。誰念盤中飱，粒粒皆辛苦。二月賣新絲，五月糶秋谷。醫得眼前瘡，剜却心頭肉。我願君王心，化作光明燭。不照綺羅筵，只照逃亡屋。）	田家作（38）　王維 舊穀行將盡，良田米可希。老年方愛粥，卒歲且無衣。雀乳青苔井，雞鳴白板扉。柴車駕羸牸，草屬牧豪豨。多雨紅榴拆，新秋綠芋肥。餉田桑下憩，傍舍草中歸。住処名愚谷，煩君問是非。 題汶川村居（54）　滕白 種茶岩接紅霞塢，灌稻泉生白石根。皤腹老翁眉似雪，海棠花下戲兒孫。 田家　鄭毅夫 田家汩汩流水渾，一樹高花明遠村。雲意不知殘照好，却將微雨送黃昏。 田家（56）　歐陽永叔 綠楊高下映平川，賽罷田神笑語喧。林外鳴鳩春雨歇，屋頭初日杏花繁。 田園雜興（41）（42）　范至能 高田二麥接山青，傍水低田綠未耕。桃杏滿村春似錦，踏歌椎鼓過清明。 下田畀水出江流，高壠翻江逆上溝。地勢不齊人力盡，丁男長在踏車頭。 時世行（44）　杜荀鶴 夫因兵死守蓬茅，麻苧裙衫鬢髮焦。桑柘廢來猶納稅，田園荒盡尚徵苗。時挑野菜和根煮，旋斫生柴帶葉燒。任是深山更深处，也應無計避王徭。 八十老翁住破村，村中牢落不堪論。因供寨木無桑柘，爲點鄉兵絶子孫。還似平寧徵賦稅，未曾州縣署安存。至今雞犬皆星散，日落西山哭倚門。 秋雨輞川莊作（43）　王維 積雨空林烟火遲，蒸梨炊黍餉東菑。漠漠水田飛白鷺，陰陰夏木囀黃鸝。山中習靜觀朝槿，松下清齋折露葵。野老與人爭席罷，海鷗何事更相疑。①
	《錦繡萬花谷》前集"農家" 茅蒲襏襫（9） 《管子》云：先雨耘耨，以待時雨。時雨既至，挾其搶刈。耨鎛以旦暮從事於田野，脫衣就功，別苗秀，列疎遬，首戴茅蒲，身服襏襫，沾體塗足，暴其髮膚，盡其四肢之力，此謂之農。

---

① 《古今事文類聚》卷三六。

(續表)

《古今合璧事類備要》"民事門·耕稼"	《古今事文類聚》"民業部·農家（田附）"
(47) 索租（鳩婦勃磎農荷鉏，身披襏襫頭茅蒲。雨不破塊田坼圖，秭秆青青佳穀枯。大婦碓舂頭鬢疎，小婦拾穟行餉姑。四時作苦無袴襦，門前叫嗔官索租。洪駒父《田家謠》） (48) 輸税（老翁家貧在山住，耕種山田三四畝。苗疎税多不得食，輸入官倉化爲土。歲暮鋤犁倚虚室，呼兒登山收橡實。西江賈客珠百斛，船中養犬常食肉。張籍） (49) 説年稔（縣官清且儉，深谷有人家。一徑入寒竹，小橋穿野花。碓喧春澗滿，梯倚緑桑斜。自説年來稔，前村酒可賒。鄭谷） (50) 願官清（古今利名路，只在衙門前。至老不離家，一生常晏眠。牛羊晚自歸，兒童戲野田。豈思封侯貴，惟只待豐年。征賦不辭苦，但願時官賢。時官苟貪濁，田舍生憂煎。王貞白） (51) 務稼穡（梧桐陰我門，薜荔網我屋。迢迢兩夫婦，朝出暮還宿。稼穡既自務，牛羊還自牧。日旰嬾耕鋤，登高望川陸。空山足禽獸，墟落多喬木。白馬誰家兒，聯翩相馳逐。儲光羲） (52) 共糧糒（楚山有高士，梁國有遺老。築室既相鄰，向田復同道。糧糒常供飯，兒孫每更抱。忘此耕耨勞，愧彼風雨好。蟋蟀鳴空澤，鶬鳩生秋草。日夕寒風來，衣裳苦不早。儲光羲） (53) 分畦浪（翻翻聯聯銜尾鴉，犖犖确确脱殼蛇。分畦翠浪走雲陣，刺水緑鍼抽稻牙。天工不念老農泣，唤取阿香推雷車。東坡《水車詩》） (54) 灌稻泉（種茶岩接紅霞塢，灌稻泉生白石根。皤腹老翁眉似雪，海棠花下戲兒孫。滕白）	抱瓮負薪 (13) 編茅結草，上漏下濕之悲；桔橰抱瓮，占星望雲之勞。負薪蒸以耕耘，徯一餉而不至者之苦；舉債於豪右，結一爲五者之冤。農之爲農，亦良苦矣。 穀父蠶母 《續仙傳》：三川飢者有三青衣童子，語人曰："世人厭棄五穀，地司已收五穀之神矣。可相率祈謝谷父蠶母衣食之神，當致豐穰。 乞漿得酒 歲在申酉，乞漿得酒。（《朝野僉載》） 農祥 (6) 農祥晨正，天駟星也，立春見於南以興農事。（《國語》） 歐窶滿篝 淳于髡曰：臣見道旁有穰苗者，操一豚蹄，一盂酒，祝曰："歐窶滿篝，汙邪滿車，五穀蕃熟，穰穰滿家。"（《史記·滑稽傳》） 妻饁如賓 (23) 晉冀缺耨，其妻饁之，相敬如賓。晉侯曰："能敬，必有德。"以爲下軍大夫。（《左傳》） 鴉頭韈 李白詩："履上足如霜，不着鴉頭韈。"謂農婦也。 兔園册 (26) 馮道本田家，狀貌質野，朝士多笑其陋。道入朝，任贊、劉岳在後，道行數步，反顧。贊問岳何爲，岳曰："遺下兔園册爾。"兔園册者，鄉校俚儒教田夫牧子之所誦也，故岳舉以誚道。道聞之大怒，遷岳祕書監。（《劉岳傳》） 詩 (45) 春種一粒粟，秋成萬顆子。四海無閒田，農夫猶餓死。鉏禾日當午，汗滴禾下土。誰知盤中飧，粒粒皆辛苦。（李紳詩《雲溪友議》）父耕原上田，子斸山下荒。六月禾未生，官家一開倉。又四月賣新絲，五月糶新穀，醫得眼下瘡，剜却心頭肉。（《摭言》聶夷中） (47) 鳩婦勃磎農荷鉏，身披襏襫頭茅蒲。雨不破塊田坼圖，秭秆青青佳穀枯。大婦碓舂頭鬢疎，小婦拾穟行餉姑。四時作苦無袴襦，門前叫嗔官索租。（洪駒父《田家謠》）

(續表)

《古今合璧事類備要》"民事門·耕稼"	《古今事文類聚》"民業部·農家（田附）"
(55) 田中啼鳥（南村北村雨一犁，新婦餉姑翁哺兒。田中啼鳥自四時，催人脱袴着新衣。着新替舊亦不惡，去年租重無袴着。山谷）(56) 枝外鳴鳩（緑楊高下映平川，賽罷田神笑語喧。枝外鳴鳩春雨歇，屋頭初日杏花繁。歐陽脩）①	(55) 南村北村雨一犁，新婦餉姑翁哺兒。田中啼鳥自四時，催人脱袴着新衣。着新替舊亦不惡，去年租重無袴着。（山谷）青蓑緑袂於潛女，兩足如霜不穿屨。沙鬢髮絲穿杼，蓬沓障前走風雨。苕溪楊柳初飛絮，照溪畫眉渡溪去。蓬郎樵歸相媚嫵，不信姬姜有齊魯。（東坡詩）②

此類中，與《古今事文類聚》重出者占《古今合璧事類備要》全部條目的四分之三。與"獵者"情況相似，條目名稱雖有調整，但相重者出處往往相同，甚至《古今事文類聚》或用書名、或用篇名，《古今合璧事類備要》亦隨之用書名或篇名，毫無變化；僅有個別宋人作品署名方式有調整，如"蘇子瞻"變爲"東坡"、"歐陽永叔"變爲"歐陽修"之類。《古今事文類聚》未見出處，而《古今合璧事類備要》有的，則僅"輟耕言志"一條，且作"出史書"，頗有不知所云之嫌。其文字内容，除"舉趾""耦耕辟士"兩條有所增益外，其他均相同；同樣的文字特點如"火耕水耨"二書均誤"下水灌之"爲"下水灌水"、"豚蹄禳田"均誤"車馬十駟"爲"車馬千駟"；"煮菜"二書均作"也應無計避王徭"而不同於他書之"也應無計避征徭"之類，亦隨處可見，因襲的痕跡相當明顯。這些相重内容在《古今事文類聚》也占到該類的七成，特別是詩的部分，"古詩"11首、"律詩"13首，均僅有一首未録，取用率極高。

而不見於《古今事文類聚》的條目，則多可見於《錦繡萬花谷》前集卷二十五"農家"。《錦繡萬花谷》此類共14條，二書内容、文字均相同者達8條，詩的部分甚至四有其三。就出處標註而言，《古今合璧事類備要》與《錦繡萬花谷》均無統一規則，或有或無，用書名、篇名、作者姓名、字號皆有，體現爲較大的隨意性，而二書之間却往往一致。如"抱瓮占星"條二者皆無出處，"兔園册"條，《錦繡萬花谷》言出"《劉岳傳》"，未出書名，《古今合璧事類備要》亦然。也可見相同的"不精確"，如"興事"條，即《錦繡萬花谷》之"農祥"，其中見於《國語》者，實僅"農祥晨正"四字，後續内容當來自某種注釋，而二書不僅行文全同，亦均標註"《國語》"於其末，作爲總括。

---

① 《古今合璧事類備要》卷五二。
② 《錦繡萬花谷》前集卷二五，《北京圖書館古籍珍本叢刊》影印宋刻本，書目文獻出版社，1989年，第73册，第350、351頁。

其文字節略亦相雷同。如"妻饁如賓"即《錦繡萬花谷》之"敬饁如賓",二書均標注出《左傳》,而《左傳》原文乃作:

> ……初,臼季使過冀,見冀缺耨,其妻饁之,敬,相待如賓。與之歸,言諸文公曰:"敬,德之聚也。能敬,必有德。德以治民,君請用之。臣聞之,出門如賓,承事如祭,仁之則也。"公曰:"其父有罪,可乎?"對曰:"舜之罪也殛鯀,其舉也興禹。管敬仲,桓之賊也,實相以濟。《康誥》曰:'父不慈,子不祗,兄不友,弟不共。不相及也。'《詩》曰:'采葑采菲,無以下體。'君取節焉可也。"文公以爲下軍大夫。①

遠較二書所引爲繁,顯然二書文字均有節略,其一致性亦恐非偶然。雖然從目前可見之傳世本看,二書之間不無異文,但《古今合璧事類備要》對《錦繡萬花谷》的因襲當是事實。

同類現象還見於"漁者"類,該類總57條,與《古今事文類聚》"民業部"之"漁者""釣者"相重32條,《錦繡萬花谷》前集卷二五"漁父"相重17條,見於《錦繡萬花谷》後集卷二六"舟航"者3條。以宋高宗御製《漁父詞》九首最爲典型,該組詩本十五首,今可見於《寶慶會稽續志》卷六,題作《紹興元年七月十日予至會稽因攬黃庭堅所書張志和漁父詞十五首戲同其韻賜辛永宗》,《錦繡萬花谷》前集卷二五"漁父"錄其中九首,而《古今合璧事類備要》"漁者·律詩"最後的"柳花甋""明細火""酌流霞""縱遠舵""催短棹""春水生""桃浪暖""小笠青蓑""清灣幽島"九條,所繫恰是這九首並非律詩的作品,雖然添加了條目名稱,改變了先後順序,其實際內容的一致性却無法遮掩。而從另一個角度看,《錦繡萬花谷》之"漁父"一類,更多地着眼於漁父生涯的超然灑脫,對作爲生計的漁業關注不多,這九首詩的選錄也是一樣。但在其未取的六首中,却不無此類內容,如:

> 駭浪吞舟脫巨鱣,結繩爲網也難任。綸乍放,餌初沈,淺釣纖鱗味更深。②

雖仍以超逸閒適爲主調,却從一個側面反映了漁業生產之艱危。對於"民事門"的"漁者"類而言,或許是更適合的材料。因此,我們也不妨推測,謝維新編錄時所見到的,很可能僅是《錦繡萬花谷》"漁父"所收九首,并將其不加選擇一概抄出。而這種取用的簡單化,還體現於《錦繡萬花谷》"漁父"類全部內容僅19條,相重合者17條,已近於全取。

雖然《古今事文類聚》和《錦繡萬花谷》同爲抄襲對象,但從編錄方式上

---

① 《左傳正義》卷十七,中華書局影印《十三經註疏》,1980年,第1833、1834頁。

② (宋)張淏:《寶慶會稽續志》卷六,清嘉慶十三年刻本。

可以看到，二者非無主次之分。這不僅體現在所取條目數量，也體現在一些細節問題的處理。例如表現農業生產艱辛的名篇"鋤禾日當午，汗滴禾下土。誰知盤中餐，粒粒皆辛苦"，其作者在唐五代著作中已有李紳、聶夷中兩說，後人則或從此、或從彼，莫衷一是。從上表可知，《錦繡萬花谷》將其與"春種一粒粟"同時收爲李詩，而《古今事文類聚》則誤將聶夷中三首詩聯爲一首①，呈現爲聶詩的一部分。《古今合璧事類備要》延續了《古今事文類聚》的誤聯，文字亦與該書全同；而據《錦繡萬花谷》錄詩時，即僅取李紳第一首"春種一粒粟"，剔除了第二首"鋤禾日當午"。再如，淳于髡說齊威王的故事，三書皆有載錄，《錦繡萬花谷》"耕稼"類以"歐窶滿篝"爲條目，文字簡略，而《古今合璧事類備要》則作"豚蹄禳田"，條目名稱及文字內容，均與《古今事文類聚》相一致。而"漁者"類最後的11首詩，全部出自《錦繡萬花谷》"漁父"且九首"御制"同樣置於末尾，或許也是其"添補"地位的一種反映。

因此可以推斷，《錦繡萬花谷》是《古今合璧事類備要》"民事門"在《古今事文類聚》之外的一個重要參考，或稱資料來源。由於《錦繡萬花谷》沒有與百姓生計相應的部類設置，這種承用未能覆蓋全部七個類別，僅見於"耕稼"和"漁者"。換言之，對於《錦繡萬花谷》，《古今合璧事類備要》同樣是把能用的東西都用了。

當然，在"民事門"各類別中，均存在無法歸入上述兩種情況的內容，即使"貨殖"類，溢出的"半條"也無從否認。然而考察這些條目，絕大多數出於儒家經典或先秦子書，如前舉"獵者"類，不見於《古今事文類聚》的五條出處分別爲"《月令》章句""《爾雅》（及注）""《毛詩》""《詩·車攻》"，以及《新唐書·姚崇傳》（未標註）；"耕稼"於《古今事文類聚》《錦繡萬花谷》均未獲對應的6條，則是"庤錢鎛"出"《臣工詩》（及注）"、"納禾稼"出"《毛詩》"、"耕耘種藝"出"《荀子》"、"鹵莽滅裂"出"《莊子》"、"樊遲學稼"出"《論語》"、"歷山遂畔"出"《帝王世紀》"，此外文字加繁的"舉趾""耦耕辟土"，出處亦爲"《毛詩·豳·七月》"和"《論語》"。除《帝王世紀》外，均屬當時教育的基本內容，普通知識分子耳熟能詳的書籍。甚至出處標註似有增益者，如"獵者"之"西狩獲麟""發犴殪兕""跪遇獲禽"，分別出自《（詩經·小雅）吉日》《左傳》和《孟子》，也呈現出同樣的規律。對

---

① 參《太平廣記》卷一八三"貢舉六·高湜"引《摭言》："咸通十二年，禮部侍郎高湜知舉。……最者有聶夷中，少貧苦，精於古體。有《公子家》詩云：'種花滿西園，花發青樓道。花下一禾生，去之爲惡草。'又《詠田家》詩云：'父耕原上田，子劚山下荒。六月禾未秀，官家已修倉。'又云'鉏田當日午，汗滴禾下土。誰念盤中餐，粒粒皆辛苦'。又云'二月賣新絲，五月糶新穀。醫得眼前瘡，剜却心頭肉。我願君王心，化爲光明燭。不照綺羅筵，只照逃亡屋。所謂言近意遠，合三百篇之旨也'。故知爲三首。

此，不能排除尚有某種不爲我們所知的"參考書"的可能，亦或許零星掇拾自其他類書、其他門類，也可能來自編者的知識儲備，對於身爲"膠庠進士"、似乎進過太學的謝維新而言，這樣的增補當不需要太多的查找工作。

"桑蠶"一類則有其特殊性，《古今事文類聚》內容偏少、《錦繡萬花谷》未立門類，爲求與其他類別大體平衡，不得不另行蒐匯加以充實，今尚未於傳世類書中發現大面積重合的現象，是否另有相對集中的襲用，仍待考證。

結合學者曾經討論的後集"歷官門"、續集"仕進門""性行門"等情況，我們大體可以推測，至少在謝維新編纂前、後、續三集的過程中，《古今事文類聚》與《錦繡萬花谷》扮演了重要的角色，是其主要的參考和抄襲對象。雖然未見嚴重錯亂、且編纂過程中信息不無增益，質量與水準略勝一籌，但總體上，《古今合璧事類備要》的纂錄方式與《錦繡萬花谷》續書並無二致，並不存在廣泛搜求和精審選汰，而是對有限資料作大面積簡單抄襲，且這種做法貫穿全書。其抄襲的最主要對象，則是謝維新自序所言"兩坊書市""汗牛充棟"然"猶未備"的類書中之"最後"者，亦即年代最近、最易獲得的類書。《古今事文類聚》祝穆自序作於"淳祐丙午"（1246）；較本書謝維新自序僅早11年，而《錦繡萬花谷》，參之"天文""節序"等門類所襲用的"《續集》別本"，亦屬20年內之書。由此亦可推知，雖名稱響亮、外表光鮮，但不論纂書或作序，謝氏均未付出更詳密的資料工作。其眼界之闊狹、積澱之厚薄自在其間，對於"拿錢編書"工作的態度，亦在其間。

二、"民事門"與宋代社會

既然材料方面並無太多特異性，《古今合璧事類備要》也就很難具備我們通常認爲的資料價值。但作爲特定歷史時期、特定環境下的文化產品，它身上仍不乏值得關注的信息。其"出身""來歷"即是重要切入點。

雖明人如顧可學輩將此書與《太平御覽》《冊府元龜》共提，亦將謝維新與李昉、呂蒙正、王欽若等學力深厚、位高望重的士大夫并論，但客觀事實是，本書沒有官修類書雄厚的資料基礎、便利的資料條件、強大的工作團隊以及立足政治生活的思維角度。其編者只是一個生活在圖書出版業繁盛一時的建安的民間知識分子，並未（或尚未）取得功名，顯赫的家世、厚重的學術根柢、崇高的政治理想似均與其無關，編書亦非出於自己學習或寫作的需要，而是受僱於人，"爲稻粱謀"。應當說，這恰是坊編類書不同於官修類書、也不同於士大夫私人修纂的重要特質。在其資料價值因商業性而大打折扣的同時，這種"草根"出身也使其在經意不經意之間，流露出特有的觀照方式。

由上文所述可以看到，其"民事門"並非政治角度、与"朝政"相對應之概念，而是"民"之"事业"，或云百姓赖以谋生的行当。《古今事文類聚》"民業"之名，或更爲確切。其下之部類設置，亦自《古今事文類聚》之"農家（田附）""蠶家""貨殖家（商賈附）""梓匠者（圬墁者附）""漁者""釣者""獵者"變化而來。此二書最重要的共性，就是將平民百姓的生活方式與生存狀態納入視野，給與了堂堂正正的位置。

農、桑、漁、獵等内容進入類書并不新奇，然而這些内容在類書中是否收録、如何收録，其間變遷頗有值得品味之處。唐初歐陽詢主持編纂的《藝文類聚》有"產業部"，下設"農""田""園""圃""蠶""織""針""市""田獵""釣""錢"十一類，關注的是人類獲取生活資料的方式和手段。其大體輪廓爲宋初《太平御覽》"資產部"所沿襲，并增入大量相關類目，例如"田""農"兩類之後，又有"耕""耒""耜""犁""耦""種植""耘""籽""耨""钁""耰""銍""銚""鎛""獲""穧""梠""架"等類别，在内容組織上，行業、生產方式、生產程序、工具等等均合入其中，側重點仍重在"物"而無關"人"，並非以從業者的生存狀態爲視角。而其他一些官修類書，如唐玄宗時爲便於諸皇子學作駢文檢閲之用的《初學記》，雖體例、内容均與《藝文類聚》淵源頗深，即未曾出現相關的部類設置；宋真宗時爲取得統治借鑒而編纂的《册府元龜》，則僅可於"邦計部"見到"田制""錢幣""屯田""關市""絲帛"幾個稍有關聯的類别，留意的是"國家大計"，對"物"的關注在降低，"民"更在視綫之外。

文人私修類書中，北宋高承《事物紀原》出現了"農業陶漁部"，收録與農桑陶冶漁獵相關的信息，雖然同樣是將生產程序、工具等合於一體，更多地立足於"物"，且内容寥寥，但其分部、定名的視角却帶有"業"的色彩，也在一定程度上帶出了"業"的主體。如"田業"一條：

> 三代之民皆受田于公，則所田之田，王田也。一夫一婦受地百畝。秦孝公任衛公孫鞅，廢井田，開阡陌，民得賣買而天下之田爲私業，此民田業賣買之始也。①

通過戰國後期出現的土地所有權狀況的轉變，追述了農業從業者與土地之間關係結構的由來，視角恰恰在於"民"與土地的關聯，將"民"與農業、農田共同納入視野，自覺不自覺之間，具有了"民業"的意識。但在此後相當長的時間里，文人私修類書層出不窮，這一視角却依然處於缺失狀態。以傳世的南宋前、中期類書爲例，葉庭珪《海録碎事》有"商賈貨財部"，下設商賈、財貨、珍寶、珠玉、金、錦、銅、錢、銀、市廛、綺羅、布諸門，着眼點主要在於

---

① （宋）高承：《事物紀原》卷九，明弘治十八年刻本。

"物"；"農田部"下設農、五穀、禾稻、豆麥、蠶織、勸農桑、田疇、屯田、豐年、賑濟、饑荒，角度頗爲駁雜，不乏從政治角度對農事的把握，但仍缺少對"從業主體"的關懷。大約成書於淳熙年間的《錦繡萬花谷》前集，雖有"漁父""農家"兩個類別，但與"隱逸"相次而編，特別是"漁父"，關注的是生涯的超然無礙，基於"士人"的內心寄託，而無意于百姓的生存、工作狀態。至章如愚《山堂考索》、潘自牧《記纂淵海》等書，則全無相關門類。

《古今事文類聚》"民業部"的設置，無疑是一個革命性的變化。《古今事文類聚》體例受《藝文類聚》影響至鉅，"民業部"的各類，也大多可以明顯看到《藝文類聚》相應類別的影子。但變化的是部類設置，將"產業部"中與人類基本生活需求直接相關、社會生活不可或缺的重要行業加以整合，并與從業主體關聯起來，賦予了"民"的視角——呈現了以不同行業謀生的人群的生產方式和生活狀態。這一部類爲《古今合璧事類備要》所沿襲，或許是爲了讓自己的產品擁有一個"個性化"的外表，謝維新調整了部類名稱，將立名角度改爲"事"，直接呈現爲百姓用以謀生的手段，"耕耘""桑蠶""貨殖"之類名當立意於此，只因操作粗疏，未能覆蓋整個"民事門"，其"工匠""商賈""漁者""獵者"則依然保留了承襲對象的"遺跡"。但正因爲不會太用心、也沒有尋求更多的依託或參考，其"類"的分合調整，在不經意之間，傳遞出一些獨特的信息。

《古今事文類聚》"民業部"與《古今合璧事類備要》"民事門"均設七類，但前者之"農家"將"田"作爲附類，似爲《藝文類聚》分類方式之餘響，"漁者""釣者"的分立，亦或緣於《藝文類聚》原本只有陶冶性情的"釣"而沒有給予"漁業"任何空間，故而另立。而後者之"耕耘"即將"農家""田"完全合爲一體，"漁者""釣者"更合爲一類，乾淨利落地呈現爲農業、漁業兩個最傳統的民生行業，雖然整合后的篇幅仍屬"重拳出擊"，但諸行業之一的性質也更加清晰。

與此相對應的是工商業內容的擴張。《古今事文類聚》的"梓匠者（圬墁者附）"，範圍直接限定在木工和泥瓦匠，即與"住"這一民生基本需求直接對應的工種，這顯然是一個有意識的限定，在祝穆眼中，或許有資格進入"民業"而非"技藝"的工種，僅此而已。而《古今合璧事類備要》的"工匠"，雖具體內容并無太多擴充，基本不超出上述兩個行當，但開篇第一條"飭材"，即云"天官大宰，五曰百工，飭化八材"，借《周禮》之文給予了"百工"可以登堂入室的身份。這一類名的"開放性"變化，在改換"面貌"之外，也伴有自覺或不自覺的觀念差異。而"貨殖"與"商賈"分立，姑不論其是否科學嚴謹，在"民事"中七居其二，無疑也體現了商人、商業經營在當時、當地社會生活中的分量，以及受到的關注。

《古今事文類聚》"民業部"的建立，可以看做門閥制度瓦解后宋代社會逐漸實現平民化，包括工商業在内的多種行業逐漸取得平等的社會地位和進身機會，以及與此相伴隨的對社會結構的新認知、新視角的體現。比祝穆生活得"更接地氣"的謝維新，則更直接地將他所感知的工商業的上升代入到類書的門類組織。

南宋後期民間類書所弘揚的這一"民本"立場，也與宋代開啓的中國封建社會後半期的基本格局一樣，在後世的類書編刻中得到延續。類似的門類設置，爲不少明代類書所承襲，如萬曆年間彭大翼所編《山堂肆考》，卷一四四"民業"，下列"農家""鹽家""商賈""工匠""漁人""獵人""樵人""牧人"八類，雖類別有新增，其門類名稱及具體内容沿自《古今事文類聚》的痕跡仍十分明顯，《古今合璧事類備要》的影子亦隱約其間，這種承襲的背後，當是對其合理性的認同。這種視角的深入人心，在明人對《記纂淵海》一書的重編中體現得更爲鮮明。面世于宋寧宗嘉定二年（1209）的《記纂淵海》，本"詳於纂言，不主紀事"，比較宋刊 195 卷本、明萬曆重編 100 卷本兩個系統，"其'生理部'易爲'民業部'"①，是最顯著的變化之一。具体情况見表三。

表三

宋刻本			萬曆本		
卷次	部	類	卷次	部	類
171	生理	治家、第宅、園池、李氏園	83	襟懷	閒適、間阻、思想、期約、懷鄉、離別、行役、還舍、合并、饋遺、祖餞、宴會、遊賞、乘時而樂、安逸、書問、酬答、玩好、藏書、服飾、食品、酒醴、生辰
172		閒適、間阻			
		思想、期約、懷鄉、別離			
173		行役、還舍、合并、饋遺、祖餞、宴會、遊賞			
174					
175		乘時而樂、安逸、書問、酬答、玩好、藏書、服飾、食品、酒醴、生辰	84	民業	治家、屋舍、園池、農、圃、鹽、樵、牧、漁、獵（注：見"禮儀部·田獵類"）、工、商賈

由類目設置可知，宋刊本雖有"生理部"五卷，但内容實無關生計，而是從"第宅""園池"到"思想""別離"再到"行役""宴會""遊賞"乃至"玩好""藏書""服飾""酒醴"，主旨在於文人的各種人生體驗。萬曆重編本亦非簡單更換部類名稱，而是將原"生理部"一分爲二，形而上的人生體驗另

---

① （清）瞿鏞：《鐵琴銅劍樓藏書目録》卷十七"子部五"，"《紀纂淵海》一百九十五卷宋刊本"，清光緒常熟瞿氏家塾刻本。

置"襟懷部",而一定程度上帶有生活智慧、生活資料性質的"治家""第宅""園池"入"民業部",並在該部增加了原本没有的"農""圃""蠶""樵""牧""漁""獵""工""商賈"這些與物質資料相關的民生行業,給這部書增添了新的人文關懷角度。

因此,雖就文本本身而言並不具有太高的資料性,作爲圖書發展史上特定背景下的産物,《古今合璧事類備要》在其文字内外,真實地呈現了它所屬的那個時代,從高端學術著作所不能反映的角度,透射出社會、經濟、文化發展變遷的信息,亦有其獨到的價值。

　　李更:北京大學中國古文獻研究中心　北京大學中文系　副教授

華中師範大學圖書館藏程家潁批校本《有獲齋文集》述略

附：李道平小傳及李道平著述簡目

陳冬冬

《有獲齋文集》十卷，清李道平撰。李道平（1788—1844），湖北安陸人，字尊王，號遠山、涢上先生，私謚端文。嘉慶二十三年（1818）舉人，曾候選直隸州判、注選知縣，又曾任國史館謄錄、嘉魚縣教諭。有《周易集解纂疏》《易筮遺占》《有獲齋文集》、道光《安陸縣誌》等著作多部。其中以《纂疏》最爲知名，是清代《易》學注疏的代表作。光緒時翰林編修王懿榮奏請以本朝人所著諸經義疏頒行學官，所列諸書以此書爲首；上世紀80年代中華書局出版《十三經清人注疏》，《周易》類注疏僅取此書一種。

《有獲齋文集》爲李道平孫聲蕙及曾孫志寯等人編撰，於1921年家刻行世。全書依文體，分爲論辯、序跋、書、贈序、傳狀、碑誌、雜記、銘、賦頌、哀祭各一卷，收文78篇。卷首有譚獻序，卷末附錄李氏傳記資料。

《文集》價值主要有三：其一，是研究李道平思想學術成就的重要依據。李氏並非一般文人，並不以文章見長。《文集》的特色，在於收錄了不少學術研究及針砭時弊的内容。如張舜徽先生根據卷三《與涵川宗丈論文書》一文，認爲李氏將文章分爲秦漢、韓柳、宋人三體，並分别比喻爲"太華""少室"

"平原廣澤","此喻甚有理致"①,勝於明以來分爲秦漢、八家二體者。羅福惠先生亦以《文集》爲主要資料來源,指出李氏治學以理學爲主而漢宋兼采,對《四書》《周易》均有較深造詣,論史見識不凡,評價社會現實亦能認識到科舉取士和吏治的弊端,以及民生的艱難困苦②。

其二,是考查李氏著述的重要綫索。李氏著作見於著錄者雖有近20種,但傳世者不過《周易集解纂疏》《易筮遺占》《有獲齋文集》、道光《安陸縣誌》等4種。而《文集》中保存了《四書外義》《理學正傳》《詩旨述三》等亡佚作品的自序或題詞,可窺見部分亡佚作品的體例和内容。特別是通過《理學正傳自序》,可知該書取漢劉德至清陸隴其等三十七人,"凡稍涉禪宗,有乖正道者,必嚴加淘汰,使不得與於斯文"③。反映了李氏以漢學治《易》之外"正學之士"的另一面。

其三,是梳理李氏生平最爲系統的資料來源。《文集》中多篇文章屬於李氏的親身見聞。例如,卷五《雲夢戴母孫太孺人節孝狀》記錄了李氏嘉慶十九年(1814)以拔貢赴京朝考與戴正塏同寓的經歷;卷七《上劉次白師請作趙子祠記啓》則體現了李氏與其鄉試座師劉鴻翺的交遊,及其以教諭待銓歸里時修復元儒趙復祠的活動。《文集》卷末附有《崇祀鄉賢錄》、查燕緒《李遠山先生傳》、同治《重修嘉魚縣誌·李道平傳》、光緒《德安府志·李道平傳》、馮煦《安陸鄉賢李湞上先生墓表》、李守南《敕授修職郎例贈文林郎前充國史館謄錄官原任嘉魚縣教諭先府君行狀》(簡稱《先府君行狀》)等六篇文章,對李氏的傳記資料收集較爲全面。特別是《崇祀鄉賢錄》《先府君行狀》對李氏生平記載尤爲詳盡。前者是光緒時湖北巡撫于蔭臣奏請皇太后及皇帝請求將李氏入祀鄉賢祠的奏章,所收資料爲防冒濫,經官方反復核實;後者是李氏長子親自撰寫,對李氏經歷依年月逐條記載,並包含許多親身見聞,分別是李道平官修、私撰傳記的代表。

程家穎,係道平曾外孫、聲憙外甥、志寯表兄弟,字逸濱,生卒年、里居不詳,民國初曾任司法部編纂、福建省土地調查籌辦處籌辦員。1914年,曾奉派赴臺灣考查,著有《臺灣土地制度考察報告書》。《有獲齋文集》於1921年刊刻完成後不久,因適逢聲憙去世,志寯"未能細校,向有僞誤"。沔陽人李平存曾校改十餘事,但志寯仍"以其尚多遺漏",故"復出初印、刓改二刊本,

---

① 張舜徽:《清人文集別錄》,華中師範大學出版社,2004年,第372頁。
② 參見羅福惠《湖北近三百年學術文化》,武漢出版社,1994年,第145—155頁。
③ 李道平:《有獲齋文集》卷三《理學正傳自序》,華中師範大學圖書館藏程家穎批校本,第1册,第26a頁。

及原編、付刊二稿本"①，囑程氏"覆校比勘一過"。程氏經過十餘年工作，"得僞異如干條"②，終於在1935年完成了校勘。

華中師範大學圖書館所藏程氏批校本所據底本爲《文集》1921年初刻本③，一函二冊，半頁十行，行二十二字，四周單邊，黑口，雙魚尾。封面有李志寯題詞"逸濱中表棣惠存，小兄志寯謹贈"，又有陰文"安陸李志寯伯莊之印"，可知是志寯贈送程氏的初印本原書。封面後有牌記"民國十年辛酉安陸李氏藏版"。程氏批校簡短者書於頁眉，較長者則以夾頁置於二頁之中。校記見於第一册卷末夾頁，共7頁。前有程氏題識，記述了《文集》的刊刻情況及批校本的完成過程。校記每條詳於每頁校語，記有校語所在頁數行數，並附有校改理由。

程家穎對《有獲齋文集》的批校，價值主要體現在以下幾點：

其一，比較全面的收集了《文集》的各種稿本、刊本，取得了較好的對校效果。《有獲齋文集》目前已知刊本僅有民國十年安陸李氏初刻及刓改二種版本，作者又獲得了李氏曾孫所授原編、付刊二稿本，幾乎囊括了《文集》所有重要版本，通過對校很容易發現問題。如卷一《論帝典》一文標題，《校記》云："論帝典，刊稿同，原稿'論'作'讀'，是。"④ 發現了刊稿本及刊本的訛誤。又如，卷二《書宋元祐罷明法科後》刊本作"否則讀書不讀律，法乎古兼通乎今"，文意不通。《校記》云："不讀，刊稿同。原稿不下讀上有'廢'字，是。"⑤ 讀書兼讀律，故而能法古通今。通過原稿補一脫字，使文意轉而清通。

其二，保存了刊本、刊稿删落原稿的一些內容。如《校記》云："原稿《家則》後有《古音殘稿》一篇，僅存二百字，文意不完，刊稿删之。謹案：文中有'古音雖變而字紐則'一二語，以此推之，蓋以雙聲爲古今音轉變之樞紐也。"⑥《文集》刊稿、刊本删落了原稿中部分內容，而幸得程氏批校本，李道平少有論及音韻的文字得以保存。可知李氏不僅治《易》學推崇漢儒象數之

---

① 原編、付刊二稿本，程氏《校記》中有時簡稱為"原稿""刊稿"。案：此二稿本性質，程氏《校記》中並未説明。據李道平之孫李聲憙《目錄題識》（見李道平《有獲齋文集》卷首，程家穎批校本，第1册《目錄》後）記載，李道平生前《有獲齋文集》"向無定本"，其子李守南所編文稿"咸豐辛酉，兵燹陷郡，稿本蕩然"。此後有"伯兄卣香、仲兄葆天（聲憙之兄邕憙、洸憙）即次抄錄者，計目七十有八，散佚之後，僅有此爾"；以及"（聲憙）不慚謭陋，仿姚氏《類纂》略加編次"者二種稿本，"原編稿本"或爲二者之一。聲憙所編之本又"早呈譚復堂先生鑒定，他日傳刻庶無謬濫云"，"付刊稿本"或為譚獻鑒定後，供正式刊刻出版的清稿本。

② 程家穎：《有獲齋文集校記》，程氏批校本，第1册卷末夾頁。

③ 據卷一《論帝典》程氏校語云"未合，刓改本作'合乎'"可知。《有獲齋文集》，程氏批校本，第1册，第4b頁。

④ 《有獲齋文集校記》，程氏批校本，第1册卷末夾頁。

⑤ 《有獲齋文集校記》，程氏批校本，第1册卷末夾頁。

⑥ 《有獲齋文集校記》，程氏批校本，第1册卷末夾頁。

説，治經亦遵循清儒"由小學入經學"的不二法門。

其三，程氏在校勘時並不僅僅依據版本，而能搜集證據，給出自己的見解。例如，卷二《四書外義自序》"如嚼木柿"，《校記》云："木柿，兩稿本同。柿，似應作'柿'，芳吠切，與柿果之'柿'音義皆別。"① 通過音韻知識進行理校。又如，卷五《誥授榮禄大夫鎮守山西大同總兵王公傳略》"鄒家塞"地名，《校記》云："鄒家塞，兩稿本同。《縣誌》'塞'作'寨'。謹案：本書《堂兄端己家傳》有'寨'字，似應改'塞'爲'寨'，以歸一律。下文'石門塞塞阻'亦同。"② 通過他校及本校發現了問題。

其四，校語、校記之外，程氏另有批語，具有考證、注釋的性質。程氏批校本在文字校勘之外，偶爾亦加以批語，對文集內容進行資料補充，對理解李道平學説有所幫助。例如，《文集》卷一《雲夢考》，程氏在夾頁中引用了楊守敬説："《史記質疑》言《夢溪筆談》所稱古本《尚書》作雲土夢，未必真《禹貢》之舊，當依《漢志》作雲夢土。今王鏊《史記》本作雲夢土，他本《史記》及《水經注》皆後人所改。守敬案：此之差互最難言。若以雲夢土爲非耶？而雲夢見《周禮》。若以雲土夢爲非耶？而《漢志》有雲杜縣，杜即土。《詩》徹彼桑土，又作桑杜，自土沮漆又作自杜，是其證。（《水經注疏要刪補遺》卷二十八第六頁）"③ 引用楊説對李道平"雲夢"説進行印證。其餘《文集》涉及地理問題的，程氏亦多引楊説加以批註。又如，卷二《書宋元祐罷明法科後》讀律問題，程氏批語云："蘇東坡《戲子由詩》：'讀書萬卷不讀律，致君堯舜知無術。'"④ 引用蘇東坡説證明李氏文中主張士子兼讀律科的正確性。

李道平《有獲齋文集》是李氏除《周易集解纂疏》外最重要的作品，對於研究李道平思想學術及湖北地域文化具有重要意義。但《文集》目前尚無點校本出版，刻本僅見民國十年李氏家刻初印、刊改二本，皆流傳不廣，原稿、刊稿等稿本更已不知所終。程家穎身爲李氏後人，囊括了《文集》幾乎所有稿本、刊本，在此基礎上兼下己意進行校勘，並在批語中補充了許多資料。今後無論是進一步研究《文集》學術思想，還是點校出版《文集》，程氏批校本都是重要的參考資料。

附一　李道平小傳

先生諱道平，字尊王，號遠山、蒲眠、湨上先生，私謚端文，湖北安陸人。

---

① 《有獲齋文集校記》，程氏批校本，第1册卷末夾頁。
② 《有獲齋文集校記》，程氏批校本，第1册卷末夾頁。
③ 《有獲齋文集》卷一《雲夢考》，程氏批校本，第1册，第16b夾頁。
④ 《有獲齋文集》卷二《書宋元祐罷明法科後》，程氏批校本，第1册，第35b夾頁。

先生先世出自西蜀，始祖李梧爲明四川簡州舉人，萬曆五年（1577）任安陸學官，遂著籍於此。四傳至之華，之華子文一，太學生，精於醫術。之華四子滋懋，字懋旃，晚號懋翁，爲先生之父。早年經商爲生，中年後隱居養疾。滋懋妻萬氏，長子階平，次子即先生。

乾隆五十三年（1788）六月二十三日亥時，先生生於湖北安陸。少時父督其誦讀甚嚴，又隨伯父春圃入塾讀書。幼年有志於科舉，讀書勤苦而多病，童子時即通宋五子書，長而博通經史諸書。嘉慶十年（1805），先生母卒，父不再娶而多病。先生侍父，手調醫藥，精於醫學。十三年（1808），補府學生員。十八年（1813），選爲拔貢生，候選直隸州州判。二十三年（1818），恩科鄉試中式第四十一名舉人，揀選知縣。其後參加會試七次，五次爲房官所薦而始終未能中試。困于科場，未曾實任官員，居鄉期間，每逢災荒，雖家貧，然體父意，以家藏豆麥賑災；又著成《易筮遺占》，並開始參與編撰《安陸縣誌》。

道光十二年（1832），恩科會試挑選謄錄。先生中選，任國史館謄錄，居京師數年。前大學士英和重其品學，爲之援納內閣中書，先生婉言辭謝。謄錄任滿後注選知縣。

數年後，先生未得實授知縣，以教諭待銓歸里，專心講學，門生衆多，著作等身。著有《周易集解纂疏》《易筮遺占》《詩旨述三》《四書外義》《理學正傳》《讀經款啓錄》《讀史款啓錄》《款啓餘錄》《喪禮從宜》《安陸文獻考》《安陸舊志刊補》《湏小紀》《有獲齋古文詩集》《辛壬賦存》《有獲齋試律》《春秋經義》《四書時文》，編成《安陸縣誌》，但除《周易集解纂疏》《易筮遺占》《有獲齋時文》《有獲齋試律》《安陸縣誌》外，多未刊行。又曾主持修復先儒趙復祠。

道光二十三年（1843），先生蒞任嘉魚縣教諭，訂學約數十條，盡心育人，並捐俸金重修嘉魚孔廟二廡。二十四年（1844）七月，參與甲辰恩科鄉試閱卷時染瘧疾。八月，閱卷事畢返任後五日，於二十三日子時卒於嘉魚縣教諭任上。贈修職郎例授文林郎。妻席氏，子二：守南、守侗，女二。是年冬，子守南扶親回籍，入城治喪。次年三月十二日午時，葬於安陸東北鄉小鶴山會牌樓岡山莊。

附二　李道平著述簡目

一、已刊著作

《周易集解纂疏》三十六卷、卷首一卷，道光二十三年（1843）李氏有獲齋刊。又有光緒十七年（1891）三餘草堂刊本、同年陳寶彝刻思賢書局本及潘雨廷點校本（中華書局，1994年）。三餘草堂刊本及潘雨廷點校本並作十卷，附《易筮遺占》一卷。

《易筮遺占》一卷，光緒十七年（1891）三餘草堂刊《周易集解纂疏》卷末附。潘雨廷點校本《纂疏》卷末亦附。

《安陸縣誌》四十卷，王履謙主修、蔣炯原纂、李道平復纂。道光中安陸縣刊。

《有獲齋文集》十卷。民國十年（1921）安陸李氏刊。

《有獲齋時文》卷數不詳。據李守南《先府君行狀》言已刊，未見傳本。

《有獲齋試律》卷數不詳。據李守南《先府君行狀》言已刊，未見傳本。

二、未刊著作

《詩旨述三》卷數不詳。《有獲齋文集》卷二有該書《題辭》。

《四書外義》二十九卷。《有獲齋文集》卷二有該書《自序》。

《理學正傳》卷數不詳。《有獲齋文集》卷二有該書《自序》。

《讀經款啓錄》卷數不詳。

《讀史款啓錄》卷數不詳。

《款啓餘錄》卷數不詳。

《喪禮從宜》卷數不詳。

《安陸文獻考》卷數不詳。

《安陸舊志刊補》卷數不詳。

《湞小紀》卷數不詳。

《有獲齋古文詩集》卷數不詳。

《辛壬賦存》卷數不詳。

《春秋經義》卷數不詳。

《四書時文》卷數不詳。

以上十四書，書名並見於李守南《先府君行狀》且言未刊。

《小傳》及《簡目》均據《有獲齋文集》卷末附《崇祀鄉賢錄》、查燕緒《李遠山先生傳》、同治《重修嘉魚縣誌·李道平傳》、光緒《德安府誌·李道平傳》、馮煦《安陸鄉賢李湞上先生墓表》、李守南《敕授修職郎例贈文林郎前充國史館謄錄官原任嘉魚縣教諭先府君行狀》編寫。

陳冬冬：華中師範大學歷史文獻研究所講師
四川大學古籍整理研究所博士後

目錄
版本目錄學研究第六輯

《直齋書録解題》宋蘭揮藏本及校記

朱天助

陳振孫,字伯玉,號直齋,生於淳熙六年(1179),卒於景定三年(1262),享年八十四歲①。他出生於"書香世家",是"永嘉九先生"周行己的外孫。曾仕宦江西、福建、浙江等地,所到之處,無不大量購書且從地方藏書家中傳鈔罕傳秘本,其後又至京師查閲國子監、秘書省等藏書。陳振孫將其所收、所見之書,編成《直齋書録解題》。此書將歷代典籍分爲五十三類,詳分類目且附有解題,是宋代具有代表性的私家目録之一。

《直齋書録解題》著録大量圖書,所載宋人著述又多附考證,可補訂寧宗以後官修目録和史志目録的疏漏。王重民《中國目録學史論叢》有言:

> 《直齋書録解題》共著録了圖書51180卷,超過了南宋政府的藏書目録(《中興館閣書目》共著録圖書44486卷,加上《續書目》14943卷,才僅比《直齋書録解題》多出8000多卷)。在圖書的著録和内容的概括上,《直齋書録解題》的參考使用價值也比《中興館閣書目》爲優,使私人藏書目録在質量兩方面都壓倒了官修目録。從《中興館閣書目》到《四庫全書總目提要》的600年中間,元、明、清三個朝代都没有編出過一部象樣的(或者説是正式的)官修目録,這是我國目録學史上的一個很大的變

---

① 何廣棪:《陳振孫生卒年新考》,《文獻》2001年第1期,第158—161頁。

化，而《直齋書録解題》則是這一巨大變化的轉折點。①

惜原書久佚，四庫館臣唯從《永樂大典》中輯出，重編爲二十二卷，刊入《武英殿聚珍版叢書》中，後又收入《四庫全書》中，是爲今之通行本。此書尚有殘本傳世。相傳明毛晋有宋刻本半部②，又有明萬曆武林陳氏刊本③，然今皆不見。今存者有北京圖書館所藏鈔本四卷（四十七至五十），著録爲元鈔本。上海圖書館藏有盧文弨《新訂直齋書録解題》稿本五十六卷（以下簡稱"盧校本"），然僅存一至七、十六至五十六，共五十六卷。盧文弨得該書"集部元本"和"子部中數門"，作《新訂直齋書録解題》，將該書釐定爲五十六卷，然盧氏此書未刊。南京圖書館亦藏有盧氏校跋浙江翻刻武英殿二十二卷本，其書副頁附丁丙跋文。國家圖書館藏有傅增湘過録清盧文弨校跋本，其底本則爲武英殿原刊本④。傅增湘又將盧校本的校記輯出，刊佈於《國學季刊》新第三卷第一到四期，題作《直齋書録解題校記》。

今學者徐小蠻、顧美華二人取《武英殿聚珍版》原刊本作底本（後簡稱"殿本"），以國圖所藏四卷元鈔本和上圖所藏盧校本爲主要校本，復吸收傅增湘《直齋書録解題校記》所録盧氏的校記成果，還參考《郡齋讀書志》《文獻通考》、各史志目録等，撰成《直齋書録解題》點校本（以下簡稱"點校本"），上海古籍出版社1984年出版，是爲今學者廣泛採用的本子。然點校本却未參考北京大學圖書館藏李盛鐸過録宋蘭揮所藏舊鈔本，也未參考青海師範學院所藏繆荃孫批校《武英殿聚珍版》清刻本，不免是其未備之處。

今筆者有幸得睹北京大學圖書館李盛鐸藏本，其書衣言"從繆筱珊前輩借宋蘭揮藏舊鈔殘本過録"，宋蘭揮藏本即爲李氏過録本之底本，也爲繆氏校勘清刻本之所據；則録此一書而繆氏校本亦兼得，幸甚之至。若點校本配以此殘鈔本之校記，則陳氏此書各鈔本即彙集一處，幾近完璧。今詳述李氏藏本的特徵，甄録卷内天頭李氏的校記，以獻諸學林。

---

① 王重民：《中國目録學史論叢》，中華書局，1984年，第122頁。
② （清）鄭元慶：《湖録》："聞之竹坨先生云：'《書録解題》一十六卷，常熟毛氏藏有半部宋槧本，亟訪之，乃託言轉於玉峯，不獲一見，惜哉！'"《吴興藏書録》，古典文學出版社，1957年，第10頁。
③ （清）邵懿辰撰、邵章續録：《增訂四庫簡明目録標注》，上海古籍出版社，1979年，第350頁。
④ 以上參見中國古籍善本書目編輯委員會編《中國古籍善本書目》之《史部》，上海圖書館，1989年，第1383頁。

一

《直齋書錄解題》，宋陳振孫撰，清光緒十九年（1893）德化李盛鐸傳錄舊鈔本（據永樂大典輯本校）二冊，北京大學圖書館藏。索取號：8111①。藍欄、白口、單魚尾、四周單邊。每半頁10行，行20字。藏印：德化李氏凡將閣珍藏。

第一冊書衣題作："直齋書錄解題，癸巳正月從繆筱珊前輩借宋蘭揮臧舊鈔殘本過錄。木齋記。"繆筱珊即繆荃孫。

第二冊書衣題作："癸巳三月鈔畢。"（癸巳即1893年）

李氏過錄之本即出自繆荃孫，繆氏《藝風藏書記》有錄所藏殘本云：

> 此鈔帙雖不全，尚是陳氏原書。存楚辭類一卷，總集類一卷，詩集類二卷，別集類三卷，類書類一卷，雜藝類一卷，音樂類一卷，章奏類一卷，歌辭類一卷，文史類一卷，神仙類一卷，釋氏類一卷，兵書類一卷，曆象類一卷，醫書類一卷，卜筮類一卷，刑法類一卷。原書惟別集分三卷、詩集分兩卷，每類各自爲卷。全書當分五十六卷。與大典本相校，釋氏類多二條，雜藝類七條，類書類二條，其餘字句亦多同異。荃孫另撰《考證》。收藏有"穌松庵"白文長方印、"筠"字朱文圓印、"宋氏蘭揮藏書善本"白文長方印。②

卷內各頁天頭有墨筆小字校記，此當爲李盛鐸所校。李氏過錄他書也常校書，今北大館藏李氏藏書多有批校。繆氏絕非直批校記於舊殘本之上，以上繆氏云"荃孫另撰《考證》"之語即可證，繆氏據其舊藏本校勘清刻本，其校記當錄于清刻本之上，今又有繆氏批注本存世可證。

李氏書內批註校記，言以"大典本"對校之，然李氏所謂的"大典本"，實爲殿本。比如《別集類》下："《韋齋小集》十二卷"條注"文公之父也"，批註："'也'下，大典本據《通考》增五十五字。"今查殿本，此條注下館臣案語云："'公嘗言'以下，原本脫去，今據《文獻通考》增入。"又如《別集類》中："《清江三孔集》四十卷"條注"周益公必大爲之序"，批註："'序'下大典本據《通考》補九十字。"今查殿本，此條注下館臣案語云："'序署曰'以下原本脫去，今據《文獻通考》增入。"以上館臣案語，可知"大典本"並未增補

---

① 北京大學圖書館編：《北京大學圖書館藏古籍善本書目》，北京大學出版社，第200頁。

② （清）繆荃孫著：《藝風藏書記》，《中國歷代書目題跋叢書》二，上海古籍出版社，2007年，第116頁。

字句，所增者乃殿本。若館臣所據大典本即錄此條文，館臣錄之即可，何煩作此案語？李氏鈔本各卷類目上均錄校記，言其所對應的"大典本"編次。經核查，實爲殿本的編次。因此，李氏校記所言之"大典本"確爲殿本，李氏未見"大典本"原本也因殿本《直齋書錄解題》即輯自《永樂大典》本，則李氏泛稱"大典"本亦無不可。

武英殿聚珍本版本有兩大系統：一爲武英殿原刊本系統，又稱爲"内聚珍"；二爲翻刻本系統，乾隆四十一年（1766）將這部叢書頒行東南五省，且准許翻印，以後各地紛紛照本開雕，又稱爲"外聚珍"。李氏所據殿本未詳何本。今筆者以殿本原刊本（内聚珍）復校之，知李氏校記與原刊本雖卷數無别，然字句尚有不同，則李氏所據殿本當爲翻刻本。故筆者下錄李氏校記，仍從原校所稱"大典本"。

此本淵源有自，如"玄"字不缺筆，確可信從。此本可增補殿本的條文不少，其所增補的條文，盧校本多有出校①，鈔本與盧氏所據之元本當處於同一版本源流中。然鈔本尚有盧校本無錄之條文，且其中可補訂盧校本的異文亦復不少。比如：鈔本"《栀林集》十卷"條注"人固不足道，詩亦無可觀者"，盧校本無此句。鈔本"《天竺靈苑集》三卷、《采遺》一卷"條注"所謂式懺主也"，盧校本也無此句。盧文弨校此書，並非依據繆氏殘鈔本也②。

二

此鈔本其文獻價值有：

（一）部分還原陳書類目的原編次

大典本原有五十六篇類目編次不詳，館臣輯出重編作二十二卷本，已盡改原書編次。盧文弨雖復編就五十六卷，然盧氏編次多參己意，也非陳書舊目。今目驗此鈔本，實爲二十卷，只是各卷篇目示以"第一"、"第二"序號後，再無編號。《北京大學圖書館藏善本書目》以爲原本二十二卷，今存十九卷，闕佚三卷。然鈔本書衣和題識皆不言卷數，不知《善本書目》何據。

今將鈔本各卷篇目（即類目）輯出，其前標以序號以示前後次序，偶闕類

---

① 因盧校本原書未刊，下引盧校本校記和條文即依據徐小蠻、顧美華的點校本。
② 張守衛以爲盧文弨乾隆年間重輯《直齋書錄解題》時，即根據繆氏之殘本，不詳其所據。見張守衛：《盧文弨〈新訂直齋書錄解題〉評述》，《圖書館雜誌》2010年第4期，第78頁。

目名，則以"□"錄之，原書各卷類目上均有校記，注明所對應的"大典本"的編次。所謂"大典本"，實爲翻刻殿本。雖未詳何地所刻，然以下統稱"殿本"編次可也。鈔本各卷的篇目，從集部"楚辭類"開始，其後却復列子部諸類目，編次雜猥。今將鈔本各篇編次與殿本的對應關係，列表如下：

表　一

次序	鈔本篇目	對應殿本編次
1	《直齋書錄解題》卷第《楚辭類》	卷十五《楚辭類》
2	《直齋書錄解題》卷第《總集類》	併入十五卷次《楚辭》後
3	《直齋書錄解題》卷第一《集類》	卷二十《詩集類》下
4	《直齋書錄解題》卷第二□□	卷十九《詩集類》上
5	《直齋書錄解題》卷第《別集類》上	卷十六《別集類》上
6	《直齋書錄解題》卷第《別集類》中	卷十七《別集類》中
7	《直齋書錄解題》卷第《別集類》下	卷十八《別集類》下
8	《直齋書錄解題》第《類書類》	併入卷十四，在《雜藝類》之後
9	《直齋書錄解題》卷第《雜藝類》	併入卷十四，在《音樂類》之後
10	《直齋書錄解題》卷第《音樂類》	作卷十四，以《音樂類》居首
11	《直齋書錄解題》卷第《章奏類》	卷二十二《章奏類》
12	《直齋書錄解題》卷第《歌詞類》	卷二十一《歌詞類》
13	《直齋書錄解題》卷第《文史類》	併入卷二十二次《章奏類》後
14	《直齋書錄解題》卷第《神仙類》	卷十二《神仙類》
15	《直齋書錄解題》卷第《釋氏類》	列卷十二《神仙類》後，不別爲卷第。
16	《直齋書錄解題》卷第《兵書類》	次《釋氏》後，不別爲卷。
17	《直齋書錄解題》卷第《歷象類》	次《兵象》後，不別爲卷。
18	《直齋書錄解題》卷第《醫書類》	卷十三《醫書類》
19	《直齋書錄解題》卷第《卜筮類》	併入卷十二，《卜筮》次《陰陽家》後，《陰陽家》次《歷象》後
20	《直齋書錄解題》卷第《形法類》	併入卷十二，次《卜筮》後

（二）補條目及校勘訛舛

《永樂大典》編纂者鈔錄該書和四庫館臣輯刊過程中，難免有脫佚訛誤處。此鈔本正可補殿本脫佚的條目，比如以上繆氏言"與大典本相校，釋氏類多二條，雜藝類七條，類書類二條"，以上十一條，今復覈點校本所錄盧校本增補條

目,盧氏僅補足十條,尚有類書類一條未補,即下鈔本《類書類》篇"《趙氏家塾蒙求》二十五卷、《宗室蒙求》三卷"條目後又有:

"《古今政事録》二十卷"條目,註文"知建昌軍金陵閭一德撰"。

此條目,諸本皆無,當據補。此鈔本可增補館本的文句甚多,盧氏雖據元鈔本補殿本脱佚的文句,然疏漏尚多,比如:鈔本《詩集類》下:

"《劍南詩藁》二十卷、《續藁》六十七卷"條注"初爲嚴州刻前藁",批註:"前"下有"集"字。條注"其幼子子遹復守嚴州",批註:不重"子"字。

今諸本皆脱"子"字。當據補。又如《詩集類》下:

"《疎寮集》三卷"條注"猶可觀也。紹興壬午生"。

"紹興壬午生"此五字,諸本皆無,當據補。又如鈔本《詩集類》下:

"《渚宫集》三卷"條注"鄭毅夫爲作序",批註:無"夫"字。

此"《渚宫集》三卷"爲吴僧文瑩所撰,宋胡仔《苕溪漁隱叢話前集》即録作"《渚宫集》兩卷,鄭獬爲之序"①。宋晁公武《郡齋讀書志》之《別集類》"鄭毅夫《郧溪集》五十卷"條下,又言"右皇朝鄭獬,字毅夫,安州人"②。可見此處當作"鄭毅夫",鈔本不誤,諸本皆脱"夫"字,當據補。

鈔本《詩集類》上:"《吴興集》十卷,又名《抒山集》"條目,今諸本皆脱"又名《抒山集》"此五字,當據補。

鈔本《別集類》中:"《柳仲塗集》十五卷"條注:"傲狠强愎云云。"殿本不重"云"字,諸本皆無,當據補。

鈔本《別集類》中:"《吕文靖試卷》一卷"條注"國初場屋事場體",殿本"事"下無"場"字,諸本皆無,據文意當補。

鈔本《別集類》中:"《宛陵集》六十卷、《外集》十卷"條注"已載前集矣",殿本無"矣"字,諸本皆無,當據補。

鈔本《別集類》中:"《蔡忠惠集》三十六卷"條注"自稱末族弟",今殿本作"自稱族弟",脱"末"字,諸本皆無,當據補。

鈔本《雜藝類》:"《書史》一卷"條注"禮部員外郎襄陽米芾元章撰",諸本皆無"襄陽"二字。然陳書卷十七《別集中》之"《寶晋集》十四卷"條注"禮部員外郎襄陽米芾元章撰",陳氏即詳録米芾之爵里,此處不當獨脱此二

---

① (宋)胡仔:《緇黄雜記》,《苕溪漁隱叢話前集》卷五十七,清乾隆刻本。
② (宋)晁公武、孫猛:《郡齋讀書志校證》,上海古籍出版社,1990年,第994頁。

字，當據補。

鈔本《釋氏類》："《大慧語録》四卷"條注"張魏公浚序之"，殿本脱"浚"字，諸本皆無，當據補。

鈔本《醫書類》："《食治通説》一卷"條注"此上工醫治未病之一術也"，殿本無"治"字。諸本皆無。當據補。

此鈔本還可補訂殿本的訛舛。盧校本和點校本皆附校記以是正殿本文字，然未盡處甚多。比如鈔本《歌詞類》：

"《女郎謝希孟集》二卷"條注"仕不遇，困窮以卒"，批註："遇"作"偶"。

撰者謝希孟雖是女性，然條注是在介紹謝希孟之兄謝景山的情況，據文意，當作"仕不遇"。

鈔本《別集類》上："《校定杜工部集》二十二卷"條注"《雜筆》二十九首，別爲二卷。李丞相伯紀爲之序"，殿本"之序"作"序之"，諸本無校。據文法，當從鈔本"爲之序"。

鈔本《別集類》上："《唐太宗集》三卷"條注"《唐文皇帝本集》"，殿本作"《太宗皇帝本集》"，諸本無校。《天一閣書目》所録引吴郡都穆跋言"《唐文皇帝集》舊四十卷"云云①，則當以鈔本所引爲確。

鈔本《別集類》中："《李泰伯退居類稿》十二卷、《續稿》八卷、《常語》三卷、《周禮致太平論》十卷、《後集》六卷"條注"所爲固未足也"，殿本作"固爲未足也"。諸本無校，今《郡齋讀書志》②和《文獻通考》③所引皆同鈔本，當據改。

又如鈔本《別集類》下："《白蘋集》四卷"條注"龐謙孺佑甫撰"，殿本"孺"字作"儒"，諸本無校，當以"孺"爲確，《文獻通考》即引作"孺"字④。

又如鈔本《雜藝類》：

"《進士彩選》一卷"條目，批註："彩"作"采"。條注"此元豐末改官制時遷轉格例也。"批註："末"作"未"。

---

① （明）范欽、（清）范邦甸：《天一閣書目》之卷四，《續修四庫全書》史部第920册影印清嘉慶文選樓刻本，上海古籍出版社，1995年，第185頁。

② 《郡齋讀書志校證》，第1201頁。

③ 《文獻通考》卷二百二十九《經籍考》六十二，中華書局據商務書局十通本影印，1986年，第1873頁。

④ 《文獻通考》卷二百二十九《經籍考》六十六，第1900頁。

殿本作"未"字，諸本無校。據條注文意，當作"末"字爲是，馬端臨《文獻通考》即引作"元豐末"①。

（三）留存異文

盧氏據元鈔本校錄異文不少，點校本也偶出校記；然此鈔本未見於兩者的異文甚多，以下異文，皆可兩通，今擇錄如下：

鈔本《總集類》："《四家詩選》十卷"條注"或亦謂有所揚去"，殿本作"有所抑揚云"，盧校本無校。"有所揚去"似更簡潔。

鈔本《集類》："《陳留集》一卷"條注"林子功"，殿本作"林子仁"，盧校本作"林敏功"。

鈔本《集類》："《景物類要詩》十卷"條注"與其孫塤同登甲科"，殿本"塤"作"壎"。諸本無校。

鈔本《別集類》上："《劉蛻拾遺集》十卷"條目，諸本皆錄此書作"《文泉子》十卷"。諸本無校。

鈔本《別集類》中："《徐常侍集》三十卷"條注"婉微有體"，殿本"微"作"嬿"。諸本無校。

鈔本《別集類》中："《咸平集》五十一卷"條注"所謂憂治世而危明王者也"，殿本"王"作"主"。條注"顧願下有司議謚"，殿本無"顧"字。以上諸本無校。

鈔本《別集類》中："《書判》一卷"條注"拔萃科之中"，殿本"之中"作"中之"。諸本無校。

鈔本《別集類》中："《三蘇年表》三卷"條注"叙述頗詳"，殿本"頗"作"甚"。諸本無校。

鈔本《別集類》下："《致堂斐然集》三十卷"條注"紹興初以爲從官"，殿本"以"作"已"。諸本無校。

鈔本《類書類》："《補注蒙求》八卷"條注"李澣《蒙求》句"，殿本"澣"作"翰"。諸本無校。

鈔本《雜藝類》："《德隅堂畫品》一卷"條注"方叔皆爲之評品"，殿本作"皆爲評品之"，諸本無校。鈔本"爲之評品"似更合文法。

鈔本《歌詞類》："《笑笑詞集》一卷"條注"亦多有濫次者"，殿本"次"作"吹"。諸本無校。

鈔本《歌詞類》："《花翁詞》一卷"條注"孫惟信季繁撰"，殿本"繁"作"蕃"。諸本無校。

---

① 《文獻通考》卷二百二十九《經籍考》五十六，第1834頁。

鈔本《醫書類》:"《難經》二卷"條注"德用者，嘉祐中人也。序言太醫令呂廣重編此經"，殿本"者"下有"乃"字，諸本無校。

鈔本《醫書類》:"《治病須知》一卷"條注"以爲用藥之次第"，殿本無"爲"字。諸本無校。

鈔本《醫書類》:"《孫氏傳家秘寶方》三卷"條注"父子皆有醫名"，殿本"有"作"以"。諸本無校。

鈔本《卜筮類》:"《易林》十六卷"條注"唐會昌景寅越五雲溪王俞序"，殿本"景"作"丙"。諸本無校。（筆者按："景"通"丙"，"景科"即"丙科"）

鈔本《形法類》:"《龍髓經》一卷"至"《二十八禽星圖》一卷"條注"多吳炎論，錄以見遺"，殿本無"論"字。諸本無校。

（四）還原陳書用字。四庫館臣因須避諱，編刊陳書時，徑改陳書原文涉及少數民族的稱謂及用語。盧校本雖據元鈔本却無校記，點校本則以殿本爲底本，也無校記。今殿本此類因避諱的改字，皆當回改，以還陳書之本真。比如：

鈔本《集類》:"《松坡集》七卷、《樂府》一卷"條注"鐙使虜執節"，殿本"虜"字易"金"。

鈔本《別集類》中:"《傅忠肅集》三卷"條注"以吏部郎接伴虜使，虜人入寇，使人不來，爲虜驅去幹里布"。殿本上"虜"易"金"，次"虜"易"金"，下"虜"易"敵"。

鈔本《別集類》下:"《呂忠穆集》十五卷"條注"卷末言金人亂華始末甚詳"，"亂華"二字，殿本易作"敗盟"。

鈔本《別集類》下:"《胡忠獻集》六十卷"條注"金虜敗盟"，殿本"虜"易"人"。

鈔本《別集類》下:"《筠溪集》二十四卷"條注"能抗金賊"，殿本"賊"易"敵"。

鈔本《別集類》下:"《鄱陽集》十卷"條注"皓奉使金虜"，殿本"虜"易"國"。

鈔本《別集類》下:"《翻經堂集》八卷"條注"嘗陷虜，有從之遊者"，殿本"虜"作"敵"。

鈔本《別集類》下:"《石湖集》一百三十六卷"條注"初以起居郎使虜"，殿本"虜"易"金"。

鈔本《歌詞類》:"《好庵遊戲》一卷"條注"開禧中使入虜廷"，殿本"虜廷"改"金國"。

鈔本《歌詞類》:"《蕭閑集》六卷"條注"靖之子陷虜者"，殿本"虜"改"金"。

鈔本《曆象類》:"《開禧曆》三卷、《立成》一卷"條注"當時緣金虜閏月"，殿本"虜"改"人"。

以上只撮舉其要。至於鈔本卷內不少條目的編次與殿本不同，今點校本所錄盧校記，已詳注明，讀者自可復核，不待贅言。

此鈔本亦未盡善，比如鈔本《楚辭類》："《楚辭集注》八卷、《辨證》二卷"條注"所謂'於臣棄子、怨妻去歸'"，引文當作"放臣棄子、怨妻去婦"。因屬一些明顯的抄錄誤字，兹不具陳。

對校過程中，還發現原鈔本闕字漏句不少，而今殿本則無一闕字，館臣可能有據己意填補，比如鈔本《總集類》："《玄真子漁歌碑傳集錄》一卷"，條注"南卓柳宗元所賦通爲□□章"。闕文處，殿本作"若干"。然殿本全書有"若干"二字，僅此一處；且據條注上下文意，亦當注具體章數，此處恐館臣妄增。

點校本雖以殿本爲底本，然也偶見徑改底本而不出校之處，比如鈔本《醫書類》："《湯氏嬰孩妙訣》二卷"條注"麟之子，尤邃于祖業。"殿本"尤"字作"克"，無"於"字。殿本即作"克邃祖業"。盧校本和點校本皆無出校，然點校本却徑改底本"克"字作"尤"字，作"尤邃祖業"。

三

以下輯錄鈔本李氏校記，其異文處理的原則如下：

第一，因屬過錄鈔本校記，爲保留校記原貌，所有校記悉輯錄而不刪削。其中所言"大典本"，實爲《武英殿聚珍版叢書》翻刻本，然因李氏所見殿本未詳具體刊刻地，且與筆者復校所用原刊本不同，故以下仍保留"大典本"稱呼。

第二，原校記有漏校者，加以增補，增補條文及筆者按語，則以括號方式注于條文或原校記之後，以示彼此的區別。

第三，復校所用《武英殿聚珍版叢書》原刊本《直齋書錄解題》簡稱"殿本"；徐小蠻、顧美華點校本《直齋書錄解題》簡稱"點校本"。徐小蠻、顧美華點校本《直齋書錄解題》參校上海圖書館所藏盧文弨稿本《新訂直齋書錄解題》和傅增湘《直齋書錄解題校記》一文所錄盧文弨的校記，詳錄于各條注之後。因盧氏原書未刊不易得見，今將徐、顧二氏所錄盧氏各校記簡稱作"盧校本"。

1. 內封面篇目"《直齋書錄解題》卷第"後題"楚辭類"，上批：大典本作"卷十五"。

2. "《離騷釋文》一卷"條注"古本無呂氏"，上批：大典本"呂"作"名"，疑此誤。

3. "《楚辭考異》一卷"條注"又得歐陽永叔、孫莘老、蘇子容本於關子東、葉少叶"，上批：大典本"叶"作"協"。

4. "《重定楚辭》十六卷、《續楚辭》二十卷、《變離騷》二十卷"條注

"新序三篇，述其意甚詳"，上批：大典本"新"作"所"。（筆者按：殿本作"新"，不作"所"）

5. "《楚辭集註》八卷《辨證》二卷"條注"序文所謂'於臣棄子、怨妻去歸'"，上批：大典本"於"作"放"，"歸"作"婦"。

6. "《龍岡楚辭説》五卷"條注"勇於踣河者"，上批：大典本"踣"作"踣"。（筆者按：鈔本原作"踣"字，此誤校）

7. "《校定楚辭》十卷、《翼騷》一卷、《洛陽九詠》一卷"條注"'侘、傺'者，楚語也"，上批：大典本"傺"作"傺"。（筆者按：鈔本即作"傺"，此誤校）"蘭、茝、荃、药、蕙、若、蘋、蘅者，楚物也"，上批："芩"作"荃"（筆者按：原鈔本即作"荃"，此誤校），"蘋"作"芷"。

8. "《直齋書錄解題》卷第《總集類》"上批："大典本併入十五卷，次《楚辭》後。"

9. "《六臣文選》六十卷"條注"俚孺之荒陋者"，上批："孺"作"儒"。

10. "《古文苑》九卷"條注"惟存十九卷爾"，上批："爾"下尚有三十六字，此脱。（盧校本詳出此條，且校注曰："館本此下共多三十六字，絕非直齋語，若陳有《秦漢遺文》，此書内無緣不著。《通考》亦無此一段。"筆者按：此鈔本同盧校本）

11. "《三謝詩》一卷"條注"集謝靈運、惠連、玄輝詩，不知何人所集"，上批：大典本脱"詩"字、"所"字、"輝"作"暉"。

12. "《謝氏蘭玉集》十卷"條注"吴興汪聞集"，上批："汪"作"江"。（筆者按：今殿本即作"汪"）

13. "《漢上題襟集》三卷"條注"韋瞻"，上批："瞻"作"蟾"。

14. "《松陵集》十卷"條注"唐皮日休、陸龜蒙、吴松唱和也"，上批："松"作"淞"，"和"下有"詩"字。

15. "《群書麗藻》六十五卷"條注"編爲二百六十七門"，"斷續訛鈌，不復成書"，上批：大典本脱"爲"字。"鈌"作"缺"。（筆者按：殿本有"爲"字）

16. "《洞天集》五卷"條注"漢王貞範集道家仙神、隱逸詩篇"，上批：大典本作"神仙"。

17. "《唐文粹》一百卷"條注"鉉，太平興國八年進士第三人"，上批：大典本"八"作"三"。（筆者按：今殿本即作"八年"）

18. "《唐百家詩選》二十卷"條注："皆不選，意荆公所選，特世所罕見，其顯然在人者，固不待選耶。"上批：大典本"不選"作"不在選"，"在人"作"共知"。

19. "《四家詩選》十卷"條注"或亦謂有所揚去"，上批："揚"上有"抑"字。（笔者按：盧校本无校，殿本作"有所抑揚云"）

《直齋書錄解題》宋蘭揮藏本及校記　103

20. "《名臣贊种隱君書啓》一卷"條注"祥符諸賢所與种放明逸書牘也",上批:"牘"作"啓"。

21. "《九僧詩》一卷"條注"直昭文館陳充",批註:"充",大典本作"克"。注云:案,《通攷》作充。

22. "《寶刻叢章》三十卷"條注"刻文集爲此編",批註:大典本作"刻詩"。

23. "《樂府詩集》一百卷"條注"《中興書目》亦不言其人本末,按"云云,批註:大典無"本末"字,有"今"字。

24. "《和陶集》十卷"條注"蘇氏兄弟追和,傳共注",批註:"傳"作"傅"。

25. "《汝陰唱和集》一卷"條注"二序皆德麟",批註:大典本"皆"下有"爲"字。

26. "《三家宮詞》三卷"條注"唐王建、蜀花蕊夫人、本朝丞相王珪",批註:大典本"珪"下有"三人所著"四字。

27. "《本朝百家詩選》一百卷"條注"太府卿曾慥端伯編",批註:大典本"編"下多"官至太府卿編"六字,誤衍。

28. "《皇朝文鑑》一百五十卷"條注"中書舍人陳騤繳,論皆不行",批註:大典本"繳"作"駁之"。條注"朱晦庵嘗語晚歲學者",批註:大典本作"晚歲嘗語學者",此誤倒。條注"篇篇有意,呂從子喬年之説云爾",批註:大典本無呂下九字,有"每卷首必取一大文字",九字下脱,據《通攷》補。(筆者按:此條注"此書江佃類編",殿本同;然盧校本作"江鈿",與鈔本不同)

29. "《江西詩派》一百三十七卷、《續派》十三卷"條注"曾紘、曾思父子詳詩見詩集類",批註:大典本"詳詩"字倒。

30. "《古今絶句》三卷"條注"王介父",批註:"父"作"甫"。

31. "《玄真子漁歌碑傳集録》一卷"條注"南卓柳宗元所賦通爲□□章",批註:大典本空白作"若干"。(筆者按:"玄"字無闕筆)

32. "《唐人絶句詩集》一百卷"條注"其尤不深殁者",批註:"殁"作"攷"。

33. "《續百家詩選》二十卷"條注"在慥後者皆取之,然畧尤甚",批註:大典本"然"下有"其率"二字。

34. "《吳興分類詩集》三十卷"條注"且併及近詩諸公之作,然亦病於太祥",批註:"詩"作"時","祥"作"詳"。

35. "《會稽掇英集》二十卷、《續集》四十五卷"條注"程孟師相繼纂集",批註:大典本作"師孟"。

36. "《天臺集》二卷、《別編》一卷、《續集》三卷"條注"林師蒧所輯",批註:大典本"葳"作"箴",下同。條注"別紹則師葳之子表民所補也",批註:"編"誤作"紹"。(筆者按:清丁丙《善本書室藏書志》和《四庫全書總目》皆題作"林師葳輯")

37."《南州集》十卷"條注"林桶子長集",批註:"桶"作"桷"。

38."《湘江集》三卷"條注"湘江者,韶州曲江別名",批註:大典本"湘"作"相",下同。(此條盧校本"相"作"楨",下同。校注曰:館本"湘江"是)

39."《庾樓紀述》三卷、《琵琶亭集》一卷",批註:大典本無"集"字,作"詩一卷"。

40."《會稽紀詠》六卷"條注"張渂",批註:"渂"作"浸"。(盧校本亦作"張渂",且校注曰:張渂清源居越,故作《會稽續志》,此殆即其人也)

41."《蕭秋詩集》一卷"條注"未注官而死",批註:"注"作"授"。

42."《文章正宗》二十卷",批註:大典本此條脱,據《通攷》補。

43."《直齋書錄解題》卷第一,《集類》",批注:大典本作卷二十。作"《詩集類》下"。

44."《巴東集》三卷"條注"自擇其詩百餘首",批註:無"餘"字。(筆者按:殿本即作"百餘首")

45."《鉅鹿東觀集》十卷"條注"密學薛田爲之序,魏野既没",批註:無"密學"字、"魏"字。

46."《潘逍遙集》一卷"條注"名捕變姓名",批註:"名捕"作"追捕"。

47."《滕工部集》一卷"條注"《實錄》載嘗爲户部判官",批註:大典本"爲"作"以","官"下有"爲"字。條注"坐軍儲損折免",批註:"儲"作"糧","免"下有"官"字。(筆者按:盧校本作"坐軍事損折免","儲"字作"事")

48."《書臺集》三卷"條注"天僖中",批註:"僖"作"禧"。

49."《錢希白歌詩》二卷"條注"遂克志讀書",批註:"克"作"刻"。(筆者按:盧校本作"尅")

50."《和靖集》三卷,《西湖紀逸》一卷"條注"所輯遺文遺事",批註:上"遺"作"透"。(筆者按:今殿本作"遺文逸事")

51."《藥名詩》一卷"條注"司封郎中陳亞撰",批註:無"惟揚"二字,"亞"下有"亞之"二字。(筆者按:盧校本無後者校記,仍作"陳亞亞之"。該條注"此特其一體爾","此",殿本作"《藥名詩》",盧校本有校,此漏校)

52."《注荆公集》五十卷"條注"李壁",批註:"壁"作"璧"。

53."《注東坡集》四十二卷、《年譜》《目錄》各一卷"條注"皆臆決之過也",批註:"也"下大典本多三十九字。

54. "《山谷集》三十卷、《外集》十一卷、《别集》二卷"條注"今刊板括蒼",批註:"蒼"下大典本多二十九字。

55. "《后山集》六卷、《外集》五卷"條注"盡棄其學焉",批註:"學"下,大典本有"而學"二字。

56. "《海門集》八卷"條注"渤海張仲撰",批註:"仲"作"重"。

57. "《慶湖遺老集》九卷、《拾遺》二卷"條注"葉少緼",批注:"緼"作"蘊"。

58. "《操縵集》五卷"條注"亦有全集中所爲無者",批註:"全"作"前",無"爲"字。

59. "《得令居士集》三卷"條目,批註:"令"作"全";條注"其曾孫壁",批註:"壁"作"璧"。

60. "《清非集》一卷",批註:"非"作"虛"。

61. "《東萊集》二十卷、《外集》二卷"條注"後人亦次其詩入派中",批註:"亦"作"以"。(筆者按:殿本作"後人亦以其詩入派中",即"次"字,殿本作"以")

62. "《青溪集》一卷"條注"臨川注革",批註:"注"作"汪"。

63. "《李希聲集》一卷"條注"祕書丞李錞希聲撰",批註:大典本據《通攷》增"與徐師川潘邠老同時"。

64. "《陳留集》一卷"條注"林子功",批註:"功"作"仁"。

65. "《曾文清集》十五卷",批註"茶山"。(筆者按:殿本無"茶山"二字,不明此校語所指)條注"長兄弻爲湖北提舉學事",批註:"事"作"士"。條注"其子逢退",批註:"退"作"逮"。

66. "《劍南詩藁》二十卷、《續藁》六十七卷"條注"初爲嚴州刻前藁",批註:"前"下有"集"字。條注"其幼子子遹復守嚴州",批註:不重"子"字。

67. "《雪巢小集》二卷"條注"東魯林慮景思撰",批註:"慮"作"憲"。條注"不能不口索也。"批註:空格"襄"。(筆者按:今殿本作"衰")

68. "《王季夷北海集二卷》"條注:"北海王崒季夷撰。集賢院學士子融之後,沂公之弟,初名皞,著《唐餘錄》者也。寓居吳興。紹淳間知名於時,三子申、田、漢皆登科。"批註:大典本"撰"下作"紹淳間名士,寓居吳興,陸務觀與之厚善。三子甲、田、申皆登科"。與此異。

69. "《景物類要詩》十卷"條注"與其孫塤同登甲科",批註:"塤"作"壎"。

70. "《松坡集》七卷、《樂府》一卷"條注"鏜使虜執節",批註:"虜"易"金"。

71. "《梅山詩藳》六卷、《續藳》十五卷"，批註：《大典》本作五卷。（筆者按：殿本即作《續藳》五卷）

72. "《曾竑父詩詞》一卷"條注"知臺州曾惇竑父撰"，批註："惇"作"悙"，避諱也。

73. "《疎寮集》三卷"條注"猶可觀也。紹興壬午生"，批註："紹"下五字，大典本無。

74. "《徐照集》三卷"條注"自號天民"，批註："天"作"山"。

75. "《磬沼集》一卷"條注"磬沼者爲池"，批註："馨"作"磬"。（筆者按：原本即抄作"磬"，殿本亦作"磬"，並無不同，此誤校）

76. "《栀林集》十卷"條注"家皆富川"，批註：無"皆"字。

77. "《花翁集》一卷"條注"開封孫惟信、季蘩撰"，批註："蘩"作"蕃"。

78. "《惠崇集》十卷"條注"與潘良同時"，批注："良"作"閬"。

79. "《天竺靈苑集》三卷、《採遺》一卷"條注"所謂式懺主也"，批註："主"下有"者"字。

80. "《渚宮集》三卷"條注"鄭毅夫爲作序"，批註：無"夫"字。

81. "《物外集》三卷"條注"僧德洪範撰"，批註："洪"下有"覺"字。

82. "《瀑泉集》十三卷"批註："三"作"二"。

83. "《女郎謝希孟集》二卷"條注"仕不遇"，批註："遇"作"偶"。

84. "《處士女王安之集》一卷"條注"拔歐公所序謝希孟爲比"，批註："拔"作"援"。

85. "《直齋書錄解題》卷第二"批註：大典本作"卷十九《詩集類》上"。

86. 無條目，注文"唐禮部員外郎丹陽陶翰撰"，批註：據大典本，自首至"《陶翰集》一卷"全脱。（筆者按：盧校亦言"有元本，多脱漏"）

87. "《秦隱君集》一卷"條目後批："《岑嘉州集》"一條脱。

88. 無條目，注文："'水田飛白鷺，夏木囀黃鸝'之句。"批注：《李嘉祐集》"一條不全。（筆者按：缺條目，注文脱"唐臺州刺史李嘉祐從一撰。天寶七載進士，亦號《臺閣集》。李肇稱其"數字）

89. "《皇甫冉集》一卷"條注："與其弟曾齊名。"批註：大典本"名"下有"有獨孤及序"五字。

90. "《郎士元集》一卷"條注"選畿縣官"，批註："官"下大典本有"肅宗詔"三字。

91. "《包何集》一卷"條注"與第佶齊名"，批註："第"作"弟"。

92. "《包佶集》一卷"條注："天寶六載進士，兄何後一年。"批註：脱"唐秘書監包佶撰"七字。

93. "《包佶集》一卷"條目後，批註：脱"《錢考功集》"一條。

94. 無條目，注文："唐中書舍人韓翃君平撰，翃天寶十三年進士。"批註：脱"《韓翃集》五卷"五字。無"撰"下"翃"字，"年"作"載"。

95. "《耿湋集》一卷"條目批註：脱"《韋蘇州集》"一條。

96. 無條目，注文："李端撰，大曆五年進士。"批註："李端"一條脱文。

97. 無條目，注文"綸與吉中孚、錢起、□□、司空曙"，批註："盧綸"一條脱文。

98. "《李益集》二卷"條注："'散灰扃户'之談。"批註："談"作"説"。條注"舊所載"，批註："舊"下有"史"字。

99. "《朱放集》一卷"條注："襄州人，□□剡谿。"批註："剡"上脱"隱居"二字。

100. "《朱放集》一卷"條目後批註：《朱灣》一條脱文，以下"《張司業集》"全脱。（筆者按：《朱灣集》一條作"□□一卷"，注文全脱。《朱灣集》至《張司業集》間共有五條，全脱）

101. 無條目，注文僅有"司馬□□□撰，建長於樂府，與張籍相□□，大曆十年進士也。"批註：《王建集》脱文。

102. "《盧仝集》三卷"條注"慶曆中有韓益者爲之序"，批註："益"作"盈"。

103. "《□少尹集》五卷"條注"□河南少尹"，"韓退之有送楊少□□"，批註：《楊少尹》一條脱文。

104. "《竇拾遺集》一卷"條注"竇叔向撰"，"群、牟、庠、鞏，皆其子也"。批注："淑"作"叔"，"群"下有"常"字。（筆者按：原本即鈔作"叔"字，此誤校）

105. "《賈長江集》十卷"條注"賈島浪仙撰"，批註："浪"作"閬"。條注"初舉進士"，批註："初"下有"服"字。條注"别侯殊科"，批註："侯"作"俟"。條注"與傳所稱，飛謗不同"，批註："飛"作"誹"。條注"薄尉"，批註："薄"作"簿"，下同。

106. "《姚少監集》十卷"條注："元崇之孫也。元和十二年進士，嘗爲杭州刺史，川本卷數同，編次異。"批註："元"字之下有"曾"字，"二"作"一"，"史"下有"開成末終秘書監"七字。

107. "《殷堯藩集》一卷"條注"元和九年進士"，批註："九"作"元"。

108. "《雍裕之集》一卷"條注"未詳何人"，批註："何"下有"時"字。

109. "《張南史集》一卷"條注"張南史撰"，批註："史"下有"季直"二字。

110. "《劉駕集》一卷"條目上批註:"《張祜集》以下至《津陽門》全脱。"

111. "《崔塗集》一卷"條注"唐崔塗禮仙撰",批註:"仙"作"山"。

112. "《周賀集》一卷"條注:"嘗爲僧,名清寒,後反初故。又號《清塞集》。"批註:"寒"作"塞","故"作"復"。(筆者按:此條殿本作"嘗爲僧,名清塞,後反初服","故"作"服")

113. "《唐風集》三卷"條注"唐元華山人",批註:"元"作"九"。

114. "《裴説集》一卷"條注"非全集也",批註:"也"下有"其詩有'避亂一身多'之句"七字。

115. "于武陵集一卷,鄴"條目,批註:無"鄴"字。"《陳光集》一卷,子昂"條目,批註:無"子昂"二字。條注:"以上皆唐人,莫詳出處。"批註:大典本"莫"上有"餘"字。又據《通考》於上補"于武陵大中進士"七字。

116. "《熊皎屠龍集》一卷"條註"熊皎撰",批註:"皎"作"皦",下同。

117. "《吳興集》十卷,又名《抒山集》。"條目上批:《顧非熊》一條全脱。又下五字無。條注"又嘗居杼山寺主妙喜",批註:"主妙喜"三字無。(筆者按:今殿本即無"又名《抒山集》"五字。僅作"《吳興集》一卷",卷數與此不符)

118. "《尚顏供奉集》一卷"條注:"皆唐僧。自貫休而下,盡唐末人也。脩睦死於惟揚朱瑾之難。"批註:無"自"字及"脩"下十字。

119. "《薛濤集》一卷"條注"薛濤撰",批註:"撰"下有"字洪度"三字。

120. "《直齋書録解題》卷第《別集類上》",批註:大典本作"卷十六"。

121. "《宋玉集》一卷"條注"蓋皆屈原之弟子也",批註:無"屈"字。

122. "《蔡中郎集》十卷"條注"好事者編他人之文",批註:"編"上有"雜"字。

123. "《陳思王集》二十卷"條注"《藝文類聚》諸類書中",批註:"諸"下無"書"字。(筆者按:殿本作"《類聚》諸書中",無"類"字)

124. "《陳孔璋集》十卷"條注"自王粲而下才六人",批註:"才"作"纔"。

125. "《張司空集》三卷"條注"策、祝、哀、誄",批註:"策"作"祭"。

126. "《陶靖節集》十卷、《年譜》一卷、《年譜證》一卷、《雜記》一卷"條目,批注:大典本脱"集十卷"三字。(筆者按:底本《年譜證》,殿本作《年譜辨證》)

127. "《鮑參軍集》十卷"條注"世多云鮑照"，批註："云鮑"下，大典本作"昭"。

128. "《唐太宗集》三卷"條注"唐文皇帝本集"，批註：大典本作"太宗皇帝"。

129. "《陳拾遺集》十卷"條注："縣令段間貪暴，取貨弗厭，致之獄以死。年才四十二。"批註：大典本"間"作"簡"，"才"作"財"。

130. "《王右丞集》十卷"條注"離後表爲清源寺"，批註："離"作"維"。

131. "《李翰林集》三十卷"條注"廣漢李白太白撰"，批註：大典本無"太白"二字。

132. "《校定杜工部集》二十二卷"條注："雜筆二十九首，別爲二卷。李丞相伯紀爲之序。"批註：大典本"筆"作"著"，"之序"作"序之"。

133. "《賈幼幾集》十卷"條注："文有十卷者，有序。"批註："文"作"又"。

134. "《元次山集》十卷"條注"唐客管經略使"，批註："客"作"容"。

135. "《顏魯公集》十五卷、《補遺》一卷、《附錄》一卷"條注"留元剛刻於永嘉"，批註："留"作"劉"。條注"與其弟綸祥"，批註："綸"大典本作"倫"，《通考》作"綸"。

136. "《高常侍集》十卷"條注："工部杜子美所善也。豪傑之士，亦何所往而不能哉。"批註：大典本無"杜"字，"哉"作"也"。

137. "《梁補闕集》二十卷"條注"所與及弟者"，"師從釋氏何哉"。批註：大典本"弟"作"第"，"氏"下有"者"字。

138. "《權丞相集》五十卷"條注"不在此集錄內，今未之見"，批註：大典本無"錄"字。

139. "《裴晉公集》二卷"條注"唐宰相河東裴度撰"，批註：大典本"度"下有"中立"二字。

140. "《歐陽行周集》五卷"條注"不得以爲實也"，批註：大典本"也"下尚有五十三字。

141. "《白集年譜》一卷"條注"守中錄寄之"，批註："中"大典本作"忠"。

142. "《呂衡州集》十卷"條注"與竇群、羊士諤昵比"，批註："竇"作"寶"。

143. "《李甘文集》一卷"條注"杜牧所爲賦詩也"，批註：大典本"詩"下有"者也"。

144. "《劉蛻拾遺集》十卷"條目，批註：大典本作"《文泉子》十卷"。

（筆者按：諸本皆作《文泉子》十卷）

145. "《一鳴集》一卷"條目，批註：大典本"十"作"一"。條注"虞卿司空圖"，批註：大典本"卿"作"鄉"。

146. "《笠澤叢書蜀本》七卷"條目，批註：大典本作十七卷。

147. "《投知小錄》三卷"條注"田令孜客"，批註：大典本無"客"字。（筆者按：殿本有"客"字）

148. "《直齋書錄解題》卷第《別集類》中"，批註：大典本作卷十七。

149. "《徐常侍集》三十卷"條注"婉微有體"，批註：大典本"微"作"嬔"。

150. "《咸平集》五十一卷"條目，批註：大典本無"一"字。（筆者按：今殿本作"五十一卷"）條注"所謂憂治世而危明王者也"，批註：大典本"王"作"主"。條注"奏議十二篇"，批註：篇下據《通考》增"即東坡所序"五字。條注"顧願下有司議諡"，批註：大典本無"顧"字。

151. "《柳仲塗集》十五卷"條注"傲狠強復云云"，批註：大典本不重"云"字。

152. "《穆參軍集》三卷"條注"《太極圖》亦脩所傳脩於陳摶、种放者"，批註：大典本"傳"下無"脩"字。

153. "《武夷集》二十卷、《別集》十二卷"條注"條次十年新筆而序之"，批註：大典本"新"作"詩"。

154. "《吕文靖試卷》一卷"條注"國初塲屋事塲體"，批註：大典本"事"下無"塲"字。

155. "《范文正集》二十卷、《別集》四卷"條註"祥符八年進士曰朱說者"，批註：曰字不衍。（筆者按：殿本亦有曰字）

156. "《宛陵集》六十卷、《外集》十卷"條注"已載前集矣"，批註：大典本無"矣"字。

157. "《書判》一卷"條注"拔萃科之中"，批註：大典本"之中"作"中之"。

158. "《宋元憲集》四十四卷"條注"本名郊，序伯庠"，批註："序伯"作"字伯"。

159. "《宋景文集》一百卷"條注"謂第不可以先兄"，批註："謂"下"第"作"弟"。條注"所傳撰《唐書》列傳，不稱良史"，批註："史"下大典本據《通考》補百十五字。

160. "《李泰伯退居類藁》十二卷、《續藁》八卷、《常語》三卷、《周禮致太平論》十卷、《後集》六卷"條注"所爲固未足也"，"籍手見古人矣"。批註：大典本作"固爲未足也"，"籍"作"藉"。

161. "《蔡忠惠集》三十六卷"條注"自稱末族弟",批註:大典本作"自稱族弟"。

162. "《元章簡玉堂集》二十卷"條注"德昭曰仔倡,兵敗",批註:大典本作"倡聚衆保鄉里,兵敗"。(筆者按:盧校本有出此條,且校注云:"兵敗",館本作"聚衆保鄉里",與新《通考》同,舊《通考》亦是"兵敗")

163. "《三蘇年表》三卷"條注"叙述頗詳",批註:大典本"頗"作"甚"。

164. "《濂溪集》七卷"條注"周敦頤茂叔",批註:大典本"叔"下有"撰"字。

165. "《伊川集》九卷"條注"程頤正文叔撰",批註:無"文"字。

166. "《河南程氏文集》十二卷"條注:"二程共爲一集,建寧所刊本。"批註:"刊"作"刻"。

167. "《元豐類藁》五十卷、《續》四十卷、《年譜》一卷"條注"開禧己丑",批註:"己"作"乙"。(筆者按:當作"乙",開禧年號無"己丑")

168. "《清江三孔集》四十卷"條注"周益公必大爲之序",批註:"序"下大典本據《通考》補九十字。

169. "《西塘集》二十卷"條注"後之君子可以監矣",批註:"監"作"鑒"。

170. "《范忠宣集》二十卷"條注"長純佑尤悛",批註:"悛"作"俊"。

171. "《豫章別集》二十卷"條注"蓋其顯顯者也",批註:大典本無"蓋"字。

172. "《濟南集》二十卷"條注"年生漫説古戰場",批註:"年"作"平"。

173. "《豫章集》四十四卷、《宛丘集》七十五卷、《后山集》二十卷、《淮海集》四十六卷、《濟北集》七十卷、《濟南集》二十卷"條注:"蜀本中刊本,號《蘇門六君子集》。"批註:大典本無"本中"二字。

174. "《田承君集》三卷"條注"太宗正丞",批註:"太"作"大"。

175. "《崇福集》三十五卷、《四六集》十五卷"條注"坡走庭",批註:"走"下有"下"字。

176. "《寶晉集》十四卷"條注"故號寶晉齋",批註:"齋"下大典本多二十字。

177. "《玉池集》十二卷"條注"憤思撰",批註:大典本"憤"作"慎"。(筆者按:宋晁公武《郡齋讀書志》作"鄧忠臣字謹思",《文獻通考》作"慎思")

178. "《龍雲集》三十二卷、《附錄》一卷"條注"龍雲,安福縣鄉名,弇所",批註:"所"下有"居也"二字。

179. "《東觀餘論》二卷"條注"四十而死",批註:"死"作"卒"。

180. "《青溪集》十卷,《附錄》一卷"條目,批註:"青"作"清"。

181. "《傅忠肅集》三卷"條注"以吏部郎接伴虜使,虜人入寇,使人不來,爲敵驅去斡里布",批註:大典本上"虜"易"金",次"虜"易"金",下"虜"易"敵"。(筆者按:此爲四庫館臣因諱改字,點校本仍之,當回改)

182. "《直齋書錄解題》卷第《別集類》下"條目批註:大典本作卷十八。

183. "《初寮集》四十卷、《後集》十卷、《內外制》二十四卷"條注"曰名泣涕,告于上",批註:"曰名"大典作"日夕"。

184. "《呂忠穆集》十五卷"條注:"卷末言金人亂華始末甚詳。"批註:"亂華",大典本易"敗盟"。

185. "《雲龕草堂後集》二十六卷"條注"第澣在翰林",批註:"第"作"弟"。

186. "《胡忠獻集》六十卷"條注"金虜敗盟",批註:大典本"虜"易"人"。條注"亦見集中",批註:大典本依《通考》增"謚忠獻"三字。

187. "《張章簡華陽集》四十卷"條注"復與秦隙,遂引等",批註:"等"作"年"。

188. "《筠谿集》二十四卷"條注"能抗金賊",批註:大典本"賊"易"敵"。

189. "《鄱陽集》十卷"條注"皓奉使金虜",批註:"虜"易"國"。

190. "《雪谿集略》八卷"條目,批註:"雪"作"雲"。(筆者按:殿本也作"雪"字,此誤校)條注"其父莘樂道",批註:"莘"作"萃"。條注"詔親秩史官",批註:"新"作"視"。(筆者按:原書作"親",校者誤作"新"字)

191. "《致堂斐然集》三十卷"條注"紹興初以爲從官",批註:"以"作"已"。

192. "《五峯集》五卷"條注"胡宏仲仁撰",批註:"仲仁"作"仁仲"。條注"別本不分錄卷",批註:無"錄"字。

193. "《韋齋小集》十二卷"條注"文公之父也",批註:"也"下,大典本據《通考》增五十五字。

194. "《繙經堂集》八卷"條注"知盱臺軍東平畢良史少董撰",批注:"臺"作"眙"。條注"嘗陷虜",批註:"虜"作"敵"。

195. "《巖壑老人詩文》一卷"條注"秦檜之孫塤",批註:"塤"作"壎"。

196. "《岳武穆集》十卷"條注"樞副",批註:"樞副"作"樞密副使"。

197. "《漢濱集》六十卷"條注"王之望贍叔撰",批註:"贍"作"瞻"。

198. "《玉山翰林詞草》五卷"條注:"本名詳,御筆改賜。"批註:"詳"作"洋"。

199. "《白蘋集》四卷"條注"龐謙孺祐甫撰",批註:"孺"作"儒"。

200. "《艇齋雜著》一卷"條注"其子瀰所集《師交尺牘》",批註:"交"作"友"。

201. "《浮山集》十六卷"條注"其訓詞爾畧曰",批註:"爾"在"曰"字下。

202. "《小醜集》十二卷、《續集》三卷"條注"從臣申先之子",批註:無"申"字。(筆者按:殿本有"申"字)

203. "《霜傑集》三十卷"條注"彥章爲序",批註:"爲"下有"作"字。

204. "《石湖集》一百三十六卷"條注"初以起居郎使虜",批註:大典本"虜"易"金"。

205. "《渭南集》三十卷"條注"阜陵以爲反覆斥遠",批註:"覆"作"復"。條注"幼爲曾吉父所當識",批註:"當"作"賞"。

206. "《盤洲集》八十卷"條注:"甞一帥越,閒居十六年而終。"批註:大典本無"更"字。(筆者按:原書無"更"字,此誤校)

207. "《誠齋集》一百三十三卷"條注"不食而死",批註:"死"下大典本據《通考》增五十字。

208. "《濟溪老人遺藁》一卷"條注"省句'籍甚人言《易》已東'",批註:"省"作"首"。

209. "《歸愚集》二十卷"條注"史化召用",批註:"史"作"更"。

210. "《象山集》二十八卷、《外集》四卷"條注"乾淳閣名士也",批註:"閣"作"間"。

211. "《小山雜著》八卷"條目,批註:大典本在"《東江》"後。

212. "《劉汝一進卷》十卷"條注:"度甞應大科,比其所業也。"批註:"比"作"此"。

213. "《鼎論》三卷、《時義》一卷"條目,批註:"義"作"儀"。條注"任爲都司知漳州",批註:"任"作"仕"。

214. "《治述》十卷"條注"此當是別一鄭湜",批注:"是別"作"別是"。

215. "《閨秀集》二卷"條注"括蒼祝璣,爲部使者",批註:"璣"下再有"璣"字。

216. "《直齋書錄解題》第《類書類》"篇目上，批註：大典本併入卷十四，在《雜藝類》之後。

217. "《六帖》三十卷"條注"一名六帖"，批註："帖"下大典本多二十五字。

218. "《蒙求》三卷"條注"唐李瀚撰"，批註："瀚"作"翰"。

219. "《戚苑英華》十卷"條注"唐仙居令袁說撰"，批註："說"作"悅"。

220. "《太平御覽》一千卷"條注"以《御覽》所引用書名故也"，批註：無"用"字。（筆者按：殿本有"用"字）

221. "《類要》七十六卷"條注"豈併自錄爲七十七耶"，批註："自"作"目"。

222. "《書叙指南》二十卷"條目後有"《實賓錄》三十卷、《後集》三十卷"條目，注："高郵馬永易明叟撰，蜀人句龍材校正，文彪增廣。其三十卷者，本書也。義取'名者實之賓'爲名。"批註：大典本無此條。

223. "《海錄碎事》三十卷"條目，批註："十"下有"三"字。

224. "《皇朝事實類苑》六十三卷"條目，批註：作二十六卷。

225. "《補注蒙求》八卷"條注"李瀚《蒙求》句"，批註："瀚"作"翰"。

226. "《群書類句》十四卷"條注"三山葉儀鳳撰，以《群書》爲《新語》"，批註：無"儀"字、"爲"字。

227. "《漢雋》十卷"條注"括蒼林鉞撰，以《西漢書》，分類爲五十篇"，批註："鉞"作"越"，"五十"作"十五"。

228. "《文選雙字類要》三卷"條注"以類集"，批註："類"下有"集"字。（筆者按：殿本作"編集"，當云"類"下有"編"字）

229. "《帝王經世圖譜》十卷"條注"兵農、王震"，批註："震"作"霸"。

230. "《趙氏家塾蒙求》二十五卷、《宗室蒙求》三卷"條目後又有"《古今政事錄》二十卷"條目，註文："知建昌軍金陵閣一德撰。"（筆者按：此條殿本無，點校本亦無，當據補）

231. "《直齋書錄解題》卷第《雜藝類》"篇目，批註：大典本併入卷十四，在《音樂類》之後。

232. "《九鏡射經》一卷"條注"《制弓矢法》二篇"，批註："二"作"三"。

233. "《書後品》一卷"條目後出"《法書要錄》十卷"條目，批註：此條大典本次《絳帖評》後,"書"作"帖"。

234. "《金壺記》一卷"條目後出"《飛白叙錄》一卷"條目,批註:大典本次《法帖要錄》後。

235. "《書史》一卷"條注"禮部員外郎襄陽米芾元章撰",批註:無"襄陽"二字。

236. "《絳帖評》二十卷"條目,批註:大典本作一卷。

237. "《蘭亭博議》十五卷"條注"又嘗爲《西湖純逸》",批註:"純"作"紀"。

238. "《蘭亭考》十三卷"條注"似孫主爲删改,書去此二篇",批註:無"書"字。(筆者按:今殿本作"《蘭亭考》十二卷")

239. "《書苑菁華》二十卷"條注"臨安書肆陳思者集刻",批註:無"刻"字。

240. "《書苑菁華》二十卷"條目後出"《筭經》三卷"(夏侯陽撰)、"《筭經》三卷"(張丘建撰)、"《應用筭法》一卷"三條目,于上"《筭經》三卷"條目,批注云:以下三條,大典本收《續文房四譜》後。條注"大抵乘除法也,《隋志》二卷、《唐》一卷",批註:無"也"字,"唐"下有"志"字。

241. "《唐朝畫斷》一卷"條注:"唐翰林學士朱景元撰。"批註:大典本據《通攷》,增"一名《唐朝名畫錄》"二十九字,無後《唐朝名畫錄》一條。

242. "《唐朝畫斷》一卷"條目後出"《唐朝名畫錄》一卷",條注:"即《畫斷》也。前有目錄,後有天聖三年商宗儒後序,與前本大同小異。"(筆者按:殿本無此條)

243. "《聖朝名畫評》一卷"條目後出"《山水受筆法》一卷",批註:大典本在《益州名畫錄》後。

244. "《益州名畫錄》三卷"條注"江夏黃休復歸本撰,《中興書目》以爲李畋撰","其爲休復所錄甚明","未知題李畋者",批註:大典本無"江夏"、"歸本"四字,二"畋"字均作"略","甚明"作"明甚"。

245. "《德隅堂畫品》一卷"條注"方叔皆爲之評品",批註:大典本"之"在"品"下。

246. "《林泉高致集》一卷"條注"徽猷閣待制",批註:"徽"上有"直"字。條注"曰《畫記》《畫訓》《畫意》",批註:無"畫記"二字。

247. "《畫繼》十卷"條注"鄧春公壽撰",批註:"春"作"椿"。

248. "《硯史》一卷"條目後出"《北海公硯錄》一卷",條注:"唐詢彥猷撰,專以青州紅絲石爲貴。"批註:此條大典本無。

249. "《香嚴三昧》一卷"條目後出"《南蕃香錄》一卷",條注:"知泉州葉廷珪撰。"批註:此條大典本無。

250. "《茶譜》一卷"條目後出"《北苑茶錄》三卷",條注:"三司戶部判官吳郡丁謂之撰。咸平中進。"其後又出"《茶錄》一卷",條注:"右正言修起居注莆田蔡襄君謨撰。皇祐中進。"於"《北苑茶錄》三卷"條目上批註:以下三條大典本無。(筆者按:經與殿本覈對,乃以下"二條"非三條)

251. "《補茶經》一卷"條目後出"《東溪試茶錄》一卷",條注"宋子安撰",其後又出"《北苑總錄》十二卷",條注:"興化軍判官曾伉錄《茶經》諸書,而益以詩歌二卷。"於"《東溪試茶錄》一卷"條目上批註:以下二條大典本無。

252. "《宣和北苑貢茶錄》一卷"條目後出"《北苑別錄》一卷",條注"趙汝礪撰",其後又出"《品茶要錄》一卷",條注:"建安黃儒道父撰。元祐中,東坡嘗跋其後。"

253. "《北苑別錄》一卷"條目上批註:以下二條大典本無。

254. "《北山酒經》三卷"條注"太隱翁撰",批註:"太"作"大"。

255. "《北山酒經》三卷"條目後出"《鼎錄》一卷",條注:"梁中書侍郎虞荔纂。"其後又出"《古今刀劍錄》一卷",條注"梁陶弘景撰"。於"《鼎錄》一卷"條目上批註:以下二條大典本無。

256. "《浸銅要略》一卷"條注:"蓋瞻水浸鐵成銅之始。甲,參政子公之祖也。"批註:"瞻"作"膽","也"字無。

257. "《三象戲圖》一卷"條注:"汳陽成師仲編。"批註:"汳"作"汲"。

258. "《進士彩選》一卷"條目,批註:"彩"作"采"。條注:"此元豐末改官制時遷轉格例也。"批註:"末"作"未"。(筆者按:當作"末",見《文獻通考》所引)

259. "《直齋書錄解題》卷第《音樂類》"篇目,大典本作卷十四,以《音樂類》居首。

260. "《樂府雜錄》一卷"條目,條注"唐國子司業段安節撰",其後出"《琵琶錄》一卷"條目,條注"段安節撰。"其後又出"《羯鼓錄》一卷"條目,條注"唐婺州刺史南卓撰"。於"《樂府雜錄》一卷"條目上批:以下三條,大典本無,據《通攷》補,"《羯鼓錄》"、"《琵琶錄》"二條,次"《琴譜》十六卷"後,《琵琶錄》作《琵琶故事》,無《樂府雜錄》。

261. "《樂書》二百卷"條目,條注"未免於無穢也",批註:"無"作"蕪"。

262. "《直齋書錄解題》卷第《章奏類》"篇目,批註:大典本作卷二十二。

263. "《范文正奏議》二卷"條目,批註:大典本"正"下有"公"字。

264. "《南臺諫垣集》二卷"條注"參政信安趙抃說道撰",批註:大典本"說"作"閱"。

265. "《陳正獻議》二十卷、《表劄》二十卷"條目,批註:大典本"議"上有"奏"字。

266. "《齊齋奏議》三十卷、《掖垣繳論》四卷、《銀臺奏章》五卷、《臺諫論》二卷、《昆命元龜說》一卷"條目,批註:大典本"奏章"作"章奏"。

267. "《直齋書錄解題》卷第《歌詞類》"篇目,批註:大典本作卷二十一。

268. "《張子野詞》一卷"條注"非吳中之子野也。別又有詩集",批註:大典本無"別"下五字。

269. "《六一詞》一卷"條注:"仇人無名子所爲也。"批註:大典本"爲"下有"也"字。

270. "《東坡詞》二卷"條注"豈不見此跋耶",批註:大典本無"跋"字。"耶"下有"今坡詞多有刊去此篇者"十字。(筆者按:今殿本作"見此跋耶",有"跋"字)

271. "《逃禪集》一卷"條注:"世所傳'江西墨梅'即其人也。"批註:"梅"作"楊"。

272. "《退齋詞》一卷"條注"則觀元年也",批註:大典本"則"下有"大"字。

273. "《烘堂集》一卷"條目,批註:大典本"烘"作"哄"。

274. "《好庵遊戲》一卷"條注"開禧中使入虜廷",批註:大典本"虜廷"改"金國"。

275. "《笑笑詞集》一卷"條注"亦多有濫次者",批註:大典本"次"作"吹"。

276. "《蕭閑集》六卷"條注"靖之子陷虜者",批註:"虜"改"金"。

277. "《花翁詞》一卷"條注"孫惟信季繁撰",批註:"繁"作"蕃"。(筆者按:《文獻通考》亦作"季繁")

278. "《直齋書錄解題》卷第《文史類》"篇目,批註:大典本併入卷二十二次《章奏類》後。

279. "《風騷旨格》一卷"條目,批註:"旨"作"指"。

280. "《璃琉堂墨客圖》一卷"條目,批註:大典本作"琉璃"。

281. "《楊氏筆苑句圖》一卷、《續》一卷"條目上批:此條起至"《吟窗雜錄》"止,大典本次"司馬光《續詩話》"後。條注"唐彥謙之句多爲",批註:"爲多"倒。(筆者按:"《楊氏筆苑句圖》一卷、《續》一卷"條目後依次爲

"《惠崇句圖》一卷"、"《孔中丞句圖》一卷"、"《雜句圖》一卷"、"《吟窗雜録》三十卷"）

282. "《吟窗雜録》三十卷"條目後出"《唐詩主客圖》一卷"，批註：大典本此條次"《御選句圖》"後。

283. "《林和静句圖》一卷"條目上，批註："静"作"靖"，下有"摘"字。

284. "《續詩話》一卷"條注："司馬光撰，以續歐公也。"批註：大典本無"以"下五字。

285. "《續詩話》一卷"條目後出"《劉貢父詩話》一卷"，批註：大典本次《吟窗雜録》後。

286. "《後山詩話》一卷"條目上批：以下據大典本脱"《潛溪詩眼》"至"《四六經》"共七條。（筆者按：殿本作"《后山詩話》二卷"，"《四六經》"作"《四六話》"）

287. 無條目，條注僅有："朝宰數邑。著此書十五篇，叙唐以來詩賦源流。天禧辛酉鄧賀爲序。"批註：大典本此條作"《賓朋宴話》三卷，太子中舍致仕貴溪邱昶孟陽撰。南唐進士歸朝"，下同。次"《艇齋詩話》"後。

288. "《環溪詩話》一卷"條目上批：大典本至此條止。

289. "《環溪詩話》一卷"條目後出"《韻語陽秋》二十卷"，批註：此條至《選詩句圖》，大典本次《四六話》後。

290. "《直齋書録解題》卷第《神仙類》"篇目，批註：大典本作卷十二。

291. "《金碧古文龍虎上經》一卷"條注"本無金碧序"，批註：大典本"序"作"字"。

292. "《鍾吕傳道記》三卷"條注"施肩吾撰"，批註："撰"下有"叙"字。

293. "《巨勝歌》一卷"條目後出"《百章集》一卷"，批註：大典本在《逍遥子》後。（筆者按：《逍遥子》即《逍遥子通元書》三卷）

294. "《金碧上經古文龍虎傳》"條注"名已見釋氏、道家類"，批註："名"作"右"。（筆者按："名"殿本作"各"）

295. "《直齋書録解題》卷第《釋氏類》"篇目，批註：大典本列《神仙家》後，不別爲卷第。（筆者按：《神仙家》當作《神仙類》）

296. "《羅漢因果識見頌》一卷"條注："得於僧舍，《藏經》所未録者，十六羅漢爲比丘摩拏羅。"批註："僧"作"傳"，"拏"作"挐"，"羅"下有"等説"二字。後脱《六祖壇經》《宗門統要》二條。

297. 無條目，條注"太子少傅晁迥撰"，批註：大典本前有"《法藏碎金》

十卷"六字。

298."《華嚴合論法相撮要》一卷"條注"撮要其義,手槀爲圖",批註:"要其"作"其要"。

299."《道院集要》三卷"條注"王右撰",批註:上有脱文,閩本、大典本模糊,俟別考。(筆者按:《道院集要》三卷上有"《林間録》十四卷,惠洪撰"一條,殿本無,李氏校記漏校)

300."《大慧語録》四卷"條注"張魏公浚序之",批註:大典本無"浚"字。

301."《禪宗頌古聯珠集》十卷"條目,批註:大典本次《道院集要》後,下有"《嘉泰普燈録》""《雪峯廣録》"二條,此脱。

302."《龍牙和尚頌》一卷",批註:大典本無七字。

303."《直齋書録解題》卷第《兵書類》",批註:大典本次《釋氏》後,不別爲卷。

304."《風后握奇經》一卷"條注"多發明,并寫陣圖於後",批註:"多"下有"所"字。

305."《三朝經武聖畧》十五卷"條注"寶元中上進",批註:"上"作"十"。(筆者按:殿本即作"上進")

306."《直齋書録解題》卷第《歷象類》",批註:大典本不别爲卷,次《兵象》後。

307."《古今通占》三十卷"條注"唐嵩高潛天沛國武密撰纂集",批註:大典本"天"作"夫"。

308."《唐大衍曆議》十卷"條注"曰《卦侯》、曰《卦》",批註:"曰《卦侯》"下,大典本作"曰《卦議》"。

309."《崇天曆》一卷"條注:"詳見《三朝史志》。"批註:大典本"志"下多二十六字。

310."《紀元曆》三卷、《立成》一卷"條注:"此二曆近得之蜀人秦九韶道古,故存之。"批註:大典本"存之"下多三十一字。

311."《統元曆》一卷"條注"曆家不以爲工",批註:大典本"工"下多十五字。

312."《會元曆》一卷"條注"此其最後者,勝前遠矣",批註:大典本"矣"下多十五字。

313."《統元曆》一卷"條注"則爲俚俗",批註:大典本"俗"下有"寧宗慶元統天"六字。

314."《開禧曆》三卷、《立成》一卷"條注"至今攽曆",批註:"攽"作"頒"。條注"當時緣金虜閏月",批註:"虜"改"人"。

315. "《直齋書録解題》卷第《醫書類》"篇目，批註：大典本作卷十三。

316. "《難經》二卷"條注"《唐志》遂屬之越人，皆不可攷"，批註：大典本作"遂題云秦越人"。條注"德用者，嘉祐中人也。序言太醫今吕廣重編此經"，批註："者"下有"乃"字，"今"作"令"。

317. "《脉訣機要》三卷"條注"晋太醫今高平王叔和撰"，批註："今"作"令"。

318. "《食治通説》一卷"條注"安藥肆'金藥臼'者也"，批註：無"也"字。條注"此上工醫治未病之一術也"，批註：無"治"字。

319. "《治病須知》一卷"條注"以爲用藥之次第"，批註：無"爲"字。

320. "《孫氏傳家祕寶方》三卷"條注"父子皆有醫名"，批註："有"作"以"。條注"兆自言爲思邈之後"，批註："後"下大典本多十四字。

321. "《錢氏小兒藥證真訣》三卷"條注"大梁閻孝忠集"，"孝忠亦頗附以己説"，批註：兩"孝"字，大典本皆作"季"。

322. "《傷寒救俗方》一卷"條注"民俗感巫，不信藥，羅以藥施人"，批註："感"作"惑"，"因"作"羅"。

323. "《本草單方》三十五卷"條注"凡四千二百六方"，"百"下有"有"字。

324. "《備總效方》四十卷"條目，批註："備"下有"急"字。

325. "《湯氏嬰孩妙訣》二卷"條注"麟之子，尤邃於祖業"，批註："尤"作"克"，無"於"字。

326. "《劉涓子神仙遺論》十卷"條注"《中興目》引《崇文總目》"，批註："興"下有"書"字。

327. "《直齋書録解題》卷第《卜筮類》"篇目，批註：大典本併入十二卷，《卜筮》次《陰陽家》後，《陰陽家》次《歷象》後。

328. "《易林》十六卷"條注"唐會昌景寅越五雲谿王俞序，凡千九十六卦"，批註："景"作"丙"，"千"上有"四"字。（筆者按："景"通"丙"，"景科"即丙科。《汉书·匡衡传》"衡射策甲科，以不應令除爲太常掌故，調補平原文學"唐颜师古注："《儒林傳》説歲課甲科爲郎中，乙科爲太子舍人，景科補文學掌故。"王先謙《补注》引周壽昌曰："景科即丙科，顏在唐時諱丙也。《儒林傳》自作丙科。"）

329. "《揲蓍古法》一卷"條目，批註：以下大典本有"《蓍卦辨疑序》三卷"云云一條。

330. "《直齋書録解題》卷第《形法類》"，批註：大典本併入卷十二，次《卜筮》後。

331. "《八五經》一卷"條注"余受郭公囊書有數篇",批註:無"有"字。

332. "《二十八禽星圖》一卷"條注"多吳炎論,錄以見遺",批註:無"論"字。(筆者按:當有論字爲確,今殿本、盧校本、點校本皆無"論"字)

333. "《諸家相書》五卷"條注"知莆田縣昭武黃庚毅夫撰集",批註:大典本"庚"作"康",《通攷》作"庚"。

朱天助:北京大學中文系古典文獻學博士研究生

存世毛氏汲古閣抄本知見録

樊長遠

明末清初虞山汲古閣主人毛晉（1599—1659），原名鳳苞，字子久（一作子九），後改名晉，字子晉，號潛在、隱湖，藏書逾八萬四千册，刻書六百多種，影響很大。其幼子毛扆（1640—1713），字斧季，别號汲古後人，精於小學，耽於校讎，亦有名於時，能繼承父業，使汲古閣收藏、出版圖書更加豐富。毛氏父子在大量刻書的同時，好抄録家藏所闕及罕見秘笈，繕寫精良，後人稱之爲"毛抄"，極受珍視。毛扆晚年，擬將部分家藏善本轉讓予太史潘耒（1646—1708），編成《汲古閣珍藏秘本書目》①，即其售書清單。目中各書按照經史子集四部次序排列，依次著録版本、書名、卷册數、抄本品類及售價，部分書目有簡單解題。其中抄本區分爲"（影）宋板影抄""宋板精抄""元板精抄""舊抄""精抄"諸名目，相當細密。雖然這只是一部鬻書目録，並非毛氏藏書精華之全部，但從中可以考見毛氏所藏、所抄各本之大略。此目之外散在各藏書家手中及著録於各種書目中者，不知凡幾。1950年，爲給周叔弢先生賀壽，著名書賈王文進②特撰《明毛氏寫本書目》一文，收入《周叔弢先生六十

---

① 此目一向以抄本流傳，直至嘉慶五年（1800）才由黄丕烈刻入《士禮居叢書》，本文引用即據此本。文中簡稱《秘本書目》。

② 王文進字晉卿，一作搢青，河北任丘人。民國十五年（1926）在北平東南園路北開店，二十二年遷琉璃廠路南，經營古書業務十餘年。精通鑑别宋、元版古籍，時人將其與王子霖、王富晉並稱"書業三王"，頗有影響。著有《文禄堂訪書記》五卷、《文禄堂書影》一卷。參見孫殿起：《琉璃廠小志》，北京古籍出版社，1982年，第120頁、143頁、209頁。

生日紀念論文集》中。① 其書目中"按《汲古閣秘本目》所載抄本一百十種，其外見於各家者百有三十"，有些書經王氏目驗甚至倒手轉賣過，但大部分條目是來源於《天禄琳瑯書目》及《後編》《愛日精廬藏書志》《上善堂書目》《邵亭知見傳本書目》《楹書隅録》《皕宋樓藏書目》等諸家藏書目録之所載，並未親見其書，故而僅注流略，實存與否、存藏何處等等詳情不得而知，各本文獻價值如何更無從論及，但此目不無篳路藍縷之功。上世紀五十年代以來，重要藏書家的收藏如百川歸海，絶大部分流入各大圖書館，成爲公藏，得到永久保護，毛抄本也隨之成爲各館插架珍品，其中以國家圖書館所藏最多，有百餘種，蔚爲大觀。隨着《中國古籍善本書目》等各種善本書目的編纂，近幾年來全國古籍普查、國家珍貴古籍名録評審工作的開展，以及《中華再造善本》等各種大型善本叢書的影印出版，爲重新統計存世毛抄本的數量並研究其文物、文獻價值，總結其傳佈古籍之得失，提供了便利條件。

本文根據《中國古籍善本書目》、各大圖書館的官網檢索目録及已出版的善本書目、第一至四批《國家珍貴古籍名録圖録》等輯録毛抄本共一百五十四種，並附以毛抄本配補成帙的宋元本十種。按經史子集四部分類，排序略依《中國古籍善本書目》；僅著録能確知現館藏地者，若傅增湘《藏園群書經眼録》等書目中提及若干種毛抄，時代較爲晚近，但目前尚不知是否仍然存世、流落何許，暫不列入；有舊時認爲是毛抄，入各圖書館後重新審訂爲清抄本者，因有疑問，亦不列入。

文中所列，大多核對過縮微膠捲及各種影印本，有些看過原書。判斷一抄本是否爲毛氏汲古閣所抄，依據有四：

（一）著録。即《秘本書目》及著名的藏書目所著録者；

（二）用紙。汲古閣抄書有幾種印好的版格紙，一般是左右雙邊，單魚尾，魚尾下填寫書名卷次，版心下有"汲古閣"三字，或者版心下有"毛氏正本、汲古閣藏"八字，或者版框外右上角有"毛氏正本"四字、左下角有"汲古閣藏"四字。有一種比較少見，是四周雙邊，三魚尾，上下大黑口，上二魚尾之間印"汲古閣毛氏抄本（後四字爲方形印章式）"，目前僅見《全芳備祖》是這種版式。但影抄本完全依照原書版式，則無法據此判斷。

（三）鈐印。最常見的是毛晉的"毛晉""子晉""毛晉之印""毛晉私印""毛氏子晉""子晉書印"，毛扆的"毛扆之印""斧季"，以及"汲古主人""汲古閣""汲古得修綆""宋本""元本""甲""希世之珍""開卷一樂""卓爲霜下傑""仲雝故國人家""筆研精良人生一樂""趙文敏公書卷末云吾家業

---

① 王文進：《明毛氏寫本書目》，《周叔弢先生六十生日紀念論文集》，1950年，第5—23頁，出版地不詳。下引王文進説非特别注明均出此文，不再出注。

儒辛勤置書以遺子孫其志如何後人不讀將至於鬻頦其家聲不如禽犢若歸他室當年斯言取非其有無寧舍旃"①。影抄本上最常鈐蓋這些印記。

（四）題跋。現存毛抄本中，常附毛晉、毛扆父子的題跋，略述抄書始末源流。

綜合以上幾點，大致可以斷定何者爲毛氏汲古閣抄本。

前人著錄，或稱毛抄本爲"明末（清初）毛氏汲古閣影宋（元、明）抄本"，或稱之爲"影寫宋（刊本）"，或稱之爲"宋版影抄（影寫）"，或稱之爲"精寫本""精抄本"，"影"字或寫作"景"，不一而足。舊書業中，把毛晉手抄的書稱爲"毛抄"，把汲古閣請人抄寫的書稱爲"汲古閣抄本"②，但何爲毛晉手抄，實難斷定，所以近年出版的古籍目錄一般不做此區分，通稱"毛氏汲古閣"抄本，本文專輯毛抄，故省去"毛氏汲古閣"字樣，以便觀覽。

經部

1. 漢上易傳十一卷附履歷一卷　宋朱震撰

清初影宋抄本。今藏國圖。十行二十一字白口左右雙邊。十册。王國維云："烏程蔣氏藏汲古閣景宋本，精甚。末附《漢上先生履歷》一卷，而無《卦圖》《叢說》，蓋即通志堂祖本也。"③

鈐印：宋本、甲、汲古主人、毛晉私印、韓氏藏書、玉雨堂印、寒雲藏書、思福堂藏書印、涵芬樓、海鹽張元濟經收。

2. 三山拙齋林先生尚書全解四十卷　宋林之奇撰

清初抄本，卷三十四配清抄本。今藏國圖。十行二十二至二十四字不等黑口左右雙邊。十册。□蘭頤跋。用汲古閣版格紙抄，版心下有"汲古閣"三字。前後字體不同，抄手當非一人。書中有朱筆校改。前有《四庫全書總目提要》一篇，爲流傳過程中藏家重裝補入。此書自明以來即佚卷三十四《多方》一篇，乾隆時四庫館臣始從《永樂大典》中輯出補全，此本有後人所抄配之卷三十四，亦源出於此。《帶經堂書目》卷一著錄，云"三十四卷《多方》篇未佚"④，恐是誤清抄爲毛抄原本。無收藏印記。

---

① 此印文甚長，下文簡稱趙文敏公大印。
② 見雷夢水撰：《書林瑣記》，人民日報出版社，1988年，第178頁。又見王雨撰：《王子霖古籍版本學論文集》第一册《古籍版本學》，上海古籍出版社，2007年，第25頁。王子霖稱毛晉請人手抄的書稱爲"毛抄"，汲古閣請人抄寫的書爲"汲古閣抄本"。
③ （清）莫友芝撰，傅增湘訂補，傅熹年整理：《藏園訂補邵亭知見傳本書目》，中華書局，2009年，第14頁。下引此書均爲此本，僅注頁碼。
④ （清）陳樹杓編：《帶經堂書目》卷一，清宣統間順德鄧氏刊《風雨樓叢書》本。

3. 書義主意六卷　王充耘撰

影抄元至正八年（1346）建安劉叔簡日新堂刻本。今藏臺北故宮。十四行二十三字黑口左右雙邊。書名、篇題大字佔雙行。二册。

鈐印：元本、甲、汲古閣、毛晉之印、東吳毛氏圖書、望松風居、毛氏子晉、毛晉。

4. 群英書義二卷　元張泰等撰

影抄元建安劉氏日新堂刻本。今藏臺北故宮。十一行二十一字黑口左右雙邊。一册。明張泰、利士雄、劉叔遠、敖巨卿、饒士謙、饒士元、利士貴、聶以高、林世良、傅邵開、吳周翰、丁士陽、甯希武、黃季武、林達則撰。

鈐印：毛晉之印、子晉書印、東吳毛氏圖書。

5. 詩經解頤四卷　明朱善撰

清初抄本。今藏國圖。十二行二十八字白口左右雙邊。二册。書中有朱筆校改。《天禄琳琅書目續編》卷二十著錄。

鈐印：汲古閣、毛晉（連珠印）、五福五代堂寶、八徵耄念之寶、太上皇帝之寶、乾隆御覽之寶、天禄繼鑑。

6. 儀禮要義五十卷　宋魏了翁撰

清初抄本。今藏北京大學圖書館。九行十八字白口左右雙邊。六册。用汲古閣版格紙抄，版心下有"汲古閣"三字。以《中華再造善本》所影印的宋淳祐十二年（1252）魏克愚刻本相校，可知抄本訛脱衍倒不可勝數，疑抄寫底本極劣。

鈐印：毛氏圖史子孫永保之、海寧楊芸士藏書之印、張印月霄、愛日精廬藏書、張承渙印、子謙、麈嘉館印、李印傳模、明墀之印、李氏木陔、木犀軒藏書、木齋藏書、木齋宋元祕笈。

7. 瑟譜十卷　明朱載堉撰

清初抄本。《秘本書目》云："《鄭世子瑟譜》一本，綿紙精抄。"今藏國圖。十二行二十五字白口四周單邊。一册。用汲古閣版格紙抄，版心下方有"汲古閣"三字。前有嘉靖三十九年（1560）自序，末署"狂生載堉"，各卷題"山陽酒狂仙客著"。有嘉慶七年壬戌（1802）黃丕烈跋，稱"數年前得諸書友，云是宋商邱（犖）家故物"，民國時爲義州李文石（葆恂）所藏，傳其子放（字小石），傅增湘曾借觀。[1] 武進陶湘據以影印行世。

鈐印：毛氏子晉、毛晉之印、毛晉（連珠印）、黃丕烈、蕘圃過眼、讀未見書齋收藏、石孫讀過、夢公眼福、辟丞嗣守、中羽、義州李氏圖籍、李印葆

---

[1] 詳參傅增湘：《藏園群書經眼錄》，中華書局，2009年，第541頁。下引此書均此版，僅注頁碼。

恂、李放珍祕、李放嗣守、李放審定、詞堪、江夏、無雙、書癖、抱竹居藏書記、周暹。

8. 春秋集注十一卷綱領一卷　宋張洽撰

清初影宋抄本。今藏國圖。十行十八字小字雙行二十七字白口左右雙邊。八册。影抄底本爲宋德祐元年（1275）衛宗武華亭義塾刻本，遼寧省圖書館有藏。

鈐印：宋本、甲、汲古主人、毛晋私印。

9. 春秋繁露十七卷　漢董仲舒撰

清初影宋抄本。今藏國圖。十行十八字白口左右雙邊。存八卷：卷五至八、十四至十七。二册。影抄底本爲宋嘉祐四年（1059）江右計臺本，然抄寫不謹嚴，多誤字，遺漏刻工，且宋本"徵""慎"等字避諱缺末筆，抄本多不避諱。

鈐印：子晋書印、毛晋私印、子晋、汲古得修綆。

10. 論語十卷　魏何晏集解
11. 孟子十四卷　漢趙岐注

以上二種皆清初影抄元旴郡重刻宋廖瑩中世綵堂本。今藏上海圖書館。八行十七字黑口左右雙邊。十册。《天祿琳琅書目後編》著録，業經內府重裝。①

鈐印：毛晋私印、子晋、汲古主人、汲古閣、毛扆之印、斧季、臣筠、三晋提刑、五福五代堂古稀天子寶、八徵耄念之寶、太上皇帝之寶、乾隆御覽之寶、天祿繼鑑。

12. 四書箋義十二卷紀遺一卷　元趙惪撰

影抄元致和元年（1328）刻本。今藏臺北故宮，源自清宮舊藏。十一行二十二字小字雙行三十三字白口左右雙邊。六册。

鈐印：元本、甲、汲古主人、毛氏子晋、毛晋私印。

13. 孝經今文音義一卷　唐陸德明撰
14. 論語音義一卷　唐陸德明撰
15. 孟子音義二卷　宋陸奭撰

以上三種皆清初影宋抄本，合一册。今藏蘇州圖書館。十行十八字小字雙行二十五字白口左右雙邊。《孝經今文音義》卷末有墨筆書"虞山毛氏從蜀本大字宋板影寫謹藏於汲古閣"一行，蓋毛扆手筆。又有毛扆跋云："余在京師，得宋本《孟子音義》，發而讀之，其條目有《孟子篇叙》，注云：'此趙氏述孟子七篇所以相次叙之意'，茫然不知所謂。書賈又挾北宋《章句》求售，亦係蜀本大字，皆章丘開先藏書也。卷末有《篇叙》之文，狂喜叫絶，令僮子影寫

---

① 此據中國國家圖書館、上海圖書館、中國嘉德國際拍賣有限公司合編《祁陽陳澄中舊藏善本古籍圖録》，上海古籍出版社，2006年，第43頁。

攜歸，附於《音釋》之後。""文革"中蘇州圖書館前館長華開榮等在廢品收購站中得之，論斤購回，頗富傳奇色彩。清嘉慶十八年（1813）黃氏士禮居影刻《論語音義》，即以此爲底本。

鈐印：宋本、甲、希世之珍、開卷一樂、毛晉之印、毛氏子晉、子晉、汲古主人、汲古閣、毛扆之印、斧季、在水一方、蒐山珍本、席氏玉照、席鑑之印、虞山席鑑玉照氏收藏、墨妙筆精、趙宋本、汪印文琛、三十五峰園主人、汪印士鐘、民部尚書郎、詠周孔之圖書、長洲汪駿昌藏、小有壺天、雅庭。

16. 群經音辨七卷　宋賈昌朝撰

影抄宋紹興十二年（1142）汀州寧化縣學刻本。今藏日本靜嘉堂文庫（以下簡稱靜嘉堂）。八行十四字小字雙行十四至十六字不等黑口四周雙邊。四冊。《日藏漢籍善本書錄》失載。① 此爲張士俊澤存堂本所從出。陸心源《儀顧堂續跋》云："以澤存堂刊本互校，開卷即見張刻之謬（舉例略）。此外筆畫之殊，更難枚舉。蓋張氏所祖抄本受之朱竹垞，欲借汲古南宋本，子晉秘不肯出，而別示以抄本，張氏即據以校改付雕，蓋別本亦出宋本，改易行款，照錄而非影寫，又經妄人屢改，故脫誤如此。"據陸說，則似毛抄是書非一本，而借予張士俊者抄寫粗疏。《四部叢刊續編》曾據此本影印。影抄底本亦汲古閣舊藏，今藏國家圖書館。兩本相校，有若干文字異同，尤可怪者，宋本"樹""境"不避諱，而毛抄皆缺末筆。

鈐印：希世之珍、毛晉私印、毛氏子晉、子晉、青箱閣藏書、臣陸樹聲等。

17. 干禄字書一卷　唐顏元孫撰

清初影抄明嘉靖六年（1527）孫沐萬玉堂刻本。今藏國圖。八行十七字小字雙行白口左右雙邊。與《佩觿》合一冊。海源閣舊藏，《楹書隅錄》卷一著錄，誤作影宋精抄本。孫本版心下有"萬玉堂雕"四字，此本未抄，亦未抄卷末紹興壬戌勾泳序及孫沐後序。

鈐印：汲古主人、毛晉之印、三十五峰園主人所藏、楊氏海源閣藏、禄易書千萬值小胥抄良友詒閣主人清白吏讀曾經學何事愧蠹魚未食字遺子孫承此志、楊以增字益之又字至堂晚號冬樵、祕閣校理、紹和筑岩、楊氏海原閣鑑藏印、彥合、汪澂別號鏡汀圖章。

18. 佩觿三卷　宋郭忠恕撰

清初影抄明嘉靖六年（1527）孫沐萬玉堂刻本。今藏國圖。八行十七字小字雙行白口左右雙邊。與《干禄字書》合一冊。《楹書隅錄》卷一著錄，誤作

---

① 嚴紹璗：《日藏漢籍善本書錄》，中華書局，2007年，第305頁著錄有"明毛氏汲古閣影宋刊本"，云"陸心源《儀顧堂續跋》卷四著錄此本"。《儀顧堂續跋》卷四有《影宋群經音辨跋》，當即指此影宋抄本。汲古閣並未刻過此書。嚴書或當作"明毛氏汲古閣影寫宋刊本"，漏一"寫"字。

影宋精抄本。毛扆校，有眉批多處。孫本版心下有"萬玉堂刊"四字，此本未抄；萬玉堂本末徐充《題新刻佩觿後》一文，亦抄本所無。

鈐印：汲古閣、汲古主人、毛晉私印、毛氏子晉、宋存書室、楊紹和藏書、聊城楊承訓珍藏書畫印。

19. 類篇十五卷　宋司馬光撰

清初影宋抄本。今藏上海圖書館。八行十六字小字雙行二十字細黑口左右雙邊。十冊。有潘景鄭跋。此書宋本久佚，賴此影抄以存宋刻原貌。通行本以清康熙間曹寅刻《楝亭五種》本爲善，與此相校，則有多處訛誤。

鈐印：宋本、希世之珍、毛晉之印、毛氏子晉、怡府世寶、安樂堂藏書記、徐乃昌讀。

20. 重續千字文二卷　宋葛剛正撰並篆注

清影宋抄本。今藏湖南省圖書館。正文篆書，每行四字，每二行後次以真書注釋，每行二十字。葉啓勳跋。《秘本書目》有宋板二本一套，云："世間絶無，並不知有是書，而篆書精妙，真奇書也。"當即影抄底本。

鈐印：毛氏圖史子孫永保之、開卷一樂、宋本、郋園過目、葉氏祕宋樓藏、葉定侯、石林後裔、東明審定、東明所藏、更生、葉啓發藏、葉啓勳、啓勳珍賞、葉氏啓勛讀過、子貞、夢篆樓、拾經樓。

21. 班馬字類補遺五卷　宋婁機撰　宋李曾伯補遺

清初影宋抄本。今藏國圖。八行十六、十七字不等小字雙行二十二字白口左右雙邊。五冊。蔣汝藻密韻樓舊藏。

鈐印：宋本、甲、毛晉私印、子晉、毛氏子晉、毛晉之印、汲古主人、毛晉（連珠印）、毛扆之印、斧季、涵芬樓、海鹽張元濟經收。

22. 字鑑五卷　元李文仲撰

清初影元抄本。今藏國圖。八行十九字小字雙行同白口左右雙邊。二冊。清何煌校。眉端黏籤，朱墨筆係何焯校。王文進誤作"宋板影抄"。海源閣舊藏，《楹書隅錄》卷一著錄。

鈐印：毛晉私印、汲古主人、開卷一樂、席鑑之印、席氏玉照、蒐山珍本、三十五峰園主人、汪印士鐘、汪印振勳、楳泉、協卿仲子、臣和、紹和協卿、楊氏協卿平生真賞、宋存書室、海源閣、東郡楊氏鑑藏金石書畫印、東郡楊紹和字彥合藏書之印、楊彥合讀書、協卿讀過、楊承訓印、修汲軒、唐越國公四十二世子孫、楊善夫讀過、儀晉舊堂、周暹。

23. 集韻十卷　宋丁度編

清初影抄南宋明州刻本。今藏天一閣博物館。十一行二十二至二十四字小字雙行二十六至二十七字不等白口左右雙邊。十冊。每葉版心之底，皆有某人重開、某人重刊、某人重刀等刻工姓名。清阮元題記，段玉裁跋。段氏曾從周漪塘處借此本校康熙四十五年曹寅刻本，又據以校另一影宋抄本，① 作跋盛贊之，云："凡汲古閣所抄散在人間者無不精善，此書尤精乎精者也。"書中有些地方用白粉塗抹，塗抹處或補字，或不補，大多爲明州本誤處，而與宋潭州刻本相合。段氏校語經人傳抄過錄，影響深遠。②

鈐印：宋本、希世之珍、毛晉私印、子晉、汲古主人、汲古閣、汲古得修綆、虞山毛晉、筆研精良人生一樂、虞山毛氏汲古閣藏、毛氏圖史子孫寶之、趙文敏公大印、毛扆之印、斧季、半在漁家半在農、樂壽堂、進德修業、琴鶴主人、載德堂、蕭山朱氏別宥齋藏書印、別宥齋、鼎煦、朱家。

24. 六藝綱目二卷附錄一卷　元舒天民撰

清初抄本。今藏國圖。九行二十二字白口左右雙邊。二冊。清朱錫庚跋。傅增湘云："曾見毛氏汲古閣影寫元刊本，乃端匋齋之物，今不知流落何許。"當即此本。③

鈐印：元本、甲、汲古主人、毛氏子晉、毛晉之印、子晉、毛晉私印、毛扆之印、斧季、笥河府君遺藏書畫、朱印錫庚、苿華吟舫、浣紅樓夫婦讀書記、周暹。

史部

25. 國語二十一卷

影抄宋天聖明道刻本。今藏靜嘉堂，陸氏皕宋樓舊藏。十一行十九至二十一字不等小字雙行三十一字。五冊。《秘本書目》云："從絳雲樓北宋板影寫，與世本大異，即如首章'昔我先王世后稷'，今時本脫王字，蓋言先王世爲后稷之官也，此與《史記》合。"標價"六兩"，可見甚重此書。陸心源《儀顧堂題跋》卷三著錄云："後歸潘稼堂太史。乾嘉間爲黃蕘圃所得，黃不能守，歸于汪士鐘。亂後，歸金匱蔡廷相。余以番佛百枚得之。毛氏影宋本，尚有精于此者。此則以宋本久亡，世無二本，故尤爲錢竹汀、段懋堂諸公所重耳。"傅增湘觀書後謂"抄楷極爲工雅"④。黃氏士禮居刊本即從此出。

鈐印：宋本、甲、汲古主人、毛晉（連珠印）、毛晉之印、毛氏子晉、毛晉書印、毛晉私印、毛扆之印、斧季、汲古閣、筆研精良人生一樂、汲古得修綆。⑤

---

①　[日]河田羆：《靜嘉堂秘籍志》，東京靜嘉堂文庫大正六年（1917）印，《日本藏漢籍善本書目書志集成》影印本，北京圖書館出版社，2003年，卷三，第22頁。

②　詳參趙振鐸：《集韻研究》，語文出版社，2006年，第六章"版本"，第170—174頁。

③　《藏園訂補郘亭知見傳本書目》，第195頁。

④　《藏園群書經眼錄》，第235頁。

⑤　參考《日藏漢籍善本書錄》第459頁。

26. 牛羊日曆一卷　唐劉軻撰

清初抄本。今藏國圖。十行二十字白口左右雙邊。一册。

鈐印：毛晉私印、子晉、毛扆之印、斧季、汲古閣、廣平私印。

27. 江南野史十卷　宋龍袞撰

明末抄本。《秘本書目》作"宋板影抄"，《中國古籍善本書目》定爲抄本。今藏河南省圖書館。十二行二十四字白口左右雙邊。二册。

鈐印：宋本、甲、汲古閣、毛晉之印、毛氏子晉、毛扆之印、斧季。

28. 契丹國志二十七卷　宋葉隆禮撰

清初抄本。《秘本書目》作"宋板影抄"，或爲另一本，今存世本絶非影抄。今存兩部，均藏國圖。行款相同：十二行二十一字白口左右雙邊。均有版框而無界行。分別爲四册、八册。八册本爲盧址抱經樓遺書，有毛扆朱筆校。是書今有元刻本存世，此兩部抄本與之相校，行款雖同，而文字異同不少。

八册本鈐印：子晉（連珠印）、毛晉私印、毛扆之印、斧季、汲古閣、璜川吳氏收藏書、辟疆園藏書記、海寧陳琰友年氏曾觀。

四册本鈐印：東吳毛氏圖書、西河季子之印、汲古後人、席鑒、別字蒐山、釀華草堂、夕陽淡秋景。

29. 南遷録一卷　題金張師顔撰

清初抄本。《秘本書目》云"綿紙舊抄"。今藏國圖。十四行二十二字白口左右雙邊。一册。民國十八年（1929），周叔弢得黄丕烈校葉石君本，與此册對勘一過，作跋語並補録張序及黄氏題識。凡黄本異同可兩存者，注之眉端，其顯然脱誤則不盡録。後周氏又見松江韓氏藏明抄本《金國南遷録》，有金孝章墨筆手校，乃傳寫一過，別有朱筆識語，不知出誰氏，亦並録之。

鈐印：毛晉私印、字子晉、東吳毛氏圖書、西河季子之印、叙齋所藏、十經齋藏書、于或山字仲樽印。

30. 行朝録三卷　清黄宗羲撰

清初抄本。今藏山東省博物館。清王仁俊跋。

31. 石林奏議十五卷　宋葉夢得撰

明抄本。《秘本書目》作"影宋板精抄"。今藏中國社會科學院文學研究所圖書館。十行二十五字白口左右雙邊。四册。毛晉、傅增湘跋。毛晉跋云："從李中麓（開先）先生宋本，影宋本影寫，稀世之寶也，惜有糜爛處。子晉。"所謂李開先宋本今藏静嘉堂，[①] 曾經黄丕烈、陸心源遞藏。陸心源曾據宋本翻刻。毛抄本原爲鳳山（禹門）舊藏，後散入翰文齋書肆，傅增湘曾借以對校陸氏翻宋本，"影本有而刊本無者，凡增補三百三十字，刊本有而影宋本無者，凡

---

① 《藏園訂補邵亭知見傳本書目》，第301頁，又見《日藏漢籍善本書録》，第497頁。

一千六十四字。同一宋本也，毛氏影抄本出焉，陸氏翻刊本亦出焉，而其差異乃達千百字之多，殊不可以理解"。① 當取宋刻原本與翻刻本及此抄本對校，方可決疑。後流入日本田中氏文求堂，有人以重價購回，最終歸社科院。②《善本》號：3827。《名錄》號：1635。

鈐印：宋本、希世之珍、汲古閣、毛晉之印、毛晉私印、子晉、汲古主人、子晉書印、毛晉、虞山毛晉、汲古得修綆、心同太虛、虞山毛氏汲古閣收藏、筆研精良人生一樂、子孫寶之、卓爲霜下傑、傳詩家學、進德修業、海虞毛晉子晉圖書記、鬻及借人爲不孝、毛扆之印、斧季。

32. 東家雜記二卷　宋孔傳撰

清初影宋抄本。今藏國圖。十行十八字白口左右雙邊。二冊。清席鑑跋，勞健跋。席氏跋云："往聞何□江太史得宋槧本《東家雜記》二卷，毛省菴先輩從之影寫一本，余于丙申仲夏得之汲古閣中。"所云宋槧本今亦藏國圖，漫漶、補版甚多，毛抄悉與之同，個別異體字有小小差異。勞氏跋叙説此書流傳過程甚詳。

鈐印：趙宋本、龍龕精舍、席氏玉照、席鑑之印、虞山席鑑玉照氏收藏、墨妙筆精、釀華草堂、詠周孔之圖書、仲殷（連珠印）、孫育之印、七峰道人、春湖居士七峰山人、義門夏氏、夏、白和、沅叔藏書、書潛、雙鑑樓、雙鑑樓藏書印、藏園居士、沅叔審定、長春室主、增湘私印、萊娛室、江安傅沅叔收藏善本、雙鑑樓藏書記、周暹。

33. 洪文惠公行狀一卷　宋許及之撰

明影宋抄本。今藏北京大學圖書館。十行二十字小字雙行同白口左右雙邊。一冊。此當爲《盤洲文集》所附（見103）。

34. 虞鄉雜志不分卷　明毛晉輯

明末抄本。今藏國圖。十行二十一字小字單行同白口左右雙邊。一冊。用汲古閣版格紙抄，版心下有"汲古閣"三字。有朱墨筆校改。有蟲蛀殘缺。傅增湘謂爲毛晉手稿本。③

鈐印：海鹽張元濟經收、涵芬樓藏。

35. 幽蘭居士東京夢華録十卷　宋孟元老撰

明影宋抄本。今藏臺北"國圖"。十四行二十二字小字雙行同白口四周單邊雙。二冊。傅增湘云："此本持校静嘉堂藏元刊本，仍有奪文誤字，疑不出一

---

① 傅增湘：《藏園群書題記》，上海古籍出版社，2008年，第179頁。
② 流傳過程參雷夢水《書林瑣記》第10頁、43頁。
③ 《藏園訂補邵亭知見傳本書目》，第403頁。

刻，或所據爲晚印殘補之本也。"①《秘本書目》著録宋刻本，當即影抄底本。

鈐印：汲古主人、子晉。

36. 北户録三卷　唐段公路撰　崔龜圖注

抄本。《秘本書目》不載。今藏静嘉堂，皕宋樓舊藏。三册。《目録》後抄録刊記"臨安府太廟前尹家書籍鋪刊行"一行。陸心源手校。陸氏《儀顧堂集》卷六《重刊北户録序》有"余所藏爲汲古毛氏影宋寫本，首尾雖完文字亦爛，思以曾慥《類説》所録正之"云云。

37. 歷代山陵考一卷　明王在晉撰

明末抄本。今藏國圖。八行十七字小字單行同黑格細黑口四周雙邊。一册。用汲古閣版格紙抄，版框外有"毛氏正本、汲古閣藏"八字。

鈐印：翰林院印（滿漢大方印）、楊曉嵐。

38. 漢官儀三卷　宋劉攽撰

明末影抄宋紹興九年（1139）臨安府刊本。今藏臺北故宮，爲原北平圖書館遷臺善本書。十行十七字小字雙行二十六至二十八字不等白口左右雙邊。一册。弘、匡、敬、完、讓、徵字避諱缺筆。卷末抄刊記"紹興九年三月臨安府雕印"。卷末手書題記一行"從李中麓先生宋本影寫惜乎缺序"，鈐"毛晉"連珠印，則題記爲毛晉親筆。又篆字題記一行"光緒己亥四月漈川居士借觀"。影抄底本今存國家圖書館，兩相對比，可見影抄極精，無一字差别。

鈐印：宋本、希世之珍、毛晉私印、子晉、汲古主人、毛扆之印、斧季、趙文敏公大印、汲古閣、毛晉（連珠印）、瓠齋。

39. 東漢會要四十卷

清初影宋抄本。今藏國圖。十一行二十字細黑口左右雙邊。十六册。

鈐印：汲古主人、毛晉之印、毛氏子晉、汲古得修綆、涵芬樓藏、海鹽張元濟經收。

40. 金石録三十卷　宋趙明誠撰

抄本。北京德寶2010年春季拍賣會（五周年特集專場）拍品。九行十九字小字雙行同白口左右雙邊。六册。用汲古閣版格紙抄寫，版心下有"汲古閣"三字。卷前有康熙三年（1664）徐渭仁（紫芝老人）題記，云："此册係汲古毛氏經天一閣録出者，當世守之無失。"

鈐印：虞山汲古閣圖書、松竹閣、心如秋月、徐紫珊藏、宴坐養和斋书画記、徐文台竹尋盦收藏印、曾藏顧少梅家、武陵顧氏藏本、長松當有清。

---

① 《藏園訂補邵亭知見傳本書目》，第398頁。

41. 歷代鐘鼎彝器款識

明末影宋抄本。四冊。中國嘉德國際拍賣有限公司 2002 年春季拍賣會拍品。① 大字均爲雙鉤添墨影抄，影抄極工整。趙宗建舊山樓舊藏。

鈐印：舊山樓劫餘、次公。

42. 舊聞證誤十五卷　宋李心傳撰

清初影宋抄本。今藏國圖。九行十七字細黑口左右雙邊。存二卷：卷一至二。一冊。《秘本書目》有"宋板一本"，經張金吾、丁丙等遞藏，傅增湘在文友堂見之，審定爲明活字印本，② 不知確否。當即此影抄底本。

鈐印：宋本、甲、毛晉私印、子晉、汲古主人、毛扆之印、斧季、周暹。

43. 永嘉先生三國六朝五代紀年總辨二十八卷目錄四卷　宋朱黼撰

影宋抄本。今藏静嘉堂。十四行二十三字。十二冊。《日藏漢籍善本書錄》著錄云："卷前有宋開禧丁卯三月吳炎然序。又有三國兩晉南北朝譜系圖五幅，地理攻守諸圖五幅，僭僞圖一幅。"③ 傅增湘曾在静嘉堂閱覽此書，云："此書《四庫存目》著錄，其書已不可追尋，各家藏目亦無之。惟《宜稼堂書目》第三十七號有此書，標目二匣，影宋本，三十五元售之陸心源，即是此本。"④ 又云："此書摹寫工妙，已自足珍，況又爲乙部之佚典乎！"⑤

子部

44. 小學五書五卷　宋張時舉編

清初影宋抄本。今藏國圖。十行二十字白口左右雙邊。凡《管子弟子職》一卷，唐房玄齡注；《女誡》一卷，漢班昭撰；《呂氏鄉約》一卷，宋呂大約撰；《鄉儀》一卷，宋呂大約撰；《居家雜儀》一卷，宋司馬□撰。一冊。陳清華舊藏。

鈐印：希世之珍、宋本、毛晉之印、毛氏子晉、子晉書印、汲古得修綆、仲雝故國人家、毛扆之印、斧季、戴植之印、培之、臣植、戴氏芝農藏書畫記、芝農珍藏、文登于氏小謨觴館藏本。

45. 浦江鄭氏家範一卷　明鄭濤撰

清初抄本。今藏國圖。八行十八字小字雙行同細黑口四周雙邊。一冊。有朱筆校改。

鈐印：毛扆之印、斧季、汲古閣、潢川吳氏收藏圖書、雙鑑樓藏書印。

---

① http://auction.artron.net/paimai-art16650130/
② 《藏園訂補邵亭知見傳本書目》，第 473 頁。
③ 《日藏漢籍善本書錄》，第 692 頁。
④ 《藏園訂補邵亭知見傳本書目》，第 473 頁。
⑤ 《藏園群書經眼錄》，第 443 頁。

46. 家訓一卷　明霍韜撰

清初影明抄本。今藏國圖。傅增湘謂"甚精"①。九行十八字白口左右雙邊。一册。自序及正文前數葉有殘缺。

鈐印：毛氏子晋、毛晋之印、毛晋（連珠印）、毛晋私印、毛扆之印、斧季、汲古主人、汲古閣、海鹽張元濟經收、涵芬樓。

47. 神機制敵太白陰經十卷　唐李筌撰

明末抄本。今存兩部，分別藏山西省文物局、北京大學圖書館。十行二十四字。四册。北大藏本用汲古閣版格紙抄，版心下有"汲古閣"三字。

北大藏本鈐印：高士奇印、冬涵閱過、錢唐何氏夢華書館嘉慶甲子後所得書、何元錫印、何氏敬祉各印。②

48. 農書三卷　宋陳旉撰

49. 蠶書一卷　題宋秦觀撰

50. 於潛令樓公進耕織二圖詩一卷　宋樓璹撰

以上三種皆明末影宋抄本，合一册。《秘本書目》作"影宋板精抄"。今藏河南省圖書館。十行十九字白口左右雙邊。一册。版心下抄録"雲""林春""榮""春""潘仲美""潘"等刻工名。

鈐印：宋本、甲、毛扆之印、斧季、大羅俠客、家在梁園睢涣間、憲、梁園宋氏叔犖藏書畫記。

51. 醫論不分卷　明王肯堂撰

清初抄本。今藏上海圖書館。九行十八字白口四周雙邊。一册。是書分《靈蘭要覽》《痘疹發微》《雜論雜記》三部分，卷端各自分別，實爲三卷，惟葉數連屬。此本雖用黃紙，但抄寫之前亦經上蠟，錯字則以白粉填改。卷末所附顧錫麒、黃丕烈、姚椿三跋爲贋品。③

鈐印：虞山汲古閣毛子晋圖書、筆精墨妙、竹泉珍祕圖籍、謏聞齋。

52. 周髀算經二卷音義一卷　漢趙嬰注　北周甄鸞重述　唐李淳風等注釋　唐李籍音義

二册。

53. 孫子算經三卷　唐李淳風等注釋

一册。

54. 夏侯陽算經三卷　唐夏侯陽撰 北周甄鸞注

一册。

---

① 《藏園群書經眼録》，第478頁。
② 《藏園群書題記》，第303頁。
③ 《祁陽陳澄中舊藏善本圖録》，解題第157頁。

55. 九章算經　魏劉徽注　唐李淳風等注釋

存五卷：卷一至五。二册。

56. 張丘建算經三卷　北魏張丘建撰 北周甄鸞注 唐李淳風等注釋 唐劉孝孫撰細草

二册。

57. 緝古算經一卷　唐王孝通撰並注

一册。

58. 五曹算經五卷　唐李淳風等注釋

一册。

以上七種皆清康熙間影抄宋嘉定六年（1213）鮑澣之汀州重刻元豐監本。今藏臺北故宫。來自清宫舊藏。《天禄琳琅書目後編》卷一著録。九行十八字小字雙行同白口左右雙邊。每種書衣題籤"景宋抄本 XX 算經"。有清高宗御題。毛扆跋云："因求善書者刻畫影摹，不爽豪末，什襲而藏之，但焉得《海島》《五經算》《綴術》三種竟成完璧，並得好事者刊刻流布，俾數學不絶於世，所深願也。康熙甲子仲秋汲古後人毛扆謹識。"① 鮑刻古算經存世者有《九章》《周髀》《孫子》《張丘建》（此四種今藏上海圖書館）、《五曹》《數術記遺》（此二種今藏北京大學圖書館），即毛抄底本。《周髀算經》卷末有北宋元豐七年校進諸氏銜名六行，又有嘉定六年知汀州軍鮑澣之後跋，毛扆因謂此係元豐七年祕書省刊版，絶非事實②。

鈐印：宋本、希世之珍、汲古閣、毛氏子晉、子晉書印、汲古得修綆、五福五代堂古稀天子寶、八徵耄念之寶、太上皇帝之寶、乾隆御覽之寶、天禄琳琅、天禄繼鑑。

59. 田畝比類乘除捷法二卷附算法通變本末、乘除通變算寶、算法取用本末、續古摘奇算法　宋楊輝編

影宋抄本。今藏静嘉堂。十六行二十六字。二册。各部分合爲上中下三卷，《算法取用本末》題楊輝、史仲榮編集。《儀顧堂題跋》云："以郁氏新刊本參校，凡校勘記所補正，此本皆不缺不誤，其未補者，毛本皆不缺。皆可正郁本之譌而補其缺。蓋郁氏刊是書時所見皆輾轉傳抄之本。觀跋語，以不見原本爲恨。則此本之難得可知矣。"

鈐印：毛晉私印、子晉、汲古主人、仲雝故國人家、子孫寶之、趙文敏公大印、毛扆之印、斧季、毛晉（連珠印）、晚山書院。③

---

① 《天禄琳琅書目》，第391頁。
② 參《中國版刻圖録》圖版206《周髀算經》解題。
③ 《静嘉堂秘籍志》卷七，第37頁。

60. 古本葬經內篇一卷　晋郭璞撰
61. 葬經翼不分卷　明繆希雍撰
62. 葬圖一卷
以上三種皆清初抄本，合一冊。今藏南京圖書館。
63. 認龍天寶經一卷葬乘至寶經一卷金函經一卷穴法賦一卷雪心賦一卷
清初抄本。今藏國圖。八行十八字小字雙行同細黑口四周雙邊。一冊。
64. 天機望龍經一卷　題宋吳景鸞授 廖金精記 黃明懋恭補
清初抄本。今藏國圖。九行二十字白口左右雙邊。
65. 天機撥砂經□卷　題宋廖金精撰 黃明懋集補
清初抄本。今藏國圖。九行二十一字白口左右雙邊。存一卷：卷五。
鈐印：汲古閣、毛扆之印、斧季、虞山毛扆手校、閬源、士鐘、鐵琴銅劍樓。
66. 劉氏心法一卷楊公騎龍穴詩一卷
清初抄本。今藏國圖。九行十七字白口四周雙邊。一冊。
67. 堪輿倒杖訣一卷　唐謝和卿撰 明高懋解
清初影抄明嘉靖十二年（1533）原刻本。今藏臺北故宮，為原北平圖書館遷臺善本書。八行十八字白口左右雙邊。一冊。有朱筆校補。
鈐印：士鐘、閬源父、藝芸主人。
68. 地理囊金集注一卷　宋劉謙撰 明謝昌注
清初影抄明弘治間刻本。今藏臺北故宮，為原北平圖書館遷臺善本書。九行十七字小字雙行同白口左右雙邊。一冊。附圖十九幅。有朱筆校補。
鈐印：汲古閣、毛扆之印、斧季、士鐘、閬源父。
69. 堪輿說原一卷　明方清泉撰
清初抄本。十行二十四字白口左右雙邊。一冊。用汲古閣版格紙抄，版心有"汲古閣"三字。
70. 易林注十六卷
清初影元抄本。今藏國圖。八行十五字白口左右雙邊。八冊。陳清華舊藏。
鈐印：宋本、甲、毛晉私印、汲古主人、蔣祖詒、穀孫、克文、佞宋、人間孤本、寒雲鑒賞之鉢、三琴趣齋、寒雲小印、寒雲秘笈珍藏之印。
71. 先天後天理氣心印補注三卷　宋吳景鸞撰
清初抄本。今藏國圖。八行十六字白口左右雙邊。版心下有"汲古閣"三字。
鈐印：閬源父、士鐘、清寱軒、鐵琴銅劍樓。
72. 三曆撮要一卷　宋徐應龍撰
明末影宋抄本。今藏臺北"國圖"。十行十九字白口左右雙邊。一冊。版心有刻工、字數。其中每月諸事宜用，如嫁娶至耕種等吉日，以及"萬通曆""吉凶各説""凶星"等字，皆作白文。又各説中吉凶星下"寅""酉""丑""申"等字，亦皆作白文。①此書有宋本今存國家圖書館，與此抄本相校，可見影抄極精，惟首頁末行"辛卯"，毛抄"卯"字爲空格，又不録刻工，蓋所據抄之本有殘損。

鈐印：宋本、毛晉（連珠印）、汲古主人、鐵琴銅劍樓、修侯齋、頑夫、振常私印、羅子經、羅振常讀書記、茝圃收藏。

73. 五代名畫補遺一卷　宋劉道醇撰

明末影宋抄本。今藏天津圖書館。十一行二十字白口左右雙邊。一册。

鈐印：宋本、甲、汲古閣、毛晉私印、毛扆之印、節子辛酉以後所得書、大興傅氏。

74. 膳夫經手録一卷　唐楊曄撰
75. 頤堂先生糖霜譜一卷　宋王灼撰
76. 雲林堂飲食制度集一卷　元倪瓚撰
77. 宋氏文房譜一卷　明宋詡撰
78. 宋氏閨房譜一卷　明宋詡撰

以上五種皆清初抄本，合抄一册。今藏國圖。行款相同：十行二十一字小字雙行同黑格白口左右雙邊。用汲古閣版格紙精抄，版心下有"汲古閣"三字。各書有不同程度殘損。《糖霜譜》王文進目録失收。

鈐印：汲古主人、子晉（連珠印）、卓爲霜下傑、汲古閣、毛晉（連珠印）、毛晉之印、毛晉書印、汲古得修綆。

79. 酒經三卷　宋朱肱撰

清初影宋抄本。《秘本書目》載一本，云"影宋板精抄"。今存兩部，分別藏國圖、静嘉堂。十行十八字白口左右雙邊。一册。國圖藏本係周叔弢捐贈。静嘉堂藏本爲皕宋樓舊藏，《静嘉堂秘籍志》著録云："字畫工整，烏絲欄，極精。毛氏印累累。"②《日藏漢籍善本書録》失載。其本有錢謙益跋，跋云："《酒經》一册，乃絳雲未焚之書。五車四部，盡爲六丁下取，獨留此經，天殆縱余終老醉鄉，故以此轉授遵皇③，令勿遠求羅浮鐵橋下耶？余已得修羅採花法釀仙家燭夜酒，視此經又如餘杭老媪家油囊俗譜耳。辛丑初夏蒙翁戲書。"今按國圖所藏宋刻本《酒經》後亦有錢跋，審其字體，出自錢手無疑，而跋文内

---

① （清）黄丕烈撰，余鳴鴻、占旭東點校：《蕘圃藏書題識》，上海古籍出版社，2013年，第231頁。
② 《静嘉堂秘籍志》卷七，第45頁。
③ 遵皇即錢曾。

容與静嘉堂本相同。以國圖藏毛抄本與宋本相校，知毛抄源出宋本。静嘉堂藏本當亦同，且將錢跋一併過録。《皕宋樓藏書志》卷五十四云毛抄自北宋本出，亦非。

國圖藏本鈐印：宋本、甲、汲古閣、毛晉私印、子晉、汲古得脩綆、汲古主人、趙文敏公大印、子晉書印、虞山毛晉、書香千載、毛扆之印、斧季、開卷一樂、席氏玉照、席鑑之印、王印文進、傳詩家學、心同太虛、鈁、曾居無悔齋。

80. 藏一話腴二卷　宋陳郁撰

明末抄本。《秘本書目》云舊抄一本。清王振聲校。

鈐印：虞山錢曾遵王藏書。

81. 閒居録一卷　元吾衍撰

明末抄本。今藏國圖。《秘本書目》有綿紙精抄《學古編》一本，亦吾衍撰，今存佚不詳。

鈐印：虞山錢曾遵王藏書、致爽齋。

82. 寅齋聞見一卷　明姚宣撰

明末抄本。

以上三種合抄爲二册，今藏國圖。用相同的汲古閣版格紙抄録，版心有"毛氏正本、汲古閣藏"八字，抄書字體亦相同。行款均爲八行十八字黑口四周雙邊。

83. 南村輟耕録三十卷　元陶宗儀撰

清初抄本。西泠印社 2010 年秋季藝術品拍賣會拍品。[①] 十行二十字白口四周單邊，無界行。八册。拍品説明云："所用抄紙，書口或曰'汲古閣本'、或曰'汲古閣'，字體不統一，應爲多人抄寫。内中有避'玄'字諱。"

鈐印：汲古主人、毛晉之印、供舍利室鑑藏書畫印。

84. 唐國史補三卷　唐李肇撰

明末影宋抄本。《秘本書目》作"宋本影寫"。今藏臺北"國圖"。十二行二十字花口左右雙邊，無界行。二册。曾經傅增湘收藏，後讓與蔣汝藻密韻樓。傅氏取校毛氏汲古閣刊《津逮秘書》本，於卷下"内外諸使名"一條補脱文二十字。[②]

鈐印：毛晉（連珠印）、毛晉私印、子晉、斧季、汲古主人、茝圃收藏、雪苑宋氏蘭揮藏書記。

85. 揮麈前録四卷後録十一卷第三録三卷餘話二卷　宋王明清撰

---

① http://pmgs.kongfz.com/detail/49_174367
② 參《藏園訂補邵亭知見傳本書目》第 816 頁，又《藏園群書題記》第 419 頁。

清初影抄宋龍山書堂刻本（前錄卷一至二、三錄配清影宋抄本），今藏國圖。十一行二十字細黑口左右雙邊。十册。清朱步沆校并跋。

鈐印：宋板、甲、毛晋私印、子晋、汲古主人、楝亭曹氏藏書、沈廷芳印、椒園、葷齋收藏印、文公二十世孫、步沆之印、沁泉手勘。

86. 誠齋雜記二卷　題元林坤撰

清初抄本。今藏山東省圖書館。八行十九字白口左右雙邊。用汲古閣版格紙抄寫，版心下有"汲古閣"三字。一册。

87. 歷代蒙求一卷　宋王芮撰 元鄭鎮孫纂注

清初影抄元至順四年（1338）衢州刻本。今存兩部，分別藏上海圖書館、國圖，行款相同：八行十八字小字雙行同細黑口四周雙邊。各一册。國圖藏本有毛扆手校。此書初刻於徽州，重刻於衢州。今兩元刻本皆已失傳，僅存此兩部汲古閣抄本。兩本相校，有若干異體字之不同，國圖藏本有數處文字脫漏，皆經朱筆校補，可知並非影抄。

國圖藏本鈐印：元本、甲、汲古主人、毛晋私印、子晋、汲古得修綆、子晋書印、東吳毛氏圖書、黄印丕烈、蕘圃、士禮居、平江黄氏圖書、謏聞齋、竹泉珍秘圖籍、涵芬樓、海鹽張元濟經收。

上圖藏本鈐印：元本、甲、毛晋私印、子晋、毛扆之印、斧季、毛晋（連珠印）、汲古主人、蟫隱廬秘籍印。

88. 全芳備祖前集二十七卷後集三十一卷　宋陳詠編輯 祝穆訂正

清初抄本。今藏上海辭書出版社圖書館。十二册。九行十九至二十二字不等黑口四周雙邊。版框爲刻版印刷，三魚尾，上下大黑口，上二魚尾之間印"汲古閣毛氏抄本（後四字爲方形印章式）"，與其他毛抄版格紙樣式均不同。① 汲古閣所刻書中有些是此種版式。各卷卷首朱筆題寫卷次，前後字體不一，抄手非一人。曾入清莊親王府，遞經楊峴、端方、孫詒經、楊氏海源閣、朱本等收藏。

鈐印：莊親王寶、藐翁、峴、南齋侍兒、陶齋鑑藏、孫印詒經、藏修居士、東郡楊紹和彥合珍藏、朱本之印、素人。

89. 石藥爾雅二卷　唐梅彪撰

清初抄本。《秘本書目》著錄"《石藥爾雅》一本，精抄"。今存兩部，均藏國圖，行款相同：十行二十字小字雙行同白口左右雙邊。各一册。用汲古閣版格紙抄，版心下方有"汲古閣"三字。

其一有康熙四十二年（1703）比利時傳教士南懷仁跋，稱"何密死的義門（何焯）"命其作跋。傅增湘舊藏，爲吳昌綬所贈，傅氏云"用砑光白紙仿宋刊

---

① 北京德寶 2012 夏季拍賣會曾上拍此種抄書紙。

歐體字精寫"。①

鈐印：虞山毛晉、子晉書印、汲古得修綆、毛晉、汲古主人、毛扆之印、斧季。

另一部爲海源閣舊藏。鈐印：汲古主人、毛晉（連珠印）、毛晉私印、子晉、子晉書印、東吳毛氏圖書、毛扆之印、斧季、汲古得修綆、三十五峰園主人、汪印士鐘、楊印以增、至堂、東郡楊紹和印、瀛海仙班、宋存書室、彥合珍玩、東郡楊二、東郡楊氏宋存書室珍藏。

集部

90. 離騷草木疏

清初抄本。② 今藏美國哈佛大學哈佛燕京圖書館。十二行二十四字白口左右雙邊。一册。抄寫底本爲宋慶元六年（1200）羅田縣庠刻本。宋本今存國家圖書館。

鈐印：汲古閣、正鋆秘笈、黟山黃氏竹瑞堂藏書、葛君、曾亮、長尾甲印、雨山艸堂、不可思議、均之心賞、密均樓、美人芳草、蔣祖詒、穀孫。

91. 陶淵明集十卷

清初影宋抄本。中國嘉德國際拍賣有限公司1996年春季拍賣會拍品。③ 十行十六字白口左右雙邊。二册。

鈐印：宋本、甲、毛晉私印、汲古主人、毛扆之印、斧季。

92. 鮑氏集十卷　南朝宋鮑照撰

清初影宋抄本。今藏國圖，陳清華舊藏。十行十六字白口左右雙邊。二册。

鈐印：宋本、甲、毛晉私印、毛氏子晉、子晉、汲古主人、毛扆之印、斧季、汪士鐘讀書、楊氏海源閣鑒藏印、楊紹和藏書、四經四史之齋、楊以增字益之又字至堂晚號冬樵行式、瀛海仙班、紹和筑岩、彥和。

93. 謝宣城集五卷　南朝齊謝朓撰

明末影宋抄本。《秘本書目》不注卷數，云"一本，從宋本抄出"。今藏北京大學圖書館，李盛鐸舊藏。十行十八字白口左右雙邊。五册。傅增湘據卷末有紹興丁丑樓炤舊跋及嘉定庚辰洪伋刊書跋，謂即影寫宋嘉定十三年（1220）洪伋刊本。傅氏"取劉啓瑞藏宋本首二卷核之，時有舛訛，疑影寫所據底本有漫漶處，因而致誤"，④ 又曾借校於吳騫拜經樓仿宋刊《愚谷叢書》本之上，校

---

① 《藏園訂補郘亭知見傳本書目》，第918頁。
② 此書之定爲毛抄，見沈津《中國珍稀古籍善本書錄》，然前此未見著錄，似乏實據，待考。
③ http://www.cguardian.com/tabid/77/Default.aspx？oid=177557
④ 《藏園訂補郘亭知見傳本書目》，第948頁。

本今藏國圖。

鈐印：宋本、甲、東吳毛氏藏書、子晉書印、汲古得修綆、汲古主人、毛氏子晉、子晉、汲古閣、趙文敏大印、麐家館印、李盛鐸家藏文苑、木齋審定、李印盛鐸、木犀軒藏書、木齋審定善本、木齋祕玩、明墀之印、李印玉陔、古誑閣。

94. 寒山子詩一卷　唐僧寒山撰　附豐干拾得詩一卷　唐僧豐干拾得撰

影宋抄本。今藏静嘉堂。原何心耘、陸心源等舊藏。十一行十八字。一册。《儀顧堂題跋》卷十云："《寒山詩》□卷，毛氏汲古閣影宋抄本。光緒五年，以番板五枚得此書於吳市。蓋何心耘博士舊藏也。端陽前五日，以舊藏廣州刊本序次既異，字句亦多不同。《拾得詩》缺《人生浮世中》《平生何所憂》《故林又斬新》《一入雙□不計春》凡四首，《寒山詩》缺《沙門不持戒》《可貴一名山》《我見多□漢》《昔年曾到大海游》《夕陽赫西山》凡五首，非善本也。"《日藏漢籍善本書錄》謂"前有閭丘胤序。序缺首頁，照廣州本補錄"。

《天祿琳琅書目後編》宋版集部著錄《寒山子詩集》一函一册[1]，乃汲古閣舊藏，鈐毛氏父子各印，今藏國圖，當即毛抄底本。首尾二葉爲毛氏抄補。

95. 杜工部集二十卷補遺一卷　唐杜甫撰　宋王洙編

清初影抄宋嘉祐四年（1059）姑蘇郡齋刻本。所抄不止一部。一爲毛晉"命蒼頭劉臣影寫"之本（見毛扆跋），今已不可得見。存世有兩部，均爲毛扆命其甥王爲玉重抄本，均有毛扆跋，跋文内容與《秘本書目》解題小異。

其一藏上海圖書館。《上海圖書館善本書目》著錄云："《杜工部集》二十卷《補遺》一卷，唐杜甫撰，宋王洙編。兩種毛氏汲古閣抄配宋刻本。第一種：卷一首三葉、卷十七至二十、《補遺》。半葉十行，行十八至二十一字。第二種：卷十至十二。半葉十行，行二十字。清毛扆跋。宋刻僅存八卷又三葉，餘卷毛氏汲古閣抄配。"[2] 潘祖蔭《滂喜齋書目》有"《宋版杜詩》二匣"，即此本。《滂喜齋藏書記》卷三有題記。此本書衣有趙之謙題簽云"宋寶元二年王洙本杜工部集"，下注"杜集流傳海内者此爲第一"。[3]

另一部藏静嘉堂，皕宋樓舊藏。十行二十字白口左右雙邊。無宋刻葉，全書均爲影抄。缺卷一至三，殘存七册。

兩部所附之毛扆跋，不知何者爲其親筆。《杜集書錄》以爲"上海館所藏一種，有宋刻原本，當爲正本，皕宋樓所藏蓋副本也。"[4]

---

[1] 彭元瑞等著，徐德明標點：《天祿琳琅書目》，上海古籍出版社，2007年，第307頁。
[2] 上海圖書館編：《上海圖書館善本書目》，1957年鉛印本。
[3] 此非寶元二年刻本，趙氏誤。
[4] 周采泉編：《杜集書錄》，上海古籍出版社，1986年，第10頁。

96. 孟東野詩集十卷　唐孟郊撰

影宋抄本。今藏靜嘉堂，皕宋樓舊藏。十行十八至二十字不等。版心有刻工姓名及字數。卷前有宋敏求序。後抄録"臨安府棚前北睦親坊南陳宅經籍鋪印"牌記一行。傅增湘謂抄寫"極精麗"。①

鈐印：宋本、甲、毛晉私印、子晉、毛扆之印、斧季、虞山毛晉、汲古得修綆、子晉書印。

97. 清塞詩集二卷　唐周賀撰

明末抄本。今藏國圖。八行十八字細黑口四周雙邊。一册。明毛晉跋、清黃丕烈校並跋。此係毛晉根據坊刻周賀詩集及《唐僧弘秀集》汰除重複重新校録成書者。用汲古閣版格紙録，版框外有"毛氏正本、汲古閣藏"八字。

鈐印：汲古閣藏、彦合珍玩、東郡楊二、彦合讀書、宋存書室、楊氏海原閣藏。

98. 杜荀鶴文集三卷

抄本。今藏靜嘉堂。《靜嘉堂秘籍志》云："《杜荀鶴集》，毛抄二本。"②《日藏漢籍善本書録》則著録爲"古寫本，原虞山毛氏等舊藏"。③ 有顧廣圻題識，云："與述古繕寫本同出一源，而抄手工整，雖非影宋，已迥勝世俗流傳之本矣。"

99. 禪月集二十五卷　唐釋貫休撰

明末影宋抄本。今藏國圖。十三行二十字小字雙行二十七、八字不等白口左右雙邊。二册。有翁同龢隸書署檢。書中缺字皆留空待補，已有若干朱筆補字，似毛扆手跡。

鈐印：宋本、甲、汲古主人、子晉、毛晉之印、常熟翁同龢藏本、翁同龢長壽印信、虞山翁同龢印、均齋祕笈、均齋祕篋。

100. 碧雲集三卷　唐李中撰

清初抄本。今藏國圖。十行十九字黑口左右雙邊。一册。清黃丕烈跋。陳清華舊藏。

此書外封面爲趙宗建所題；内封面爲黃丕烈題："癸未秋收重裝"、"毛子晉家傳抄元本"。卷前及卷末各有黃丕烈跋一道，稱此實以元板爲底本抄寫。又稱書中朱筆墨筆校補，均爲毛晉手跡。

鈐印：毛晉之印、毛苞、元本、毛子九讀書記、士禮居藏、竹泉珍秘圖籍、曾在舊山樓、趙印宗建、非昔居士。

---

① 《藏園群書經眼録》，第873頁。
② 《靜嘉堂秘籍志》卷三十二，第53頁。
③ 《日藏漢籍善本書録》，第1491頁。

101. 伊川擊壤集二十卷　宋邵雍撰

清康熙二十三年（1684）毛扆影元抄本。今藏臺北"國圖"。九行二十字。無版框行格。四冊。有毛扆跋、朱墨筆圈點。《愛日精廬藏書志》卷三十著錄是書元刊本，爲"汲古閣藏書"，當即影抄之底本。

鈐印：汲古閣。

102. 東坡先生和陶淵明詩四卷　宋蘇軾撰

明末影宋抄本。今藏義烏市圖書館。十行十六字白口左右雙邊。二冊。

鈐印：子晉、汲古主人。

103. 盤洲樂章三卷　宋洪适撰

明影鈔宋刊《盤洲文集》本。今藏臺北"國圖"。十行二十字小字雙行同白口左右雙邊。一冊。此爲《盤洲文集》卷七十八至八十。《天祿琳琅書目》卷四著錄毛抄本《盤洲文集》，缺序跋及拾遺文四卷之二，闕補卷八、卷二十一、卷三十二。《四庫全書》所收即據之抄錄。

題記者：吳湖帆、吳梅、王同愈、黃孝紓、沈尹默、吳曾源、郭蘭枝、張珩。

鈐印：毛晉私印、子晉、東吳毛氏圖書、子晉書印、汪印士鐘、閬原甫、茉坡潘介繁珍藏之印、吳氏文庫、吳氏圖書記、萬花小隱、鄧尉山樵、希逸、吳湖颿珍藏印、湖颿書畫、蔣印汝藻、孟蘋、宋本、密均樓、蔣祖詒、吳興張迺熊鑒定、潘靜淑、梅景書屋祕笈、梅景書屋、張珩私印、王印同愈。

104. 誠齋集一百三十三卷　宋楊萬里撰

明末抄本。今存三部，其一藏上海圖書館，另兩部藏國圖。行款均相同：八行十七字細黑口四周雙邊。均用汲古閣版格紙抄，版框外有"毛氏正本、汲古閣藏"八字，版心填書名卷次（個別僅有書名）。各本用四五種字體分別抄寫，可見抄工非一。國圖兩部，其一存十五卷：卷四十至四十八、六十二至六十四、一百三十一至三十三。二冊。清翁同龢跋，乃翁氏十四歲在崑山應童子試時在破書堆中所得，越六十年後作跋。每冊有翁同龢隸書署檢。

鈐印：季印振宜、滄葦、常熟翁同龢藏本、翁同龢校定經籍之記、均齋秘笈。

另一部二十八冊全，清顧廣圻校並題款。《書抄閣行篋書目》著錄此本云："目錄是子晉手書。經顧廣圻、宋賓王、沈近思手校，俱有跋。近思手跋罕有寓目，況是汲古抄本、手書目錄，又經毛、顧、宋、沈四公後先手校題識者乎。誠妙品也。"

鈐印：子晉、毛晉私印、一字子九、汲古閣印、毛子九讀書記、季印振宜、滄葦、御史振宜之印。

上圖藏本共二十四冊，其中卷十五、二二至三〇、九〇、九三至四、一一一至二、一一四至五、一一七、一二一至七配清抄本。

鈐印：章綬銜印、紫伯、飛異譀堂章氏所得之書、章紫伯鑒藏、結一盧藏書印、徐乃昌讀。

105. 誠齋尺牘三卷　宋楊萬里撰

明影抄宋端平元年（1234）刊誠齋集本。今藏臺北"國圖"。十行十六字白口左右雙邊。存二卷：卷一至二。一册。

鈐印：宋本、毛晉私印、汲古主人、席鑑之印、席氏玉照、虞山席鑑玉照氏收藏、黄印丕烈、蕘圃、士禮居藏、吴興張氏韞輝齋曾藏、張珩（連珠印）、楊灝之印、繼梁、泉。

106. 劍南詩續稿八卷　宋陸游撰

明末抄本。今藏上海圖書館。八行二十字。無版框行格，葉心下有"汲古閣"三字。二册。毛晉校。上册書衣題"劍南詩續集，汲古閣傳抄絳雲樓殘宋刻本，怡蘭堂藏"。下册有泉唐沈中擇題記云："此雖殘抄八卷，然猶是廬山真面。汲古以得於刻《詩稿》之後，遂擇其未刻編入逸稿云。"此帙凡刻入《放翁逸稿》者均在抄本其詩之上鈐有"毛晉之印"。

鈐印：毛晉之印、斧季審定、歙鮑氏知不知足藏書、知不足齋藏書、唐印鴻學、百川、怡蘭堂。

107. 方是閑居士小稿二卷　宋劉學箕撰

清初抄本。《秘本書目》作："《方是閑居士集》二本，精抄。"今藏國圖。八行十八字白口左右雙邊。二册。清嚴元照跋。所據抄之元刻本今亦存世，毛抄本卷末用汲古閣版格紙所附抄之《劉學箕傳》爲元刻本所無。

鈐印：元本、甲、汲古主人、子晉、毛晉私印、斧季、毛扆之印、趙文敏公大印、嚴氏修能、元照私印、元照之印、蕙樬、修、余獨好修以爲常、芳茞堂印、香修、靖白、張氏秋月字香修一字幼憐、張氏香修、秋月之印、陸沉之印、陸沉字冰篁、陸僎字尉蘭、王印細君、少張。

108. 翠微先生南征録十一卷　宋華岳撰

清初抄本。今藏國圖。十行二十字小字雙行同白口左右雙邊。一册。用汲古閣版格紙抄，版心下有"汲古閣"三字。《邵亭知見傳本書目》云："張金吾有汲古閣抄本。"當即此本，而張氏《愛日精廬藏書志》卷三十一稱之爲"舊抄本，汲古閣藏書"。

鈐印：鐵琴銅劍樓。

109. 棠湖詩稿一卷　宋岳珂撰

清初影宋抄本。今藏國圖。十行十八字白口左右雙邊。一册。版心題"棠湖宫詞"。國圖藏有另一部抄本，有黄丕烈、鄧邦述跋，鈐"毛氏子晉""毛晉之印""士禮居藏""平江黄氏圖書"各印，故鄧邦述目爲"毛抄精本"，而國圖編目前輩認爲黃跋是後人過錄、毛晉各印爲僞作，定其本爲清影宋抄本，並非毛抄，故《中國古籍善本書目》僅著錄鄧邦述跋，而不及黃跋。

鈐印：宋本、希世之珍、汲古閣、毛晉私印、子晉、子晉書印、虞山毛晉、毛扆之印、斧季、汲古得修綆、蒐山珍本、名余曰復、鐵琴銅劍樓。

110. 剪綃集二卷　宋李龏撰

清初影南宋陳宅書籍鋪刻本。今存二部，皆藏國圖。行款不同：一爲十行二十一字白口左右雙邊。卷末抄牌記"臨安府棚北大街陳解元書籍鋪印行"一行。原爲翁同龢藏書，書衣有翁氏隸書題寫書名"宋刊六種汲古閣景抄均齋題記"。

鈐印：宋本、希世之珍、毛晉私印、子晉、毛氏子晉、毛晉之印、汲古閣、毛扆之印、斧季、三十五峰園主人、汪印士鐘、楳泉、汪印振勳、澤山心賞、文登于氏小謨觴館藏本。

另一部爲十行十八字白口左右雙邊。

鈐印：宋本、希世之珍、毛晉（連珠印）、汲古主人。

兩本相校，只有若干異體字的區別。

111. 梅花衲一卷　宋李龏撰

清初影南宋陳宅書籍鋪刻本。今存二部，皆藏國圖。行款不同：一爲十行十八字白口左右雙邊。序後及卷末均抄牌記"臨安府棚北大街睦親坊南陳解元書籍鋪刊行"一行。

鈐印：宋本、希世之珍、毛晉（連珠印）、汲古主人、毛晉之印、毛氏子晉。

一爲十行二十字白口左右雙邊。翁同龢舊藏，鈐印與上《剪綃集》第一部相同。

112. 芸居乙稿一卷　宋陳起撰

清初影宋抄本。今藏國圖。十行十八字白口左右雙邊。一册。書衣有翁同龢隸書署檢。又有汲古閣影抄宋刊南宋六十家小集本。

鈐印：宋本、希世之珍、毛晉（連珠印）、汲古主人、毛晉之印、毛氏子晉。

113. 亞愚江浙紀行集句詩七卷　宋釋紹嵩撰

清初影宋抄本。今藏國圖。八行十六字白口左右雙邊。一册。書衣有翁同龢隸書題簽。

鈐印：宋本、希世之珍、毛晉（連珠印）、汲古主人、毛晉之印、毛氏子晉。

114. 存悔齋詩一卷　元龔璛撰　補遺一卷　明朱存理輯

明末抄本。今藏國圖。八行二十二字白口四周單邊。一册。毛晉跋、毛扆校補並跋。朱存理《補遺》十七首後又另有七首，乃毛扆從《天平山志》《六硯齋筆記》《皇元風雅》等書中所補錄者。此書今存最早爲元至正五年俞貞木手寫本，其本有至正五年跋，言抄自永嘉朱石抄本，有張丑、黃丕烈跋。黃氏又錄毛抄本後之毛扆跋，並認爲毛抄本即從俞本影出。

今以毛抄、俞本對校，毛抄本中誤字多經毛扆硃筆圈改同於俞本，而校語又有"俞錄本缺""俞本作某"云云，則抄錄底本似非俞本。毛抄本前有《郡乘附考》一文，亦俞本所無。《愛日精廬藏書續志》卷四著錄，云"舊抄本，汲古閣藏書"。靜嘉堂所藏舊抄本《存悔齋詩》亦有毛晉跋，乃過錄者。①

鈐印：毛晉印、恬裕齋鏡之氏珍藏、毛扆祕笈、菰里瞿鏞、鐵琴銅劍樓、紹基秘笈、寶晉、瞿印秉淵、瞿潤印、瞿印秉清、瞿印秉沂、瞿印秉沖、良士曾觀。

115. 漢泉曹文貞公集十卷後錄一卷　元曹伯啟撰

明末抄本。《秘本書目》云"精抄四本"。今藏中國科學院圖書館。十行二十字白口左右雙邊。存六卷：卷六至十、後錄。二冊。傅增湘云："卷首次行題曹復亨、胡益銜名，是從元本出，惟改易行款耳。"② 此書一名《漢泉漫稿》，靜嘉堂有影元刊本，黃丕烈舊藏，卷中有"汲古主人"朱文方印③，疑即此抄寫底本。

鈐印：毛晉私印、毛晉、汲古主人、毛晉之印、毛氏子晉、子晉書印、斧季、毛扆之印、汲古閣、汲古得修綆、趙文敏公大印。

116. 金臺集二卷　元廼賢撰

清初影元抄本。今藏國圖。十一行二十二字小字雙行同黑口左右雙邊。一冊。

鈐印：元本、甲、毛氏子晉、毛晉之印、汲古主人、毛晉私印、子晉（連珠印）、秋浦、憲奎、三十五峰園主人、汪印士鐘、伯卿甫、廷相、金匱蔡氏醉經軒收藏章、伯卿一字孫峰、彥常、蔡印廷楨、卓如、卓如真賞、平陽汪氏藏書印、東官莫氏五十萬卷樓劫後珠還之、東官莫伯驥所藏經籍印。

117. 句曲外史詩集二卷集外詩一卷　元張雨撰

清初抄本。今藏臺北"國圖"。十一行十七字白口左右雙邊。一冊。有清黃丕烈、錢大昕、方若蘅、邵淵耀等手書題記及程恩澤觀款。

鈐印：毛晉（連珠印）、毛扆之印、斧季、平江黃氏圖書、錢大昕觀、張

---

① 《靜嘉堂秘籍志》卷三十九，第34頁。
② 《藏園訂補郘亭知見傳本書目》，第1309頁。
③ 《靜嘉堂秘籍志》卷四十，第5頁。

印蓉鏡等。

118. 韓山人詩集一卷　附集一卷　元韓奕撰

清初影明抄本。今藏國圖。十行二十二字白口左右雙邊。一册。影抄底本爲明永樂間刻本。

鈐印：汲古主人、毛晉私印、汲古閣、毛晉（連珠印）、毛晉之印、毛氏子晉。

119. 十家宫詞　唐王建等撰

清初影抄南宋陳宅書籍鋪刻本。今藏國圖。十行十八字白口左右雙邊。三册。凡收唐王建、後蜀花蕊夫人、五代和凝、宋王珪、張公庠、王仲修、周彦質、宋白所作《宫詞》各一卷，詩各百首，胡偉《宫詞》集句一卷及宋徽宗宣和御製《宫詞》三卷。書衣有蔡鴻鑒署檢"汲古閣舊藏南唐澄心堂紙印宋本十家宫詞"。王珪《宫詞》後抄錄木記"臨安府陳道人書籍鋪刊行"。今陳氏書棚刻本尚存宋徽宗、張公庠、王仲修、周彦質四家，與此抄本相校，有數處異文。《王仲修詞》"魚鑰傳呼鎖禁城"，抄本"禁"字爲空格；《周彦質詞》"故産皇家是吉祥"，抄本"吉"字爲空格；最末一首宋刻獨占一葉，抄本無此首，蓋抄本所據之本略有殘損，不如今存宋本之完善。

鈐印：宋本、甲、毛晉私印、子晉、毛氏子晉、毛晉之印、汲古主人、毛晉私印、汲古得修綆、卓爲霜下傑、四明墨海樓蔡氏鈐記、名山秘府之藏、碧玉壺蔡鴻鑑校書讀書之印、四明蔡氏圖書、碧玉壺祕藏、蔡叔子、松蟾、蔡松蟾青箱長物、琴樵、優莊過眼、中郎遺脈等。

120. 三家宫詞三卷

清初抄本。王文進謂是"宋板影抄"，其實不然。今藏國圖。十行十八字白口左右雙邊。一册。凡王建、花蕊夫人、王岐公《宫詞》各一卷。有朱筆校改。與《十家宫詞》相校，異文極多。

鈐印：汲古閣、潘、小琅環館、藕香、馬文苑、長州顧氏藏書、湘舟過眼、延古堂李氏珍藏。

121. 南宋六十家小集九十八卷

清初影宋抄本。今藏上海圖書館。子目爲：

《石屏續集》四卷、《石屏長短句》一卷，宋戴復古撰；

《龍洲道人詩集》一卷，宋劉過撰；

《方泉先生詩集》三卷，宋周文璞撰；

《白石道人詩集》一卷、《詩說》一卷，宋姜夔撰；

《野谷詩稿》六卷，宋趙汝鐩撰；

《安晚堂詩集》七卷，宋鄭清之撰，存卷六至十二；

《雲泉詩集》一卷，宋釋永頤撰；

《棠湖詩稿》一卷，宋岳珂撰；
《橘潭詩稿》一卷，宋何應龍撰；
《菊潭詩集》一卷，宋吳仲孚撰；
《芸隱勌游》一卷《橫舟稿》一卷，宋施樞撰；
《雪巖吟草》一卷，宋宋伯仁撰；
《梅屋詩稿》一卷、《融春小緻》一卷、《梅屋詩第三稿》一卷、《第四稿》一卷、《詩餘》一卷，宋許棐撰；
《汶陽端平詩雋》四卷，宋周弼撰；
《竹溪十一稿詩選》一卷，宋林希逸撰；
《雲泉詩》一卷，宋薛嵎撰；
《雪坡小稿》二卷，宋羅與之撰；
《菊澗小集》一卷，宋高翥撰；
《疏寮小集》一卷，宋高似孫撰；
《雅林小稿》一卷，宋王琮撰；
《學吟》一卷，宋朱南杰撰；
《學詩初稿》一卷，宋王同祖撰；
《梅屋吟》一卷，宋鄒登龍撰；
《皇誇曲》一卷，宋鄧林撰；
《庸齋小集》一卷，宋沈說撰；
《靖逸小集》一卷，宋葉紹翁撰；
《秋江煙草》一卷，宋張弋撰；
《癖齋小集》一卷，宋杜旟撰；
《巽齋小集》一卷，宋危稹撰；
《竹所吟稿》一卷，宋徐集孫撰；
《北窗詩稿》一卷，宋余觀復撰；
《吾竹小稿》一卷，宋毛珝撰；
《西麓詩稿》一卷，宋陳允平撰；
《雪林删餘》一卷，宋張至龍撰；
《鷗渚微吟》一卷，宋趙崇鉘撰；
《抱拙小稿》一卷，宋趙希㯝撰；
《蒙泉詩稿》一卷，宋李濤撰；
《心游摘稿》一卷，宋劉翼撰；
《竹莊小稿》一卷，宋胡仲參撰；
《東齋小集》一卷，宋陳鑒之撰；
《適安藏拙餘稿》一卷、《乙卷》一卷，宋武衍撰；

《漁溪詩稿》二卷、《乙稿》一卷，宋俞桂撰；

《檜庭吟稿》一卷，宋葛起耕撰；

《骳稿》一卷，宋利登撰；

《露香拾稿》一卷，宋黃大受撰；

《雲卧詩集》一卷，宋吳汝弌撰；

《葛無懷小集》一卷，宋葛天民撰；

《臞翁詩集》二卷，宋敖陶孫撰；

《招山小集》一卷，宋劉仙倫撰；

《山居存稿》一卷，宋陳必復撰；

《端隱吟稿》一卷，宋林尚仁撰；

《斗野稿支卷》一卷，宋張蘊撰；

《靜佳龍尋稿》一卷、《乙稿》一卷，宋朱繼芳撰；

《采芝集》一卷、《續稿》一卷，宋釋斯植撰；

《看雲小集》一卷，宋黃文雷撰；

《雪窗小集》一卷，宋張良臣撰；

《小山集》一卷，宋劉翰撰；

《雪蓬稿》一卷，宋姚鏞撰；

《順適堂吟稿甲集》一卷、《乙集》一卷、《丙集》一卷、《丁集》一卷、《戊集》一卷，宋葉茵撰；

《芸居乙稿》一卷，宋陳起撰。

其中有陳宅書籍鋪刊記者十四種，八行十四字白口左右雙邊。其餘無刊記，版式與此或同或異。另外，《雪巖吟草》《芸居乙稿》兩種是以其他抄本補配者。

是書原名《江湖小集》，南宋陳起輯刻，又名《南宋群賢小集》，是流傳過程中收藏者所定。實不止六十家，此外尚有《剪綃集》《梅花衲》等。《四庫全書總目·江湖小集提要》云："起字宗之，錢塘人，開書肆於睦親坊，亦號陳道人。今所傳宋本諸書，稱臨安陳道人家開雕者，皆所刻也。"此本原爲鄧邦述舊藏。

122. 梅屋詩餘一卷　宋許棐撰

123. 石屏長短句一卷　宋戴復古撰

以上二種合裝一冊①。亦鄧邦述舊藏，後爲吳湖帆所有，今藏臺北"國圖"。《四庫簡明目錄標注》云："《梅屋集》五卷，宋許棐撰，本名《梅屋獻醜集》，内樵談三十則，後人或録出單行。蔣生沐有汲古閣影宋抄本，連《詩餘》

---

① 二書又與《盤洲樂章》二卷合裝，今皆藏臺北"國圖"。

一卷。"① 即此本。

此本題記者：鄧邦述、吳湖帆、張元濟、王同愈、張茂炯、王季烈、吳曾源、吳梅、汪東、葉恭綽、夏敬觀、黃孝紓、郭蘭枝、沈尹默、張珩。

鈐印有：毛晉之印、毛氏子晉、湖颿書畫、吳氏文庫、漚夢詞人、吳氏圖書記、希逸、梅景書屋祕笈、梅景書屋、吳湖颿、潘静淑、湖颿祕笈、密均樓、群碧樓、正闇祕笈、張珩私印。

124. 古文苑

明末影宋抄本。十行十八字白口左右雙邊。陳清華舊藏，今由其女陳國瑾保存。

鈐印：甲、宋本、毛晉私印、子晉、子晉書印、虞山毛晉、汲古主人、毛扆之印、斧季、寶熙、景賢鑒藏、景行維賢、完顏景賢精鑒、沈庵校藏精抄善本印、克文、佞宋、梅真、寒雲之印、滿足清净、袁鉽克文、相對展玩、與身居存亡、人間孤本、袁克文、寒雲、寒雲秘籍之印、寒雲小印、劉、梅真。②

125. 唐中興間氣集二卷　唐高仲武輯

清初影宋抄本。今藏國圖。十行十八字小字雙行同白口左右雙邊。一册。

鈐印：宋本、甲、毛晉私印、子晉、汲古主人、汪印士鐘、三十五峰園主人、周暹。

126. 極玄集一卷　唐姚合輯

明影宋抄本。今藏上海圖書館。十行十八字小字雙行同白口左右雙邊。一册。

鈐印：宋本、甲、汲古主人、子晉、毛晉私印、毛晉（連珠印）、三十五峰園主人、汪印士鐘、結一廬藏書印、徐乃昌讀。

127. 文則二卷　宋陳騤撰

明末影元抄本。《秘本書目》云："綿紙，從元板精抄。"今藏湖南省圖書館。十行十九字小字雙行同黑口四周雙邊。一册。葉德輝之姪啓勛舊藏。

128. 分門纂類唐歌詩一百卷　宋趙孟奎輯

清初影宋抄本。《秘本書目》題作"趙孟奎分類唐詩"，云"影宋板精抄"。今藏國圖。十行十八字白口左右雙邊。存七卷：卷十八、二十□、九十一、九十三至九十六。七册。有毛扆跋，從跋文字體看，並非毛扆親筆，恐是囑童僕過錄者。《四庫簡明目録》云："《分門纂類唐歌詩》殘本十一卷，宋趙孟奎編。原百卷，明葉文莊僅得二十餘卷。何夢華有汲古閣所藏影宋抄本。[續録]徐

---

① 邵懿辰著：《增訂四庫簡明目録標注》，上海古籍出版社，1979年，第761頁。
② 《海外遺珍·祁陽陳澄中藏書·陳國瑾女士保存部分》，中國嘉德國際拍賣有限公司，2004年，書影8。

梧生有汲古閣影宋本，見於廠肆，不知歸何人。"① 王文進云："臨清徐梧生藏，存七本，有毛扆跋，歸至德周氏（周叔弢）。"即今國圖藏本。王氏又云"又副本九册，歸東方（圖書）館"，恐已燬於戰火。

鈐印：毛扆之印、斧季、西河季子之印、周暹。

129. 西崑酬唱集二卷　宋楊億等撰

清初抄本。今藏國圖。十二行二十字白口左右雙邊。一册。毛扆據明錢允治抄本傳錄，附錄毛扆跋及陸敕先跋。

鈐印：宋本、希世之珍、子晉、子晉書印、汲古得修綆、仲雒故國人家、汲古主人、虞山毛晉、毛扆之印、斧季、書香千載、筆研精良人生一樂、開卷一樂、趙文敏公大印、席氏玉照、席鑑之印、三十五峰園主人、汪印士鐘、楊印以增、宋存書室、至堂、楊印紹和、楊瀌之印、繼梁、海原閣、楊氏彦合、臣紹合印。

130. 前賢小集拾遺五卷　宋陳起輯

清初影宋抄本。今藏國圖。十行十八字白口左右雙邊。二册。書衣有翁同龢隸書題簽。

鈐印：宋本、希世之珍、汲古主人、毛晉（連珠印）、毛氏子晉、毛晉之印。

131. 增廣聖宋高僧詩選前集一卷後集三卷續集一卷　宋陳起編

清初影宋抄本。今存兩部，皆藏國圖。十行十八字白口左右雙邊。分別爲一册、二册。其一爲黄丕烈舊藏，有黄氏校並跋。兩本相校，若"樹""桓"等避諱字有此避彼不避之處。

黄跋本鈐印：宋本、希世之珍、毛晉私印、子晉、毛晉之印、毛氏子晉、毛扆之印、斧季、蕘夫、丕烈、士禮居、閬原父用、汪印士鐘、楳泉、汪印振勳、吴下汪三、耆齡藏本、幼平珍藏、佞宋書藏主人廿九歲小影（肖像印）、寒雲秘笈珍藏之印、相對展玩、與身俱存亡、佞宋、克文、侍兒文雲掌記、人間孤本、三琴趣齋。

另一部鈐印：宋本、希世之珍、毛晉、汲古主人、毛氏子晉、毛晉之印。

132. 九僧詩　宋釋希晝等撰

清初影宋抄本。《秘本書目》作"《九僧集》，影宋板精抄"。今存兩部，分别藏國圖、北京大學圖書館。行款相同，唯字體有别。十行十八字白口左右雙邊。各一册。

雷夢水《琉璃廠書肆四記》云："一九四三年，李氏（建吉）與李純如及修梗堂夥購李盛鐸家藏書，多抄校本。其中有汲古閣毛氏抄本《九僧詩》一册，

---

① 《藏園訂補邵亭知見傳本書目》，第898頁。

鈐有各家收藏章，爲毛抄中最精的一種。"① 當即今北大所藏本。鈐印有：宋本、希世之珍、毛扆之印、斧季、席氏玉照、席鑑之印、麌嘉館印。

國圖一本鈐印：宋本、希世之珍、汲古主人、毛晋私印、子晋、毛氏子晋、東吳毛氏圖書、西河季子之印、毛扆之印、斧季、墨妙筆精、虞山席鑑玉照氏收藏、席氏玉照、席鑑之印、惠定宇借觀、三十五峰園主人、汪印士鐘、平陽汪氏、兩晋四朝三唐五代妙墨之軒、雅庭、李氏玉陔、明墀之印、木犀軒藏書、木齋審定祕笈、木齋審定善本、李印盛鐸、長洲汪駿昌藏、徐伯郊藏書印、吳興徐氏、伯郊所藏、小有壺天、詩外諗藏書。

此本有朱筆眉批。《藏園群書經眼錄》著錄。②

133. 文章善戲不分卷　宋鄭持正編

影元抄本。《秘本書目》云："元人抄本影摹一本。世無其書。"今藏靜嘉堂，皕宋樓舊藏。《皕宋樓藏書志》卷一百十五著錄爲"影寫宋（引案，宋當作元）刊本，汲古閣舊藏"。《日藏漢籍善本書錄》失載。

134. 永嘉四靈詩五卷　宋徐照、徐璣撰

影宋抄本。今藏靜嘉堂。十行十八字。一冊。每卷首行題"永嘉四靈"，旁注"甲""乙""丙""丁"等字。版心有字數。此集存永嘉四靈之首徐照道暉詩三卷，永嘉四靈之二徐璣致中詩二卷。③《秘本書目》有宋板《四靈詩》三本，云"此書久矣失傳，幸而得此，雖後有缺，實至寶也"，當即影抄底本。

鈐印：宋本、希世之珍、毛晋私印、子晋、汲古主人、虞山毛晋、子晋書印、汲古得修綆、毛扆之印、斧季、席鑑之印、席氏玉照、虞山席鑑玉照氏收藏、黄丕烈印、蕘圃。

135. 天下同文前甲集五十卷　元周南瑞編

明抄本。《秘本書目》云"精抄二本"。今存兩部，一藏臺北"國圖"，定爲影抄元大德刊本。十四行二十四字小字雙行同白口左右雙邊。存四十三卷，缺卷十七至十八、三十至三十一、三十四至三十五、四十一凡七卷。二冊。爲劉喜海舊藏，後歸鄧邦述。

鈐印：元本、甲、希世之珍、毛晋（連珠印）、汲古得修綆、汲古主人、毛晋之印、毛氏子晋、喜海、吉父、聽雨樓查氏有圻珍賞圖書、燕庭藏書、文正曾孫、劉印喜海、味經書屋、嘉蔭簃藏書印、群碧樓、正闇、正闇祕笈。

另一部藏國圖，定爲抄本。八行十六字小字雙行同白口四周雙邊。乃從《天下同文前甲集》卷四十八至五十錄出者，合三卷爲一卷。不著編輯姓氏。

---

① 《書林瑣記》第47頁。
② 《藏園群書經眼錄》，第1273頁。
③ 《日藏漢籍善本書錄》，第1924頁，又《靜嘉堂秘籍志》卷十，第40頁。

録盧摯、姚雲、王夢應、顔奎、羅志可、詹玉、李琳凡七家元人詞。與毛抄《樂府補遺》合一册。

鈐印：汲古主人、毛氏子晋、毛晋之印、鐵琴銅劍樓、古里瞿氏記。

136. 竇氏聯珠集五卷 唐竇常、竇牟、竇群、竇庠、竇鞏撰 唐褚藏言編

明抄本。今藏上海圖書館。十行十九字，無版框行格。明毛晋校，清姜渭跋。

鈐印：璜谿、介青、靖印、卷石山房等。

137. 蒼崖先生金石例十卷 元潘昂霄撰

清初抄本。今藏山西師範大學圖書館。十行二十二字小字雙行同白口四周單邊。四册。《書抄閣行篋書目》著録爲"毛斧季抄校本"。

138. 宋五家詞十卷

清初抄本。今藏南京圖書館。八行十八字白口左右雙邊。用汲古閣版格紙抄，版心下有"汲古閣"三字。凡包括：

《東溪詞》一卷，宋高登撰；

《澹庵詞》一卷，宋胡銓撰；

《拙庵詞》一卷，宋趙磻老撰；

《可齋詞》六卷，宋李曾伯撰；

《碎錦詞》一卷，宋李好古撰。

清丁丙跋，丁氏《善本書室藏書志》卷四十著録，謂爲"毛子晋續刻六十家未曾付梓之詞也"。鈐"錢溏丁氏正修堂藏書"印。丁氏《藏書志》又有精寫本《汲古閣四家詞》四卷，"一爲《王周士詞》宋王以甯撰，一爲《近體樂府》宋周必大撰，一爲《甯極齋樂府》元陳深撰，一爲《吴文正公詞》元吴澄撰，皆從宋槧元刊單行詞集照寫，楷法精工之至。版心下有'汲古閣'三字，每家卷首鈐有'厲鶚'朱文連珠小方印，面葉有梁山舟先生手書題記。"王文進謂亦"爲江蘇館藏"，當亦藏今南京圖書館。王文進合稱爲"宋元九家詞十五卷"。

139. 典雅詞十四種

影宋抄本。今藏静嘉堂。《皕宋樓藏書志》著録爲"汲古閣影宋詞十四種"，《静嘉堂秘籍志》統稱爲《典雅詞》①。共五册。凡包括：

《西麓繼周詞》一卷，宋陳允平撰；

《燕喜詞》一卷，宋曹冠撰；

《拙菴詞》一卷，宋趙磻老撰；

《碎錦詞》一卷，宋李好古撰；

---

① 《静嘉堂秘籍志》卷十二，第26頁。

《雙溪詞》一卷，宋馬取洽撰；

《袁宣卿詞》一卷①，宋袁去華撰；

《文簡詞》一卷，宋程大昌撰；

《澹菴長短句》一卷，宋胡銓撰；

《巢令君阮户部詞》一卷，宋阮閱撰；

《章華詞》一卷，撰人無考；

《篁嶁詞》一卷，宋劉子寰撰；

《孏窟詞》一卷（上半缺），宋侯寘撰；

《龍川詞》一卷，宋陳亮撰；

《知稼翁詞》一卷，宋黄公度撰。

《日藏漢籍善本書録》著録《典雅詞十四種》，云"毛氏摹印宋刊本"，原陸心源皕宋樓等舊藏。《燕喜詞》誤作宋曹寇。② 王文進著録"《典雅詞》十五卷"，云："《皕宋樓》有九家，此爲靜嘉堂所藏，凡十五家。"所開列者多《近體樂府》一種，又云"江蘇館有《澹菴長短句》一卷"。

據《秘本書目》，汲古閣所抄詞集有"宋詞一百家，未曾裝訂，已刻者六十家，未刻者云未刊四十家，俱係秘本"，又"元詞二十家，精抄，尚未裝訂"。彭氏知聖道齋有宋元詞二十二帙，題曰《汲古閣未刻詞》，行款同已刻者，云得於謙牧堂藏書中。今所見除上述二十餘種外，民國時武進陶湘所藏本已刊行者尚有《宋金元七家詞》八卷，凡王安中《初寮詞》、洪瑹《空同詞》、黄公度《知稼翁詞》、范成大《石湖詞》、金段成己《菊軒樂府》、韓玉《東浦詞》、吕勝己《渭川居士詞》附《北樂府》，各爲一卷。

140. 群賢梅苑十卷　宋黄大輿輯

影宋抄本。今藏靜嘉堂。《靜嘉堂秘籍志》云："影宋抄三本。"《日藏漢籍善本書録》失載。

141. 閑齋琴趣外篇六卷　宋晁元禮撰

清初影宋抄本。今藏國圖。十行十八字小字雙行同黑口左右雙邊。一册。袁克文得此書及影宋刊本《醉翁琴趣外篇》、清初影抄本《晁氏琴趣外篇》，以雞血佳石鐫"三琴趣齋"巨印，遍鈐所藏善本，後各書皆歸潘宗周所有。傅增湘云："此書字畫精湛，楮墨明麗，與真宋刻無異，真銘心絶品。"③

鈐印：宋本、希世之珍、毛晉之印、毛氏子晉、毛扆之印、斧季、人生一樂、汪印士鐘、閬原父用、克文、佞宋、人間孤本、孤本書室、相對展玩、與

---

① 《皕宋樓藏書志》作舊抄本，《秘籍志》有案語云當作汲古閣影宋本。

② 《日藏漢籍善本書録》，第2028頁。

③ 《藏園群書經眼録》，第1337頁。

身俱存亡、三琴趣齋、一廛十駕、寒雲秘笈珍藏之印、趙鈁珍藏、趙氏元方、元方審定、曾居無悔齋中。

142. 酒邊集一卷　宋向子諲撰

清初影宋抄本。今藏國圖。八行十四字白口左右雙邊。一冊。

鈐印：宋本、甲、毛晉之印、子晉、毛氏子晉、汲古主人、毛扆之印、斧季、趙文敏公大印、思巽藏書、汪印士鐘、閬原父用、滿足清淨、皕宋書藏主人廿九歲小影（肖像印）、佞宋、克文、侍兒文雲掌記、人間孤本、三琴趣齋、惟庚寅吾以降、璧珊主人、袁鉢克文、豹岑、孤本書室、相對展玩、與身俱存亡等。

143. 仙源居士惜香樂府十卷　宋趙長卿撰

清初抄本。今藏北京大學圖書館。十行十八字白口左右雙邊。用汲古閣版格紙抄，版心下有"汲古閣"三字。存四卷：卷六至九。一冊。

鈐印：西河季子之印、汲古後人、季滂、李印盛鐸、木齋、木犀軒藏書、少微。

144. 稼軒詞四卷　宋辛弃疾撰

清初影宋抄本。今藏國圖。十行十八字白口左右雙邊。四冊。流傳過程中析爲兩部分，前三冊爲顧錫麒謏聞齋舊藏，第四冊爲趙宗建舊山樓舊藏，後同歸於商務印書館涵芬樓，合爲完帙。《四部叢刊》據以影印。

鈐印：毛氏子晉、毛晉之印、汲古主人、汲古閣、毛扆之印、斧季、謏聞齋、竹泉珍秘圖籍、涵芬樓、海鹽張元濟經收、趙印宗建、舊山樓、非昔珍秘。

145. 虛齋樂府二卷　宋趙以夫撰

清初影宋抄本。今藏國圖。十行十八字白口左右雙邊。一冊。卷末抄錄木記"臨安府棚前北睦親坊南陳解元書籍鋪刊行"一行。清黃丕烈跋。錢曾述古堂亦有是書影抄本，與此同出一源。顧千里曾據毛抄校改錢抄之誤十餘處。

鈐印：汲古閣、子晉書印、毛晉私印、汲古主人、子晉、毛晉之印、毛氏子晉、松溪真賞、虞陽□叔□過眼、曹氏藏書、茶煙閣、竹垞、黃印丕烈、蕘圃、平江黃氏圖書。

146. 可齋雜稿詞三卷續稿三卷　宋李曾伯撰

清初影宋抄本。今藏國圖。十一行二十字小字雙行同白口左右雙邊。二冊。此從全集中選其詞影抄者，《雜稿》爲卷三十一至三十四，《續稿》爲卷七、八、十一。傅增湘云："《續稿》影摹原序兩葉尤精。"[①]

鈐印：汲古主人、子晉、毛晉私印、子晉書印、虞山毛晉、毛扆之印、斧季、汲古得修綆、閬原父用、汪印士鐘、佞宋、克文、三琴趣齋、宋本、袁銑

[①] 《藏園群書經眼錄》，第1342頁。

克文、一廛十駕、與身俱存亡、相對展玩、孤本書室、寒雲秘笈珍藏之印、豹岑、趙鈁珍藏、趙氏元方、元方審定、人生一樂、無悔齋、曾居無悔齋中、無悔齋校書記。

147. 芳芷棲詞二卷　明高濂撰

明抄本。《静嘉堂秘籍志》云"抄一本"，"蓋毛晉所抄錄也"，①《日藏漢籍善本書錄》則謂"明人毛晉手寫本"。②今藏静嘉堂。一册。

鈐印：毛晉私印、汲古閣等。

148. 唐宋諸賢絕妙詞選三卷　宋黄昇輯

清初影宋抄本。今藏國圖。十行十七字白口四周單邊。二册。

鈐印：汲古閣、毛晉私印、子晉、汲古主人、毛晉之印、汲古得修綆、汪士鐘藏、汪士鐘讀書、吳下汪三、紳之、澤山心賞、汪印振勳、楳泉、平陽叔子、雙玉龕、皇二子、佞宋、寒雲、後百宋一廛、寒雲鑒賞之鈊、三琴趣齋、八經閣、文登于氏小謨觴館藏本、劉妠、海真、修汲軒、海鹽張元濟庚申歲經收、涵芬樓。

149. 中州集十卷卷首一卷

150. 中州樂府一卷　金元好問輯

以上二種爲明抄本，共十册。今藏上海圖書館。八行十七字。張金吾《愛日精廬藏書志》卷三十六著錄爲"毛氏影寫元至大本"，云："宗室文卿（從郁）、張信甫（中孚）、王元佐（澮）三人俱有小傳，毛本删去。案子晉跋云，小叙已見詩集中，不更贅。向嘗疑樂府三十六人皆有小傳，且妄以爲必有與《中州集》詳略互見之處，甚以毛氏删之爲惜。今得此本，乃知小傳止有三篇，其人俱《中州集》未載者，蓋以補詩集之闕也。毛氏云云，殆偶未詳考歟。"則雖云影抄，實則並非全照原書抄錄。張氏又云後有"至大庚戌良月平水進德齋刊"木印。

鈐印：虞山汲古閣毛子晉圖書、毛扆之印、斧季、筆精墨妙、秀水朱氏潛采堂圖書、虞山翁氏桐花館章、綏卿珍藏。

151. 絕妙好詞七卷　宋周密撰

清初抄本。今藏國圖。十二行二十四字白口四周單邊。二册。朱孝臧跋。

鈐印：元本、甲、汲古主人、筆研精良人生一樂、子晉、毛晉私印、毛晉（連珠印）、毛扆之印、斧季、平江黄氏圖書、蕘圃、士礼居藏、顧雀逸、長洲章珏祕篋。

---

① 《静嘉堂秘籍志》卷五十，第49頁。
② 《日藏漢籍善本書錄》，第1021頁。

存世毛氏汲古閣抄本知見錄

152. 樂府補遺一卷

清初抄本。今藏國圖。與《天下同文》合抄一册。見（118）。

153. 詞海評林三卷　明毛晉撰

明末抄本。傅增湘定爲"毛氏汲古閣稿本"。① 論填詞協律之法，爲毛晉增訂明張綖《詩餘圖譜》之作。此乃毛晉欲附刻入汲古閣所刻詞集叢編《詞苑英華》中者，因故未能付梓。第一册書衣有毛晉題"詞苑英華副本"，第十一册題"詞苑英華小長調副本八"。有康熙四十九年（1710）毛扆跋（由其子代筆）。

鈐印：海虞毛晉子晉圖書記、汲古閣、毛印鳳苞、汲古閣藏、扆印、抱經樓、曾藏吴興許氏申申閣中、許氏秘笈、博明私印、讀書樂、吴興許博明氏褱辛齋藏書印、叢桂小筑藏書記。

154. 新刊張小山北曲聯樂府三卷外集一卷　元張可久撰

清初抄本。《秘本書目》著録"張小山樂府二本，精抄"，今存兩部，均藏國圖，行款相同：十二行二十四字白口左右雙邊。用汲古閣版格紙抄，版心下有"汲古閣"三字。分别爲一册、二册。一册本有毛扆校跋，並録《李中麓張小山小令後序》。《秘本書目》云："李中麓家詞山曲海，無所不備，獨無小山詞全本，曾從總集蒐集其詞，刻而行世。余細校之，此元板比李刻多一百幾十首，真至寶也。"據此可知其所抄底本係元刻。抄本所附毛扆跋云："李中麓最愛張小山詞，謂其超出塵俗，獨不得其全，僅從詞選八書輯成二卷。余購得元刊，標目云元分四集，今類一編，每調下仍以四集爲次。較李刊多百餘首。"此本見《愛日精廬藏書志》卷三十六著録。

一册本鈐印：開卷一樂、毛氏子晉、毛晉之印、汲古主人、毛晉（連珠印）、汲古得修綆、毛晉書印、鐵琴銅劍樓、白下姚榮字子正印、云裹、象山封、左臺後人。

二册本無毛氏印記，鈐印：侣研齋、寓心堂藏、崔亭。

毛抄配補之書

1. 增修東萊書說三十五卷圖說一卷　宋吕祖謙撰　宋時瀾修正

宋刻本，存十六卷：卷一至十五、《圖說》，其中卷一至十一、《圖說》配毛氏汲古閣影宋抄本。十四行十九字白口四周雙邊。六册。今藏國圖。《天禄琳瑯書目後編》卷二有載，云："宋巾箱本，第十三卷至三十卷刻本，第一卷至十二卷、第三十一卷、第三十五卷影宋抄本，槧法固精妙抄者，筆法墨氣俱匀細入格，幾不可辨，不止如唐摹晉帖下真蹟一等也。""毛晉父子印記甚多，尋其

---

① 《藏園群書經眼録》，第1348頁。

首末有印，猶未改裝也。有'甲'字印。"①

2. 析城鄭氏家塾重校三禮圖二十卷　宋聶崇義集注

蒙古定宗二年（1247）析城鄭氏家塾刻本，前兩卷毛氏汲古閣據宋刻本影抄配入。十三行二十一字黑口左右雙邊。十冊。今藏國圖。

鈐印：毛晉（連珠印）、汲古主人。

3. 龍龕手鑑四卷　遼釋行均撰

宋刻本，卷二配清初毛氏汲古閣影宋抄本。十行大小字不等白口左右雙邊。汪士鐘舊藏，民國時歸祁陽陳澄中。今藏國圖。毛抄極精，幾可亂真。

4. ［洪武］蘇州府志五十卷　明盧熊纂修

明洪武刻本，缺葉毛氏汲古閣影補。今藏國圖。十三行二十三字黑口四周雙邊。二十冊。明毛晉、清宋賓王、黃丕烈校。

鈐印：汲古閣、西河、石韞玉印、琢堂、淩波閣藏書印、吳中石氏淩波閣藏書、田耕堂藏、泰峰所藏善本、慶餘堂印。

5. 沖虛至德真經八卷　晉張湛注

宋刻宋元遞修本，缺葉配清初毛氏汲古閣影宋抄本。今藏國圖。十四行二十五至六字小字雙行三十至三十一字不等白口左右雙邊。四冊。黃丕烈、汪駿昌、葉昌熾跋。

6. 書小史十卷　宋陳思撰

宋刻本，存卷六至十，卷一至五配汲古閣影抄本。今藏靜嘉堂，皕宋樓舊藏。② 十一行二十字小字雙行同白口左右雙邊。二冊。明王世貞舊藏，黃丕烈跋，《百宋一廛賦注》著錄。前有後人寫補《小史序》，題署"咸淳丁卯重九天臺謝獄修至于西湖寓舍，時年七十有四"。又有《書小史目錄》，亦係後人寫補。③

鈐印：毛晉、毛晉之印、毛晉私印、子晉書印、毛氏子晉、汲古主人、汲古閣、卓爲霜下傑、平陽汪氏藏書、汪士鐘印、文琛、厚齋、民部尚書郎、鼎元（連珠印）、仲雅、衡勝之印、王欽私印、重司馬印、重武將軍印、太常卿圖書、折漸將軍韋、讀古人之書見天地性、歸安陸樹聲所見金石書畫記。

7. 駱賓王文集十卷　唐駱賓王撰

南宋初蜀刻本，卷六至十配毛氏汲古閣影宋抄本，序文、目錄二葉亦毛氏抄補。十一行二十字白口左右雙邊。今藏國圖。第十卷字體與六、七、八、九略異。黃丕烈、顧廣圻跋。《秘本書目》云："宋板《駱賓王集》二本，藏經紙

---

① 《天禄琳琅書目》，第408頁。
② 《儀顧堂題跋》卷九。
③ 《日藏漢籍善本書錄》，第1228頁。

面，八兩。"即此本。此即秦恩復石研齋覆刻本之底本。

8. 淮海集四十卷後集六卷長短句三卷　宋秦觀撰

宋乾道九年（1173）高郵軍學刻紹熙三年（1192）謝雩重修本，缺葉缺字清初毛氏汲古閣影宋抄補。今藏國圖。十行二十一字白口左右雙邊。

鈐印：宋本、甲、毛晉（連珠印）、汲古主人、汪印士鐘、三十五峰園主人、開卷一樂、顧廣圻字千里號澗蘋、楊彥合讀書、東郡楊二、紹和筑岩。

9. 梧溪集七卷　元王逢撰

元至正明洪武間刻景泰七年（1340）陳敏政重修本。卷一至四及他卷缺葉配清初毛氏汲古閣影元抄本。今藏國圖。十三行二十二字黑口四周單邊。清康熙十六年（1677）陸貽典校並跋。

10. 朝野新聲太平樂府九卷

元至正刻本，汲古閣抄配序文、太平樂府姓氏、目錄、卷一至卷五。今藏上海圖書館。八行十四字黑口左右雙邊。四冊。

鈐印：毛晉、毛扆之印、汲古主人、季斧、潘祖蔭藏书记。

　　　　樊長遠：國家圖書館館員　北京大學中文系在讀博士生

《四庫全書初次進呈存目》著錄而《四庫全書總目》未收提要考

江慶柏

　　四庫館臣撰寫的提要稿，由於各種原因，並没有被全部收進《四庫全書總目》。未被《總目》收録的提要，已難以準確統計。沈津先生在《中華文史論叢》1982年第一輯《校理〈四庫全書總目提要〉殘稿的一點新發現》一文所附《被燬殘存及未收書目提要》中，根據上海圖書館藏《四庫全書總目提要》原稿殘本，整理出不見《總目》的未收提要六十六篇。臺灣大學夏長樸教授在《〈四庫全書總目〉研究的新資料》一文中①，根據臺北央圖所藏清抄本《四庫全書初次進呈存目》，整理出不見於《四庫全書薈要》、各部《四庫全書》及《四庫全書總目》的提要十五篇，其中有兩篇已見《總目》，所以實際爲十三篇。筆者近日整理《四庫全書初次進呈存目》，又發現上述兩文没有提及的《總目》未收提要十四篇，另有沈津先生文章已收、但文字與之有差異的提要七篇。今一併列舉如下，並略加考訂，供研究者參考。

---

　　① 北京師範大學古籍與傳統文化研究院主辦《第二屆中國古文獻與傳統文化國際學術研討會會議論文集》，北京師範大學"學術活動"網頁，2011-10-18發佈，http://www.bnu.edu.cn/xzhd/39088.htm。亦見夏長樸《〈四庫全書初次進呈存目〉初探——編纂時間與文獻價值》一文，臺北《漢學研究》第30卷第2期，2012年，此文在"臺大開放式課程"中也可以讀到，見http://www.docin.com/p-632578575.html

《四庫全書初次進呈存目》（以下簡稱《初目》）爲清乾隆間敕撰，乾隆年間鈔本，四十八册，盧址（1725—1794）"抱經樓"舊藏。行楷鈔寫，今存二千餘頁（以雙面爲一頁計算），有1878篇提要，包括1869篇完整提要和9篇殘篇提要。

　　上海圖書館藏《四庫全書總目提要》原稿殘本（以下簡稱上圖《提要》殘本），據沈津先生研究，"非最初的稿本，也非後來之定稿，而是不斷修改中的一部分稿本"。

　　爲説明問題，兹先顯示兩書書影各一幅。

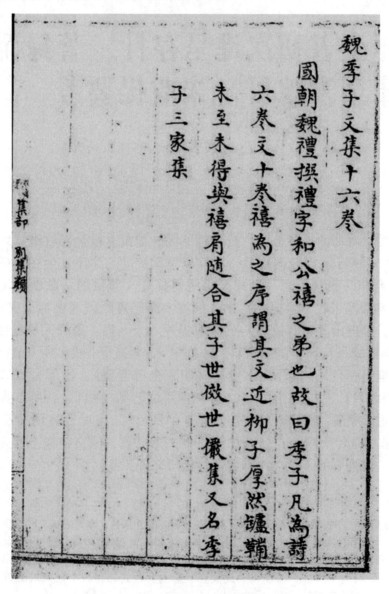

圖一　《四庫全書初次進呈存目》書影

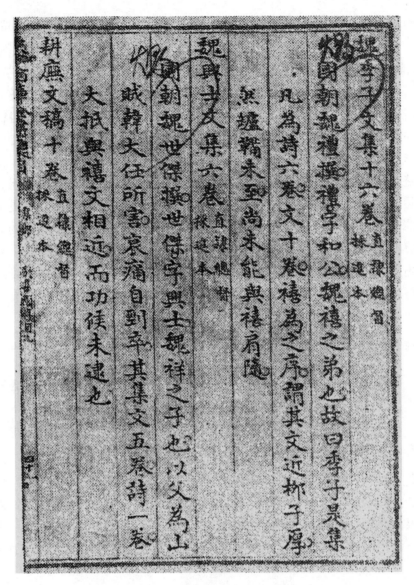

圖二　上圖《提要》殘本書影

　　將《初目》與上圖《提要》殘本相比較，可以發現幾個問題。前者每篇提要都是單獨起頁，不連抄，後者則每篇提要連續抄寫。前者書口僅寫部類名稱，其他如全書書名、頁碼都沒有，後者有全書書名"欽定四庫全書總目"、部類、頁碼。前者沒有區分著目、存目，後者則作了嚴格區別，並在書口上作了標註，如《魏季子文集》所在頁標註"集部　別集類存目九"字樣等。前者書名下未標註圖書進獻者，後者則一一作了標註。兩者均是每行二十一字，但前者每半頁八行，後者每半頁九行，每半頁九行是《四庫全書總目》抄寫的標準行數。後者在有關提要上批註有"煅"等字樣，前者無此批註。由此說明，《初目》

是一個較早的本子，一些基本格式尚未最後確定。它的每篇提要都是單獨起頁，不連抄，每頁不標註頁碼，就是爲了方便修改、調換。上圖《提要》殘本則是《總目》基本定稿後的一個刪改本。

在《四庫全書》諸提要稿中，《初目》處於承前啓後的地位。各纂修官分工撰寫的提要即分纂稿，是四庫全書館自行撰寫的最初的提要。《初目》是各分纂稿的匯總稿，同時它又是在此之後形成的《四庫全書》書前提要以及《四庫全書總目》的基礎。因爲《初目》是一個較早的本子，所以裏面保留着一些後來《總目》已經刪去的提要。這些《總目》未收提要，大多因圖書查禁而被從《總目》中撤出。因此研究這些從《初目》中撤出的提要，可以更全面地研究《四庫全書》的纂修情況，也有助於研究《四庫全書》纂修期間的圖書查禁情況。但由於各種原因，這部書一直沒有得到四庫學研究者的關注，據筆者所知，上述夏長樸教授的論文是迄今爲止發表的唯一的一篇研究該書的論文。

現將《初目》著錄而《總目》未收，且沈、夏兩位先生文章中沒有提到的提要，列舉如下。

白蘇齋類集二十二卷

明袁宗道撰。宗道，字伯修，號石浦，公安人。萬曆丙戌進士。歷官庶子，贈禮部侍郎。嘗與陶望齡、黃輝諸人講學於京師之蒲桃林。爲文自闢性靈，頗傷纖巧。論明詩派別者，於三袁蓋有遺議焉。三袁者，宗道及弟宏道、中道也。

據進呈書目①記載，此書當年由多家進呈。《浙江採集遺書總錄》癸集下有此書叙錄。叙錄引用朱彝尊之言，對《白蘇齋集》一書在轉變明代文風中的作用作了很高評價。此書後來遭到了禁燬。乾隆五十五年五月初七日，浙江巡撫琅玕奏查繳違礙書籍情形摺，所附清單列有此書（《纂修四庫全書檔案》② 一三五〇）。

水天閣集十三卷

明陶望齡撰。望齡，字周望，會稽人。萬曆己丑進士。歷官國子監祭酒。以母老乞養，卒。諡文簡。所著詩文，其門下士喬時敏等刻之。望齡在詞垣，日與同官焦竑、袁宗道、黃輝講性命之學。然晚耽禪悦，故其説多出入釋氏焉，其祭李贄文見一斑矣。集尾附《明功臣傳草》一册，蓋史

---

① 進呈書目見《四庫採進書目》，吴慰祖校訂，商務印書館，1960 年。
② 《纂修四庫全書檔案》，中國第一歷史檔案館編，上海古籍出版社，1997 年。書名後數字爲該書各件檔案順序號。

館未成之本，後人存之者也。

今存陶望齡文集有兩種版本，明萬曆喬時敏等刻《歇庵集》二十卷，有弟陶奭齡等撰《附錄》三卷，收入《續修四庫全書》。另一種爲明天啓七年（1627）陶履中刻《陶文簡公集》十三卷，收入《四庫禁燬書叢刊》。兩書版本不同，內容有差異。天啓本"刻水天閣集凡例"云："集初名'歇庵'，今更'文簡公集'。"天啓本雖改名爲《陶文簡公集》，但書口均題"水天閣"。而且書中多次提及"水天閣集"這一名稱。《初目》著錄的應該就是天啓本。

陶望齡文集在當時江蘇、浙江都有呈送。文集最終沒有收入《總目》，也與其書在乾隆年間被列爲禁書有關。乾隆四十七年八月二十八日閩浙總督陳輝祖奏第二十二次繳送應燬書籍摺，所附清單中有陶望齡著《歇庵集》十部（《纂修四庫全書檔案》九一〇），其後又再次查禁（同上一三四〇、一三五〇）。

《總目》子部道家類存目著錄陶望齡《解莊》十二卷，其文集則不見於《總目》著錄。由此可見，當年的一般性圖書查禁主要針對的是特定圖書，同一作者的其他著作如內容沒有違礙之處，且有一定價值，仍可收入《總目》。

搶榆館集六卷

明段爲袞撰。爲袞，字補之，順天人。由貢生官至考城縣知縣。詩一卷，雜文五卷，前有劉文綺序。

《武英殿第一次書目》著錄有《槍榆館集》①，三本。是此書曾進入四庫館。後遭禁，見清姚覲元《清代禁毀書目四種》（清光緒刻《咫進齋叢書》本）。

文遠集二十八卷補遺一卷秋旻集十卷二刻一卷秋旻續刻一卷

明姚希孟撰。希孟，字孟長，吴縣人。萬曆四十七年進士。官至詹事。少與其舅文震孟同學，名亦相亞。所著有《公槐》《響玉》《棘門》《沆瀣》《秋旻》《文遠》《循滄》《松瘿》《伽陵》《風吟》諸集。此本惟《文遠》《秋旻》二集。《文遠集》皆書牘，《秋旻集》皆歌詩也。

姚希孟著作總名爲《清閟全集》，八十九卷，明崇禎刻本，國家圖書館等有藏。子目包括《薇天集》二卷、《丹黃集》二卷、《公槐集》六卷、《響玉集》十卷《餘》一卷、《棘門集》八卷、《沆瀣集》五卷、《秋旻集》十卷《二

---

① 原文如此。"槍榆館集"當爲"搶榆館集"之誤。"搶榆"語本《莊子·逍遥遊》，本指僅能短程飛掠的小鳥，以喻胸無大志之人。作者以此命集，乃自謙之意。《清代禁毀書目四種》作"搶榆館集"不誤。

刻》一卷《秋旻續刻》一卷、《文遠集》二十八卷《補遺》一卷、《循滄集》二卷、《松瘦集》二卷、《迦陵集》四卷、《風唫集》六卷，共十二種。《總目》史部地理類存目著錄其所作游記《循滄集》二卷，其餘各種均未著錄。

此書當年曾進呈四庫館，如《江蘇採輯遺書目錄》著錄《丹黃集》，叙錄云："此集希孟進講《尚書》《論語》《中庸》，按條分記。共二卷。刊本。"又著錄《清閟閣全集》（應爲《清閟全集》之誤），叙錄云："此集共八十九卷。"《浙江採集遺書總錄》癸集下著錄《棘門集》八卷，刊本，叙錄云："陳皇士稱其詩'春容雅麗'。崇正丁丑方震孺序。"乾隆年間其書遭到禁燬。乾隆四十年二月二十二日江蘇巡撫薩載奏遵旨查辦僞妄遺籍摺附清單有《清閟全集》十五本（不全）（《纂修四庫全書檔案》二四一）。乾隆四十二年八月初四日浙江巡撫三寶奏續交應燬書籍摺附續繳觸礙書目清單，内列有《清閟全集》四部，稱"語多違礙之處"（同上四一一）。乾隆四十三年十月初四日湖廣總督三寶等奏六次查獲應燬各書摺附清單，列有《沆瀯集》一部，稱"策内語多干礙"，又有《公槐集》一部，稱"内載建州事實，語多干礙"（同上五四八）。乾隆四十三年湖廣總督三寶等奏呈查繳應燬各書清單，内有《清閟全集》一部，稱"内奏疏、策論、尺牘，語多干犯"（同上五七九）。

漉籬集二十四卷

明卓發之著。發之，字左車，又字能儒，號蓮旬居士，仁和人。其詩文皆以才自豪，時出入内典，未諧雅則。

此書當年曾進呈四庫館，《武英殿第二次書目》著錄此書，八本。四庫纂修官翁方綱曾爲此書撰有提要，其文云：

> 謹按：《漉籬集》二十四卷，明仁和卓發之著。發之，字左車，又字能儒，又號蓮旬居士。卓氏之居仁和者，世以經學名家，而發之之子人月字珂月，尤以才名著稱，人月子天寅、天寅子允域皆世其學。此發之詩文集也，其詩與文皆以才自豪，時出入内典，未爲雅吉。第存其目可矣①。

《初目》與翁方綱分纂稿相比較，删去了有關卓氏家族的一段文字，因這段文字與卓發之文集無關。其餘則基本同分纂稿。此篇提要顯示了分纂稿和《初目》之間的關係。

此書乾隆年間被禁，乾隆四十五年九月初八日浙江巡撫李質穎奏查繳違礙書籍摺附第十九次查繳應燬各書清單、乾隆四十六年二月三十日山東巡撫國泰奏繳應燬違礙書籍板片摺附清單（《纂修四庫全書檔案》七〇八、七六七），均

---

① 《四庫提要分纂稿》，吴格等整理，上海書店出版社，2006年，第341頁。

著録此書。今收入《四庫禁燬書叢刊》。

雲鴻洞續稿四卷

明官撫辰撰。撫辰，字凝之，鄖陽人。由恩貢生以史可法薦，授桃源縣知縣。明亡爲僧。集中前二卷詩賦雜文。第三卷別名《桃笑跡》，即官桃源時所作。第四卷名《壬機握算》，即談兵之文。

官撫辰著作乾隆年間被禁。乾隆四十三年湖廣總督三寶等奏呈查繳應燬各書清單記道："《雲鴻洞稿》並《續稿》四部。刊本。是書官撫辰著。一部計八本，又一部計七本，又一部計一本，俱不全；又一部計四本，全。內載明末事蹟，語多干礙。"後湖北巡撫姚成烈查繳應禁各書清單記錄有官撫辰著《桃笑集》一部（《纂修四庫全書檔案》五七九、九二一）。其書今存清抄本，存卷一、卷二，收入《四庫禁燬書叢刊補編》。

何長人集八卷

明何慶元撰。慶元，六安人，長人其字。萬曆戊戌進士。歷官雲南按察副使。集八四種，曰《蘧來室存稿》，曰《近稿》，《南游草》，曰《覺社游草》。詩文皆傷率易。

這條提要文字或有錯訛。集八，於義無解，或爲"集八卷"之意。《近稿》，即《蘧來室近稿》。《南游草》，即《南北游草》。《武英殿第二次書目》著録《何長人集》八本。乾隆年間被禁，見英廉等編《全毀書目》。其書今存明萬曆刻本，收入《四庫禁燬書叢刊》。

忠烈集三卷

明楊漣撰。漣，字文孺，號大洪，應山人。萬曆三十五年進士，事迹具《明史》。是編爲其孫苞所刊遺記、雜文，無多卷帙，而剛直之氣槩可以想見。削籍後與人書頗有學仙之志，蓋亦與時鑿枘，欲託之方外耳，不足以爲漣病也。

此書當年曾進呈四庫館，《兩江第一次書目》著録《楊忠烈集》，六本；《兩淮鹽政李呈送書目》著録《忠烈集》八卷，四本。《江蘇採輯遺書目録》云："《楊大洪集》，副都御史應山楊漣著。按：漣劾魏璫二十四大罪，下獄死。此集奏疏、雜文共二卷。刊本。"

其書在乾隆年間被嚴禁，楊漣家鄉應山縣所在的湖北一地查禁尤嚴。乾隆四十三年十月初四日湖廣總督三寶、湖北巡撫陳輝祖奏六次查獲應燬各書摺附清單云："《楊忠烈集》十五部，刊本。是書楊漣著。前已繳過。今續查獲二部各十二本，又三部各八本，又四部各七本，又三部各六本，又一部計四本，俱全。又一部計三本，又一部計一本，俱不全。"（《纂修四庫全書檔案》五四八）由此條可以看到，三寶等在此之前已經查繳過楊漣著作，這次又查繳全本與不全本十五部。乾隆四十三年三寶、陳輝祖奏呈查繳應燬各書清單又記道："《楊忠烈集》三部。刊本。是書楊漣著。前已繳過，今續查獲。一部計八本，又一部計七本，又一部計六本，俱全。"（同上五七九）乾隆四十七年十月初七日湖北巡撫姚成烈奏解第十一次查繳應禁各書並繕清單記道："《楊大洪集》一部，刊本。系楊漣撰。計二本，全。應全燬。"（同上九二一）乾隆四十八年九月《應銷燬書籍總檔》記"續辦第三次應燬書四種"，其中之一即《楊忠烈公文集》，三本。其文云："系明楊漣所撰奏疏等文，現存三冊。查此書內，語涉干礙，應燬。"（同上九九七）

珂雪齋集二十四卷

明袁中道撰。珂雪齋命名意取《觀經》，蓋禪學也。中道，字小修，萬曆四十四年進士。歷官南吏部郎中。其詩文集自序云："抒吾意所欲言，第欲以意役法，不以法役意。"其得失具於是矣。

其著作當年都曾進呈四庫館，《兩淮商人馬裕家呈送書目》著錄《珂雪齋集》二十四卷，《浙江省第十次呈送書目》著錄《珂雪齋近集》十卷。《浙江採集遺書總錄》云："《珂雪齋近集》十卷。右明南京吏部郎中公安袁中道撰。末附袁祈辛詩一卷。中道十餘歲作《黃山雪賦》五千餘言，長益豪邁。朱彝尊云：'小修才遜中郎，而過于伯氏。'"《珂雪齋集》乾隆年間被禁。乾隆四十七年十月初七日湖北巡撫姚成烈奏解第十一次查繳應禁各書呈覽摺附清單云："《珂雪齋集》一部，抄本。系袁中道撰。計四本，全。應全燬。"（《纂修四庫全書檔案》九二一）乾隆五十五年五月初七日浙江巡撫琅玕奏查繳違礙書籍情形摺附清單一亦著錄《珂雪齋集》十七本（同上一三五〇）。其書今收入《四庫禁燬書叢刊》。

寓林集三十八卷

明黃汝亨撰。汝亨，字貞父，仁和人。萬曆戊戌進士。歷官江西提學僉事。退歸西湖，營寓林於南屏之麓。生平著述頗富，中燬於火，此集乃其門人搜輯成編。汝亨以學術負一時重名，干謁其文者極衆，故集中應酬率率之作，殆什之七。數篇以後，闕茸不足觀矣。

黃汝亨曾任職江西，有政績。此書當年曾進呈四庫館，《兩淮商人馬裕家四次呈送書目》①、《浙江第四次孫仰曾家呈送書目》均有著錄。《寓林集》乾隆年間被禁，江蘇巡撫楊魁、浙江巡撫李質穎、江西巡撫郝碩、閩浙總督陳輝祖奏繳應禁書籍摺等所附清單，均列有此書（《纂修四庫全書檔案》六一三、七〇八、七五五、八五七）。

魏叔子集三十三卷

國朝魏禧撰。禧，字冰叔，寧都三魏之一也。禧兄皆傳姚江之學，以經濟爲務。禧文尤縱橫奧衍，不名一格，而大致近乎蘇洵、蘇軾，國初稱古文者首推焉。其集文二十二卷，分十八體，體各冠以題詞。詩八卷，非所擅長。《日錄》三卷中多精確之論，切于實用，亦非諸家語錄空談性命者比。

此書乾隆年間被禁，湖北巡撫姚成烈、安徽巡撫書麟奏繳應禁書籍摺所附清單，均有此書（《纂修四庫全書檔案》九二一、一一四三）。也有將魏氏三兄弟魏際瑞、魏禧、魏禮的《寧都三魏集》一起查禁的，乾隆四十七年二月三十日閩浙總督陳輝祖奏繳應禁書籍摺附清單云：“《寧都三魏集》七部，刊本。是書魏際瑞等著。際瑞與叔弟禧、季弟禮號稱三魏。是集皆其兄弟所作詩文，凡序傳志銘論策中，皆多違礙。”（同上八五七）另見乾隆四十七年八月二十八日閩浙總督陳輝祖奏第二十二次繳送應燬書籍摺、乾隆五十四年十月浙江巡撫琅玕奏呈查繳禁書清單、乾隆五十五年五月初七日浙江巡撫琅玕奏查繳違礙書籍情形摺附清單等（同上九一〇、一三四〇、一三五〇）。

《被燬殘存及未收書目提要》中有魏禧《左傳經世》十卷提要，無此書提要。

西堂全集五十六卷

國朝尤侗撰。侗，字展成，長洲人。由拔貢考選爲永平推官。康熙己未，以博學鴻詞科授檢討，歷官侍講。所著凡《西堂雜組》初集、二集、三集各八卷，《西堂剩稿》二卷，《西堂秋夢錄》一卷，《西堂小草》一卷，《論語詩》一卷，《右北平集》，《看雲草堂集》八卷，《述祖詩》一卷，《于京集》五卷，《哀絃集》二卷，《擬明史樂府》一卷，《外國竹枝詞》一卷，《百末詞》六卷，《性理吟》二卷。其未刻者尚有《明史志傳》二十卷、《年譜》一卷，不在此數。其詩早慕溫李，多入綺靡，晚涉元白，頗傷率易。雜文品格亦類其詩，所作湯傳楹遺像贊至以楚些押入麻韻中。蓋

---

① 《兩淮商人馬裕家四次呈送書目》僅見於臺灣“中研院”傅斯年圖書館藏《四庫館進呈書籍底簿》，吳慰祖校訂《四庫採進書目》只收錄兩淮商人馬裕家的三次呈送書目。

亦風流自命，不屑屑于考證者矣。

此書當年曾進呈四庫館，如《武英殿第二次書目》著錄《西堂文集》八本，《江蘇省第一次書目》著錄《西堂雜俎》（即《西堂雜組》）六本。書在乾隆年間被禁。乾隆四十四年八月十一日軍機大臣于敏中在奏閱看發下高樸名下書籍情形摺中說："前蒙發下高樸名下書籍各種，令臣閱看有無違礙。臣逐加披閱，內尤侗《西堂餘稿》恭載世祖章皇帝與僧人道忞問答語，非臣下所宜刊刻流傳，其餘記載亦多失實，又有引用錢謙益詩話，應行銷燬。"（《纂修四庫全書檔案》六四三）其後，江西巡撫郝碩、署雲南巡撫劉秉恬查繳應禁書籍摺所附清單中，都列有《尤西堂集》（同上七五五、八〇八）。安徽巡撫書麟、浙江巡撫琅玕奏查繳違礙書籍情形摺所附清單中列有《西堂雜俎》（同上一一四三、一三五〇）。

完成於乾隆五十二年的《皇朝文獻通考》卷二百三十二《經籍考》，亦著錄有《西堂全集》五十六卷，提要云："謹按：侗詩文類多綺靡，恒傷率易。"此語顯然即取自《初目》。據《皇朝文獻通考》"凡例"，其《經籍考》即"謹遵四庫成規"，又謂："前人論斷有裨本書考訂者，亦約載數家。"《經籍考》所著錄圖書基本取之於《四庫全書總目》，《經籍考》提要也大多是約取《總目》提要文字。從《西堂全集》這部書的著錄可以看到，此書原收入了《四庫全書總目》，所以也得以著錄於《皇朝文獻通考·經籍考》。後因圖書遭禁，此書從《總目》中撤出。但《經籍考》卻未能撤除，所以仍著錄有此書，且提要也與《初目》有聯繫。這條提要顯示了四庫文獻之間的多方面聯繫。

問山詩集十卷文集八卷紫雲詞一卷

> 國朝丁煒撰。煒，字澹汝，號雁水，晉江人。由漳平教授累官湖北按察使。煒以長短句擅長，詩文亦清切平典，不涉王李鍾譚之派。然醞釀未深，微傷於薄。

《兩淮商人馬裕家二次呈送書目》著錄《問山集》八卷，四本；《福建省呈送第三次書目》著錄《問山詩集》四卷，四本。

丁煒著作乾隆年間被嚴禁。先是，乾隆四十八年四月十七日，軍機大臣奏列入全書存目之《問山集》字句謬妄請即撤燬疏，云："前蒙發下丁煒所著《問山集》四本，臣等詳細閱看，其中字句謬妄之處，謹逐一簽出呈覽。查是書經兩淮採進，現在《四庫全書》內列入存目。前此該總纂等因存目書內恐有違礙應燬之本，呈請總裁奏明，派員覆閱辦理。而是書因該館提調遺漏送閱，是以未經列入彙奏應燬之數，應請即行撤燬，其存目之處一併扣除。並行文福建巡撫雅德查出板片，解京銷燬。至從前遺漏之該提調官，應請交部議處。總纂官未經查出，亦屬疏忽，應請一併交部察議。"（《纂修四庫全書檔案》九七八）乾隆四十八年五月二十六日，乾隆帝下諭內閣，要求將遺漏銷燬《問山集》之總纂等官分別罰俸處分。其中汪如藻罰俸六個月，孫士毅於現任內罰俸三個月，陸錫熊等各銷去紀錄一次，紀昀罰俸三個月（同上九八三）。乾隆五十五年五月初七日浙江巡撫琅玕奏查繳違礙書籍情形摺附清單，列有《問山詩集》二本，《問山文集》四本（同上一三五〇一）。

丁煒此書雖然影響並不大，但對該書的處置却值得重視。從軍機大臣所上奏疏可知，此書是由《四庫全書》存目中撤除的。人們通常習知從四庫著目中撤除圖書，很少了解從存目中也撤除圖書的情形。該書提供了一個樣本。此外，該書也提供了對四庫纂修官員因圖書查禁不力而進行處分的樣本。

古處齋集十三卷

國朝陳祖法撰。祖法，字湘殷，餘姚人。順治辛卯舉人。官至澤州知州。

提要僅有人物小傳，缺內容介紹，似爲未完成稿。《武英殿第一次書目》著錄《古處齋全書》，六本。

此書乾隆年間被禁。乾隆四十年正月二十八日湖南巡撫覺羅敦福奏查繳違背遺書請旨銷燬摺云："今據委員會同茶陵州轉據該州監生譚雲錦呈繳陳祖法所著《古處齋集》四卷四本，由府司繳送到臣。查序文係康熙年間所鋟，第四卷內如《闈中》及《秋感》二詩內有慚纓絡、泣冕旒、無明髮、擊短纓等句，語涉詆燬，不應存留。謹將原書黏簽，固封進呈，請旨銷燬。再，查書內陳祖法係浙江餘姚縣人，由順治辛卯科舉人，任本省教職及山西縣令。臣現在通飭所屬，並分咨浙江、山西等省，一體查繳。"（《纂修四庫全書檔案》二三〇）

這是較早時間所上有關圖書禁燬的奏摺，對書中的"違礙"內容有具體的列舉。乾隆四十一年四月十六日，敦福在奏查繳違礙遺書請燬摺中又指出："前經繳出《古處齋集》等書，業經進呈銷燬在案。"（同上三二三）

乾隆四十年五月二十二日浙江巡撫三寶奏解繳續收應燬書籍版片摺，謂除繼續查繳違礙圖書外，還起出書版一千二百二十九塊，其中有《古處齋詩文集》書版一副二百塊，"臣逐一檢閱，均有字句觸礙，應行銷燬"。在所附清單中又説："《古處齋詩文集》一部。刊本。是書係國初陳祖法著，余姚人。內分文二卷，詩二卷，共四卷。其卷首有呂留良序一篇。今查出書一部，板片一副計二百塊。"（同上二六九）。

這部著作不僅銷燬了圖書，還銷燬了板片。其書有康熙刻本，今收入《四庫禁燬書叢刊》。

此外，還有七篇提要，《被燬殘存及未收書目提要》已經著錄，因《初目》提要文字與之略有差異，亦予錄出，以顯示四庫提要的修改情況。

文穆集六卷

　　明許國撰。國，字維楨，歙人。官至建極殿大學士，贈太保。是集刊於萬曆辛亥，爲其子立言所輯，其門人焦竑校而序之。此本乃題門人葉向高、方從哲編，而卷首復列校閱門人姓氏朱國禎、李廷機以下數十人，皆明末位望通顯者。蓋其曾孫芳、萱、蓮、苓等重梓之時，增以爲重也。

《被燬殘存及未收書目提要》載有此書二十卷本、六卷本兩篇提要。分別是：

　　文穆集六卷　　兩淮馬裕家藏本
　　明許國撰。集刊于萬曆辛亥，即焦竑所稱六卷之本也。卷端乃題門人葉向高、方從哲編，復列校閱門人姓氏朱國禎、李廷機以下數十人，皆重刊者所增耳。

沈津按：《清代禁書知見錄》題"福清葉向高等編，萬曆三十九年辛亥門人焦竑等校刊，民國十三年重刊本作二十卷"。此書應爲明萬曆三十九年（1611）許立言刻本，南京圖書館等皆有入藏。

　　許文穆公集二十卷　　浙江汪汝瑮家藏本
　　明許國撰。國，字維楨，歙縣人，嘉靖乙丑進士，官至建極殿大學士，諡文穆，事蹟具《明史》本傳。是編雜文十八卷，詩賦二卷，乃其從孫志才所輯。首有焦竑序，稱詩文若干篇，匯爲六卷，蓋其初刻，僅得十之二三，其後搜訪增輯，乃重刻此本。卷端有志才自志，詳其始末云。

沈津按：《全燬書目》著錄，題"許文穆集十本"。今南京圖書館等均有藏本，爲明天啓五年（1625）許氏碗香堂刻本。又南開大學圖書館有《許文穆公遺文二十卷》，爲明萬曆三十一年（1603）刻本。

《被燬殘存及未收書目提要》先列二十卷本，後列六卷本。此處爲更好顯示兩種版本之間的先後關係，特先列六卷本。六卷本卷首有萬曆三十九年辛亥焦竑序。二十卷本卷首有焦竑、許志才兩篇序。許志才爲許國嫡孫，其序對《文穆集》的刊刻經過言之甚詳。據其序所言，萬曆三十三年乙巳，其書即送南京國子監祭酒劉曰寧（雲嶠）校閱，並擬刻於南京國子監。以劉曰寧擢升少宰去而事未成。萬曆三十九年辛亥，焦竑取舊稿重爲校閱並予以刊刻，此即六卷本。天啓五年乙丑，許志才重爲刊刻，此即許氏碗香堂二十卷本。

許國文集的六卷本與二十卷本當年都曾進呈四庫館。《兩淮商人馬裕家四次呈送書目》《浙江省第四次汪汝瑮家呈送書目》各有著錄。因版本不同，所以上海圖書館所藏《提要》原稿殘本分別予以著錄，其注圖書來源，一爲兩淮馬裕家藏本、一爲浙江汪汝瑮家藏。

《初目》僅著錄了六卷本。因《初目》本身殘缺甚多，所以不清楚《文穆集》的提要是一篇還是兩篇。但上述這篇提要，顯然綜合了上圖《提要》原稿殘本兩篇提要的内容。如作者小傳與上圖二十卷本提要文字相近，有關本書的編輯情況則與上圖六卷本提要相近。當然也有些内容是《初目》增加的。

《文穆集》在乾隆年間被列爲禁書，乾隆五十四年十月浙江巡撫琅玕奏呈查繳禁書清單，有明許國撰《許文穆集》六本（《纂修四庫全書檔案》一三四〇）。

其書遭禁原因，當與校閱名單中有葉向高等人有關。

《文穆集》"校閱姓氏"包括門人、子孫兩部分。門人中首列葉向高，以下有方從哲、朱國楨、李廷機、朱國祚、申用懋、高攀龍、林堯俞、徐應聘、焦竑、陶望齡、劉曰寧、王肯堂、朱正色、錢養廉、梅守峻等，還有後學畢懋康、金聲，共三十人。卷端則署葉向高、方從哲纂輯。

早在乾隆四十年，葉向高著作即在被禁燬之列，其《綸扉奏草》《續綸扉奏草》《蒼霞草》《蒼霞續草》《蒼霞餘草》《蒼霞詩草》《四夷考》《後綸扉尺牘》等著作，各地都在查禁。乾隆四十二年五月二十日浙江巡撫三寶奏呈續獲應燬書籍摺，謂《後綸扉尺牘》"係向高在閣時與諸臣往復簡劄，多涉遼東時事，語有違礙"（《纂修四庫全書檔案》三八七）。

葉向高以外，其他校閱者，其著作也多被禁。如乾隆四十三年五月十一日，署雲貴總督裴宗錫奏第四次查繳應禁書籍分別委員解京摺所列查禁各書清單謂："《增定明館課》一部，一本。查與向奉查禁之《翰林館課》名雖不同，但如方從哲、鄧宗齡等諭檄，邱浚、袁袠各議，多有干礙，應請一例查禁。"（同上四九八）這裏點到了方從哲之名。再如朱國楨輯的《皇明大事記》五十卷，記明代洪武迄崇正間大事。乾隆四十年九月二十五日，首先被浙江巡撫三寶奏請銷燬（同上二八七）。其後各地亦多查禁此書。焦竑的《焦澹園集》《澹園續集》及所編《明狀元策》《歷科狀元策》《獻徵錄》等，也被查禁。乾隆四十四年十一月初一日，湖廣總督圖思德等奏第八次查獲應燬各書解繳緣由摺附清單謂："現經查獲應禁各種：《澹園集》二部。焦竑著。内詩傳書銘，語有干犯。《澹園續集》二部。焦竑著。碑文内語有違礙。"（同上六五五）上述署雲貴總督裴宗錫查禁各書清單又謂："《明館課續集》一部，七本。向奉查禁。書内有《翰林館課》一種，今此書名目雖殊，但查劉曰寧、王肯堂《聖武頌》，鄒德溥、

《四庫全書初次進呈存目》著錄而《四庫全書總目》未收提要考　173

王苴《遼東大捷詩》，皆有干犯我朝；而方孝孺、葛曦、焦竑所擬奏疏檄議，亦多違礙。應請一例查禁。"（同上四九八）乾隆四十七年十月初七日，湖北巡撫姚成烈謂："《漁村合稿》一部，刊本。係明金聲、陳際泰時文。計一本，全。內多呂留良評語，應銷燬。"又："《試草》一部，刊本。系明金聲著。計一本，全。內《樂府歌》語有違礙，應銷燬。"（同上九二一）金聲被禁圖書還有《金太史集》。陶望齡的著作遭禁，已如上述。此外，李廷機的《資治大方通鑒》《歷史大方綱鑒》《鑒略妥注》《李文節集》等，申用懋的《撫薊疏草》《署冏疏草》《中樞疏草》等，都被查禁。

乾隆帝正式發佈禁書諭旨，是在三十九年八月五日，乾隆四十年以後，各省查繳違礙書籍的活動逐漸展開①。可見，從禁書活動一開始，葉向高等人的著作即被查禁。參與《文穆集》一書校閱的門人中，有如此多的人的著作被列入查禁清單，雖然以上所提及的著作中有些後來實際未被查禁，但這仍然會引起清廷的猜忌。

此外，如葉向高、朱國楨、李廷機、朱國祚、高攀龍、焦竑、陶望齡、劉曰寧等人，如《初目》所云，"皆明末位望通顯者"，有相當的社會地位，也有一定的社會影響。本書卷首將其一一列出，且醒目標注"門人""後學"，如此作法，已顯張揚，且有標榜門戶、交通聲氣之嫌。而這也是清廷極爲警覺的。由此，《文穆集》自然也難逃被禁厄運。

馬文莊集選十五卷

　　明馬自強撰。自強，字體乾，陝西同州人。嘉靖癸丑進士。授翰林院檢討，歷官少保、大學士。明《藝文志》載其集，目爲二十卷，其門生盛訥後序亦稱其遺集二十卷。此本十五卷，蓋其從子協所刪汰者。自強詩文類皆平易，惟第十一卷內，《沙苑虛賦議》一篇，言頗可採，餘無足觀。

《兩淮商人馬裕家四次呈送書目》著錄道："明馬自強《文莊集》十五卷，五本。"

此書乾隆年間被禁，見英廉等編《全毀書目》。《被燬殘存及未收書目提要》中有此書提要，文字與《初目》略有不同。

宗伯文集十六卷

　　明曹勳撰。勳，字允大，號我雪，華亭人。崇禎戊辰進士。官至左庶子，兼翰林院侍讀。福王時，官禮部侍郎，故其集以宗伯稱云。

---

① 黃愛平：《四庫全書纂修研究》，中國人民大學出版社，1989年，第40、42頁。

按：《總目》不載此書，《四庫全書》亦未收錄。此書乾隆年間被禁，見英廉等編《全毀書目》。《被燬殘存及未收書目提要》中有此書提要，文字與此略有不同。

王校書全集四十二卷

明王穉登撰。穉登，字百穀，先世江陰人，移居長洲。十歲能詩，嘉靖甲子以《賦紫牡丹詩》受知大學士，袁煒薦校秘書，將奏以布衣領史事，竟不果，遂終身無所遇。然文章氣誼奔走一世，擅盛名者三十年，論者謂可繼文徵明。萬歷中，江寧葉氏裒其詩文雜著合刊之，曰《晋陵集》《金昌集》《燕市集》《青雀集》《客越志》《竹箭編》《梅花什》《明月篇》《雨航紀》《青苕集》《越吟》《荆溪疏》《延令纂》《采真篇》《法因集》《丹青志》《虎苑》《吳社編》《生壙志》《苦言》《謀野集》，凡二十一種。

《總目》未收《王校書全集》此書。所列二十一種子目中，除《丹青志》（作《吳郡丹青志》）、《吳社編》外，其餘也未見《總目》著錄。此書乾隆年間被禁，乾隆五十四年十月浙江巡撫琅玕奏呈查繳禁書清單中，列有王穉登撰《王百穀集》一本（《纂修四庫全書檔案》一三四〇）。其書今收入《四庫禁燬書叢刊》，名《王百穀集》，收錄上述二十一種著作中除《丹青志》《吳社編》以外的十九種著作。《被燬殘存及未收書目提要》中有此書提要，文字與此略有不同。

魏季子文集十六卷

國朝魏禮撰。禮，字和公，禧之弟也，故曰季子。凡爲詩六卷，文十卷。禧爲之序，謂其文近柳子厚。然鑪鞴未至，未得與禧肩隨。合其子世傚、世儼集，又名《季子三家集》。

《直隸省呈送書目》著錄《魏禮集》十本，《江蘇採輯遺書目錄》著錄有《寧都三魏集》五十六卷。此書乾隆年間與魏際瑞、魏禧、魏禮撰《寧都三魏集》一起被禁。

《被燬殘存及未收書目提要》中有此書提要，文字與此略有不同：

> 魏季子文集十六卷　直隸總督採進本
> 國朝魏禮撰。禮，字和公，魏禧之弟也，故曰季子。是集凡爲詩六卷，文十卷。禧爲之序，謂其文近柳子厚。然鑪鞴未至，尚未能與禧肩隨。

此提要刪去了《初目》"合其子世傚、世儼集，又名《季子三家集》"一句，因爲其說並不準確，文獻也無"季子三家集"這一說法。

魏興士文集六卷

國朝魏世傑撰。世傑，寧都人。際端子，興士其字也。從叔禧學古文。以父爲山賊韓大任所害，哀痛自剄卒。其集文五卷，詩一卷，大抵與禧文相近而功力未逮。

"自剄"，《初目》原作"自勁"，誤，今據《被燬殘存及未收書目提要》所附書影改。魏世傑文集無單獨刻本，附刻於伯父輩魏際瑞等三兄弟合集之後。乾隆年間《寧都三魏集》遭禁，世傑其書一起被禁，是以禁書目錄如姚覲元《清代禁毀書目四種》未列其名，《纂修四庫全書檔案》也沒有單獨查禁其書的記載。但上圖《提要》殘本上，此書提要被批上"燬"字樣，說明其書不見於《總目》，確實是出於禁燬的原因。《被燬殘存及未收書目提要》中有此書提要，文字與此略有不同。

耕廡文稿十卷

國朝魏世傚撰。士傚，字昭士，寧都魏禮之子。文亦有家法。其伯父禧爲之序，稱其性稍急，勇于事，文亦肖之，特少展拓。

此書當年曾進呈四庫館，《江西巡撫海第三次呈送書目》著錄《耕廡稿》，六本。後遭禁。參見"魏世傑"條。《被燬殘存及未收書目提要》中有此書提要，文字與此略有不同。

江慶柏：南京師範大學古文獻整理研究所研究員

論宮廷書目在學術史上的典範意義*
——以《天祿琳琅書目》爲例

劉薔

　　宮廷藏書是在皇帝的授命及參與下逐漸建立起來的，是國家藏書的主體部分。歷朝歷代都設立相應機構對宮廷藏書進行整理，編爲書目，所成的宮廷書目是中國古典目錄的重要類型。相比私人藏書目錄，宮廷書目往往收書多，體量大，代表了當時的國家藏書水準，特別是在著錄內容和體例上，對當代及以後的目錄編纂具有指導意義。宮廷藏書的搜集、整理和利用是文治的組成部分，體現了國家意志，進而也影響到整個時代的學術風尚。西漢《七略》、魏《中經》、東晉《晋元帝四部書目》、唐《開元四庫書目》、宋《崇文總目》、明《文淵閣書目》、清《天祿琳琅書目》等，無一不是中國目錄學史上的典範之作，在學術史上佔有重要地位。

　　有清一朝亦仿前代舊制，重視對歷代書籍的保存、整理，乾隆年間出現了中國歷史上第一個宮廷善本特藏——"天祿琳琅"，編成了第一部皇家善本書目《天祿琳琅書目》。《天祿琳琅書目》前後兩編共著錄了一千餘部善本書，均爲內廷藏書之精華。書目爲提要體，是我國第一部官修善本目錄，沿襲漢代以來書目解題傳統，在著錄、編排等體例方面多有創見，於清代藏書家講究版本

---

* 本文是國家社會科學基金課題"海內外現存清宮天祿琳琅書的調查與研究"（專案編號：09BTQ016）成果之一。

鑒定、注重善本著録之風氣影響深遠，直接開啓近世版本目録學之興盛。作爲宫廷書目，更是極具導向性，主導了清乾隆以後近三百年善本書目編纂風尚，其體例甚至遠播海外，近代美、日、韓等國所編漢籍書目亦深受其影響。

將善本書籍視同文物，以賞鑒爲旨趣，仿書畫著録之體例，是《天禄琳琅書目》最顯著特點。這一特點，使《天禄琳琅書目》與同一時期出現的另一部清代官修目録《四庫全書總目》在編纂宗旨上完全不同，《四庫全書》乃"輯今"，天禄琳琅則"弄古"，"輯今弄古非同事，天禄文淵故別藏"。①《天禄琳琅書目》無論編排次序，還是著録内容皆圍繞版本，對版刻源流的追溯與藏書印記的登載不厭其詳，此實大異於以評述書籍内容爲主的《四庫全書總目》，這種體例奠定了後來善本目録的基本程式，具有經典的垂范意義。版本目録在中國古代目録學史上發端較晚，宋、明雖有簿記版本於藏書目録的做法，但都甚爲簡略，影響不大。清朝初年，版本目録異軍突起，自錢曾（1629—1701）《讀書敏求記》肇始，稍後毛扆（1640—1713）《汲古閣珍藏秘本書目》、孫從添《上善堂宋元版精鈔舊鈔書目》都以記載書籍版本特徵、考訂版本流傳爲主要内容。到乾嘉年間，版本目録一時蔚然大觀，版本研究呈現繁榮景象，在這個發展過程中，《天禄琳琅書目》起到了巨大影響。本文試以《天禄琳琅書目》爲例，探討其在學術史上的重要地位。兹從體例、體裁、鑒藏風尚三個方面予以分析。

一、編纂體例

明人書目在書名下附記版本，並不少見，如晁瑮《寶文堂書目》、徐𤊹《紅雨樓書目》、李鶚翀《江陰李氏得月樓書目》等，但尚未發展到整部目録皆以版本目録面目出現的程度，明代也始終没有出現一部以賞鑒爲宗旨、以善本特藏爲著録物件的善本目録。近代善本書目的盛行，創始於錢曾《述古堂宋版書目》，將98種宋版書集中、單獨立目，然體例過簡，真正集大成者是《天禄琳琅書目》。

《天禄琳琅書目》記皇家善本特藏，每書"詳其年代、刊印、流傳、藏庋、鑒賞、採擇之由"，②以解題形式逐一記述書名、卷數、著者、内容大要、序跋、題跋、藏書源流、版本、印記等内容，編排上則"宋、元、明版書各從其代，每代各以經、史、子、集爲次"③，即以版本年代爲綱，同時代再依經、

---

① （清）于敏中、彭元瑞等撰，徐德明標點：《天禄琳琅書目》，上海古籍出版社，2007年，"天禄琳琅鑒藏舊版書籍聯句"，第8頁。
② （清）慶桂著，左步青校點：《國朝宫史續編》卷七十九，北京古籍出版社，1994年，"書籍五·鑒藏一"，第745—762頁。
③ 《天禄琳琅書目》，第2頁。

史、子、集分類排序。這種特殊的編纂體例，實際上是開創了我國鑒賞書目程式之先河。此例一開，嘉慶以降，諸多書目皆是鑒賞書目，體例盡是仿《天禄琳琅書目》，較著名者：嘉慶、道光間有黃丕烈（1763—1825）《百宋一廛賦注》、吴騫（1733—1813）《拜經堂藏書題跋記》、陳鱣（1753—1817）《經籍跋文》、孫星衍（1753—1818）《平津館鑒藏書籍記》、張金吾（1787—1829）《愛日精廬藏書志》、瞿鏞（1794—1846）《鐵琴銅劍樓藏書目録》；同治、光緒間有朱學勤（1823—1875）《結一廬書目》，陸心源（1834—1894）《皕宋樓藏書志》《儀顧堂題跋》，丁丙（1832—1899）《善本書室藏書志》，耿文光（1830—約1908）《萬卷精華樓藏書記》；民國間有葉德輝（1864—1927）《郋園讀書志》、鄧邦述（1868—1939）《群碧樓善本書目》、傅增湘（1872—1949）《藏園群書題記》、張元濟（1867—1959）《寶禮堂宋本書録》等等。約舉數例説明之：

　　乾嘉間藏書大家黃丕烈，是清代私人藏書家中最具代表性的一位。他爲自己的藏書編過三種目録，一《所見古書録》，二《百宋一廛書録》，三《求古居宋本書目》，在讀書、校書過程中他還撰寫了大量題跋。這些目録和題跋注重考訂版本源流，偏嗜宋元舊刻，既反映了黃氏藏書特色，也體現了乾嘉時代佞宋之風尚，後人評價他的題識："於版本之後先，篇第之多寡，音訓之異同，字畫之增損，授受之源流，翻摹之本末，下至行幅之疏密廣狹，裝綴之精粗敝好，莫不心營目識，條分縷析，跋一書而其書之形狀如在目前。"① 黃丕烈曾藏有《天禄琳琅書目》前編十卷的抄本，傅增湘記其經眼一朱邦衡手寫本《天禄琳瑯書目》，其後有嘉慶十三年朱氏識語，云"以《天禄琳琅》乞余抄録，因從友人袁又愷假得内閣原抄本書之，五匝月而畢，其中不免魚魯豕亥。今歲春初，余久疾後愈，重理舊業，適朝廷有採訪字畫遺書之命，士大夫家皆尊重是書，復從友人借原抄本及黃氏未見書齋本、周漪塘本參校，改正頗多"。② 朱邦衡（1780—1808），字敬輿，號秋崖，江蘇吴縣人，乃余蕭客之門人，常年助其校輯古書。藏書處名静怡小築，在蘇州楓橋白蓮里，常與黃丕烈借書互校。跋中"黃氏未見書齋本"疑漏一"讀"字，即黃丕烈家藏本；"周漪塘本"，漪塘爲周錫瓚號，此應是周錫瓚家藏本。袁廷檮、黃丕烈、周錫瓚、顧之逵同爲清乾嘉時期吴縣人，號稱"藏書四友"，《天禄琳琅書目》在其間相互傳抄，惜黃氏鈔本、周氏鈔本今皆不見傳世。"袁又愷假得内閣原抄本"，袁氏抄本即現藏於上海圖書館之"袁氏貞節堂抄本"。

---

　　① （清）黃丕烈撰，屠友祥校注：《蕘圃藏書題識》，上海遠東出版社，1999年。繆荃孫序，第1頁。

　　② 傅增湘著：《藏園群書經眼録》卷六，中華書局，2009年，第424頁。

黄丕烈還曾明確提到用《天禄琳琅書目》之例，在他所藏影宋鈔本《韓非子》上有其嘉慶七年（1802）所作長跋，記得此書經過甚詳，稱此書爲錢曾述古堂抄本，曾經季振宜、汪啓淑舊藏，甚爲精雅，銘心絕品，乃以卅金購得。後見宋刊本於張古餘處，兩本皆有缺漏，黄氏即以兩本參校補足，并以别紙影鈔宋刻之眞者，念其流傳不易，"因並描其藏書諸家圖書，以志源流。首列'張敦仁讀過'一印，此書得見之由也。每册圖書，未能悉摹，兹但取其一，次其先後。每印所在，遵《天禄琳琅》例，注出某卷某葉，日後得見宋刻，欲定餘手校所據本者，可按此知之。"①

不僅著録内容，《天禄琳琅書目》依版本年代編次的做法，亦爲黄丕烈所繼承。嘉慶七年（1802），黄丕烈遷居蘇州東城之懸橋巷，構專室儲所藏宋槧本，名之曰"百宋一廛"，據張鈞衡説："（黄丕烈）撰《所見古書録》，專論各本，以宋槧一，元槧二，毛鈔三，舊鈔四，雜舊刻五。並未編定。"② 此《所見古書録》稿本，黄氏友人瞿中溶見過，有"甲乙編、丙三及附編，共二十册，觀之，屬其繕出清本，擬爲編校以待付梓"。③ 稿本後歸陸心源皕宋樓，但並未見於日本静嘉堂，現已不知下落。稿本雖已不存，但顯然其編次方法與《天禄琳琅書目》如出一轍。

與黄蕘圃往來密切的海甯吴騫，藏書處名"拜經樓"、"千元十駕"，亦以精善著稱，其子壽晹輯先父題跋二百餘則，成《拜經樓藏書題跋記》一書，"其中辨誤析疑，兼及藏書之印記，書版之行款，鈔書之歲月，莫不詳識。"④ 與《天目》一樣，不以揭示圖書内容爲主旨，而注重刊版年月、册籍款識、收藏印記的描繪和版本源流的考訂。

同一時期另一位大藏書家陽湖孫星衍，編有三部體制各異的目録著作，但無一不受《天目》之影響。《孫氏祠堂書目》以書名標目，將同書異本統歸一種書下，如《天目》一樣廣收同書異本。其《平津館鑒藏書籍記》《廉石居藏書記》"皆録宋元明槧及舊鈔精本，多爲《四庫》未録者，每書著其刊刻年代、人名、前後序跋、撰人，並記行款字數、收藏家印記，視晁、陳諸目，更爲精

---

① 《蕘圃藏書題識》，"影宋鈔本《韓非子》二十卷"條，第256頁。
② （清）黄丕烈撰：《百宋一廛書録》，《宋元版書目題跋輯刊》第3册，影印民國二年（1912）烏程張鈞衡刻《適園叢書》本，張鈞衡跋，第117頁。
③ （清）瞿中溶撰，繆荃孫校定：《瞿木夫先生自訂年譜》，民國二年（1913）劉氏嘉業堂刻本，清華大學圖書館藏，書號己547.2/7601。其中"道光五年八月十三日"下，第56頁。
④ （清）吴騫撰：《拜經樓藏書題跋記》，《清人書目題跋叢刊》，第10册，影印清道光二十七年《别下齋叢書》本，中華書局，1995年。管廷芬跋，第597頁。

備"。① 他的《平津館鑒藏書籍記》著錄了所藏菁華338部，依宋版、元版、明版、舊影寫本、影寫本、外藩本爲序。孫氏編寫此書的初衷，是受到阮元進呈四庫遺書並纂成《四庫未收書提要》的影響，欲將個人藏書的善本部分選出編目，進呈朝廷，因此體例上依照《天禄琳琅書目》，編排以版刻朝代爲次，同類版本再按經史子集編排。每書下著錄書名、卷數、作者、前後序跋、闕補、藏印等，完全繼承了《天目》的做法，並有所細化，對版心、行款、耳題、板框高廣等版本特徵的著錄更加留意。

嘉慶二十五年（1820），常熟張金吾將其八萬卷藏書略加詮次，編成二十卷的藏書目錄，繼而擇傳本較稀及宋元明初刊本暨傳寫文瀾閣本，另爲一編，撰成善本書目《愛日精廬藏書志》。每書之下依次爲書名、卷數；版本及收藏情況；作者；解題，包括考訂刊刻源流、比勘版本異同及内容評價；歷代書目著錄；原書題跋、後人題識等。"觀其某書必列某本舊新之優劣，鈔刻之異同，展卷具在，若指諸掌。"②《愛日精廬藏書志》解題内容序次有致，規範劃一，載錄原書序跋、藏書題識等不遺其繁，是清代中期所出現的第一部名實相符的藏書志。儘管張金吾強調是編所載皆"有關實學"③，但其收錄範圍與彰顯善本之本意與《天禄琳琅書目》一脈相承，版本著錄上較之《天目》更爲規範、完善。

仁和朱學勤《結一廬書目》以宋、元、舊版、抄本、通行本分類，類下又分經、史、子、集，每書各記書名、卷數、撰者、版本、册數。與《天禄琳琅書目》相同，鮮明地採用了版本目錄的體式。

獨山莫友芝（1811—1871）之子莫繩孫（1844—1919④）整理刊刻了其父的大部分著述，其中《宋元舊本書經眼錄》十六卷，記邵亭先生所見宋、金、元、明各代槧本、抄本和稿本130餘種，每書皆有解題，考訂版本。繩孫在同治十二年（1873）七月十九日致黎庶昌的信中，談到了此錄編訂情況：

> 先君《舊本書經眼錄》，任編爲三卷，附錄一卷，繕成清稿二册寄上，請姑丈細閱删訂後爲作一序，再行付梓。……任前編次時檢家中書，唯《天禄琳琅》一書專載舊本，乃以宋元明刊本、舊鈔本各爲類，故任約依

---

① （清）孫星衍撰，焦桂美、沙莎標點：《平津館鑒藏書籍記、廉石居藏書記、孫氏祠堂書目》，上海古籍出版社，2008年。"附：《木犀軒叢書》本陶浚宣跋"，第713頁。
② （清）張金吾撰：《愛日精廬藏書志》，中華書局，1990年版影印本。顧廣圻序，第273頁。
③ 同上注，"例言"，第275頁。
④ 莫繩孫之生卒年，見《晚清藏書家莫棠、莫繩孫生卒年考》一文，《文學遺産》2008年第4期，第15頁。

其例編之。①

光緒十二年（1886），江標客粵東，見莫友芝所編《豐順丁氏持静齋書目》四卷本，因"（原書目）雖分四部而新舊雜糅，屬重編之。爰以宋、元、校、抄、舊刻五類，分別部居"。②收録丁日昌藏書529部，編排體例上棄内容而從版本，表明了對版本目録的認同和支援。此目除未摹印章、未列闕補外，與《天禄琳琅書目》體例幾乎無異。

清末山西靈石藏書家耿文光（1830—約1908），自述二十四歲起，開始研讀《天禄琳琅書目》和《四庫全書總目》，以爲治學之門徑，云"予爲目録學，多取諸此"。③後以二十餘年之功，傾畢生讀書心得於其《萬卷精華樓藏書記》一四六卷。《精華記》按四部分類，每書下首標書名、卷數，低二格爲注，低三格爲按語。注先撰人；次版本，兩本都佳則遵《天禄琳琅書目》之體例另標一目；次解題；次録序跋；次采本書要語；次集諸家説，依馬端臨《經籍考》、朱彝尊《經義考》之例。辨版本精粗，是佳本皆依孫星衍、莫友芝兩家書目之例，記行數、字數、刊刻年月、古版之式及作僞之跡。

民國時江甯鄧邦述爲其家藏編《群碧樓善本書目》《寒瘦山房鬻存善本書目》二目，今人喬衍琯評曰：

> 鄧氏於所藏書，多躬加題記，再四校讎，蠶眠細書，録稿盈篋。書目仿《天禄琳琅》例，區别刊鈔，各分四部，再依朝代。《群碧目》卷一宋刻本，卷二元刻本，卷三明刻本，卷四明嘉靖刻本，卷五、卷六鈔校本而稿本附焉；《寒瘦目》卷一宋本、元本、景宋鈔本、景元鈔本，卷二明刻本，卷三明嘉靖本，卷四鈔校本，卷五、卷六明鈔本、名人手鈔本，卷七自校本。其嘉靖刻本不入明本者，欲以見其百靖齋之名不虛立也。比較兩總目，亦可見其鬻書前後所藏之豐儉矣。每書之序跋，刊印時地，藏書印記等，著録甚悉。宋元舊本並及其牌記。諸家題跋識語，則備存之。而殿以邦述自撰題跋，於書之撰人生平，内容概要，遞藏源流，藏家故實，均有述及。④

---

① 張劍著：《莫友芝年譜長編》，中華書局，2008年。《譜後·莫繩孫年譜簡編》，"同治十二年（1873）癸酉，三十歲"下，第546—547頁。

② （清）江標撰：《豐順丁氏持静齋宋元校抄本書目》，《宋元版書目題跋輯刊》第2册，影印清光緒二十一年（1895）江標刻本，"豐順丁氏持静齋書目題辭"，第49頁。

③ （清）耿文光撰：《蘇溪漁隱讀書譜》卷二，清光緒十五年（1889）刻本，北京大學圖書館藏，書號X/9578/1309。第15—16頁。

④ 鄧邦述編：《群碧樓善本書目》，廣文書局，1999年再版。喬衍琯"《群碧樓善本書目》《寒瘦山房鬻存善本書目》序"，第1頁。

1939年，張元濟助潘宗周校所藏宋版書，成《寶禮堂宋本書錄》一書。書中除仿效其它書目著錄提要、流傳、刊刻、授受、優劣、前賢手跋題識、板式、避諱、藏印等項外，還全面羅列刊工姓名，①明定爲版本著錄項之一。善本書目體例更爲科學縝密，並最終使版本著錄走上了規範化的道路。此目最得《天禄琳琅書目》精髓，不僅採用了據版本年代編次的排序方式，而且獨采《天禄琳琅書目》之法，詳細羅列各家印章，略存原印款式及大小，但没有在印文之外勾摹原印形狀，或因排印不如刻版方便，且没有區别朱文、白文，在著錄藏印上尚未達到《天禄琳琅書目》的完善程度。

　　清代乾隆年間的兩大官修目録《四庫全書總目》與《天禄琳琅書目》，對後世書目都有重大影響，有些書目依四部分類，部類下再以著者時代爲序，一如《四庫》之體系；有些則以版刻時代爲次，同時代再按四部類分，一如《天目》之做法。主要以哪種方式編排，關鍵在於編纂者的價值取向，即内容與版本孰者更重。而編纂者考慮個人藏書特色，對編排與著錄加以調整，既是對目錄學實踐的新探索，也反映了兩大目錄體系對善本書目的交互影響。有不少善本書目，表面上看是遵用《四庫總目》體例，分經、史、子、集四部，但對每一部書的介紹則側重於版本特徵，就其本質來説，仍屬於《天禄琳琅書目》一派。黄丕烈等賞鑒家自不必説，被認爲是基本照搬《四庫全書總目》體系的張金吾《愛日精廬藏書志》，於版本之優劣、抄刻之異同，均詳考之，同樣體現出重視版本價值的取向。有些書目將《天禄琳琅書目》與《四庫全書總目》的體例加以變通發展，如聊城海源閣楊紹和（1830—1901）《楹書隅錄》，依《四庫》之四部爲序，書名目錄下均注明版本，每卷下又增加子目錄，如"子部 宋本十六 金本一 元本三 明本二 校本四 鈔本四"，"這樣既解決了版本著錄問題，又不分割每部内容；因有書名目錄，就既醒目又方便查找。"②類似的編法，還有其子楊保彝所編《海源閣藏書目》，按四部分卷，每部又分宋本、元本、校本、鈔本依次編排，頗爲清晰，被後人推爲"此類目錄中編得最有條理的"。③有些書目部分承繼《天目》遺風，如詳列闕補之做法，則有汪士鐘的《藝芸書舍宋元本書目》；載錄藏書題記之做法，則有周中孚《鄭堂讀書記》、葉昌熾《滂喜齋藏書記》等。

　　民國以至當代的目錄學家們對《天禄琳琅書目》都有很高評價，如姚名達（1905—1942）認爲："成爲善本目錄之規程"④、"後來撰善本目錄者，莫不謹守

---

①　杜澤遜著：《張元濟與〈寶禮堂宋本書錄〉》，《古籍整理研究學刊》1995年第3期，第15頁。

②　丁延峰著：《論南瞿北楊的藏書特色》，《圖書館理論與實踐》2006年第1期，第113頁。

③　程千帆、徐有富著：《校讎廣義·版本編》，齊魯書社，1991年，第456頁。

④　姚名達撰，嚴佐之導讀：《中國目錄學史》，上海古籍出版社，2002年，"特種目錄篇·版本目錄"，第335頁。

其法焉。"① 錢亞新（1903—1990）認爲："《天禄琳琅書目》前後兩編在版本目録，尤其善本目録中，是超越前人所編同類的書目，它比《讀書敏求記》《汲古閣藏書目録》《季滄葦藏書目》以及《百宋一廛書録》都要詳備得多、品質優秀得多。特別所立的把書都裝訂成册加以護函，既便直立排架，又易於取還的"函册"和"印章"、"闕補"三個項目是具有創新開拓之功，其影響之大，首屈一指。當然，其中有些地方，還未臻於完善，略有失誤，過於煩瑣，考證疏忽。然而瑕不掩瑜，該書目是集前人善本書目的大成。"② 王紹曾（1910—2007）認爲："版本目録自乾隆間于敏中等奉敕編《天禄琳琅書目》，詳記各書版本鋟梓年月、刻書之人及收藏印章，一代藏家，奉爲定式，至晚近而更趨嚴密，形成規範。每舉一書，必須記其版式、行款，兼及紙張、墨色、字體、刀法、諱字、刻工、牌記、校勘銜名及前後序跋，釐篇卷之存佚，考鐫刻之時地；孰爲鈔配，孰爲遞修，亦須一一登録，且有記版刻之匡高、廣狹者。"③ 來新夏（1923—2014）認爲："它是爲版本目録學奠定基礎的重要著作。這項工作雖然宋代尤袤的《遂初堂書目》和清初錢曾的《讀書敏求記》已開其端，並所有發展；但是，記版刻年代、刊印、流傳、皮藏、鑒賞、採擇如此詳備，仍應以《天禄琳琅書目》爲集大成之作。"④ 都肯定了《天目》不僅是版本目録的典型，而且爲善本書目的版本著録奠定了模式，使善本書目的著録內容日益規範。時至今日，黃裳、黃永年諸先生的版本題跋，對版本特徵的描述，顯然也是與《天禄琳琅書目》秉承一脈的。

不僅私家書目，當代公藏漢籍善本書目亦是無不踵例《天目》，以志其珍藏。以臺灣《"國立中央圖書館"善本書目初稿》爲例，在其書末"善本圖書編目規則"中，規定善本書目應著録下列各項：

1. 書名、卷數、册數；
2. 著者、注釋者、校訂者、節録者、編輯者；
3. 板本；
4. 手批者，手校者，手書題跋者，或過録批校題跋，於板本下空一格著之；

---

① 《中國目録學史》，"特種目録篇·善本目録"，第337頁。
② 錢亞新著：《略論天禄琳琅書目》，《河南圖書館學刊》1989年第1期，第30頁。劉按：錢先生以爲天禄琳琅書被裝訂成册，加以護函，是爲了"既便直立排架，又易於取還"，認識有誤。明清以來的通常做法是，即便綫裝書外加裝了函套，仍是平置於書架之上。將綫裝書如同洋裝書一樣直立排架的做法，出現於民國時期，是借鑒西方圖書館管理方式的結果，但亦不多見，筆者所知，僅見於清華大學圖書館及南京大學圖書館兩家。
③ 王紹曾著：《目録版本校勘學論叢》，上海古籍出版社，2005年，"《楹書隅録》整理訂補緣起"，第242頁。
④ 來新夏著：《古典目録學淺說》，中華書局，1981年，第144頁。

5. 版匡大小；
6. 殘缺卷葉；
7. 印記。①

這七項內容，除"版匡大小"一項，其它幾與《天祿琳琅書目》著錄項目完全一致。《天目》中確立的版本著錄項目，也盡爲大陸圖書館遵行的《古籍著錄總則國家標準》所採納。不只是善本書目的編纂，《天祿琳琅書目》的影響還體現在那些并非以推重版本爲宗旨的其它類型書目上。例如民國四年（1915）浙江圖書館項士元所編《台州經籍志》四十卷，採錄隋至近代台州所屬各縣人士著述四千餘種，記一郡之文藝，"是志分類則略依紀氏《庫目》，解題則仿晁氏《讀書志》、陳氏《解題》；複遵馬氏《文獻通考》、朱氏《經義考》，詳載序跋論斷存佚；參《鐵網珊瑚》《天祿琳琅》，間采題跋姓名、收藏印記，蓋欲藉以闡發潛幽。"② 以上種種，皆足以顯示《天祿琳琅書目》無論是典型性還是廣泛性上，對後世書目的編纂所產生的深遠影響。

二、目錄體裁

古典藏書目錄，從反映藏書的廣度和深度上，可分爲藏書總目、善本書目、解題目錄三種類型。基於不同的善本選擇標準，將藏書中最具價值的部分甄選出來，以提要的形式加以揭示，是清初以來公私藏家的普遍做法，這類目錄著作信息量大，兼有考訂之功，在藏書目錄中學術性最高。解題目錄按其體式，又可區分爲題跋集及藏書志。如清初錢曾的《也是園藏書目》《述古堂書目》即錢氏藏書總目，《述古堂宋元本書目》爲其善本目錄，而《讀書敏求記》則是錢曾所撰藏書題跋記的輯錄成編，它"不僅恢復了書目的解題傳統，更開了藏書題跋記目錄體裁的先例"。③ 題跋體提要不拘一格，形式自由，作者對一書內容、版本、校勘等方面的考訂、研究心得，甚至藏書授受源流及得書經過都可記錄其中，自《讀書敏求記》發其端，這類體裁一直深得人心，有很多著名書跋流傳於世，如黃丕烈《士禮居藏書題跋記》《蕘圃藏書題識》、吳騫《拜經樓藏書題跋記》、顧廣圻《思適齋書跋》、陸心源《儀顧堂題跋》等。

藏書志則是清代中期以來出現的一種新的解題目錄體式，這類目錄往往從登錄藏書入手，在編製目錄時，依照一定的預立章程，收錄哪些書、如何著錄、

---

① 屈萬里編：《"國立中央圖書館"善本書目初稿》，《屈萬里先生全集》第十六輯。聯經出版事業公司，1985年，第303—337頁。

② 項士元著："《台州經籍志》例言"，轉引自江曦著：《章太炎佚文三則》，《文獻》2006年第2期，第153頁。

③ 嚴佐之著：《近三百年古籍目錄舉要》，"清代私家藏書目錄瑣論"，第2頁。

編排次序，都有規範體例，行文也略爲拘謹，不如題跋、書話的活潑自如。藏書志的出現，是書籍歷久彌珍、人們愈發重視的必然結果，藏書家們已經不能滿足簡單的書名、卷次、作者著錄，力圖在編目中體現版本考訂的成果，以凸顯藏書的版本價值，於是在提要中備載版本特徵、收藏源流成爲必要內容。藏書志是對善本書目的深化、細化，因此也被後世稱爲"善本書志"。"藏書志"之名，始見於張金吾《愛日精廬藏書志》，有學者認爲正是此書創建了古典書目中"藏書志"這一新體制。① 誠然，《愛日精廬藏書志》體例嚴謹，實至名歸，但從目錄編制過程和體裁角度來考察，早於它的官修《天禄琳琅書目》應是出現最早、也頗爲典型的一部藏書志。

《天禄琳琅書目》是官修目錄，同時又是皇帝的私人藏書目錄，所收乃昭仁殿的秘笈珍函，"掇其菁華，重加整比"②。文臣們要向皇帝說明，若僅採用客觀描述，則無以彰顯内廷藏書之文物價值，故爲每書撰寫一篇提要，提要内容限於單個藏本的描述與考訂，旨在版本鑒賞，不具有普遍意義。書前凡例詳細規定了收錄標準、著錄專案與編排次序，儘管成於眾手，但大體上較爲統一規範。與以《讀書敏求記》爲代表的題跋目錄相比，《天目》呈現出典型的版本解題書目特徵，無論編排方法，還是著錄項目都是以往從未有過的，實際上是一種新的書目提要體裁，雖無"藏書志"之名，而有其實。加之皇家藏書目錄的顯赫地位，此書一出，引領時人紛紛效仿，傅增湘曾經眼一部清嘉慶十三年（1808）朱邦衡手寫本《天禄琳琅書目》，其上有朱氏跋語，稱當時"士大夫家皆尊重是書"③，正説明了社會上的普遍重視。

《天禄琳琅書目》之後不久，就出現了相當一批藏書志式的私人藏書目錄，至清末瞿、陸、丁、楊四大藏書家皆有藏書志之作。藏書志的編者各自發揮所長，有以輯錄序跋、是正文字爲特色的《愛日精廬藏書志》《皕宋樓藏書志》《抱經樓藏書志》；也有以考訂版本、注重流傳源流爲特色的《平津館鑒藏書籍記》《滂喜齋藏書記》《楹書隅錄》等，風格多樣，内容不一。時至今日，藏書界已廣泛接受"藏書志"這一體裁，當代海内外公藏單位中多有組織力量編寫善本書志之舉，已出版的有《美國國會圖書館中文善本書錄》（1957）、《普林斯頓大學葛思德東方圖書館中文善本書志》（1975）、《（臺灣）"國家圖書館"善本書志初稿》（1996）、《美國哈佛大學哈佛燕京圖書館中文善本書志》（1999）、《香港大學馮平山圖書館藏善本書錄》（2003）、《蘇州市圖書館古籍善

---

① 嚴佐之先生在《近三百年古籍目錄舉要》中認爲，《愛日精廬藏書志》最重要的價值及其在目錄學史上的意義，"在於它創制了藏書志這一目錄新體制"，第 105 頁。

② （清）紀昀著：《四庫全書總目》卷八十五，中華書局，1965 年，史部目錄類一，"欽定天禄琳琅書目"條，第 731 頁下欄。

③ 傅增湘著：《藏園群書經眼錄》卷六，中華書局，2009 年，第 424 頁。

本提要（經部）》（2004）、《武漢市圖書館古籍善本書志》（2004）、《柏克萊加州大學東亞圖書館中文古籍善本書志》（2005），等等。

當我們審視《天禄琳琅書目》的體例、體裁時，不能忽略它宫廷鑒賞目録之性質，編者們之所以對藏印、題跋、闕補等過分措意，是爲了有裨賞鑒和玩閲，這也是其它書目不能與之相埒之處。筆者認爲，《天禄琳琅書目》名爲"書目"，但它借鑒了書畫賞鑒書目的内容，由此形成了獨特的體例與寫法，可謂一書兼具版本目録的三種基本體裁——書目、題跋、書志，而後世同類著作往往取其一端或數端而仿之，並未出現一部完全紹繼其做法的著作，因此在中國古代藏書目録中，《天禄琳琅書目》是一個特例。

二、"重在鑒藏"之編目思想

在乾隆帝的重視與推動下，訪求典籍、整理文獻成爲朝廷的重要文治手段，儒臣們在"辨章學術，考鏡源流"的傳統書目意旨下編制了《四庫全書總目》，而對皇家善本藏書的整理，則是仿照書畫目録的體例，編制了《天禄琳琅書目》。兩部同爲乾隆時期官修目録，因旨趣不同，而體例迥異。《天禄琳琅書目》視古書如古董，迻入書畫鑒賞的辦法來鑒賞書籍，强調"重在鑒藏"，這引發出書目編纂的另一種新觀點，既表明了用文物價值高低爲首要標準評價版本，在乾嘉時代已深入人心，並且得到了官方的認定；同時其中所展現的皇室藏書的風範與心態，一定程度上也引領了整個社會的藏書風尚。

梁啓超在談到《天禄琳琅書目》時説："考書目記板本者，始尤延之（即《遂初目》），然明以前初未特珍舊槧也。自清兩錢（謙益、曾）以宋板相矜尚，世漸趨之。及此書以鑒賞書畫之體制編書目，書籍及成爲'古董化'或'美術欣賞品'，爲簿録界别開一派。"①

昌彼得認爲《天禄琳琅書目》："蓋仿鑒藏書畫之體例以編書目，而異於前代之秘閣目録也。自此例一開，嘉道間孫氏平津館、張氏愛日精廬以降收藏之家，咸踵其緒，志其珍秘。"②

《天禄琳琅書目》乃"官書言板本之始"③，它單純重視古書版本的文物價值，却忽略了在校勘等其它方面的學術功用，這種思想迅速爲社會上接受，一定程度上助長了版本學中的形式主義傾向。但我們也應注意到其出現之學術背

---

① 梁啓超著：《圖書大辭典·簿録之部·官録及史志》，《飲冰室合集》專集第十八册，《飲冰室專集》八十七，中華書局鉛印本，1936年，第38頁。
② 昌彼得著：《中國目録學講義》，文史哲出版社，1973年影印本，第222頁。
③ 葉德輝語，見《書林清話》，上海古籍出版社，2008年，"古今藏書家紀板本"，第3頁。

景，乾嘉學風重考據，追求古書的本來面目，爲校勘古籍勢必要廣羅諸本，要求有更專門的版本目錄來考訂異同，別白得失，是故有別於《四庫全書總目》，以《天禄琳琅書目》爲代表的版本目錄遂大量湧現。對乾嘉時期的版本目錄，後人褒貶不一，批評者認爲收集古書只爲賞玩，而不大顧及內容，此乃"古董家數"；肯定者認爲注重宋元古本，描述版本特徵，考訂版本源流，客觀上有裨於學術研究，是乾嘉考據學者言必有征、實事求是治學精神在目錄學上的一個具體體現。因此從考據學研究發展來看，《天目》中所宣揚的"重在鑒藏"思想，自有其積極意義。

即使在學術背景有所不同的現代，各家善本書目或藏書志，仍是繼承了《天禄琳琅書目》"重在鑒藏"的思想，突出古籍善本的文物價值，將考訂、鑒定版本放在首位。以當代最具權威的全國性古籍聯合目錄——《中國古籍善本書目》爲例，儘管編者們將"善本"之收錄範圍定義在"三性"即"歷史文物性"、"學術資料性"和"藝術代表性"三個方面，但觀其實際收錄情況，所收如果不是宋元本、舊鈔本或名家批校題跋本，就必定強調以流傳稀少爲前提，尤其乾隆六十年（1795）以後之刻本，即便學術性和藝術性再高，若是傳世多，流傳廣，也不會被收入其中。這樣的善本觀念，與明代中期之前屬於校勘學範疇的善本概念有着明顯的差異，顯然，編纂於二十世紀八十年代的《中國古籍善本書目》，收錄善本的首要標準仍舊是版本的珍貴、罕傳，與《天禄琳琅書目》一般，"重在鑒藏"而已。

《天禄琳琅書目》是我國第一部官修版本目錄，是一部完整意義的善本書目。它和《四庫全書總目》一樣，都繼承了此前同類目錄之長，又加以創新，顯示出相當的學術功力；況且皆出於"敕撰"，上行下效。在宏觀上，它影響了其後數百年的善本書目編纂風尚，對後世目錄著作產生了廣泛持久的示範效應，出現了衆多受其影響的成果；在微觀上，其編排系統，著錄細密，這些著錄項目大多沿襲至今，僅作局部的擴充和規範，對善本書目這一重要目錄類型，確實有開先創制的意義。儘管它"部次簡單，不足以言分類也"[①]、"辨別未精，版本多誤，未可悉採信也"[②]、"過於煩瑣，考證疏忽"[③]，但瑕不掩瑜，《天禄琳琅書目》於目錄學之高度並不因此而減退，它在中國目錄學史上仍然佔有相當重要的地位，系中國目錄學史上經典之作。

劉薔：清華大學圖書館副研究館員

---

① 葉德輝語，見《書林清話》，第 222 頁。
② 同上注，第 78 頁。
③ 錢亞新著：《略論天禄琳琅書目》，《河南圖書館學刊》1989 年第 1 期，第 30 頁。

蕭山王宗炎王端履父子
十萬卷樓藏書題跋輯釋

陳詩懿

  清人葉昌熾《藏書紀事詩》卷五云："沖虛先傳處度注，因可亦草潛夫箋。精亡脈極遽長往，興言宿草空泫然。"① 此詩合計了王宗炎、王紹蘭、陳春、汪繼培四位清代藏書家，而又以王宗炎居首。

  王宗炎（1755—1826）字以除，號谷塍、晚聞居士，浙江蕭山人。乾隆甲午舉於鄉，庚子成進士，截取知縣，回鄉後聚書十餘萬卷，築"十萬卷樓"以居。族侄王曼壽云："祖父晚聞先生……敬敏好學，嘗聚書十萬餘卷，構樓以貯，世所稱十萬卷樓是也。"《藏書紀事詩》引沈豫《補今言》："蕭邑藏書之富，谷塍王經師筑十萬卷樓、陸氏寓賞樓、陳氏湖海樓、此外如王中丞南陔、汪吏部蘇潭，俱大族，皆充棟盈車，不假南面百城。"② 王宗炎曾主講杭州紫陽書院，工於古文詞，精於經史之學。《蕭山縣志稿》："（王宗炎）嘗自言四十悟舍己從人之旨，五十知行恕，六十知主敬，因自號'晚聞居士'。蓋用《莊子》語，謂晚聞大道也。"③ 王宗炎著有《晚聞居士遺集》十卷，事蹟見《清史列傳·文苑傳》。

  王端履，王宗炎之子，生卒年未詳（《蕭山縣志稿》："道光季年，年七十余

---

  ①② 葉昌熾：《藏書紀事詩》，北京燕山出版社，2008年，第430頁。
  ③ 楊世龍等：《蕭山縣志稿》卷十八，南開大學出版社，2010年。

卒"①），字福將，號小谷，嘉慶十九年（1814）進士，入翰林院爲庶吉士，其父即貽書曰："我已知足，汝當知止，毋戀浮名而失真業。"隨後奉父命，辭官回鄉不復出，著有《重論文齋筆錄》十二卷。王曼壽《重論文齋筆錄序》："重論文齋者，族父晚聞先生及其冢嗣小谷太史兄讀書所也。"②

王氏父子去世后，十萬卷樓藏書逐漸散出，其中部分售予錢塘丁氏八千卷樓。丁立中《先考松生府君年譜》卷二："（同治）九年庚午，三十九歲，十一月……（丁丙）命兄立誠至四明訪購四庫遺書。（自注：故家遺籍薈萃四明，府君命脩甫兄偕吳興朱叟東皋訪之得四庫遺書數十册暨十萬卷樓王氏舊本八百册以歸。）"③

光緒三十四年（1908），兩江總督端方在南京奏請清廷創設江南圖書館（今南京圖書館）。時爲陸心源皕宋樓藏書售與日本第二年，爲防止古籍再次外流，端方將八千卷樓藏書收購入藏江南圖書館。

筆者在南京圖書館搜集了七篇蕭山十萬卷樓王氏的藏書題跋，并以其寫作時間爲序進行考釋。據丁丙《善本書室藏書志》及藏書中的印鑒可知，這七部王宗炎父子藏書是經由八千卷樓而入藏南京圖書館的。

一

《宋宰輔編年錄》二十卷　宋徐自明撰

嘉慶二年十萬卷樓鈔本（卷一、二配清鈔本），十六册，鈐"蕭山王氏十萬卷樓藏書"、"錢唐丁氏正修堂藏書"、"八千卷樓"朱文方印。

> 嘉慶丁巳八月，假張東白藏本寫，明年三月十四日校完。宗炎記於小學樓。

按：張書，字東白，號巽亭，張士純曾孫，浙江安吉人，康熙十年（1671）年辛亥貢生。《安吉縣誌》稱其："工詩賦，善書法，尤精草隸，九戰棘闈，皆不售，以明經終老。"④ 張書爲康熙初年貢生，而王宗炎活躍於乾嘉時期，此跋作於嘉慶三年（1798）春，二人不同時。王宗炎所借應爲張書家藏舊本。

---

① 楊世龍等：《蕭山縣志稿》卷十八。
② 王端履：《重論文齋筆錄》，清道光刊本。
③ 丁立中：《先考松生府君年譜》，《北京圖書館藏珍本年譜叢刊》，第172册，影印光緒二十五年宜堂類編本。
④ 汪榮、劉蘭敏撰：《安吉縣誌》，清同治十三年刻本。

二

《静齋至正直記》四卷　元孔齊撰

清鈔本，兩册，八行，行二十一字。間有王宗炎朱筆批校及丁立中跋。鈐"丁立中印"白文方印，"和父"朱文方印。

　　此書言雖淺近，而保家涉世之道具焉，視他小説之誨淫語怪去之遠矣。嘉慶乙亥正月六日，雪夜重校。晚聞居士書。

　　入歲以來，連日雨雪大寒，米價斗五百錢，窮餓者何術以救之也。讀書終卷不覺感歎。炎又識。

　　嘉慶乙丑祀竈日晚聞居士校。

附丁立中跋：

　　至正直記四卷元孔齊撰。齊字素存號静齋，曲阜聖裔，隨父居溧陽，後避兵寓四明。此書雜述見聞，頗資考證。番禺伍氏粤雅堂曾有刊本，予有得一舊抄本，取此本與粤雅堂本相校，粤雅堂本誤謬甚夥，且每條妄加標題，已非善本，不足據也。舊抄本互有異同，此本藉以訂正者亦復不少。光緒丙戌十月初乙日燈下，不倚生校畢并記。

按：此書有王宗炎嘉慶乙亥年（1805）初所寫跋文兩則及嘉慶乙丑（1815）祀竈日手記一則。祀竈日爲祭祀竈神之日，相傳漢宣帝時有陰子方，於臘日晨炊，見灶神出現，遂以黄羊祭祀而獲巨富，因以臘日爲祀灶日，事見《後漢書·陰興傳》。後世民間舊俗多以舊曆十二月二十三日或二十四日爲祀竈日。

《四庫全書總目》以爲"是書亦陶宗儀《輟耕録》之類，所記頗多猥瑣"。[①] 因而把此書列爲存目。而王宗炎認爲此書遠勝於一般稗官野史，對世人有教化作用，看法較《四庫全書提要》開明。

他人謂王宗炎"持論皆有關於世道人心，言文以有濟實用爲貴"。跋文中提到當時米價飛漲，并憐憫窮餓者，足見王宗炎心懷天下。

三

《新刻廣雅》十卷　魏張揖撰　隋曹憲音釋

---

① 紀昀等撰：《四庫全書總目》，（中華書局），1965年，第1218頁。

明胡文煥格致叢書本，一册，顧廣圻據影宋本校并跋及丁丙跋。鈐"八千卷樓丁氏藏書記"白文方印、"善本書室"、"八千卷樓"朱文方印。

嘉慶壬戌，北溟在詁經精舍爲雲臺侍郎續勘《經籍纂詁》，其時千里以校勘《十三經》同寓於精舍，此書所由贈也。明年北溟死，此書歸於我，庚午十月六日，檢篋得之，追憶故人，爲之愴然。晚聞居士記。

附顧廣圻跋：

嘉慶壬戌，在西湖孤山與蕭山徐君北溟同住，辱以嘉靖時吾郡沈辨之野竹齋校雕韓嬰《詩外傳》見贈，乃於行篋撿此報之。北溟熟於此學者也。影宋寫本之善當共忻賞焉。影宋寫本今藏同里黃蕘圃氏，向曾爲之用畢效欽刊本校出一部，有人藉以寄王懷祖先生。今載入《疏證》中也。元和顧廣圻記。

凡此本脱落處畢效欽本有之，其改正出畢本外者又得百十字，影宋本之所以爲獨善於他刻也。雖傳寫久訛，爲博考群籍而後得之者，則有王氏《疏證》在。然《疏證》實有取資於影宋本，則誠讀此書者之所不可廢矣。校畢記。

按：據王宗炎及顧廣圻跋文可知，此書於嘉慶壬戌年（1802）由顧廣圻贈予徐北溟。第二年徐北溟去世后，王宗炎復得此書，並於嘉慶庚午年（1810）做此跋。

《重論文齋筆錄》云："徐北溟（自注：鯤，後阮相國師易其字曰白民），邑東南楊樹莊人，補縣學生，家酷貧，無以自給，乃赴杭州販書度日，暇則繙閱，因通聲音訓詁之學。"[①] 徐鯤在杭州時與盧文弨、顧廣圻、臧庸等學者交好，之後參與《經籍纂詁》編纂工作，"阮相國師督學吾浙，設館西湖，召集諸生修《經籍纂詁》，北溟亦與焉。越明年乃竣事，乃延武進臧在東爲總纂，以北溟副之。"[②] 王宗炎時爲浙江名儒，與阮元友善，又主講紫陽書院，因此與徐北溟相識。不久後徐北溟去世，所有書册盡屬諸他人，此本爲其中之一。

顧廣圻（1770—1839），字千里，號澗薲，別號思適居士，元和人，少體弱好學，"枕上未嘗廢書，人咸異之"，無書不讀，人稱"萬卷書生"，嘉慶諸生，受業於吳縣江聲。博覽四部圖書，通經學、小學、天文、曆算，尤精目錄校讎學，著有《思適齋文集》十八卷、《思適齋書跋》四卷等。

《顧千里先生年譜》："嘉慶元年丙辰（1796），先生三十一歲……九月以正德乙亥支硎山人景宋本校明畢效欽本，是正甚多，并跋於景宋本後。高郵宋定

---

①② 王端履：《重論文齋筆錄》卷六，清道光刊本。

之借以寄王懷祖，載入所著《廣雅疏證》中。先生又嘗以景宋本及畢本校於明刊本之上。"① 顧廣圻以影宋本及畢效欽本校勘明刊本《廣雅》，其中所謂"明刊本"即爲此本。嘉慶六年，顧廣圻赴杭州參與《十三經校勘記》編纂，并負責《毛詩》部分。趙詒琛《顧千里先生年譜》："阮雲臺撫浙，延先生及武進臧拜經、錢塘何夢華同輯《十三經校勘記》，寓武林之紫陽別墅。""阮雲臺建詁經精舍於西湖，大集天下學者，故先生得與諸名流相遇。"② 是書爲顧廣圻赴杭州第二年（嘉慶壬戌年）贈予徐北溟。

四

《明臣諡匯考》二卷　明鮑應鼇撰

清鈔本，一册，八行行二十一字，間有王宗炎批校，鈐"錢唐丁氏正修堂藏書"朱文方印、"四庫著錄"白文印。

　　嘉慶庚午十一月十七日點校一過，陰重風厲，將飛雪矣。晚聞居士書。

按：王宗炎此跋作於嘉慶庚午年（1810）冬。

五

《格齋先生三松集》一卷　北宋王子俊撰

清嘉慶王氏十萬卷樓鈔本，一册，十行行二十字，王宗炎跋，鈐"宗炎"朱文連珠方印，"十萬卷樓藏書"白文方印、"宗炎校讀"朱文方印。

　　嘉慶乙亥，借汪蘇潭吏部本抄出。己卯八月，以開萬卷樓藏抄本校過。晚聞手記。

按：王宗炎此跋作於嘉慶己卯年（1819）秋。

汪繼培，《蕭山縣志稿》云："字厚叔，號蘇潭，嘉慶乙丑（1805）進士，官吏部主事，淡於宦情，乞假言歸。嫺習子史，搜討不倦。"③ 汪繼培爲汪輝祖第四子，續成其父遺著《遼金元三史同名錄》《九史同名錄》等，所校《列子》亦精，並收錄於《湖海樓叢書》中，輯有《尸子》三卷，與同裏藏書家陳春友善，陳春每刊印新書，聘汪氏爲其校定欲刊之書。所著《潛夫論箋》，即由陳春爲其刊印。王宗炎《晚聞居士遺集》卷四中收錄《與汪蘇潭吏部校勘潛夫論

---

① 汪宗衍：《顧千里先生年譜》，臺灣商務印書館，1981年。
② 趙詒琛：《顧千里先生年譜》，姚氏復廬刊本，1930年。
③ 楊世龍等：《蕭山縣誌稿》。

誤字》。王端履《重論文齋筆錄》卷二亦稱"蘇潭博通經史，器重藝林"。① 可見王氏父子與汪繼培交誼篤厚，往來頻繁。

開萬樓，爲清人汪啓淑藏書樓。汪啓淑（1728—1800），字慎儀，一字秀峰，號訒菴，安徽徽州府歙縣人，祖先經營鹽業，寓居杭州，官至兵部郎中，喜藏書，嗜印章，收集印章至數萬顆，還請當時名人吳兆傑、董洵、王轂、汪肇龍、桂馥等人爲其刻印。著有《焠掌錄》《水漕清暇錄》《擷芳集》《蘭溪棹歌》《小粉場雜識》等。《藏書紀事詩》卷五謂其"社散南屏寺里鐘，年華終賈聘詞鋒。書船何似玉川子，雪壓短蓬過五茸"。② 黃丕烈《士禮居藏書題跋記續記》："己巳春，余爲武林之遊，上城隍山索觀古書於集古齋、蓋其主杭城書中爲巨擘，而去歲新收開萬卷樓書也。"③ 由黃跋可知，時人又稱"開萬樓"爲"開萬卷樓"，且嘉慶十五年其藏書爲書賈購去，王宗炎此跋便作於其後，殆從坊間購得開萬樓鈔本對校。

六

《林外野言》二卷　《補遺》一卷　《雪履齋筆記》一卷　元郭翼撰

十萬卷樓鈔本，三冊。六行行十六字。王端履跋。鈐"小穀"、"端履"各朱文方印。

《林外野言》二卷，系後人掇拾殘賸爲之，其佚詩時見於他書。歙縣鮑君廷博訂其異同，正其訛謬，更錄《玉山草堂雅集》《乾坤清氣集》等所載諸詩爲補遺一卷，而以《雪履齋筆記》附焉。盧熊墓誌稱義仲之學尤邃於易，今易説不可得見，筆記内釋易遯世無悶不見是而無悶，以遯世自我而言不見，是自人而言，亦可當一斑之見云。道光五年九月晦日，蕭山王端履識。

按：王端履此跋作於道光五年（1825）九月三十日。

郭翼（1305—1364），字義仲，昆山人，自號東郭生，又號野翁，因以東郭先生故事名其齋曰"雪履"，嘗獻策張士誠，不用，歸耕婁上，老得訓導官，偃蹇以終。郭翼工於詩文，學問博洽。朱珪《名跡錄》卷四載盧熊《元故遷善先生郭君墓志銘》稱其："先生既壯，益肆力于學，沈潛百家，尤邃于易。年四

---

① 王端履：《重論文齋筆錄》卷二。
② 葉昌熾：《藏書紀事詩》，第430頁。
③ 黃丕烈撰，繆荃孫編：《士禮居藏書題跋記續編》，《國家圖書館藏古籍題跋叢刊》，北京圖書館出版社，2002年。

十閉門授徒，嘗署其受業之室曰遷善。"① 除《林外野言》二卷外另有《雪履齋筆記》一卷。

《林外野言》爲郭翼居鄉間所做詩，但所收詩遠非郭翼所有作品。《四庫全書提要》："考《玉山名勝》及《乾坤清氣集》諸集所錄翼詩，不見此集者尚多，疑已爲翼所删棄。"② 與跋中所述"其佚詩時見於他書"相同。由《浙江採集遺書總錄·壬集》著録："《林外野言》二卷，知不足齋寫本……有會稽楊維楨序。"③ 可知《四庫全書》所收爲二卷本，無《補遺》。《雪履齋筆記》爲郭翼"江中行舟所紀，隨手雜録，漫無詮次，然議論多有可採"。④

鮑廷博（1728—1814），字以文，號淥飲，祖籍安徽歙縣長塘，隨父鮑思詡居杭州。家世經商，殷富好文，其父不惜巨金求購宋元書籍，築室收藏，取"學然後知不足"義，名其室爲"知不足齋"。鮑廷博亦勤學好古，不求仕進，喜購藏秘笈，刻有《知不足齋叢書》。如跋中所言，鮑廷博依靠《玉山草堂雅集》《乾坤清氣集》等書對《林外野言》做了補遺的工作。《玉山草堂雅集》爲"崐山顧仲瑛哀其所嘗與游者往還唱和及禊賦之詩"⑤，共編輯了與其唱和的元末八十家，三千三百六十九首詩，其中收録郭翼詩一百四十七首。《乾坤清氣集》明偶桓編，《四庫全書總目》："是集録元一代之詩，分體編次……元詩選本，究當以此編爲善也。"⑥ 實上採宋金之末，下至明初，共選詩三百零二家，七百六十八首，按古體、樂府、律詩、絶句等編次。據《鮑廷博年譜》可知，他在嘉慶十五（1810）至十六年（1811）"傳録並校舊抄本元顧瑛輯《草堂雅集》十三卷"，"以各詞均用本集及他本校過，以朱墨筆題記於上。"⑦《善本书室藏书志》卷三十四著录有舊鈔本⑧："此本有《補遺》一卷，從《玉山草堂雅集》補三首，《乾坤清氣集》補二十三首，《西湖竹枝詞》補二首，《珊瑚木難》補三首，《昆山雜詠》補七首，秀野草堂《元詩選》補一首，《元才調集》補一首。"此《補遺》蓋鮑廷博所編輯。

《中國古籍善本書目》著録另一部十萬卷樓鈔本，十一行二十一字蘭格上蘭口左右雙邊。現藏於國家圖書館。

---

① 朱珪：《名跡録》卷四，《文淵閣四庫全書》，臺灣商務印書館，1986年。
② 紀昀等：《四庫全書總目》。
③ 沈初撰，杜澤遜等點校：《浙江採集遺書總錄》，上海古籍出版社，2010年。
④ 紀昀等：《四庫全書總目》。
⑤ 楊維楨：《玉山草堂雅集序》，《全元文》卷一一三零，中華書局，2004年，第245頁。
⑥ 紀昀等：《四庫全書總目》。
⑦ 劉尚恒：《鮑廷博年譜》，黃山書杜，2010年。
⑧ 丁丙：《善本書室藏書志》，《續修四庫全書》第927册，上海古籍出版社，1996年。

七

《廣陵先生集》三十卷　《附錄》一卷　宋王令撰

清道光王氏十萬卷樓鈔本，八冊，十行行二十字，王端履校并跋，鈐"十萬卷樓藏書"、"端履私印"白文方印、"小穀""端履"朱文方印。

余舊藏《廣陵集》止二十卷，係從鮑氏知不足齋藏本鈔出。道光乙酉，假同邑陸氏三間艸堂鈔本校對，爲其外孫吳汝浣所編，爲卷三十，其篇目次第與鮑本並同，惟分卷有多寡耳。卷第三十《策問》一卷則鮑本所無，爰倩鈔胥另錄一部，以備插架。王荆公《誌逢原墓》以爲可以任天下之重，而有功于天下者，將立於是。卒在嘉祐四年，年僅二十有八。是時荆公尚未柄政，而推重之如是，豈其性情執拗，有與荆公相似者耶？觀荆公《與吳司錄書》，有或傳其所爲過當語，則剛愎自用可知矣。至其貧不應舉，豈希冀山林隱逸之訪求，姑借終南爲捷徑耶？嗚呼，名者實之賓也，設科而曰不求聞達，名實乘矣。上僅以名求之，安望下以實應之。劉敞《雜錄》逢原與（曾）[常]秩並稱，秩入官即隳初節，安論逢原耶？幸而蚤死，使與於新法之行幾何不爲吕惠卿輩之流亞也。是歲九月晦日蕭山王端履識。

道光丁亥十一月重過吳山書肆，書賈云，常熟友人攜四十二卷《廣陵集》。余時匆匆返梓未及索觀，姑識於此，以俟他日訪求焉。小穀又識。

《郡齋讀書後志》，王令《論語》十卷，解《堯曰》篇云"四海不困窮則天祿不永終矣"。王安石《書新義》取之。

按：本書載王端履跋三則，其中有兩則分別作於道光乙酉年（1825）秋及道光丁亥年（1827）冬。

王令（1032—1059），初字鐘美，後改字逢原。門人劉發《廣陵先生傳》："王氏，舊望太原，自先生之七世祖居於魏之元城，不知起始何遷也。叔祖父乙居廣陵，先生幼育於乙，故遂爲廣陵人。"① 後王安石奉詔入京，途經高郵，王令以《南山之田》詩投贄，深受安石賞識，以其妻妹嫁之。王令去世後，王安石撰《王逢原墓誌銘》。《四庫全書總目》稱其"年不永，未能鍛煉以老其材，或不免縱橫太過"②，可見時人對其評價不高。跋中"荆公《與吳司錄書》"即王安石《與舅氏吳司錄議汪逢原姻事書》，云："王令秀才，見在江陰聚學，文

---

① 王令撰，沈文倬點校：《王令集》，上海古籍出版社，1980年。
② 紀昀等：《四庫全書總目》。

學智識，與其性行，誠是豪傑之士。或傳其所爲過當，皆不足信。安石比深察其所爲，大抵只是守節安貧耳。"① 便是替王令辯護，以求丈人許王令婚事。王端履在跋中又言王令喜好隱居一事見於《廣陵先生傳》，"既而徙高郵，太守邵公必延請主學，先生辭不獲已，強應之，尋亦辭去。……先生既喜退隱，思江南山水之勝，乃遷居於潤，賦《江上》《山中》之詞。"②

劉敞（1019—1068），字原父。世稱公是先生，臨江新喻人，慶曆六年（1046）進士，著有《春秋權衡》《七經小傳》《公是集》。跋中所稱"劉敞《雜錄》"應指其《先生逸事》，文中王令、常秩、孫侔並稱，認爲常秩尚節而王令"落拓不撿，未爲鄉里所重，後折節讀書，做文章，有古人風"。③ 王令詩文在死後六七十年由其外孫吳說編次，未曾刊印，僅靠鈔本流傳，直到1922年吳興嘉業堂劉承幹據鈔本校勘，始有刊本二十卷、附錄一卷。沈文倬《王令集·序跋提要》稱"原輯二十卷：詩一至十一，文十二至二十，又《附錄》一卷……後又輯策問十八首爲《補遺》一卷，集外佚詩文爲《拾遺》一卷"。④ 《四庫全書總目》著錄爲三十卷本，卷一至卷二十九爲嘉業堂本卷一至二十，卷三十爲策問、拾遺、附錄。對比王端履跋文可知，"鮑氏知不足齋鈔本"爲無《補遺》的二十卷本，而此本與《四庫全書》本同。

跋中"四十二卷"本《廣陵集》在《中國古籍善本總目》中著錄有明鈔本一部，爲孫詒讓玉海樓舊藏，今藏於浙江大學圖書館。

《善本書室藏書志》卷二十七著錄此書，云："此本蕭山十萬卷樓從趙氏小山堂录出。"⑤ 小山堂爲清乾隆間浙江仁和人趙昱的室名。昱原名殿昂，字功千，號穀林，家藏異書數萬卷，多其外祖家澹生堂祁氏舊本，與揚州馬曰琯叢書樓齊名，有《愛日堂集》。

跋中所言三間草堂爲嘉慶間蕭山陸芝榮讀書處。陸芝榮，字香圃，生卒不詳，有寓賞樓藏書，抄影善本之富，嘉慶朝爲蕭山第一，不惜工資，四方書賈，雲集輻輳，插架初印元明版本極多。刊有《爾雅新義》。王氏父子與陸氏交情篤厚。其"寓賞樓"與陳春"湖海樓"、王宗炎"十萬卷樓"並稱蕭山三大藏書樓。王宗炎又爲陸芝榮刊《唐才子傳》，撰有《三間草堂本序》。

陳詩懿：南京師範大學古典文獻專業 2014 屆本科畢業生

---

① 王令撰，沈文倬點校：《王令集》。
② 同上。
③ 同上。
④ 同上。
⑤ 丁丙：《善本書室藏書志》。

參考文獻

1. （清）葉昌熾撰：《藏書紀事詩》，北京：北京燕山出版社，2008 年。
2. （清）王端履撰：《重論文齋筆錄》，清道光二十六年受宜堂刊本。
3. （清）王宗炎撰：《晚聞居士遺集》，清道光十年愛日軒仿宋刊本。
4. （清）丁丙撰：《善本書室藏書志》，《續修四庫全書》，上海：上海古籍出版社，1996 年。
5. （清）黃丕烈撰，繆荃孫編：《士禮居藏書題跋記續編》，《國家圖書館藏古籍題跋叢刊》，北京：北京圖書館出版社，2002 年。
6. （清）丁立中撰：《先考松生府君年譜》，《北京圖書館藏珍本年譜叢刊》，北京：北京圖書館出版社，1999 年。
7. （清）紀昀等編：《四庫全書總目》，北京：中華書局，1965 年。
8. 劉尚恒編：《鮑廷博年譜》，合肥：黃山書杜，2010 年。
9. （清）顧廣圻撰，王大隆輯：《思適齋書跋》，上海：上海古籍出版社，2007 年。
10. 羅偉國、胡平編：《古籍版本題記索引》，上海：華東師範大學出版社，2011 年。
11. 楊廷福、楊同甫編：《清人室名別號字號索引》，上海：上海古籍出版社，2001 年。
12. （明）朱珪撰：《名跡錄》，《文淵閣四庫全書》，臺北：臺灣商務印書館，1986 年。
13. 中國古籍善本書目編委會：《中國古籍善本書目·集部》，上海：上海古籍出版社，1998 年。
14. 楊世龍等編：《蕭山縣誌稿》，天津：南開大學出版社，2010 年。
15. （清）汪荣、刘兰敏撰：《安吉縣誌》，清同治十三年刻本。
16. （清）沈初撰：《浙江採集遺書總錄》，上海：上海古籍出版社，2010 年。
17. 上海圖書館編：《中國叢書綜錄》，上海：上海古籍出版社，2007 年。
18. 李修生編：《全元文》，南京：江蘇古籍出版社，2004 年。
19. （宋）王令撰，沈文倬點校：《王令集》，上海：上海古籍出版社，1980 年。
20. 趙詒琛編：《顧千里先生年譜》，姚氏復廬刊本，1930 年。
21. 汪宗衍編：《顧千里先生年譜》，臺北：臺灣商務印書館，1981 年。

《恬裕齋藏書記》文獻價值初探

王天然

以鈔本形式流傳的《恬裕齋藏書記》爲刊本《鐵琴銅劍樓藏書目錄》的初本,①它保留了瞿氏書目較早的面貌。現以南京圖書館藏鈔本《恬裕齋藏書記》爲例,②對其文獻價值做一初步探討。

---

① 長澤規矩也於《中國版本目錄學書籍解題》"恬裕齋藏書目"條下云:"其中,如舊鈔《周易集解》、鈔本《毛詩要義》、明刊本《詩外傳》、校本《詩外傳》之類,係'瞿目'所無,但同時見於'瞿目'而此目所無者亦不少,如《伊川程先生周易經傳》《吴園先生周易解》《周易經傳集解》《周易總義》《西谿易説》《周易本義通釋》《尚書注疏》《書集傳》、校宋本《詩集傳》《詩傳通釋》等。因知此目爲先於通行本'瞿目'之稿本。"見《中國版本目錄學書籍解題》,書目文獻出版社,1990年,第130頁。今檢上海古籍出版社標點本《鐵琴銅劍樓藏書目錄》卷三,載有"毛詩要義二十卷 鈔本"條,或是長澤規矩也一時誤記。而其《恬裕齋藏書目》爲瞿目稿本的認識並無問題。另,長澤規矩也當日所見之《恬裕齋藏書目》或許與今日我能見到的幾種《恬裕齋藏書記》不盡相同,但它們均爲刊本《鐵琴銅劍樓藏書目錄》初本的性質,大致相似。

② 我見到的是此本的縮微膠片,藏於國家圖書館,膠片索取號:S0421。現知《恬裕齋藏書記》另有北京師範大學圖書館本(闕史部)、北京大學圖書館本及嘉德2000年秋拍本(北大本與嘉德拍本原爲一部。嘉德拍本闕原鈔史部,現存史部爲後人補配。而北大本僅存史部,正是嘉德拍本所闕部分)。但由於師大本、北大本均殘闕,嘉德拍本暫時無法見到,故今以最爲完整的南圖本爲例。諸本詳情可以另參王天然待刊稿《讀〈恬裕齋藏書記〉勞氏批注小識》。

一、卷首所存"例言"是理解瞿目體例、特點的關鍵

《恬裕齋藏書記》存"例言"十條,光緒二十三年董康誦芬室刊本、光緒二十四年瞿氏家刊本、上海古籍出版社2000年整理本《鐵琴銅劍樓藏書目錄》均未收錄。其實它是理解《恬裕齋藏書記》《鐵琴銅劍樓藏書目錄》二書體例、特點的窾要。現試舉一例:

"例言"第八條云:"是編專考版本異同及校正俗刻舛譌脱失處,至書之本末已詳《四庫書目提要》者,不復贅述。間有前人未及發明或偶然筆誤者,略舉一二以備參考。"南圖本《恬裕齋藏書記》"唐大詔令集一百二十卷　舊鈔本"條下有勞格批語云:"詔令之可正史誤者甚多,何必引此。"這條批語是針對《恬裕齋藏書記》原文"潛研錢氏謂此書敬宗寶曆元年《南郊赦文》有'亞獻嘉王運賜物一百匹'之語,知《唐書》十一宗諸子《傳》及德宗《紀》俱書嘉王運薨於貞元十七年之譌。唐人著述可援以訂正史籍者不少,古書所以足貴也"云云而言。① 《四庫總目提要》卷五十五多舉此書闕漏之例,而《恬裕齋藏書記》則引錢説來證明此書可以訂正史籍,正與《提要》側重不同,這是符合"例言"第八條所言的。② 勞格此條批語雖亦不差,但也恐怕是沒有深究瞿目的旨趣與用意。今將南圖本《恬裕齋藏書記》"例言"錄出,序號、標點均爲後加:

1. 吾邑故多藏書家,先人雅慕遺風,勤於搜訪。凡吴越書估以異本求售者,必獲之而後快。數十年來儲藏遂夥,今特檢點緗囊,分類排次,彙爲書目一編。仰體先人傳經之意,以備後人檢讀,非敢侈收藏之富也。

2. 吾家所得之書,多前人藏弆舊帙。若萬卷樓楊氏、脈望館趙氏、汲古閣毛氏、述古堂錢氏、淡生堂祁氏、辛夷館季氏、傳是樓徐氏、潛采堂朱氏、倦圃曹氏、千頃堂黃氏,以及近之郡中小讀書堆顧氏、百宋一廛黃氏、藝芸書舍汪氏,邑中愛日精廬張氏、稽瑞樓陳氏,而稽瑞尤多。又有孫道明、吴方山、秦酉巖、宋蔚如、魚虞巖諸公所手錄者,趙清常、馮巳蒼、孫潛夫、錢遵王、毛斧季、陸敕先、何義門及近之黃蕘圃、顧澗蘋諸公所手校者。是編一一記明,間有跋語亦皆採入,前輩風流於茲可見③。

3. 是編所錄之書,上者爲宋元槧本;次則影鈔宋元本、元明人鈔本、

---

① 錢説在《跋唐大詔令》,詳見《潛研堂集》,上海古籍出版社,1989年,第505頁。
② 嚴佐之也早就説過瞿目解題:"或多或少起着補訂《四庫提要》的作用。"見《近三百年古籍目録舉要》,華東師範大學出版社,1994年,第122頁。
③ "藝芸"原鈔作"藝云";"顧澗蘋"原鈔作"顧澗賓"。

名人校本；又次爲明刊本、近時鈔本。皆於書名下注明，以備參覈。

4. 撰著之人以元代爲斷，若明人及國朝人著述當俟續編。
5. 編次門類謹遵國朝《四庫全書總目》之例。
6. 標舉書名及作者題欵悉仍原刻之舊。
7. 書之原序原跋其撰人悉皆紀載，即刻版之人載有序跋亦所不遺。
8. 是編專考版本異同及校正俗刻舛譌脱失處，至書之本末已詳《四庫書目提要》者，不復贅述。間有前人未及發明或偶然筆誤者，略舉一二以備參考。
9. 書有後出未經採入《四庫》者，略著原委以備後人訪求，不致湮没。
10. 是編祇就肊見記録，有考訂未實者，尚冀宇内博雅君子匡所不逮，幸甚。

二、與《鐵琴銅劍樓藏書目録》對讀，得遺目四十四條

以鈔本形式流傳的《恬裕齋藏書記》保存了瞿目的較早面貌，從中尚可見出瞿家前兩代藏書的某些信息，亦能略窺《鐵琴銅劍樓藏書目録》編撰成書過程中的一些細節。今以南圖本《恬裕齋藏書記》校上海古籍出版社標點本《鐵琴銅劍樓藏書目録》，得通行標點本遺目四十四條[①]。字句方面的校勘，則以南圖本爲底本，校以師大本、北大本。整理過程中，明顯的誤字、避諱字均徑改，出校記；異體字均作統一處理，不出校記；原鈔爲小字者，以括號括出；序號、標點均爲後加：

經部
易類
1. 周易集解十七卷附略例一卷　　舊鈔本

唐資州李鼎祚輯並序。洞庭葉石君藏書也。此書宋景定間刻止十卷，後來諸刻俱析作十七卷。毛氏有影鈔宋本，向藏吾邑張氏，即海昌陳仲魚本，今不知流落何所矣。
【校記】：師大本"資州"作"知州"，誤。

[①] 遺目的取捨標準是：《恬裕齋藏書記》所載之書《鐵琴銅劍樓藏書目録》亦載，而版本、解題內容不同者，取；《恬裕齋藏書記》所載之書版本與《鐵琴銅劍樓藏書目録》不同，而解題內容不出《鐵琴銅劍樓藏書目録》者，不取；《恬裕齋藏書記》所載之書後與他書合並載入《鐵琴銅劍樓藏書目録》者，亦不取。

詩類

2. 詩外傳十卷　明刊本

題曰韓嬰。此書分卷與《隋志》合，蓋猶舊第也。慶曆中，將作監主簿李用章嘗刻於杭州。元至正間，嘉禾守劉貞以先世藏本刊置郡庠，有曲江錢惟善序。此正德間郡中沈氏重刻劉本，序後有篆書墨圖記云"吳郡沈辨之野竹齋校雕"。案，辨之名辨，號野竹，以藏書著吳中，遇異本輒手自鈔錄不倦。

【校記】：南圖本、師大本於"名辨"之"辨"字上均施一朱點。沈辨之名與文，是南圖本批校者知原鈔有誤，而師大本傳鈔者轉錄南圖本標記。南圖本、師大本"慶曆"原作"慶歷"。

3. 詩外傳十卷　校本

此毛氏表以元刻本，校於家刻上。卷末有題記云"甲辰如月以元本校畢"。核其所校，善於劉本，是元刻別一本也。今毘陵趙氏刻本後有顧氏廣圻校勘記，多以元本爲是，與此本合。

【校記】：師大本"如月以"之"以"字原作"必"，朱筆改作"以"。南圖本"以"字爲後改，形似"必"字。此爲師大本先據南圖本鈔錄，又據南圖本校改的證據。

禮類

4. 太平經國之書十一卷　明刊本

宋鄭伯謙撰並序。明嘉靖間高叔嗣刻本。

四書類

5. 論語集解義疏十卷　日本刊本

魏何晏集解，梁皇侃義疏，日本根遜志校正。其國寬延庚午春正月刻成，流入中國。臨汾王氏、鮑氏俱有刻本，此其原本也。每葉十八行，行二十字。經中多異句異字，何氏《集解》與今《正義》本亦有異同處可覈。

【校記】：南圖本有勞格眉批云："乾隆　內府有重刊本。"師大本原作"乾隆刊本　內府有重"，朱筆改作"乾隆內府　有重刊本"。此爲師大本先據南圖本鈔錄，又據南圖本校改的證據。

小學類

6. 爾雅三卷　明刊本

此即從元本翻刻。唯每葉改作二十行，行二十字。釋音亦同。校勘無訛，亦善本也。

【校記】：《鐵琴銅劍樓藏書目錄》載"爾雅三卷　宋刊本"，①又載"爾雅三卷　元刊本"，②與此均非同一版本。

7. 說文解字篆韻譜五卷　舊鈔本

南唐徐鍇撰，兄鉉序。邑先輩黃氏庭錄本覈與明李氏顯刻本無異。案，此書於下平聲內一先、二仙別出三宣。後來夏氏作《古文四聲韻》亦同，尚出《唐韻》之舊。（卷首有"黃庭"、"及一經"二朱記。）

【校記】：南圖本"古文四聲韻"原作"古文四書韻"，誤。③

史部

編年類

8. 續資治通鑑十八卷　舊鈔本

舊題。紀宋太祖至欽宗事蹟，皆疏略。案，文簡惟不敢續《通鑑》，故曰"續通鑑長編"。此出後僞撰可知。板心有"宋鑑"二字，當爲元人所作。書估改題以衒世耳。

【校記】：南圖本、北大本均作"舊題"，其下似有闕文。《鐵琴銅劍樓藏書目錄》載"續宋編年資治通鑑十八卷　元刊本"，④與此非同一版本。

別史類

9. 汲冢周書十卷　明刊本

嘉靖丁未餘姚陳塏重刻本，有序。卷末附刻楊升菴跋一篇，辨此書之爲逸書，非汲冢也。

傳記類

10. 東家雜記二卷　舊鈔本

題右朝議大夫知撫州軍州事兼管內勸農使仙源縣開國男食邑三百戶借紫金魚袋孔傳編。首列杏壇圖說及琴歌，壇作三重，與《敏求記》所載合。前有傳自序，題四十七世孫。後有四十六世孫宗翰家譜舊序，四十八世孫端朝、五十世孫擬跋。其自序與《祖庭廣記》附刻者字句稍異，而作序歲月亦不同。此本作"紹興甲寅三月辛亥"，《廣記》作"宣和六年甲辰三月戊午"。又署銜此作"朝議大夫知撫州"，《廣記》作"朝散大夫知邠州"。同爲孔氏所刻，不知何以參錯互異。案，此爲最初之本。別有承事郎行開封府四十九代孫祥符縣主簿名璚重編以刻者，名《祖庭雜記》，《廣

---

① 《鐵琴銅劍樓藏書目錄》，上海古籍出版社，2000年，第162頁。
② 《鐵琴銅劍樓藏書目錄》，第164頁。
③ 此處蒙清華大學歷史系王振華學友提示，特此說明。
④ 《鐵琴銅劍樓藏書目錄》，第229頁。

記》所採之序乃出此本也。

【校記】：《鐵琴銅劍樓藏書目録》載"東家雜記二卷 宋刊本",①與此似非同一版本。北大本有腳批云："當乙正。"當指"祥符縣主簿"應乙正至"承事郎行開封府"之後。南圖本雖無批語，但逕用乙正符號修改。

  11. 廉吏傳二卷　舊鈔本
  宋費樞撰。陳氏《書録》作十卷，此分上下二卷，而百十有四人之數與陳氏合，亦非不全本也。
【校記】：北大本"廉吏"原作"廉史"，朱筆圈改作"吏"。

  12. 伊雒淵源録十四卷　明刊本
  宋朱子撰。元至正間有刊本，爲蘇伯修所藏，此從其本重刻，併謝鐸《續録》六卷附於後。

  13. 新刊名臣碑傳琬琰之集　影鈔宋本
  題眉州進士杜大珪編。上集神道碑二十七卷，中集誌銘、行狀五十五卷，下別集、別傳二十五卷。北宋名臣事實略具。此書世尟傳本，苕溪嚴氏從宋刻本傳録，又從舊鈔補全。有紹熙甲寅無名氏序。
【校記】：《鐵琴銅劍樓藏書目録》載"新刊名臣碑傳琬琰之集一百七卷 宋刊本"，②與此非同一版本。

  地理類
  14. 聖朝混一方輿勝覽三卷　元刊本
  不著撰人名氏。中有"燕地初爲燕京路，國朝改號大都"云云，則爲元人所作。以祝氏書僅列南渡偏安州郡，故加"混一"之名以別之。其書析上、中、下三卷，所記十二省，一百四十七路之沿革、郡名、風土、形勝、景致、名宦、人物、題詠等甚略，蓋即祝氏書摘取之。元時書肆刊本也。
【校記】：南圖本"方輿"之"輿"字作"與"，北大本作"輿"。"上中下三卷"之"三"字南圖本作"二"，北大本作"三"。

  15. 吳地記一卷　明刊本
  唐陸廣微撰。錢罄室刻本鈔自沈辯之者，較吳琯本爲佳。

  目録類
  16. 籀史一卷　鈔本
  宋翟耆年撰。此出曹倦翁藏本，僅存上卷，惜下卷不可得矣。

---

① 《鐵琴銅劍樓藏書目録》，第252頁。
② 同上書，第259頁。

子部

儒家類

17. 心經一卷政經一卷　宋刊本

宋真德秀撰。此宋刻大字本，每半葉八行，行十七字。按，王邁序，《政經》爲文忠守溫陵日所著，趙宗華得之，梓於大庾縣齋。後有《附錄》，出門人裒輯也。

【校記】：南圖本"出門人裒輯也"之"出"字，旁有夾批改作"乃"，①師大本徑改作"乃"。此字似不必改。

兵家類

18. 黄石公素書一卷　明刊本

是本合張商英、王氏注而刻者，不載何人編輯。

19. 火龍萬勝神藥圖一卷　鈔本

此書不著撰人姓氏。言火攻之具甚詳，與錢氏《敏求記》所載合，舊爲趙文毅手寫。文毅九世孫允懷影鈔見貽，有手跋曰："是書余家世相傳，以爲先少保文毅公手錄，以他書蹟較之，良是。"錢遵王《讀書敏求記》載此書，謂"首列二十八草應二十八宿，如以諸毒藥煉爲神砂、神煙、神水"云云，案之悉合。其所列二十八草之前，尚有陣法五篇。惟《風候》篇全闕，《地利》篇僅存一行，而《制器》《藥法》《兵戒》三篇故在，似又遵王所未見也。

【校記】：南圖本、師大本"火龍"作"大龍"，誤。《讀書敏求記校證》卷三之中"火龍萬勝神藥圖一卷"條下"如以"作"和以"，②南圖本、師大本似誤。師大本"風候"作"風侯"，誤。南圖本"故在"之"故"字，有夾批改作"咸"，③而師大本徑作"咸"。《讀書敏求記校證》此書條下又引勞權所錄，作"故在"。④夾批改作"咸在"，似不必。

醫家類

20. 黄帝八十一難經一卷　舊鈔本

題吳呂廣注，唐楊玄操演。昔人謂廣《注》不傳，此出稽瑞樓所鈔，疑即掇拾明王九思《集注》本中所引者。

【校記】：南圖本、師大本"玄"作"元"。

---

① 由字跡看此條批語似非勞氏所作。
② 《讀書敏求記校證》，第267頁。
③ 由字跡看此條批語似非勞氏所作。
④ 《讀書敏求記校證》，第267頁。

21. 壽親養老新書四卷　鈔本

宋陳直撰。第一卷本名《養老奉親書》，元鄒鉉續增二、三、四卷，易今名。此書有裨世俗，宜布諸黨塾，俾子弟時時省覽，則孝弟之心自油然生矣。

【校記】：師大本"新書"作"全書"，誤。

22. 素問入式運氣論奧三卷附黃帝內經素問遺篇一卷　明刊本

宋劉溫舒撰。自序題太醫學司業，爲元符中人。是編目後有"鼇峰熊宗立點校重刊"一行，蓋成化十年熊氏種德堂刻本也。

23. 永類鈐方殘本四卷　元刊本

元李仲南撰並序。原書二十二卷，今存卷一至卷四。論傷寒雜病，以脈、病、因、證、治五事鈐而爲圖，貫串彼此，互爲發明。書成其兄天池名之曰"錫類"，後以親殁易名，以寓永慕之思。刊於至順中，諸家書目俱不載，惟見《敏求記》。

【校記】：南圖本"李仲南"之"李"字原作"季"，夾批改作"李"；"以脈、病、因、證、治"之後添"增爲"二字，①似不必。師大本又全據南圖本徑改。另，師大本"敏"作"救"，誤。

24. 外科精義二卷　明刊本

元齊德之撰。上卷論證，下卷處方，爲瘡科善本。他本附入《李東垣十書》，有作東垣撰者，誤。原序已闕。

術數類

25. 埜苳龜經一卷　舊鈔本

《敏求記》作二卷，此止一卷，序目皆全，鈔者合之耳。所論占法及兆圖皆與《玉靈聚義》相似。

【校記】：《鐵琴銅劍樓藏書目錄》"新刊圖解玉靈聚義占卜龜經四卷　元刊本"條下云："卷二中雜入《野庵龜經》一種，審其次第與《敏求記》所載、《四庫》著錄微異。"②不知二者是否即一本。

譜錄類

26. 酒經三卷　舊鈔本

題大隱翁撰。案，宋李保《續酒經》自叙，大隱翁爲宋朱翼中別號。《宋史・藝文志》作一卷，誤。《説郛》本但刻《總論》一卷。此則足本也。邑人孫慶增從述古堂藏本傳錄。（卷首有"孫從添印"、"黃氏如琡之

---

① 由字跡看這兩處批語似非勞氏所作。
② 《鐵琴銅劍樓藏書目錄》，第387頁。

印"、"稽瑞樓"諸朱記。)

【校記】：南圖本"説郛"之"郛"字原作"郭"，勞格夾批改作"郛"。師大本"孫慶增"作"孫緒增"，誤。南圖本"孫從添印"之"從添"二字，夾批改作"慶增"，①實不妥，而師大本據南圖本徑改。南圖本"黃氏"二字後添一"如"字，②師大本徑改。《鐵琴銅劍樓藏書目錄》"酒經三卷　宋刊本"條下云："後有跋云：'《酒經》一冊，乃絳雲未焚之書……以此轉授遵王……'"③由此可知此舊鈔本即據《鐵琴銅劍樓藏書目錄》所載刊本轉錄者。

　　雜家類
　　27. 子華子二卷　明刊本
　　題晉人程本著。《漢志》不載，而此本首列劉子政校進書序，真偽未詳。
　　28. 潁川語小二卷　鈔本
　　宋陳昉撰。原書久佚，閣本從《永樂大典》錄出。
　　29. 尚書故實一卷　舊鈔本
　　唐李綽撰並序。謂侍話於賓護尚書，聆其徵引，遂纂集之。賓護未詳其名，亦云河東張公。《唐志》謂即張延賞也。
　　30. 密齋筆記五卷續記一卷　鈔本
　　宋謝采撰。原本已佚，閣本從《永樂大典》錄出。
　　31. 琴堂諭俗編二卷　鈔本
　　宋鄭至道撰，彭仲剛續，元應俊輯補並序。此從閣本傳錄。
　　32. 玉堂佳話八卷　鈔本
　　元王惲撰並序。從文瀾閣傳錄。
【校記】：南圖本、師大本"八"均作"人"，誤。

　　類書類
　　33. 初學記三十卷　明刊本
　　唐徐堅等奉勅撰。劉本序。案，秦金序謂錫山安國購善本鋟梓。目前又有"大明嘉靖辛卯晉陵楊鏸重刊"一行，板心有"九洲書屋"四字。
　　34. 記纂淵海一百卷　明刊本
　　宋潘自牧撰。是書舊本殘闕，明萬曆間臨川陳文燧以家藏前後編補缺，

---

① 由字跡看此條批語似非勞氏所作。
② 同上。
③ 《鐵琴銅劍樓藏書目錄》，第402頁。

序次合併刻之，遂成完書。有文燧序及胡維新序。

【校記】：南圖本"萬曆"原作"萬歷"。《鐵琴銅劍樓藏書目錄》載"紀纂淵海一百九十五卷　宋刊本"，①與此非同一版本。

35. 源流至論前集十卷後集十卷續集十卷別集十卷　明刊本

宋林駉撰《前》《後》《續》三集，其《別集》則黃履翁撰。履翁與駉同爲三山人，亦同時，故既序其書而復補作《別集》。其書亦備科舉之用，故於宋代典制尤詳。

【校記】：《鐵琴銅劍樓藏書目錄》載"新箋決科古今源流至論前集十卷後集十卷續集十卷別集十卷　元刊本"，②與此非同一版本。

小説類

36. 朝野僉載十卷　舊鈔本

題唐浮休子張鷟文成撰。《宋志》二十卷，他本僅六卷，此雖非原本已較多矣。

37. 賈氏談録一卷　鈔本

宋張洎撰並序。洎仕南唐時，嘗使於宋，聞賈黃中談論而輯録者。原書已佚，略存曾氏《類説》，陶氏《説郛》。閣本從《永樂大典》録補，較原目幾得其全。

道家類

38. 亢倉子九卷　明刊本

何粲注，黃諫音釋。有序。其書即諫所刻。諫素習篆書，故多用古字。

【校記】：《鐵琴銅劍樓藏書目錄》"新雕洞靈真經五卷　宋刊本"條下云："題'亢倉子'，又題'何粲注'。卷末附《音義》一葉。案，明黃諫《音釋》本與何《注》糅雜，無復辨別，此則猶存何《注》之舊。且是書雖多古字，而出諫所改竄者亦復不少。"③與此非同一版本。

集部

楚辭類

39. 楚辭集注八卷辨證二卷後語六卷　明正德刊本

明正德己卯平湖沈圻重刻，校讎頗精。與宋刊同有朱子自序，何喬新、張旭二序。沈圻刻板跋。

---

① 《鐵琴銅劍樓藏書目錄》，第435頁。
② 同上書，第439頁。
③ 同上書，第475頁。

【校記】:《鐵琴銅劍樓藏書目録》載"楚辭八卷附辨證二卷後語六卷　元刊本",①與此非同一版本。

別集類

40. 止齋先生文集五十二卷　明刊本

宋陳傅良撰。門人曹叔遠編爲五十一卷並序,刻於嘉定戊辰歲。蔡行之刻於三山者,爲五十卷。明弘治間永嘉王瓚得秘閣鈔本以與澤州張璡,張附以雜著八篇及神道碑、行狀、墓誌增多一卷。屬温州守莆田林長繁刻之,有王瓚及長繁序。近有其後裔刻本,又變亂舊弟矣。

【校記】:《鐵琴銅劍樓藏書目録》載"止齋先生文集五十二卷　元刊本",②與此非同一版本。南圖本、師大本"弘治"原作"宏治"。③

41. 疊山集一卷　舊鈔本

宋謝枋得君直撰。原集五卷,此存詩一卷,各體俱全。後附録本傳、行狀、神道碑、祭文、友人唱和詩等一卷。

【校記】:《鐵琴銅劍樓藏書目録》載"疊山集十六卷　明刊本",④與此非同一版本。

42. 范德機詩集七卷　舊鈔本

題范梈撰,臨川葛雝仲穆編次。目録後有"至元庚辰良月益友書堂新刊"一條,蓋鈔自元刻本者。板心有"無射樓"三字。

【校記】:《鐵琴銅劍樓藏書目録》"范德機詩集七卷　元刊本"條下云:"目録後有墨圖記云'至元庚辰良月益友書堂新刊'。"⑤此舊鈔本所據底本蓋與《鐵琴銅劍樓藏書目録》所載刊本爲同一版本。

43. 安雅堂集十三卷　鈔本

元陳旅撰,其子籲編。前有至正九年翰林修撰河東張翥,至正辛卯林泉生清源二序。此係元刻本傳録,凡遇元帝及國朝字俱空格。惜多魚豕之謬,未得舊本校之。

【校記】:《鐵琴銅劍樓藏書目録》載"陳衆仲文集十三卷　元刊本",⑥與此非同一版本。

---

① 《鐵琴銅劍樓藏書目録》,第480頁。
② 同上書,第585頁。
③ 此處蒙清華大學歷史系黃振萍先生提示,特此說明。
④ 《鐵琴銅劍樓藏書目録》,第603頁。
⑤ 同上書,第621頁。
⑥ 同上書,第626頁。

總集類

44. 又玄集一卷　舊鈔本

唐杜陵韋莊編。能有序。原書三卷，今存卷上一帙。

【校記】：南圖本、師大本"又玄"原作"又元"。南圖本"能"字旁有兩點，似批校者知原鈔有誤。

結語

本文僅從《恬裕齋藏書記》所存"例言"與四十四條遺目兩方面，對其文獻價值做了初步的探討。《鐵琴銅劍樓藏書目錄》二十四卷，是晚清重要的私家藏書志。關注作爲其初本的《恬裕齋藏書記》、發掘其中的文獻價值，其實是爲我們進一步認識刊本瞿氏書目、瞭解瞿氏藏書提供了一條新的路徑。[①]而由《藏書記》到《藏書目錄》，這中間的更多細節也有待繼續揭示。

2011 年 8 月 29 日初稿
2014 年 7 月 31 日改定

王天然：中國社會科學院歷史研究所博士後

[①] 或因我聞見有限，尚未見到由這一角度深入討論者。

翁心存、翁同龢書目手跋考釋

侯印國

　　翁心存（1791—1862）字二銘，號邃庵。道光二年（1822）進士。歷仕工部、刑部、兵部、吏部尚書，咸豐八年（1858）授體仁閣大學士。同治帝師。贈太保，諡"文端"。心存子同龢（1830—1904），字叔平，號松禪，別署均齋、瓶笙等，別晚號瓶庵居士。咸豐六年進士。歷任户部、工部尚書，軍機大臣兼總理各國事務衙門大臣。爲同治、光緒兩代帝師，諡"文恭"。翁氏父子不僅是重要政治人物和文學家、鑒賞家、書法家，也是重要的藏書家，學界對翁氏藏書事跡及其藏書的文化價值已有較爲深入的研究。值得注意的是，與其他藏書名家一樣，翁氏父子注重搜集前人書目，並大都手自校定，在所藏多種書目上留下了校記和題跋。這些題跋大都不爲學界所知，但對清代文獻文化以及翁氏家族研究均有一定價值。筆者將所見翁氏書目題跋十二則略做考釋。

一、翁心存　道光五年阮福小琅嬛仙館刻本《讀書敏求記》跋三則

　　道光戊申伏日，假何鉏亭許氏所藏舊鈔本手校一過。知止齋居士翁心存記。（"心"朱文小方印、"存"朱文小方印）（以上卷首）

　　道光戊申初伏日，假許織翁所藏舊鈔本對校一過，時積雨初新霽，熏風徐來，幾净窗明，煩襟盡滌。遂盦記。（"遂盦"朱文篆書方印）（以上第一册卷末）

許氏何鉏亭舊抄本與此刻正同，其中字句間有互異處，視此刻較勝，且首尾完善。末處得張元幹《蘆川詞》一條，不禁狂喜。蓋緘翁娶於錢，即遵王後裔也。其本從遵王晚年定稿傳録，故特爲精妙云。戊申七月三日遂盦校畢記。（"遂盦"朱方篆書方印）（以上第二册卷末）

案，《讀書敏求記》是清代最富盛名的目録著作之一，流傳很廣，刻本、抄本數量甚夥，其中以章鈺使用管庭芬手校《敏求記》爲主，並參考朱彝尊、趙孟升、吳焯、吳騫、黃丕烈、陳鱣等二十八種刊本、抄本、校本、評本廣稽博考而成之《讀書敏求記校證》爲最善，是目録學入門必讀書之一。但章氏雖費心力近二十載於此，力求將各批校之本匯集無餘，却因條件限制，仍有一些批校本未能寓目，其《讀書敏求記校證補輯類記》中列舉"附後待訪"的"舊抄及校藏本"便有十七種，翁同龢批校本（跋語詳下文）便在"待訪"之列，而翁心存校本則未被提及，可知章氏並不知世間尚有此本，因而《讀書敏求記校證》後附其所輯之《錢遵王〈讀書敏求記〉序跋題記》收録各家序跋題識達三十五家而不及此。

翁心存所藏雖爲阮本，不僅是經見之版本，且在《讀書敏求記》各版本中屬於訛誤較多的一種。但據翁心存跋，其所據校勘之本爲許緘翁所藏舊鈔本，此本"視此刻較勝，且首尾完善"，是《讀書敏求記》較爲精良的本子之一。據翁氏批校，許氏所藏舊鈔本每半葉十二行，行二十字。考葉廷琯《吹網録》卷四"陳夫人年譜"條云："十餘年前從常熟許伯緘丈廷誥處見其摘鈔本，緘翁云，原本爲海虞某氏所藏，極爲秘密。惜爾時未向緘翁借録，近從許氏後人問之，則並摘鈔本不可得見矣。"考字號、籍貫、年代，許緘翁當即"許伯緘丈"，即許廷誥。考《光緒常昭合志》："許廷誥初名景誥，字八兼，承恩孫。常熟諸生，工漢隸，尤擅詩詞，有《碩寬堂詩稿》《荷鋤軒樂府》……"① 檢《翁心存日記》道光二十八年六月九日云："假伯緘所藏舊《讀書敏求記》，甚精，在趙、阮二刻之上，首尾完好，末三行張元幹《蘆船詞》一條不闕，蓋得之與其妻族，即遵王後人也。以校阮本，竟一卷"②，正與題跋互相證明。翁跋記許緘翁所藏舊鈔本之所以精良，是因許氏曾娶錢曾後裔，此抄本蓋出自遵王晚年定本，"特爲精妙"。許廷誥與翁心存關係密切，翁氏日記中提及凡七十餘次，時相過往。其與錢曾家族之姻親關係，自然可信。許緘翁所藏舊鈔本不僅本身精善，也是管庭芬、章鈺整理《敏求記》時未曾關注到的本子，這個本子今已不存，故翁氏批校仍有比較重要的價值。

---

① 鄭鐘祥、張瀛修、龐鴻文等纂：《光緒常昭合志稿》卷三十，江蘇古籍出版社，1991年，第516頁上。

② 翁心存著，張劍整理：《翁心存日記》，中華書局，2011年，第646頁。

二、翁心存　道光二十八年翁氏陔華吟館抄本
《也是園藏書目》十卷跋二則

　　道光戊申八月三日遂盦手校一過。（以上首册卷末）
　　今年初秋，同裏俞蓮士茂才大潤貫得是書，予亟借歸，命僕楊春抄錄副本，手自批校。嗣以營治先慈窀穸，遂中輟。九月，蓮士與幼兒同龢偕登拔萃科，亦足征文字因緣也。此書舛誤重複處尚多，它日當求善本並校之。道光戊申十一月一日常熟翁心存校畢並識。（以上卷末）

　　案，《也是園書目》今有十卷本、九卷本、一卷本及不分卷本。稿本十卷，今藏國家圖書館，十卷本尚有抄本八種及《玉簡齋叢書》本，翁氏陔華吟館抄本即爲其一。據翁跋，此目爲其據俞蓮士所購本由其僕楊春傳鈔。檢《翁心存日記》道光二十八年六月九日云："假得俞蓮士新得鈔本《也是園書目》，命楊春錄之。"① 則六月借得鈔本，十一月始校畢。考俞蓮士名大潤，字叔茂，號蓮士，道光己酉（1849）拔貢。據翁同龢《適俞氏姊墓志銘》及《清故優貢生詔舉孝廉方正俞君墓表》，翁心存女壽珠適俞大潤兄大文，翁、俞二家關係密切。俞大潤喜藏書，《光緒常昭合志稿》言其"杜門著書，淡於仕進，喜藏金石圖書，兼擅書畫"②，藏書處名"挹柳書堂"，有《挹柳書堂集》等。楊春系翁氏得力家僕，在《翁心存日記》中記載29次，從道光二十五年（1845）至同治元年（1862，翁氏有日記最後一年），追隨翁氏至少17年。

　　因《也是園書目》稿本尚在，此本文獻價值並不大。

三、翁心存　清抄本《椒花吟舫書目》跋

　　咸豐庚申嘉午月，得此册於京都隆福寺三槐堂書肆，蓋書估得之東武劉氏者。燕庭方伯一生精力萃於金石碑版，歿後已捆載歸諸城。今其子將盡室以行，酌留所藏秘籍，其餘書籍概皆斥賣，以便輕齎，而觸目琳琅。予力不能購，僅得其零編斷簡，如乞兒見般㴭椀，亦足自豪矣。此册鈔寫潦草，以單層楮皮紙作面，葉已破損浥爛。上標"《椒花吟舫書目》，笠濱手鈔"字樣，大興朱氏藏書目也。朱氏藏書多用"椒花吟館"印，或作"吟舫"，或用"大興朱氏竹君藏書之印"。又有"筠河府君遺書之印"，則其詰嗣少河先生所鈐也。筠河公碩學重望，一代儒宗，少河稟承家學，亦極淹博，而湮没

---
① 翁心存著，張劍整理：《翁心存日記》，第646頁。
② 鄭鐘祥、張瀛修、龐鴻文等纂：《光緒常昭合志稿》卷三十，第522頁下。

不彰。子孫日以困躓，深可慨也。劉氏圖書，大半得之朱氏，今劉氏又不能守，化爲雲煙矣。嗟乎，難聚易散，理之常也，矧兵火浩劫，又有數存焉，能無興拔劍擊□之歎耶！是月立春前五日，拙叟翁心存漫志。（"翁印心存"白文篆書方印、"邃盦"朱文篆書方印、"了觀"朱文篆書方印）

　　案，此跋見國家圖書館藏清抄本《椒花吟舫書目》卷前。此目不分卷。半葉十行，每行著録圖書一種，僅著録書名、套數及本數。宋元本、明本及舊本則頂格標"宋板"、"元板"、"明板"、"舊板"，間注抄、校者。全目實分三部分，第一部分分十四架著録，約七百五十種，第二部分爲"未之思軒"藏書，分五架，著録圖書約二百三十種，末爲"山房"藏書，計八十餘種。全目計著録圖書約一千餘種，其中宋本32種，元本五種。檢《翁心存日記》咸豐庚申十一月十三日（1860年12月24日）曾記："三槐堂書肆以書目來售，索值甚昂，力不能購也，或擇取數種尚可耳，其書皆出劉燕庭家，其郎君將歸諸城，遂以所藏書賤鬻與書估，止得三百金，可歎也。"① 三槐堂書肆所得劉氏書不少，如《翁心存日記》咸豐辛酉年三月廿一日（4月30日）記"三槐堂送來《道鄉集》四十卷，十六冊，明咸化（筆者案：當爲成化）六年裔孫鄒量刊本，亦劉燕庭家物"。②

　　翁跋對朱筠、朱錫庚父子及劉喜海兩大名家藏書及其聚散之記録，頗可補相關史料之不足。朱氏爲京城藏書大家，傅增湘《朱少河雜著稿本跋》云曾見朱錫庚《古籍過眼録》前後兩序手稿，自述其家藏書始末，"其時都中舊家如青箱堂王氏、棟亭曹氏、長白敷槎氏藏書散出，多爲所得，凡舊刊秘籍，咸外間不易見之本。"③ 此言並非虛譽，觀此目中的三十餘種宋本，琳琅滿目，如宋本《隋書》三種（其中大本一種，二十四本）、宋本《舊唐書》一百本等，均可謂海內秘藏。但《椒花吟舫書目》仍非朱氏藏書全貌，朱氏藏書中的精品宋蜀本《張説之文集》三十卷便不見此目。《張説之文集》唐宋各家書目著録爲三十卷，而宋以後傳本均僅二十五卷，此三十卷宋本可謂吉光片羽，此書後歸劉喜海，蹤跡已絶。又傅增湘《藏園群書經眼録》卷十二著録元刊本《箋注陶淵明集》十卷，鈐"朱錫庚印"、"椒花吟舫"等印④，當爲朱氏藏書，又葉恭綽《海源閣藏書之商購》所記海源閣藏《端明集》三十六卷，有"大興朱氏竹君藏書之印"、"朱筠之印"、"笥河府君遺藏書畫"、"朱錫庚印"、"錫庚閲目"、"椒花吟舫"等印⑤，亦不見此目。再如《清稗類鈔》"朱少河富藏書"條所記其藏宋本《莆陽居士集》、百衲

---

① 翁心存著，張劍整理：《翁心存日記》，第1569頁。
② 同上書，第1602頁。
③ 傅增湘：《藏園群書題記》卷十七，上海古籍出版社，1989年，第880頁。
④ 參傅增湘：《藏園群書經眼録》，中華書局，1983年，第993頁。
⑤ 參葉恭綽撰，姜緯堂編：《遐庵小品》，北京出版社，1998年，第286頁。

本《史記》①此目均未著録。翁跋云劉喜海藏書大半得之朱氏，因其與劉氏約同時且相識，所言當有據。今人《劉喜海年譜》及相關文章論劉氏藏書均未及此。

四、翁同龢　道光五年阮福小琅嬛仙館刻本《讀書敏求記》跋四則

　　光緒癸巳二月，偶見紀氏閱微艸堂所藏趙孟升刊本，有曉嵐手批字，惜止批至第二卷《食經》而止，蓋未完之書也。趙本世不多見，於此本有不同處。賈人索之急，乃略疏一二於此。（以上目録後）

　　以趙本略校，大抵趙本缺失多，然亦有趙本多於此本者，墨筆眉端所録是也。癸巳二月十六日夜漏下十二刻校竟。龢記。（以上卷末）

　　光緒二十五年己亥七月讀書山中，有以趙刻《敏求記》者硃字校勘，云系照遵王親筆。以視此本，則所校處已改正十之八九。間有碎字贅意，目補録之。是月晦，雨後。松禪居士。（以上卷前王序之後、趙序之前半葉空紙）

　　趙刻索直三千，寠空未能得，而賈人急切待還。草草校録，於書名多寫竟未一檢也。務細者遺大，逐便者多疏，天下事大抵如此。倦甚，畫寢，弟一弟二兩卷命曾孫之廉校之。（在上跋之後）

案，此目有翁同龢四跋，分別書於光緒癸巳（1893）及光緒己亥（1899）年。《文獻》雜志1984年第1期刊有北京圖書館善本組輯録《翁同龢書跋》一文，亦曾注意到此書上有翁同龢跋，但僅辨得卷末"以趙本略校"一條②，而將更重要的其餘三條遺漏，頗爲遺憾。

檢《翁同龢日記》光緒癸巳二月十八日記"借得紀曉嵐先生藏書兩種，一《劉悅文泉子》，一《讀書敏求記》，遂以余藏本校之，命大保佐余圈點……夜校《讀書記》，目眵不止，明日起早亦忘之矣"。③當即第一條手跋所記之本，唯日記云十八日得紀曉嵐藏本，而第二條手跋云十六日已經校畢，則當有一誤。翁氏光緒二十五年手跋《翁同龢日記》該年七月三十日有記，然極簡略："校《讀書敏求記》，景子助余，一時而畢。"④

---

① 徐珂：《清碑類鈔》，第三十一册，商務印書館，1917年，第79頁。
② 北京圖書館善本組：《翁同龢書跋》，載《文獻》1984年第1期，第225—226頁。
③ 翁同龢著，陳義傑整理：《翁同龢日記》，中華書局，1989年，第2591頁。
④ 同上書，第3221頁。

五、翁同龢 清抄本《絳雲樓書目》跋

　　此吳枚庵過録陳少章閲本。光緒癸卯閏五月得於書賈沈姓。松禪老人記。("松禪老人"白文篆書方印)

　　案，此目今藏國家圖書館。錢謙益《絳雲樓書目》是私家藏書目録的代表之一，葉德輝稱錢謙益《絳雲樓書目》"當時好事者人鈔一册，爲按圖索驥之資，故傳本之多，半出名人手校"①。目前存世的錢氏書目傳本確實較多，在歷代私家書目中可謂首屈一指。新出版的《中國古籍總目》中著録有十種，包括源出清初抄本的《絳雲樓書目》一卷補遺一卷，源出清康熙間抄本的《絳雲樓書目》二卷，清抄本《虞山錢牧齋絳雲樓書目》不分卷，源出沈錢青抄本和觀我生齋抄本的《絳雲樓書目》不分卷，清抄本《牧齋書目》不分卷，劉氏嘉蔭簃抄本《絳雲樓書目》五卷，《粵雅堂叢書》本《絳雲樓書目》四卷，鐵如意館抄本《絳雲樓書目》二卷補遺一卷，《師石山房叢書》本《牧齋書目》五卷。每種本子均有不同的抄本，間有較大異同。此外哈佛大學燕京學社還藏有《牧齋書目》不分卷本，筆者曾見影印件，與著録各本亦有不同，又南京圖書館藏清初抄本《虞山錢氏絳雲堂藏書全目》四卷，亦未被《中國古籍總目》著録。在名人手校方面，陳景雲批注最受關注，流傳的抄本大都過録了吳翌鳳跋和吳翌鳳過録的陳景雲批注。

　　翁同龢所藏此本形式上與諸抄本相差不大，亦有吳跋陳批，但其最大的特點在於它是吳翌鳳手書跋語並過録陳景雲批注的原本。就在書目批注中最富盛名的《絳雲樓書目》陳景雲批注來説，陳注原本早已不可得，各本均從吳翌鳳過録本傳録，可以説它是現存二十餘種過録了吳跋陳注的《絳雲樓書目》的"次一等原本"，各本均從此本出。如何斷定其是吳氏手跡呢？首先翁同龢跋語提供了綫索，其徑書"吳枚庵過録陳少章閲本"，而不云"過録"，可見在其心目中，此本便是吳氏手録之本。又考吳翌鳳筆跡，今存世者較多，南京圖書館有多部書有其題跋，兩相比較，信爲一人。國家圖書館及《中國古籍總目》均著録爲"清抄本，翁同龢校並跋"，事實上低估了它的價值。

　　值得一提的是，這段題跋雖然文字簡單，但對翁同龢藏書題跋來説却有特殊的意義。翁同龢卒於光緒甲辰（1904），現存翁氏藏書中没有書於此年的題識。而之前一年，即光緒癸卯，翁同龢僅在此目及稿本《蘇子後集》（今藏國家圖書館）上留下了手跋，可以看做是其藏書生涯的終結。

　　除了以上各跋，據上海圖書館藏書目録、卡片，該館所藏乾隆許氏抄本

---

① 葉德輝著：《郋園讀書志》卷四，《海王村古籍書目題跋叢刊》第五册（影印一九二八年長沙葉啓發等上海澹園鉛印本），中國書店，2008年，第265頁。

《也是園書目》有翁心存跋（《中國古籍總目》亦有著録）。但筆者前往查閱時告知此書爲私人某氏藏書，早已還歸其人，而編訂《中國古籍總目》時亦未核檢，因而無緣得見，頗爲遺憾①。

對學者來説，目録是"辨章學術、考鏡源流"的重要工具；對藏書家來説，名家書目無疑是考察善本流傳的可靠記録。翁氏父子兼學者、藏書家兩重身份，對前人書目表現出濃厚興趣，每得一本，往往精心校勘。這些跋語和校勘記對今天的研究仍然有一定意義。

侯印國：南京大學文學院研究生

---

① 《中國古籍總目》所著録書此類情況尚有不少。如武漢市圖書館舊藏柯逢時藏書多有善本。筆者據《總目》綫索前往查看時才知道這些藏書原是柯氏後人寄存，其中有柯逢時藏印者，大多已爲柯氏後人索回，早已不在館中。

版本
版本目錄學研究第六輯

九種早期刻本佛經小記

方廣錩

雕版印刷術起源於中國。探究其產生原因，我認爲主要由於東晋中期以後，佛教進入迅猛發展期。特別是南北朝以來，由於佛教三寶信仰的流傳，佛經作爲法寶的代表，受到佛教徒的廣泛尊崇。當時認爲抄寫、閱讀、供養、流通佛經可積累莫大的功德，故廣大佛教徒紛紛投入此項功德活動。由於社會對佛經的需求量很大，而人工抄寫的效率較低，於是古代中國人在傳統印鑒、石刻拓片等技藝的啓發下，發明了雕版印刷術。

雕版印刷術最早產生於何時？學術界向來衆説紛紜。有南北朝説、隋代説、初唐説等。俗話説："耳聽爲虚，眼見爲實。"記籍所載必須與實物相互印證，亦即用王國維倡導的"兩重證據法"，纔能真正解決問題。但所用實物必須正確斷代，纔能作爲研究的依據。

1966年，韓國慶州市佛國寺釋迦塔發現刻本《無垢净光大陀羅尼經》，上有武周新字，很多研究者認爲它是武周時期刻本，前些年中韓學者間爆發一場誰纔是雕版印刷術真正發明者之争。其實在我看來，争論雙方都没有搞清楚一個最基本的事實——該《無垢净光大陀羅尼經》雖有武周新字，却非武周時期刻本，實際爲高麗時期刻本，乃高麗朝（相當於中國北宋時期）修繕該釋迦塔時所放置。所以，該《無垢净光大陀羅尼經》的發現與雕版印刷術的發明没有絲毫關聯。這個問題涉及面比較廣，將來有機會再談。

日本有百萬塔陀羅尼，依據有關史籍記載，係完成於公元770年，可稱世界現存最早的印刷品。但所刻僅爲篇幅短小的陀羅尼，並非完整刻經。

根據敦煌遺書資料，則最遲在 8 世紀中葉，中國已經出現刻本佛典。中國國家圖書館藏敦煌遺書 BD03907 號《加句靈驗佛頂尊勝陀羅尼》是一個典型的 8 世紀中葉寫經，尾有題記："弟子王　　發願雕印。" 説明該寫本是依據某一個刻本抄寫的。遺憾的是，BD03907 號本身是一個寫本，無年款。因此，該遺書題記的發現難以讓我們考察早期中國刻本的實際形態。但《加句靈驗佛頂尊勝陀羅尼》確有刻本，且不止一種。敦煌遺書伯 4501 號名爲《一切如來尊勝佛頂陀羅尼（加句靈驗本）》，刻本，其內容與 BD03907 號《加句靈驗佛頂尊勝陀羅尼》相同，但文字、念誦法等均略有差異，屬於異本，且無上述雕印題記。故知伯 4501 號是《加句靈驗佛頂尊勝陀羅尼》的另一種刻本。想必由於這種陀羅尼的社會需求量大，所以刊刻得也多。由於 BD03907 號並非依據伯 4501 號所抄寫，故在此對伯 4501 號暫置不論。總之，敦煌遺書、西域考古發現不少早期印刷品及依據早期刻本抄寫的佛經乃至非漢文刻本佛經，此外各地還發現不少早期刻本陀羅尼。上述印刷品，有的已經有研究者寫過文章，有的尚待人們去介紹與研究。

本文從我曾考察過的早期印刷品中挑選九種，略作介紹。內容僅限於漢文刻本佛經，不包括非漢文刻本，以及漢文刻本中的陀羅尼、版畫（含上圖下文）、押座文、具注曆日、木刻印刷花飾，也不包括依據刻本佛經抄寫的寫本佛經。下限截止到五代北宋。

一、《王玠金剛經》，唐咸通九年（868）

這是所有刻經中最爲著名的一件，有帶年款題記，乃咸通九年（868）四月十五日王玠爲二親祈福所造。也是現知有明確年款的年代最早的刻本佛經。原出敦煌藏經洞，1907 年被斯坦因搞到英國，現存英國圖書館。編號爲 Or. 8210/P. 02。

該刻經卷軸裝。首全尾全。496.1×26.8 厘米；8 紙；共 303 行，行 17—19 字。上下單邊，卷尾有邊欄。框高 23.7 厘米。卷面基本完好。有燕尾。第 1 紙爲木刻扉畫，第 8 紙爲利用殘狀另接之拖尾，中間 6 紙爲木刻《金剛經》。卷首、尾無版片號，第 2 紙未見版片號，第 3 紙至第 6 紙有版片號，均標註在行間空白處。尾有原軸。

該刻本包括 4 個部分：《扉畫》（擬）、《金剛經前儀》（擬）、《金剛般若波羅蜜經》《真言》，組成一個完整的整體。其中經文前後的《金剛經前儀》（擬）與《真言》體現了佛教典籍在流傳過程中的讀誦儀軌化。

該刻經入藏英國以後，曾數次被通卷托裱，以致神采全失。筆者曾有幸三度娑摩著錄，無限感慨。幸英國圖書館修復部馬克先生用幾年的功夫，將原托裱紙全部揭掉，殘破處予以修整，使該經基本恢復原狀。2009年再次考察，爲該《金剛經》重獲新生而欣慰。

二、《李仁銳金剛經》，晚唐

2014年保利秋拍推出。

卷軸裝。首斷尾全。365.9×24厘米；8紙；共191行，行15—16字。上下單邊，卷尾無邊欄。框高20.6—20.9厘米。通卷上下邊有殘缺，文字略損。卷尾無版片號。第1紙、第3紙未見版片號。其餘5紙有版片號，標註在行間空白處或版端。

該刻經現存3個部分：除了《金剛般若波羅蜜經》（首殘）、《金剛經陀羅尼》外，末尾有長達10行的《轉經迴施文》。並存刻工題記"李仁銳雕印"。故知非特定人爲特定目的做功德所刻經，應爲經坊刻經，對研究當時佛教流傳形態有較大意義。

本遺書風格、字體、形態、內容、紙張與前述《王玠金剛經》均甚爲接近。時代亦應相近，惜保存狀態不如前者。

三、《三十三分金剛經》，晚唐

此刻經爲2008年保利春拍拍品。現爲某佛教博物館收藏。

卷軸裝。首脫尾全。426.5×28.2厘米，9紙，共247行，行17字。上下單邊，卷尾無邊欄。卷前部略有殘破。有燕尾。尾有原軸，兩端塗硃漆。有版片號，標註在版端。

該刻本現存兩個部分：《金剛般若波羅蜜經》（首殘）、《金剛般若根本陀羅尼》。

此件風格、字體、形態與上述《王玠金剛經》《李仁銳金剛經》較爲接近。刊刻年代亦應大體相近。主要特點是所用紙張爲典型寫經用打紙，硏光上蠟。故不少文字墨跡難以滲入紙纖維，堆積在表面。每版28行，與標準寫經款式相同。更爲可貴的是，該經將約唐長慶年間加入《金剛經》的"衆生段"單獨列爲"衆生净信分第二十二"，從而將所謂昭明太子所編的"三十二分金剛經"增列爲三十三分。此種形態的《金剛經》，至今爲止，僅此一件，具有較大的文獻價值。

四、《彌勒上生經》，五代後唐天成二年（927）

2014年保利秋拍推出。

卷軸裝。首斷尾全。123.6×26.5厘米；5紙；共69行，行17字。上下單邊，卷尾無邊欄。框高23.2厘米。卷前部、上下邊有等距離蟲蛀。有燕尾。尾有原軸，兩端塗棕色漆。有版片號，標註在下邊。

本刻本的珍貴之處，在於有明確題記年款、功德主、刻工等。作"功德主講《上生經》僧栖殷"、"彫經人王仁珂"、"天成二年十二月日邑頭張漢柔"。

本刻經爲現知有明確年款，且年代較早的第二種刻本佛經。

五、《觀彌勒菩薩上生兜率天經》，晚唐五代

2002年入藏中國國家圖書館。

卷軸裝。首殘尾全。尾有"慈氏真言"、"生内院真言"等真言兩道。有刻工題記，作"隰州張德雕板"。有版片號，標註在版端。關於本刻經，我曾撰《國圖新入藏〈觀彌勒菩薩上生兜率天經〉側記》介紹，此不贅述。

六、《妙法蓮華經》卷二、《妙法蓮華經》卷六，五代宋初

卷二爲2009年保利秋拍拍品，現由筆者收藏。卷六爲山西高平文管所從民間征集，今藏該所。

卷二，卷軸裝。首斷尾全。長657厘米，共13紙。無板框，上下墨欄後劃。卷六，首殘尾全。與卷二形態全同。兩卷曾置於同桌比較，確定出於同一副版片。惟卷二保存狀態較好，卷六次之。這兩卷爲五代、遼刻的可能性較大，不排除宋初刊刻的可能。

七、《觀世音經》，五代宋初

本刻本原藏敦煌藏經洞，今存英國圖書館，編號爲Or. 8210/P.13。

卷軸裝。首殘尾全。163.5×23.4厘米；5紙；共98行，行17字。前4紙中部殘破較甚，卷首另有宋初人抄補。現存版片號或標註在行間空白處，或在版端。

八、《三十二分金剛經》，五代後漢乾祐三年（950）

該刻本亦出自敦煌藏經洞，現存兩個殘本，分別收藏在英國圖書館與法國國家圖書館，編號爲Or. 8210/P. 11、伯4515號。

粘葉裝。兩號分別殘存若干葉，但均存尾葉，故知原爲各自獨立的兩册。末紙有題記："弟子歸義軍節度使特進檢校/太傅兼御史大夫譙郡開國侯/曹元忠普施受持。/天福十五年己酉歲五月十五日記。/彫版押衙雷延美。"雷延美爲敦煌當地刻工，該刻工還刻有《大慈大悲救苦觀世音菩薩像》等。因敦煌歸義軍政權不承認五代後漢政權，故沿用後晉天福年號，將乾祐三年稱爲天福十五年。

此《金剛經》乃常見之三十二分，爲現知有明確年款，且年代較早的第三種刻本佛經。

九、《彌勒下生經》，五代北宋

2014年保利秋拍推出。

卷軸裝。首斷尾全。153.1×26.8厘米；6紙；共87行，行17—18字。上下單邊，卷尾有邊欄。框高20.4厘米。尾有原軸，兩端塗黑色漆。本刻經的特點是版片較長，現存之末版達101.7厘米，刻60行。由此全經僅三版即可刻完，故該刻本無版片號。接紙刷印在古籍中雖不罕見，但該刻本後4紙依次黏接，刷印同一版的文字，則較爲罕有。

本刻經雖無年款，但背後有古代托裱，托裱用紙應爲五代末期社司文書，可見"乾祐"、"廣順"等年號。考察其托裱形態，並非因原卷殘破而修裱，應屬加固性質。因此，托裱年代與印刷年代相差不應太遠。此外，從風格、字體、形態看，本刻經與北宋刻本比較接近，故爲北宋刻經的可能爲大，但也不排除五代晚期的可能。

早期刻經存世量少。至今爲止，可以確認爲五代以前，或有可能爲五代以前的刻經，僅上述九種。當然，囿於見聞，或者還有一些早期刻經被本文遺漏。

由於早期刻經存世量少，且漸次浮現，故人們對它的認識也有一個過程。我比較幸運，上述九種刻經均曾過手，有的曾多次考察，有的在我家存放相當長時間供我反復考察，甚至自己就收藏一件。鑒定實踐中，覺得雖然有咸通九年、天成二年、乾祐三年等一些有紀年的刻經作爲標桿，但中國幅員遼闊，各地情況千差萬別，故對一件無款刻經做出確切斷代，依然有一定的難度。坦率説，對上述《妙法蓮華經》卷二、卷六，我比較傾向是五代、遼的刻本。但正因爲我自己收藏同一種刻經,故2009年擔任第二屆珍貴古籍名録評選之敦煌遺書·佛教典籍組組長,爲高平藏卷六斷代時,寧可把該經的刊刻時間向下延到北宋,因爲的確不能排除此經刻於北宋初年的可能。又如《王玠金剛經》《李仁鋭金剛經》《三十三分金剛經》等三種《金剛經》都是晚唐所刻,要説到底哪種刻本刊刻的時代更早,我雖然也有自己的看法,但畢竟都是依據這些刻本呈現的各種形態所作的邏輯分析,缺乏一言九鼎的鐵證。本文將《王玠金剛經》列爲第一,無非因爲它首尾完整、品相最好、且有明確年款,並不表示它的刊刻年代在現有諸經中確爲最早。故本文對九種早期刻經的排序祇是一種行文的方便,並不完全代表筆者對它們實際刊刻年代的判定。我對上述早期刻經斷代的具體思考,擬將來再撰文詳細説明。但我相信通過這篇短文,人們已可大致把握上述九種早期刻經的概貌,且從總體鳥瞰早期刻經的概況,並由此判定每一種刻經各自的價值。

經過千年歷史風雨的洗刷,還能有這樣九種早期刻經存世,是我們的幸運。地不愛寶,希望今後能有更多的早期刻經面世,既見證中華悠久的燦爛文化,也增加我們對早期刻經的知識。

2014年10月16日初稿於古運河北端

2014年11月24日修訂於日本京都

方廣錩:上海師範大學哲學學院教授

影印南宋越刊八行本《禮記正義》編後記

喬秀岩　葉純芳

一、越刊八行本禮記正義

儒經注疏諸版本中，越刊八行本最爲清代以來學者所重。近年又有深入研究，如張麗娟先生梳理版本問題全面精深，李霖先生討論編輯體例頗有創獲，王鍔先生專門調查《禮記正義》周詳細緻，今皆不重述，請參文後參考文獻表。今特就未成學界共識之問題，略述鄙見，供讀者參考。

（一）單疏本與八行本

越刊八行本合編經注疏，重點在義疏。黃唐跋開端即言"六經疏義自京監、蜀本皆省正文及注"，顯然以"疏義"爲主題。八行本《周易注疏》《尚書注疏》避諱至"構"字，而不避"慎"字，單疏本《周易正義》《尚書正義》避"構"字、"慎"字，學者認爲八行注疏本在單疏本之前。合編本在單行本之前，看似悖理，其實不然，因爲南宋單疏本與八行本均屬北宋版單疏之翻刻本。李霖先生認爲單疏本與八行本可以互補。南宋前期官方刊行群經義疏，或可分兩階段理解。南宋初期，朝廷急需配備一套經籍版本，分派不同官衙完成。紹興府直接據北宋單疏本覆刻《毛詩正義》，《禮記正義》亦有覆刻北宋單疏本；

而兩浙東路茶鹽司以注疏合編八行本形式刊行《周易》《尚書》并《周禮》三經義疏。兩種單疏與三種八行注疏（今且不論其他諸經），共同形成一套義疏版本。兩浙東路茶鹽司爲何將《周禮》優先於《毛詩》《禮記》刊行？蓋因《毛詩》《禮記》已有單疏。至孝宗朝以後，一般認爲《毛詩》《禮記》皆有單疏本，雖能滿足基本需求，但兩浙東路茶鹽司之注疏合編形式既受好評，何不繼續出《毛詩》《禮記》？黃唐跋之主旨，大致如此。與此相反，《周易》《尚書》已有八行注疏本，則續刊單疏之意義當較小。學者指出《周易》《尚書》單疏校字不精，往往不如八行本，蓋有由矣。又，《尚書》單疏本之體例，標起止單獨佔一行，是不滿足於單疏原式，稍加調整以期更便閱讀。總之，《毛詩》《禮記》單疏及《周易》《尚書》《周禮》八行本，爲南宋第一代義疏刻本，《毛詩》《禮記》八行本及《周易》《尚書》單疏本爲南宋第二代義疏刻本。版本價值之總體認識，當謂南宋第一代優於南宋第二代，不當謂單疏本優於八行本。可惜《禮記》單疏傳世僅八卷，今不得不以八行本爲《禮記正義》最善本。

順帶一提，潘氏舊藏八行本《禮記正義》有李盛鐸跋（詳下第三章），引黃唐跋而云：“是紹興庚司爲注疏第一合刻之地，《詩》《禮》二疏，因即爲唐所合編，故它經後僅坿唐跋，此經獨列校正諸官銜名。”按：此説殆非。所謂“它經後坿唐跋”，疑皆據《禮記》跋移録附後，未聞它經宋版實有唐跋之事例。（又，《木樨軒藏書題記及書録》著録此跋，“因”字作“目”，文義不通。蓋編者誤認手跋字體，請直接參考影印手跋。）

（二）單疏本可貴，十行本不可廢

《禮記正義》單疏，今存日本舊抄本卷五殘卷，有1928年影印卷子裝複製本。1935年商務印書館據影印本覆影收録於《四部叢刊三編》，則以一行裁爲兩行，形式大異，而文字固無異。另有單疏南宋版殘本存卷六十三至七十，1930年東方文化學院影印，《四部叢刊三編》亦據以收録，後來臺灣藝文印書館又有原大影印東方文化學院影印本。1927年內藤湖南發表一篇雜文介紹八行本《禮記正義》（見本書附録），有言“《禮記正義》的單疏本，僅有的傳本是抄本殘卷兩卷而已”，是當時未有影印卷子本，更不知宋版殘卷尚存人間，僅據《嘉業堂叢書》翻刻本爲説。1914年嘉業堂刊本，據轉抄本翻刻，與1928年影印本同出一源。張麗娟先生指出，嘉業堂誤據六十三卷俗本分卷，故以卷五殘卷誤認爲卷三尾及卷四首。內藤此言“殘卷兩卷”，當因嘉業堂本而誤。今日既有影印本之便，閱讀八行本自當取以對校。

十行本編輯體例、文本質量遠不如八行本，亦不能偏廢，因爲十行本自據單疏本編録孔疏，并非據八行本轉載。其最著者，八行本《樂記》孔疏有一整段一千多字之脱文（八行本卷四十八第六葉，十行本卷三十八第六葉下）。此一問題，潘明訓《校勘記》、常盤井《宋本校記》皆有揭示，王鍔先生亦有介紹。十行本《禮記》，無宋版傳世。若欲補八行本之不足，阮元刻本即可爲用。

（三）八行本經注文本

八行本不僅爲《禮記正義》現存最佳版本，所收經注文本亦極精善，傳世版本中僅撫州公使庫本可以媲美。撫州本刊行於淳熙四年（1177），爲南宋前期官刊經注本之僅存者。撫本文字之細節，往往與毛居正《六經正誤》所言南宋後期監本吻合，如《內則》"子弟猶歸器"注"當以善者與宗子"，毛居正云監本"與"作"与"，是偶用俗體，現存版本皆作"與"，而撫本獨作"与"。類似情況甚多，可以推論撫本即覆刻南宋初期監本，大體保留南宋初期監本之面貌。刊行八行本《禮記正義》在紹熙三年（1192），稍晚於撫州本，且按章節割裂，插入於正義中間。然其文本可以與撫州本互證，往往得以糾正撫本之失，即便爲譌誤，若與撫本相同，則不妨視爲南宋初年監本之原貌。例如《檀弓上篇》"周公蓋祔"，《下篇》"衛人之祔也離之"，余本以下諸本皆如此，而撫本與八行本"周公蓋祔"字作"附"（八行本卷九第十二葉），"衛人之祔"作"祔"（八行本卷十四第三十三葉），前後不同。兩處鄭注同云"謂合葬"，是義同而字異，似不如余本以下俗本統一用"祔"字爲佳。其實《唐石經》與撫本、八行本同，而《經典釋文》"周公蓋附"作"祔"。不難理解，前後不同乃《唐石經》以來傳統文本，前後統一爲余本據《釋文》竄改之結果。又如《曲禮下》"曰予一人"，注"《覲禮》曰'伯父實來，予一人嘉之'，余予古今字"，撫本、八行本（卷六第十三葉）如此。鄭玄解釋"余予古今字"，必當據此《曲禮》與《覲禮》用字不同，撫本、八行本皆作"予"，必有一誤。《撫本考異》據此處《釋文》及《玉藻》孔疏，論定《曲禮》當作"余"，注引《覲禮》當作"予"，說極精審。今更爲推論，則《唐石經》據《禮記》鄭注而僅錄經文，校定者見注引《覲禮》作"予"，以爲作"予"爲正，遂改《曲禮》正文作"予"。至五代編定監本經注，經文以《唐石經》爲主，於是產生經注皆"予"之文本。北宋監本、南宋初監本輾轉因襲，故撫本、八行本皆如此。余仁仲知經注兩"予"字必有一譌，見《釋文》出"予一人"三字，以爲《曲禮》正文當作"予"，遂改鄭注引《覲禮》作"余"，爲後來俗本所因襲。正如《撫本考異》所言，《釋文》"予一人"三字據鄭注引《覲禮》，余仁仲誤會而改經文，盧文弨又據俗本而竄亂《釋文》，皆不可取。

八行本之經注文本大體接近當時監本，然亦似曾受俗本影響。如《鄉飲酒義》注"不敢專大惠"下，八行本誤入《釋文》一百零八字（見第六十八卷第十七、第十八葉），山井鼎曾非之，《校勘記》則疑爲注文，而《撫本考異》斷爲《釋文》誤入。《射義》"稱道不亂"注"稱猶言也，行也"，八行本衍五字作

"稱猶言也，道猶行也，言行也"（卷六十九第八葉），正如《九經三傳沿革例》所言"越本"。《沿革例》誤以多五字爲是，段玉裁（見《校勘記》及黃焯《經典釋文彙校》引）、顧千里（《撫本考異》）並以爲非。

八行本經文又有顛倒次序之處。《沿革例》"錯簡"條云："諸經惟《禮記》獨多見之，《玉藻》《樂記》《雜記》《喪大記》註疏可考。興國本依註疏更定，亦覺辭意聯屬，今則不敢放之，第以所更定者繫於各篇之後，庶幾備盡。"興國于氏本今不可見，而殿版覆岳本《玉藻》等諸篇卷末附錄"興國于氏改正本"，如《沿革例》所言。今八行本《樂記》《喪大記》據注説顛倒經文，與興國于氏本同，而《玉藻》《雜記》仍舊文，體例不一。不知是合編注疏時順手調整，抑或參考其他經注文本，待考。十行附釋音注疏本，則經注文字與余仁仲本同，所謂"錯簡"皆仍舊。

（四）八行本分章，十行本分章分段

鄭注《禮記》傳統文本皆無分章標識，如見撫本，八行本亦無標識（《月令》有幾處標圈，可謂例外），而大致據孔疏分章列經注。余仁仲刊本始於每章首加圈，十行本仍之，而每章又細分數段，經注與義疏互見。八行本往往先錄長段經注文，下錄孔疏連續數葉，疏與經注相距甚遠，或嫌不便對照。然鄭玄注《禮記》，每參上下文句推定文義，若據十行本，上下經文分離甚遠，令人忽視鄭玄思路。如《曲禮下》"君子行禮，不求變俗"，注："謂去先祖之國，居他國。"鄭意，此經謂君子居他國，不改自己故國之俗。但通常理解此句文義以爲君子不強行改變民間舊俗，且鄭玄於別處引《禮記》此句亦如此理解（見孔疏引《鄭志》）。然則鄭玄在此爲何提出如此異解？蓋鄭玄讀此經，與下經"去國三世，爵禄有列於朝，出入有詔於國，若兄弟宗族猶存，則反告於宗後；去國三世，爵禄無列於朝，出入無詔於國，唯興之日，從新國之法"等爲一章，以爲一章經義連貫，故謂"君子行禮，不求變俗"即君子自身不改國舊俗，而非君子不改民間舊俗。此章八行本在卷五第二十五葉，一章經注皆在一處。十行本乃將此章割裂爲三段，"君子行禮，不求變俗"在卷四第六葉，而"唯興之日，從新國之法"在第八葉，當讀第一段時，往往不知必須結合第二段、第三段始得理解鄭玄用意，故讀注云"謂去先祖之國，居他國"，只覺奇異。鄭玄注經，望經爲説，古人已有定評。百多年來，鄭注本意晦而不彰，學者往往專據阮刻十行本，未必非其重要原因。

二、足利學校藏本

山井鼎《七經孟子考文》及物觀《補遺》，詳校足利學校所藏宋本《禮記

正義》，阮元《校勘記》據以轉録足利所藏宋本之異同，學者知足利藏本既久且詳。但所知不出《七經孟子考文》并《補遺》所記之外，故始終難免各種疑惑。

　　《七經孟子考文》指稱各種版本，有特定詞例，且每經不同。就《禮記》而言，所謂"古本"專指足利學校所藏一部日本舊抄本，所謂"足利本"乃據日本古活字本（山井鼎誤以此種活字本爲足利學校所印，故用此稱），八行本則稱"宋板"。阮元《校勘記》等參據《七經孟子考文》，皆因襲原書用詞，因而《校勘記》中所見"足利本"與本書影印之"足利本"（即《考文》及《校勘記》之"宋板"）爲兩種版本，互不相干，特請注意。

　　山井鼎撰《七經孟子考文》，有謄抄本傳世，而未嘗有單行刊本。《七經孟子考文》在刊行之前，由物觀覆查，撰《補遺》，故《考文》刊本皆附《補遺》。然《補遺》用詞不遵山井鼎體例，不免令人迷惑。如《郊特牲》注"賓爲苟敬"，俗本譌作"尊敬"，《撫本考異》云："山井鼎所據宋板注及正義俱不誤。但此於彼所據爲缺卷，而仍稱宋板，未知究指何本耳。"此注於八行本在卷三十四第九葉，恰爲足利本缺卷。此處山井鼎實無説，其言"宋板"見《補遺》。山井鼎於宋板缺卷起始處，自述體例云："宋板正義本，三十三卷至四十卷缺，有人補寫足之。今比校之，訛謬相仍，固不足徵也。其有一二可取者，乃稱以'補本'云爾。"山井鼎遵用此例，故八行本卷三十三至卷四十，《考文》偶見"補本"而不見"宋板"。然《補遺》在此範圍仍然詳記"宋板"異同，不言"補本"。是知顧千里忽略《考文》與《補遺》之差異，不曾想《補遺》竟以"宋板"稱補抄，故不得不迷惑。

　　山井鼎、物觀之後，關注此部《禮記正義》而留下記録者，有近藤正齋，參見本文後附常盤井論文、阿部解題。《經籍訪古志》亦著録此部，而卷數稱六十三卷，不符事實，啓人疑惑。楊守敬曾介紹致誤之由云："《訪古志》載紹熙壬子黃唐刊本《禮記注疏》七十卷，與曲阜孔氏藏本同。姚君（筆者注：姚文棟，字子良）但見通行《禮記注疏》六十三卷，遂悍然據改之。"（見《日本訪書志》卷六"《太平寰宇記》"條）董康爲潘氏藏本製作珂羅版之後，内藤湖南發表介紹文章（見本書附録），言及足利學校藏本，但僅認爲同版，并謂足利本缺八卷，潘氏本有缺葉，可以互補，顯然不知兩本修補之不同。1932年常盤井賢十開始調查足利本，發現足利藏本印製時間較潘氏藏本早，補版較少，因而文字有不少出入。1933年發表階段性報告，至1937年出版《宋本禮記疏校記》，學界始知足利本與潘氏本異同之詳情。但常盤井《校記》只校孔疏，不校經注文字，未爲詳備。本書對照影印兩本，可以直接觀察兩本異同，則常盤井《校記》之正文，可不必參考。但其總述版本相當周詳，仍有價值，見本書附録。1937年，足利學校出版長澤規矩也撰《足利學校貴重特別書目解題》，亦言潘氏本刷印晚於足利本（見本書附録）。1973年出版《足利學校善本圖録》，收録《禮記正義》卷一首半葉、卷三首半葉及孔序首半葉書影。1982年阿部隆一發表《日本見在宋元版本志經部》，詳細討論此部刻工，見本書附録。阿部先生曾在中國臺灣、日本調查大量宋元版本，每部皆留下詳細記録，彙編出版之調查成果有《中國訪書志》《日本見在宋元版本志經部》等，爲版本學界提供資料基礎。阿部先生之論述相當可靠，但研究條件畢竟有限，自然不免於失誤。如在本書之前，本叢刊出版《影印宋刊元明遞修本儀禮經傳通解正續編》，筆者參與編輯，發現阿部先生所認定宋元刻工，包含少許失誤。阿部先生在論述《禮記正義》補版刻工時，以"李成"爲宋代補版刻工，謂見於《儀禮經傳通解》原版。其實《儀禮經傳通解》中"李成"所刻乃元代補版，則當爲同名異人，不能引以互證。當然，些許失誤無損於阿部先生考論之價值。

足利本有後人用墨筆補字，如《檀弓下篇》注"封可手據，謂高四尺所"，八行本脱"所"字（卷十四第十六葉），而足利本用毛筆補"所"字。毛筆補字及描寫筆劃，皆不難辨認，幸勿與宋版文字混爲一談。

三、潘氏寶禮堂舊藏本

（一）遞藏經過

因資料有限，以往學者瞭解此部流傳之經過頗有不明之處，如常盤井在1933年論文中叙述此部由山東孔氏流出，爲盛昱所獲之經過，止得根據兩則輾轉多次之傳説，至1937年出版《宋本禮記疏校記》，始得補充一條《緣督廬日記抄》之記載。如今可參考之資料更多，不妨稍爲補充。

潘氏舊藏本有"秋壑圖書""北平孫氏"及季振宜諸印，與北圖藏八行本《春秋左傳正義》同。其中"秋壑圖書"，傅增湘等皆定爲僞印，而未明言其理由，故世人或不免疑慮。其實，鑑定僞印，不必就印文本身論證。最近張麗娟先生指出，此部爲元修本，不可能有宋人賈似道藏印。一經點破，簡單明瞭。

此部後有乾隆十四年惠棟跋，云爲璜川吴氏所藏。《藏園群書經眼録》著録殿本注疏孔繼涵校本（原書今藏上海圖書館），移録孔繼涵跋云："後歸璜川吴氏，吴曾以質三百金於朱文游家，戴東原先生借閲，補今文缺文。丙申（筆者按：乾隆四十一年）之春，有挾之入都者，索價五百金無售者，東原欲借重校而不得。九月之朔，持質百金於余，云云。"

盛昱得此部之經過，繆荃孫《琉璃廠書肆後記》有云："伯希辭官以後，探得打磨廠興隆店，外來書賈貨車萃焉，五更開市，各書陳列於地，論堆估值，廠友悉趨之。伯希時時襆被往宿，遂得宋本七十卷之《禮記注疏》《杜詩》黄鶴注、舊鈔《儒學警悟》。"（今據孫殿起《琉璃廠小志》第三章所引）按：此説與常盤井論文注中所記繆荃孫語（經徐森玉、杉村、吉川輾轉重述）相符，則常盤井所記，謂此部自曲阜孔氏流散後，先歸山西某氏，書賈於山西得之，運至打磨廠，爲盛昱所獲者，或屬可信。周肇祥《琉璃廠雜記》卷二云："曲阜孔氏，清初好藏書，多善本，近爲書估捆載來京出賣。抱存（筆者按：袁克文）所得宋刻小字八經，前藏季滄葦者，森玉所得錢謙益批本《通鑑》，皆孔家故物。"（1995年北京燕山出版社出版）是述當時曲阜孔氏藏書大批流散，與此部《禮記正義》先歸山西某氏之説，并不矛盾。另，今人劉晴撰《晚清名士盛昱研究》（2010年黑龍江大學碩士論文），附錄《盛昱年譜簡編》，據載，盛昱道光三十年（1850）生，光緒三年中會試，十五年因病奏請開缺，十八年六月獲此宋本《禮記正義》，二十五年（1899。因在年底，公曆實已入1900年）卒。光緒十八年（1892）獲得此部，即在辭官之後，與繆荃孫所言符合。唯此一信息，劉先生不言所出。劉先生云王懿榮之子王崇煥曾撰盛昱年譜，有稿本藏天津圖書館，據以參考。不知是否見王崇煥所撰年譜稿。

鄧之誠《骨董續記》卷一"盛伯希收藏"條云："盛伯希祭酒，自謂所藏以宋本《禮記》《寒食帖》、刁光胤《牡丹圖》最精，爲'三友'。身後爲其養子善寶斥賣，至今意園已爲日人中山商會所有，蓋無餘物矣。'三友'以壬子（1912年）夏歸於景樸孫。後《禮記》爲粵人潘明訓所得，《寒食帖》歸於日本人菊池惺堂，《牡丹圖》初歸蔣孟萍，復賣於美國人。有得當時善寶與景所立契約言：'今將舊藏宋板《禮記》四十本、黃蘇合璧《寒食帖》一卷、元人字冊一十頁、刁光胤《牡丹圖》一軸及《禮堂圖》一軸，情願賣與景樸孫先生，價洋一萬二千元正，絕無反悔。日後倘有親友欲收回各件，必須倍價方能認可。恐空口無憑，立此爲據。善寶押。舊曆壬子年五月二十日。'蓋祭酒爲肅宗，景慮後患，故要約爲此。"周肇祥《琉璃廠雜記》卷二云："抱存以一萬金購宋板七十卷黃唐《禮記》、婺州本《周禮》、黃善夫刻《蘇詩》、《于湖集》、黃鶴注《杜詩》五種於旗下人景樸孫。景初得書於盛伯義家，費僅五百金。伯羲故後，其嗣子癡獃，不知貴，約正文齋譚估往估值。譚估將此數種，雜以他書，置屋隅，故賤其值，留以待己。景適繼譚而往，發見其覆，問值幾何，曰估二百金。景以五百取之。及譚估再往，知書已爲景得，嘔血死。"以上兩種叙述，稍有出入，均屬傳聞，容有譌傳。傅增湘致張元濟信函中，屢及購買盛家藏書事（今據1983年商務印書館出版《張元濟傅增湘論書尺牘》）。如壬子四月一九日（1912年6月4日）云："盛書殊費手。除老譚巧取不計外，此外傳聞有耆壽民、寶瑞臣、景樸孫三人。耆自用，寶、景皆營業。"又云："景殊巧。渠不言己物，謂代我取閲。然聞其略購數十種，亦未必皆其物也（原注：亦實有向盛取者）。"同年五月一四日（公曆6月28日）函中言"昨日（原注：一三日也）又得介紹人，始入盛宅看書，自十二點起，至六點止"，并詳述此部《禮記正義》之情形。至同年八月廿五日（公曆

10月5日）則云："聞《禮記》確爲景二所得。與人言宋本六種須洋二萬元，亦恐難以出手。計開：《禮記》、《纂圖互注周禮》鄭注、《張于湖集》、千家注《杜詩》、王注《蘇詩》、《春秋胡傳》。"傅增湘、張元濟等一直有意購買，但書估要價太高。《禮記正義》尚在盛家時，書賈稱賣價四千金，見壬子四月一四日函、壬子五月初九日函。其歸景樸孫之後，書估言"至少恐須三千元"，而張元濟只能答應《禮記正義》與《于湖集》兩種一共三千元（同年九月廿二日，公曆10月31日函），價位懸殊，傅增湘不得不表示"來示言《禮記》二種還三千元，必無效"（同年一〇月初七日，公曆11月15日函）。至第二年五月二五日（公曆1913年6月29日），傅增湘言《禮記正義》《于湖集》仍在景樸孫手裏，問張元濟有意購買否。此後，傅增湘函中皆不見《禮記正義》事，恐已放棄。通過傅增湘信函可以瞭解，此部《禮記正義》於1912年6月確曾在盛氏宅中，至10月已歸景樸孫手。在景樸孫手裏待估兩年，至民國三年甲寅（1914）冬，爲袁克文所獲。

此部《禮記正義》，書後有"丙辰驚蟄後二日"李盛鐸跋、"洪憲紀元三月十三日"袁克文跋（皆在民國五年，1916），爲潘氏影印本、影刻本所不載，而皆見《涉園所見宋版書景》第二輯影印，頗便參閱，故本書不重收（李跋錄文亦見1985年北京大學出版社版《木樨軒藏書題記及書錄》，袁跋錄文亦見《文獻》2011年第四期李紅英撰《袁克文經部善本藏書題識（上）》）。李跋云"壬子之夏，欎華書籍散出，是書輾轉遂歸三琴趣齋"，袁跋云"比移都下，知尚在景家，因丐庾樓妹倩代爲論值，遂以萬金兼得《纂圖互註周禮》、小字本《春秋胡傳》、黃註《杜詩》、黃善夫刻王註《蘇詩》、《于湖居士文集》五書"，皆不言何時所得。按袁克文跋《纂圖互注周禮》則云："《纂圖互注周禮》十二卷，南宋坊刻之至精者，曾載入《傳是樓書目》，卷首有徐乾學藏印可證也。予以萬金與三山黃唐本《禮記正義》、小字本《春秋胡氏傳》、黃氏補《千家注杜工部詩史》、黃善夫刊本《王狀元注東坡先生詩》、《張于湖居士文集》六宋刊購自景賢家，多爲盛伯兮祭酒故物，皆宋刊無上上品，遂啓予幸得之冀，而爲侫宋之始。日溺書城，不復問人間歲月矣。甲寅冬月獲於京師，時居後水泡寓廬。"（見《袁克文經部善本藏書題識（上）》引）知袁克文得此部於景樸孫，在民國三年甲寅（1914）。袁跋言"庾樓妹倩"，指張允亮，字庾樓，爲袁克文姐夫。所得六種宋版，與壬子八月廿五日傅增湘函中所言完全一致。瞭解此部由盛氏欎華閣流出，終歸袁克文之經過，即知景樸孫可謂掠販家之末流。景樸孫在此部稀世珍本亂蓋私印，儼然以藏書家自居，最屬可笑。

袁克文於1916年跋此部《禮記正義》云"經年所獲，已可盈百，爰闢一廛以貯之，而以此書冠焉"，隨後袁世凱去世，袁克文"資斧不給"，將此《禮記正義》與《公羊解詁》轉讓潘明訓，潘氏遂以新居名爲寶禮堂（見1938年《寶禮堂宋本書錄》自序）。倫明《辛亥以來藏書紀事詩》云"潘明訓少時供事洋行，現充英工部局總辦"，則內藤湖南云潘氏將所藏善本寄存"英國工部局的警察"，似乎合理。據宋路霞先生介紹，潘明訓於1939年去世，藏書由潘世滋先生繼承。1941年，爲避日寇掠取，潘先生將所藏善本運至香港，藏於滙豐銀行保險庫（宋路霞撰《潘氏寶禮堂宋版書的命運》，載《世紀》2007年第二期）。50年代潘氏藏書歸公，1959年《北京圖書館善本書目》著錄此部《禮記正義》，并注"潘捐"，亦見《中國版刻圖錄》收錄。

此部在潘氏時，董康借以製作珂羅版影印本及木版影刻本。珂羅版精美無倫，可謂近代珂羅版影印本之最，而傳本極罕見。影刻本有80年代中國書店重印本，流傳甚廣。影刻本有失誤，亦有校改，已非潘本原貌。常盤井《校記》曾言珂羅版亦有疑經描改處，則筆者至今未見可疑之處，待考。潘氏又有《校勘記》，《寶禮堂宋本書錄》有詳跋，據云皆出張元濟手。王國維於潘氏見此部，有跋見《觀堂集林》。

（二）惠棟所據宋本即潘氏本

潘氏舊藏本是否當年惠棟所校宋本？多年來不少學者表示懷疑，根本原因在惠校所言宋本文字與潘本不符。阮元等人編撰《校勘記》，已見惠校宋本與《七經孟子考文》所引宋板往往不符。阮元解釋云："《七經孟子考文補遺》所載宋板《禮記正義》，與惠棟校所載宋本是一書。間有不合處，不及千分之一，亦傳寫之譌，非二書有不同也。"（《校勘記》卷首）阮元不知兩部宋版之間修補情況有差異，內藤湖南亦然，已見上章。張元濟先見潘氏藏本，後又見舊內閣大庫殘本，發現兩者"一一吻合，惟間有原版、補版之別"，於是猜想《考文》引宋板與惠棟校宋本之差異，當非"傳寫之譌"，而爲"原版與補版之異耳"（《涵芬樓燼餘書錄》）。1928年訪日，又知足利本與潘本"有不合者，爲原版、補版之別，即同一補版，亦有先後之殊"（《寶禮堂宋本書錄》）。然持影印潘本覈惠校引宋本，仍有不少出入，因而不得不認爲惠棟所據宋本當非此潘氏本。汪紹楹先生於《阮氏重刻宋本十三經注疏考》（《文史》第三輯）中，又舉三證。一、陳仲魚《經籍跋文》云"錢聽默竊以所儲十行本，重臨惠校，綴以原跋"，阮元《校勘記序》亦云"書賈取六十三卷舊刻，添注塗改，綴以惠棟跋語"。汪先生認爲，惠跋既爲錢聽默綴附十行本，則八行本不當仍有惠跋。今潘氏本有惠跋，當非原件。二、潘氏本卷二十六卷首題作"禮記注疏"，而惠校仍作"禮記正義"。汪先生認爲潘氏本卷二十六第一葉并非原版，故與惠校所據有差異。三、潘氏本後附黃唐跋，一覽即知此部爲南宋刊本，惠棟豈容誤認爲北宋本。汪先生推測，惠棟所見八行本當缺黃唐跋。汪先生考論精審，王鍔先生贊同其説，張麗娟先生雖存疑，亦稱其説頗有理據。

其實，常盤井已有論證，可以破除此一疑惑。常盤井言，惠校所言缺葉與潘氏本吻合，足以確定惠棟所據即今潘氏本。在1933年論文中常盤井指出，潘氏本有五處補抄，與惠校所言缺葉起止吻合，而在1937年《校記》卷首說明又加兩處，共七處皆與惠校吻合，另有兩處潘氏本缺葉，惠校雖不言缺，然亦無校記，并不矛盾（今按：常盤井據珂羅版以爲潘氏本缺卷三九第八葉，其實潘氏本不缺該葉，見下第六章。常盤井說皆見本書附錄）。

　　既知潘氏本即惠棟所據，則汪先生所論當如何解？汪先生之第一點，可謂誤會。今按陳、阮二家之意，當謂錢聽默持十行本加工，正文亂加批校，書後僞造附加惠棟跋，冒充惠棟所見宋本。"原跋"謂惠棟跋，非謂惠棟手書原件，故阮元特言"跋語"。正如内藤指出（見本書附錄），潘本所附惠棟跋，"余案《唐藝文志》，書凡七十卷"下有"此本卷次正同，字體傚石經，蓋北宋本也"十六字，爲和珅刻本惠棟跋所缺。錢聽默僞造惠棟所見宋本，"卷次正同"云云非刪除不可，否則跋言七十卷而書僅六十三卷，和珅雖愚亦不受其欺。可見錢聽默"綴以原跋"絕非惠棟手書跋，不必因此懷疑潘本所附惠棟手跋。潘本所附惠跋究竟是否惠棟手跡，則尚待從字體等其他角度鑑定，今不敢確定。《昭代名人尺牘》所收惠棟筆跡（且據文哲所出版《東吳三惠詩文集》卷首），似與潘本惠跋同出一手；張素卿先生又與復旦大學所藏《易漢學》手稿對照，認爲諸多字形筆劃結構極相似，整體筆意亦頗爲一致。記此供讀者參考。汪先生之第二點亦不確。卷二十六第一葉，足利本、潘氏本同爲"陳又"所刻原版。惠校文字與八行本不符合，另有原因，見下文論述。唯獨汪先生之第三點，惠棟爲何誤認爲北宋本，仍不可解。

　　深入討論此問題，必需覈查惠校引宋本之具體文字。《曾子問》"今墓遠則其葬也如之何"節孔疏，閩、監、毛本均有大段脫文，乃因十行本不知從何時，均缺卷十九第二十一葉。相應部分在八行本卷二十七第二十六葉、第二十七葉，全文具在，故山井鼎與惠棟皆分別記錄，而阮元翻刻十行本《禮記注疏》，即據惠棟校本重新寫版補此葉。然山井鼎、惠棟兩家錄文有出入，《校勘記》指出有七處不同（《校勘記》先錄惠棟所記全文，後詳言惠棟所記與山井鼎錄文之異同。然其錄全文，已有三處反與山井鼎錄文同，是《校勘記》編校失誤。而阮刻十行本照用《校勘記》所載全文翻刻，不顧其文已經混淆兩家錄文，可謂草率）。今覈查宋本，即知山井鼎、惠棟兩家所據同爲"蔣伸"所刻原版。經校對，知山井鼎錄文準確，七處異文皆惠棟錄文之譌字。其中八行本第二十六葉末行孔疏"今謂曾子見時世禮變，皆棺斂下殯於宮中，而葬之於墓，與成人同。路今既遠，不復用輿機於尸"，惠校錄文"路"譌作"隆"。作"隆"則屬上讀，"與成人同隆"，但下文"今既遠"稍嫌不辭，自以作"路"爲正。然作"路"作"隆"，語義懸殊，惠氏錄文豈容致誤？對照足利本與潘氏本，即恍然大悟。此字在行底，緊接版框，足利本完全正常，而潘氏本因印製時間晚，版框及"路"字大部分筆劃已經磨損，僅見

"路"字最上邊部分筆劃而已，惠棟據此猜測此字爲"隆"。然則惠棟所據宋本之版面狀態，當與潘氏本相同，此亦可證潘氏本即惠棟所據。

惠校文字與八行本不符，或當由於過錄者之失。如《檀弓下》"晉獻公之喪"節，十行本分兩段，下段孔疏開頭標起止作"稽桑至遠利也"（卷九第十葉），而《校勘記》云"惠棟校宋本無此六字"。今按八行本作"稽桑至利也"（卷十二第十二葉）。不難想象當初惠棟在毛本"稽桑至遠利也"之"遠"字旁批注"宋本無"，過錄者誤會惠棟原意，以爲宋本皆無此起止六字。惠校文字，或爲惠棟據宋本自爲筆記，并非照錄宋本文字。如常盤井在1938年《校記》卷首中指出，各卷尾題"禮記正義卷幾終"之"終"字當爲惠棟所加。今據《校勘記》推測，惠棟當於八行本各卷起處標"禮記正義卷第幾"，八行本各卷訖處標"禮記正義卷第幾終"，并記"凡若干頁"。"凡若干頁"爲惠棟所記，非宋本文字，"終"字亦然。其意在記錄八行本分卷，故如卷二十六宋本首題偶作"注疏"，惠棟仍作"正義"。惠校文字，亦當有惠棟據其他材料記錄異文之處。如《禮運》"五聲六律十二管還相爲宮"注"終於南呂"，諸本皆如此，八行本（卷三十一第一葉，足利本原版，潘本補版）、十行本（卷二十二第六葉）亦然，而《校勘記》引"惠棟校宋本'呂'作'事'"。按此注，《釋文》作"南事"，孔疏云"諸本及定本多作'終於南事'"，是惠棟據《釋文》、孔疏記異文，非錄宋本異文。惠校文字，亦當有惠棟據文義校定之處。如《月令》孟冬"大飲烝"注"燕謂有牲體爲俎也"，八行本（卷二十五第十二葉）、十行本（卷十七第十三葉，阮刻經挖改）皆如此，而《校勘記》引"惠棟校宋本作'烝'"。此處"燕"乃顯譌字，孔疏亦可證，惠棟自當校改，無需版本依據。惠校文字，亦當有惠棟之備忘筆記。如《禮運》"是謂合莫"注"《孝經説》曰上通無莫"，諸本皆如此，而孔疏云"正本'元'字作'無'"，八行本（卷三十第十三葉）、十行本（卷二十一第十八葉）皆同。《校勘記》引"惠棟校宋本'無'作'无'"。段玉裁注《説文》"无"字引此疏而云"按此注疏今本譌誤不可讀，而北宋本可據正"，所謂"北宋本"亦即"惠棟校宋本"，別無版本依據。惠棟據孔疏，推論此處"元"譌"無"，乃由"元""无"形近，"无""無"相通而生，遂記一"无"字，實與宋本無關。

右列諸例可知，所謂"惠棟校宋本"，内容頗雜，非皆宋本文字。其實古人"校本"往往如此，一部校本中，或記不同善本異文，或錄別人校記，或據文理校改，偶爾亦記小考證，均屬常見。或用不同顏色分別記錄不同内容，但難免產生混淆，尤其經幾次過錄之後，混淆更甚。《文禄堂訪書記》著錄一部毛本《禮記注疏》，據云有嘉慶十八年陳奐手跋曰："此本係江艮庭（聲）先生取惠先生校本用墨筆過者。嘉慶己巳（十四年）江鐵君（沅）師復將段懋堂師所過惠本微有異同，因又用黃筆檢校，其同者用黃筆圈之。兹則於校宋本處悉用紅筆，於批閱處用墨筆，使讀者可瞭然也。"據此跋，江聲過錄本用墨筆，段玉裁過錄本似亦然，未嘗用其他顏色。陳奐自言校宋本處用紅筆，批閱處用墨筆，當據文字内容區別，僅記異文者視爲校宋本，有論述考證者爲批閱，如此而已。不難推測，惠校經傳錄，其中或記宋本文字，或錄《釋文》、孔疏異文，或據文義校改，不同内容已經混淆，無法分辨。近代以來學者，往往單純以爲凡《校勘記》言"惠棟校宋本"者，除容有傳寫譌字之外，悉皆惠棟所據宋本文字，因而無法理解其與潘本之差異，不得不認爲潘本當非惠棟所見宋本。

兩年前筆者翻譯平岡武夫《村本文庫藏王校本白氏長慶集——走向宋刊本》一文（見2012年北京大學出版社出版《版本目錄學研究》第四輯），曾經遇到類似問題。據平岡先生所述，村本文庫藏王校本《白氏長慶集》，據宋本校字。然所據何宋本？平岡先生指出王校記中有兩處言"宋刻缺"，與文學古籍刊行社影印宋版之缺葉一致，當非巧合。然平岡先生又提示王校中宋本文字與文學古籍本不符處，因而認爲王氏所據爲另一種宋版。筆者認爲，尋求符合所有校記之一部宋版，當屬幻想。王氏所校宋本，當即文學古籍刊行社影印之底本。其校記與該宋本不符之處，容有據別人校記轉錄、據其他版本校等多種内容。

四、分藏各地之殘本

足利本、潘本之外，八行本《禮記正義》傳世尚有不少殘本分藏各處，表列如下：

北京圖書館藏卷三、卷四、卷十一至十八、卷二十四、卷二十五、卷三十七至四十二、卷四十五至四十八、卷五十五至六十，《涵芬樓燼餘書錄》、《北京圖書館善本書目》著錄。

北京大學圖書館藏卷一、卷二，見《北京大學圖書館藏善本書錄》（1998年北京大學出版社出版）。

上海圖書館藏卷五殘卷（存第六葉左半至二十葉），見該館聯網目錄。

東京大學東洋文化研究所藏卷六十三，見《日本見在宋元版本志經部》（見本書附錄）。

京都大學圖書館谷村文庫藏卷六十四，見《日本見在宋元版本志經部》（見本書附錄）。

史語所傅斯年圖書館藏卷六十六，見《傅斯年圖書館善本書志經部》（2013年史語所出版）。

《文禄堂訪書記》著錄一部殘本，存序、卷一、卷二、卷六十三至六十六，據云有"君子堂""敬德堂圖書""勗誼彥忠書記""吳興沈氏"印。涵芬樓舊藏本亦有相同印記，而且存卷不衝突，可以認定原屬一部，分爲兩批。北京大學圖書館藏卷一、卷二（有關諸目皆云"共三十三葉"。然八行本卷一共十三葉，卷二共十九葉，兩卷共三十二葉。今檢膠卷乃知卷一之前尚有《序》第三葉，故多一葉），亦見相同印記，則其爲文禄堂所記無疑。東京大學東洋文化研究所藏本爲東方文化學院舊藏本，傅斯年圖書館藏本爲東方文化委員會舊藏本，則皆購自廠肆，雖未見晉府等印記（卷六十三缺首葉），其爲文禄堂著錄本無疑。長澤規矩也曾言："在北平，那位姓高的將可能屬於内閣大庫本的三朝本八行《禮記正義》及南宋刊本《重校添注音辯唐柳先生文集》的零本各二册拿來，我替東方文化學院各購進一册，自己買下其餘兩册。"（見1984年汲古書院出版《長澤規矩也著作集》第六卷第二六一頁）據其上下文，時間似在1928年前後。所謂高姓書賈，乃琉璃廠路南翰文齋店員（見同上書二六四頁）。筆者曾查東京大學東洋文化研究所藏東方文化學院購書賬簿，卷六十三殘本由文求堂購進，當因學院不便購自長澤個人，故中間夾文求堂一層，書價八十一圓，注册時間爲1931年。

上海圖書館所藏第五卷，不在文禄堂著錄殘本之內。或在内閣大庫本分爲兩批之前，單獨流散，亦未可知。據陳先行先生教函，此卷五殘葉，有原版亦有修版，缺首尾，故無圖記可考。陳先生又教示，上海圖書館著錄卡片之原始記錄曰"一九五二年以舊幣五十萬元購自劉晦之"，晦之（1879—1962）名體智，安徽廬江人，四川總督劉秉璋子。

右列現存殘本，與文禄堂所記存卷相較，知尚有序及卷六十五不知下落。然長澤規矩也編《十三經注疏影譜》（1934年出版）收錄卷六十五第一葉（宋修，與足利本同版而後印）及第三葉（明修）書影，則當時卷六十五似在長澤手中。

要之，現存殘本共三十四卷，存序、卷一、卷二、卷三、卷四、卷五、卷十一至十八、卷二十四、卷二十五、卷三十七至四十二、卷四十五至四十八、卷五十五至六十、卷六十三、卷六十四、卷六十六，蓋皆原屬一帙，爲晉府舊藏内閣大庫本。又有卷六十五，亦出同源，民國時期仍有著錄，今不知下落。其餘三十五卷則未聞有蹤跡，或在内閣大庫時已殘缺。

據卷六十三、卷六十四、卷六十五可知（卷六十三、卷六十四據《日本見在宋元版本志經部》，卷六十五據《十三經影譜》），此殘部爲明印本，時間晚於潘氏舊藏本。然《涵芬樓燼餘書錄》云："潘本卷四第二十一葉首行'載自隨也'此作'義曰隨也'，次行第一字'故'字此作'者'，循繹上文，自以此本爲優。潘本此葉刻工姓名記一'徐'字，此爲'馬松'二字，故知此爲原版而彼爲補版。"若如此言，則潘本補版之葉，此部爲原版。覈卷四第二十一葉，足利本原版，刻工"馬松"，潘本補版，刻工"徐"，但文字無異。今按此疏，當以作"載自隨也""故"爲是。其作"義曰隨也""者"者，疑原版磨損，補修局部，妄爲填字。無論文字如何，此殘部書葉所用印版有早於潘本之處，恐屬事實。後印本夾雜較早版片之印葉，雖不合常情，然在部帙較大之遞修版本中，不乏其例。究竟何因，今且存疑待考。

五、八行本之修補與文本變化

　　對照足利本與潘本，可以觀察一張版片逐漸磨損之過程。如《王制》注"情性緩急"疏"賦命自然"，八行本在卷十八第十三葉，足利本、潘本皆"許詠"所刻原版，而潘本"自"字上部筆劃殘缺，潘氏影刻本遂譌作"日"。類似情況屢見不鮮。

　　磨損自需修補。除整版重刻之外，亦有局部修補。本書對照兩本，則變化之跡一目瞭然。如卷三十一第四葉，兩本同爲"徐珣"所刻宋代補版，而足利本有三處墨丁及一段二十多字衍文，潘本已補墨丁文字，刪除衍文，留下空白。卷三十一第十五葉，兩本同爲"毛端"所刻原版，而足利本有修補木塊，在潘本已經脱掉，留下方形空白。此等現象皆常見於各種遞修印本。

　　局部修版，偶或涉及大問題，饒有趣味。如《檀弓》"飾棺牆置翣"，諸本"牆"字下有"牆之障柩猶垣牆障家"九字注，撫本及八行本皆然，《七經孟子考文》引古本無此注，現存版本獨婺州蔣宅刻本（北京圖書館藏殘本，有《再造善本》影印本）無此。顧氏見撫本此處經修補（卷二第十二葉首行），刻字特密，一行大十二字小十一字（小字僅數夾行右行字數，下同），若據初刻行格，大字十二則小字僅容六字，於是推知撫本初刻無此九字注（夾行右行五字），説見《撫本考異》。今按八行本（卷十第二葉，足利本、潘本皆"徐仁"所刻原版）亦如撫本，第二葉左第四行行底"子之喪公西"五字及第五行大九字、小十二字皆扁小，按八行本初版行格推測，初刻時第四行至"孔子之喪"止，第五行大字自"公西"至"置翣"共十一字，中間小字僅容有"公西"至"章識"，當無"牆之障柩猶垣牆障家"九字注。撫本與八行本，一在紹興（修補在國子監），一在撫州（修補仍在撫州），互不相干，而此處初刻皆無此注，修版又皆擠補九字，同出一揆，令人驚異。蓋兩本經注，初皆以南宋初監本爲主，後人據俗本校對，誤以爲奪文，妄補此九字注。

　　筆劃細節之修改，亦堪玩味。如《曲禮》"侍坐於君子"節注"淫視，睅盻也"，撫本如此，與毛居正《六經正誤》引監本合；余仁仲本"盻"作"眄"，與毛居正引建本合；撫本《釋文》作"盻"，右旁從"丂"。此注八行本在卷三第十三葉，兩本同用"馬祖"所刻宋代補版，而足利本字作"盻"，潘本修改右旁作"盻"。按《五經文字》出"盻盻"二字，云："上《説文》，下經典相承隸省。"《撫本考異》據此推論（顧千里當時未見撫本《釋文》，更不知足利本作"盻"），監本原當作"盻"，後形譌作"盻"。今足利本作"盻"，與撫本

《釋文》同，當存南宋初年監本之舊，可證顧千里推論不誤。潘本作"盺"，或據余仁仲本等俗本改，或據《五經文字》等字學書改，皆不可知。如《月令》"季夏行冬令"節"鷹隼蚤鷙"，八行本在卷二十四第七葉，兩本同用"徐琪"所刻宋代補版。然足利本"鷙"字作從"折"之"鴌"，與撫本同，當爲南宋初監本之原貌，而潘本作"鷙"，與《釋文》及後世諸本同。南宋以後校勘版本文字者，往往據《釋文》及《五經文字》等字學書竄亂舊文。又如《曲禮》"凡爲君使者"注"《聘禮》曰若有言"，撫本、婺州蔣宅本、余仁仲本以下諸本皆譌"若"作"君"。八行本此注在卷四第十葉，兩本同用"方堅"所刻原版，而足利本作"若"，潘本作"君"。《撫本考異》及《校勘記》皆言山井鼎所引宋板作"若"，而惠棟校宋本無説，故不無疑慮。今日始知，此版在宋代後期或元代曾經校勘，據俗本譌字挖改傳世唯一準確之原版文字。凡此等修改，皆甚微小，若單獨翻閲潘本，不易察覺其字已經修改。可證足利本之可貴，不僅在其原版較多，即潘本原版亦往往經過修改，若非足利本無以證其原貌。又如《樂記》"鼓鼙之聲讙"注"聞謹嚻"，《六經正誤》引監本"嚻"譌作"嚻"，撫本同。八行本此注在卷四十九第三葉（刻工"陸訓"，當爲原版），兩本無異，注及孔疏標起止，字皆作"嚻"而字形怪異，中間"頁"似經挖改。不妨推測八行本當初亦作"嚻"，如撫本及毛居正所見監本，後經修改。要之，南宋後期或元代官方修改舊版，經一批庸人校勘，妄據俗本、俗學竄亂舊版而自以爲是。舊傳版本頗有歷史淵源之特殊文本、字形，至此逐漸爲通俗版本、通俗字學所統一，令人慨歎不已。不得不慶幸天下尚存足利本，得以窺識原版原貌。

六、本書技術情況及編輯思路

足利學校遺跡圖書館保管善本唯恐有閃失，不敢輕易開庫，筆者亦不敢奢望重新就原書拍照。檢查該館供讀者閲覽之縮微膠片，雖年代已久，版面文字尚可辨認，認爲可據以影印。經申請獲准，據膠片掃描電子圖像。縮微膠片本爲保存檔案設計，清晰度不如縮微膠卷，且需手工掃描，效果較差而費用更高。完成掃描，開始剪裁拼接電子圖像之後，漸覺圖像質量難以接受。此時忽然想起慶應大學附屬斯道文庫早年在日本各地調查古籍，製作大量縮微膠卷，翻查《斯道文庫收藏縮微膠卷等目録》（1987年出版），知其確有縮微膠卷。幸得高橋智、住吉朋彦兩先生熱情支持，借閲縮微膠卷，見其圖像之清晰，遠過足利學校膠片，不禁欣喜雀躍。惟因製作時間早，至今三四十年，膠卷已酸性化，散發醋味，令人擔憂。經足利學校與斯道文庫雙方批准，先複製膠卷，以免後顧之憂，據以掃描電子圖像。至此獲得同一底本之兩套不同電子書影。

　　兩套書影，似皆出上世紀70年代，而拍照情況不同。膠片當由足利學校自行拍照，對比度高，亮度亦高，紙張部分全白，表面細節皆不得見，文字筆劃亦往往偏灰。膠卷當由斯道文庫拍照，對比度低，亮度亦低，拍照時翻開底本，用錐子壓邊，防止書葉彈回。圖像質量尚佳，但燈光不均，有不少書葉一部分過黑。另，恐因原膠卷酸性化，整體膠卷出現豎向條紋，類似造紙簾紋。本書拼圖，以斯道文庫膠卷之掃描電子版爲主，遇拍照效果不佳之處，乃用足利學校膠片之掃描電子版替換。

　　如此處理，主要問題有三。第一，由於斯道文庫膠卷圖像偏黑，足利學校膠片圖像偏白，因此抽換足利學校膠片圖像之處，與斯道文庫膠卷圖像拼接，左右半葉亮度有明顯差異。第二，攤開綫裝書拍照，右邊爲前一葉左半，左邊爲後一葉右半。今經剪裁，重新拼接每一書葉之左右半。斯道文庫拍照時，用錐子壓書口，亦即版心部分。錐子壓到之處往下沉，上下部分浮起。拼接結果，不僅版心出現錐子形狀，而且版心部分上下不平，左右版心往往無法配齊。第三，圖像偶見膠卷之豎向條紋。以上三點，本書選擇保留原樣，未爲求圖像順眼，刻意加工。

　　珂羅版影印潘本，亦屬珍貴善本，不便使用平板掃描儀。本書使用數碼照相，以半葉爲一拍，拍照全書，效果甚佳。珂羅版影印潘本有一問題，即缺卷三十九第八葉。當初筆者懷疑數碼拍照時或有遺漏，委託東京大學小寺敦先生覆查珂羅版，答言原書即缺。筆者又疑東京大學藏本裝訂時或有脫落，委託京都大學梶浦晋先生覆查京都大學人文科學研究所藏珂羅版，答言亦缺，又言查潘氏影刻本《校勘記》云"八葉原闕，今從十行本，去其《釋文》補刻，字數正合"，以爲此部在潘氏時已缺此葉。然王鍔先生已經指出，《再造善本》影印潘氏舊藏本，即有此葉。此時友人陳冠華先生爲筆者言，數年前於舊書店購得潘氏舊藏本全部之照片，是一箱沖印散葉，疑爲80年代末所拍。於是借來翻查，卷三十九第八葉果然在焉，且與《再造善本》所印一致。今本書此葉掃描陳先生照片補入。然則潘氏舊本即有此葉，而珂羅版缺葉，影刻本據十行本補，當如何解？今按《寶禮堂宋本書錄》著錄此部，詳錄其中缺葉，云："卷二第十、十一二葉（筆者按：原脫一"十"字，今補），卷三第二十葉，卷十九第十八葉，卷二十八第八葉，卷四十一第二十一葉，卷四十六第三葉，均鈔配。又卷四十六第十三葉缺，誤以他葉配入。"所述情形，皆與珂羅版吻合，唯獨不言及卷三十九第八葉。則卷三十九第八葉未嘗缺少，製作珂羅版誤脫此葉而已。據云潘氏典藏善本，管理嚴密，不易示人。其製作影刻本并編撰《校勘記》時，所據當即珂羅版影印本，非親據宋版。因而以爲原書已脫，據十行本重新寫版刻印，《校勘記》亦云原缺。

順帶説明，八行本卷十四有葉次跳號現象。當初標版心葉次，跳過"十二"，第十一葉之後，第十二葉誤標"十三"，以下每多一號，故此卷共三十二葉而葉次至"三十三"。後來發現跳號，故足利本（原版）於"十三"上方加"十二"，意謂此無脱葉，潘本（元代補版）又作"十二之十三"。跳號則下一葉並標兩號，重號則下一葉葉次作"又幾"，爲版刻常規，宋代至近代皆如此處理。爲避混亂，本書書影旁邊注記葉次，仍以原書版心所標葉次爲準，第十二葉指稱"第十二之十三葉"，真第十三葉指稱"第十四葉"，以下類推。

　　文獻學立足於懷疑白紙黑字。俗本注疏譌誤多，不足信，故惠棟、山井鼎皆持宋本校勘，於是有惠棟校本及山井鼎《考文》。然惠棟校本、山井鼎《考文》豈得全信？所謂"惠棟校宋本"其實包含大量非據宋本之文字，已見上第三章。此外亦不免有各種譌字，如《檀弓上》注"禮祖而讀賵"，撫本如此，《校勘記》引惠棟校宋本同，而《七經孟子考文》所引宋板"祖"字作"袓"。《校勘記》云："《考文》之宋板，即惠棟所校之宋本。今惠校作'祖'，《考文》作'袓'，疑'袓'誤也。"今覈八行本，潘本、足利本均作"祖"，可證《校勘記》推測不誤，是《考文》在編輯過程中產生譌誤。如此字形小譌，可謂無處不在。如《雜記上》注"某甫，且字也"，毛居正《六經正誤》言監本"且"譌"旦"，撫州本亦作"旦"，是南宋初監本已譌。

　　影印本失真，亦屬常態，此不贅縷。然本書影印圖像，離底本多遠？足利本拍照於70年代，製作膠卷及膠片，經三四十年之後，電子掃描，電子拼版，製作菲林片，用油墨印刷。潘本在20年代拍照，製作玻璃版，用油墨印刷，經七八十年之後，用數碼相機拍照，電子拼版，製作菲林片，用油墨印刷。屢經加工，其間導致圖像失真之因素可謂不少。然則影印圖像如何取信於讀者？筆者認爲唯有比較。惠棟校本、山井鼎《考文》不可全信，但若兩者一致，則足信其爲宋本文字。因爲一在日本，一在中國，互不相干，杜撰不能巧合。常盤井曾疑珂羅版影印潘本似有描修之處，但未言何處。今對照兩本，則大都疑慮可以消解。如《曾子問》疏"成就婦人盥饋之義"（卷二十六第二十三葉），"成"字乍看似經墨筆描寫。對照兩本，知足利本、潘本字形無異，足以確定木版刻字即如此。兩百年前，《七經孟子考文》與惠棟校宋本可以互證，今日影印足利本，可與潘本互證，在因緣巧合之中，仍有文獻學之一貫道理寓焉。

　　本書逐葉並排兩部宋本書影，不僅可以補救來源圖像不清晰之憾，又爲對照閲讀版面信息提供最大便利。希望對照影印此一新形式，能爲讀者提供無窮之樂趣。

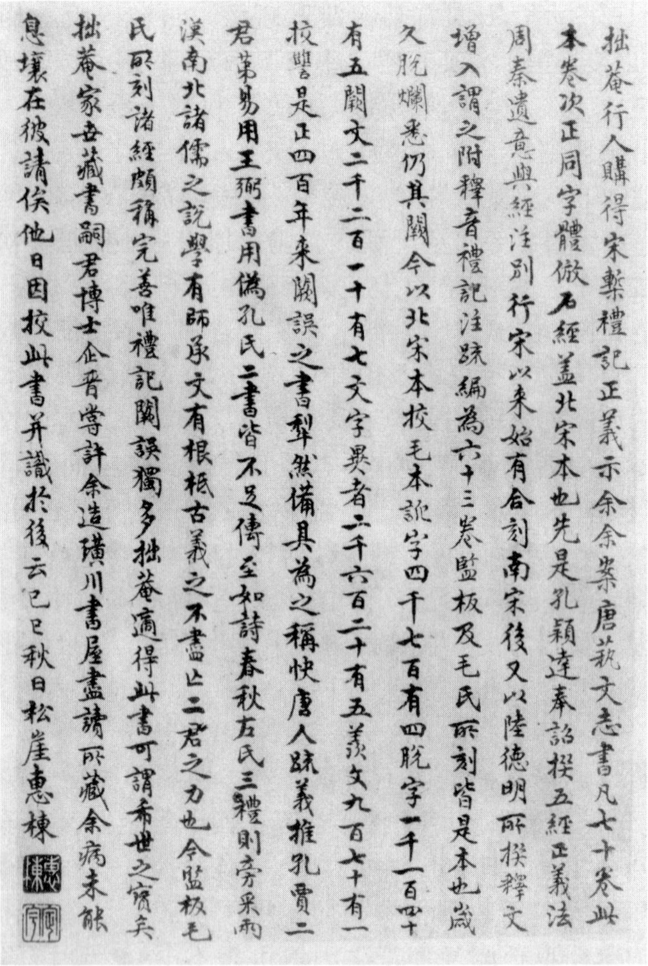
拙菴行人購得宋槧禮記正義示余余案唐藝文志書凡七十卷此
本卷次正同字體倣石經蓋北宋本也先是孔穎達奉詔撰五經正義法
周秦遺意與經注別行宋以來始有合刻南宋後又以陸德明所撰釋文
增入謂之附釋音禮記注疏編為六十三卷監板及毛氏所刻皆是本也歲
久脫爛悉仍其闕今以北宋本校毛本訛字四千七百有四脫字一千一百四十
有五闕文二千二百一十有七文字異者二千六百二十有五羨文九百七十有一
校讐是正四百年來闕誤之書犁然備具為之稱快唐人疏義推孔賈二
君第易用王弼書用僞孔氏二書皆不足傳至如詩春秋左氏三禮則旁采兩
漢南北諸儒之說學有師承文有根柢古義之不盡亡二君之力也今監板毛
氏所刻諸經頗稱完善唯禮記闕誤獨多拙菴適得此書可謂希世之寶矣
拙菴家無藏書嗣君博士企晉嘗許余造璜川書屋盡讀所藏余病未能
息壤在彼請俟他日因校此書并識於後云己巳秋日松崖惠棟

圖一　惠棟跋文

喬秀岩：北京大學中國古代史研究中心教授
葉純芳：北京大學中國古代史研究中心副教授

參考文獻

1. 張麗娟：《宋代經書經注刊刻研究》，北京：北京大學出版社，2013 年。
2. 張麗娟：《八行本周易注疏的原版與修補版》，《新世紀圖書館》2013 年第 8 期。
3. 李霖：《宋刊群經義疏的校刻與編印》，2012 年北京大學博士學位論文。
4. 李霖：《南宋越刊八行本注疏編纂考》，《文史》2012 年第四輯。
5. 李霖：《南宋越刊易書周禮八行本小考》，《中國典籍與文化》2012 第 1 期。
6. 王鍔：《八行本禮記正義傳本考》，《古籍整理研究學刊》2001 年第 6 期。
7. 王鍔：《字大如錢　墨光似漆——八行本禮記正義的刊刻、流傳和價值》，《圖書與情報》2006 年第 5 期。
8. 王鍔：《八行本禮記正義研究》，未刊稿。

《莊子》宋刻郭注本考述

馬鴻雁

《莊子》自成書以來，爲之注解者不斷湧現，郭象注文成爲通行注解隨同正文刊行，流傳至今。現存郭注《莊子》宋刻本有如下幾種：

（1）國家圖書館藏（書號八三五〇）南宋初湖北刊《南華真經》（以下略稱"湖北本"），（2）國家圖書館藏（書號七五九六）南宋建陽坊刻本配"北宋本"《南華真經》（卷七至十爲補配"北宋本"部分。因收入《續古逸叢書》，以下略稱"續古本"），（3）國家圖書館藏（書號八三五一）南宋末建陽坊刻本《分章標題南華真經》（以下略稱"分章本"），（4）國家圖書館藏（書號〇一五七六）南宋建陽坊刻元明遞修《纂圖互注南華真經》（以下略稱"纂圖本"），（5）臺灣傅斯年圖書館藏南宋蜀中安仁趙諫議宅刊《南華真經》（以下略稱"蜀刻本"），（6）日本静嘉堂文庫藏南宋刻本《南華真經注疏》十卷本（現存五卷，以下略稱"日藏本"）[①]。

這六種宋刻本中，湖北本、續古本（卷七至十）、蜀刻本皆郭象注《莊子》，續古本（卷一至六）、分章本、纂圖本以郭象注《莊子》爲主，附加陸德明音義（以下略稱爲"郭注附音義本"），日藏本屬於郭象注《莊子》與成玄英疏合刻（以下略

[①] 本文湖北本所據爲《中華再造善本》影印本，續古本所據爲《續古逸叢書》影印本，分章本、纂圖本所據爲國家圖書館縮微膠片，蜀刻本、日藏本所據爲嚴靈峰《無求備齋老列莊三子集成補編》（成文出版社，1983年出版）影印本。

稱爲"注疏本")的形式①。篇幅所限,本文首先探討郭注本的三種宋刻本,以湖北本爲底本,參校其他宋刻本考察其版本關係,以期推進郭象注《莊子》宋刻本版本源流和諸種刊刻形式的關係等問題的研究②。

一、三種郭注本的版本概述

(一) 湖北本

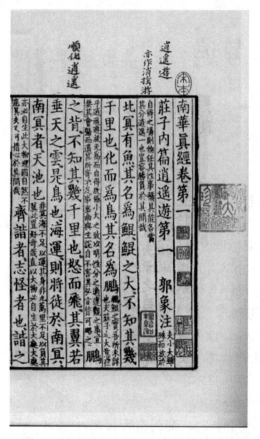

圖一　湖北本書影,《中華再造善本》影印本

湖北本每半頁十行十五字,注雙行三十字,白口,單黑魚尾,左右雙邊。卷内天頭、地腳、行間均有朱墨批校,多依陳景元《南華真經章句音義》《莊子闕誤》以及陸德明《經典釋文》。字體上,歐體外頗帶顔體之味,端平稍扁,折筆圓轉,没有明顯的轉折,筆劃稍細,撇捺較長。宋諱缺筆至"遘"字,應是南宋高宗即位以後的刻本。版心下記有俞邦、趙褒、鄧亮、吴友成、詹元、張彤、許和、余中、宋琳、傅忠、陳祐、連車、江漢、閔昱、伍七等刻工名。傅增湘《藏園群書經眼録》、冀淑英《自莊嚴堪書目》和《周叔弢批註〈楹書隅録〉》中皆指出這批刻工姓名與鄂本《建康實録》有同者。兩書對照,所列姓名前十人均相同。《中國版刻圖録》和《古逸叢書三編影印説明》以此明言此本系南宋初年湖北地區刻本。《建康實録》刻於江陵,《湖北刻書考略》一文中將此本的刊刻地同歸入江陵地區③。

---

① 蜀刻本雖然在郭象注文後附有簡略釋音,然而卷端題名下僅題"郭象注"而未題釋音者,所以仍舊歸入郭注本中進行探討。
② 蜀刻本卷三第二頁(《大宗師》)以他本抄補,卷九第十四至十七頁(《讓王》)以明世德堂本抄補,三種郭注本應以原刻爲考察條件,抄補部分不在校勘範圍。
③ 陳方權《湖北刻書考略(上)》,載《圖書情報論壇》2008年第1期。

據卷中藏書印，湖北本經顧之逵、汪士鐘、海源閣楊氏、周叔弢等人相繼收藏。

（二）續古本

續古本卷一至六爲南宋建陽坊刻本，每半頁十行十八字，注雙行二十四字，細黑口，四周雙邊，黑雙魚尾，同向，有書耳記篇名；卷七至十配"北宋本"，每半頁十行十七字，注雙行二十二至二十六字不等，白口，左右雙邊，單黑魚尾。因爲前六卷屬於郭注附音義本的刊刻形式，不在本文探討之列。續古本（卷七至十）字形結構較瘦、筆劃整齊，橫筆直筆粗細均勻，貌近歐體。宋諱缺筆至"恒"字，張元濟斷爲北宋早年刻本。

續古本（卷七至十）刻工姓名全者有：金仲、唐用、王榮、金宣、楊文、劉榮、毛仙、劉青、金青、陳中十人。① 參照何槐昌《宋元明刻工表》、李國慶《宋版刻工表》、王肇文《古籍宋元刊工姓名索引》，除金青外，其餘九人皆見於其他宋刻本，其中兩人以上同刻一書者有：（1）唐用、金宣、金仲、劉青　南宋初刻本《李賀歌詩編》；（2）唐用、金宣　宋刻本《豫章黃先生文集》；（3）王榮、毛仙　宋紹興刻本《後漢書》。

相較而言，《李賀歌詩編》與續古本（卷七至十）的刻工姓名相合者有四人，數量最多。周叔弢《宋刻工姓名錄》認爲涵芬樓藏北宋本《南華真經》與《李長吉歌詩》爲同時所刻。傅增湘《藏園群書經眼錄》對宋刊本《李賀歌詩編》有按語："全書用宋乾道間宣州官文書紙印……此書四卷相連，猶存卷子裝遺式，在宋刊中爲僅見，可寶之至。其字體雕工欹斜古樸，與余藏北宋本《范文正公集》有相似處，當是北宋刊本。其卷前序目、卷一首頁及集外詩一卷則南渡後所補也。觀其用宣城公文紙摹印，或是宣城刊本，俟再考之。"②然趙萬里已經視爲"南宋初葉宣城刻"③，阿部隆一也認爲南宋初刻本④，續古本（卷七至十）似有可能與《李賀歌詩編》同時期刊刻。

黃華珍《莊子音義研究》考察續古本時論到："缺筆至'恒'，爲北宋真宗（九九八——一〇二二年）諱，依此判斷似爲北宋刻本，不過刻工毛仙的姓名也曾在南宋紹興十八年建康郡齋刻本《花間集》中出現，這一部分也許是北宋末期或南宋初期刻本。"⑤不避"貞"、"桓"等字，并不說明該本爲北宋刻本，這是當代版本學的常識。較早的論述，例如趙萬里對國圖藏一百三十卷十四行小字集

---

① 周叔弢《宋刻工姓名錄》中著錄的"金仲刁"當爲"金仲刀"，即刻工金仲所刊；"金旦刁"當爲"金宣刀"。
② 傅增湘：《藏園群書經眼錄》，中華書局，1983年。
③ 見《中國版刻圖錄》圖版二三七、二三八蜀刻本《李長吉文集》解題。
④ 見《增訂中國訪書志》第556—558頁。
⑤ 黃華珍：《莊子音義研究》，中華書局，1999年。

解本《史記》的考證云:"南宋初期的刊本在剛結束戰亂的混亂情況下,多是以北宋本上版,不避高宗及北宋後期的帝諱是普遍的現象,因此不能根據此本所出現的缺筆而斷定其爲北宋本。"①刻工毛仙的姓名也曾在紹興間南京刊江東漕司本《後漢書》中出現,他有可能是南宋初期南京地區刻工。其他刻工見於他書者,已知的明確刊刻時間中未有北宋,時間範圍涉及南宋高宗紹興、孝宗乾道和淳熙、光宗紹熙、寧宗慶元和嘉泰、嘉定,理宗端平和紹定,其中又以紹興間爲最多,南宋中後期的刻工名,或爲補版刻工,或爲同名異人。不妨認爲此書大概是南宋初期覆刻北宋真宗時刊本。

《李賀歌詩編》用乾道間宣州官文書紙印,在宣城刊刻的可能性極大。劉青刊刻宋乾道七年姑孰郡齋刊《傷寒要旨》、宋紹興刻嘉定重修印本《宛陵先生文集》分別在安徽省馬鞍山市當塗縣和宣城市。毛仙刊刻《花間集》和《後漢書》均在南京。續古本(卷七至十)亦可能在安徽、江蘇等浙本系統所屬地區刊刻。

是書有島田重禮、島田翰、竹添光鴻、田吳炤藏書印。卷六末有島田翰題識:"明治庚子夏五朔十又四日■有棲川威仁親王所藏小野道風秋荻背■殘本校畢 島田翰識於清遠觀 時年二十又二。"卷十末附羅振玉識語:"《南華真經》宋本僅士禮居及海原閣有之。薆圃所藏不知尚在人間否。楊本雖現存,朱門深鎖,亦不啻已佚。此本前六卷爲南宋刊,後四卷則北宋槧本,以校世德堂本,補正訛奪字殆逾千而與成元英注疏本多合。元英本出於初唐,所據爲六朝古本,則此雖宋槧,實與唐寫本不異。年來所見宋槧諸書,此爲第一矣。宣統三年二月上虞羅振玉稽校一過並識語卷末,以記眼福。"又有趙世駿題款:"宣統三年歲次辛亥秋七月初六日南豐趙世駿借觀並題檢。"

傅增湘在蜀刻本《南華真經》卷一末題詩其二曰:"汴京古茂閩工麗,南北名刊璧合成。端賴涵芬傳古佚,有人搜訪到蓬瀛。"自注云:"涵芬樓得宋刊《莊子》,前六卷爲宋閩本,後四卷爲北宋本,乃田伏候自日本購歸。後印入《續古逸叢書》。其後四卷爲'南華'最古本,校世德堂本,訂正極多。明清諸儒,咸未之見也。"羅繼祖《永豐鄉人行年錄》卷上宣統三年:"二月,田伏候歸自日本東京,以所得竹添氏舊藏宋本《莊子》示鄉人,伏候爲僚屬償虧欠,售諸廠友譚篤生。鄉人亟假歸校勘。"②根據這兩段材料和卷中藏書印,可以得知:是書源自日本,經日人島田父子、竹添光鴻收藏。由田吳炤出任游日學生

---

① 趙萬里致水澤利忠的復函,載水澤利忠《史記之文獻學的研究》第四章第10頁,東京《史記會注考證校補》刊行會1970年版。轉引自張玉春:《史記版本研究》第131頁,商務印書館,2001年。

② 王亮:《"伏候在東精力所聚"——田吳炤書事鈎沉》,載《中國典籍與文化》2008年第4期。

監督及使署參贊時自日本購入，回國後轉售譚錫慶，同時有羅振玉、趙世駿借來觀校。《雙鑒樓藏書雜詠——題宋蜀本南華真經》自注說明傅增湘也曾假校。此書後被商務印書館涵芬樓收得，印入《續古逸叢書》中。

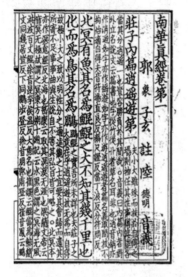 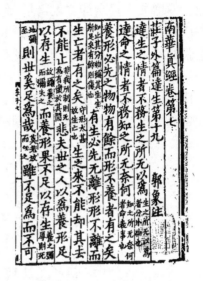

圖二　續古本書影，《續古逸叢書》影印本　　圖三　續古本書影，《續古逸叢書》影印本

（三）蜀刻本

蜀刻本每半頁九行十五字，注雙行三十字，白口，左右雙邊，單黑魚尾。書末有牌記，題"安仁趙諫議宅刊行一樣□子"。據傅增湘考證，安仁爲四川臨邛郡屬縣名，今成都市大邑縣；趙諫議或許爲北宋趙卨（熙寧時以陝西邊功起家，知延州，拜龍圖閣學士）之族屬。蜀刻本郭注後附極其簡略的釋音，核對《經典釋文》，直音和反切用字與之相同，應是節選《釋文》的釋音而未選其釋義。書中卷三第二頁（《大宗師》）以他本抄補；卷九第十四至十七頁（《讓王》）以明世德堂本抄補，有三處較長的《釋文》釋義。蜀刻本字形結構方整，筆劃較粗，有顏柳之風。避諱至"慎"，應是南宋孝宗即位以後的刻本。

蜀刻本在嚴靈峰《無求備齋老列莊三子集成補編》所收影印本中版心處影印模糊不清，未能考察刻工姓名。傅增湘《藏園群書經眼錄》記載可辨者有：毋成、張八、張小四、程小六、李珍、李上、趙順、小茲等人，又有開、楊、鄧、彥、亮等一字。王文進《文祿堂訪書記》的記錄略有不同：程小六、陳小八、張四、張八、小茲、母成、李上、李珍、趙順、小八、小四、鄧、趙、程、彥、亮、上、三、謝。其中姓名相同者有張八、程小六、李珍、李上、趙順、小茲，毋成和母成應是同一人，"毋"和"母"形近而誤。據李國慶《宋版刻工表》，張小四也同時出現在宋紹興間蜀刊《後山詩注》，二書同爲四川刻本，時間上相去不遠。

蜀刻本書首刻有蔣兆和爲祝賀傅增湘壽辰所繪製的"藏園先生七十歲小像"一幅,並題"藏園主人七十壽賜念,卅一年十二月,兆和"。卷一末有近人胡嗣瑗題記、傅增湘手書十首"題詩"及"自注"。卷十末有兩則傅增湘跋語。書中有于右任和傅增湘、傅忠謨(傅增湘之子)藏書印。傅增湘跋語云:"後探知此書出秣陵張幼樵家,以兵亂散出。幼樵之書多得之外舅朱子清宗丞",傅氏此處記載有誤,張佩綸(1848—1903)岳父爲朱學勤(1823—1875),字修伯,是結一廬第一代主人,編有《結一廬書目》。朱子清,名徵,爲朱學勤長子,非張氏外舅。此書爲朱氏結一廬舊藏,後經張佩綸、于右任、傅增湘等人遞藏。

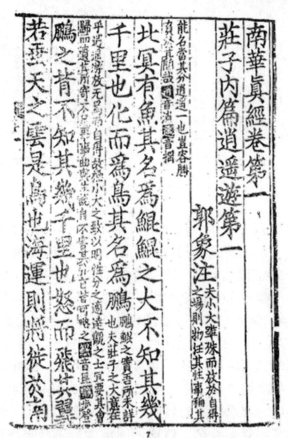

圖四　蜀刻本書影,《無求備齋老列莊三子集成補編》影印本

二、三種郭注本的文字比較

下面以湖北本爲底本,以續古本(卷七至十)和蜀刻本爲對校本,對卷七《達生》《山木》《田子方》《知北遊》的文字特點作具體考察。

（一）湖北本異於二本的文字

1.【正文】"有虛船來觸舟"（山木）："船"續古本、蜀刻本作"舩"，《廣韻·仙韻》："舩，同船。"

2.【郭注】"言自賢之有，無時而可"（山木）："有"續古本、蜀刻本作"道"，當是。湖北本此字似"道"字殘缺後剩餘"首"字，此字底部封口。

3.【郭注】"无形耳，未以擬向之試議陰陽之敢必"（田子方）：此句續古本、蜀刻本作"試議陰陽，以擬向之无形耳，未之敢必"，當是。蜀刻本此十五字郭注爲單行小字，湖北本和續古本爲雙行小字。對比湖北本和續古本此十五字，可以發現此注續古本第一豎行"試議陰陽以擬向之"和第二豎行"无形耳未之敢必"的前四字相互顛倒後即爲湖北本郭注，即"試議陰陽"與"無形耳未"左右倒文，此爲湖北本刊刻之誤。

4.【正文】"行少變而不失其大常也"（田子方）："少"續古本、蜀刻本作"小"，郭注"死生亦小變也"、"知其小變而不失大常故"皆有"小變"一詞，與"大常"相對，湖北本此頁有墨批"當作小"，皆可證湖北本誤字。

5.【正文】"古之君子孰能説焉"（田子方）："説"續古本、蜀刻本作"脱"。成疏："脱，免也。""説"通"脱"，解脱、免除。《易·蒙》："利用刑人，用説桎梏。"孔穎達疏："又利用説去罪人桎梏。"焦循章句："説，讀如脱去之脱。"

6.【郭注】"夫遺之者，不以仁爲亡，則存亦不足以爲存矣"（田子方）："仁"續古本、蜀刻本作"亡"。此句即釋《莊子》原文"夫凡之亡不足以喪吾存，則楚之存不足以存存"之意，"以亡爲亡"和"存亦不足以爲存"前後對應，湖北本當誤。

7.【正文】"疏瀹而心"（知北遊）："瀹"續古本、蜀刻本作"滿"，同"瀹"。

8.【郭注】"若遊有，則不能周徧咸也"（知北遊）："徧"續古本、蜀刻本作"徧"。前有《莊子》原文："周徧咸三者"，湖北本亦作"徧"。"偏"通"徧"，遍。

9.【正文】"若儒墨者師，故以是非相韲也，而況今之人乎"（知北遊）："韲"續古本作"韲"，蜀刻本作"韲"，三字皆同"齏"。

10.【郭注】"山林皋壤，未善於我，而我便樂之，此爲元故而樂也"（知北遊）："元"續古本、蜀刻本作"无"，湖北本誤。此句郭注乃釋《莊子》正文"山林與，皋壤與，使我欣欣然而樂與"，其後正文"樂未畢也，哀又繼之"則有郭注"夫无故而樂，亦无故而哀也，則凡所樂不足樂，凡所哀不足哀也"，湖北本此句第一个"无"字仍作"无"，第二個"无"字則作"元"。湖北本此兩句郭注文字有殘缺不清晰的現象，此"元"字乃"无"字漫漶所致。

以上10例可歸類如下：（1）誤字：例2、例4、例6、例10共4例，湖北本皆誤；（2）異體字：例1、例7、例9共3例；（3）通假字：例5、例8共2例；（4）倒文：例3，湖北本左右倒文八字。

（二）湖北本、續古本相同者

1. 【正文】"養形必先之物"（達生）：蜀刻本"之"下有"以"字，湖北本、續古本脫"以"字。

2. 【郭注】"言物雖有性，亦須數習而後能耳"（達生）："性"蜀刻本作"信"，音誤。

3. 【正文】"不如食以穅糟而錯之牢筴之中"（達生）："穅"蜀刻本作"糠"，"穅"同"糠"。

4. 【正文】"孔子觀於呂梁，縣水三十仞，流沫四十里"（達生）："沫"蜀刻本作"沫"，形近而誤。

5. 【正文】"器之所以疑神者，其是與"（達生）："疑"蜀刻本作"凝"，當從"疑"。王叔岷《南宋蜀本南華真經校記》："蜀本疑作凝，俗。"《説文》："冰，水堅也，從仌從水。凝，俗冰從疑。"段玉裁注："以冰代仌，乃別製凝字。經典凡凝字皆冰之變也。""凝"是"冰"之俗字。"疑"與上文"若"、"猶"同，似、好像之意。郭注："盡因物之妙，故乃疑是鬼神所作耳。"成疏："所以鑢之微妙疑似鬼神者，只是因於天性，順其自然，故得如此。"郭、成以"疑是"、"疑似"釋之，合文意。王叔岷《莊子校詮》："章太炎云：'疑借爲擬，上説驚猶鬼神是也。'……作疑是故書，疑、擬古通，前有説。""疑"在此處無須通假，用其引申之義即可。

6. 【注文】"盡因物之妙，故乃疑是鬼神所作耳。"（達生）：蜀刻本脱"乃"、"耳"二字。

7. 【正文】"彼固惑而來矣"（達生）：蜀刻本"矣"上有"者"字。

8. 【正文】"款啓寡聞之民也"（達生）："款"蜀刻本偏旁"士"作"上"，同"款"。

9. 【正文】"君之除患之術淺矣！"（山木）："之"蜀刻本作"子"，王叔岷《南宋蜀本南華真經校記》："蜀本君之作君子，涉上子字而誤。"

10. 【正文】"雖有惼心之人不怒"（山木）："惼"蜀刻本作"褊"。王叔岷《南宋蜀本南華真經校記》："蜀本惼作褊，褊、惼，古通。"

11. 【郭注】"無所欣悦"（山木）："悦"蜀刻本作"説"。"説"，今作"悦"，古今字。

12. 【正文】"'子惡死乎？'曰：'然。'"（山木）：蜀刻本脱此六字。

13. 【郭注】"將寄言以遺跡，故因陳蔡以托患"（山木）："患"蜀刻本作"意"，當是。郭慶藩《莊子集釋》作"意"，王孝魚校曰："意字依明《中立四子》本改。"

14.【正文】"王獨不見夫騰猿乎？"（山木）："騰"蜀刻本作"縢"，"縢"、"騰"古通。《釋文》："縢音騰，本亦作騰。"《莊子集釋》引盧文弨曰："今本作騰。"《爾雅·釋魚》："縢，縢蛇。"《釋文》："縢，字又作騰，又作螣。"

15.【郭注】"見彼而不明，即因彼以自見，幾忘反鑒之道也"（山木）："忘"蜀刻本作"亡"，通"忘"。《詩·邶風·綠衣》："心之憂矣，曷維其亡！"鄭玄箋："亡之言忘也。"《說文通訓定聲·壯部》："亡，假借爲忘。"

16.【郭注】"夫莊子推平於天下，故每寄言以出意"（山木）：蜀刻本脱"言以出"三字。

17.【郭注】"言自賢之有，無時而可"（山木）："可"下蜀刻本有"也"字。

18.【正文】"向者先生形體掘若槁木"（田子方）："體"蜀刻本作"躰"，同"體"。

19.【郭注】"自爾故无功"（田子方）："无"蜀刻本作"元"，形近而誤；"功"蜀刻本作"故"，涉上"故"字而誤。

20.【郭注】"知其小變而不失大常故"（田子方）："故"蜀刻本作"也"。郭注此句釋"喜怒哀樂不入於胸次"的原因，有"故"字爲善。王叔岷《郭象莊子注校記》："案唐寫本故下有也字。趙諫議本故作也，蓋脱故字也。"①

21.【正文】"棄隸者若棄泥塗"（田子方）："隸"蜀刻本偏旁"士"作"上"，同"隸"。

22.【正文】"至人之於德也，不脩而物不能離焉"（田子方）：蜀刻本脱"於"字，此句與上句"夫水之於汋也"句式相同，文意相接。

23.【正文】"履句屨者知地形"（田子方）："句"蜀刻本作"方"。成疏："句，方也。……履方屨以法地者，則知九州之水陸。"《釋文》："履句音矩，徐其俱反。李云：方也。""句"，通"矩"，方。

24.【郭注】"乃可以及天下也"（田子方）：蜀刻本無"也"字。

25.【郭注】"任諸大夫而不自任，斯盡之也"（田子方）："大"蜀刻本作"丈"。此指藏丈人，前文有"文王觀于臧，見一丈夫釣"，《釋文》："丈夫本或作丈人。"蜀刻本作"丈夫"與此處對應。

26.【郭注】"故審安危之機，而泊然自得也"（田子方）：蜀刻本无"也"字。

---

① 王叔岷著有《莊子校釋》（史語所專刊26，1947年），以《續古逸叢書》所收影宋本《莊子》爲底本，參校多種郭象注本，對《莊子》原文和郭象注文進行校勘，郭象注文的校勘成果即《郭象莊子注校記》（史語所專刊33，1950年）。王叔岷的參校本中使用了趙諫議本（蜀刻本）、《古逸叢書》覆宋本《南華真經注疏》等，未使用現存宋刻本中的湖北本、分章本、纂圖本、日藏本等。

27.【正文】"登狐闋之上而睹狂屈焉"（知北遊）："睹"蜀刻本作"睹"，形近而誤。

28.【郭注】"禮有常則，故矯效之所由生也"（知北遊）："效"蜀刻本作"教"。《天運》郭注"時過而不棄，即爲民妖，所以興矯效之端也。"亦有"矯效"一詞，當作"效"字。

29.【郭注】"豈待爲之而後存焉"（知北遊）："焉"蜀刻本作"哉"。

30.【郭注】"非无亦无以容其質"（知北遊）：蜀刻本"質"下有"也"字。

31.【正文】"且夫博之不必知"（知北遊）："博"蜀刻本作"愽"，同"博"。《正字通·心部》："愽，俗博字。"

32.【郭注】"所謂責空"（知北遊）："責"蜀刻本作"貴"。"責空"釋《莊子》原文"問窮"，成疏："窮，空也。理無可問而強問之，是責空也。""貴"字形近而誤。

33.【郭注】"遊虛涉遠"（知北遊）："涉"蜀刻本作"步"。郭注"經虛涉遠"（列御寇）與此意同，"步"字當誤。

34.【正文】"昔日吾昭然"（知北遊）："日"，蜀刻本作"者"。此句與"今日吾昧然"相對爲文，"日"字較長。

以上例子可歸類如下：（1）脫字衍文，蜀刻本兩處脫文：例12脫"'子惡死乎？'曰：'然。'"六字，例16脫"言以出"三字。蜀刻本虛詞使用與二本不同：脫"乃"、"耳"、"於"、"也"等有4例（例6、例22、例25、例26），衍"者"、"也"等有2例（例7、例17）；還有例20"故"作"也"、例29"焉"作"哉"兩例。這些虛詞莊子原文2例，郭注6例。（2）誤字：例2、例4、例5、例9、例13、例19、例27、例28、例32、例33、例34共11例，其中10例蜀刻本誤，1例湖北本和續古本誤。（3）異體字：例3、例8、例18、例21、例31共5例，例3蜀刻本使用了正字，其餘4例湖北本和續古本使用了正字。（4）古今字：例11蜀刻本用了古字"説"。（5）通假字：例10、例14、例15、例23共4例。

（三）湖北本、蜀刻本相同者

1.【正文】"凡有貌象聲色者，皆物也。物與物何以相遠"（達生）：續古本脫"物與"二字。《列子·黃帝》此句亦有"物與"二字。

2.【正文】"彼將處乎不淫之度"（達生）：續古本"淫"作"淫"，"淫"爲"淫"的訛字。

3.【郭注】"夫干將鏌鋣"（達生）：續古本"鋣"作"鋣"，形近而誤。鏌鋣，亦作鏌鎁、鏌邪、鏌釾。《莊子·大宗師》"我且必爲鏌鋣"、《莊子·庚桑楚》"兵莫憯於志，鏌鋣爲下"。

4.【正文】"飲食之間"（達生）："間"續古本作"閒"，同"間"。

5.【正文】"丘有峷"(達生):"峷"續古本作"峷","辛""卒"形近而誤。《釋文》:"峷本又作莘。所巾反,又音臻。司馬云:狀如狗,有角,文身五采。"峷《説文·山部》:"峷,峷危高也。從山,卒聲。"段玉裁注:言危殆之高也。

6.【正文】"十日又問,曰:'未也,猶應嚮景。'"(達生):"曰"續古本作"白",形近而誤。

7.【郭注】"泊然抱一耳"(山木):"泊"續古本作"怕","怕"、"泊"通。《説文·心部》桂馥義證:"怕,或借泊字。"《文選·司馬相如〈子虛賦〉》"怕乎無爲,憺乎自持"李善注:"《老子》曰:'我獨怕然而未兆',《説文》曰:'怕,無爲也',《廣雅曰》:'憺、怕,静也'……怕與泊同,蒲各切。"王叔岷《郭象莊子注校記》:"當以作怕爲正,《説文》:怕,無爲也。"

8.【正文】"林回棄千金之璧"(山木):"璧"續古本作"辟",同"璧"。

9.【郭注】"人之生若馬之過肆耳,恒无駐湏臾"(田子方):"湏"續古本作"須",當是,"湏"形近而誤。"湏",同"沫",《説文·水部》:"沫,灑面也。湏,古文沫從頁。"

10.【正文】"老聃新沐"(田子方):"沐"續古本作"沫",形近而誤。《説文·水部》:"沐,濯髪也。""沫,灑面也。"據下文"方將被髮而幹",此處應作"沐"。

11.【郭注】"故棄之若遺土耳"(田子方):"土"續古本作"士",此句與《莊子》原文"棄隸者若棄泥塗"對應,"遺土"注解"棄泥塗","士"字形近而誤。

12.【郭注】"聊以卒歲"(田子方):"卒"續古本作"辛",形近而誤。

13.【正文】"於是旦而屬之大夫曰"(田子方):"旦"續古本作"且",形近而誤。"大"續古本作"夫",涉下"夫"字而誤。

14.【郭注】"斯須者,百姓之情當悟未悟之頃"(田子方):"頃"續古本作"須",誤。王叔岷《郭象莊子注校記》:"案各本須並作頃,是也。須字涉上'斯須'而誤。"

15.【正文】"履危石"(田子方):"危"續古本作"佹",誤。"登高山"與"履危石"相對爲文,《列子·黃帝篇》《文選·謝靈運·富春渚》引此句亦作"危"。

16.【正文】"子三爲令尹而不榮華"(田子方):"令"續古本作"今",形近而誤。

17.【郭注】"天下竟无存亡"(田子方):"天"續古本作"夫",形近而誤。

18.【郭注】"明夫自然者"(知北遊):"夫"續古本作"月",涉上"明"字而誤。

19.【郭注】"則夫自然之冥物"(知北遊):"冥"續古本作"宜"。郭注有

"非方外之冥物也"（大宗師）、"不能冥物，則连物不暇"（應帝王），此當作"冥"。

20.【郭注】"故胎卵不能易種而生"（知北遊）："卵"續古本作"卯"，形近而誤。
21.【郭注】"況壽夭之間哉"（知北遊）："夭"續古本作"天"，形近而誤。
22.【郭注】"然其知慧自相齒耳"（知北遊）："耳"續古本作"可"，形近而誤。
23.【郭注】"但當從而任之"（知北遊）："但"續古本作"佀"，形近而誤。
24.【正文】"闔戶晝瞑"（知北遊）："瞑"續古本作"暝"，形近而誤。

以上例子可歸類如下：（1）誤字：例2、例3、例5、例6、例9、例10、例11、例12、例13、例14、例15、例16、例17、例18、例19、例20、例21、例22、例23、例24共20例，續古本正確者2例，續古本誤者18例，其中形誤15例。（2）異體字：例4、例8共2例。（3）通假字：例7共1例。（4）脫文：例1，續古本脫二字。

比較三種郭注本的統計數字，異於其他二本之處：湖北本10例、續古本24例、蜀刻本34例，在誤字、異體字、古今字、通假字、脫字衍文倒文等方面，誤字的數量差異最大：湖北本4例、續古本18例、蜀刻本10例。湖北本刊刻錯誤和獨自具有的異文最少，續古本最多。蜀刻本脫字衍文最多，尤其是郭注中虛詞的使用上和他本差異較大，它可能和湖北本、續古本所據底本系統有異。

三、三種郭注本與其他宋刻本的比較

版本研究不能僅局限於兩本互校，以上的異文統計尚不能說明三種郭注本的版本系統。以湖北本爲底本，將其與其他諸種宋刻本綜合考察，比較其文字特點，才能探知其版本關係。

（一）《達生》篇的文字校勘

1.【正文】"養形必先之物"續古本、纂圖本、分章本同，蜀刻本、日藏本"之"下有"以"字。
2.【正文】"凡有貌象聲色者，皆物也。物與物何以相遠"蜀刻本、日藏本同，纂圖本、分章本、續古本"物與"二字無。
3.【正文】"彼將處乎不淫之度"蜀刻本同，續古本、纂圖本、日藏本、分章本"淫"作"淫"，是。
4.【郭注】"夫干將鏌鋣"蜀刻本、纂圖本、日藏本、分章本同，續古本"鋣"作"鎁"，形誤。

5. 【郭注】"言物雖有性，亦須數習而後能耳"續古本、纂圖本、日藏本、分章本同，蜀刻本"性"作"信"，誤。

6. 【正文】"不如食以穅糟而錯之牢筴之中"續古本、纂圖本、分章本同，蜀刻本、日藏本"穅"作"糠"，同"糠"。

7. 【正文】"丘有莘"蜀刻本同，纂圖本、分章本、續古本、日藏本"莘"作"崒"，形近而誤。

8. 【正文】"十日又問，曰：'未也，猶應嚮景。'"蜀刻本、纂圖本、日藏本、分章本同，續古本"曰"作"白"，形誤。

9. 【正文】"孔子觀於呂梁，縣水三十仞，流沫四十里"續古本、纂圖本、日藏本、分章本同，蜀刻本"沫"作"沬"，形誤。

10. 【正文】"器之所以疑神者"續古本、日藏本、纂圖本、分章本同，蜀刻本"疑"作"凝"，當作"疑"。

11. 【郭注】"故乃疑是鬼神所作耳"續古本、纂圖本、分章本同，蜀刻本脫"乃"、"耳"二字，日藏本"耳"作"也"。

12. 【正文】"彼固惑而來矣"續古本、日藏本、纂圖本、分章本同，蜀刻本"來"下有"者"字。

13. 【正文】"款啓寡聞之民也"續古本同，蜀刻本、纂圖本、分章本"款"偏旁"士"作"上"，日藏本作"欵"，皆同"款"。

《達生》篇以上異文中，略去了三種郭注本同時與部分宋刻本相一致的例子。湖北本與諸本不同者 0 例，續古本與諸本不同者有 2 例：例 4、例 8（續古本形誤），蜀刻本與諸本不同者 5 例：例 5、例 9、例 10、例 11、例 12（誤字 2、形誤 1、脫衍 2），這是各本在刊刻過程中自行產生的錯誤。湖北本續古本同而與他本異者 1 例：例 13（異體字）；湖北本與續古本及他本同者 2 例：例 1（脫衍文）、例 6（異體字）。湖北本蜀刻本同與他本異者 2 例：例 3、例 7，是誤字；湖北本蜀刻本及他本同者 1 例：例 2（脫文）。湖北本與續古本同者共 3 例，與蜀刻本同者共 3 例，三者之間的關係需要進一步考察。

(二)《山木》篇等第七卷的文字校勘統計

依照《達生》篇，對第七卷中《山木》《田子方》《知北遊》同樣做一統計（略去三本與他本同者）：

1. 湖北本異于諸本者：《達生》1 例，《山木》2 例，《田子方》4 例，《知北遊》3 例，共計 10 例；

2. 續古本異于諸本者：《達生》2 例，《山木》1 例，《田子方》7 例，《知北遊》8 例，共計 18 例；

3. 蜀刻本異于諸本者：《達生》5 例，《山木》7 例，《田子方》6 例，《知北遊》5例，共計23例；

4. 湖北本續古本同與他本異者：《達生》1例，《山木》無，《田子方》1例，《知北遊》無，共計2例；

5. 湖北本續古本及他本同者：《達生》2例，《山木》2例，《田子方》2例，《知北遊》3例，共計9例；

6. 湖北本蜀刻本同與他本異者：《達生》2例，《山木》無，《田子方》無，《知北遊》無，共計2例；

7. 湖北本蜀刻本及他本同者：《達生》1例，《山木》1例，《田子方》3例，《知北遊》0例，共計5例；

8. 續古本蜀刻本同與他本異者：無。

9. 續古本蜀刻本與他本同者：《達生》無，《山木》2例，《田子方》1例，《知北遊》2例，共計5例；

10. 湖北本續古本蜀刻本同而與他本異者：無。

在一本異于諸本的異文中，湖北本10例，續古本18例，蜀刻本23例，其中湖北本誤者4例，倒文1例；續古本誤者15例，正確者1例；蜀刻本誤者10例，正確者1例，脫文6例，衍文3例。這說明續古本刊刻過程中自行產生的錯誤最多，湖北本最少，蜀刻本出現的脫字衍文最多，多關涉虛詞，在虛詞使用上和湖北本、續古本區別較大。在刊刻品質上，三本相較，湖北本最為上乘。

在以上的異文比較中，沒有一例屬於湖北本續古本蜀刻本三本相同而異於他本的情況，三本不同屬一個版本系統。湖北本續古本相同而與他本異者僅有兩例異體字，湖北本蜀刻本相同與他本異者僅有兩例，訛字和正字各占1例，續古本蜀刻本相同與他本異者沒有例證，三種郭注本兩兩之間可能沒有直接的版本繼承關係。

（三）《庚桑楚》等篇的文字校勘

在第八卷、九卷、十卷中，繼續考察湖北本續古本同與他本異者、湖北本蜀刻本同與他本異者、續古本蜀刻本同與他本異者，情況如下：

1. 湖北本續古本同與他本異者：

（1）【正文】"又何足以稱楊哉"（庚桑楚）："楊"他本作"揚"，是。

（2）【郭注】"金王者"（庚桑楚）："王"他本作"玉"，是。王叔岷《郭象莊子注校記》："案各本王皆作玉，王即玉之壞字。"

（3）【正文】"而托於无窮之閒"（盜跖）：他本"閒"作"間"。

（4）【郭注】"埋根於太初之極"（天下）："埋"他本作"理"。王叔岷《郭象莊子注校記》："案古抄卷子本'埋'字同，他本埋皆作理，作埋義長。"

2. 湖北本蜀刻本同与他本异者：

(1)【郭注】"欲懷其跡"（天下）："懷"他本作"壞"，釋"縱脫無行，而非天下之大聖"，"壞"義爲長。

3. 續古本蜀刻本同與他本異者：

(1)【郭注】"則其功太重也"（天下）："太"，續古本、蜀刻本作"大"，古今字。

(2)【郭注】"道非徧物也"（天下）："徧"，續古本、蜀刻本作"偏"。

三者相較而言，湖北本和續古本一本相同者較多。在第七卷中，湖北本蜀刻本及他本同者 5 例，續古本蜀刻本與他本同者 5 例，也少於湖北本續古本及他本同者的 9 例。

四、結論

在三種郭注本中，湖北本和續古本（卷七至十）都是十行中字本，蜀刻本是九行大字本，書口、版心、魚尾、邊欄等版式特徵相同。三本刀工不同、字體各異，結合避諱和刻工姓名，湖北本當是南宋高宗時期湖北地區的刻本，續古本（卷七至十）有可能是南宋初期浙本系統所屬地區覆刻北宋真宗時刻本，蜀刻本是南宋孝宗時期四川成都地區刻本。

從時間上來看，三本刊刻時間都在南宋初期，並且刊刻地區不同，不太可能存在直接的承繼關係。從三本的異文比較上來看，湖北本的訛誤率最低，續古本（卷七至十）誤字較多，蜀刻本的虛詞脫衍最多；湖北本和續古本（卷七至十）皆無《釋文》音義，同屬浙本系統，雖然相一致處比湖北本與蜀刻本相對較多，但總體比例很小，二本所據底本較爲相近，無直接的承繼關係。關於蜀刻本，傅增湘《藏園群書經眼錄》有言："余嘗取與世德堂本對勘，改訂至夥，其異處多與涵芬樓之北宋本合。"① 明代世德堂刊本源出宋建本《纂圖互注南華真經》，屬於《莊子》郭注附音義本，續古本（卷七至十）和蜀刻本同屬《莊子》郭注本，纂圖本相對於其他版本來説刊刻錯誤較多，明本和兩種宋刻本相較，後二者相合者多也在情理之中。蜀刻本在郭注後附有簡略的釋音，它的脫文衍字遠多於湖北本和續古本（卷七至十），在虛詞使用上和二本區別很大，從蜀刻本與一本同而與他本異者的情況統計來看，它和湖北本、續古本（卷七至十）相差較大，所據當是不同的底本。

三本相較，湖北本版式疏朗，卷帙完整，無補版墨丁，刊刻錯誤最少；續古本（卷七至十）作爲覆刻本誤字較多，且是補配部分，個別書頁中有缺字空白；蜀刻本書中卷三第二頁（《大宗師》）以他本抄補；卷九第十四至十七頁（《讓王》）

---

① 見《藏園群書經眼錄》。

以明世德堂本抄補，有三處較長的《釋文》釋義。蜀刻本除了誤字以外，脱字衍文最多，其中虚詞脱衍所占比重最大，傅增湘謂其："又世行本於《天運篇》中混入成玄英疏三十五字'夫至樂者……'至'太和萬物'，自宋末坊刻已然，而此本無之，是蜀刻源于古本審矣。"① 此段三十五字的成疏湖北本亦無，蜀刻本在《秋水》篇莊子正文"惠子曰：'子非魚，安知魚之樂？'"後誤刻入成疏"惠施不體物性，妄起質疑，莊子非魚，焉知魚樂"，篇中郭注"從衆之所爲"、"自然正直"、"外事不棲於心"皆脱。《至樂》郭注"舉群趣其所樂，乃不避死也"、"無懷而恣物耳"亦脱。因此，相較于續古本（卷七至十）和蜀刻本，湖北本爲上乘之作，可爲宋代郭注本的代表性版本。

馬鴻雁：北京師範大學圖書館館員

---

① 見《藏園群書經眼錄》。

《萬國公法》版本考述

——兼談清末漢籍的東傳與回流

郭明芳

前 言

"萬國公法"即今日所稱"國際公法"或"國際法"（International Law）。《平時戰時國際公法》，開宗明義，"國際法是國際社會中相互關係的行爲規則、經多數文明國家認爲具有約束力者。其主要目的在於確定國家和國際組織在國際社會裏面的權限，但有時對於其他特殊的國際法主體、甚至個人的權利義務，亦予規定。"① 這套法體系是西方從中世以降，透過戰爭實踐中所形成的一套國與國交往的規則，幾百年來已逐漸發展成一套維繫世界和平的共同準則。他從西方傳入東方是在鴉片戰爭前後，但當時並未受到重視。而一直要到洋務運動時期，由傳教士丁韙良（William Alexander Parsons Martin，1827—1916）翻譯惠頓（Henry Wheaton，1785—1848）氏的《萬國公法》（下或簡稱"《公法》"），才逐漸在包括中國在内的東亞廣泛流傳，影響深遠。

環顧相關前人有關《萬國公法》研究成果，我們可以發現研究多半屬於法

---

① 彭明敏：《平時戰時國際公法》，作者自印，1972年10月，增訂四版，第1頁。

學領域或是中日詞彙比較方面，在談及是書個别刊印流傳復不少①，但也多爲附屬於上述成果中的一小部分，且局限一隅。而或許因所見資料不足，或許此類議題不是該研究的重點，很少有詳盡的論述，或只是因循前人之說，更遑論從整個東亞架構來談是書流傳情形。因此，筆者就前人研究之成果，提出幾點疑問，或可續加討論，或可建構是書流傳情形。

首先，《公法》從翻譯到刊印的過程中的問題。如田濤（1966—　）先生《國際法輸入與晚清中國》認爲是書在初版即有刻本與活字本兩種，且刻本較早②，並認爲刻本無董恂（1810—1892）《序》，是在呈送"總理衙門"求《序》之前先行刊印之本③。此說田濤並未詳細說明，而傅德元（1956—　）先生持保留態度，這樣的說法是否正確？又如果真是如此，有實物證據否？再進一步追問，不管刻本或活字本，其先後如何？初刻刊印時間如何？④扉頁有"京都崇實館存版"，又如何看待是書的定位？"同文館"在是書刊印中的地位又如何？其次，是書所見到幾種常見版本，如《續修四庫全書》影印吉林大學藏刊本或臺北"中國國際法學會"影印丘漢平（1903—1990）藏排印本兩種，扉頁雖署"同治三年京都崇實館藏版"，然是否真爲該年所刊印？抑或光緒以後翻印？而其所據底本又來源如何？而在《東海圖書館藏萬國公法版本述要》一文已提出該館藏本與《續修四庫》、丘漢平諸本文字上略有小異，但又無詳

---

① 以筆者所知，專著部分有田濤《國際法輸入與晚清中國》（濟南出版社，2001年10月），王文兵《丁韙良與中國》（外語教學與研究出版社，2008年11月），林學忠《從萬國公法到公法外交——晚清國際法的傳入、詮釋與應用》（上海古籍出版社，2009年12月），傅德元《丁韙良與近代中西文化交流》（臺灣大學出版中心，2013年12月）。而單篇論文部分，舉其要者，有：鄒振環《丁韙良譯述萬國公法在中日韓傳播的比較研究》，《韓國研究論叢》（中國社會科學出版社，2000年）第7輯，第258—278頁；張用心《萬國公法的幾個問題》，《北京大學學報（哲學社會科學版）》第42卷第3期，第38—41頁，2005年5月；陳秀武《萬國公法在明治初期的日本》，《東北師範大學學報（哲學社會科學版）》2009年2期（總238期），第18—23頁，2009年4月；陳秀武《日本幕末期的萬國公法受容》，《東北師範大學學報（哲學社會科學版）》2013年4期（總264期），第67—73頁，2013年12月；陳惠美、謝鶯興《東海圖書館藏萬國公法版本述要》，《東海大學圖書館館訊》，新150期，第44—53頁，2014年3月。

② 田濤：《國際法輸入與晚清中國》，第40—41頁。

③ 又萬啓盈編《中國近代印刷工業史》（上海人民出版社，2012年9月）也認爲《公法》初刻本爲雕版印刷，見該書第231頁。

④ 對於《公法》刊印時間，從是書扉頁文字、董恂《序》與《凡例》稱"清同治三年十二月"，認爲其刊印時間有兩種說法：第一種仍主同治三年（1864），第二種則認爲時已入12月，換算陽曆當已進入1865年年初。王文兵折衷認爲，"在1864年即已刊刻完成，只是在1865年初增補董恂《序》而已"。（王文兵：《丁韙良與中國》，第99頁，注5）這樣說法又有何證據？

論，吾人又該如何串連各本？① 第三，繼續追問串連是書如何東傳日本，又如何從日本回傳問題。透過上述謝鶯興（1954— ）的研究，吾人是否能建構《公法》在東亞漢籍交流史上地位？

筆者嘗試就以上諸問題意識，並就所見材料、版本，重新檢視《公法》一書幾個問題，並尋求一個解釋，而發爲本文，期能使《公法》刊刻流傳上能有一較爲清楚的認識。本文計分以下諸章節進行討論：一、《萬國公法》傳入中國與丁韙良譯本的刊行，二、丁譯《萬國公法》的初版本諸問題，三、《萬國公法》東傳日本考述，四、《萬國公法》的再回流考述。

一、《萬國公法》傳入中國與丁韙良譯本的刊行

（一）鴉片戰爭前即已引入萬國法

西方萬國法何時傳入中國？有謂早在中國康熙間與俄羅斯談判的《尼布楚條約》即有相關實踐，但這樣的説法缺乏實際史料支持。② 而實際上，一直要到鴉片戰爭前，被派往廣州查禁鴉片的方面大員林則徐（1785—1850）才開啓接觸西方的法體制，翻譯有若干條文。這也是現今被認爲萬國法傳入中國最早的記錄。

林則徐到粵後，一方面執行禁煙政策，另一方面也積極搜集、翻譯當時外國（主要是英國）資訊，以便作爲日後交涉的基礎。在搜集資訊過程中，他組織了翻譯隊伍，專司翻譯當時報紙輿論與相關著作，萬國法亦在其中。當時林曾向美國醫生伯駕（Peter Parker, 1804—1888）提出翻譯瑞籍法學家滑達爾（Emmerich de Vattel, 1714—1767）《各國律例》（亦即《國際法，或運用在國家和主權的行爲和事務上的自然原則》，The law nations, or principles of the law of nature, applied to the conduct and affairs of nations and sovereigns）的要求。③ 這些片段譯文，今日保存於魏源（1794—1856）編的《海國圖志》卷68末，共收六條關於與各國貿易、交涉及禁運事項條文。同時這些譯文在當時也爲他提供

---

① 一般説法認爲是據"崇實館"本翻印，鄒振環認爲因爲丁韙良"崇實館"本《公法》一出，頗受歡迎，其後又有"同文館"、石印、《西學大成》與各地書局諸本，甚至出現盜印本。這樣説法忽略時間性，亦即從1864年初版，到1898年開始有翻印、盜印，既然頗受歡迎，怎麼差了三十幾年？鄒氏之説見萬齊洲《京師同文館與萬國公法研究述評》（《惠州學院學報（社會科學版）》第30卷第4期，第38—42頁，2010年8月）一文。而筆者認爲這些後出的版本是從日本回流回來的，詳本文下述。

② 《國際法輸入與晚清中國》，第17—18頁。

③ 《國際法輸入與晚清中國》，第23—25頁。

與英方交涉的政策准則。

鴉片戰爭以降，雖與西方仍有相關交涉，但再也沒有像林則徐這樣的積極認識與運用西方國際法的官員。而相關交涉只能靠着一些條約片段譯本以爲參考。在丁韙良自傳《花甲憶記》中記述着，文祥（1818—1876）見到他所譯《萬國公法》若干初稿，提及當時對外交涉參考資料情形。

<u>在 1858 年協商條約的時候，我就認識了其中幾位成員。我把自己還沒有翻譯完的惠頓氏法律著作放在案頭，儘管中國的辦事大臣們對其本質和内容知之甚少，他們還是非常高興。文祥問我："其中包括'廿四款'否？"他是指赫德先生爲他們編選的條約裏的重要章節。</u>在我告知他本書的部分内容後，他説："派遣駐外公使時，此書可供吾等參考。"①

以上談及萬國法在丁韙良譯本出版前的情形。

（二）丁韙良生平與其《萬國公法》翻譯刊行過程

《萬國公法》爲美外交官亨利·惠頓所著，書名"國際法原理"（the Elements of International Law），爲惠頓外交生涯中的經驗總結。譯者丁韙良爲美國傳教士，後任同文館總教習，對清末譯書與西文人才培育頗有貢獻。

丁韙良，字冠西，美國印第安那州人，生於基督教家庭。1848 年印第安那大學畢業。1850 年受北美長老會（Reformed Presbyterian Church of North America）派遣在中國浙江省寧波傳教。1863 年移居北京，1869 年在海關總税務司赫德（Robert Hart，1835—1911）的推薦下，辭去了北美長老會的職務，出任同文館總教習。1898 年京師大學堂（北京大學前身）正式開學，清廷任命他爲京師大學堂首任西學總教習（職務接近今日的教務長）。1916 年 12 月 17 日，丁韙良在北京去世，葬於北京西直門外。②

丁韙良著述等身，計著有《花甲憶記》《中國覺醒》《北京被圍目擊記》（以上可作爲丁氏傳記資料）、《中國古世公法論略》《漢學菁華》《中國的傳説與詩歌》與《翰林集》等專著；另外譯有《萬國公法》《格物入門》《化學指南》《法國律例》《富國策》《天道溯原》《星軺指掌》《公法便覽》《西學考

---

① ［美］丁韙良著，沈弘等譯：《花甲憶記——一位美國傳教士眼中的晚清帝國》，廣西師範大學出版社，2006 年 9 月，第 159 頁，第二章《初識北京》。而這裏很清楚指稱"廿四款"是指赫德爲清政府官員翻譯、編選的條約片段，而非赫德所譯的《萬國公法》片段。

② 有關丁韙良資料或可見其回憶録《花甲憶記》，或葉鳳美撰《丁韙良》（收入林增平、李文海主編《清代人物傳稿》，遼寧人民出版社，1987 年 7 月，第三卷，下編，第 377—381 頁。

略》《天道合校》《性學舉隅》等書。①

前述引文中，我們可以知道，丁韙良在入京前早有譯相關公法著述計劃。丁韙良稱1858年的中美《天津條約》談判期間，中國官員文祥曾對丁案頭所放置的《公法》譯文初稿有相當興趣。

<u>在1858年協商條約的時候，我就認識了其中幾位成員。我把自己還沒有翻譯完的惠頓氏法律著作放在案頭</u>，儘管中國的辦事大臣們對其本質和內容知之甚少，他們還是非常高興。②

其實，在此之前，他最先想譯前述的滑達爾的書，其原因應該是滑達爾的書在當時較爲人所熟知。但最後經美國公使華若翰（John Elliott Ward, 1814—1902）建議，而改譯惠頓氏的《萬國公法》。③

（我於1862年返回中國）這期間，我花了一段時間翻譯惠頓氏的《萬國公法》，我認爲這部作品可以對我自己的事業，以及中英這兩個帝國產生一定程度的影響。其實，局勢對這種書的需求早已引起我的注意。<u>我本來打算翻譯瓦岱爾（Vattel）的作品，但華若翰先生建議我采用惠頓氏的，他的書同樣權威、且更現代一些</u>。④

丁韙良在1862年自美返中後開始有計劃的翻譯惠頓著作，其原因除希望能爲自己留下一番功業外，最主要還是因爲這本書是當時較新且也是同樣重要的公法著作。翻譯過程中，其部分初稿曾得到像是英人赫德、美國公使蒲安臣（Anson Burlingame, 1820—1870）或中國官員崇厚（1826—1893）的讚賞。

<u>第二年春天我寫信給美國駐北京公使蒲安臣先生，説明翻譯工作就要完成，希望能被清政府采用。他給了我很大的鼓勵，向我保證將把此書提交給清朝官員</u>。六月份的時候我啓程前往北方。到達天津時，<u>崇厚</u>熱情地接待了我，他是我在1858年談判時結交的朋友。在相識後一年的交往中，我們彼此更加熟悉了。他負責護送我從海邊到京師的往返旅程。閱畢惠頓氏的書稿之後，他對於該書稿跟中國建立新的外交關係的需求之間的契合印象十分深刻。他承諾寫信給總理衙門事務大臣文祥或是外務部來討論此

---

① 有關丁韙良詳細著述，最新研究成果，可參見傅德元《丁韙良主要論著目録》，收入氏著《丁韙良與近代中西文化交流》附録一，第493—531頁。
② 《花甲憶記——一位美國傳教士眼中的晚清帝國》，第159頁。
③ 丁譯本選用底本問題，根據傅德元的考證，其翻譯底本是1855年版，詳見《丁韙良與近代中西文化交流》，第215—229頁。
④

事。外務部是由恭親王新組建的,由恭親王本人直接負責。①

美國公使希望這部書的翻譯與出版,能夠讓中國對外交涉與世界接軌,進入西方所謂基督教"文明"國家體系規範。丁氏在翻譯過程中也得到何師孟②、李大文、張煒與曹景榮③等人的協助:

> 因與江寧何師孟、通州李大文、大興張煒、定海曹景榮,略譯數卷,呈"總理各國事務衙門"批閱……④

上述諸人協助丁氏翻譯《公法》,應該單純只是丁氏的民間友人,而非官方指派的人員。⑤ 不久,丁韙良完成中譯後(約1864年中),由美國駐清公使蒲安臣引薦給總理衙門負責人,丁氏並要求清廷能先派員對是書進行修訂並資助出版。

> 十一月蒲安臣帶我拜訪了總理衙門。……我只要求他們給我介紹一位能幹的官員來協助我進行最後的校訂,然後以公費印刷。"你們當然會對我進行表彰,我不需要其他的報酬了。"他們及時委任我以切實的職務,當然這比虛名要好得多了。他們也沒有忘記給我一些頭銜和獎章。……赫德先生十分睿智,他早已從我提到的那些書中選出了一些段落。由於他離開北京的時候還沒有見過我,我到達不久他就從天津給我寫了一封信,表達了對我翻譯惠頓氏法律著作意願的支持。他鼓勵我堅持下去,他保證這本書會被總理衙門接受的。⑥

這裏談到赫德曾從丁氏建議也翻譯一部分《公法》。而這個初稿若干片段,他曾經提供給總理衙門,但未受到清廷重視。

> 早在1863年7月15日,他已開始準備將惠頓《萬國公法》第三部分

---

① 《花甲憶記——一位美國傳教士眼中的晚清帝國》,第150頁。
② 何師孟生平見(清)閔爾昌(1872—1948)《碑傳集補》(收入周駿富編《清代傳記叢刊》,明文書局,1985年,第123冊)卷五十五《吳復成傳附》:"何師孟字澹臣,江寧諸生,舉人德昌子。性伉爽,勇於任事,與張繼庚、王金洛友善。咸豐三年,粵寇圍省城,王金洛薦於方伯祁文節公,命募勇五千人守城。師孟素留心材武之士,倉卒立辦。城陷勇多巷戰死,師孟聞警,率局數十人巷戰於講堂大街,勢不敵,遂潰。師孟憤投陶氏園中池,不死,遂與張繼庚謀內應,時大帥主持,重師孟,間道投大營,陳說百端,繼以泣,卒不行遂去之。生平篤於風義,撫孤甥飲食教誨垂十餘年,賴以成立,鄉里有緩急,咸倚重之。"(第502—503頁)。
③ 李大文、張煒、曹景榮三人經查清末民國初諸人所屬地方志均未詳其生平事蹟。
④ [美]丁韙良譯《萬國公法》,《凡例》,葉一。
⑤ 上述諸人與《公法》序文所言陳欽等四人相較,渠等生平亦不見史志記載,也未見相關材料。
⑥ 《花甲憶記——一位美國傳教士眼中的晚清帝國》,第159頁。

摘要"譯成中文"。兩星期後，赫德將他自己翻譯惠頓書中有關"國使權利"大約20節連同一些引言，全部呈交總理衙門。譯文和序言都由總理衙門妥收。①

其原因或許是因爲清廷仍持天朝心態，不願意接受外來規則支配之故。而現在丁韙良較爲完整的譯本完成，或許有機會扭轉，而能得到清廷的重視與出版。在多方的爭取下，很快得到清廷首肯，官方先派四位官員進行修訂：

恭親王指派了四位高官協助我進行修訂，其中還有一位翰林院的官員。工作在總理衙門完成，根據新任海關總稅務司赫德先生的建議，此書出版以供清政府使用。②

這四位官員，我們從董恂的序文可以知道，分別爲陳欽（？—1852?）③、

---

① ［英］赫德著，陳絳譯：《赫德日記：赫德與中國早期現代化（1863—1866）》，中國海關出版社，2005年10月，第29頁。
② 《花甲憶記——一位美國傳教士眼中的晚清帝國》，第159頁。
③ 陳欽生平見毛承霖（？—1925）《［民國］續修歷城縣志》（鳳凰出版社、上海書店、巴蜀書社，2004年10月，《中國地方志集成·山東府縣志·五》，據民國十五年歷城縣志局鉛印本影印）卷40《列傳二》："陳欽字子敬，咸豐二年舉人，由內閣中書考取總理各國事物衙門章京。是時交涉日繁，事多掣肘，欽悉心籌畫。英人以洋藥稅重土藥稅輕，將爲滯銷土藥，多售洋藥之計，總稅司赫德請一律徵收，欽力駁之。又請免粵海關進口稅，欽復駁之。澳門爲海隅要區，葡人久假不歸，赫德、妥斯瑪請中國以銀易之，欽預破其將來侵欺挾制之術，赫德等語塞。庚申和約之定，事出倉促。英人復議酌減重稅貨物，欽乃議減時辰表、胡椒等稅，而增洋藥、湖絲稅，計歲收贏於所減之數者且三之二。同治紀元，後由主事擢郎中，尋以海關道記名。九年，隨赴天津，辦教案，議且齮定，而洋人必戮天津守令以快其意。欽單騎往諭之，責以大義，悚以危辭，議遂定，使相國曾國藩謂'欽正而不迂，介而有爲，理勢並審，體用兼全'，奏請授天津道。會新設津海關道，李鴻章奏請以欽補授。津關附近畿輔，爲中外交涉而最要之區，各國至者，應接不暇，凡有所情，欽力持正議，悉就約束。初日本遣其臣伊達宗成、柳原前光等來議約，欲自同於泰西，欽詰責再三，乃不復爭。旋復欲易約，欽責以甫立約旋廢約無以信，將來乃不易易。後值換約之期，日本復申其請，欽拒之如初，其議遂格。欽自言生平有二恨事：同治二年，俄使來換約，稱其主大皇帝，力與之爭，我使將屈矣；會疾作在告，俄人竟稱大皇帝。又嘗與俄人辦西北地界，力持之，乃以他變故，不果行。此二者吾遺憾也。尋引疾告歸，家居近十載，卒年五十八，子三：汝恒、汝遷、汝豫，汝恒另有傳。（據《通志》及《墓誌》）"（葉15—16）

李常華（1824—1874）①、方濬師（1830—1889）②與毛鴻圖（？—1860？）③。

塗山之會，執玉帛者萬國。維時么氏宅么土，其詳弗可得聞。已顧或疑史氏侈詞，不則通九州外。數之今九州外之國林立矣。不有法以維之，其何以國。此丁韪良教師《萬國公法》之所由譯也。韪良能華言，以是書就正，爰屬歷城陳欽、鄭州李常華、定遠方濬師、大竹毛鴻圖，刪校一過，以歸之。韪良蓋好古多聞之士云。同治三年歲次甲子冬十有二月下浣揚州董恂序

---

① 李常華生平見（清）方濬頤（1815—1889）《二知軒文存》（收入沈雲龍編《近代中國史料叢刊》，第49輯第481種，文海出版社，1955年，第4冊）卷三十一，《常鎮通海兵備道李君墓誌銘》：“……卒於甲戌八月二十九日，……君諱常華，字叔彥，號轂齋。先世由山西洪洞遷居河南之鄭州，遂佔籍焉。……道光甲申八月四日生，幼而穎悟。少長，逾下帷攻苦，年十八補博士弟子員。甫舉優行登賢書，庚戌遭贈榮祿公之喪，癸丑沈太夫人復棄養，君皆哀毀骨立，喪葬盡禮。咸豐丙辰援例以主事用籤，分户部。時鈔票案起，君勾稽詳慎，上官獎其勞，奏入報可，君以一人主貴州司稿，而兼理軍需、捐銅兩局，以及豁免處、督催所、捐納房，衆務必維口畫紛然，就理諸曹司，罔不服君之敏斷焉。辛酉，兼充總理各國事物衙門章京，兩署趨公寒暑，罔間君糜奮勉，克稱厥職。同治甲子充錢法堂主事。乙丑補雲南司主事。其間以金陵克復，辦理捐務，屢得獎叙。迨丙寅復奉旨以本部員外郎遇缺即補，丁卯遂補福建司缺，君之爲錢法主事也，直圖法罷疲之時，籌買銅斤，開爐鼓鑄，……戊辰，偕理藩院郎中志剛查辦恰克圖稅務，數月即畢事，稱旨晋三品，秩交軍機處存記，以海關道員用。庚午京查一等，又以捐銅局勞績，賞加二品頂戴。辛未七月，拜常鎮通海道之命……”（第1845—1854頁）

② 方濬師生平見安徽通志館編《［民國］安徽通志稿·列傳》（成文出版社，1985年3月，影印1934年鉛印本）卷五《方濬頤濬師傳》：“方濬師字子嚴，號夢簪，定遠人也。幼好學，十四遊於庠，旋以優行貢成均，官内閣中書。咸豐乙卯，中式舉人，充總理各國事物衙門章京，升侍讀加三品頂戴，記名御史，簡廣東雷瓊兵備道遺缺，補肇陽羅道，旋署兩廣運司，入覲，以母老請終養，服闋，簡直隸永定河道署臬司，卒官。初濬師官總署，夷情黠，遇事挾持短長，濬師具説帖，剖析事理，不激不隨，王大臣據以折衝尊俎，往往伐謀未然，夷不得逞。其在嶺南，務育人才，端風化清，庶獄嶺海素多盜，營弁奉嚴檄，輒妄執平民抵案，濬師坐堂皇，躬親研訊，以是多信讞，而刑求冤殺之風大戢。及官永定河道，值南七汛漫口，全河奪溜，議者以爲不塞便，濬師周歷河壖，相度水勢，卒定。計堵塞、冒嚴寒、犯霜雪，晝夜□督、三月而功成，其署臬司，清積案、整補務設施，未竟而卒。生道光十年庚寅，卒光緒十四年己丑，得年六十。濬師服官三十年，公暇未嘗不讀書，藏四部書至六十萬卷，著《蕉軒隨録》十卷行世，詩、古文各十餘卷，未刊……”（第17冊，第6257—6258頁）。

③ 毛鴻圖生平見陳步武（？）等纂《［民國］大竹縣志》（成文出版社，1976年，《中國方志叢書·華中地方》第三八〇號，影印民國十七年鉛印本）卷八《選舉志·仕進》：“毛鴻圖，甲子順天鄉試同考官，户部主事轉郎中給事中，兼總理衙門章京，軍機處行走，特任廣饒九南兵備道。”（第644頁）。

（三）清廷資助刊行的過程

是書初稿經修訂後，最後由總理衙門，以海關稅額部分提撥，資助出版。在《赫德日記》1864年8月30日中記，此時由赫德提撥500兩給丁氏作爲刊印的資助。

> 今日將兩份申呈寫成中文，一份關於陸家嘴角，另一份關於旅客行李。付給丁韙良博士500兩，做刊印他的惠頓《萬國公法》譯本用。①

當然，清廷從一開始的抗拒到最後決定資助出版，除國內外有關人士遊説外，最重要還是當時清廷上層開明之士，如奕訢（1833—1898）、文祥等人，因辦理對外交涉，見識到西洋事務，欲以西洋爲師，以夷制夷。這個時候正進行"洋務運動"，注意到這本"寶典"，一以辦理對外交涉，一以培育後進之用。同時在普、丹事件中見到以《公法》可以兵不血刃解決衝突。在總理衙門最高負責人恭親王奕訢在同治三年（1864）七月（農曆）的一份奏摺中，我們可以了解《公法》被接受情形。

> 恭親王又奏，竊查中國語言文字，外國人無不留心學習，其中之尤爲狡黠者，更於中國書籍潛心探索，往往辯論事件，援據中國典制、律例相難。臣等每欲借彼國事例以破其説，無如外國條例，具係洋字，苦不能讀。而同文館學生通曉，尚須時日。臣等因於各該國彼此互相非毀之際，乘間探訪，知有《萬國律例》一書。然欲逕向索取，並託繙譯，又恐秘而不宣。適美國公使蒲安臣來，言各國有將《大清律例》繙出洋字一書，並言外國有通行律例，<u>近日經文士丁韙良譯出漢文，可以觀覽。旋於上年九月間帶同來見呈，出《萬國律例》四本</u>，聲稱此書凡屬有約之國皆宜寓目，遇有事件亦可參酌援引。惟文義不甚通順，求爲改删，以便刊刻。臣等防其以書嘗試要求照行，即經告以中國自有體制，未便參閱外國之書。據丁韙良告稱《大清律例》現經外國繙譯，中國並未強外國以必行，豈有外國之書轉強中國以必行之禮？！因而再三懇請，臣等窺其意，一則誇耀外國亦有政令，一則該文士欲效從前利瑪竇等在中國立名。檢閱其書，大約俱論會盟、戰法諸事，其於啓釁之間，彼此控制箝束，尤各有法。第字句拉雜，非面爲講解，不能明晰，正可籍此如期所講。國派出臣衙門章京陳欽、李常華、方濬師、毛鴻圖等四員，與之悉心商酌删潤，但易其字不改其意。<u>平載以來，草槁已具。丁韙良已無貲刊刻爲可惜，並稱如得五百金即可集事</u>。臣等查該《外國律例》一書，

---

① 《赫德日記：赫德與中國早期現代化（1863—1866）》，第241頁。

衡以中國制度，原不盡合，但其中亦間有可據之處。即如本年布國在天津海口扣留丹國船隻一事，臣等暗採該《律例》中之言，與之辯論。布國公使即行認錯，俯首無詞，似亦一證。臣等公同商酌，照給銀五百兩，言明印成後，呈送三百部到臣衙門。將來通商口岸各給一部，其中頗有制伏領事官之法，未始不有裨益。此項銀兩，即由臣衙門酌後三成船鈔項下發給。①

上述所舉的案例，即是普魯士在天津扣留丹麥船隻，透過《萬國公法》和平解決一事②。奕訢在同治三年七月上奏摺，可以確定這時候《公法》已譯完成，初名《萬國律例》，以稿本形態上呈。不久，赫德提撥500兩給他。其出版時間，據董恂序文署"同治三年冬十二月"，時當已進入1865年年初，且以作序之年推之出版時間，當亦更晚。故《公法》正式初版時間當在1865年上半年。

又《公法》正式出版前，是否有無董《序》的本子先行流傳？筆者在此持修正看法。一般持肯定看法，多據奕訢在同治四年正月（農曆）奏摺中的一段話而來：

> 辛酉。總理各國事物恭親王等奏，再上年九月間美國公使帶同該國文士丁韙良來臣衙門，呈出《萬國律例》四卷，請爲改削刊刻。書經臣等具奏在案，茲據丁韙良將是書刊成，呈送臣衙門，並求作序以冠其首。又請將代爲刪削此書之章京陳欽等銜名一併刊入。窺其意不過欲藉中國之文物聲明，以誇耀於外國。臣等公同商酌，由臣董恂作序一篇，並將該章京等名姓附刊序內，遂交丁韙良手收。除談此書印成給通商口岸各一部外，僅抄錄臣董恂所作序文，恭呈御覽。③

丁氏"刊成"《公法》呈送並要求總署作序。這裏所稱"刊成"，筆者認爲，依時間先後看，應該是原稿經陳欽等四人修訂後，丁韙良先以活字刊印若干部送呈總署檢覈，同時丁也要求官方指派人作序冠於書首，以待正式出版之謂。此"進呈之本"當年應該印數極少，流傳甚微，是初印樣本，不能算是正

---

① （清）寶鋆：《籌辦夷務始末（同治朝）》，文海出版社，1972年，第五冊，卷27，第2701—2707頁。
② 有關這個案例的研究，可詳參王維儉《普丹大沽口船舶事件和西方國際法傳入中國》，《學術研究》1985年5期，第84—90頁，1985年10月，此不贅述。
③ 《籌辦夷務始末（同治朝）》，第六冊，卷31，第3017—3019頁。

式刊本。其刊行時間當在 1864 年年末。而此本今藏臺灣"國家圖書館"① 及北京北京大學圖書館②。

二、丁譯《萬國公法》的初版本諸問題考述

《萬國公法》一書經修訂,並由官方資助出版。其中有許多問題需再釐清,那包括:是書是屬於總理衙門的官方刻本、還是丁韙良私人刻本;其次,是書是傳統雕版印刷,還是活字本?以下分別就這幾個問題進行討論。

(一) 首刊是進呈本,是活字排印

前章之末已說明是書於正式刊行之前有一以活字刊印的本子,此本應該在雕版之前。其實可以很清楚地說明這樣的情形。在前述奕訢第一份奏摺中說"丁韙良已無貲刊刻爲可惜",就是說丁韙良沒有餘錢可進行刊版印刷,希望清朝官方可以派員修訂與資助出版③。當然在修訂完成前,必須先將定稿呈送。呈送本仍非"定稿",仍須上呈清廷覆覈,同意内文内容,才能進行雕版。因此,丁氏隨意以活字排本即已足;等到要正式開工印刷,爲求慎重起見④,以及資金解決,當然還是以傳統雕版印刷工法爲之。更何況我們從後

---

① 臺灣"國家圖書館"所藏《公法》爲"交通部"所贈,是本爲活字排印本,前有董《序》、張斯桂(1819—1888)《序》《凡例》《目次》,凡四卷。每半葉九行、行廿一字,四周雙欄,版心書"萬國公法",上黑魚尾,下有卷數、頁數。首先,其與"京都崇實館"本相較,是本無扉頁、張《序》前的董《序》爲手寫補上,其版式與"崇實館"本每半葉十行、行廿一字也稍異。其次,内容文字方面,與"崇實館"本同、而異於《續修四庫》諸本。可見此本與"崇實館"本是一系統的,只是先後次序有異。"國圖古籍影像檢索系統"作"同治五年(1862)"亦問題很大,蓋時間不對。同治五年當公元 1866 年非 1862 年。而筆者認爲此本當在 1864 年 9—12 月間所刊印,是丁氏先以活字排印進呈之本。

② 藏於北大者亦爲鉛字排印,惟所見書影董《序》爲排印。那要如何解釋他與臺灣"國圖"本關係?筆者以爲臺灣"國圖"本來自舊"交通部",應該前有所源,臺灣"國圖"本應該是在修改完成後,爲進呈朝廷而先行印製。等到董《序》完成後,再以活字排印董《序》補入,是爲今所見北大本。不久後,《公法》正式開雕刊行,即有扉頁本,是爲筆者所稱"正式版"。

③ 清末刻工價格究竟如何,資料並不多,尤其清末更少。筆者自《緣督廬日記鈔》(北京圖書館出版社,2007 年 6 月)中查檢相關記錄,於光緒十年(1884)六月初六有一條記錄:"鄭盦丈屬刻《西清筆記》(沈文恪)、《冬青館古宫詞》(張秋水)。《筆記》萬餘字,刻資約十五千,《宫詞》四萬六千餘字,刻資約七十千文。"(第一册,第 314 頁)此條時間雖與丁韙良刊印《萬國公法》差廿年,但亦可見刻工價格大略情形。以此計,刻工每字約 0.14 至 1.5 文之間,平均起來也將近一文之價。而《公法》也有數萬字,刻價亦要好幾萬文,再加上紙張、裝訂等費用,這應該不是丁韙良能負擔得起。因此他必須找清廷資助。

④ 目前所見鉛字排印本皆無扉頁,亦可見僅爲應急呈送之用,非正式印本。

來地方大員至總署索求《公法》來看，正式版本是雕版印刷而非活字印刷。蓋雕版可重複刷印，活字版則每印一次，字版或拆散；下次欲印，需再行排版。

十月二十一日。兩廣總督瑞麟文稱，照得《萬國公法》一書辦理洋務各員必須查看。<u>粵省坊間並無售賣，聞係貴衙門存版</u>。茲值標弁馮汝輝賫摺進京之便，相應咨請。爲此咨呈貴衙門，謹請查照。<u>懇將前項書版飭匠印刷十部，須給來弁馮汝輝帶回粵</u>，俾辦理洋務各員得資恭考。所需工料價銀若干，仍祈示知，以便解還施行。

十一月十五日。行兩廣總督文，稱同治八年十月二十一日，准貴督咨稱<u>《萬國公法》</u>一書辦理洋務各員必須查看，呈請印刷十部，<u>頒給標弁馮汝輝帶粵</u>，俾資參考。因前來相應，如數頒發十部，交該弁馮汝輝帶粵。到日即希查收可也。

三月二十三日。三口通商大臣文稱，同治五年三月二十一日准貴大臣咨，稱案查前准總理衙門送到《英法美三國條約稅則》及《俄國條約並陸路通商章程》<u>《萬國公法》</u>均經查收備用在案，茲查所存各國《條約稅則並通商章程》，各國領事官時有取用查對請領之事，現在不敷應用，理合咨呈請煩查照，希將《萬國公法》《英法美三國條約稅則》及《俄國條約並陸路通商章程》<u>再行分飭刷二十部，咨送備用</u>等因前來相應，將本衙門所存《萬國公法》並刷印《英法美三國條約稅則》及《俄國條約並陸路通商章程》，稱查照來咨各備二十部，裝箱咨送，希貴大臣查收備用，並具文聲覆本衙門存案可也。

三月二十九日。三口通商大臣崇厚文稱，本年三月二十四日准總理衙門送到《萬國公法》並《英法美三國條約稅則》及《俄國條約並陸路通商章程》各二十部，共裝箱一隻。本大臣當即照數查收所有收到各國條約稅則等件，緣由理合備文咨呈，爲此咨呈王大臣，請煩查照施行。①

而進呈本以活字印刷，漢字活字在當時北京外國人傳教團體已廣泛使用；再加上教士姜別利（William Gamble）也曾贈送丁韙良一套活字。這套活字也是同文館印刷所前身用的活字。

目前金屬活字已經在中國得到了廣泛的運用，但所有的鉛活字都是出自外國人生產的字模，主要是由傳教士們製作的。<u>在同文館開辦之前</u>，北

---

① 檢索自"中央研究院近代史研究所館藏檢索系統"，網址：http：//archdtsu. mh. sinica. edu. tw/filekmc/ttsfile3？6：2042431295：0：/data/filekm/ttscgi/ttsweb. ini：：：@SPAWN，檢索日期：2014 年 4 月 6 日。

京已經有了一個屬於美國公理會傳教使團的印刷所，我們的試卷就是在那兒印刷的。由於大學士文祥對於活字印刷的精美和工序的簡便讚不絕口，我就把上海一位傳教使團印刷師姜別利（William Gamble）製作並送給我的一些鉛活字轉贈給了他。這便是同文館印刷所的萌芽，後來他專門為皇上和同文館印刷書籍，因為早先的皇家印刷所新近失火被毀。當我向文祥建議同文館應該設立一個小型印刷所，以滿足本館的用途時，他便囑咐我估算一下建立這麼一個印刷所需要的經費，然後他讓赫德給了我三倍於此的錢。①

西洋人在中國印刷的宣教小冊多屬於活字印刷。丁韙良在敘述同文館開辦前西洋人所辦的活字印刷場情形，並談及當時教會學校或所辦的崇實學校相關試卷也是在那裏印刷的，同時也說到姜別利曾贈送一套其所製作之活字給他。早年同文館並無出版設施，更遑論總理衙門。後來丁韙良轉贈於文祥（1818—1876）的鉛活字，也是同屬美國長老會姜別利所創製。在此，筆者先對清代中期以來西人活字印刷作一說明。

《西國印書考》：嘉慶時，英人馬施曼自天竺學華言，譯印《新》《舊約》書，始造華言鉛坯，此印刻華字之濫觴也，其書至今尚有存於華地者。後有臺約爾至檳榔島，悉心於華字，造陰模、陽模，澆製成字，大小兩種。建屋曰"英華書院"。立合約後，遷於香港，開局印書。臺死，合衆人谷立繼之，廣印書籍。臺所作陰陽字模之未成者，谷竟其業，更作小字及數目等字，共四種。他處印書購字者，悉於此取給焉。寧波聖華書院又將每字偏旁分析，或分二為三，用字省簡而工較費。近合衆姜教士，更以化學新法製字，以本〔木〕胚代鋼模，費省（事）速，其價漸貶。②

又：

翌年（1845），花華聖經書房遷至寧波，並改名為美華書館。一八五八年美國長老會遣姜別力氏（William Gamble）來華主持寧波美華書館印刷事務，姜氏係愛爾蘭產，早年赴新大陸，學習印刷於美國費城（Philadelphia），對於印刷頗有心得，因鑑華文字模鐫刻陰文，字體細小，筆畫複雜，誠非易事。況字數衆多，一副之成，屢淹歲月，較諸西文字模，其簡易有霄壤之別。乃於一八五九年在寧波始創電鍍華文字模。其法：以黃楊刻陽文字，鍍製紫銅陰文，鑲入黃銅壳子，雕鐫之工，於是大減。蠅頭小

---

① 《花甲憶記——一位美國傳教士眼中的晚清帝國》，第 208—209 頁。
② 王韜：《甕牖餘談》，臺灣商務印書館，1976 年 4 月，影印清末民國初上海進步書局本，卷五，葉 7—8。又以廣文書局影印刊本對勘校文字。

字，亦得鐫製，於是擴而製成大小鉛字七種：其一號字大小與西文 Double Pica 等，二號字與西文 Small Double Pica 等，三號字與西文 Two-Line Brevier 等，四號子與西文 Three-Line Diamond 等，五號字與西文 Small Pica 等，六號字與西文 Brevier 等，七號字與西文 Small Ruby 等，中西鉛字大小既得相等，排印華英合璧印件之困難，亦得免矣。此七號鉛字同時編定名稱：一號曰顯字，二號曰明字，三號曰中字，四號曰行字，五號曰解字，六號曰注字，七號曰珍字。①

姜別利創制新活字在 1858 年，而贈送一套活字給丁韙良應該是在稍晚時候，但不會拖過 1865 年。因爲進呈本就是用此類西洋教士創制的活字印刷。而且我們從進呈本《公法》與同文館活字印本各書的單字字模比較，也可以見到這樣情形。

表一　雕版與活字字模一覽

書名	《萬國公法》（臺"國圖"）	《萬國公法》（早稻田大）	《萬國公法》（北京大學）	《萬國公法》（北京大學）	《公法會通》（臺"國圖"）	《同文館題名錄》（臺圖）	《西學考略》（近史所）
版本	活字版	和刻本	同治間崇實館	活字版	光緒年間同文館	光緒十三年同文館	光緒九年同文館
例字	邦國之	邦國之			邦國之	邦國之	邦國之

（二）正式定本爲私刻本，是雕版印刷

《公法》一書出版後，究竟應屬於官刻本或私刻本，應該進行討論。這本書最後修訂與出資者爲官方，在《同文館提名錄（第四次）》中將之列入總理衙門出版品。而實際執行刊印程序爲丁韙良興辦的教會"崇實學校"，在判定上有其模糊空間。又《公法》扉頁署"崇實館存版"，"崇實館"是丁韙良在北

---

① 賀聖鼎、賴彦于撰：《近代印刷術》，商務印書館，1947 年 2 月，《新法字摹》，第 5—6 頁。

京所辦的教會學校。筆者認爲,是書雖然由官方出資並且官方出版品也列入,然從實際上看,仍屬私刻本。所謂私刻本,或稱家刻本,是指個人進行刻書的刻書行爲,其特徵與坊刻本最大不同,在於私刻本不以營利爲目的。蓋凡私人刻書或爲保存文獻,或爲傳先人著述,或爲促進學術交流,或爲聲名而進行刻書①,總是不以此賺錢的。上述這些目的與丁氏出版《公法》皆有契合之處。

而此正式版的刊行,應該又有兩種版本。一種是呈送總署的版本,另外一種是有英文序言的版本,後者應該只是丁韙良自己持有或送人之用。田濤在所著《國際法輸入與晚清中國》即談及:

> 該書出版之後,丁韙良曾將中譯本送給美國國務卿西華德(W. Seward)。據此推測,<u>丁韙良有可能只是在印行的部分《萬國公法》卷前使用了英文序言,以送給一些在華外人和美國政府官員</u>。(第42頁)

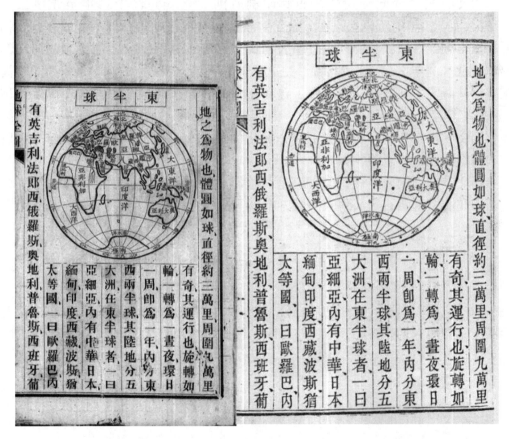

圖一　臺灣"國圖"(活字版)、"傅圖"(木刻板)藏《萬國公法》書影

---

① 以上諸特點可詳參王桂平《中國版本文化叢書——家刻本》,江蘇古籍出版社,2002年12月,第9—14頁。

這樣解釋應該是有可能的。依流傳來看，有英文序文《公法》的印數鐵定不多，而今日也僅在北京大學、加州大學有藏。①

除了有英文序文的版本外，另一種就是目前所見到的扉頁署"同治三年歲在甲子孟冬月鐫。萬國公法。京都崇實館存版"的版本。此版現流傳較多，依筆者比對，臺北傅斯年圖書館、臺中東海大學、北京北京大學諸館所藏皆是此本。此版前有扉頁、董《序》、張斯桂《序》、《凡例》與《目次》。凡分四卷。此本每半葉十行、行廿一字，版心書"萬國公法"、黑魚尾、卷數、頁數。

筆者已在前述説明此正式版爲雕版印刷之由，在此再提出一項確切證據，亦即本版欄框接綫處皆密合，倘爲活字排印，於欄框接縫處應有若干空間。

（三）關於同文館印書問題

同文館成立於同治元年，而其印刷所則成立於同治十二年至光緒二年（1876）間②，印刷所成立是在《公法》出版以後的事。但爲何一般或有直接稱同文館出版？其原因主要與兩件事實有關。其一，其單字字模與後來的同文館印本接近（見本文表一）。其實這點也只是説明，《公法》的刊印是以西洋字模文字爲基礎罷了。其二，或許跟丁韙良在所編《同文館題名録·繙譯書籍》稱"總教習丁韙良在本署譯"③ 有關。筆者認爲，或許就是從後事來概括前事。因此，同文館没有刊印《公法》是可以確定的。在此，筆者仍須將同文館印刷所印書情形在此進行説明。

同文館印刷場成立後，印書仍是凸版印刷，光緒以降所刷印書籍改採平板的石印印刷。有關石印術傳入中國，有以下記載：

> 吾國之有石印術，發軔於上海徐家匯土山灣印刷所，時在光緒二年（即西歷一八七六年）。前此在寧波之花華聖經書房顧爾達氏（Mr. Coulter）亦曾擬辦石印於中國，然未見諸事實。④

而同文館印刷所於光緒初就已逐步採用這樣的技術。筆者在目驗過光緒九年同文館刊印《西學考略》（"外交部"舊藏）發現這樣的情形。

---

① 林學忠：《從萬國公法到公法外交——晚清國際法的傳入、詮釋與應用》，第53頁，注2。
② 畢乃德《同文館考》一文主同治十二年説，丁韙良《同文館記》則主光緒二年説。
③ 丁韙良編：《同文館題名録》，臺灣圖書館藏光緒十三年第四次同文館活字刊本，第47頁。
④ 賀聖鼎、賴彦于：《近代印刷術》，商務印書館，1947年2月，第18頁。

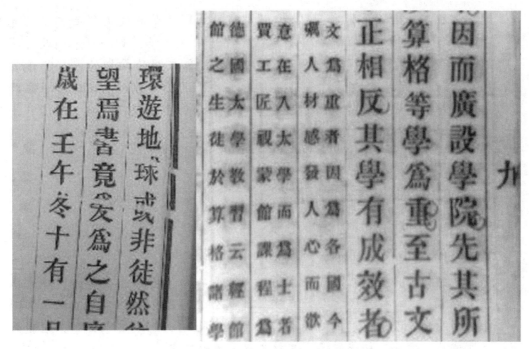

圖二　《西學考略》爲石印平版印刷書影

三、《萬國公法》東傳日本考述

（一）漢籍東傳日本述略

　　中日一水之隔，或直接從水路傳入，或透過陸橋朝鮮傳入漢籍。所謂"漢籍東傳"就是指中國的圖書透過賞賜或貿易途徑進入到日本，日本或再進行抄寫、翻雕之謂。漢籍輸日的歷史，最早可以推到公元三世紀左右。日本史書《古事紀》就曾記載應神天皇（270—310）從朝鮮的百濟輸入《論語》《千字文》之類的漢籍。唐宋以降，透過使節；明清以降，透過商賈貿易，更是大量輸入中國漢籍。而這些漢籍或成爲上層貴族知識獲取的來源，或透過翻刻，進入日本一般人家中。後者即所稱"和刻本"。而這些東傳的漢籍至今很多成爲日本重要"文化財"，甚至在中國已經亡佚者，亦所在多有。

　　晚清以後，日本欲變法維新，又從中國輸入許多漢譯西學書籍，在《中日文化交流史大系·典籍卷》曾說到這樣的歷史背景：

　　　　增田涉氏的《西學東漸與中國事情》能給我們作出答案，尤其是其中論及中日文化關係史的章節。其基本內容爲：中國目睹了鴉片戰爭以來的一連串失敗，在反省自身缺陷的同時，決定通過漢譯西洋學術文化書籍，來試圖從思想上變革國家的"素質"。這些中國出版的漢文"西學"書也傳入了日本，並被加以訓點翻刻出版，從幕末至明治，對於日本爲改善國家"素質"的啓蒙，起了不小的作用。這是幕末明治初期的唐船持渡書（輸入漢籍）的歷史意義。……《萬國公法》其後又在日本出現了很多譯本和註釋本。此書在急需國際法的幕末、明治初年被視爲經典，明治三年制訂大學規則時規定的課目中就有《萬國公法》，特地的學校也都將《萬國公法》做爲教科書或參考書加以採用。（第174頁）

（二）《萬國公法》東傳日本情形

《萬國公法》刊印後，在對外交涉上應該有很大的便利。前引檔案中，督撫上奏函索：

> 正月三十日。湖北荆宜施道孫家穀涵稱，承諭修纂出使日記，謹遵雅教，挪暇爲之。<u>俟有成書即行寄政《萬國公法》</u>及抄案三件，隨函祇領謝謝。荆州教堂近來與旗民約屬相安，主教董姓間有一二要求之事，經穀面囑江陵吳令耀斗，相機回答，不粘不脫，不抗不卑，期於持平，自然無事。知關藎念，謹以附陳。①

除此之外，"中法越南戰爭"期間或中日間的"牡丹社事件"亦有相關記載，尤其中日兩國在同治十三年"牡丹社事件"中頻頻援引《公法》互爲詰難功防②，可見《公法》的效用。

而是書同治三年發行後，很快的就傳到日本。《公法》出版共刷印至少三百部呈送總理衙門，當然實際上的數量應該多些。因爲丁韙良也許會透過這次刊印，贈與友人或其他各國使臣。根據丁韙良自述，日本很快的或從丁氏處，或循外交途徑從清國取得《公法》，並加以翻印：

> <u>這本書出版後很快在日本重印，巴夏禮閣下時任江户的英國駐日公使，他送給我此書的日文第一版</u>，並對我介紹此項科學的努力予以讚賞。同樣，中國人也有對此書存在彼此不同的感覺，一些人懷疑此書，就好像特洛伊人對待希臘人的禮物一樣。③

日本這個時候正值明治初年，在變法維新圖強下，積極吸收外來訊息，《公法》就很自然引入日本。以筆者所見，東海大學所藏一部《公法》就是這個時

---

① 檢索自"中央研究院近代史研究所館藏檢索系統"。
② 有關牡丹社事件，兩國互以《萬國公法》攻防，詳可見《甲戌公牘鈔存》（臺灣銀行經濟研究室，1957年，《臺灣文獻叢刊》第39種）。
③ 《花甲憶記——一位美國傳教士眼中的晚清帝國》，第160頁。

期進入日本的其中一本①。關於此部《萬國公法》，陳惠美、謝鶯興在《東海圖書館藏萬國公法板本概述》一文中談及所藏有日文訓點，且若干文字與《續修》本不同，或許是和刻本。然此部中的日文訓點爲毛筆所書，似非。經與北京大學所藏本比對，知與其同版。因此，此書很有可能是從清國流傳到日本的初刻本。

《萬國公法》四卷四册。［美］惠頓撰、［美］丁韙良譯。清末刊本。B15.41/（q3）1063

每半葉十行行二十一字、小字雙行，四邊雙欄，板框 15.9×21.9 公分。版心單魚尾，上方題"萬國公法"，魚尾下題卷次及葉碼。

封面書籤題書名及各册之數名（分題"元""亨""利""貞"）右下墨筆題"歊□社中藏"。扉頁題"同治三年歲在甲子孟冬月鐫。萬國公法。京都崇實館存板"。前有董恂清同治三年萬國公法序、清同治癸亥（二年）張斯桂萬國公法序、凡例、地球全圖、總目。行與行間見日文標音。

此部《萬國公法》於戰後得之於日本②。鈐"北畠文庫"方型、"布穀園藏書"長形與"東海大學圖書館"等印記。③

"北畠文庫""布穀園"爲明治初期北畠治房（1833—1921）藏書處。北畠治房，日本大和國法隆寺村人（今在奈良縣），北畠治房原名平岡鳩平、平岡武夫，明治維新後以日本北畠親房（1293—1354）後裔自稱，並改名北畠治房。北畠爲幕末尊王人士，明治後司法家。此本《公法》，據謝鶯興先生告知，有日文假名標注、訓點，非刊刻，而爲毛筆書寫上的。此本與慶應元年（1865）"開成所"翻刻本有些微不同。例如說，卷一第二節《出於天性》："公法之學創於荷蘭人名虎哥者"一句，和刻本"荷蘭""虎哥"皆有假名訓點，反而"東海本"僅出現在"荷蘭"一詞旁。又如卷一前"東半球"一頁，"和刻本"於譯名前皆有假名標注，"東海本"皆無。日文假名訓點的用處在於是日人得以讀懂漢籍。若"東海本"爲和刻本，那如何解釋有訓點的地方只有少數幾處？其二，有關卷二末行文字云："以下三節詳載……""東海本"與"和刻本"文字全同，反而《續修四庫》、丘漢平藏諸本作"以第三節詳載……"。故知此本應爲中國初刊本。

---

① 又如日本國會圖書館亦有一部，見《國立國會圖書館漢籍目錄》，第 301 頁。
② 據謝鶯興《東海大學古籍整理概述》（《東海大學圖書館館訊》新 2 期，2001 年 11 月，第 19 頁）所言，該館藏書在 1953 年建校籌辦之初，"由紐約'中國基督教大學聯合董事會'、美國教會分別在美國與日本等地採購，並組成'圖書委員會華文小組'，透過姜文錦（？）、駐日公使張伯謹（1903—1988）等二位先生，分別在香港、日本兩地蒐購"。
③ 主要參考上述文章《東海圖書館藏萬國公法板本概述》改寫而成。

萬國公法 卷一
第二節 出於天性
操其權、一國之有司、釋其義、不可得矣、欲知此公法、悉
何權而立、惟有究察各國相待、所當守天然之義法、而
已、至於各公師辨論此義法、則各陳其說、故所論不免
歧異矣
公法之學、創於荷蘭人名虎哥者、虎哥與門人論公法、
會分之爲二種、世人若無國君、若無王法、天然同居、究
其來往相待之理、應當如何、此乃公法之一種、名爲性
法也、夫諸國之往來、與衆人同理、將此性法所定人人
相待之分、以明各國交際之義、此乃第二種也、虎哥著
書、名曰平戰條規、內闡古今論性法之謬妄、或云善惡

圖三　“東海本”（左）、和刻本（右）書影

萬國公法 卷二
以下三節、詳載各國同用某處江河、因立約據條款、
大例與上俱同、但其細微曲節、無關緊要、故未譯出

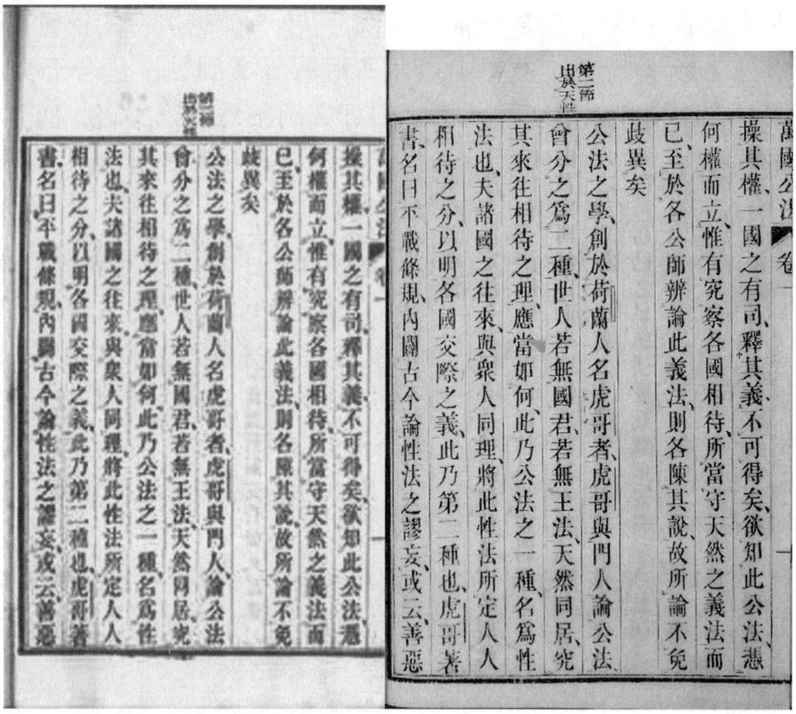

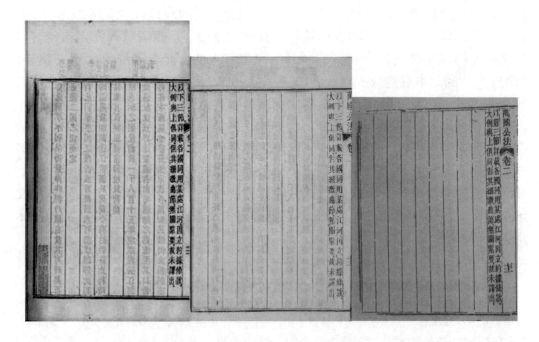

圖四　“東海本”（左）、和刻本（中）、《續修》本（右）書影

(三)《萬國公法》的翻刻

《公法》在中國正式刊行到傳入日本，官方即有"開成所"① 翻刻，相差時間很短。現依據長澤規矩也（1902—1980）《和刻本漢籍分類目録》的調查，知道共有三種版本：

> 《萬國公法》四卷。美・惠頓撰、丁韙良等譯。慶應元年刊（開成所）。句返。大。六。
> 同。同（後印、萬屋兵四郎）。大。六。
> 同。同（明治四印、同）。大。六。②

從上亦可見是書在日本明治維新時期受到的關注程度。這三種版本中，以第二種流傳最廣。③

筆者所見到的和刻本《萬國公法》是日本早稻田大學圖書館所藏萬屋兵四郎翻印本。雖屬翻印本，但他依然保留慶應元年官版基本式樣，而另一方面我們也能見到原本清國丁韙良第一版初刻的樣貌。從這裏的樣態，比對北大等館藏，也足證明彼爲初刻本。蓋所謂"和刻本"，多是日本依據中國原本依樣摹刻之故。

往後，通過這部書，日本在《萬國公法》重譯、再譯的成果愈見欣欣向榮。④ 當然在此需附帶一提，日本也將《公法》傳入朝鮮。因爲這時朝鮮親日派處處學習日本，《公法》經由此一途徑傳入可能性大些。

四、《萬國公法》的再回流考述

一般或謂"崇實館"本印行後，又經民間翻印、盜印，方逐漸流傳。筆者不以爲然。首先，這無法解釋，這些坊刻本存着與"崇實館"本或和刻本在文字上的差異。而且"崇實館"本印量少，又只流傳於官方，更不可能又再流傳

---

① "開成所"爲日本安政三年（1856）所設置的"洋學研究所"，主要負責西洋圖書的翻譯與刊印，文久二年（1862）改稱"洋書調所"，次年改稱"開成所"。明治元年（1868）改爲"開成學校"。引見林申清編《日本藏書印鑑》，北京圖書館出版社，2000年10月，第146頁。

② ［日］長澤規矩也著，［日］長澤孝三編：《和刻本漢籍分類目録（增補補正版）》，汲古書院，2006年3月，第89頁。

③ 如早大藏三部，又如東京大學總和圖書館也有三部，見《東京大學總和圖書館漢籍分類目録》，東京大學總和圖書館，1995年3月，第233頁。

④ 今日透過檢索日本"全國漢籍"數據庫（網址：http://kanji.zinbun.kyoto-u.ac.jp/kanseki?detail），亦可以見到相關的材料。

民間引起翻刻①。唯一可以解釋得通的論點，就是從東洋傳回，再加以翻刻。以下筆者針對這樣的情形加以叙説。

(一) 漢籍回流述略

漢籍回流是相對於漢籍東傳，是以中國的立場來説明漢籍又從日本輸入中國之謂。② 日本輸入衆多漢籍，相對於中國而言，戰亂較少，尤其保存在寺廟者，更能長保。而中國改朝換代，圖書毁散亡佚，今日透過於日本所藏，又回流中國，對中國的學術而言，不啻有"禮失求諸野"之嘆。而漢籍回流最有名的例子，就是收進《四庫全書》中的《論語義疏》《古文孝經孔氏傳》等書。《四庫全書總目·論語義疏題要》説：

> 而陳氏《書録解題》亦遂不著録，知其佚在南宋時矣。惟唐時舊本流傳，存於海外。康熙九年，日本國山井鼎等作《七經孟子考文》，自稱其國有是書，然中國無得其本者。故朱彝尊《經義考》註曰"未見"。今恭逢我皇上右文稽古，經籍道昌，乃發其光於鯨波鮫室之中，藉海舶而登祕閣。殆若有神物掲訶，存漢晉經學之一綫，俾待聖世而復顯者。其應運而來，信有非偶然者矣。

(二)《萬國公法》再回流中國

《萬國公法》初譯後，日本與清國同時因爲外力而有自强維新之舉。於外交上，學習西方外交制度，自然丁韙良所譯漢文本是第一首選。丁韙良在自傳中提及日本很快有日文訓讀本的刊行。兩國人士對是書也有不同觀感，日方積極學習，清國則持懷疑態度，丁韙良説：

> 同樣，中國人也有對此書存在彼此不同的感覺，一些人懷疑此書，就好像特洛伊人對待希臘人的禮物一樣。③

我們也可以從《公法》實際研究、註解本來看兩方的態度。日本早在 1876 年就有高谷竜洲（1818—1895）注釋出版的《萬國公法蠡管》。而中國要到 1907 年才有曹廷杰（1850—1926）爲應付俄國問題，研究《公法》，並撰有《萬國公

---

① 以清末四大藏書家之一的丁氏八千卷樓藏書言，其收藏網羅有清一代著述，而於《萬國公法》僅有"日本刊本"一項，詳見丁丙編《八千卷樓書目》，國家圖書館出版社，2009 年 1 月，第 516 頁。

② 另有"華刻本"概念，亦即"中國翻刻域外典籍"或者"域外人士撰述（包括編次、校勘、註釋）而在中國翻刻（包括排印）的漢文典籍"（《中日文化交流史大系典籍卷》，第 383 頁），然於此不符，故不稱之。

③ 《花甲憶記——一位美國傳教士眼中的晚清帝國》第 160 頁。

法釋義》四卷首一卷（今僅有光緒中抄本，存東京大學東洋文化研究所）。①

當然這樣的不同態度，也預示了洋務運動與明治維新之成敗。甲午一役，清國竟戰敗。半生辛苦毀於一旦。這個時候，有志之士開始有另一波的新思維。那就是，爲何兩國同樣進行西方學習的運動，日本能成功，而清國却戰敗？其原因或許在於，日本較之中國更爲積極吸收西方制度之故。因此，國人在記取教訓之餘，以日本爲師，也開始吸收西方訊息。此即後來的戊戌變法先聲。

這些開明人士以爲學習西方知識莫過於西學語言，但西方語言學習曠日廢時，不妨轉向學習日本。日本明治維新後，大量翻譯西方圖書。中日皆使用漢字，於學習日文上較學習歐文方便。因此當時有志之士，莫不主張留日或譯日文書籍，張之洞在《勸學篇》即主張：

> 大率商賈市井，英文之用多，公牘條文，法文之用多。至各種西學書之要者，日本皆已譯之，<u>我取徑於東洋，力省效速，則東文之用多。</u>……學西文者，效遲而用博，爲少年未仕者計也，譯西書者，功近而效遠，爲中年以仕者計也，<u>若學東洋文，譯東洋書，則速而又速者也。是故從洋師不如通洋文，譯西書不如譯東洋書。</u>

因此，翻譯日文書或留學日本成爲當時一種新風氣。而在這種新風氣初起之時，要如何在語文生疏情況下，習得相關新知識？在這個時候，較早出洋日本的留學生，或許發現在街坊販售的和刻《公法》。在這樣的機緣下，《公法》又被帶回中國。林學忠也指出這樣的可能性：

> 雖然知識界對國際法的知識極度渴求，但一則中國並無這方面的人才，二則大規模的留學活動尚未開展，在學科知識和語文能力都缺乏的情況下，有識之士爭相將早前丁韙良的國際法譯著復刻重刊，作爲應急之法。②

筆者贊同林氏這樣的論點，但其後段論點，筆者則主張《公法》是從日本帶回來的，而非從國內刊本進行翻刻的。因此，從現存《公法》集中刊行年代看，《公法》回傳中國應該在1895—1896年之間，以上海醉六堂印行的《西學大成》最早。而另一方面，筆者認爲目前流傳的本子是從日本流傳回來的另一原因，是因爲原來清廷所印的《公法》多半屬於官方流傳，流入民間的可能性很低。更何況，根據謝鶯興的比對，《續修四庫》所收的本子，有一處文字與上述進呈本、正式本或和刻本不同③。這正可説明，因從日本輸入已譯爲日文圖書是最方便的，在流傳回來後又有

---

① 《東京大學東洋文化研究所漢籍分類目録》，東京大學東洋文化研究所，1973年2月，第398頁。
② 林學忠：《從萬國公法到公法外交——晚清國際法的傳入、詮釋與應用》，第73頁。
③ 不同處在卷二末雙行小注，初版諸本或前述的《公法蠡管》作"以上三節"，《續修》本則作"以第三節"。這樣的誤差，筆者認爲應該有可能又據文義更改。而手民誤刻可能性應該較低，因爲若要誤刻當刻筆畫少而非筆畫多者。

經過加工更改，非原來丁氏刊本。《續修四庫》本可説是回流的第一種本子。

往後，國内日文翻譯人才到達某種水準後，加上譯書風潮興盛，翻譯公法類的圖書增多。以所見書目，凡"交涉"一目，就有如下條目，

《萬國公法》四卷。同文館本四册。石印本。《西學大成》本。[美]惠頓著、羅恩斯注釋、[美]丁韪良譯。

《各國交涉公法論》十六卷，附《校勘記》《中西紀年》。製造局本十六册。《富强叢書》本。光緒丙申上海石印本。[英]費利摩羅巴德著、[英]傅蘭雅譯、俞世爵、李鳳苞述。

《公法會通》十卷。同文館本五册。東洋印本五册。[德]步倫著、[美]丁韪良譯。

《公法便覽》四卷、《續》二卷。光緒三年同文館本六册。上海排印本。[美]吴爾喜著、[美]丁韪良、汪鳳藻鳳儀、左秉隆德明同譯。

《公法總論》一卷。製造局本一册。《富强叢書》本。《軍政全書》本。《西政叢書》本。[英]羅伯村著、[英]傅蘭雅、汪振聲同譯。

《公法探原》一卷。《嶺學報》本。[德]維廉奚夫特著、嶺學報館譯。

《國際公法總論》□卷。《東亞報》本。[日本]角谷大三郎譯，從最近國際公法譯出。

《國際公法之主體》一卷。《東亞報》本。[日本]角谷大三郎譯。

《中國古世公法論略》一卷。同文館本一册。《西政叢書》本。[美]丁韪良著。①

《國際公法志》上卷。廣智書局排印本一册。蔡鍔譯。

《國際公法精義》一卷。《閩學會叢書》本。林榮譯。

《萬國公法要領》二卷。譯書彙編社《政治叢書》第七編。洋裝本。一本。[日本]治崎甚三著、袁飛譯。

《各國交涉便法論》六卷。上海製造局大字本、《續富强叢書》本。二册。[英]費利摩羅巴德著、[英]傅蘭雅譯、錢國祥校。

《國際私法》一卷。李廣平譯。

《支那國際論》一卷。作新社洋裝本。[法]鐵佳敦譯、作新社重譯。

《交涉要覽類編初集》四卷。光緒壬寅湖北洋務譯書局本。四册。陳鈺選、鄭貞來譯。

《亞東各國約章》一卷。湖北洋務譯書局本。陳肇章譯。

《支那外交表》一卷。附廣智書局《中國商務志》後。[日本]織田一

---

① 以上據（清）顧燮光《增版東西學書録》（（清）王韜、（清）顧燮光等編《近代譯書目》，北京圖書館出版社，2003年10月），公法部分，第87—90頁。

著、蔣籛方譯。①

(三) 所見回流本情形

現存從日本回流並在中國刊印的《萬國公法》有多少，據記載：

> 《萬國公法》四卷。同文館本四冊。石印本。西學大成本。
> 〔美〕惠頓著、羅恩斯注釋、〔美〕丁韙良譯。卷一《釋義明源》、卷二《論諸國自然之權》、卷三《論平時往來》、卷四《論交戰》。書成於一千八百六十三年，其後多有增修。案，西國講公法學者，無慮數十百家，然皆持空理立説。專其學者名爲公師、和戰與奪決，其一言，其權在王法之上。是本多據羅馬及近時舊案，未能悉本公理，而所採又未全備，安得明斯學者考求？近年各國辦理之成案，取其合於公理者，一一輯注，彙爲一編，庶中土辦理交涉得其旨要矣。東亞書局譯有《平權自由新義》未出。②

以上只列舉幾種版本，但並未有人做過較爲全面統計。以下筆者所知，將之統計如下表：

表二 清末光宣以降《萬國公法》刊行一覽

書名	版本説明	藏地
萬國公法	清光緒二十 (1895) 年上海醉六堂西學大成刊本	近史所、臺大
萬國公法	清光緒二十四 (1898) 年上海申昌刻本	河南大學
萬國公法	清光緒二十二 (1896) 年上海飛鴻閣石印本	北京師範大學
萬國公法	清光緒二十四 (1898) 年上海新學會石印本	中山大學
萬國公法	清光緒二十四 (1898) 年新學會鉛印本	北京大學
萬國公法	清末天津同文仁記影印本 (縮印)	北京大學
萬國公法	清光緒二十七 (1901) 年鑄記書莊鉛印本	中國人民大學
萬國公法	清同治三 (1864) 年四明茹古書局鉛印本③	中國人民大學

從上表可見到《公法》的刊行，大多集中於光緒二十年以後，也正好對筆者提出中國因爲戰敗而積極從日本學習新事務的想法相應證。留學生從日本買到翻刻的《公法》，並帶回國內，與書坊合作發行，競相刊行，因此《公法》遂大行於中國。

---

① 以上據（清）顧燮光《譯書經眼錄》（（清）王韜、（清）顧燮光等編《近代譯書目》），第503—507頁。
② 以上據《增版東西學書錄》，第87—88頁。
③ 此條作清"同治三年"應該是根據扉頁或序文文字而來，應非真的刊印於"同治三年"。蓋丁氏刊本出來不可能這麼快就被民間覆刊。

表三　漢譯《萬國公法》流傳情形一覽

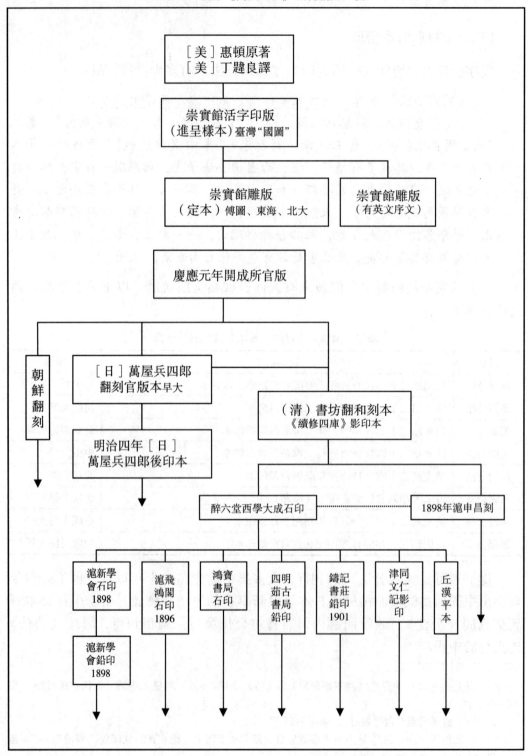

五、結語

　　通過本文，吾人可以知道晚清初刻本《公法》有兩種，先活字印本，是當年丁韙良先行印刷進呈之本，其後才有正式雕版印刷之本。而雕版印刷又有一種是有英文序文的本子，這一本子應該是丁韙良所印贈人之用，因此於今流傳更少。今日所見多半是沒有英文序文的本子。這個本子很快流傳到當時積極變法維新變法的日本，並有翻刻。甲午之後，中國開明人士亦積極尋求變法以富國強兵，大凡此類西學書籍需求孔急，留學生又從日本帶回和印《公法》，並與書賈合作出版。因此，絕大多數所存署"同治三年京都崇實館存版"的《公法》實非該年度"崇實館"所印，而爲此時期所書坊刊行。自此後，中國境內《公法》一書翻印不絕。然這些第三度中國印本多半被視爲同治三年原版，遂使一樁發生於中日漢籍傳播史的故事湮没。本文嘗試透過文獻學、漢籍東傳史釐清了此書流傳與刊行問題。而此書也見證中日間漢籍交流情形，彌足珍貴。

附錄

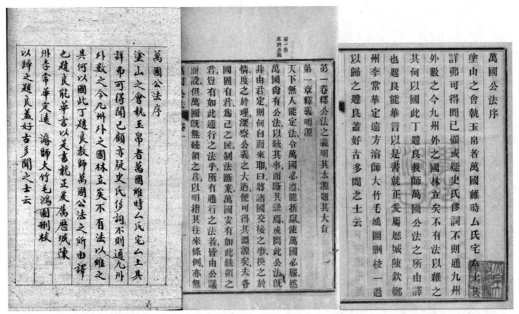

書影一　臺灣"國家圖書館"（左1—2）北京大學圖書館（右）藏活字排印本《萬國公法》書影

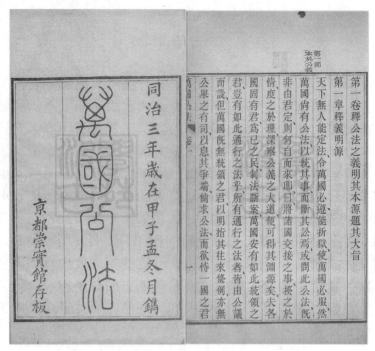

書影二　北京大學藏《萬國公法》刊本書影

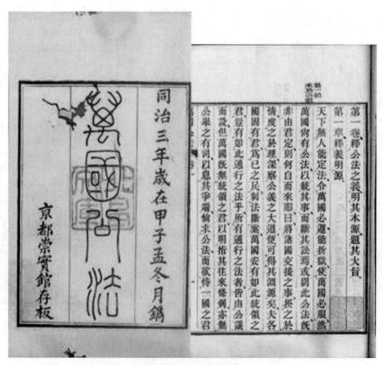

書影三　東海大學藏《萬國公法》書影

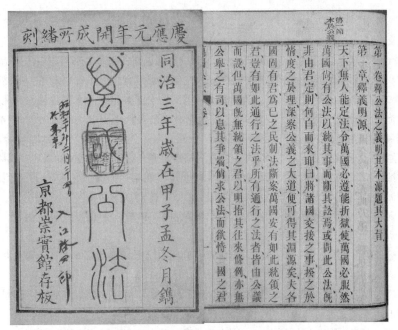

書影四　早稻田大學圖書館藏和刻本《萬國公法》書影

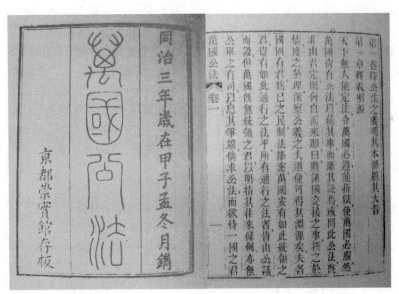

書影五　《續修四庫全書》本《萬國公法》書影

郭明芳：東吳大學中文研究所博士研究生

參考文獻

古代著述

1. ［美］惠頓著，［美］丁韙良譯：《萬國公法》，臺中市西屯區：東海大學圖書館藏同治三年京都崇實館刊本；臺北市南港區：傅斯年圖書館藏同治三年京都崇實館刊本；臺北市：臺北"國家圖書館"藏同文館同治四年鉛字排印本；東京都：早稻田大學圖書館藏日本覆慶應元年開成所官版後印本；上海市：上海古籍出版社，2002 年，《續修四庫全書》據吉林大學圖書館藏刊本影印；臺北市：聯經出版事業股份公司，1998 年 5 月，"中國國際法學會"據丘漢平藏活字本影印。
2. ［美］丁韙良：《同文館題名錄》，新北市：臺灣圖書館藏光緒十三年同文館第四次鉛印本。
3. （清）方濬頤：《二知軒文存》，近代中國史料叢刊第 49 輯第 481 種，沈雲龍編，臺北縣：文海出版社，1955 年。
4. （清）王元穉：《甲戌公牘鈔存》，臺灣文獻叢刊第 39 種，臺北市：台灣銀行經濟研究室，1957 年。
5. （清）寶鋆等編：《籌辦夷務始末》（同治朝），近代中國史料叢刊第 611 種，臺北縣：文海出版社，1972 年。
6. （清）王韜：甕牖餘談，臺北市：台灣商務印書館，1976 年 4 月，影印清末民國初間上海進步書局本；臺北市：廣文書局，1979 年，影印光緒元年申報館清刻本。
7. 陳步武等纂：《（民國）大竹縣志》，中國方志叢書・華中地方第三八〇號影印民國十七年鉛印本，臺北市：成文出版社，1976 年。
8. 安徽通志館編：《（民國）安徽通志稿》，臺北市：成文出版社，1985 年 3 月，影印民國廿三年鉛印本。
9. （清）閔爾昌：《碑傳集補》，清代傳記叢刊第 123 冊，周駿富編，臺北市：明文書局，1985 年。
10. 毛承霖：《（民國）續修歷城縣志》，中國地方志集成・山東府縣志・五，南京等地：鳳凰出版社、上海書店、巴蜀書社，2004 年 10 月，據民國十五年歷城縣志局鉛印本影印。
11. （清）葉昌熾：《緣督廬日記鈔》，北京：北京圖書館出版社，2007 年 6 月。
12. （清）王韜、（清）顧燮光等編：《近代譯書目》，北京：北京圖書館出版社，2003 年 10 月。
13. （清）丁丙編：《八千卷樓書目》，北京：國家圖書館出版社，2009 年 1 月。

近人著述

專書

1. 賀聖鼎、賴彥于：《近代印刷術》，上海：商務印書館，1947 年 2 月 4 版。
2. 彭明敏：《平時戰時國際公法》，臺北：作者自印，1972 年 10 月增訂四版。
3. 《東京大學東洋文化研究所漢籍分類目錄》，東京：東京大學東洋文化研究所，1973 年 2 月。
4. 孫子和：《清代同文館之研究》，臺北市：嘉新水泥公司文化基金會，1977 年 12 月。
5. ［美］丁韙良著，劉伯驥譯：《丁韙良遺著選粹》，臺北市：臺灣中華書局，1981 年 3 月。
6. ［日］實藤惠秀著，譚汝謙、林啟彥譯：《中國人留學日本史》，香港：中文大學出版社，1982 年；北京：北京大學出版社，2012 年 4 月。
7. 林增平、李文海主編：《清代人物傳稿》，第三卷下編，瀋陽：遼寧人民出版社，1987 年 7 月。
8. 熊月之：《西學東漸與晚清社會》，上海：上海人民出版社，1995 年 4 月。
9. 林申清編：《日本藏書印鑑》，北京：北京圖書館出版社，2000 年 10 月。
10. 田濤：《國際法輸入與晚清中國》，濟南：濟南出版社，2001 年 10 月。
11. 王桂平：《中國版本文化叢書——家刻本》，南京：江蘇古籍出版社，2002 年 12 月。

12. ［英］赫德著，陳絳譯：《赫德日記：赫德與中國早期現代化（1863—1866）》，北京：中國海關出版社，2005 年 10 月。
13. ［日］長澤規矩也著，［日］長澤孝三編：《和刻本漢籍分類目錄（增補補正版）》，東京：汲古書院，2006 年 3 月。
14. ［美］丁韙良著，沈弘等譯：《花甲憶記——一位美國傳教士眼中的晚清帝國》，桂林：廣西師範大學出版社，2006 年 9 月。
15. 王文兵：《丁韙良與中國》，北京：外語教學與研究出版社，2008 年 11 月。
16. 林學忠：《從萬國公法到公法外交——晚清國際法的傳入、詮釋與應用》，上海：上海古籍出版社，2009 年 12 月。
17. 萬啟盈編：《中國近代印刷工業史》，上海：上海人民出版社，2012 年 9 月。
18. 傅德元：《丁韙良與近代中西文化交流》，臺北市：臺灣大學出版中心，2013 年 12 月。

單篇論文
1. 張勁草、邱在玨：《論國際法之傳入中國》，《河北大學學報》1984 年 2 期，第 126—133 頁。
2. 王維儉：《普丹大沽口船舶事件和西方國際法傳入中國》，《學術研究》1985 年 5 期，第 84—90 頁。
3. 羽離子：《中日文化交流的重要一面——東傳漢籍的西歸》，《圖書館論壇》1991 年 4 期，第 69—70 頁。
4. 羽離子：《中日文化交流中東傳漢籍的西歸》，《遼寧師範大學學報（社科版）》1992 年 5 期，第 55—59 頁。
5. 嚴紹璗：《漢籍東傳日本的軌跡與形式》，《文史知識》1996 年 8 期，第 55—65 頁。
6. 高原泉：《清国版万国公法の刊行と日本への伝播—日本における国際認識転換の前提として》，《中央大学大学院研究年報（法学）》第 28 卷，1998 年，第 277—288 頁。（未見）
7. 高原泉：《開成所版万国公法の刊行—万屋兵四郎と勝海舟をめぐって》，《中央大学大学院研究年報（法学）》第 29 卷，1999 年。（未見）
8. 鄒振環：《丁韙良譯述萬國公法在中日韓傳播的比較研究》，《韓國研究論叢》第七輯，第 258—278 頁，北京：中國社會科學出版社，2000 年。
9. 何勤華：《萬國公法與清末國際法》，《法學研究》2001 年 5 期，第 137—148 頁
10. 謝鶯興：《東海大學古籍整理概述》，《東海大學圖書館館訊》新 2 期，2001 年 11 月，第 19 頁。
11. 黃仁生：《論漢籍東傳日本及其回流》，《常德師範學院學報（社會科學版）》第 27 卷第 6 期，2002 年 11 月，第 37—41 頁。
12. 孫玉祥：《丁韙良與萬國公法》，《新聞出版交流》2003 年 2 期，第 55—56 頁。
13. 張燕清：《丁韙良與萬國公法——兼論國際法學東漸之肇始》，《徐州師範大學學報（哲學社會科學版）》第 29 卷第 3 期，2003 年 7 月，第 67—71 頁。
14. 張用心：《萬國公法的幾個問題》，《北京大學學報（哲學社會科學版）》第 42 卷第 3 期，2005 年 5 月，第 38—41 頁。
15. 張静、邢成國：《唐宋時期中日文化交流中的"漢籍回流"現象》，《洛陽師範學院學報》2004 年 6 期，第 74—75 頁。
16. 王爾敏：《總理衙門譯印萬國公法以吸取西方外交經驗》，《臺灣師大歷史學報》第 37 期，2007？6 月，第 119—141 頁。
17. 傅德元：《丁韙良研究述評（1917—2008）》，《江漢論壇》2008 年 3 期，第 86—96 頁。
18. 陳秀武：《萬國公法在明治初期的日本》，《東北師範大學學報（哲學社會科學版）》2009 年 2 期

（總 238 期），第 18—23 頁。
19. 吳寶曉：《關於丁韙良譯介萬國公法的幾個問題》，《史學月刊》2009 年 6 期，第 73—79 頁轉第 87 頁。
20. 萬齊洲：《京師同文館與萬國公法研究述評》，《惠州學院學報（社會科學版）》第 30 卷第 4 期，2010 年 8 月，第 39—41 頁。
21. 陳秀武：《日本幕末期的萬國公法受容》，《東北師範大學學報（哲學社會科學版）》2013 年 4 期（總 264 期），第 67—73 頁。
22. 陳惠美、謝鶯興：《東海圖書館藏萬國公法板本概述》，《東海大學圖書館館訊》新 150 期，2014 年 3 月，第 44—53 頁。

網絡資源
1. "中央研究院"近代史研究所檔案館檢索系統"中央研究院"近代史研究所檔案館
    網址：http：//archdtsu. mh. sinica. edu. tw/filekmc/ttsfile3？6；2042431295；0；/data/filekm/ttscgi/ttsweb. ini：@SPAWN。
2. 學苑汲古——高校古文獻資源庫
    網址：http：//rbsc. calis. edu. cn：8086/aopac/jsp/indexXyjg. jsp
3. 日本"全國漢籍"數據庫
    網址：http：//kanji. zinbun. kyoto‑u. ac. jp/kanseki？detail）
4. 早稻田大學圖書館古典籍総合データベース 早稻田大學圖書館
    網址：http：//www. wul. waseda. ac. jp/kotenseki/

李調元《函海》編修與版刻考論[*]

王永波

《函海》是清代乾隆時期由四川著名學者李調元編修的一部大型古籍叢書，其内容以歷代蜀人著述爲主，代表了清代四川叢書編纂的主要成就。李調元（1734—1803），字羹堂，號雨村，別署童山蠢翁，常以雨村、童山、調元作爲其著作落款。綿州羅江人。乾隆二十九年（1764）進士，選翰林院庶吉士，後歷任吏部考功司主事、翰林院編修、廣東鄉試副考官，尋遷考功司員外郎、吏部員外郎。乾隆四十三年任廣東學政，三年任滿回京，擢升直隸通永道。因參永平知府弓養正，爲所訐而罷官，下保陽臬司獄。次年春遣戍伊犁，行至涿州爲袁守桐奏獲贖免。隨即返回綿州故里，家居二十餘年，以著述自娱。著作有《童山詩集》四十二卷、《童山文集》二十卷。編修《函海》四十函八百五十六卷（以嘉慶本爲準），收書一百五十九種，爲保存巴蜀典籍做出了巨大貢獻。《清史列傳》卷七十二有傳。《函海》一書的編集、修訂與刊刻持續了一百多年，先後歷經李調元初刻、李鼎元校刻、李朝夔補刻，所選書目經多次增删，以致函數、卷數、册數與書目各版皆有異同。這是清代版刻史上一個突出的現象，值得加以研究。

---

[*] 基金項目：國家社會科學基金一般項目（13BZW061）

一

　　清代是中國叢書編撰史上的鼎盛時期，尤其是清代中葉以後，隨着文化的繁榮和學術的興盛，各種私刻叢書相繼涌現。這些叢書不僅體類完善，而且内容也向學術化、精粹化轉變。清代各種重要的學術著作幾乎都被收入到叢書之中，從而有利於學術事業的發展。清代私家叢書編修的參與者主要是學者和藏書家，故編修的叢書在版本與質量方面都有保證。這其中以張海鵬《學津討源》二十集、《墨海金壺》十六集、鮑廷博《知不足齋叢書》三十集、盧見曾《雅雨堂叢書》、黄丕烈《士禮居叢書》、潘仕成《海山仙館叢書》、黎庶昌《古逸叢書》等爲翹楚，代表了清代私刻叢書的水平。清代四川編撰的叢書首推屬李調元《函海》，它的出現絶非偶然，而是由多種因素相互促成的。

　　四川自明末清初兵禍戰亂后，不僅人口鋭減文物毁壞，而且案卷、圖書等文獻亦散失殆盡。清初政府兩次移民入川，文教方面還未恢復元氣。李調元於乾隆二十四年獲鄉試第一名時，學政史貽謨曾對他説："余校試蜀中三年，並未見一秀才，今方見一秀才也。以川中書少，無師承，見聞不廣故也。"① 川中少書致使讀書人少，這是李調元萌發編修《函海》念頭最初的動機。後他隨父入京，繼而登第，開始了漫長的官宦生涯，所到之處無不細心收集有關巴蜀先賢的文獻資料，爲編修《函海》作準備。

　　乾隆壬寅版《函海》前有李調元《函海總序》，云："余不能化於書而酷有嗜書癖，通籍後，薄游京師，因得遍訪異書，手自校録。然自《漢魏叢書》《津逮秘書》而外，苦無足本。幸際聖朝，重修《永樂大典》，采遺書，開《四庫》，於是人間未見之書駢集麇至，石渠天禄，蔑以加矣。余適由廣東學政任滿，蒙特恩，監司畿輔，去京咫尺，而向在翰林同館諸公，又時獲鱗素相通，因以得借觀天府藏書之副本。每得善本，輒僱胥録之。始於辛丑秋，迄於壬寅冬，裒然成帙，真洋洋大觀矣。有客諛余所好，勸開雕以廣其傳，遂欣然爲之。"② 清政府於乾隆三十八年二月開設四庫全書館，由皇六子永瑢負責，任命内閣大學士于敏中爲正總裁官，編撰《四庫全書》，歷時九年方告竣工。爲了編修《四庫全書》，從全國各地征求古籍善本，據統計達一萬三千

---

① 李調元:《童山自記》，見伍文《蜀學史料》，《蜀學》第四輯，巴蜀書社，2009 年，第 261 頁。

② 轉引自鄧長風《〈函海〉的版本及其編者李調元——美國國會圖書館讀書札記之五》，《明清戲曲家考略全編》上册，上海古籍出版社，2009 年，第 366 頁。

多種，獻書最多的鮑士恭、范懋柱、汪啓叔、馬裕四家賜以内府所印《古今圖書集成》各一部，以資表彰。同時朝廷開放宫廷内府藏書，"人間未見之書駢集麇至"，加上李調元同四庫編纂官邵晋涵、程晋芳等人爲至交，"因以得借觀天府藏書之副本"，這樣便利的條件爲李調元編輯《函海》提供了絶好的機會。

　　清政府在乾隆年間實行"稽古右文"政策，重修《永樂大典》，開四庫採集遺書，公私編書刊刻之風盛行。李調元監司畿輔，參加了這項工作。他充分利用借觀内府藏書副本的機會，傭請胥吏抄寫從漢到明罕見之善本書籍。尤其是他利用《永樂大典》進行輯佚，取得了很大的成績。《函海》所收梁元帝蕭繹《古今同姓名録》二卷、南唐劉崇遠《金華子雜編》二卷、宋徐總乾《易傳燈》四卷、宋趙善湘《洪範統一》一卷、宋趙汝適《諸蕃志》二卷、宋張行成《翼玄》十二卷、宋高晦叟《珍席放談》二卷、宋潘時矩《月波洞中記》一卷、宋闕名《産育保慶集》二卷、宋崔敦礼《刍言》三卷、宋李心傳《舊聞證誤》四卷、宋李邦獻《省心雜言》一卷、宋吳箕《常談》一卷等二十三種書，即是李調元從《永樂大典》中輯佚單獨成書，因收入《函海》流傳至今。李調元公事之餘，積極在京城訪書，凡是他遇到的罕見之書，無論刻本還是鈔本，總是想盡辦法重録一遍，尤其是巴蜀先賢的著述。《函海》收録唐人蘇鶚《蘇氏演義》二卷，前有李調元《蘇氏演義序》曰："陳振孫稱其考究書傳，正訂名物，辨訛證誤，有益見。聞龍果溪以家藏本刻之，尤本傳佈絶少，予數求之不得，忽從友人處借得鈔本，因急爲梓行。"[①] 又如《函海》收録宋代蜀人塞駒撰寫的《採石瓜洲斃亮記》一卷，李調元序曰："陸梅谷云是書向無刊本，鈔悮甚多，偶於馬雲衢齋頭借得善本，又云此書不啻左氏之傳《春秋》，又云閲古人傳記最苦史筆庸下，此乃鐵中錚錚者，其推崇可謂至矣。《函海》一書意在表彰鄉先輩，故梓行之。"李調元凡是從他處借到之書補鈔，幾乎都要寫入序中，這樣的例子很多，限於篇幅就不一一例舉。

　　李調元家藏書頗豐，這爲他編修《函海》一書奠定了物質基礎。其父李化楠字廷節，號石亭，乾隆七年進士，歷官餘姚、秀水知縣，後遷滄州、涿州知州，宣化府、天津北路、順天府北路同知。著有《醒園録》二卷、《石亭詩集》十卷、《石亭文集》六卷。曾在家鄉修建藏書樓醒園，藏書數萬卷，爲川西第一藏書家。李調元《石亭府君行述》説："府君官余姚日，以川中書

---

① 李調元：《蘇氏演義序》，光緒七年鍾登甲樂道齋刻本《函海》，人民出版社，2012年影印。以下凡引用《函海》李調元序跋，皆出此本，不再另作注。

少，遍購威信書籍數萬卷。以舟載至家，造萬卷樓以藏之。"① 李化楠在浙江爲官時曾購買了大量的書籍，走水路用船運回四川。李調元也深受其父的影響，在各地購買了很多珍本、孤本，從而使萬卷樓的藏書提升了檔次。李氏萬卷樓藏書分爲經史子集共四十廚，幾乎網羅了當時能見到的巴蜀文獻。李調元利用這些藏書，整理典籍潛心著述，在修訂《函海》時進行了大量的增補。

《函海》一書主要收集罕見之典籍，尤其是其他叢書不録之書，這與當時叢書的編修思想與方法有關聯。李調元在《函海總序》説："余蜀人也，故各書中於錦里諸耆舊著作，尤刻意搜羅，梓行者居其大半。而新都升庵博學鴻文，爲古來著書最富第一人。現行世者除《文集》《詩集》及《丹鉛總録》而外，皆散佚不傳，故就所見已刻未刻者，但睹足本，靡不收入。書成分二十函，自第一至十皆刻自漢而下以至唐宋元明諸人未見書。自十一至十四，皆專刻明升庵未見書，自十五至二十，則附以拙刻。冀以仰質高明，名曰《函海》。"② 他的編書指導思想就是專門搜羅 "自漢而下以至唐宋元明諸人未見書"，而且以巴蜀文獻爲主。《四庫全書》館臣從《永樂大典》輯佚成書五百四十餘種，但收入《四庫全書》者僅三百八十五種，所選之書皆從正經正史角度出發，衛道之氣太濃，摒棄民俗野語、俚詞雜作之類的著述。乾隆時期的江南藏書家喜愛刻書，如鮑廷博《知不足齋叢書》所選録之書，無不是流傳有序的名家精校本、精鈔本，這些書堪稱善本，代表了藏書家的收藏趣味，但往往忽視漢唐舊籍。李調元看到《知不足齋叢書》對保存古籍作用巨大，於是步鮑廷博後塵，發願刊刻《函海》專收未見書與罕見書，聲稱所編之書要與《知不足齋叢書》並駕齊驅，成爲書壇佳話。

二

《函海》的版本比較複雜，原因在於此書既非一時一地一人刊刻成，也非板式整齊劃一，而是在函數、卷數、冊數、書目數等方面都不一致，形成這種狀態的原因有多種，需要探究其本來面目。

李調元在青年時代即有刊刻巴蜀前賢著述的志趣，並且有過親身實踐。乾隆三十年，李調元在翰林院任庶吉士，曾與鄧在珩合刊《李太白全集》十六

---

① 李調元：《石亭府君行述》，《童山文集》卷十八，《續修四庫全書》本，上海古籍出版社，1995 年。

② 轉引自鄧長風《〈函海〉的版本及其編者李調元——美國國會圖書館讀書札記之五》，《明清戲曲家考略全編》上冊，第 367 頁。

卷,《童山文集》卷五有《重刻李太白全集序》,今存乾隆甲申刻本《李太白全集》。《函海》不是一蹴而就編成,而是李調元長期對巴蜀文獻搜集、輯佚、整理的結果,期間花費了很大的精力。據《童山自記》《童山詩集》《童山文集》諸書可知,李調元在乾隆三十年入京任職翰林院之前,即已完成了輯《蜀雅》二十卷、《程氏考古編》十卷、《易傳燈》四卷、《儀禮古今考》二卷、《月令氣候圖説》一卷、《夏小正箋》一卷、《蜀碑記》十卷、《蜀語》一卷、《尚書古文考》一卷、《續孟子》二卷、《通俗編》十五卷等書整理、撰寫工作。入京任職之後,在六年的時間内,李調元在公事之餘,把主要精力放在舊籍的編纂上,先後完成整理的著述有《藏海詩話》一卷、《月波洞中記》一卷、《唐史論斷》三卷、《珍席放談》二卷、《江南餘載》二卷、《舊聞正誤》四卷、《江淮異人録》二卷、《建炎以來朝野雜記》上下四十卷、《省心雜言》一卷、《雪履齋筆記》一卷、《龍龕手鏡》三卷、《吴中舊事》一卷等。出任廣東學政期間,完成了《嶺南視學册》二十六卷、《觀海集》十卷、《粤東試牘》二卷、《全五代詩》一百卷、《南越筆記》十六卷等。乾隆四十六年李調元任滿回京,又授直隸通永兵備道,監管海防、河務、屯田,駐通州,輯成《出口程記》一卷。至此,李調元才開始全面校訂《函海》,並於次年刊刻成書,稱爲通州本初版。

乾隆四十七年壬寅冬在通州刊刻的《函海》爲首版,此書不易見到,以致多種版本著作未曾著録。例如《中國叢書綜録》只著録《函海》之嘉慶、道光、光緒三種版本,而臺灣商務印書館1973年出版的《續修四庫全書總目提要》叢部僅著録乾隆甲辰本《函海》,國内多種圖書館古籍書目及工具書均對乾隆壬寅本《函海》隻字不提。1992年3月,上海古籍出版社編輯鄧長風先生在美國國會圖書館見到乾隆壬寅初刻本《函海》,發表了《〈函海〉的版本及其編者李調元——美國國會圖書館讀書札記之五》一文,才揭曉《函海》初刻本的原始面目。根據鄧文可知,《函海》壬寅初刻本凡二十集,收書一百四十二種①,分裝二十函,卷首有李調元《函海總序》一篇,見前文兩次所引。這篇《函海總序》作於乾隆四十七年十二月初六日,從中可以看出李調元編纂《函海》一書的動機、過程、體例以及編排,反映了李氏編修該書的艱難。李調元發願編《函海》的念頭自青年時代起便一直存在,原因是蜀中書少,他要整理蜀中先賢著述,以傳蜀學文脈。他到京城任職後,遍訪異書加以校録,積累原始文獻。但他發現除了《漢魏叢書》《津逮秘書》以外,所見到的有關巴蜀文獻的書籍都不是足本,幸而朝廷開館修《四庫全書》,他

---

① 鄧長風先生後來在《再談李調元的著作總數》一文中將壬寅本收書更正爲一百四十六種,見《明清戲曲家考略全編》上册,第399頁。

有機會能見到內府藏書。這樣從乾隆四十六年辛丑秋到四十七年壬寅冬一年多的時間，才將《函海》所收書籍底本找齊全，並於壬寅年冬在通州官衙刊刻成書。

《函海》初刻本卷首目錄之前附有程晉芳索書詩原詩以及李調元的和詩，李詩爲《和程魚門索余所刻〈函海〉原韻》，其詩曰："新都夙所嗜，餘書雕始開。書成曰《函海》，其卷尚未排。"① 此詩與程晉芳原詩都收入《童山詩集》卷二十三，編年在乾隆壬寅秋冬之間，根據內容可證作於《函海總序》之前，此時目錄尚未排完。細玩詩意，可知程晉芳事先已知李調元要刊刻《函海》一書，想要一部把讀，故寫了一首索書詩寄去。但此時《函海》尚未竣工，"其卷尚未排"，李調元只是將已經印好的《全五代詩》一百卷贈之。遠在蘇州的袁枚聽說李調元刊刻《函海》，心情極爲迫切地在《答李雨村觀察書》中說："再啓者，尊著《函海》，洋洋大觀，急於一睹爲快。雖卷帙浩繁，一時無從攜帶，倘有南來便船，望與選刻拙作五卷，一齊惠寄，是所懇切。"② 袁枚收到李調元的《函海》後，即作詩《奉和李雨村觀察見寄原韻二首》答謝，其一曰："訪君恨乏葛陂龍，接得鴻書笑啓封。正想其人如白玉，高吟大作似黃鐘。童山集著山中業，函海書爲海內宗。西蜀多才君第一，雞林合有繡圖供。"③《函海》在開雕的同時，李調元借機將自己的部分著作如《童山詩集》四十二卷、《童山文集》二十卷、《全五代詩》一百卷少量印刷成單行本，贈給親朋好友。朝鮮國副使徐浩修索要《函海》，李調元只給他《童山詩集》與《童山文集》，只有陳韞山、程晉芳、祝德麟等少數知己，才得到李調元寄贈的全套《函海》。祝德麟《雨村以所刻〈函海〉見貽即送其歸蜀仍用寄懷韻二首》其一云："集排二十曰函海，策蹇馱來驢背折。"④ 上述各人收到李調元寄贈的《函海》，正是壬寅初刻本。

壬寅本《函海》是最初的刻本，其在《函海》版刻史上具有重要的地位。此書的初刻時間正是李調元任職京畿通永道上，年富力強精力旺盛，刊刻《函海》志在必得。初版《函海》所收之書，很多都是精校本，而且大都是足本，如宋李綱《靖康傳信錄》三卷、宋李心傳《建炎以來朝野雜記》四十卷、宋劉過《龍洲集》十卷、宋趙炎《建炎筆錄》三卷等書，對研究宋史

---

① 李調元：《和程魚門索余所刻〈函海〉原韻》，《童山詩集》卷二十三，《續修四庫全書》本，上海古籍出版社1995年。
② 袁枚：《答李雨村觀察書》，詹杭倫《李調元學譜》下編《李調元評論譜》，天地出版社，1997年，第230頁。
③ 袁枚：《奉和李雨村觀察見寄原韻二首》，《童山詩集》卷三十四附載，《續修四庫全書》本，上海古籍出版社，1995年。
④ 祝德麟：《悅親樓詩集》卷十四，《續修四庫全書》本，上海古籍出版社，1995年。

很有作用。又有不少是珍稀本,例如宋龔鼎臣《東原錄》一卷,晁公武《郡齋讀書志》、陳振孫《直齋書錄解題》、馬端臨《文獻通考》《宋史藝文志》均不載,可見其珍罕程度。而且,李調元本人的《續制義科瑣記》一卷僅壬寅本才有,後出各本皆無,可謂彌足珍貴。《函海》板片自從李調元帶回羅江後,屢經刷印和挖改,已經出現文字漫漶甚至斷板的現象,加上嘉慶、道光、光緒各版《函海》經衆手修改,在文字方面已經不是原來的面貌,故壬寅本在版本校勘上的價值顯而易見。初刻本《函海》第十五至二十函專收李調元著作,共四十一種,凡卷首有李調元署名的,分別加上撰、輯、校三種明確的標示,他對這三種分類是極其嚴格的,表明李調元嚴謹的治學態度。而且,壬寅本《函海》比後刻的嘉慶本、光緒本多出十種李氏著作,分別是《楊揚字錄》二卷、《譻林冗筆》四卷、《史説》六卷、《官話》三卷、《劇話》二卷、《弄譜》二卷、《東海小志》一卷、《唾餘新拾》十卷、《續拾》六卷、《補拾》二卷、《續制義科瑣記》一卷、《彙音》二卷。上述十種著作皆署曰"李調元撰",今存嘉慶本、光緒本皆無,可補李調元著述之缺。

正當《函海》初刻本竣工之際,也就是在乾隆壬寅秋冬間,李調元因議稿事罪英廉、舒赫德等人,招致下獄。次年發遣伊犁,後經直隸總督袁守桐奏贖免。基於此,李調元無暇顧及《函海》的後續編刻工作。《童山自記》説:"余在通永道時,刻《函海》二十集,共一百五十部成,欠梓人三百金,扣板不發。陳韞山爲贖焉,又代完分賠一千二百兩。"乾隆四十九年甲辰春,李調元贖罪後在通州潞河書院開始對《函海》作增補修訂工作。這是《函海》的第二次刊刻,李調元不僅補寫了《函海後序》,而且還修改了《函海總序》。修改總序的原因在於此次刊刻增加了函數與書目,故原序中的數字不再適合。甲辰本《函海總序》説:"書成,分爲三十函,自第一至十皆刻自晋而下以至唐宋元明諸人未見書,自十一至十六專刻明升庵未見書,自十七至三十則附以拙刻。"①《函海後序》説得更爲詳細一些,其云:"余所刻《函海》書共三十集。其前十六集皆古人叢書也,而己書亦附焉,蓋用後體例也。小卷不計,總全卷共一百五十種書。始於戊戌春,迄於壬寅冬,閲五年而成。予在通永道,遭事去官,板片零散;又半在梓人林姓家,以鐫貲未楚,居奇不發。時余獲罪在保陽臬司獄,方將遠戍萬里,無暇及此,自料此書不能輯完矣。會予姻親永定南部觀察陳公韞山諱琮者,枉過通廨,視予兒女,見板片零落,慨然曰:'此雨村不朽業也,奈何使其中棄乎?'問知其故,立出三百金,交予弟檢討鼎元墨莊,使購板歸。適予亦荷總制袁清恪公保奏,得贖回通,因完公羈留之暇,修成此書。凡有校讎,責之余季墨莊,其去取余獨

---

① 李調元:《函海總序》,《函海》乾隆四十九年刻本。

任之。時雖前序云'成於壬寅冬',實成於甲辰春。"① 壬寅本《函海總序》謂"書成分二十函,自第一至十皆刻自漢而下以至唐宋元明諸人未見書。自十一自十四,皆專刻明升庵未見書,自十五至二十,則附以拙刻"。甲辰本《函海總序》變爲"三十函",多了十函。"自漢而下"也改爲"自晉而下",收書範圍縮減,其他各函收書內容也有變化,但二序均署"乾隆四十七年十二月初六日",只不過是李調元挖改前序而已,因爲署時間與函數的不同導致《函海》版本判斷的混亂,始作俑者正在於李調元本人。

甲辰本刊刻在乾隆四十九年三月,《函海總序》説"分爲三十函",但今存甲辰本《函海》却爲二十四函,並非是三十函,極可能是李氏所説的"板片零散""板片零落",雖經陳琮出金贖回板片,但不是全部贖回,或者中途有板片遺失情況發生。甲辰本比壬寅本多出四函,在書目上多出《方言藻》二卷、《出口程記》一卷、《樂府侍兒小名錄》二卷、《蜀雅》二十卷等十三種書,而刪減了《續制義科瑣記》一卷,使收書總數達到一百五十八種,比壬寅本多出十二種書。而這多出的著作基本上是李調元本人的,可以説甲辰本是對壬寅本的補刻,基本面貌没有改變,而且兩書的刊刻均在通州,不過甲辰本的校勘者多了李鼎元而已。

乾隆五十年,李調元將《函海》板片運回老家羅江,至遲在乾隆末年他還對甲辰本板片進行過補訂與改易,而且重印過一次,這次刊刻的《函海》增加到三十函。此次刊刻的《函海》牌記已經變爲萬卷樓,以他的藏書樓作爲牌記名。中國國家圖書館存有一部乾隆末年李氏萬卷樓刻道光五年(1825)李朝夔增修本,爲清末著名藏書家楊守敬藏書,鈐"宜都楊氏藏書記""朱師轍觀"諸印。題"川西李雨村編函海、萬卷樓藏版"。這部道光五年的增修本雖不是乾隆末年萬卷樓原刻本,但它是依據萬卷樓刻本而進行的增修本,可以證明乾隆末年的確有李氏萬卷樓刻本《函海》的事實。《中國叢書綜錄》在著錄嘉慶本《函海》時也説是"清乾隆中綿州李氏萬卷樓刊嘉慶十四年(1809)李鼎元重修本"②,從中可以窺知乾隆末年李調元的確刊刻過一次《函海》。此外,還可以從其他文獻中得到印證。《童山詩集》卷二十三有李調元《甲寅九月十四日中允余秋室副郎中范攝山典試蜀闈榜發回京道過綿州枉駕見訪適余游中江不值以書問詢兼寄所畫蘭扇并索函海作二律詩答之》,卷三十四有《得袁才子書奉寄二首》,其序云:"兼寄近刻七種,并索余《函海》。以數所傾慕之人,一旦得聞馨欬,不勝狂喜。"③ 兩首詩分別作於乾隆五十九年、嘉慶元年,距離壬寅

---

① 《函海後序》,《函海》乾隆四十九年刻本。
② 上海圖書館編:《中國叢書綜錄》第一冊,上海古籍出版社,1982年,第138頁。
③ 李調元:《童山詩集》卷三十四,《續修四庫全書》本,上海古籍出版社,1995年。

本、甲辰本刊刻已經十多年，故李調元向余集和袁枚贈送的當是新近刻本。袁枚十多年前曾問李調元索要過《函海》，見前文所引，當時李調元寄的應該是壬寅本。又王昶《春融堂集》卷四十五有《跋函海所刻金石存》一文，其中透露出《函海》曾在乾隆末年刊刻過的訊息。其云："吳君玉搢，淮安山陽人，生平好古，撰《金石存》十五卷，於乾隆三年自爲序以記之。余與其弟玉鎔會試同年，故見其書，錄而藏之。後三十年，余在西安，聞綿州李君羹堂調元刊《函海》，此書刻於其中，謂無名氏作。余寓書以告之。今《函海》刻成，則以是書爲趙搢所編，且謂趙氏是吾鄉人，曾於乾隆初年以博學鴻詞薦。是時所舉鴻詞未嘗有趙搢，而吾鄉所薦鴻詞亦未有其人。且謂其別字鈍根老人，未審錯誤何以至於斯也？"① 王昶字德甫，號蘭泉，江蘇青浦人，著名金石學家，著有《金石萃編》一百六十卷、《春融堂集》六十卷。其任西安按察使在乾隆四十八年至五十一年間，當時他看到的《函海》只能是壬寅本或甲辰本，讀到裏面所收《金石存》十五卷作無名氏，就寫信告訴李調元讓其更正。"今《函海》刻成"，必是其離開西安若干年後的事情。直到王昶去世，嘉慶本《函海》尚未刻成，故他見到的這個本子應該就是乾隆末年李調元萬卷樓刻本。

三

據《童山自記》所載，嘉慶五年，李調元避亂至成都。四月初六日，羅江萬卷樓被焚，所幸《函海》板片無恙。四月二十六日，家人周榮送《函海》板片七千餘片至成都，租青石橋白衣庵樓一間屋存儲。此時李調元已經六十七歲，他在成都對《函海》做了最後一次的修訂，對書目做了一些調整，並於次年刊刻成書。嘉慶本《函海》今存多部，查閲較易。此書卷首右上角印"川西李雨村編"，左下角印萬卷樓藏版，顯然是源於乾隆末年萬卷樓刻本。在嘉慶版《函海》前照例有李調元《函海總序》，依然是經過挖改前序而成，數字有些變化。其云："書成分爲四十函，自第一至十皆刻自晋六朝以至唐宋元明諸人未見書；自十一至十六皆專刻明升庵未見書；自十七至二十四則兼刻各家未見書，參以考證；自二十五至四十則附以拙纂。名曰《函海》。"② 今存嘉慶本分爲四十函，但所收書的編目實際上與李調元的自序所分有些不同。嘉慶本《函海》收錄楊慎著作在十一至十八函，二十、二十一函中所收三種書以及二十四函之

---

① 王昶：《函海所刻金石存》，《春融堂集》卷四十五，陳明潔、朱惠國等點校，上海文化出版社，2013年，第815頁。

② 李調元：《函海總序》，《函海》嘉慶六年李氏萬卷樓刻本。

後的絕大部分，都是李調元所輯、所撰的著作，故嘉慶本實際書目及函數與序中記載并不一致。嘉慶本《函海》在《函海總序》之前，尚有一篇李鼎元作於嘉慶十四年的《重校函海序》，中云："吾兄《函海》之刻，流傳海內已廿有年，而讀者每以魯魚亥豕脫文闕簡爲病。讀其歸田後所著及續刻諸書，復二十函，亦頗有前刻之病。因合四十函重加校正，訛者正之，脫者補之，殘毀者足之，闕文者仍之，雖未敢定爲善本，然亦可以告無罪於雨村矣。"① 李調元卒於嘉慶七年，李鼎元寫此序時距其去世已七年，可見嘉慶本在嘉慶間有兩次刻印，一次是李調元手訂本，一次是李鼎元重校正本。李鼎元對嘉慶本所做的工作即序中所言，"訛者正之，脫者補之，殘毀者足之，闕文者仍之"，做到了版本文字校正。

　　嘉慶本對比乾隆本最大的區別在於重新調整了書目，首次增入了李調元父李化楠的《李石亭詩集》十卷、《李石亭文集》六卷，同時李調元對自己的著述做了大面積的調整。新增加《全五代詩》九十卷、《童山詩集》四十二卷、《童山文集》二十卷、《粵東皇華集》四卷、《談墨錄》十六卷、《蠢翁詞》二卷、《古音合》二卷、《童山選集》十二卷、《羅江縣志》十卷、《蜀碑記補》十卷、《六書分毫》三卷等書。同時，去掉了《粵東觀海集》十卷、《彙音》二卷、《弄譜》二卷、《東海小志》一卷、《唾餘新拾》十卷、《唾餘續拾》六卷、《唾餘補拾》二卷、《井蛙雜記》十卷、《楊揚字錄》二卷、《讐林冗筆》十卷、《史說》六卷、《官話》三卷、《劇話》二卷等十餘種已著。增刪相抵實際收書一百五十九種，分裝四十函，這是《函海》最後的定本，經過李調元的親手編定。嘉慶十四年李鼎元重校本的《函海》，即此四十函。嘉慶本是李調元晚年的補訂本，其加入《童山詩集》《童山文集》，是希望這兩種詩文集能隨着《函海》流傳下去，從中可以看出前年萬卷樓火災對他的深刻影響。但嘉慶本成於李氏晚年，無論是精力、財力都不能與乾隆諸版相比，在紙張、印工、板式上都不如壬寅本、甲辰本，而且疏漏錯誤在所難免。但嘉慶本《函海》作爲李調元晚年自訂的刊本，它在收書範圍、編排體例等方面都真實地反映了李調元的意願。它首次大規模收入了李化楠、李調元父子的著作，甚至包括《羅江縣志》這樣的著作，從中可以窺知其思想的劇變，無疑是很好的史料。

　　李調元避亂成都時，還曾刊刻過《續函海》六十二卷，分裝六函，收書十一種。與嘉慶六年版《函海》一併刊行。卷首有李調元嘉慶六年八月所寫《續函海序》，云："前刻《函海》一書，業已流傳海內，其板由京載回，藏於萬卷樓之前楹。自去歲庚申，兇焰忽延，長思莫守。於四月初六日，萬卷一炬，化

---

① 李鼎元：《重校函海序》，《函海》嘉慶六年李氏萬卷樓刻本。

爲烽雲，幸《函海》另貯，未成焦土。以故五月中即僱車搬板至省，寄放青石橋白衣巷。迄今已及一年，改訛訂正，又增至四十函，可謂無恨矣。然隨身篋中所帶鈔本，其中有內府修《全書》時，經諸纂修者所校定，而未入聚珍版者，皆人間未見書，亦例得刊出，嘉惠來學。"①《續函海》所收十一種書分別爲《長短經》九卷、《楊誠齋》十卷、《環溪詩話》一卷、《金德運圖説》一卷、《韶舞九成樂補》一卷、《清脾録》四卷、《唾餘新拾》二卷、《新搜神記》十二卷、《榜樣録》二卷、《雨村詩話》十六卷、《雨村詩話補遺》十卷。其中《唾餘新拾》壬寅本、甲辰本曾收入，不過是十卷，此處爲二卷，可能是縮減本。《續函海》中自《唾餘新拾》二卷以下皆爲李調元自著書，最大的亮點是新增入《雨村詩話》十六卷足本，而壬寅本、甲辰本所收録的《雨村詩話》皆爲二卷本。《續函海》除了嘉慶六年原刻本外，尚有光緒二十三年（1897）廣漢鍾氏校刻本，兩書今皆存。

　　道光五年，李調元子李朝夔再次對《函海》進行了增補。李朝夔此次的增補，僅補刊《金石存》五卷、《全五代詩》十卷補遺一卷、《童山文集》補遺一卷、《蠢翁詞》二卷，共計四十函、一百六十三種書。道光本卷首有賀懋椿《重鐫函海序》，其云："歲甲申孟秋，李生以補刻《函海》來謁曰：生前辱大君子教，檢先大夫初刻元本重付梨棗。始因卷帙浩繁，雖破產爲之，猶不能就，賴戚友之千金佽也，數年蕆事。""是編溯自兩晉以來，更補諸書所未備，彙爲四十函。"②次李鼎元《重校函海序》、次李調元《函海總序》、次道光乙酉李朝夔《補刻函海跋》，中云："越壬戌，先大夫見背，夔惟謹藏此板，以期世守而已。後叔墨莊自京艱歸，不忍殘缺以廢先君之舉，爰加校訂，亦大苦心，因獲初刊原板所印全部，急照殘缺者逐篇抄録，付梓補入。"③道光本在版刻上所下功夫較大，李朝夔以初版《函海》校正嘉慶本之殘缺、字跡漫漶處，又收集李調元遺著，使其著述更加完備。這是《函海》版刻史上收書最多的一種，功莫大焉，故此書流傳頗廣。民國間商務印書館出版《叢書集成初編》以及近年臺灣藝文印書館出版《百部叢書集成》，所收《函海》底本即道光本。

　　光緒七年，四川廣漢人鍾登甲以樂道齋的名義重刊了《函海》，但他改動了《函海》的編次與體例，主要的動機在於銷售《函海》一書以牟利。此書收著作一百六十二種，數目上較道光本少一種，依舊分裝四十函，卷首有鍾登甲《重刊函海序》，稱讚《函海》之不朽。鍾本打破了前版書的體例，如

---

① 李調元：《續函海序》，《續函海》嘉慶六年李氏萬卷樓刻本。
② 賀懋椿：《重鐫函海序》，《函海》道光五年刻本。
③ 李朝夔：《補刻函海跋》，《函海》道光五年刻本。

將第一函所收《華陽國志》十二卷、《郭子翼莊》一卷、《古今同姓名録》二卷《續録》一卷、《素履子》三卷分拆爲三函，第一函僅收《華陽國志》，其餘分别收録在第二函、第三函，有點標新立異的意味。由於李化楠《李石亭詩集》十卷、《李石亭文集》六卷、李調元《童山詩集》四十二卷、《童山文集》二十卷已經有了單行本，故鍾登甲從叢書中抽掉，另外收入流行較少的著作，例如李調元《童山詩音説》四卷、《春秋左傳會要》四卷、《井蛙雜記》十卷等書，當然這些書在乾隆諸版中都已收入，從中可以看出鍾登甲的精明。光緒本與前列諸版在收書上唯一例外的是，其收録了李調元《諸家藏書簿》十卷，此書之前所有《函海》皆闕。在開本上，鍾氏爲了節省經費，將《函海》以巾箱本的形式刊刻，故成爲《函海》版刻史上開本最小的書。樂道齋刻本無論在收書範圍、編排體例，還是在紙張、板式上均不是李調元編本之舊貌，它的目的在於盈利，不過是借《函海》作爲牟利的手段而已，談不上版本價值。

綜上所述，《函海》一書的版刻跨越多個朝代，前後經歷百餘年，版刻情況較爲複雜。大體而言，乾隆壬寅本、甲辰本是李氏在通州編刻而成，此時各方面條件具備，兩種書在質量上堪稱上乘，是後版《函海》文字校勘的善本。書板運回四川後，板片經過多次搬運，遭到散失厄運，書目開始殘缺不齊，出現文字異同。雖經李調元晚年親自手訂，但也顯得力不從心。而且嘉慶本、道光本先後經過衆人參與，在編書體例、宗旨上與乾隆版已有差異。嘉慶、道光本大幅度增收蜀人著作，包括李氏父子著述，使此書逐漸向鄉土化方向轉變，可以看出李調元晚年心境的變化。光緒本已非李本舊貌，目的在於牟利，無法跟前版相提並論。

四

李調元編修《函海》，最初的動機是收集巴蜀先賢著述及天下罕見之書，這是他個人的愛好，通過多次刊刻《函海》這個目的基本達到。歷史上蜀人編纂的叢書甚多，但清代僅有兩部，除了這部《函海》，另外一部就是二仙庵版《道藏輯要》。《函海》的貢獻要遠遠大於《道藏輯要》，《清史列傳》卷七十二《李調元傳》曰："其表彰先哲，嘉惠來學，甚爲海内所稱。"[1] 高度評價了李氏編修《函海》的歷史貢獻。

《函海》首次大規模收集了明代楊慎的著作，這對保存、流傳楊慎著作貢獻最大。楊慎是繼北宋蘇軾之後四川最有成就的文學家，詩詞歌賦、金石經史

---

[1] 佚名：《清史列傳》卷七十二，中華書局，1987年，第5917頁。

皆有佳作。據四川省圖書館編《楊升庵著作目錄》,多達二百九十八種。這些著作舉凡經史子集皆有涉獵,可以看出楊慎淵博的學識。明清叢書收錄楊慎著作不多,康熙《四川總志》目錄亦不全。李調元通過在浙江、廣東等地任職之機,廣搜博采,特別是在翰林院謄抄《四庫全書》所輯部分,利用內府藏書輯佚,將楊慎流傳較少之書彙輯於《函海》中,收錄著作四十餘種,佔有九函之多。楊慎的許多著作,如《升庵經說》十四卷、《山海經補註》一卷、《秋林伐山》二十卷、《世說舊注》一卷、《金石古文》十四卷、《麗情集》一卷等書,通過收入《函海》而流傳至今。而且,在收集楊慎的著作時,李調元特別注意楊氏著作的足本,可見他的用心。今編升庵全集,皆依靠《函海》本,李氏保存楊慎著述功莫大焉。

對於其他巴蜀歷史文獻著述,《函海》也盡可能做到網羅無遺,傾注了李調元大量的心血。有關蜀中歷代史學著作,是李調元重點搜尋的對象。自漢代文翁化蜀以來,蜀中史學一直興盛不已,史學名家倍出,宋代還在眉山刊刻過著名的眉山七史。《函海》收錄的歷代蜀史著作有《華陽國志》十二卷、張唐英《蜀檮杌》二卷、陳亮《三國紀事》一卷、唐庚《三國雜事》二卷、趙汝適《諸藩志》二卷、李心傳《建炎以來朝野雜記》四十卷等史學名著。王象之《蜀碑記》十卷、李調元《蜀碑記補》十卷、黃休復《益州名畫錄》三卷屬於巴蜀人文特色濃郁的著作,《函海》亦收錄。至於李調元自己的《羅江縣志》十卷,則是《函海》收錄的唯一一部地方縣志,雖然有單行本問世,但李氏依舊將其收入叢書中,是想藉着《函海》流傳自己的著述,用心可謂良苦。蜀中方言著述,收錄了九部,基本上反映蜀中音韻、訓詁之學。明人李實《蜀語》一卷是現存最早一部"斷域為書"的方言詞彙著作,專門解說四川方言詞彙。該書從詞義、詞形、詞音三方面來解說四川方言,共收錄四川方言詞語五百六十三條,客觀地反映了明清之際四川方言的發展態勢與變化。楊慎《奇字韻》五卷,以奇字標示字體之稍異者,類似四聲,保存了不少秦漢之際巴蜀地區的古漢字,對研究巴蜀文字很有益處。楊慎《卍齋瑣錄》十卷,則是將方言與經典、字書相互印證,目的在於"古字可復,俗字可正",創造了音韻訓詁學新的研究方法,值得推廣。

四川歷來文人輩出,清代即有多位著名的文學家,李調元有志于編集一部詩歌總集,《蜀雅》二十卷就是他多方採集而成的一部清代四川詩歌總集。他在《蜀雅序》中說:"余束髮授書來即矢此志,廣搜遠採,披沙煉金,閱有歲時,匯為一冊,統名為《蜀雅》。"在序中他還規定了選詩標準,即"明以前不選,明有科甲而入仕本朝或流寓隱居者悉入卷首",不管有無官職是否成名,"總以詩取人",這個入選標準保證了《蜀雅》的質量。入選者有呂大器、費密、費錫琮、唐甄、劉道開、鄧子儀、岳真等詩人,並對一些詩做了點評。李調元《蜀雅》二十卷，與袁說友《成都文類》五十卷、楊慎《全蜀藝文志》六十四卷、費經虞《蜀詩》十五卷、孫桐生《國朝全蜀詩鈔》六十四卷相接軌，完整地描述出自宋至清蜀中詩歌發展軌跡與面貌，對研究清代四川詩歌極有參考價值。

《函海》也保存了李調元本人的全部著作。李調元有關詩歌、辭賦、金石、音韻、民俗、戲劇、文藝理論等方面的著作頗多，除了詩文集有單行本外，其他著述皆依賴《函海》而流傳下來。同時，其父李化楠的《李石亭詩集》十卷、《李石亭文集》六卷、《醒園錄》二卷等著作也因《函海》而保存下來。總之，李調元編修《函海》對傳承巴蜀文化典籍起到了極大的作用，現在研究巴蜀文化，李調元編修的《函海》依然是重要的參考書，越來越凸顯它的學術價值。

李調元在編修《函海》的過程中，主要做了三個方面的事情。首先是收集刊刻底本。例如他從《永樂大典》中輯佚出二十三種書，又分別從友人處借到《華陽國志》十二卷、《蘇氏演義》二卷、《採石瓜洲斃亮記》一卷、《龍洲集》十卷、《瑾户錄》一卷等書，或倩請人抄錄一份，或借來直接刊刻於叢書中，故而都寫了一篇序以紀其事。也有從書肆買來的鈔本，如《金石存》十五卷。這些書都是有現成的本子可以刊刻。此外，李調元還輯了很多著作，這更需要精力和時間。李氏的輯書，情況有多種。有從一部大書中按照某個主題輯錄者，如《尚書古字辨異》一卷、《左傳官名考》二卷、《春秋三傳比》二卷。有從大型叢書、類書中輯錄者，如《諸家藏畫簿》十卷、《諸家藏書簿》十卷。也有大量採集民歌、民謠、傳說匯集為專題民俗學著述者，如《粵風》四卷、《蜀雅》二十卷。更有他花費巨大精力從數百種文獻中輯成的詩歌總集《全五代詩》一百卷。有的時候輯書比著書更難，資料的收集並非一蹴而就，需要長時間的收集、整理與甄辨，最後才能編輯成書。

其次他在選擇底本上很下功夫，進行過版本考訂工作，甚至根據所見到的資料對原書予以增補，做到擇善而從，確保《函海》所收書的質量。在他看來，底本的挑選不僅要是足本，而且還要校勘精細質量上乘。例如常璩《華陽國志》一書，通行本為十卷，李調元從丁小山處見到足本，并做一跋一序以紀之。《華陽國志跋》云："《華陽國志》十二卷，較俗本多卷十上、中二卷，蓋書賈僅知挨次卷數刊刻，未審第十卷內復分上中下三卷耳。"《華陽國志序》云："此本得之於丁小山，為從來未見之足本，新安程晉芳魚門書以相聞，較之《漢魏叢書》幾多至一半，考校精詳，博雅典覈，小山以余蜀人，此志為蜀志之祖，割愛以貽。余合諸志參之，蓋深服膺，因梓而行之。"由於《函海》本《華陽國志》在內容上比其他刻本多出兩卷，故此書是目前學術界研究《華陽國志》的重要參考書。又如楊慎《升庵經說》，通行本或為八卷或爲六卷，皆不全。《升庵經説序》云："《千頃堂書目》作八卷，注云一本作六卷。今焦竑刊本作十四卷，多至倍餘，蓋皆後人抄逸而此獨完善洵足本也。先生雄才博雅，精於考證，爲有明一代之冠。余刻諸説郛書，遇蜀人尤加意搜羅，梓而行之，使讀者得以暢睹其全。"李調元多次在序跋中談到"足本""全本"，是他編刻叢書的宗旨和底綫，做到寧缺毋濫，確保學術質量。再如楊慎《墨池瑣錄》，陶珽《續説郛》所收錄僅三十餘條，而《函海》本《墨池瑣錄》二卷是足本。在編修《函海》時，李調元還將他收集到的各種零碎資料予以合編，讓其集中在一起便於流傳。例如楊慎《麗情集》，爲楊慎創作之文言小説專集，很多書都不著錄，更談不上收錄進叢書。《麗情集序》云："惟升庵有《麗情集》及續編各一卷，意即補張唐之所未備者，散見於先生各説部、詩話中，今合併梓行，庶可以歸當日之全。"這些屬於李調元加工前人之書，意在保存并流傳，從這個意義上講，李調元對保存巴蜀文獻功不可没。在校勘上，李調元遵循一個原則，即不輕易改動前人著述的字句，對於異字的處理，另作注釋列於下邊，做到尊重前刻原貌，顯示出李調元嚴謹的治學風範。《華陽國志序》云："其偏旁字畫悉照丹棱李氏宋本，不妄改一字，有與諸刻不合者，則分注於下，至各家刻《華陽國志》，體例各不相同，究以李叔厓爲定本。"

再次李調元對所收錄之書，大部分都寫了序言或跋語。在這些序跋中，很多都是書目解題性質的文字，反映了李調元的目錄版本學思想。如《程氏考古編序》："《考古編》者，宋程大昌所雜論經義異同及記傳謬誤而作也。大昌字泰之，休寧人，紹興二十一年進士，歷官權吏部尚書，出知泉州，以龍圖閣直學士致仕。卒，諡文簡，事載《宋史》本傳。大昌深於經術，學問湛深，於諸經皆有論説，於易學尤精，所著有《易原》一書，苦思力索，四年而成，其學力可知矣。此書於各經皆反復推闡，多明大義，如論刑官之家魏，張掖之鮮水以及《荀子》子弓之非馯臂，後漢章懷太子之注段熲，皆確有典據，非泛爲摭拾，與鄭樵董之橫議相去不知幾何！其於洪邁《容齋隨筆》固不相亞也。大昌所著尚有《演繁露》十六卷，續六卷，已有刊本，惟是本互相傳寫，故先校行云。"這篇序是一篇標準的書目解題，得陳振孫、晁公武之真傳，介紹了著作生平事跡與學術、本書之優點，使讀者對其一目了然。又如《金石古文跋》："楊用修《金石古文》十四卷，刻於明嘉靖年，有永嘉省庵孫昭序。按，升庵是編編釋碑石鼓及秦漢諸刻，搜羅最富，然其中有因訛傳誤，不可不爲訂正者。如以史晨碑之夫子冢爲大子冢，魯公冢爲魯公冢，此承洪適《隸釋》之訛也。以張遷碑之籌策爲蕭何，承都穆之訛也。今碑刻俱在可驗。又如韓勒碑陰，升庵頗譏《隸釋》之誤，今考漢碑文與《隸釋》所載本相合，而碑之兩側尚有題名，適固未載，升庵偶未之考也。"李調元對楊慎《金石古文》一書中出現的錯訛，條分縷析地進行辨析，顯現出他深厚的金石學學養，因此跋語極具學術性。再如在《龍洲集序》中辨析時人誤將《斜川集》當做《龍洲集》，蓋蘇過、劉過相混淆不分也。在《舊聞證誤序》中論説李心傳此書對宋代朝章典制考證的特點，《烏臺詩案序》中論述多種版本的區別等等，皆具有辨章學術考鏡源流的特點。要之，《函海》中李調元所做之序跋，可以算得上是李氏的一部目錄版本學著作，此爲時人所忽視，理應加以重視。

　　　　　王永波：四川省社會科學院文學研究所副研究員

圖書館古籍編目中廣州刻書的版本著錄問題

姚伯岳

廣州是清代繼北京、蘇州之後我國的第三大傳統印書業中心，特別是道光以後的晚清時期，廣州的圖書出版印刷乃至發行業異常發達，影響遍及全國。但長期以來，在中國書史、出版史、版本學史的教學和研究中，廣州刻書沒有得到足夠的重視和應有的叙述，與廣州在晚清時期繁榮發達的圖書出版印刷狀況頗爲不符。筆者在長期的古籍編目工作中，發現這與廣州刻書的特點和古籍著錄規則的相關規定有一定關係，由此提出在圖書館古籍編目中古籍版本著錄方面應該改進的一些建議，以求見教于各位方家。

一、原書地名標注的多樣和書目記録的著録混亂

清代廣州出版印刷的圖書，其內封或牌記等處直接標注出版印刷地爲"廣州"的較少，而更多標注的是諸如"粵東省城"、"粵省"、"羊城"、"五羊"、"南海"、"番禺"等。例如：清咸豐八年至光緒八年（1858—1882）刻本《番禺陳氏東塾叢書》四種附一種，每書書後鐫"粵東省城西湖街富文齋承刊"；清光緒十七年（1891）刻本《三國志補注續》一卷，內封鈐朱色木記"粵省雙門底儒雅堂書坊"；清光緒十一年（1885）刻本《愛育堂征信録》一卷，內封題"羊城興隆街學文堂刊刻"；清道光二十七年（1847）刻本《小書巢詩賦彙存》三種，內封背面牌記鐫："道

光丁未冬重刊於五羊官舍";清光緒十四年（1888）刻本《北堂書鈔》一百六十卷、首一卷,内封鎸:"南海孔氏三十有三萬卷堂校注重刊";清道光十年（1830）刻本《海雲禪藻》四卷,卷端題刻書人爲"番禺陶克昌重刊"。

迄今爲止的各種古籍著録規則,在著録古籍的刻印地點時,基本都採用照録或省略的原則。作爲中國國家標準的《古籍著録規則》（GB 3792.7—2008）,雖然没有明確提出地名照録,但在涉及抄刻地、修版地、印刷地等所有地名的舉例中,都可以看出採用的是按著録對象所述予以照録的原則。國家圖書館出版社2014年新出版的《國家圖書館古籍元數據規範與著録規則》一書,其著録規則在"出版者"元素部分更是明確規定:"出版者、出版地均按著録對象原題著録,不予規範。"①

對於抄刻地、印刷地的實際著録,各藏書機構基本上也是採用了照録的原則。以參加"高校古文獻資源庫"② 的25個圖書館的書目記録爲例:中山大學圖書館藏清張心言撰《地理辨正疏》五卷、首一卷、末一卷,版本著録爲"清道光七年（1827）粤東省城以文堂刻本";北大圖書館藏清瑞昌撰《端江録别》,版本著録爲"清光緒元年（1875）粤東省城業文堂刻本"。"粤東省城"這個地名還是比較好識别的,但像那些書上只標出"省城"字樣的古籍,如果仍然採用照録原則去著録,讀者單憑書目記録,就難以判斷其準確的地點。如中國人民大學圖書館藏清李紹崧選訂《曲江書屋新訂批註左傳快讀》十八卷、卷首一卷,内封面鎸:"省城雙門底芸樓藏板",該條書目記録的版本也照録爲"清同治十一年（1872）省城雙門底芸樓刻本",一般讀者僅根據該書目記録就不一定知道這個省城是哪個省的省城了。

根據照録原則,著録出版地爲"羊城"、"五羊"的也有不少。如北大圖書館藏清尹端模譯《病理撮要》一卷,内封面鎸"光緒十八年新鎸/羊城博濟醫局藏板",於是版本就著録爲"清光緒十八年（1892）羊城博濟醫局"。又如中山大學圖書館藏乾隆十四年（1749）施念曾、張汝霖補輯之《宛雅》初編八卷、二編八卷,内封題"五羊達朝堂梓"六字,於是該館書目記録的版本也著録爲"清乾隆十四年（1749）五羊達朝堂刻本"。人們一般都知道"羊城"、"五羊"是廣州的别稱,所以這樣的著録還不會發生誤解。但還有不少是著録出版地爲"南海"、"番禺"的,人們就不一定將其與廣州聯繫起來。其實南海、番禺都是廣州府的附郭縣,縣治都在廣州府城中,番禺縣衙在今天的廣州市中心老城區,南海縣衙就在其西邊不遠的地方,是最地道的廣州城。採用上述地名著録不能説有錯,問題在於讀者如果用"廣州"作爲出版地來檢索,就檢索不到這些古籍的書目記録了。

---

① 肖瓏,蘇品紅,劉大軍:《國家圖書館古籍元數據規範與著録規則》,國家圖書館出版社,2014年,第57頁。

② 本文所舉各例及書影,均采自"學苑汲古——高校古文獻資源庫":http://rbsc.calis.edu.cn:8086/aopac/jsp/indexXyjg.jsp

還有一種比較普遍的現象，就是許多廣州刻印出版的古籍只標注街名、社區名，如雙門底、西湖街、寶華坊等，而不標注城市名。按照古籍著錄地名的原則，是著錄縣級以上行政區劃的名稱，低一級的街道名一般是不著錄的。這時根據地名照錄的原則就無法著錄出版地了。

例如中國人民大學圖書館藏清馮李驊評輯《左繡》三十卷、卷首一卷，內封鐫"雙門底瑞雲樓藏板"，編目員不知道"雙門底"是什麼，就只著錄版本為"清（1720—1911）瑞雲樓刻本"。北京大學圖書館藏清莎彝尊撰《正音咀華》三卷附儀略，內封鐫："咸豐癸醜孟春/雙門底聚文堂藏板/朱注/正音咀華/儀略附後/張維屏題。"沒有標明刻印者是在哪個城市，所以版本就著錄爲"清咸豐三年（1853）聚文堂刻本（朱墨套印）"，出版地也不見了。

其實雙門底是廣州一個地名，地點在今北京路中段，清代其北叫雙門底上街，其南叫雙門底下街，清末是書坊聚集之地，極爲有名。曾擔任過學海堂山長的番禺人侯康（1798—1837），曾作《雙門底賣書坊擬白香山新樂府》一詩云："雙門底，比闤闠。地本前朝清海樓，偃武修文書肆啓。東西鱗次排兩行，庋以高架如墨莊。就中書客據案坐，各以雅號名其坊。"現已知位於雙門底的書坊就有：文選樓、全經閣、味經堂、聚文堂、福芸樓、聚錦堂、儒雅堂、九經閣、芸香堂、拾芥園、經韻樓、三元堂、古經閣、集成堂、登雲閣、壁魚堂、汲古堂、偉文堂、古香樓、經史閣、瑞雲樓、元奎閣、緯文堂、文華閣、芸樓、文英閣、聖教書樓，等等，數量多達數十家，可見當年該處書業之繁盛。

雙門底西邊，有一條東西向的街道叫西湖街，也是書坊聚集之地，規模僅次於雙門底，稱得上是"書坊一條街"。西湖街上有名的書坊有：富文齋、六書齋、萃古堂、超華齋、紹經堂、博文齋、聚珍堂、心簡齋、效文堂、正文堂、酌雅樓、留香齋、汗青齋、成文堂、墨寶樓、鴻文堂、藏珍閣、寶珍樓、藝苑樓、六雲齋、行遠堂、迂齋等二十餘家。西湖街名氣大，當時知道的人多，所以書坊在刊刻牌記時並不很留意將前面冠以比較準確的城市名，有的甚至乾脆就只寫西湖街某書坊。

例如中國人民大學圖書館藏清光緒三十二年（1906）刻本《懺花盦詩存》十一卷，卷末鐫"省城西湖街成文堂刊印"，編目員因爲不知道"省城"確指那裏，也沒有西湖街方面的知識，所以出版地就付之闕如。

又如復旦大學圖書館藏清咸豐四年（1854）刻本《磨盾余談》二卷，書上沒有明確標明出版地而只標注"西湖街"。編目員就根據"西湖"二字，想當然地將出版地著錄爲杭州，這部書的版本就著錄成了"清咸豐四年（1854）杭州西湖街藏珍閣"，將出版地從廣州挪到杭州了。

還有一個寶華坊，就更容易著錄錯了。寶華坊是清代廣州西關的一處街區。建於上世紀 30 年代的寶華路，便是其當年所在的部分孑留。清代廣州首富潘氏家族，就居住在寶華坊。所以寶華坊的這個"坊"，是指古代城市如街市里巷一樣的居民聚居區,而不是書坊的"坊"。編目員如果没有這個知識,稍一馬虎,就會出錯。如清六承如編《皇朝輿地略》一書,有清同治二年(1863)廣州刻本,該本内封背面牌記題:"同治二年孟夏刊于廣州城西寶華坊。"有些圖書館的編目員誤以爲寶華坊是書坊名稱,據此就將出版者著録爲寶華坊。其實該本書後鐫有"粤東省城西湖街藏珍閣承刊"木記,可以將出版者著録爲藏珍閣。

　　錯得最多的是對清馮詢撰《子良詩録》二卷附摘句一卷的著録,該書内封背面牌記鐫"清同治二年孟夏刊于廣州城西寶華坊",與《皇朝輿地略》牌記的字體内容一模一樣。北大、清華、復旦、蘇州大學等許多圖書館都誤認爲寶華坊是書坊名稱,將版本著録爲"清同治二年(1863)廣州城西寶華坊刻本"。我們在著録系統中可以很明顯地看到,其中"寶華坊"三字是放在出版者一欄的。

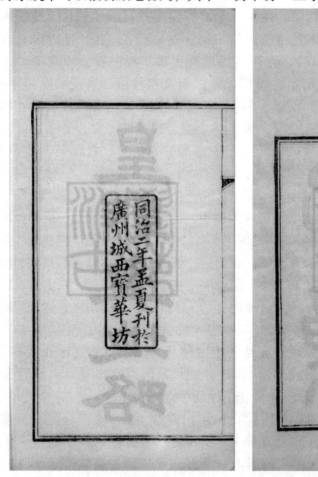

圖一　同治二年廣州刻本《皇朝輿地略》牌記　　圖二　同治二年廣州刻本《子良詩録》牌記

　　由於古籍内封、牌記中對地名的標注十分隨意,導致古籍版本中的地名著録如採用照録原則,在現實中就會産生一定的混亂。機讀目録格式如 CNMARC

雖然有620字段設置了"出版地/製作地檢索點",但在實踐中很少使用。現行的以DC元數據標準爲基礎的古籍元數據標準,基本是將著錄與檢索融爲一體的,並不爲出版地或印刷地設置單獨的檢索點。所以對於採用DC類型古籍元數據標準進行古籍編目的,就只能在地名著錄的規範化上找出路。

結合廣州刻書中廣州地名標注的各種情況,筆者以爲,著錄古籍出版項中的地名時,最好採用該地在當時的正式名稱,而不要用簡稱、別稱;如果書上沒有標明出版地,或只標明了街道、區社名稱,也可以在考究確切的情況下,直接著錄出版地的正式名稱。總之,由於採用元數據格式的不同,古籍地名的著錄也應隨之發生相應的變化,以更好地揭示古籍,滿足讀者的檢索閱覽需要。

二、官、私出版者的名義掩蓋了實際的刻印者

中國古代的官刻、私刻與坊刻之間並沒有截然的界限。清末廣州商品經濟發達,書坊林立,無論公私刻書,都習慣于將刻印乃至發行事務交給書坊承辦,例如清光緒五年(1879)廣州學海堂刻本《東漢會要》四十卷,內封背面鎸:"光緒己卯八月嶺南學海堂刊",目錄後則鎸:"粵東省城西湖街富文齋承刊印售。"著錄時,編目員一般都選取學海堂作爲出版者,但實際的刻印者富文齋却常常被忽略掉了。

富文齋在清嘉慶十八年(1813)即見刻書,民國時尚存在,爲廣州刻書規模最大的書坊之一,承接公私刻書最多。公刻像學海堂、菊坡精舍、廣東書局所刻各書,如《學海堂集》《學海堂叢刻》《續通典》《皇朝通典》《菊坡精舍集》《通志堂經解》《廣州府志》等;私刻如伍崇曜《嶺南遺書》、李光廷《守約篇叢書》、陳澧《東塾叢書》、陳在謙《國朝嶺南文鈔》、黃遵憲《日本國志》等,都是富文齋承接刊刷的。

但富文齋並不是唯一一家承攬學海堂圖書刻印業務的書坊,廣州的許多書坊都有同學海堂合作的經歷。如清同治九年(1870)學海堂出版的《尚書劄記》四卷,內封背面牌記鎸:"同治庚午春仲刊板藏學海堂",卷末鎸"粵東省城龍藏街萃文堂刊刷"。

清咸豐十一年(1861)學海堂刻本《皇清經解》一千四百零七十八卷書前有夏修恕序云:"道光初,宮保總督阮公立學海堂於嶺南以課士,士之願學者苦不能備觀各書,於是宮保盡出所藏,選其應刻者付之梓人,以惠士林,委修恕總司其事……修恕校勘剞劂,四載始竣。計書一百八十餘種,庋板於學海堂側之文瀾閣,以廣印行。"

夏修恕的序說明了學海堂的刻書,是由阮元負責選書,夏修恕負責校勘定稿,由書坊實施刻印,所以才能在短短四年間就刻了180餘種書。在這種情況下,官府與書坊的關係可以說是出版者與實際刻印者的關係,書坊的角色相當

於現在的印刷廠，而不是出版者。

官刻書中有許多部頭巨大、卷帙浩繁，爲了爭取時間，常常由幾家書坊共同刊刻。如：清同治七年（1868）廣東書局出版的《欽定四庫全書總目》二百卷、卷首一卷，書後題"粤東省城富文齋、萃文堂、聚珍堂承刊"；同治三年重刻本阮元修《［道光］廣東通志》三百三十四卷首一卷，書後題"粤東省城西湖街富文齋、龍藏街萃文堂承辦"。

有些私人刻書常將刻印之事交付書坊辦理，但又以自己的室名堂號作爲刻書者。如北京大學圖書館藏朱墨套印本《蘇文忠公詩集》五十卷，内封題"粤東省城翰墨園藏板"，封後鎸"同治八年孟秋栞于韞玉山房"。按照現今著録規則，我們著録出版者爲韞玉山房，而將廣州翰墨園著録爲印刷者。

又如北京大學圖書館藏清何炳堃著《經義初階》，内封鎸："宣統二年孟冬鎸／每本實價銀壹毫半／學院前翰元樓發售／經義初階／介如石齋藏板。"卷末有宣統二年楊松芬跋，末鎸："粤東省城學院前翰元樓刊刷。"該書的版本著録爲："出版：清宣統二年（1910）介如石齋；印刷：廣州翰元樓。"這種處理方法就不會產生混亂了。

過去的各種古籍目録很少著録實際的刻印者，學者引用文獻時也是只提出版者而不提刻印者，這就造成許多承辦圖書刻印事務的書坊名稱及其業績被埋没。在對廣州刻書的著録和文獻徵引中，這種現象表現得尤爲突出。目前作爲中華人民共和國國家標準的《古籍著録規則》以及《漢語文古籍機讀目録格式》，乃至DC類型的古籍元數據標準，都在抄刻者和抄刻地外，設置了印刷者和印刷地的著録事項，彌補了這一缺憾，這是古籍著録法的進步。圖書館古籍編目人員要善於使用這一方法，不要輕易埋没實際刻印者的名稱和功績。

三、著録私人出版者的籍貫導致讀者對刻印地點的誤判

公立機構出版圖書的刻印地，主要是地名的别稱、簡稱以及省略等問題，無論怎樣著録，讀者根據其地理知識還可能做出正確的判斷。但如果出版者爲私人，傳統的著録方法習慣於將籍貫和人名一起著録，就很容易使讀者產生對圖書出版地的誤判。

例如中國人民大學圖書館藏清董佑誠撰《皇清地理圖》不分卷，卷末鎸"廣東省城西湖街富文齋承辦"，但編目員根據出版者應爲著録主持出版者的規定，又加上了出版者的籍貫，將該書版本著録爲"清咸豐六年（1856）長沙胡氏刻本"。讀者如僅看該書的簡單書目記録，就會誤以爲該書是在長沙刻印的。

該館藏清陳坤著《如不及齋詩鈔》一卷，卷末端印有"羊城西湖街藝苑樓刊刷"字樣，但版本著録却是"清同治十一年（1872）錢塘陳氏刻本"。也是同樣的問題。

有些情況更複雜一些，如北京大學圖書館藏《重刻元本草堂詩箋》二十二卷，該條書目記錄著錄出版者爲"清光緒二年（1876）巴陵方氏碧琳琅館"。這是因爲該書內封後有"光緒紀元歲在乙亥三月巴陵方氏碧琳琅館開雕"牌記，下書口也鎸印有"碧琳琅館開雕"字樣。但該書卷末還有一行木記："粵東省城西湖街富文齋承接刊印"，説明該書是由廣州書坊富文齋承接刊印的。如果讀者只看該書的簡要書目記錄，就會誤以爲該書是巴陵刻本。其實巴陵在湖南省，是刻書主持人的籍貫，刻書主持人方功惠的居住地就在廣州。北大圖書館對出版者的著録方式是傳統的著録方式，不能説不對，但今天看來，更合適的著録方法應該是著録出版者當時的所在地廣州，而不是出版者的籍貫巴陵，而且還應該同時著録該書的印刷者廣州富文齋。

圖三　光緒二年《重刻元本草堂詩箋》牌記　　　　圖四　光緒二年《重刻元本草堂詩箋》卷末

因著録出版者籍貫而產生的誤解，甚至直接影響到中國書史、中國出版史的研究。這方面最典型的一個例子就是六色套印本《杜工部集》。

中國歷史上，套印色數最多的就是清道光十四年（1834）盧坤六色套印的《杜工部集》。該書內封題"道光甲午季冬/杜工部集/芸葉盦藏板"；又左上角小字鐫："五家評本/王世貞 元美 紫筆/王慎中 遵岩 藍筆/王士禛 阮亭 朱筆、墨筆/邵長蘅 子湘 綠筆/宋犖 牧仲 黃筆。"

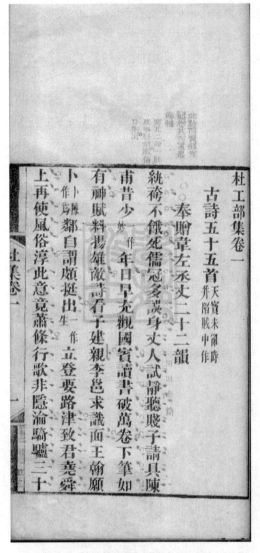
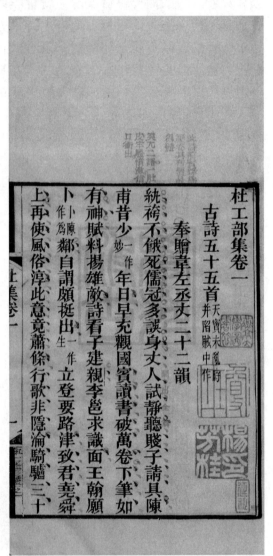

圖五　盧坤六色套印本《杜工部集》卷端　　圖六　翰墨園六色套印本《杜工部集》卷端

盧坤（1772—1835），字靜之，號厚山，順天府涿州（今河北省涿州市）人，嘉慶四年（1799）進士，選庶吉士，歷任兵部主事、兵部員外郎、兵部郎中、廣東惠潮嘉道、山東兗沂曹濟道、湖北按察使、甘肅布政使、廣西巡撫、陝西巡撫、山東巡撫、山西巡撫、廣東巡撫、湖廣總督、兩廣總督等職,卒後贈太子太師、兵部尚書,謚敏肅。

盧坤是在道光十二年(1832)八月調任兩廣總督的,九月兼署廣東巡撫。道光十五年八月卒于任上,任兩廣總督的時間整整三年。芸葉庵是盧坤的齋名,道光甲午是道光十四年(1834),正是盧坤在任兩廣總督期間。六色套印本《杜工部集》的刻印只能是在廣州。這也可以解釋爲什麼恰恰是廣州的翰墨園書坊在清光緒二年(1876)又重新刻印了六色套印的《杜工部集》。

翰墨園刻本内封面題"杜工部集/五家評本/王弇州紫筆/王遵巖藍筆/王阮亭朱墨筆/宋牧仲黄筆/邵子湘緑筆",内封背面鑴"光緒丙子三月粤東翰墨園刊"。與盧坤刻本極爲神似,很有可能盧坤道光十四年的本子就是委託翰墨園代爲刻印的。

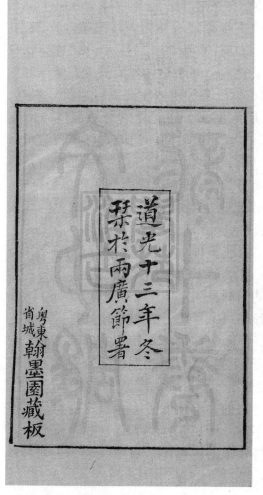

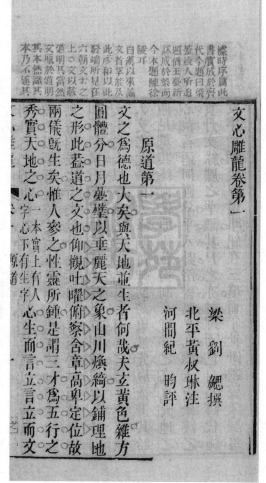

圖七　兩廣節署刻本《文心雕龍》牌記　　　圖八　兩廣節署刻本《文心雕龍》卷端

實際上，盧坤以兩廣節署名義于清道光十三年（1833）刊刻的朱墨套印本《史通削繁》四卷和《文心雕龍》十卷，于道光十四年（1834）刻印的朱墨套印本《蘇文忠公詩集》五十卷，都是廣州翰墨園刻印的。如《文心雕龍》十卷內封背面牌記題"道光十三年冬栞於兩廣節署"，該葉左下鎸："粵東省城翰墨園藏板。"

翰墨園主人駱浩泉，從道光年間就開始刻書，光緒年間刻書尤多。翰墨園刻書，多爲經書、正史和子集名著，如《御纂周易折中》二十二卷首一卷，《欽定書經傳說彙纂》二十一卷首二卷，《欽定春秋傳說彙纂》三十八卷首二卷，《欽定詩經傳說彙纂》二十一卷首二卷，《史記集解索隱正義合刻本》一百三十卷，《南北史捃華》八卷，《史通通釋》二十卷，《七修類稿》五十一卷續稿七卷，《徐孝穆集箋注》六卷，《外臺秘要》四十卷等。

翰墨園刻書的另一特色，即多套印本。朱墨本如：據葉樹藩海錄軒本翻刻之《昭明文選李善注》六十卷，據聽雨齋本翻刻之《唐賢三昧集箋注》三卷，《蘇文忠公集》五十卷，《陶淵明集》八卷卷首一卷卷末一卷，《史記菁華錄》六卷，《文心雕龍》十卷，《史通削繁》四卷等；三色套印本有據秀野堂本翻刻之《昌黎先生詩集注》十一卷；四色套印本有《重刊補注洗冤錄集證》六卷，五色或六色套印本就是五家評本《杜工部集》了。孫毓修《雕版源流考》曾說："套板印本廣東人爲之最精"，其實說的就是翰墨園。翰墨園可稱是清末廣州書坊精湛刻印技術的突出代表。

但過去幾乎所有對該六色套印本《杜工部集》的著録都是涿州盧坤刻本，沒有揭示其爲廣州刻本。由於各家書目記錄都沒有明確著録盧坤的六色套印本《杜工部集》爲廣州刻本，導致各種中國書史著作也對其認識不清，連張秀民先生的那部書史名著《中國印刷史》，在敘述盧坤的六色套印本《杜工部集》時，都沒有說明這部書是在哪裹刊印的，當然更不能指出光緒二年（1876）翰墨園刻六色套印本《杜工部集》與其之間的淵源關係了。

由此看來，著録出版者籍貫的做法很不可取，儘管在編目格式上，籍貫是和出版者的姓名一起著録在出版者項的，但由於在供讀者使用的顯示界面上它恰好位於出版地的位置，導致籍貫地名很容易和出版地相混淆。特別是當出版地和出版者籍貫同時都著録的時候，就更亂套了。

著録私人出版者籍貫的做法是古已有之的，現在的許多古籍書目也傳承了這一做法。但事實上籍貫的著録必要性不大，而出版地的著録却相當重要。爲了使二者不致發生混淆和衝突，筆者根據多年的古籍編目實踐經驗，建議古籍編目最好徹底取消對私人出版者籍貫的著録。

四、廣雅書局所刻書不都屬於《廣雅叢書》

　　古籍版本著錄中過去常有"××叢書本"的說法，後來的卡片目錄和現在的計算機編目一般也都設置"叢書項"或"叢編項"，指出某書爲某部叢書的零種，自然版本情況也大多等同於所屬叢書的刻印年代了。廣州在清末民初刻印了許多叢書，如《粵雅堂叢書》《學海堂叢刻》《廣雅叢書》（又名《廣雅書局叢書》）《碧琳琅館叢書》《端溪叢書》《紫陽叢書》等。這其中，《廣雅叢書》的情況比較特殊，著錄廣雅書局所刻書時需要格外注意。因爲現在圖書館古籍編目中有一種錯誤做法，就是凡碰到單種的廣雅書局刻本時，都在"叢書項"（或稱"叢編項"）著錄"廣雅書局叢書"或"廣雅叢書"，意爲該書是從《廣雅叢書》中散出的零種。

　　廣雅書局由時任兩廣總督張之洞於光緒十三年（1887）十月創辦，第二年即開始刻書出版發售，泊光緒三十年（1904）書局停辦，歷時近二十年，期間共刻書215種，其中如《欽定全唐文》一千卷、翻刻《武英殿聚珍版叢書》一百四十八種等大部頭書，都各算作其中的一種，可見廣雅書局刻書規模之大。

　　《廣雅叢書》並非廣雅書局刻書的全部，而是民國九年（1920）廣東圖書館附設之"廣雅版片印行所"據廣雅書局所刻書版選編重印而成的一套大型叢書。廣雅書局刻書之初並没考慮以叢書的形式刻印書籍，但因大多採用統一的稿紙寫樣上版，所以版式非常統一：四周單邊，上下小黑口，單魚尾，中刻書名、卷次和頁碼，版心下方右側刻"廣雅書局刊"五字。版框左上有書耳，記本版字數；絶大多數爲半葉十一行，每行二十四字，大小字字數相同；版框的規格也基本相同，一般框高21厘米，寬15厘米，各書之間的差别基本上不超過1厘米。這就爲後來《廣雅叢書》的彙編出版創造了條件。所以民國九年廣州圖書館成立"廣雅版片印行所"、對廣雅書局刻書版片進行整理時，就明確冠以《廣雅叢書》之名彙編印行。民國十六年二月更定的《"廣雅版片印行所"營業書目》中有以下夾註："以上共一百五十五種，分釘五百六十二册，板式一律，統名《廣雅叢書》。"《廣雅叢書》諸書刊刻年代，最早爲光緒十三年，最遲是光緒二十七年，歷時長達十五年，基本上彙集了廣雅書局刻書的精華。

　　現在各圖書館所藏各種廣雅書局刻書許多都是當年作爲單刻本出版的，各有其授受源流，並不一定屬於後來出版的《廣雅叢書》的零種；有些書甚至根本就不在《廣雅叢書》子目之列。將這類書著錄爲《廣雅叢書》本或在叢書項著錄"廣雅叢書"或"廣雅書局叢書"字樣，顯然是不合適的。

　　例如北京大學圖書館藏《三國志補注續》一卷，内封背面牌記鎸"光緒辛卯十二月廣雅書局梓"，内封鈐朱色木記"粵省雙門底儒雅堂書坊"，説明該書是在清光緒十七年（1891）刻印出版後，隨即由儒雅堂書坊負責發兌的。但該條書目記錄在叢編項著錄了"廣雅書局叢書"字樣，這就不符合歷史了。

又如北京大學圖書館藏《元史氏族表》三卷，封後鎸"光緒甲午春三月廣雅書局校刻"，卷端鈐"大學堂藏書樓之章"陽文朱印，說明該書是在清末京師大學堂藏書樓時期入藏的，這時還沒有《廣雅叢書》的編纂，但該書目記錄仍在叢編項著錄"廣雅書局叢書"，應該刪去。

其實，古代許多叢書的形成都有類似《廣雅叢書》的這種情況，將單刻本著錄為某種叢書的零種的現象也並不罕見。本文提出《廣雅叢書》零種的著錄問題，不僅是為了糾正對廣雅書局刻書的一些不當著錄，更是為了減少古籍編目中類似錯誤的發生，提高古籍書目記錄的準確性和可靠性。

圖九　廣雅書局刻本《元史氏族表》卷端

圖十　廣雅書局刻本《元史氏族表》牌記

五、結語

　　古籍抄刻地、印刷地的著録問題，歷來是圖書館古籍編目中一個難於處理的環節；私人出版者的籍貫是否應該著録，人們也是見仁見智；官、私刻書者和具體實施刻印事務的書坊之間的關係，也絕非今天出版社與印刷廠之間的關係那麼簡單；叢書的版本情況更是多種多樣。古籍版本著録的這些複雜性在廣州刻書中表現得尤爲集中和突出。通過對廣州刻書上述版本著録問題的分析，希望古籍編目人員能够注意到這些問題，妥善處理好相應的著録事項；同時也提醒學者在利用古籍書目數據庫檢索古籍時，最好是多種思路、多種途徑、多個角度地進行檢索查閱，才能獲得更爲全面、完整的資料，使自己的研究成果嚴謹而周密。

　　　　姚伯岳：北京大學圖書館古籍部編目總校　研究館員

校勘 版本目錄學研究第六輯

《撫本禮記鄭注考異》之校勘學價值略論

李 科

緒 論

《撫本禮記鄭注考異》是清代著名的校勘學家顧廣圻爲張敦仁校勘南宋淳熙四年（1177）撫州公使庫刻鄭注《禮記》而作的考異，共二卷。其流傳一直以張敦仁之名義，實爲顧廣圻爲張敦仁所撰。此書前署名張敦仁之《撫本禮記鄭注考異序》，又收入《思適齋書跋》中，并注云："張古餘。"① 又顧廣圻在此書後序中云："已乃覆校，未得其人，仍以屬廣圻。"② 由此，亦可見此書成於顧廣圻之手。按顧廣圻（1770—1839），字千里，號澗蘋、澗薲，別號思適齋居士、一雲散人、無悶子。元和人（今江蘇蘇州）。楊文蓀《思適齋集序》謂其：

> 學問淵深，辨證精博，校刻各書，如黃氏之《周禮》、《儀禮》、《國語》、《戰國策》、《易林》，孫氏之《唐律疏義》、《抱朴子》、《古文苑》，吴氏之《韓非子》、《列子》，胡氏之《通鑒》、《文選》，張氏之撫本《禮記》，秦氏之駱賓王、李元賓、吕衡州諸集，皆精審不苟，舉世珍若珙璧。③

---

① （清）顧廣圻著，黃明標點：《思適齋書跋》，上海古籍出版社，2007年，第114頁。
② 同上書，第115頁。
③ （清）顧廣圻：《思適齋集》，《續修四庫全書》，上海古籍出版社，1995年，第1491册，第1頁下。

顧廣圻擅長校勘，所校之書，皆以精審見稱，而《撫本禮記鄭注考異》爲其中之代表，有巨大的校勘學價值。此書原爲清嘉慶十一年（1806）張敦仁影刻宋淳熙四年撫州公使庫本鄭玄注《禮記》之附錄，後收入《清經解》中，又有民國施氏醒園本。今據《清經解》庚申補刻本所收《撫本禮記鄭注考異》，以簡要論述其在校勘學上之價值。

一、理清版本源流，擇優選擇校本

考證版本源流，理清版本流傳情況，對於校勘實乃基礎之功。若梳理清楚不同版本之間源流異同，擇優選擇底本校本，對於校勘可以起到提綱挈領、事半功倍之效。顧廣圻當時廣交江浙藏書大家，爲其校刻古籍，如黃丕烈、張敦仁等，而其兄顧抱沖，本身即爲當時著名之藏書家，故顧廣圻一生寓目之古籍善本甚富，其校勘古籍，特别注重考察其版本源流。其爲張敦仁校勘《撫本禮記鄭注》亦是如此，《撫本禮記鄭注考異序》後所附記之文即爲考證《禮記》主要版本之源流系統，其云：

> 南雍本，世稱十行本。蓋原出宋季建附音本，而元明間所刻，正德以後遞有修補，小異大同耳。李元陽本、萬曆監本、毛晉本，則以十行爲之祖，而又轉轉相承。今於此三者，不更區别，謂之俗注疏而已。近日有重刻十行本者，款式無異。其中字句特多改易，雖當否參半，但難可徵信，故置而弗論。其北宋所刻單疏，見於《玉海》卌九卷，有"咸平《禮記疏》"一條，云"二年六月己巳，祭酒邢昺上新印《禮記疏》七十卷"，是爲《正義》。元書未知今海内尚有其本否？曲阜孔氏别有宋槧注疏本，每半葉八行，經字每行十六。注及正義雙行小字，每行廿二。每卷首題"禮記正義卷第"云云，亦七十卷。計必南宋初所刻，向藏吳門吳氏。惠定宇所手校，戴東原所傳校者，即此也。與日本人山井鼎所據亦爲吻合，而彼有缺卷矣。①

此處顧廣圻所記即爲《禮記》主要版本之源流系統，並且比較了其中之異同優劣，這對於其校勘《撫本禮記鄭注》各種校本的選擇以及對不同版本之間異文之處理，提供了依據和指導原則。且其簡述版本源流異同，言簡意賅，簡明清晰，可謂提綱挈領，以簡馭繁。其序在述及《撫本禮記鄭注考異》異文處理原則時云：

---

① （清）顧廣圻：《撫本禮記鄭注考異》，（清）阮元輯刻《清經解》卷一〇七五，庚申補刻本，第1頁a—b。

凡經文與開成石本每合。明嘉靖時有單行經注本，又相臺岳氏有附音本，互相不同，撫本爲近之矣。又明南雍有附音注疏本，乃俗本之祖，而譌舛滋多。今所論説，祇以明是非差隱者。至於撫本既是，而又較然易知，不更詳著。或各本以外，於《正義》釋文具得顯證，則稍稍載之。與夫本並無誤，而後人不察，輕爲譚議，致生枝葉，若柯山毛氏之輩，連類所及，亦刊正焉。願將來治此經者，有以覽其得失也。①

此處顧廣圻雖言考異體例及原則，然多涉及相關版本之源流以及版本之間的優劣。而其處理不同版本之間的異文，則依據版本源流和版本之間優劣而加以抉擇。如上所謂南雍本爲俗本之祖、柯山毛居正《六經正誤》乃後人輕爲譚議，致生枝葉等，顧廣圻在對其文字或明其是非差隱，或連類所及而刊正之。其之所以如此處理，蓋因爲此二種版本較差，其異文之價值有限，故雖有所及，然不加以詳細考校。若不加以注明，則其得失不得而見，故顧氏云"將來治此經者，有以覽其得失也"。

二、各種校勘方法的嫻熟與綜合運用

日本學者神田喜一郎謂顧廣圻爲"清代第一校勘家"②，其學識淵博，校勘精審，能够熟練運用各種校勘方法，而且對一些特殊典籍的校勘多進行有益的探索。故誠如上引楊文蓀所言，凡經過其校勘的書籍皆爲世所重，舉世珍爲珙璧。其《撫本禮記鄭注考異》，正充分體現了其對校勘方法的嫻熟運用，對經部典籍校勘方法的有益探索。從其運用的校勘方法而言，陳垣先生所歸納的對校、本校、他校、理校"四校法"，顧廣圻皆已經運用，惟未如陳垣先生那樣歸納出而已。

對校，顧廣圻重視古本舊本，精熟版本，故其在校勘之時多種版本對校。《撫本禮記鄭注考異》，其中校勘以對校爲主。如"供給鬼神"條《考異》云："唐石本初刻同此，後改'共'，《釋文》作'共'。"③ 此條即爲版本對校，以唐石本初本、改本以及《經典釋文》所據版本與撫本對校，以見其文字異同。又如"必有妖孽"條，《考異》云："岳本、俗注疏本'孽'作'孼'，案此等皆依字書改耳。"④ 此條顧廣圻以岳本、南雍本爲代表之俗注疏本與撫本對校，

---

① （清）顧廣圻：《撫本禮記鄭注考異》，見清阮元輯刻《清經解》卷一〇七五，第1頁a。
② ［日］神田喜一郎撰，孫世偉譯：《顧廣圻年譜》，見陳祖武編《乾嘉名儒年譜》，國家圖書館出版社，第12册，第207頁。
③ （清）顧廣圻：《撫本禮記鄭注考異》，見清阮元輯刻《清經解》卷一〇七五，第1頁a。
④ 同上書，卷一〇七六，第9頁a。

並且説明其中文字差異之由。又"注言聖人雖隱遁"條《考異》云:"嘉靖本同此。十行以來本'遁'誤'居',岳本'遁'作'遜',依《釋文》改。"① 此條,以嘉靖本、十行以來本、岳本等對校,以見其中文字之差異。據此三條可見,顧廣圻對版本對校的重視。檢整部《撫本禮記鄭注考異》,幾乎每條皆有版本對校,可以説,顧廣圻《撫本禮記鄭注考異》的其他校法以及異文考證皆建立在這種篤實的版本對校的基礎之上。而且,顧廣圻之版本對校是建立在對版本系統和版本優劣進行深入考訂梳理的情況下,擇優選擇各種校本,從而使其版本對校的文字,既簡潔明了,又能夠反映不同版本系統的文字情況。這對於追本溯源,考察書籍在流傳過程中的異文的産生以及文字的變化,都有重要的價值。

本校,顧廣圻在其校勘生涯中非常重視本校。《汪氏學行記》卷四《顧澗薲與喜孫書》嘗載其論校書,云:"凡校書之法,必將本書透底明白,然後可以下筆。"② 所謂將"本書透底明白",就關係到本校之法的運用效果,顧氏以爲如果不將"本書透底明白","則望文生解……必致失其本指而不自覺"③。顧廣圻《撫本禮記鄭注考異》,對撫本《禮記鄭注》之校勘,其中亦有以書前後不同篇章之字句互校互證者。如"曲禮上"條《考異》云:

  岳本十行以來本皆同此。唐石本無"上"字。嘉靖本亦然。案:有者出於《正義》,無者出於《釋文》,各見本書。又案:但於下題之,自足分別,不必預題"上"也。《釋文》是矣。《檀弓》、《雜記》同。④

此條校《禮記》篇章之分合,關於《曲禮》是否分上下章,顧廣圻雖然先用版本對校,後加以推理,然最後亦輔以本校,所謂"《檀弓》、《雜記》同"者,即以本書《檀弓》《雜記》之分章前後互證。又《檀弓上》"注禮揚作騰"條《考異》云:

  嘉靖本、岳本、十行本皆與此同,俗注疏本"騰"作"䁸",下"騰,送也"同。案:俗本非,《鄉飲酒義》注云"今禮皆作'騰'",《射義》注云"今禮'揚'皆作'騰'"可證也。⑤

此條先版本對校,後以《鄉飲酒義》之注前後互證互校,以證作"騰"是

---

① (清)顧廣圻:《撫本禮記鄭注考異》,見清阮元輯刻《清經解》卷一〇七六,第 10 頁 a。
② (清)汪喜孫:《汪氏學行記》卷四,《叢書集成三編》第 83 册,新文豐出版公司,1997 年,第 697 頁上。
③ 同上書,第 697 頁上。
④ (清)顧廣圻:《撫本禮記鄭注考異》,見清阮元輯刻《清經解》卷一〇七五,第 1 頁 a。
⑤ 同上書,卷一〇七五,第 5 頁 a—b。

而作"朕"非。如此之類,《撫本禮記鄭注考異》雖不如版本對校多,然期間所用此校法甚爲嫻熟,且頗有精當者在。

他校,顧氏亦重他校,且態度審慎。《汪氏學行記》卷四《顧澗薲與喜孫書》云:"凡校書之法……必將本書所引之書透底明白,然後可以下筆。"① 如果在他校之前,未能將"本書所引之書透底明白",則"尋覓出處,必致失其本指而不自覺"②。《撫本禮記鄭注考異》中他校者頗多,且往往與其他校法綜合運用,既不輕信他校材料,亦充分利用他校材料,故而《撫本禮記鄭注考異》一書在校勘上成就巨大。其他校者,如《檀弓上》"注椵柂"條《考異》云:"岳本'椵'作'椴'是也。今《爾雅釋文》作'椵',亦譌。"③ 此條顧廣圻據之他校材料,乃《經典釋文》之《爾雅》。其校語雖簡單,然對他校材料謹慎運用,以《爾雅》所引之文以證其誤,而不盲目據以校改。又《月令》"注顓頊氏之子曰黎"條《考異》云:

> 十行本《正義》中皆是"犁"字,蓋其本如此也。俗注疏本因改注中亦作"犁",其實作"黎"者,但異本耳。《左傳》作"犁",《國語》作"黎",《左傳釋文》有音,此無音,未必其本不作"黎"也。下"其神后土"注同。④

按,此條先版本對校,其後再引《左傳》《國語》《左傳釋文》等他校材料以證作"犁"與"黎"乃不同本之異文耳。其不僅以他書材料以校,而且其後還以本書前後互校。縱觀《撫本禮記鄭注考異》一書之他校,顧廣圻抓住群經及先秦秦漢諸子間之關係,重視利用其內容的交叉與互引之特點進行他校,尤其善於利用三禮互通以及《儀禮》與《禮記》之間經傳的關係進行他校,其精審者尤多。如上引兩條即引《經典釋文》的《爾雅》部分、《左傳》《國語》等內容以爲他校材料。其利用三禮之間關係加以校勘者,如《文王世子》"注掌以美詔王"條《考異》云:

> 注疏本"美"作"媺",非也。《周禮》自作"媺",鄭此注自作"美",所謂古今字,故《釋文》無音,《正義》云:"引師氏以美詔王以下者"云云,亦作"美"字也。俗本并《正義》中盡依《周禮》而改之,誤甚,此固十行本之所未誤者。⑤

---

① (清)汪喜孫:《汪氏學行記》卷四,《叢書集成三編》第83冊,新文豐出版公司,1997年,第697頁上。

② 同上書,第697頁上。

③ (清)顧廣圻:《撫本禮記鄭注考異》,見清阮元《清經解》卷一〇七五,第4頁b。

④ 同上書,卷一〇七五,第8頁b。

⑤ 同上書,卷一〇七五,第12頁a。

按，此條顧廣圻所據以他校者即利用《周禮》之相關内容，并據以以推俗本注疏之誤之由，可謂精當也。又如《曲禮下》"注衆介北面蹌焉"條《考異》云：

> 各本"蹌"下更有"蹌"字，誤也。山井鼎所據與此同。毛居正曰："'蹡'作'蹌'誤，興國軍本作'蹡'是，宋監本與此同。"今案：《釋文》音經"蹡蹡"云："本又作'鶬'，或作'蹌'，同七良反。"是正文有作"蹌蹌"，注有作"蹌焉"之本，非無出也。但正文既從"蹡蹡"而注仍作"蹌"，則爲歧耳。《聘禮》作"蹡"，《士冠禮》鄭注云："行翔而前鶬焉。"可見"蹡""鶬""蹌"三文之非有異也。毛居正泥"蹌"爲"鏗鏘"字，未得假借之理。《正義》所用本經注皆爲"蹡"字，與或作者不同。①

按，此條所據之《聘禮》《士冠禮》皆爲《儀禮》之篇章，顧廣圻根據《聘禮》《士冠禮》之用字，以證"蹡""鶬""蹌"三字之假借而非有異也。限於篇幅，茲僅舉二例關於顧廣圻利用《禮記》與《周禮》《儀禮》之間特殊關係以校勘撫本《禮記鄭注》。顧廣圻在全書中利用三禮之間特殊關係校勘文字的情況尚有很多，且大多數都建立在版本對校之基礎上，或輔以理校，使其考異結論多可靠篤實。

理校，顧廣圻雖然擅長版本對校與他校，然於文字疑難之處，通常在對校、本校、他校的基礎之上進行理校，其中不少校勘記和考異中相關文字考證篤實可靠。顧廣圻不僅熟悉古舊善本，而且熟諳典章、制度、名物、史實、文字、音韻等領域之知識，能夠非常嫻熟地加以運用，對校勘過程中的疑難進行精辟的考證。其校《撫本禮記鄭注》，尤其對先秦兩漢之禮儀、典章、制度、名物、古字、古音、古義、假借等方面知識有較高的要求。顧廣圻在《撫本禮記鄭注考異》中，多在版本對校或他校之基礎上，綜合運用這些知識進行考證。上引諸例已偶有涉及，又如《雜記下》"注己大功卒哭而可以冠子"條《考異》云：

> 案："子"衍字也。冠者，己身加冠也。經文"冠子取婦"，據父言之；"冠取妻"，據己言之，分別極明。此注"己大功卒哭而可以冠"即上注"父大功卒哭而可以冠子"。《正義》所謂今鄭同之，得其義矣，而今本《正義》中複舉此句，亦衍"子"字，乃後人妄添，非其舊也。②

此條乃典型的理校，顧廣圻據禮制與文義以推定出"子"字衍，乃後人妄添，並非其本來之舊。又如《射義》"注百年曰期頤"條《考異》云：

---

① （清）顧廣圻：《撫本禮記鄭注考異》，見清阮元輯刻《清經解》卷一〇七五，第3頁a—b。
② 同上書，卷一〇七六，第4頁a。

毛居正曰:"多一'頤'字。《釋文》亦然。蓋《曲禮》自'十年曰幼'至'八十、九十曰耄','七年曰悼','百年曰期',皆以一字爲目。自學至頤,皆言作用奉養之義,非名百歲爲期頤也。"詳見《毛詩正誤》。今案:毛所説大誤,《曲禮》"七十曰老"以上,上舉其名,下舉其事,"八十、九十曰耄"、"七年曰悼"、"百年曰期頤"三句,但有名而無事,所以然者,以事須十年學而始有,至七十傳爲己了也。上下句法判然有別,可見古人文字之精密,但其餘以一字名,"期頤"以二字名者。一字足盡則以一字名之,一字不足盡則以二字名之,凡名皆然也。至此經於"期"不連"頤"者,古人之語自有如此者耳。鄭彼經連讀而引之爲此注,正是言期者期頤也。若去之,於彼經此注皆不可通矣。毛又於《詩釋文》云:"蓋人生以百年爲期,至此則唯頤養之而已,不可勞也。"洵如所言,"八十、九十曰耄"者,既惛忘矣,尚可勞乎?孝子尚不當唯頤養之而已,而必待其至百年乎?離經畔道甚矣。乃知鄭君連讀期頤,解爲不知衣服食味,孝子要盡養道者,真至當不可移易者也。①

　　按,此條考證"期頤"連讀,駁毛居正以爲"期"後多一"頤"字。其中顧廣圻通過引本書如《曲禮》、他書如《經典釋文》中《毛詩》釋文,又據文義、文例、禮義和古時稱謂以推斷,從而認爲毛居正之説爲誤,而鄭玄以"期頤"連讀爲是。此條亦爲典型之理校。《撫本禮記鄭注考異》中此類理校之例甚多,限於篇幅,不再贅舉。

　　顧廣圻在《撫本禮記鄭注考異》中不僅擅用對校、本校、他校、理校諸法,而且諸校法很少單獨使用,往往綜合運用多種校法,本證旁證皆備,從而使得其考異成果精審可靠,爲後世校勘提供了範式。前面在分別述及對校、本校、他校、理校之時,已多有涉及。又如《檀弓上》"周公蓋祔"條《考異》云:

　　　　各本"附"作"祔",唯唐石本作"附",與此同。案:作"祔"者,出於《釋文》,《釋文》云"蓋'祔'音'父'"是也。作"附"者,出於《正義》,《正義》摽起止云"'舜葬'至'蓋附'"下,"附"字又三見,皆同是也。附葬合葬、祔祭合祭,二事本別,故唐石本從《正義》本,一用"附",一用"祔"也。其《釋文》本"合葬"即作"祔祭"字,是爲假借,理得兩通。俗注疏本因其經,從作"祔"者,遂盡改正《正義》中四"附"字作"祔",是爲以陸改孔,失之甚矣。後經"衛人之祔"、"魯人之祔",唐石本仍同《釋文》作"祔",以此經決之,《正義》本蓋亦作

---

① (清)顧廣圻:《撫本禮記鄭注考異》,見清阮元輯刻《清經解》卷一〇七六,第16頁a—b。

"附",而今十行以來本《正義》中字又爲人所改易也。至於《雜記》之"祔祭"作"附",則鄭云"讀皆爲祔"矣。①

此條即是顧廣圻綜合運用多種校勘方法之典型。其在版本對校的基礎之上,通過引用本書及他書相關記載,從禮制、文義、文字假借以及分析致誤之由,綜合運用對校、本校、他校及理校,使其考異過程篤實可信。又如《祭義》"注四學謂周四郊之虞庠也"②條,《考異》引顧廣圻《思適齋筆記》相關內容以考"四郊"之"四"當作"西",更是博引本書前後、他書相關內容,以《正義》與經注相證,結合禮制、文義、典章等方面知識,綜合運用本校、他校、理校加以考證。其文繁不錄。姑且不論其結論正確與否,其校勘和考證之過程,洵足以代表清代校勘學之高度。

三、對致誤緣由的探究

古籍校勘,對於致誤之由的分析,有助於對古籍流傳過程致誤原因、致誤規律的認識,對於校勘的具體工作亦具有重要的指導意義。清代考據學者,在古籍校勘中大多都比較注意分析古籍致誤的原因,歸納義例,如王念孫《淮南子雜志後序》中根據九百餘條校勘實例歸納出六十四種古籍常見的致誤之例。又如清俞樾《古書疑義舉例》,更是在古籍校勘方面分析致誤之由,歸納條例的集大成之作。顧廣圻一生爲人校書,所寓目之書甚多,其校勘經驗亦極其豐富,在此基礎之上,其對古籍致誤之由亦多有分析歸納,雖未如王念孫、俞樾那樣有比較集中的總結歸納,但是各類校勘札記、考異、校記中隨文歸納總結,散見多有。其《撫本禮記鄭注考異》一書,對撫本《禮記鄭注》及其相關參校本的訛文、脫文、衍文、倒文以及篇章分合等各類情況的訛誤有所分析,並且多有發凡起例之處,對於校勘古籍,尤其是校勘經部古籍,有重要的參考價值和範式意義。例如《曲禮上》"紛争辨訟"條《考異》云:

> 唐石本初刻"辯",後改同此。《釋文》作"辨"。案:禮之用字,以"辯"爲"徧",其"辯訟"字作"辨",乃相別,此唐石本必磨改之意也。嘉靖本同此,岳本作"辯",非。俗注疏本"辨"、"辯"多錯互,尤誤。③

---

① (清)顧廣圻:《撫本禮記鄭注考異》,見清阮元輯刻《清經解》卷一〇七五,第3頁b—第4頁a。
② 同上書,卷一〇七六,第6頁b—第7頁b。
③ 同上書,卷一〇七五,第1頁a。

此條校"辨"、"辯"之是非，其根據《禮》之一般用字情況，以推唐石本磨改"辯"爲"辨"之緣由。而所謂"禮之用字，以'辯'爲'徧'，其'辯訟'字作'辨'，乃相別"，"俗注疏本'辨'、'辯'多錯互"云云，實乃發凡起例，推之一般，以明《禮記》"辨"、"辯"二字之用例及此條致誤之緣由。又同篇"毋勦説"條《考異》云：

> 岳本"勦"作"剿"，岳所改也，本於曹憲《博雅音》。今案：《釋文》從"力"，唐石本亦從"力"，《五經文字·力部》云："勦，見《禮記》。"經典之字，類皆假借，惡容執"勦勞"一訓，輕議改易，且"剿"字《説文·刀部》所無，岳所改誤。①

此條顧廣圻校"勦"、"剿"二字，其"經典之字，類皆假借，惡容執'勦勞'一訓，輕議改易"云云，亦爲發凡起例，從經典用字之規律以推求字之訛誤。這對於古籍校勘都具有參考指導價值。又如《曲禮下》"司草"條《考異》云："俗注疏本'草'作'艸'，最誤。凡俗注疏本字體不同此者，大抵臆改，今不悉出。"② 此條，顧廣圻通過校"草"、"艸"，而分析總結俗注疏本中正、俗字體不同的緣由，以爲"凡俗注疏本字體不同此者，大抵臆改"云云，亦爲發凡起例，爲分析古籍中字體差異提供了可能的綫索。又《學記》"注情欲未生"條《考異》云：

> 各本"欲"作"慾"，下注亦然，唯山井鼎所據與此同。案：《釋文》作"慾"，《正義》作"欲"，十行本《正義》中"欲""慾"錯出，後人亂之也。③

此條顧廣圻分析十行本《正義》中"欲""慾"錯出之緣由，以爲"後人亂之也"。顧廣圻《撫本禮記鄭注考異》一書中對於致誤之由的分析和校勘通例之總結尚不止於此，此但舉數例以見一斑耳。其他散見全書，俯拾皆是，惟限於篇幅，難以畢舉。

四、不攘善隱惡，實事求是

顧廣圻校勘重視古本善本，校勘過程中博引衆家，有所據者，亦有所駁者。從校勘的具體成果中可見，其並不迷信古本舊本，對於古本舊本之誤多所是正，對於俗本正確而古本舊本錯誤之處，亦不曲徇古本舊本，而能夠實事求是，是

---

① （清）顧廣圻：《撫本禮記鄭注考異》，見清阮元輯刻《清經解》卷一〇七五，第1頁b。
② 同上書，卷一〇七五，第3頁a。
③ 同上書，卷一〇七六，第1頁a。

正訛誤。同樣，對於其所博引諸家成果以爲據者，皆註明出處，不攘爲己有，而對於其所駁之人，亦不一概非之，或有可參，或有正確者，亦往往詳注其説而表彰之。撫本《禮記鄭注》宋本，在顧廣圻據以校勘的諸本中，乃古本之最善者，然其《考異》中，亦多指其非，而不加曲徇，可見其學風篤實，實事求是，不佞古媚宋。如《曲禮》"注聘禮曰君有言"條《考異》云："'君'當作'若'，此撫本之誤，各本誤與此同，惟山井鼎所據宋板不誤。今未見也。"① 又如《月令》"犧牲毋牝"條《考異》云：

  《六經正誤》曰："欠'用'字。"《釋文》"用牝"有"用"字。建本有"用"字。案，其説是也。《正義》有，唐《刪定月令》亦有。此撫本之誤，各本不如此。②

此條顧廣圻不僅校撫本之誤，而且還肯定了毛居正《六經正誤》此校之正確。毛居正乃南宋著名之學者，撰有《六經正誤》，爲校勘之作，在當時有較高的水平。然因受時代和資料之限制，其校勘亦多有未確者，顧廣圻在《撫本禮記鄭注考異》中多有辯駁，然此處毛居正認爲脱一"用"字則爲是，顧廣圻並未一概否定其成就，而是加以肯定。又如《雜記上》"注某甫旦字也"條《考異》云：

  "旦"當作"且"，此撫本之誤。《六經正誤》曰："'且'作'旦'誤，各本不如此。"案，毛居正此校是矣。③

此條亦如上條，不曲徇撫本之誤，亦不攘毛居正之善而隱去其名，而是註明撫本之誤，表彰毛氏校勘之是。由此亦可見顧廣圻之校勘態度，乃實事求是，不佞古媚宋，對於所引用之家，不黨同伐異，而是擇優而從，且詳注出處。

五、對阮元《禮記正義校勘記》的補正

  阮元開局校勘《十三經註疏》，段玉裁嘗薦顧廣圻入局充校勘之任，然因與段玉裁在校勘原則上出現根本分歧而離開十三經局，轉而校勘撫本《禮記鄭注》，成《撫本禮記鄭注考異》一書。其中不僅貫徹了其校勘、處理異文的原則和方法，而且其中校勘成果多有可補正《十三經註疏校勘記》之《禮記正義校勘記》者。茲筆者將《撫本禮記鄭注考異》與《十三經註疏校勘記》相關部分對比，擇其中數例以説明顧廣圻《撫本禮記鄭注考異》對《禮記正義校勘

---

① （清）顧廣圻：《撫本禮記鄭注考異》，見清阮元輯刻《清經解》卷一〇七五，第2頁a。
② 同上書，卷一〇七五，第7頁b。
③ 同上書，卷一〇七六，第3頁b。

記》相關內容具有補正之功。

首先,《禮記正義校勘記》未校,而《撫本禮記鄭注考異》有校勘,可補其缺漏。如《檀弓上》即有"頹乎其順也"條、①"注以孔子不問"條、②"注聃叔梁紇"條、③"注大事謂葬事也"條、④"彈琴而後食之"條、⑤"飾棺牆置翣"條、⑥"注如攝與"條、⑦"欲人之弗得見也"條、⑧"注椵杝"條、⑨"注因且字以爲之謚"條,⑩皆爲《禮記正義校勘記》所未及。顧廣圻在《考異》中對此詳細校勘考訂,實可補《禮記正義校勘記》之缺漏,對於後世整理研究《禮記》及鄭玄注具有參考價值。

其次,《撫本禮記鄭注考異》與《禮記正義校勘記》相同的校勘條目中,《撫本考異》多有可補《校勘記》校勘考證不足或駁正其誤者。如《檀弓上》"注言居無常也"條,《考異》云:

> 各本常下有"處"字。唯山井鼎所據與此同。案,《釋文》以"常處"作音。故各本據增也。⑪

又《禮記正義校勘記》"言居無常處也"條云:

> 閩、監、毛本同,岳本、嘉靖本同,衛氏《集説》同。宋監本無"處"字,《考文》引宋板同。案《通典》一百三引"言居無常也",亦無"處"字。⑫

比較二者,可見此條顧氏對是非有所判斷,亦對致誤之由有所分析,而《校勘記》則無,此恰可補《校勘記》之不足。又如同篇"注牆柳衣也"條《考異》云:

> 案:此當衍"衣"字,下文"飾棺牆置翣"注之《正義》有明文,不

---

① (清)顧廣圻:《撫本禮記鄭注考異》,見清阮元輯刻《清經解》卷一〇七五,第3頁b。
② 同上。
③ 同上。
④ 同上。
⑤ (清)顧廣圻:《撫本禮記鄭注考異》,見清阮元輯刻《清經解》卷一〇七五,第4頁a。
⑥ 同上。
⑦ 同上。
⑧ (清)顧廣圻:《撫本禮記鄭注考異》,見清阮元輯刻《清經解》卷一〇七五,第4頁b。
⑨ 同上。
⑩ 同上。
⑪ (清)顧廣圻:《撫本禮記鄭注考異》,見清阮元輯刻《清經解》卷一〇七五,第3頁b。
⑫ (清)阮元撰:《十三經註疏校勘記》,《續修四庫全書》,上海古籍出版社,1995年,第181冊,第598頁上。

知者，誤以彼注"衣"字入此耳。①

又《校勘記》此條云：

  閩、監、毛本同，岳本、嘉靖本、衛氏《集說》同。浦鏜云："案七卷'飾棺牆'疏，則此注本無'衣'字。"②

對比此二條亦可見，顧氏《考異》重視分析致誤之由，而《校勘記》則無。此條二者雖然校記詳略相當，然顧氏對致誤之由的分析，洵足以補《校勘記》之缺。又《撫本禮記鄭注考異》"司徒旅歸四布"條云：

  此經唐石本以下盡同。山井鼎云："古本作'司徒敬子使旅歸四方布'。"足利本同。今案：古本、足利本非也，唯經文如此本，故注云"旅，下士也，司徒使下士歸四方之賻布"以明之。若經文既有"使"字、"方"字，注必當云"旅，下士也；布，賻布矣"，何為復贅"使下士歸四方之"云乎？鄭注字無虛設，豈宜有此？且經文"司徒"下既有"敬子"二字，注又安得單稱"司徒"？以此言之，足知其妄，不過因《正義》以"司徒"為"司徒敬子"，遂輕於竄改耳。其實《正義》所云，或者別據他書，兼可沿襲舊疏，本末不具，證驗未明，尋其意旨，專在難皇而已，未可遽謂其本之經竟如古本、足利本也。《少儀》"聽役於司徒"，《正義》引"司徒旅歸四布"，亦其本自如此之一證。或疑經止云"四"，注何以知其為四方？此如《覲禮》"路下四"，鄭云："謂乘馬也。"彼經"四"承"路下"之"下"，故解以"乘馬"。此經"四"在"歸"、"布"之間，故解以"四方"，望文解注之通例也。《文王世子》"一有元良"，注："一，一人也。"亦其比矣。古本之似是而非有如此者，附辨以發其凡。③

又《校勘記》此條云：

  閩、監、毛本同，石經同，岳本、嘉靖本同，衛氏《集說》同，《考文》引古本、足利本作"司徒敬子使旅歸四方布"。案，《正義》中屢言"敬子"，猶是皇侃、熊安生舊語，設經中無此，則疏豈空言？《讀書脞錄續編》云："經注並無'敬子'字，《正義》何為反覆申辨，向疑經文有脫譌而未能決，今讀古本為之釋然。"考文如此類，亦所謂披沙揀金也。④

由此二條可見，顧氏所校，真可謂將本書透底明白，亦將本書所引之書透底

---

① （清）顧廣圻：《撫本禮記鄭注考異》，見清阮元《清經解》卷一〇七五，第3頁b。
② （清）阮元撰：《十三經註疏校勘記》，《續修四庫全書》，第181冊，第598頁下。
③ （清）顧廣圻：《撫本禮記鄭注考異》，見清阮元《清經解》卷一〇七五，第4頁a—b。
④ （清）阮元撰：《十三經註疏校勘記》，《續修四庫全書》，第181冊，第610頁下—611頁上。

明白,綜合多種校法,旁征博引,并推其致誤之由,以爲"敬子"乃因《正義》之文而輕改,考論頗爲充分。且顧氏還觸類旁通,又引《禮記》《儀禮》相關用例,以發凡起例。相比之下,顧氏校勘考證遠較《禮記正義校勘記》爲詳,且其考證精審,結論允洽,實可補《禮記正義校勘記》之未備與疏誤。其他如《曲禮下》"注予一人嘉之"條、① "注衆介北面鏘焉"條、②《檀弓上》"周公蓋附"條③等,亦皆可補《校勘記》之簡略與疏漏。唯篇幅有限,不再悉舉。

小 結

通過上述,可見顧廣圻爲張敦仁所作之《撫本禮記鄭注考異》具有重要的校勘學價值。其重視古籍版本,尤其是擅於梳理版本源流,抓住版本之間的差異,正確評估版本之間異文價值,從而提綱挈領,擇優選擇校本以及確定處理異文的原則。在校勘方法上,其在掌握版本系統的基礎上,根據不同版本和不同校勘材料的價值,綜合運用對校、本校、他校、理校多種方法,在校勘方法上面做了有益的探索和實踐。顧廣圻除了分析版本系統、綜合運用多種校勘方法之外,還有意識對古籍流傳中致誤之由進行分析,發凡起例,雖然未如王念孫、俞樾總結出特定條例,但散見全書的對致誤之由的分析,爲後世深入研究和總結古籍致誤規律以及校勘規律提供了有益的探索。此外,顧廣圻是書在校勘方面不迷信古本善本,不曲徇舊本,對諸家之説亦擇優而從,不一概而論,且詳注出處,不攘善隱惡,實事求是,可謂學風篤實醇正。故而此書在校勘方面取得非常高之成就,對《十三經註疏校勘記》之《禮記正義校勘記》相關内容亦有補正作用,對今後《禮記》等相關著述的整理研究具有重要的參考價值。

李科:北京大學中國語言文學系中國古典文獻學 2013 級碩士研究生

---

① (清)顧廣圻:《撫本禮記鄭注考異》,見清阮元《清經解》卷一〇七五,第2頁b。
② 同上書,卷一〇七五,第3頁a。
③ 同上書,卷一〇七五,第3頁b。

活字與套印

版本目錄學研究第六輯

古籍版本鑒定必須加強對目驗法的研究和總結
—— 以活字印本鑒定方法爲例

劉向東

一、古籍版本鑒定法和活字印本鑒定方法的聯繫和區別

（一）古籍版本鑒定法是一種實用技術，是目驗和考訂兩部分並重的技術

我國古籍數量浩如煙海，内容博大精深。繼承傳統文化必須研究古籍，研究古籍必須講究版本優劣，講究版本必須厘清版本源流，鑒定版本必須掌握方法。就古籍版本鑒定的方法而言，它是目錄學、版本學發展到一定階段產生的一種實用技術。版本鑒定也是古籍整理、編目工作的基礎技術和重要環節。

古籍版本鑒定方法是一種實用技術，可以分爲目驗法和考訂法兩部分。①

目驗是指通過觀測古籍的字體、版式、紙張、墨色、開本、裝幀等等外部形式，調動已有的對古籍版本的所有知識儲備，對古籍的版本作出基本判斷。其原理大致表述如下：先在古籍鑒定實踐中，使用若干有標準特徵意義的版本，

---

① 古籍版本鑒定究竟是否已經形成了學科，學界尚有爭論，本文不予討論。將版本鑒定僅作爲一種方法或技術來考察，是爲了表述對這個方法或技術進行改進的思考。

加以記憶，又在古籍版本鑒定實踐中不斷修正錯誤，强化準確記憶，終極目的是依據字體版式紙張墨色等外部形式，大致判斷出何時何地何種版本。在此基礎上再作細緻的考訂工作，就能有效避免鑒定的版本出現失誤。目驗法也被俗稱爲"眼學"、"眼力"。

考訂是指在目驗的基礎上，對古籍的書名、卷次、牌記、序跋、刻工、諱字、題跋識語、印章等等，以及文字異同逐一考訂，結合前人著録和其他文獻，綜合考辨，準確判斷古籍版本的年代先後、真僞優劣的方法。

在版本鑒定實踐中，因爲目驗法和考訂法都有各自的優點和缺陷，必須結合使用。没有目驗法做基礎，經常會出現面對需要鑒定的古籍版本，心中無數，要麼人云亦云，要麼一言不發，要麼一言則離題萬里，甚至出現揮灑千言却滿篇荒唐的錯誤鑒定結果。没有考訂法做基礎的目驗法，也會局限於經驗，知其然而不知其所以然，有些感覺説不清道不明，往往做出的鑒定結果無法使人信服，更大的危險是，囿於個人有限的經驗會導致版本鑒定的錯誤。在版本鑒定實踐中，目驗法和考訂法都是同等重要的方法，只强調使用其中一種方法是不科學的，都可能影響我們對版本鑒定的總結以及影響版本鑒定的正確性。

古籍版本鑒定方法發展的歷史告訴我們，自宋至清千年時間，古人鑒定版本用目驗法也好，用考訂法也罷，都處在摸索之中，未見有對鑒定方法的系統描述，其實那也是版本鑒定方法產生初期的必然狀況；自從上世紀下半葉以來，古籍版本鑒定方法在目驗考訂兩部分都有了長足的發展。由於專家學者、圖書館工作者、古舊書店從業人員的共同努力，使得版本鑒定方法的科學性和準確性不斷提高，在此基礎上總結撰寫的古籍版本鑒定方法日益趨向系統化，又經過上述有着不同工作側重和研究方向的人員共同實踐檢驗，版本鑒定方法在目驗和考訂方面都更加科學，更加完善。這也是古籍版本鑒定方法發展的必然結果。

（二）活字本鑒定法是古籍版本鑒定方法之一，更多使用到目驗技術

活字印刷術源於雕版印刷術，比如版式字體等相同的地方極多，我們又把雕版印本和活字印本叫做古籍印本。古籍版本鑒定方法同樣適用於對活字印本的鑒定。活字印本和雕版印本又因爲工藝不同，在印刷物上遺留的痕跡有許多不同。如果説，雕版印本的版本鑒定必須目驗法和考訂法緊密結合，鑒定活字印本的版本則更多的需要目驗法。原因是古籍中明確爲活字印本以及製作技術文字記載極少，有些雖有簡單記載，還語義含混，根本無法作爲活字印本的依據。我們要鑒定是否活字印本，就必須通過目驗，對印本的痕跡逐一進行考察，直至得出正確的鑒定結果。

活字印刷脱胎於雕版印刷，但工藝比雕版要繁瑣得多。在這種情形下製作的活字印本，絕大多數的作品，無論是排版品質還是校勘水準，大都普遍低於

雕版印本。因爲工藝的特殊和繁瑣在印刷物上會留下若干痕跡，而造成這些痕跡的原因幾乎未見到科學的總結。因此，細細觀察這些痕跡，研究這些痕跡產生的原因，並加以歸納總結，能幫助我們鑒定活字印本。

事實也正是如此，前人注意到活字印本的版框中縫魚尾欄綫和雕版印本存在種種區別，字體大小排列曲直也有差異，經過觀測目驗、揣摩總結，出現了活字本鑒定方法。

二、鑒定活字印本方法發展歷史簡述

活字印刷基於對雕版印刷技術的改進和發明，作爲雕版印刷的補充，時多時少的使用，至今已近千年。將活字印本作爲一種版本從形式來研究，時間不過百年。而對活字本鑒定方法進行文字總結，至今大約50年。

（一）上世紀五十年代，活字本鑒定方法才逐漸系統化。

最早見於記載的活字本鑒定方法是1962年出版的《古舊圖書業務知識》[①]，由中國書店組織人員撰寫，至今已經有50年。

中國書店的古書收售人員，工作物件就是堆積如山的古書，因爲需要儘量合理地制定古書收售價格，就必須準確鑒定古書版本。上世紀五十年代末，受新華書店總店委託，整理古籍版本鑒定方法，撰寫有教材性質的文章"中國版刻圖書源流""怎樣鑒定版本""古書用紙""常用名詞術語淺釋"和"關於活字版"，每篇均帶有（初稿）字樣，被河北省文化局《古舊圖書業務知識》作爲主要內容，當做古舊圖書收售業務培訓教材，1962年作爲內部教材非正式出版。

中國書店的系列文章，開創性的嘗試將古籍版本鑒定的方法作了規律性的總結，使古籍版本鑒定的目驗方法和考訂方法相互融合，從此，古籍版本鑒定的方法有了質的飛躍。活字本的鑒定方法的總結就是其中做得最好的部分。

"關於活字版（初稿）"一文中首次將鑒定活字本的方法總結出十條，基本內容大致是活字印本有如下特徵：欄綫四角連接不嚴絲合縫、字體大小不一、

[①] 《古舊圖書業務知識》，河北省文化局編輯，1962年非正式出版。

筆劃粗細不一、行氣歪斜，等等（下文中簡稱"十條方法"）。①

此後的五十年中，這十條方法經常被各種古籍版本鑒定的著作引用。要指出的是，這十條方法，僅僅是活字本鑒定方法中目驗法部分，活字鑒定方法中的考訂法部分，即通過牌記、序跋、題記、文獻記載、目錄依據等等，多方面解讀史料，考訂版本，中國書店在古籍版本鑒定總的方法"怎樣鑒定版本"當中已經做了叙述，它們是密不可分的整體。有些學者不瞭解這一點，在著作中往往就孤立的抄撮中國書店的活字本鑒定法中的目驗部分的十條（或者簡單重新組織文字改爲四條、八條、七條等等）當作鑒定活字本總的方法，是非常錯誤的。

（二）活字本鑒定法的作用及其意義

將似乎無法口述的、多見於師徒間口口相傳的活字本鑒定方法，用文字進行歸納，形成在版本鑒定實踐中可供參考的條文，是一個創造性的工作總結。經過五十年來的活字鑒定實踐檢驗，儘管其中存在着一些差誤，但是，它的開創性、科學性、先進性是值得肯定的。對活字印本鑒定方法的合理歸納整理，開創了古籍版本鑒定方法中目驗法總結的先河。"十條方法"其後編撰的相關著作中都直接間接引用這"十條方法"，實際就是對這個總結的肯定。

---

① 見《古舊圖書業務知識》，第241—242頁。
最早形成條文的活字本鑒定方法（十條方法）：
1. 欄綫四角橫綫分隔號拐角連接不甚嚴死合縫，有時隔離一分左右。界格行綫兩頭與欄綫互不銜接。刻版印本無此現象。
2. 排字行氣不整齊，有時傾斜不直。有些字排列歪扭，甚至個別字倒置。
3. 字體大小不一致。
4. 筆劃粗細不勻。一行之內，不但字有大小，而且筆劃粗細有時也不一致。
5. 墨色輕重不一致。排字有時凸凹不平，印出書來墨色就輕重不一致。
6. 字畫絕不交叉。寫稿上版，爲了行氣整齊，字體結構美觀，在書寫時，上下字之間，撇、鉤、豎、捺有時交叉，但活字本則不然，每字一刻，各自獨立，故字與字間筆劃絕無交叉者。
7. 書口上下欄綫整齊。
8. 活字印本無斷版裂版。
9. 版心魚尾與兩旁行綫有隔離痕跡。活版魚尾，因係拼排成版，故與左右行綫十之九有些隔離跡象。
10. 行格界綫時有時無。活字本行格界綫爲拼排，拼排不平，則着墨不均，即出現行綫時有時無情況。

鑒別古籍是否活字印本，按照上述十條特徵，一般是可以區分出來。

三、活字本鑒定方法存在的問題及改進意見

活字本鑒定方法出現後，經過若干年若干專家的修改，文字更加規範，總結更加科學、合理。比如李致忠先生重新組織文字列爲五條①，徐憶農女士將考證法目驗法揉合在一起，形成更加全面完整的六條方法②。應該説，活字本的鑒定就理應不成問題了。確實很多人在開始學習這些方法時也會感到，掌握這幾條方法就能鑒定活字印本，但一旦到活字印本的鑒定實踐中又會覺得，對這幾條方法儘管可以倒背如流，在見到活字印本時依舊一籌莫展：要麼是對古籍中有明顯特徵的活字印本依舊不能確認，要麼是看到什麼書都覺得是活字印本。

筆者在檢閱各相關著作時還發現，使用同樣的"十條方法"來鑒定活字印本，結果却往往見仁見智，解釋還各各不同，甚至誰也説服不了誰。比如，明代活字印本上印有"銅版活字"或"活字銅版"是否就説明這些古籍是銅活字印本？明代究竟有沒有銅活字印本？銅活字印本和木活字印本如何區別？浙江温州發現的《佛説觀無量壽佛經》殘經是否是活字印本？清李瑶活字印本《南疆繹史勘本》是否是泥活字印本？泥活字印本和木活字印本如何區別？清半松居士琴川居士印刷的《明季南略》《皇清奏議》等一批書因爲書牌上有"都城琉璃廠半松居士排印本""都城國史館琴川居士排字本"字樣，這批書是否是活字印本？如此的問題尚有許多。由於存在這些無法統一的鑒定結果，在釋讀有限的活字史料時，大家的意見也不統一，導致我們撰寫的活字印刷史只能粗看，在若干重要節點上衆説紛紜，往往無法統一。比如：對《夢溪筆談》中關於活字"薄如錢唇"的解釋，有認爲"錢唇"是指字身高度的，也有認爲是指刻字的深淺的；對"以草火燒，瞬息可成"的"以草火燒"，有人認爲是錯誤記載，有人認爲記載可靠；清銅活字印本《古今圖書集成》的造字方法有認爲是鑄造法，有認爲是刻字法；有認爲《紅樓夢》的程乙本是程甲本活字排版後，整版存放一年重新修改排印的，不是通常我們認爲的活字本必須隨印隨拆……似乎關於活字印刷的方方面面，都存在種種不能統一的意見。總之，一遇

---

① 李致忠：《古書版本鑒定》，文物出版社，1997年，第172—176頁。
活字印本書的鑒定：一，依據序、跋、牌記鑒別；二，依據邊欄界行銜接處的跡象鑒別；三，依據有無斷版跡象鑒別；四，依據行字疏密歪斜横置倒置鑒別；五，依據印紙墨色的濃淡是否均匀鑒別。
② 陳正宏、梁穎編：《古籍印本鑒定概要》，上海辭書出版社，2005年，第73—85頁。
徐憶農：活字本的鑒定方法：第一，版匡風格；第二，排字特徵；第三，原本記述；第四，圖録書影；第五，書目著録；第六，文獻記載。

具體版本的鑒定，現有的活字印本鑒定方法就顯得不够用，不好用。

因爲活字本鑒定方法在鑒定實踐中存在若干問題，致使長期以來，我們也在對"十條方法"不斷推敲，進行修改的結果一是文字越改越精煉，（本文引用的"十條"文本，是最早見諸文字的版本，比較以後出現的文本，文字的粗糙顯而易見）表達越來越準確；二是有些著作對目驗法重新進行歸納，還加進了考訂法的有關內容。似乎這樣一來，活字印本的鑒定方法就得到改進，其實不然。活字本的鑒定方法存在問題的關鍵，是我們對活字印本實物的研究不够深入，對活字印刷特有的版式特點認識不够深入，對活字印刷工藝以及過程更缺乏認識，導致對活字印本上存在的特有痕跡不加注意，對其產生的原因不加研究，歸納總結自然就不盡合理。

試將活字印本鑒定方法中存在問題及改進意見分別叙述如下：

活字印刷和雕版印刷工藝有許多相同之處和不同之處，相同之處造成的印跡也大致一致，比如同時期的字體、版式風格大致相同，字體都是通過基本相同的寫樣刻字等工序，紙墨同時期使用的幾乎一致；不同之處就在於活字印刷的特有工序諸如造字、製造排版的版盤、排版固版都會在印刷物上留下許多雕版印刷物上没有的痕跡。

對這些痕跡做細緻的觀察（這就必須運用目驗法），對活字印刷的所有工序進行研究歸納，輔之對活字印刷術的史料深入解讀（這就要用到考證法），在此基礎上作出更爲科學的鑒定方法，會幫助我們準確鑒定出活字印本，也容易統一我們的鑒定意見。更爲重要的是，只有通過正確的版本鑒定我們才可能正確認識古代活字印刷，從而準確復原中國活字印刷史。

囿于篇幅，本文主要探討活字本鑒定方法中目驗法部分的存在問題

（一）目驗法（"十條方法"）歸納總結中的存在問題。

1. "欄綫四角橫綫分隔號拐角連接不甚嚴絲合縫，有時隔離一分左右。界格行綫兩頭與欄綫互不銜接。刻版印本無此現象。"尋找這個特徵，一直是我們鑒定活字本的主要依據。確實鑒定大部分活字印本就是依照版框中縫魚尾欄綫有明顯縫隙一看而知的。但是我們去細細觀察被鑒定爲"明銅活字本"、"明活字本"的《李頎集》《小字録》《西菴集》等數量還不少的古籍，其"欄綫四角的橫綫分隔號銜接處"，恰恰就嚴絲合縫，魚尾與兩邊中縫綫也没有明顯縫隙，"界格行綫的兩端，分別和上欄綫下欄綫"緊密銜接。那麼，這些版框中縫魚尾欄綫都没有縫隙的印刷物就不是活字印本嗎？

其實，古籍版本鑒定的基本原則要對印刷物做整體的鑒定。整體把握活字印本的印刷特徵至關重要。目驗活字本，看版框、魚尾有無縫隙確實是個竅門，而熟悉活字排版特有的字體大小不一、行氣歪斜風格才是關鍵。明代的活字印

本往往欄綫四角以及魚尾旁没有縫隙，但有"行氣不整齊，有時傾斜不直。有些字排列歪扭，甚至個别字倒置"的明顯特徵。《中國古籍善本書目》將它們定爲活字印本的事實，説明諸位專家正是把握了活字印本鑒定的精髓：對印本作了整體鑒定。清代以後的幾乎所有的木活字印本版框四角魚尾旁都有明顯縫隙。對這一鑒定方法的總結，黄永年説得較爲正確："只能説有空隙的必是活字本，不能説無空隙的必不是活字本。①"

2."排字行氣不整齊，有時傾斜不直。有些字排列歪扭，甚至個别字倒置。"此條所説的特徵是鑒定活字印本的關鍵。特别是個别字"倒置（包括横排）"，更是活字印本才有的特徵。但是，何謂"行氣不整齊、有些字排列歪扭"，是人們對印刷物字體排列的的主觀印象，具體到記録某某書的印象時，大家的描述就有很大的主觀感覺在其中，容易産生差别導致鑒定意見不一。這也是目驗法的弊病所在。

但是，經過長時間的目驗實踐，你會知道活字的行氣不整、行氣歪斜、字體的歪斜排列和雕版有顯著區别。

造成這個現象的原因，是造字時的一個個寫樣、貼字、刻字，首先字形不能保證固定在字丁的中央位置，也不能保證每個字都不歪斜；排版時因爲字丁總是有大小的區别，儘管大小並不明顯，但是對比雕版一氣呵成的寫刻，整行的文字大小匀稱，確實存在差異明顯，排列時也容易有歪斜，中心綫不直較爲明顯，也就是"行氣不整齊，有時傾斜不直"，活字的横行排列也不如雕版整齊。

一般來説，在古籍印本中看到倒置的字（包括卧排的字），就可認爲此書是活字印本。但是，倒置的字（包括卧排的字）是非常難以見到的。至今爲止，見於活字印本鑒定著作舉例的不過十數例。經常見於引用的比如明活字印本《毛詩》中的"自"字横排。倒字的發生和排版以及校對的品質有重要關係。古人出書，校對一般非常認真。因此，倒字的出現幾率不高，通過在書中找倒置的字來鑒定是否是活字印本，是比較困難的工作。如果要想在疑似活字印本中找倒字，有兩個竅門：一是書坊印書，出現誤排的倒字幾率較高；二是去注意活字倒置後字形大致相似的字，比如"一、二、三、日、田、王"等。如果仔細翻翻程甲本、程乙本《紅樓夢》，肯定會發現有一批倒置的字。

3."字體大小不一致。"大部分活字印本都有此特徵。相對雕版印本這個特徵而言更加明顯。

"活字是每字一刻"只是致使"字體大小不一致"的一個原因。活字製作，如果出於多人寫樣，如果活字排版時有生冷字或者有字臨時找不到，需要臨時

---

① 黄永年：《古籍版本學》，江蘇教育出版社，2005年，第187頁。

補刻，非常容易造成字體大小不一致。事實上，製作精美的活字本，字體大小均勻，筆劃一致的也有。這和活字製作的品質有極大的關係，更和活字印刷時沒有或極少臨時補刻活字有關。換句話説，製作活字的人員文化及工藝水準高，態度認真，花錢出書的人資金充足，對印刷品要求又高，就會製作出品質較好的書籍。你去看看内府活字印本《古今圖書集成》《武英殿聚珍版叢書》，基本看不到"字體大小不一致"的情形。民間的清雍正三年汪亮采南陔草堂活字印本《唐眉山詩集》，字體也没有"字的大小不一致"的感覺。因此有不少專家稱讚説："頗似清初之精刻本。"① 同樣字體製作非常精美的活字本還有清雍正三年陳唐活字印本《後山居士詩集》、清康熙福田書海銅活字印本《音學五書》等等，字體都大小均匀，刻印精美。就是如此刻印精美的活字印本，細細觀測字體，和雕版相比，也還有大小不一、筆劃不一的現象。多多觀測比較雕版和活字字體的大小匀稱存在的細微差别，有利於掌握活字本鑒定法的精髓。

  4."（活字本）字畫絶不交叉。"這是活字印本的工藝特點决定的。確實是經驗之談。從嚴格意義上説，活字一字一刻，刻完後再根據文稿内容一個字一個字排版，排印出的印本不應該出現字畫相交的現象。這確實是我們鑒定活字印本的有效方法。

  許多人提到活字印本中也有筆劃交叉的現象，經考察，其中絶大多數是由於經眼者目力不够，不能分辨活字和雕版的差異造成的誤解（因爲篇幅，不詳細舉例）。另外有極少的活字印本，確實存在"筆劃相交"的現象。那是因爲活字印刷工藝過程中的特例造成的。比如我們看到清末民初製作，仍然保存在民間的木活字中，就有將固定片語刻在一塊木丁上的，這個固定片語可以是兩個字、三個字、甚至更多的字。比如書口的書名，數字，通常也用一塊木丁刻成，這幾個字間可能就有筆劃相交處；再如常見的家譜、族譜等，"□氏家譜""□氏族譜"中的"□"字仍舊用活字，而"氏家譜""氏族譜"就使用三字連刻的木丁，特别是每卷首尾都要使用的"某氏家（族）譜卷×"，常常也將多字刻成一個固定的長方形木丁，便於使用。同理，並不一定是家譜，如果某個片語在文稿中會高頻率的出現，工匠也可能會將這種片語固定刻成一個矩形木丁（木條），一次植入用於印刷，這個矩形木條上面的字都有可能筆劃相交。這樣的"筆劃相交"可以依據上述活字印刷術的工藝特點找出原因。必須强調的是，這種多字連刻的現象只是工匠在活字印刷過程中偶爾爲之的做法，只能算是一種特例，並不影響活字印本鑒定規律的總結。

  最爲疑難的是朝鮮活字印本《後山詩集》字體大小不一，行氣不齊，確實是活字印本，對其中的筆劃交叉現象，似乎無法解釋。我目測的結果（未曾經

---

  ① 魏隱儒：《古籍版本鑒定叢談》，印刷工業出版社，1984年，第127頁。

眼國家圖書館藏本《後山詩集》原本，據《四部叢刊》影印本），依舊認爲並不一定就存在筆劃交叉的現象。大家舉例所説幾處明顯有字體相交之處，① 都有墨色較重的痕跡，私下揣測是因爲缺字用活字鈐蓋造成的。我目前不確知這種現象產生的原因，待目測原本，或許有更爲合理的解釋。但我不同意有用不規則形狀的活字用於印刷的觀點，製作不規則的活字並用於印刷是勞民傷財、事倍功半的事情。

總之，活字印本的鑒定方法一旦遇到鑒定實踐，總是有説不清道不明的地方，但是我相信，隨着對活字印本鑒定水準的提高，終究會將這些疑問搞清楚。

（二）對現有活字印本鑒定方法的改進意見

1. 重新認識目驗法在古籍版本鑒定中的重要作用

目驗法自清乾嘉間就盛行於版本鑒定實踐。洪亮吉對所謂"掠販家"有"眼别真贗、心知古今"著名之説，是對目驗法的最爲準確的描述。由於洪氏將"掠販家"排列爲五等人之末，有明顯的貶低之意。受此影響，"掠販家"的目驗法基本被認爲是書估的雕蟲小技，加上確實部分書估在收售古書追逐利潤的過程中有割目挖序、以殘充全、鑒定版本往往有意以非善本充善本等等劣行，於是目驗法被認爲幾乎是書估才用的經驗主義技術，曾被稱爲"書皮學"，主流專家學者似乎不屑一顧，甚至嗤之以鼻。上世紀五十年代以後，在奉唯物主義爲圭臬的社會環境裏，目驗法就是唯心主義的典型，在古籍版本鑒定實踐中儘管大家都在使用，但在各家著作中很少見到對目驗法的正面描述，更無人認真研究和總結了。

① 目驗法的理論基礎也是唯物主義的認識論

用我們認識一個人舉例來説，第一次見面總是要多看對方幾眼，隨着和這個人的交往次數的增多，我們自然而然會記住對方的容貌以及不一定説得清的細節，隨着交往多到一定地步，你會在人群中一眼就會憑着感覺找到他。甚至最後不用見到人，只聽脚步聲都能準確無誤的判斷是否是這個人發出的。馬未都對文物目鑒法的解讀同樣適用古籍版本鑒定使用的目驗法："當你看到你的兒子從幼稚園門縫中露出半張臉，你馬上就做出正確判斷，立刻滿臉堆笑，迎上前去；而不需等兒子走到跟前，脱去衣服，看看後背上的胎記才能確認是自己的兒子。你的迅速判斷源于你對兒子的熟知"；"這個高級大腦神經活動，有時只在零點幾秒内完成，不需預熱，也不需反復計算，答案快到外人無法想像"；"熟知是鑒定文物的必要條件。俗稱説熟能生巧。"

我們使用目驗法鑒定古籍版本就需要大量的經常的翻看古籍，並對各時期

---

① 艾俊川：《文中象外》，浙江大學出版社，2012年，第38—40頁。

各地方各門類古書的特徵加以記憶和總結，直至掌握演變的規律。熟練使用目驗法鑒定版本的人只要看看古籍的字體、版式、紙張、墨色，就能大致判定版本年代，甚至一口說出何人何地所刻，屢試不爽。在鑒定過程中，他們翻看古籍似乎一目十行，甚至不用打開書，只要看看簽條上的書名和書的外觀，就能大致鑒定版本，並且錯誤極少，這就給目驗法蒙上了神秘的面紗。其實這些人之所以有這麼好的眼力絕非朝夕之功，他們幾乎都有數十年在古書堆中摸爬滾打的實踐經歷，沒有人生而知之，只有"熟能生巧"。"熟"是指通過大量實踐達到的辨識程度，"巧"是指實踐後認識提升的高度。"實踐、認識、再實踐、再認識"這一辯證的認識活動，正好暗合他們運用目驗法鑒定古籍版本的實踐過程。

② 目驗法只能通過實踐的方法訓練掌握

所謂有著豐富眼學，實際就是對歷朝歷代古籍的紙張墨色字體版式異常熟悉、記憶有海量的書名卷數作者版本資訊、對古代印刷史的發展脈絡瞭然於心：歷朝歷代的印刷技術有何成就、說起歷朝歷代的珍貴版本如數家珍、對具體品種書籍的版本演變沿革能娓娓道來……其中的典型人物就是黃永年先生，屢曾聽說，他站在書架前，不用翻書，光憑看古籍的紙張裝潢和書名簽條，一眼就可在滿架古籍中找出最有價值的那一部。據我瞭解，許多古籍書店的老師傅都有這樣的一手絕活：（比如蘇州的江澄波、杭州的嚴寶善、天津的張振鐸、北京的張宗序等先生）拿到古書，只需略略一翻，就可斷定版本，且準確性達到99%。在他們眼中，宋元明清各代版本，經史子集各類圖書，無不了然於心，活字印本和雕版更是區別明顯，打開書籍，一眼可辨。要達到目驗法鑒定百無一錯的水準，是非常不容易的。他們必須記憶海量的書名卷數、作者姓名別號、年號諱字、版式字體、紙張墨色、歷代裝幀特點，掌握工具書使用法、尤其是相關目錄、圖錄爛熟於心；還必須對歷代史籍、文學作品，甚至天文地理、陰陽八卦都有涉獵……要做到這些，他們必須長時間堅持不懈地對古籍的形式和內容進行研究，甚至付出終生的努力。上述五位老先生都可以說是眼學極其了得的佼佼者。圖書館界的版本大家趙萬里、冀淑英、顧廷龍等先生眼學也極其深厚。隨著一大批有著豐富眼學經驗的古籍版本專家的去世，他們在古籍版本鑒定實踐中熟練掌握、靈活使用的目驗技術大部分未能得到有效總結，非常可惜。前國家古籍保護中心主任的李致忠曾經對記者說："20 年前，有國家領導人問我，一眼就能識別出一部古書的真假和年代的人，全國有幾位？我說有 10 位，現在大概連 8 個人都不到了"①，這裏的"一眼就能識別出一部古書的真假和年代的人"，正是指有著目驗法經驗的人。因爲我們對這種方法的科學性認識

---

① 《文匯報》，2009 年 6 月 28 日，吳越"古籍版本鑒定人才面臨斷流"。

不夠，不對目驗法進行研究總結，因此，掌握目驗法精髓的人越來越少，目驗法離我們也就漸行漸遠。

③ 目驗法在版本鑒定實踐中起着極爲特殊的作用

目驗法在古籍版本鑒定實踐中必須堅持使用、加強總結的原因還在於：許多古籍在收藏過程中因爲自然和人爲因素造成的損傷，殘缺不全和斷簡殘篇的情形數不勝數，無序無跋無牌記，遍檢全書根本找不到版本資訊的也常常遇見，遇到這種古籍需要鑒定版本，目驗法更有着特別重要的意義。

在這種意義上説，目驗法在古籍版本鑒定過程中應該有着重要甚至是第一位的地位。我們都知道，有着完整版本資訊的古籍並不是版本鑒定的難點，版本資訊不明顯的古籍也能通過深入的考證進行版本鑒定，而版本資訊嚴重缺失的古籍非得倚重目驗法進行版本鑒定。

④ 目驗法的總結存在若干難點，但必須重視和加強

目驗法往往被認爲唯心主義、經驗主義，重要原因是我們對其無法形成文字總結。上述舊書店以江澄波先生爲代表的老先生，固然因爲文化水準、文字能力等原因，無法將鑒定古籍的經驗寫成可以傳授後學的類似教材的文字。就是以趙萬里先生爲代表的一批版本鑒定大師，眼學極爲豐富，也沒有留下可以傳世的版本鑒定經驗的文字總結。考證法的考證則非常適合用文字表達，無論是對書名作者的考證，還是對文字優劣、内容詳略、甚至對年號避諱、典章制度、職官銜命等等的考證，都可以洋洋灑灑的寫提要、寫論文、出著作、出成果；目驗法使用的方法則很難用文字進行描述，我見到目驗法最多使用的典型鑒定語言就是一句話："觀其字體版式紙張墨色，當是□□刻本。"過去的數十年間，我們對目驗法進行系統的總結尚未見到，因此受到的質疑頗多。目驗法的總結顯得困難重重的原因，通過更爲具體的分析，是對古籍外部形式的字體、版式、紙張墨色的描述往往帶有强烈的主觀色彩，常常見仁見智，無法統一。

拿紙張來説：傳統的紙張生産，都源自手工作坊的各自操作，因爲産地生産技術的差異，因爲各地投料的竹料、樹皮、輔料習慣性比例的差别，還因爲對生産工藝及原料大致相同的紙張的名稱各朝代各地的習慣叫法不同，致使在各地方誌中看到作爲特産記載的紙張名稱千奇百怪，且數量極大；張秀民在《中國印刷史》中記載的紙張名稱就超過百種；我們所見的版本學以及版本鑒定的著作中總結的歷代常用的紙張名稱也有數十種之多。通過怎樣的描述總結使我們能夠掌握紙張使用的規律，乃至於掌握辨别紙張和版本鑒定之間關係的竅門呢？沒有大量的目驗經驗作基礎是不可能掌握辨别歷代所用紙張特點，而對歷代紙張特點無法用文字總結，就無法達到讓紙張鑒定成爲我們鑒定版本的幫手的目的。上海圖書館的陳先行總結的很好："説實話，紙張對鑒定版本很重要，却又很難把握……版本界對各時代紙張的認識也只能説個大概而已，至今

未有結合各種版本對古紙作專門的、系統的乃至科學的研究。"① 筆者深有同感，按說陳先生是當代的版本鑒定大家，從事古籍整理、版本鑒定四十多年，他的感觸也證明對紙張使用規律現在還停留在目驗階段，無法訴諸文字進行科學性總結。前幾年開創性的出版了《紙鑒》一書，將古代的紙張用照片的形式圖文對照，試圖解決用文字解釋無法識別紙張的難題，設想很好，但是效果依然不佳，看了照片，還是不能辨別紙張的種類和名稱，更別說能辨別成分大致相同而時代不同的紙張的區別，幫助版本鑒定了。

再說字體。誰都知道字體在版本鑒定中有着第一重要的作用，但怎樣描述各個朝代字體的演變風格，往往也是非常困難的。自從雕版印刷術出現後，橫平竪直的印刷體出現前，所有的字體都是手寫體，因爲寫手的寫字不是臨帖而是再創作，字體不會就是顔真卿、柳公權、歐陽詢、趙孟頫的標準體，而是摻雜了個人筆意的手寫體，這是書法的個性體現，不同朝代崇尚不同書寫風格的影響，又使得字體有共性的體現。我們就歷朝歷代書法的風氣可以進行宏觀的總結，但一旦具體到對手寫體的描述是顔是柳還是歐趙，往往就隨各人對顔柳歐趙的理解各各不同。我就多次見到藏書目錄中各家對同一部書字體的描述有說"宗顔"，有說"宗柳"；對印刷體的描述就更爲困難。明嘉靖剛出現不久的印刷體和萬曆的印刷體乃至明末的印刷體，風格有明顯的區別，清中期和晚期的印刷體也有區別，眼學經驗豐富的人一望就可準確分辨。而對無論明清印刷體的描述往往都是"筆劃斬方""長方體""瘦長體"等等，你能通過類似這種對字體的描述掌握區分明清各代版本的方法嗎？再說翻刻本和原刻本字體的細小差異，就算你能將形似而神不似的極爲細微的差別通過語言描述告訴他人，他人能準確接受並在版本鑒定過程中正確使用也存在問題。

最後說說版式。數十年間，僅見臺灣的李清志明確將目驗法（李氏稱爲"目鑒法"）作爲古籍版本鑒定的方法之一寫入古籍版本鑒定的著作中，也初次嘗試把經眼的歷代古籍版式因素，比如單雙版框、單雙魚尾等出現的早晚用計量研究法進行統計分析，使人們覺得這樣的掌握古籍的版式變化的規律有些科學性，取得相當的成就。但是，儘管如此，包括李氏在内，我們對歷代紙張、字體版式等演變規律的總結仍然未能取得突破性的進展。

黃永年先生也嘔心瀝血撰寫《古籍版本學》，將一生的目驗古籍版本的經驗總結成文字，有開創之功。但是，閱讀黃老先生的著作後，筆者還是感到，對版本鑒定目驗方法的總結剛剛開始，尚需完善。見有學者將《古籍版本學》斥之爲"版本鑒別豈能僅憑'觀風望氣'"，全盤否定黃氏的煞費苦心，這只能說是在學界尚未取得統一認識的情形下，要將目驗法加入版本鑒定方法的總結

---

① 陳先行：《打開金匱石室之門：古籍善本》，上海文藝出版社，2003年，第114頁。

中,任重而道遠。

然而,目驗法無法用文字總結的經驗,似乎師徒間通過口口交流就能傳授。實際情形不是如此。實質是師徒均通過長時間的大量接觸古籍,隨時交流探討,逐步掌握古籍版式字體演變規律和紙張墨色的時代特徵,輔之日積月累的文史、書籍出版編撰專業知識,經過長時間的版本鑒定實踐檢驗,最終達到對需要鑒定版本的古籍,稍稍翻看,"就能識別出一部古書的真假和年代"。

⑤ 缺失目驗法的古籍版本鑒定存在相當的風險

沒有目驗法做基礎的考訂法,常常會因爲資料的缺失和查找的種種困難,特別是在古書無序無跋無牌記的狀況下,導致考訂法"英雄無用武之地",盲目考證往往造成南轅北轍,緣木求魚的結果。

有無眼學決定版本鑒定正誤的例子不勝枚舉:

被認爲是北宋刻本的《聖散子方》,由於先後經眼此書的人眼學不夠,在長達二百年時間無人指出版本鑒定的錯誤。2005年,國家圖書館李致忠先生經眼此書時,覺得此書字體版式、紙張墨色是明代所特有。在他的努力下,在考訂的基礎上,準確還原此書版本爲明嘉靖時期郭五常刻本,推翻了此書爲北宋版本的錯誤鑒定意見。①

上海圖書館收藏的《京本忠義傳》殘頁,拆自其它古書的護頁。沈津先生憑"字體紙張俱似嘉靖物"判斷應是明嘉靖刻本,和明刻本相校得知此頁是《水滸傳》的最早版本之一,儘管只有一頁,在校勘學上也有重要意義。②

某專門介紹宋元版本的圖錄,在介紹元代《古杭新刊小張屠焚兒救母》等書版本時,竟將清末民初的著名刻工陶子麟當做元代刻工來介紹。在所選的圖片中可以清楚地看到"陶子麟刊""湖北陶子麟刊"等牌記。不說此圖錄的編撰者應該非常熟悉清末民初的陶子麟在古籍刻印方面取得的成就,也應該知道此書有翻刻本,光是看看書影上赫然的牌記以及字體,也應該清楚看出元刻本和清末民初翻刻本字體存在的明顯區別。

某著名書史學家在選用著名的五代刻本《寶篋印陀羅尼經》書影作爲插圖時,使用的是民國年間仿刻本,因爲字體是匠體字,稍具眼力的版本研究者應該一眼看出不是五代刻本。而選用版本鑒定錯誤的書影會誤導後學者。

清半松居士、留雲居士刻印的《明季南北略》《列皇小識》等一批晚明史

---

① 牛亞華:《文獻》2008年第2期,第114—119頁。文章詳細考證了《聖散子方》的流傳過程、內容提要、版本鑒定的種種依據。但特別要指出的是,"《聖散子方》考"文章的注釋①:"本館就《聖散子方》的版刻年代請教國家圖書館李致忠先生,李先生根據其版刻風格,判斷該書梓年應在明嘉靖間",說明就是在運用考訂法詳細對《聖散子方》進行考證,最後將版本定爲明嘉靖刻本的,也還是李致忠先生的眼力起了決定作用。

② 沈津:《中國珍稀古籍善本書錄》,廣西師範大學出版社,2006年,第664頁。

料書籍的書牌上均鐫有"排字本",因爲"排字本"就是活字印本的別稱,許多書目和著作據此著錄爲活字印本。其實,只要是有些眼學經驗的人都知道,這批書籍字體版式均没有活字印本的特徵,明顯都是雕版印本。

……

許多專業著作在提到具體書的版本時就會出現莫名其妙的錯誤,原因之一就是著作者缺乏起碼的版本鑒定知識。更爲嚴重的是,在錯誤的版本鑒定基礎上總結撰寫的版本鑒定法、印刷史、出版史,對古籍版本鑒定方法的總結有着反動作用。

古籍版本鑒定要求對古書作整體全面的考察和研究,目驗和考證兩種方法都必須熟練掌握,强調或忽視某一種方法都不科學,兩條腿走路方才更加穩妥。必須指出,本文呼籲加强對目驗法的研究,是由於多年來我們對目驗法的研究不够,絶不是排斥考證法。筆者進而認爲,包括考證法在内的古籍版本的鑒定方法都要加强總結,去粗存精,去僞存真,加快將古籍版本鑒定技術向學問轉化的進程。

2. 重視對活字印刷技術的研究,豐富活字本鑒定法

傳統的印刷技術離開我們的生活越來越遠。我們在對古籍版本鑒定方法進行總結時,往往因爲不瞭解古代印刷技術,不能正確解釋古代印刷工藝在印刷物上留下的種種痕跡,作出的總結很多都經不起推敲。

活字印刷因爲工藝更加特殊尤其如此。

活字印刷術有別於雕版的主體技術大致可以分爲四部分,一是造字技術;二是版盤製造技術;三是排版固版技術;四是拆字儲存技術。除第四種技術不會在印刷物上留下痕跡外,其餘三種技術都會在印刷物上形成和雕版印刷不同的痕跡。

根據活字印刷特有的技術,依據活字印刷工藝特點,將印刷物上遺留的痕跡分類考察,總結鑒定活字印本的方法可能更爲科學,更爲全面。

① 造字技術

雕版寫樣時書手會照應上下左右,字體大小均匀、粗細一致,行氣筆直。依據這種寫樣完成的刻本自然就字體均匀,行氣筆直。活字造字則事先做字丁,然後一個個的寫字、刻字。因爲印書使用的活字最少需要萬字以上,多則數十萬字,而寫刻這些字需要花費相當的一段時間,由於時間跨度長,參與人員多,加上是手工操作,成千上萬的活字集合在一起,字體大小不一,筆劃粗細不一的現象就會非常明顯。如果造字的數量不够或者有生冷字需要臨時補刻,匆忙間更會造成字體大小不一、筆劃粗細不一的現象。細細觀察活字印本的字體,除了大小不一、筆劃粗細不一外,字體還有左右上下歪斜的現象,甚至有的十分明顯,這是寫刻過程中由於分別寫樣、貼樣不精巧造成的。還有一種情況,

後人在得到前人製作的活字基礎上補刻部分活字用於排印，字體的大小粗細更加不容易一致，甚至字體風格也發生變化，一看就不是同一副活字。正是由於這些現象造成的字體特徵，可以被我們鑒定活字本時所加以利用。

② 版盤製造技術

要將若干活字依照內容完成排版，用於印書，必須根據設計的行款多少及字體大小，先製作好排版盤。然後將活字根據內容排放在這種類似雕版版片的盤狀物中，盤中除活字外，還有欄綫、中縫、魚尾等等組成中國古代書籍版面的所有元素，並且要設法固定，使之不動，才能用於印刷。這個盤狀物，我將之稱爲"版盤"。版盤製造的質地、方法不同，留下的痕跡不盡相同。活字印刷發明初期的北宋最初使用的是鐵質版盤（"鐵範置鐵板上"——《夢溪筆談》），以後陸續出現過泥質版盤①、木質版盤。在長期印書實踐中，逐步淘汰了泥質版盤、金屬版盤，保留了木質版盤。金屬版盤多見於早期活字印刷活動，一般和泥活字、金屬活字配合使用，同時使用的多是填充式②的固版方式。木質版盤多和木活字配合使用，固版方式也改進爲裝配式③。

明代活字印本上經常出現的"活字銅版""銅版"的"銅版"，突出強調版盤的材質是銅制的，和活字材質關係不大。因爲用銅製造印書的版盤，是對鐵質版盤的一種改進，在明代也應該是非常奢侈的事情。所以許多書中都有"銅版"的記載。雖然我們未見到遺存的明代或者清代銅質版盤實物，但是我們可以從明活字印本《小字錄》《西菴集》《玉臺新詠》等等書上見到這種銅質版盤的形狀：版盤四周及魚尾中縫等處不見縫隙，欄綫細實挺拔。這種銅質版盤應該是使用澆鑄或焊接技術製作的。

而更多的木質版盤的製造方法是：全部用木料做上、下、左三面有欄綫的盤狀物（或四面固定），空着右邊，等活字、行綫、中縫、魚尾以及各種頂木等裝滿版片後，再將右邊的欄綫裝上；使用這樣的版盤印刷就會在書頁的上下左右四角、魚尾、行綫上下端都出現細微的縫隙；這種縫隙的大小隨着版盤製作工藝的精良粗劣、先印後印（木質版盤隨着墨受潮程度大小縫隙會發生大小變化）等因素發生變化；除了清代內府所刻《武英殿聚珍版叢書》以及少數採用文字和版框兩次套印法印製的活字本外，幾乎使用木質版盤的活字印本上都

---

① 以鐵爲印盔，界行內用稀瀝清澆滿，冷定，取平火上再行煨化，以燒熟瓦字排於行內，作活字印板。爲其不便，又有以泥爲盔，界行內用薄泥，將燒熟瓦字排之，再入窰內燒爲一段，亦可爲活字板印之——元王禎"造活字印書法"。

② 填充式排版固版方法的文獻記載："先設一鐵版，其上以松脂、臘和紙灰之類冒之。欲印，則以一鐵範置鐵板上，乃密佈字印，滿鐵範爲一板"——見沈括《夢溪筆談》。

③ 裝配式排版固版方法的文獻記載："排字作行，削成竹片夾之。盔字既滿，用木㨴㨴之，使堅牢，字皆不動"——見王禎"造活字印書法"。

可見到上述部位明顯或不太明顯的有縫隙。

用不同技術製造的版盤會留下不同的印痕；觀察不同的印痕也可以看出版盤製造技術的不同。

我目驗了許多活字印本上版盤留下的印跡，結果表明，活字印刷通常需事先根據活字高度和行款製作尺寸合適的版盤。但製作的版盤數量一般不多，通常就是一兩副版盤（活字的發明者北宋畢昇就是採用的兩副版盤："常作二鐵板，一板印刷，一板已自布字，此印者纔畢，則第二板已具，更互用之，瞬息可就"），我見過的民間活字印本最多只使用了四隻版盤。這樣就可以依據版盤的四周欄綫的相同印痕，找出每每相隔一頁（當然不必拘泥"每隔一頁"，也可能一個版盤連續印數頁後又相隔數頁又見使用，而通常在一卷書中，往往就是交替使用兩隻版盤）就出現相同欄綫印痕的特點，鑒定出是否是活字印本（如果僅使用一個版盤印書，更可以一目了然的看到版框的印痕一模一樣）。雕版則每塊木版板框的細節特徵，不可能完全相同。另外，因爲版盤的尺寸固定，觀測書籍裝訂後的書口，版框上綫（古書裝訂的齊欄工序是只齊下綫，故按規矩裝訂的古書齊欄後，下綫筆直）爲明顯的鋸齒狀的是雕版，活字版則較齊，如用一隻版盤印刷，版框上綫則基本爲一條直綫。

版盤製造工藝會在印刷物上留下和雕版完全不同的印刷特徵，比如觀察印刷物上有上述特徵：不同書頁的版框印痕特徵相同、書口上欄綫幾乎爲一條直綫，這兩條活字印刷特有的痕跡，可以幫助我們鑒定活字印本。

對活字本鑒定技術而言，必須對版盤製作技術引起足夠的重視和研究。原因很簡單，目驗法必須考察的所謂版式，在活字印本中，實際就是指版盤在紙面留下的痕跡。重視和研究版盤製作技術以及留下的痕跡，肯定會給活字印本的鑒定帶來出乎意料的收穫。

③ 排版固版技術

排版固版是活字印刷技術特有的工序，這道工序要做兩項工作：一是按照文稿排列文字；二是固定文字、中縫、魚尾、行綫以及版面上不出現痕跡的頂木、夾條等物件。排版固版工藝在活字印刷術的發展過程中大致有過兩種方式：一是以畢昇使用的方法爲代表的填充式排版固版；一是以王禎改進的方法爲代表的裝配式排版固版。這道工序在印刷物上也會留下明顯的印跡。比如版面出現行氣不整齊的現象，除了受造字過程中因爲寫刻字體的不統一，字體的中心綫不匀整、活字大小不一的原因，排版也還會因爲活字的拼裝受填充物擠壓的影響，進一步加劇字列歪斜現象。此外，字體筆劃不相交、出現倒字臥字，也是活字特有的排版固版工序在印刷物上可能出現的特徵。

這個環節還會產生其他種種只有活字印刷特有的痕跡：比如每當活字略略高於版框，版框內側的綫條會因爲活字稍高的侵蝕出現損失，形成只有活字印本特有的呈現弧形缺損的痕跡；再如不精緻不規範的印刷物（通常見於小書坊製品）上甚至會看到本不應該看到的如頂木、夾條等填充物留下的痕跡；活字製作的半邊高低也會在字旁留下字丁邊緣的墨痕以及單個字上半部清晰下半部模糊等等印痕；如果在印刷物上確信看到邊欄內側有弧形缺損的痕跡、頂木夾條的痕跡、許多字跡半邊清晰半邊模糊等等，也可以幫助我們判定這個印刷物是活字印本。

將"十條方法"鑒定方法裝進活字印刷工藝的"筐"中，就產生了下述的關聯。屬於造字環節產生的特徵大致是：字體大小不一致；筆劃粗細不勻。屬於版盤製造環節的特徵是：欄綫四角有縫隙；版心魚尾與兩旁行綫有縫隙；活字印本無斷版裂版痕跡；書口上下欄綫整齊；板框特徵重複出現。屬於排字環節產生的特徵是：排字行氣不整齊；甚至個別字橫排或倒置；墨色輕重不一致；行格界綫時有時無。屬於造字和排版環節產生的共同特徵是：字體有歪斜；行氣不整齊；字畫絕不交叉。

依據活字印刷的各道工序遺留的印痕加以梳理歸納，列出活字印本目驗部分的鑒定方法。

①字體大小不一，筆劃粗細不勻，甚至風格都不一致。如無特殊需要採用多字連刻，兩字間筆劃絕不相交。

②字列行氣歪斜。許多字明顯重心歪斜，個別字倒置。墨色輕重不一。字跡有半邊清晰半邊模糊現象。行格界綫時有時無。

③絕大多數活字印本欄綫四角橫綫分隔號拐角連接不甚嚴死合縫。界格行綫兩頭與欄綫一般都不銜接。版心魚尾與兩旁行綫有明顯縫隙。一般來説，書口上下欄綫比較整齊。不同書頁的板框，會出現完全相同的細節特徵。無斷版裂版的痕跡。邊欄內側往往有弧形缺損的痕跡。

總之，重視研究活字印刷的工藝以及研究印刷物上的痕跡產生的原因，找出規律性的東西，加以科學的總結，會幫助我們提高鑒定活字印本的準確性。

3. 充分利用電腦技術，建立活字本圖庫和字形檔，使目驗法更加科學準確

電腦和數碼相機已經越來越深入地融入到我們的工作研究中。對傳統的古籍版本鑒定來説，也有意想不到的幫助：通過數碼相機按照採集書影規範要求拍攝的彩色書影，讓我們看到的字體版式和原書高度一致，如有需要還能看到原書的外觀、序跋、牌記、題記、書簽等幾乎所有鑒定版本需要的內容；電腦能非常準確快捷地將書影傳輸給需要的人。這是科技發展給古籍版本鑒定方法帶來的福音，我們必須充分認識電腦技術對於改進傳統的版本鑒定方法的幫助是前所未有的。

① 製作品質較好的活字本書影

目驗法無法描述的字體版式都可以通過彩色書影一目了然的進行交流和校

勘（當然，紙張墨色因爲數位相片的色彩還原的過程會産生誤差，和原書尚有區别，不能完全採信）。這可以在對字體版式變化的規律進行總結時，附上相關的圖片，讓文字無法描述的字體的微小差異，版式的差别通過照片一目了然。對於古籍版本鑒定最爲經常使用的對勘方法來説，用書影比較文字異同也是既方便又準確的好方法。

② 熟練使用目驗法對活字本書影進行研究

由於活字本的版本鑒定最多使用的是目驗法，而能否熟練使用目驗法最爲關鍵的就是能否經常見到活字印本，直至掌握活字印本特有的字體製造、版盤製造、排版固版工序留下的種種痕跡。在看不到原書的情况下，看到足够多的書影也是非常好的方法，多看有正確鑒定意見的書影更能加快對活字印本特徵的掌握。但必須注意，目驗活字印本的書影，重點在對活字印本的字體大小不一、筆劃粗細不一、行氣不整進行觀察，掌握活字印本特有的字體寫刻排版風格。

③ 盡可能完整的建立活字印本圖庫

由於活字印本的數量和雕版印本的比例不足 1：167，現存古籍中活字印本據推測大約只有 4000 種（不含活字印本的家譜族譜），① 其中明代及以前的活字印本只有 100 多種，利用電腦技術和各大圖書館資源分享的時代要求，建立明代活字本圖庫，内容除了書影外，加上"中國古籍總目"中所有要求著録的項目，就可以很容易地梳理清楚早期活字印本的發展源流和技術發展脈絡；在此基礎上建立起數量約 4000 種的清代活字印本圖庫也不是做不到的事，通過明清兩代的活字印本的書影會清楚地看出活字印刷技術的發展變化以及活字印本整體的風貌。

④ 建立活字印本字形檔

利用數碼拍攝技術，可以進一步將各活字印本的字剪貼，建立活字印本字形檔。使用圖片的重合比對功能，找出活字印本中同樣的字在同一種書中出現的次數，瞭解活字使用的規律，對揭示銅活字的製作方式、泥活字的製作方式等傳統的古籍版本鑒定方法無法解决的問題，都會有説明；另外，如果發現兩本用同一副活字排印，依據甲本上的已知紀年就能鑒定出没有紀年的乙本的大致排印年代等等。

我們將電腦技術引入古籍版本的鑒定工作，尚没有取得成功經驗，重要原因是熟悉電腦技術的人員不太熟悉古籍，更不熟悉版本鑒定工作；而反之熟悉古籍版本鑒定的人員也不熟悉電腦技術，如果培訓專業人員介入，將不斷發展的電腦技術爲古籍版本鑒定提供服務，定會取得意想不到的收穫，使古籍版本

---

① 徐憶農：《活字本》，江蘇古籍出版社，2002 年，第 5—6 頁。

鑒定的方法向更加科學準確的方向發展。

四、活字本鑒定方法還必須在鑒定實踐中不斷進行補充完善

對活字本鑒定方法進行歸納總結，實踐證明不可能一蹴而就。幾十年來，無數的專家學者對此進行了可貴的研究探索，現在看來依然存在着一些問題，說明我們對活字印本研究已經更爲深入。可以想見，隨着我們的探索和研究，在新的鑒定方法出現後，還得在鑒定實踐中進行檢驗，通過不斷的檢驗總結，才能使活字印本的鑒定方法日趨科學完善。

處於古籍保護工作得到空前重視的今天，古籍版本鑒定工作依然是古籍保護工作的難點；依託日新月異的電子數碼技術，依託國家投入的源源不斷，依託經驗豐富的專家學者言傳身教及傳世著作，依託資源分享的開放程度越來越高，我們一定會在前人總結的寶貴的經驗基礎上作出全新的、更爲科學的、更準確反映活字印刷實踐的、更容易掌握的活字印本鑒定方法，指導活字印本鑒定實踐。

劉向東：揚州市圖書館研究館員

收藏 版本目錄學研究第六輯

《增訂美國普林斯頓大學東亞圖書館中文古籍書目二種》前言

馬泰來

　　普林斯頓大學東亞圖書館，原名葛思德東方圖書館（The Gest Oriental Library），中文古籍來源較爲單純，大部分爲 20 世紀初美國海軍退役軍官義理壽（I. V. Gillis, 1875—1948）爲其東主葛思德（Guion Moore Gest, 1864—1948）在中國購買。2000 年，以新購中日韓書籍日增，改名東亞圖書館及葛思德文庫（The East Asian Library and the Gest Collection, Princeton University Library），簡稱東亞圖書館。

　　美國普林斯頓大學東亞圖書館所藏中文古籍，質量並佳，在北美僅次於美國國會圖書館和哈佛大學哈佛燕京圖書館。其中《磧砂藏》一種，含宋刻本約七百册、元刻本六百三十餘册，所藏宋元刻本册數爲北美之冠。此外所藏中醫古籍爲亞洲以外最多，其中不乏善本孤本。

　　義理壽爲專業情報人員，以科學技術鑑定中國古籍，中國學者如胡適及王重民對其考訂皆甚敬佩。義理壽交遊兼及學界書販，因是所獲有極難得者。館藏編目，出諸名家，書志目錄有二，先後於 1974 年及 1990 年刊佈，爲首間完成全館中文古籍整理的北美主要圖書館。

　　義理壽於 1941 年在北京印發《葛思德東方藏書庫書目》（*Title Index to the Catalogue of the Gest Oriental Library*）四册，合作者爲白炳騏。全書頗簡略，僅列書名作者，實質爲一索引。先是葛思德藏書已運往北美。

篳路藍縷，第一位爲普林斯頓大學所藏中文善本書撰寫提要的是王重民先生。1946年，他在美國華盛頓國會圖書館，完成因避日本侵略而存放於該館的國立北平圖書館所藏中文善本書提要。是年歲暮及越年一月，他兩赴普林斯頓爲所藏中文善本書撰寫提要約千種，主要是元明刻本。1947年2月，王氏離美回國。提要稿四册，存葛思德東方圖書館。由於忙於安排返國，王氏似未製副本。

1965年8月，"中央研究院"歷史語言研究所屈萬里先生應邀赴普林斯頓一年，除於大學講授版本學，主要工作爲修訂王氏書志稿本，1966年8月脱稿。由於種種原因，書志遲遲未能刊佈。1975年1月，普林斯頓大學圖書館資助美金二千元，《普林斯頓大學葛思德東方圖書館中文善本書志》方克由臺北縣藝文印書館發行面世。

當日善本定義，一般止於明室傾滅，清人入主。《普林斯頓大學葛思德東方圖書館中文善本書志》即如此，基本不收清初順康雍乾四朝珍罕善本。1978年，普林斯頓大學圖書館獲美國聯邦政府補助，整理《善本書志》未收之中文古籍，下迄1911年民國建立。禮聘臺北"中央圖書館"特藏組主任昌彼得先生主持，工作前後十二月，其間因昌先生事忙，吳哲夫先生代理四月。1980年10月事竣。好事多磨，《普林斯頓大學葛思德東方圖書館中文舊籍書目》，在1990年9月始由臺灣商務印書館發行。

《普林斯頓大學葛思德東方圖書館中文舊籍書目》面世時，北美東亞圖書館剛進入一新里程，就是美國研究圖書館組織（Research Libraries Group）建立"中文善本書國際聯合目録"項目。1989年春，該項目成立之國際顧問委員會首次在美國華盛頓召開會議，顧廷龍先生、周一良先生和昌彼得先生三位海外顧問出席與北美顧問共同商議。同年四月五位中國專家分赴普林斯頓大學和哥倫比亞大學半年，支援整理古籍。到普林斯頓的是中國科學院的崔建英先生和北京大學的曹淑文和于義芳兩位女士，他們發現了原來著録的一些重大失誤，例如普大所藏繆荃孫舊藏《玉臺新詠》是民國時期影刻，並非明刻。

1991年9月，"中文善本書國際聯合目録"辦公室在普林斯頓大學葛思德東方圖書館成立，先後隸屬研究圖書館組織及普林斯頓大學東亞研究系。主任爲艾思仁（Soren Edgren）先生，而曾在此工作之專業研究館員有：曹淑文、張海惠、宋平生、陳志華、蔡素娥及王曉鸝。辦公室和東亞圖書館合作無間，本館善本書著録，屢經其校改。

此次重修古籍書志書目，據東亞圖書館及聯合目録辦公室同仁歷年工作修訂，重點爲善本書（嘉慶前刻本、稿抄校本等）。温道明（Thomas Ventimiglia）先生編寫電腦方程，方便比對紙本和網上著録，貢獻匪淺。泰來因人成事而已。

舊目原收入少量和刻本及朝鮮刻本，今删去。另補入二目未載之條目若干，

以 * 標號爲記，修訂較多之條目，亦附此標號。

　　古人修志，每附前志修撰人名及序跋，以示其淵源，其法甚善，本書從之。至於王先生書志手稿，亦望能早日影印，使其學術成果重現於世，並避免類似《水經注》戴趙公案發生。

　　2014 年 10 月 10 日粤東馬泰來書於普林斯頓大學東亞圖書館，時距離休不足一月

　　　　馬泰來：美國普林斯頓大學葛思德東亞圖書館館長

徜徉大内 一窺堂奧*
——論故宮博物院藏清宮陳設檔案的多重價值

朱賽虹

1925年故宮博物院圖書館成立之初，設有圖書和文獻二部，分別掌管清宮遺存的古籍和檔案。後隨本院改組，文獻部改爲掌故部，後又獨立爲文獻館①，因時局等因素，原存絕大部分清宮檔案歷經輾轉播遷，早已分存於現中國第一歷史檔案館、國家圖書館、中國科學院圖書館和臺北等處②。唯宮廷各殿陳設册涉及日後原狀陳列而予以留存，成爲故宮博物院圖書館現今爲數不多的清代官方檔案的組成部分。本文在對故宮博物院藏清宮陳設檔案進行數位化和全面整理的基礎上，探討其存藏現況、文獻類型、表述形式、時空資訊、內容資訊、陳設方位資訊及功用，論述陳設檔在復原宮殿建築、還原陳設原狀、揭示陳設來源、沿革和制度方面，在考察陳設物品的定名、等級和專項和綜合研究中，以及爲歷史研究提供豐富物證等方面所具有的獨特和多重的功用和價值。

---

* 本文是2007年故宮博物院科研項目"故宮博物院藏清宮檔案整理"的成果之一；"十二五"國家重點圖書出版規劃項目，2013年國家古籍整理出版規劃項目。
① 參見袁同禮：《故宮博物院圖書館概況》，1931、1936年。
② 參見各館館藏目錄或各館官網書目檢索。

一、清宮陳設檔案存藏現況

清代內務府是專門掌管"宮禁"事務的機構,陳設檔案即是清內務府記錄其所轄各處殿堂陳設物品的清冊,是內務府檔案的重要組成部分,目前主要收藏在故宮博物院和中國第一歷史檔案館,臺北故宮等藏有少量①。兩館所存陳設檔各有側重:中國第一歷史檔案館所藏以皇家苑囿和行宮爲主,如圓明園、靜宜園、靜明園、清漪園、熱河行宮、盤山行宮、白澗行宮等,總量在八千件以上②;與此互補,故宮博物院所藏以大內各殿爲主,有近八百(件),禁城以外者只有八十餘(件),包括景山、雍和宮、恭王府、清漪園和圓明園等處。兩館正可互補。

二、陳設檔的時間範圍

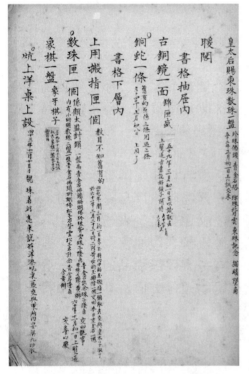

圖一 康熙三十三年正月立《陳設賬》

故宮藏陳設檔案大部分在封簽上題有立檔時間,有的題署至年、月,詳者至日。時間最早的是寧壽宮《陳設賬》,署"康熙三十三年正月",是康熙朝唯一的一件(見圖一)。另有一件較早的《天穹寶殿陳設底檔》署"雍正七年正月",也是雍正朝唯一的一件(見圖二)。

其他檔案從清乾隆至宣統十四年(按檔案題簽照錄),其中包括三種情況,有具體朝年者,乾隆朝六十餘件,嘉慶朝七十餘件,道光朝一百四十餘件,咸豐朝二十餘件,同治朝四十餘件,光緒朝一百五十餘件,宣統朝八十餘件。

僅署朝代無年份者,乾隆朝十餘件,嘉慶朝六件,道光朝三十餘件,咸豐朝七件,光緒朝五十餘件,宣統朝三件,清末二件,民國年八件。

未署具體朝代者六十餘件。可見,各

---

① 如清內府寫繪本《文淵閣陳設圖》、清內務府寫本《文淵閣陳設冊等》。
② 暫無精確數字。僅據筆者十五年前查閱該館檔案和目錄的結果粗算。

朝各殿檔案數量多寡不一，加上康、雍兩朝各一件，説明它們遠不是陳設檔案全部。對於紀實性文獻來説，時間信息無疑相當重要。

三、陳設檔的文獻類型

"陳設檔"是一個統稱。除各殿在陳目録外，還包括賞用、庫貯、新收、開除、浮記收賬等帳目，"浮記"指未經過切實結算而暫時記上，屬臨時性帳目，此類帳目是各庫備用陳設清單。有些隨時用於各殿的補充或替换，有些則是撤交回庫的，還有一些可能永遠是"庫貯"。從陳設檔中隨處可見的"上要""上要去 安××殿""拋了吧""撤交"、×殿移×殿、由××殿交來等字樣，可知各殿陳設都是處於動態的變化調整之中。

根據陳設檔案的形成過程，大約分爲以下三種形式①：

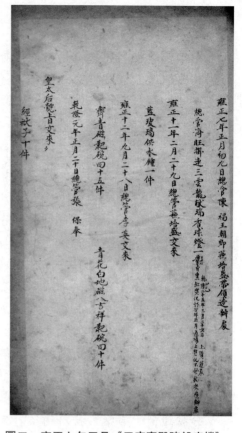

圖二　雍正七年正月《天穹寶殿陳設底檔》

（一）原始檔

即某一殿堂陳設物品的原始清册。據《清實録》記載：

> 各處陳設，均造具清册二分，鈐以廣儲司印信，其一交總管内監，其一交臣等存查②。
>
> （乾隆）二十六年奏准，瀛臺等處宫殿陳設，各造印册二分，一交該處，一存本苑，以備稽察。③

按上述規定産生的清册或印册，均爲首次編録，一般不做修改，有一部分在覆核時做了修改標記。

---

① 陳設檔形式參考了李福敏：《故宫博物院藏清内務府陳設檔》，《歷史檔案》，2004年第一期。
② 《大清高宗實録》卷九百九十一。
③ 《欽定大清會典事例》卷一千一百九十四，二十一頁。清光緒二十五年石印本。

(二) 覆核檔

覆核檔,顧名思義就是根據原始檔對各殿陳設進行核查時,對變動部分進行過相應修改的檔案。修改的情形不一,一部分直接標注,用朱筆或墨筆書寫"對""對過"字樣,或做圈、點等標記,或在相應名稱下注明其來源或去向,有的注"×年×月×日總管×××奉旨清查"等字樣;一部分是間接修改,將修改文字書于黃浮簽上,再將黃浮簽粘貼在原始檔相應名稱之下,或據核查清點情況而重新造冊。從光緒《大清會典》等相關史料中,可知此類檔案的產生也是緣于相關制度或規定:

> (乾隆)四十七年奏準,靜宜園一帶地方遼闊,宮殿廟宇各處陳設不下數千件,若不立法稽查,恐日久弊生。嗣後照湯泉行宮之例,每於年底派員清查一次,每五年一次由內務府奏派大臣一員查覈。

> 嘉慶五年奏準,靜明園現在撤交陳設,照靜宜園之例,每年派內務府司員查一次,每遇五年奏請欽派內務府大臣清查一次。十年奏準,清漪園(今名頤和園)現在撤交陳設,照靜宜園、靜明園之例,每年派內務府司員查一次,每遇五年奏請欽派總管內務府大臣清查一次。

> 道光二十三年奏準,嗣後熱河園庭等處行宮陳設及各廟香鐙供獻動用經費銀兩,改為閒三年派委司員前往清查一次。每年仍由該總管等清查後,分款造冊,咨送內務府備案。又奉旨,本日內務府具奏,擬請嗣後每閒三年,派委司員前往東西北三路行宮,查驗鋪墊等項一次一折,着改為每屆五年,由內務府大臣派員前往各路查驗一次。每年仍由該管行宮大臣派員清查後,分款造冊,咨送內務府備案。①

造具陳設檔的辦事司員,按照內務府要求,應熟悉陳設事宜,便于辦理各項事宜

> 新派辦事司員於陳設事宜未能熟習,請將原派查辦司員,仍令兼辦三年(同前)②。

(三) 日記檔

"日記檔"帶有"日記"的某些特徵,即從立檔時開始記錄,之後不斷續記該殿堂陳設變動情況,且每次續記皆寫明日期,形成跨年份或跨朝代的動態流水帳。如乾隆元年《交泰殿日記檔》、乾隆二十三年《天穹寶殿日記陳設底

---

① 《欽定大清會典事例》卷一千一百九十四,二十二、二十三頁,清光緒二十五年石印本。
② 《大清高宗實錄》卷九百九十一。

檔》和乾隆六十三年《交泰殿日記檔案》（見圖三）等，均屬此類。

四、陳設檔的表述形式

相關史料中僅有造具清册和印信的記載，對清册的編制未見具體要求，因此陳設檔的編録比較隨意，其表述方式大體分爲兩類：

（一）條目式

此類檔册無行格，逐一登録每件物品的名稱、數量，一行登録一件。如《寧壽宮庫存陳設册》：

壹號　紅雕漆彩鳳幢盒壹對
貳號　紅雕漆壽春寶盒壹對
叁號　紅雕漆雙椽寶盒壹對……①

此類帳目式的信息清晰、具體、準確，既便于局部瞭解，又利于綜合探考。

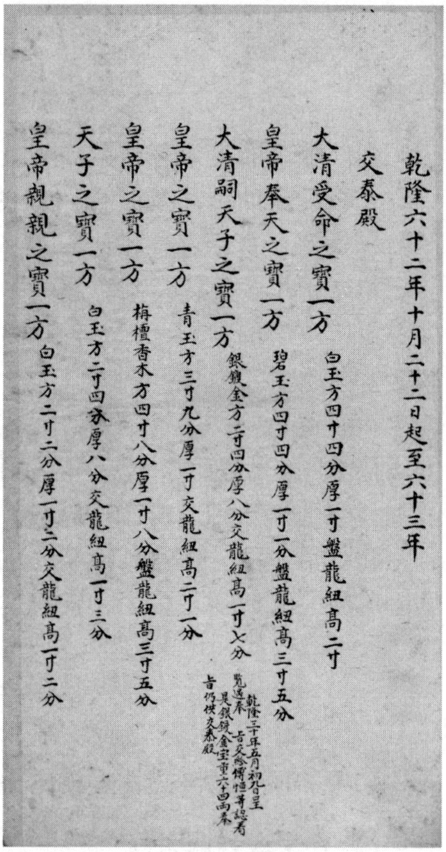
乾隆六十二年十月二十二日起至六十三年
交泰殿
大清受命之寶一方　白玉方四寸四分厚一寸盤龍紐高二寸
皇帝奉天之寶一方　碧玉方四寸四分厚一寸一分盤龍紐高三寸五分
大清嗣天子之寶一方　銀鍍金方三寸四分厚八分交龍紐高一寸七分
乾隆三十年五月初九日呈覽過奉旨交總傅恒等認看是銀鍍金寶重六十四兩奉旨仍收交泰殿
皇帝之寶一方　青玉方三寸九分厚一寸交龍紐高二寸一分
皇帝之寶一方　梅檀香木方四寸八分厚一寸八分盤龍紐高三寸五分
天子之寶一方　白玉方二寸四分厚八分交龍紐高一寸三分
皇帝親親之寶一方　白玉方二寸二分厚一寸二分交龍紐高一寸二分

圖三　乾隆六十三年十月《交泰殿日記檔案》

（二）表格式

一般仿櫃架的層格和次序繪製成表格，再逐格書寫陳設用品，實際是陳設櫃架的簡化形式，多見于書籍陳設册。如清嘉慶年《欽定四庫全書薈要分架圖》，以表格記録各書列架分層擺放情形：每半開記録一架書籍，内分 4 横格，表示碼放爲四層；每横格内分四縱格，表示每層碼放爲四摞；每縱格内再劃横格，四至六格不等，寫有書名，顯示分函情形。其中，經部有“十三經注疏”等六架，史部有二十四史等十架，子部有《家語》等六架，集部有《詞綜》等十架，四部合計三十二架。全册以恭楷繕録，精寫細繪，形象地反映了當年《四庫全書薈要》的陳設實況。另有《乾清宮東西暖閣陳設聖訓實録格式》《養性齋書目排架圖》《養心殿陳設書目排架圖》等皆屬此類。閱者從縱横有致、具有寫實效果的排列中，往往能聯想到當年的陳設原狀，尤補原狀無存之缺憾。

---

① 《寧壽宮庫存陳設册》，第一页，清道光年鈔本。寧壽宮庫存陳設册。

五、陳設檔的空間範圍

各件陳設檔案皆著錄某一陳設空間的物品，其範圍廣狹懸殊：

範圍最廣的，述及某條路綫的多組殿堂，如《西路上用陳設册》、道光年間的《東路册頁手卷挂軸册》等；

範圍稍小的，述及某路綫的一組殿堂，如《抑齋粹賞樓養和精舍倦勤齋凈塵心室玉粹軒佛堂》、光緒年間的《閱是樓尋沿書屋慶壽堂福履堂天慶堂現安陳設》等等；

範圍更小的，述及單一殿堂或某殿某一間，如乾隆二十一年十一月的《欽安殿檔案》、光緒元年十一月初七日的《乾清宮明殿現設檔案》、嘉慶七年十一月立《養心殿東西耳房圍房陳設》等等；

範圍最小的，僅及某殿某間的某一局部，如多個殿堂的百式件檔案。無論範圍廣狹，著錄物品多少，皆與其所在殿堂的功能和用途密切相關。

六、著錄的文字與品類

如果將同類的陳設檔案橫向比較的話，又得到另外的啓示。

（一）著錄詳略不同

著錄粗略者，通篇只列陳設物件，無任何説明，如《乾清宮等處陳設書目》，只記書名、部數和套（函）數，相當于清單或簡目。不知方位、排列層格和順序等詳情。著錄詳細者，先標出陳設方位，再列具體陳設，每件再附説明性文字。如《東配殿西配殿水經殿現存清册》"左右木搭垜三層上供藏經一百八部"上下板嵌珠宝的著錄，以下截取其中四部：

表一　水經殿供奉藏經嵌珠寶的部分著錄

三十一部	上板嵌	珠子四十一顆　珊瑚六塊　松石二十六塊　寶石五十五塊
	下板嵌	珠子十顆　　松石十塊　寶石三十一塊
三十二部	上板嵌	珠子四十一顆　珊瑚六塊　松石二十六塊　寶石五十五塊
	下板嵌	珠子十顆　珊瑚十五塊　松石十塊　寶石十六塊俱係假石
三十三部	上板嵌	珠子四十一顆　珊瑚二十八塊　松石二十九塊 寶石二十五塊内真石一塊
	下板嵌	珠子十顆　珊瑚十一塊　松石二十九塊 寶石二十塊内假石一塊

(續表)

三十四部	上板嵌	珠子四十一顆　珊瑚二十九塊　松石二十九塊 寶石二十五塊俱係假石
	下板嵌	珠子十顆　珊瑚十五塊　松石十塊　寶石十六塊俱係假石

不僅著錄每一部上、下板所嵌珠寶數量和品種，還注明假石數量，頗便于研究參考。

（二）陳設品類多少不一

有綜合和專類之別。專收一類的陳設檔，涉及銅器、玉器、雕漆器、珠石、佛像供器、書籍、挂軸、手卷、册頁、挂屏、工藝雜項等類。如《東暖閣雕漆器檔案》《乾清宮珠石檔案》《西暖閣玉器檔案》《鐘賬》《表賬》等等，後兩種屬庫藏帳目。

綜合類涉及數類至幾十類不等，包括宮廷陳設、宗教陳設、百式件等。如清宣統七年六月立《静怡軒木器鐘錶書籍路設陳設帳》，收錄了軒内鐘錶、木器、書籍和路設四類，各部分之間以空白頁相隔。鐘錶有銅鍍金木樓代水法大鐘、硬木厢洋金百式格座表、木樓座鐘等十九件，依次編號；木器有楠木陳設格、宫扇、天地球等一百十件，均有編號；書籍有宋版《春秋》、明抄本《兩漢詔令》、清列朝《御製詩文集》等，加上複本共二百四十餘部，均無編號；路設有古銅鶴横爐、銅太平有象、古銅諸葛爐等13件，無編號。檔册中間或貼有黄紙浮簽，上書"宣統×年×月×日 上要去 安××殿"等字樣，標明其去向，反映宣統年間的原狀。

七、陳設方位及其功用

陳設檔案涉及的陳設地點遍及外朝和内廷各處，只有將它們還原到各宫殿中，與該殿堂的功能和用途結合，才能恢復其本來面貌。以下按大内路綫、方位，擇重要殿區舉述，筆者已從中得到若干啓示，開解無數疑惑。

（一）外朝東路

鑾駕庫　清初專設掌管帝、后車駕儀仗的服務機構"鑾儀衛"。鑾儀衛貯存皇太后儀駕、皇帝法駕鹵簿之所名"鑾駕庫"，其址在東華門迤南，有大庫十五間，另有門房、大堂、小堂若干，今已無存。《内外庫存大駕鹵簿二分并駕衣帶帽藍册》等一組檔案可供瞭解相關建制。

國史館　清翰林院于康熙二十九年（1690）設于東華門内，掌監修《明史》、清史，有總裁、清文總校、提調、總纂、纂修、協修等官，1914年改爲清史館。

清宣統年《庫書檔十二卷》等體現了這一常設修史館的文獻基礎和職能。

（二）內廷中路

乾清宮 內廷主要建築之一，位于紫禁城中路後三宮之首。明代是皇帝寢宮，清康熙時尚沿明制，至雍正移居養心殿後，即作爲皇帝召見群臣、批閱奏章、處理日常政務和舉行筵宴的場所。現存的嘉慶十一年《乾清宮東暖閣炕上陳設檔》、道光十五年《乾清宮明殿現設檔》、光緒二十八年《明殿現設金銀銅宜興瓷玻璃珐瑯檔》、清《乾清宮宮殿春聯》《乾清宮紫檀木閱古閣物品檔》和宣統年《乾清宮存書畫檔》及光緒年《乾清宮等處書目》（見圖四）等五十餘件陳設檔，從不同側面體現了該殿的政務等功能。

圖四　光緒年《乾清宮等處書目》

以書籍陳設來說，乾清宮後檐北爲仙樓，兩側設書格，貯清《實錄》《聖訓》等書。按清制，歷朝《實錄》告成時，例由實錄館繕寫大、小紅綾本各二份，每份漢、滿、蒙文各一部。首藏小紅綾正本于乾清宮東西暖閣，次藏大紅綾正本于皇史宬及奉天大內，再藏小紅綾正本于內閣。嘉慶十二年（1807），重繕五朝《實錄》，將舊貯之五朝《實錄》撤換。重繕本貯于東暖閣，西暖閣改貯高宗《本紀》《實錄》。以後爲例，前五朝《實錄》藏東暖閣，後五朝至穆宗《實錄》存西暖閣，這些均在道光年《乾清宮東西暖閣陳設聖訓實錄格式》（見圖五）得到印證。該檔以表格形式依次列出東、西暖閣內書架及書函的排列情況，分別注出各書書名、文種及函，反映了清嘉慶朝以後乾清宮東、西暖閣書籍的列架實況，是絕無僅有的文字見證。此處還存有許多其他重要藏書，一直持續到清末，在其他陳設檔和建院之初的《故宮物品點查報告》[①] 中也得到印證。

---

① 清室善後委員會編，1925年出版，第一編第一册爲"乾清宮"，共分三卷。

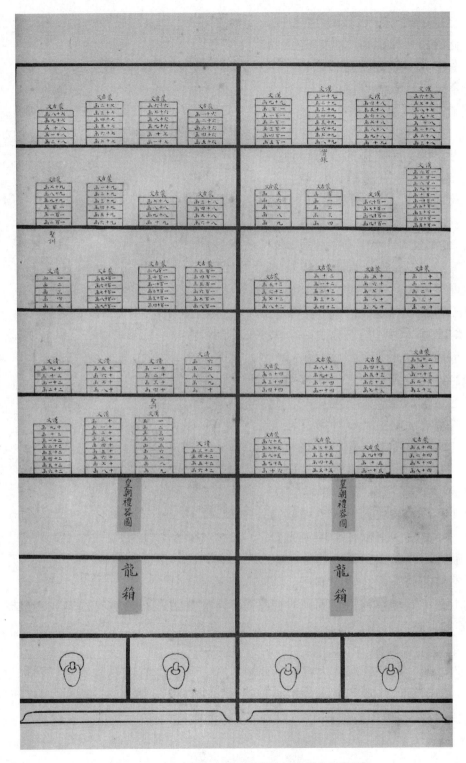

圖五　道光年《乾清宮東西暖閣陳設聖訓實錄格式》

交泰殿 內廷後三宮之一，位處乾清宮與坤寧宮之間，是正宮皇后在重大節慶接受朝賀之地。清乾隆年以後，象徵皇權的二十五方寶璽貯藏于殿內。有《交泰殿》檔案，按正一排、東一排、西一排、東二排、西二排的次序，逐一列出二十五寶的名稱、序號、質地、尺寸、鈕形及尺寸（見圖六）。另有乾隆元年《交泰殿日記檔》，乾隆二十一年《交泰殿奉安寶冊陳設檔》，乾隆六十二年《交泰殿現存底檔》等，綜合反映出此處陳設和典章規制等信息。

坤寧宮 內廷後三宮之一，明代是皇后起居的正宮，面闊九間。清順治年間仿瀋陽故宮清寧宮將西部的七間改爲薩滿祭祀場所。在此舉行的祭祀活動主要有坤寧宮元旦行禮、坤寧宮日祭（包括朝祭、夕祭）、坤寧宮月祭、坤寧宮月祭次日祭天、坤寧宮報祭、坤寧宮大祭、坤寧宮大祭次日祭天、坤寧宮求福、坤寧宮四季獻神和坤寧宮背燈祭獻鮮。改建後，其中宮地位未改，東暖閣爲皇帝大婚的洞房。清

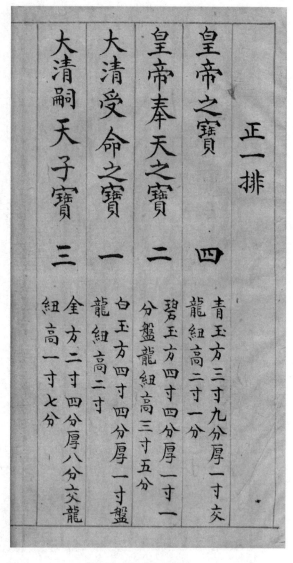

圖六　清《交泰殿》

道光十五年《坤寧宮東暖閣陳設檔案》《坤寧宮續入石渠寶笈檔案》、光緒二年《坤寧宮東暖閣古銅器檔案》、宣統二年《坤寧宮東暖閣現設檔》等一組檔案可供研究。

昭仁殿 位于乾清宮之東，始建于明代，清乾隆時辟爲善本藏室，專儲宋、金、元、明精抄佳槧，乾隆帝親題匾額曰"天禄琳琅"。殿後接室三間，西室匾曰"慎儉德"，再西有匾曰"五經萃室"，爲乾隆時敕匯《岳刻五經》之藏所。

"天禄琳琅"藏書曾因火災和改朝換代而兩聚兩散,除《欽定天禄琳琅書目》①和《欽定天禄琳琅書目後編》②兩書的詳細著録外,乾隆年《昭仁殿陳設檔案》也著録較詳。而到了晚清,這一典藏重點開始發生變化,在宣統年《昭仁殿書目録》中,記録着當年康有爲陸續進呈給光緒帝的《日本變政考》《列國政要比較表》《波蘭分滅記》等著作,還有《日本明治法制史》《國家公法大綱》《歐美政教紀原》《萬國史綱》《萬國公法史記》《英國憲法及政治問答》《德國學校制度》《政治異同考》《英文世界通史》《海外番夷録》等大批外來維新變法著作,反映出政治局勢的變化,光緒帝對外來文化和思潮需求及其閱讀志趣的改變。這種變化也體現在光緒時的《寧壽宮書目》《安毓慶宮書房書目》《養性殿書目》中,以及清末《長春宮書目》和民國時的《怡情書史書目》等檔案中。

懋勤殿 位于紫禁城内乾清宫西廡北端,與東廡端凝殿相對。康熙帝親政前後曾在該殿讀書學習,或招對九卿科道,或講官進講,後命侍講張英、内閣中書高士奇供奉懋勤殿,開始了翰林侍直制度。雍正帝曾在該殿閱殿試卷。光緒帝曾在該殿接見變法諸臣,討論政事,傳諭變法詔命。此外,每歲秋讞,刑科複奏本上,皇帝親御懋勤殿親閱案册,御筆勾决,内閣大學士及刑部堂官等皆面承諭旨。因此懋勤殿也是宫中重要的政治和文化場所。有光緒二十八年《懋勤殿現存圖章》、光緒年《懋勤殿書目》、宣統二年《懋勤殿現存陳設庫存》等。《懋勤殿書目》顯示該處藏有明清官私刻本和抄本四百餘種,不乏重要藏書,如宋版《三蘇文粹》、清銅活字本《古今圖書集成》、清蔣衡手書十二年之久而成的"十三經"等,後者乾隆帝敕命依其勒石爲《乾隆石經》,立于國子監院内。

欽安殿 御花園主體建築,道教活動場所。從乾隆二十一年《欽安殿陳設檔》、道光二十年《欽安殿陳設檔》、宣統二年《欽定殿佛像供器檔》記録了欽安殿中所供奉的玄武上帝,道教諸神,以及法器、法衣、皇經、道經等,并可瞭解不同時代陳設的變化。

摛藻堂 位于御花園内堆秀山東側,宫中藏書處所之一,專貯《四庫全書薈要》。清乾隆皇帝詔修《四庫全書》時已届63歲高齡,深恐不能親睹其成,命大臣從全書中擷取精華,繕爲《四庫全書薈要》,既可求精,又可求速。其種數、卷數和册數分别占《四庫全書》的七分之一、四分之一和三分之一。依

---

① (清)于敏中等編:《欽定天禄琳琅書目》十卷,清乾隆四十年内府朱絲欄鈔本。收録各朝善本四百三十部。

② (清)彭元瑞等奉敕編:《欽定天禄琳琅書目後編》二十卷,清嘉慶三年内府朱絲欄鈔本。著録各朝善本六百六十三部。

照《四庫全書》的式樣，先後繕寫兩部：一貯京郊長春園味腴書室，咸豐十年（1870年）毀于英法聯軍侵華之役；一貯摛藻堂，秘藏多年，後南遷至臺北故宫，成爲世間孤本秘笈。不僅如此，《四庫全書薈要》與《四庫全書》相比，材質和裝潢更加考究，每册標有卷數檢索方便，内容更接近原貌，繕寫更加精細，每册書後還附有諸家版本文字异同的考證，更爲珍貴。清嘉慶年精細繪製的《欽定四庫全書薈要分架圖》，不僅提供了全部四百六十三種書籍的明細，還爲我們還原了摛藻堂的典藏原狀。

（三）内廷東路

齋宫 位于東六宫之南，毓慶宫西，齋宫是皇帝舉行祭祀典禮前的齋戒之所。凡祭天祀地及祈穀、常雩大祀前，皇帝致齋于此。明代和清前期，齋戒均在宫外進行，雍正帝爲確保平安，改在宫中進行。東暖閣爲書屋，西暖閣爲佛堂。齋戒期間，不作樂，不飲酒，忌辛辣，皇帝既在此齋戒，也讀書及處理公務。陳設檔有嘉慶二年《齋宫燈賬》、嘉慶七年《齋宫陳設賬》、嘉慶十二年《齋宫百什件檔》以及不注年份的《齋宫陳設書目》等。此處藏書有"十三經注疏"、《欽定二十四史》《錦綉萬花谷》《唐文粹》等四部之書，可知其閲讀品目的豐富。

毓慶宫 位于内廷東路奉先殿與齋宫之間，特爲皇太子允礽所建，後作爲皇子居所。乾隆帝十二歲至十七歲居于此宫。嘉慶帝五歲時曾與兄弟子侄等居此，後遷往擷芳殿，即位後又遷回。同治、光緒兩朝，此宫作爲皇帝讀書處，光緒帝曾在此居住。後殿室内明間懸匾曰"繼德堂"，西次間爲藏書室，嘉慶帝賜名"宛委别藏"。陳設檔有光緒年立《毓慶宫陳設》《毓慶宫繼德堂百什件》，咸豐年《毓慶宫書目》《毓慶宫書格存書目》，以及不注年份的《安毓慶宫宛委别藏書目》等，共十餘件，説明了《宛委别藏》最初的陳設地點等史實。

景陽宫 在東六宫區域，"景陽"含景仰光明之意。明代是妃嬪居所，清代闢爲藏書之處。有嘉慶年《景陽宫陳設書目》，清《景陽宫安放書籍目録》、光緒二十年《景陽宫清查書籍册》等，後者爲覆核檔。

天穹寶殿 東臨東筒子路，西鄰景陽宫。祭祀昊天上帝之殿，是宫中道教活動場所，并與欽安殿、大高玄殿同爲貯藏宫中道經之處。殿内原懸掛玉帝、吕祖、太乙、天尊等畫像，每年于此舉辦天臘道場（正月初一）、天誕道場（正月初九）、萬壽平安道場（皇帝生辰）等活動，平時由景陽宫太監負責灑掃。清同治帝、光緒帝曾到此拈香祈雪、祈晴。現存有五件陳設檔，立檔時間皆不同，可據以考察其沿革變化。

表二　天穹寶殿陳設檔案的立檔時間一覽

序號	檔案題名	立檔時間
1	天穹寶殿陳設底檔	雍正七年正月立
2	天穹寶殿陳設底檔	乾隆十六年十二月立
3	天穹寶殿日記陳設底檔	乾隆二十三年六月立
4	天穹寶殿檔案	乾隆四十一年十月立
5	天穹寶殿檔案	道光十三年二月立

敬事房　清內務府所屬管理太監事務的機構。康熙初年設立時稱敬事房，雍正初年改稱宮殿監，舊名仍存。宮殿監辦事處在乾清宮南廡，乾東三所之敬事房爲另一辦理日常事務之所，另有敬事房庫房，收貯外國、各藩、各地貢物等。現存光緒十五年《敬事房玉器實存》《敬事房小漆木器實存》等十六件分類檔案，類別有官銀、瓷器、紗葛布、布匹、賞人用如意、賞用瓷器、氈毯坐褥、圍屏木器等，構成相互補充的一組。

（四）內廷西路

養心殿區　位于乾清宮西側，西六宮之南。原本是皇帝正寢宮殿一側的便殿，自雍正帝將其作爲寢宮和日常理政的中心後，其後的歷朝皇帝都將其作爲實際上的正寢宮殿，成爲集召見群臣、處理政務、讀書學習及居住等多功能爲一體的建築群。現存的近百件陳設檔中，僅百式件就有清嘉慶七年《天府球琳百式件》、同治二年《養心殿后殿文竹文具百式件》、宣統二年《養心殿西暖閣自強不息現設百式件》、道光十九年有《養心殿后殿洋磁櫃百式件》《養心殿西暖閣金漆匣百式件》和清《養心殿明殿陳設圖書集成分架圖》（見圖七）等二十一件，足見此區陳設的豐富和檔次。

重華宮區　位于內廷西路西六宮以北，原爲明代乾西五所之二所。弘曆爲皇子時，初居毓慶宮，成婚後移居乾西二所，被封爲"和碩寶親王"後，住地賜名"樂善堂"，登極後以肇祥之地升爲宮，名重華。前院正殿爲崇敬殿，中院正殿即重華宮，東配殿爲"葆中殿"，殿內額曰"古香齋"，曾收貯《欽定古今圖書集成》；西配殿曰"浴德殿"，殿內額曰"抑齋"，爲乾隆皇帝的書室。後院正殿爲翠雲館，兩側有耳房及東西配殿，東次間匾曰"長春書屋"，爲乾隆皇帝即位前讀書處。自乾隆時始，每歲新正召集內廷大學士、翰林等人在重華宮賜茶宴聯句，後將此舉作爲家法，于每年的正月初二至初十舉行。咸豐以後終止。該區陳設檔有乾隆年《重華宮恭藏》、嘉慶七年《重華宮琬琰集百式件》、咸豐十一年《上要去糙賬》、同治二年《重華宮各殿新書賬》、同治五年《重華宮玉器扇子賬》等，計四十餘件，顯示該區域的重要。

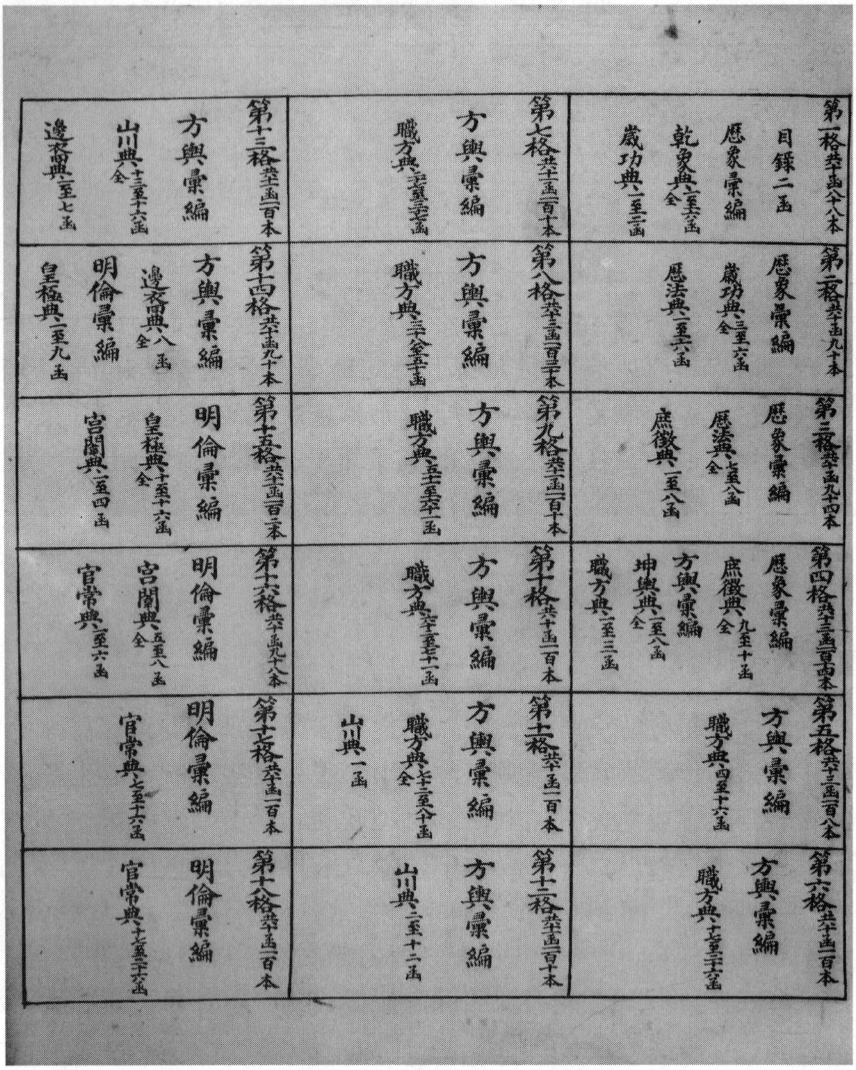

图七　清《养心殿明殿陈设图书集成分架图》

漱芳斋　原为乾西五所之头所，清乾隆皇帝即位后，改乾西二所为重华宫，遂将头所改为漱芳斋，并建戏台，作为重华宫宴集演戏之所。后殿为"金昭玉粹"，为侍宴观戏之处。乾隆年间，皇帝每岁新正先至西苑阐福寺拈香，而后到漱芳斋开笔书福。逢万寿节、圣寿节、中元节、除夕等重要节日，常侍奉皇太后在后殿进膳、看戏，并赐宴于王公大臣。道光、咸丰、同治等朝，依旧奉皇太后或皇贵太妃等人在此用膳。宣统帝逊位后，同治帝瑜妃、瑨妃曾居漱芳斋芝兰室，遇太妃诞辰日，仍于此处传戏，直至溥仪被迫出宫。现存有乾隆四十一年《漱芳斋已入"石渠宝笈"册页手卷画轴》、嘉庆七年《漱芳斋西间蓝田集瑞百式件》、道光十九年《漱芳斋现设陈设档》等十馀件。

（五）内廷外東路

寧壽宮 位于紫禁城内外東路，是乾隆帝爲自己退位之後而營建的太上皇宮殿。全區分前朝、後寢。前朝有仿乾清宫的皇極殿，後有仿坤寧宮的寧壽宮。後寢分東、中、西三路：東有暢音閣、慶壽堂、景福宫，梵華與佛日兩佛樓；中有養性殿、樂壽堂、頤和軒和景祺閣；西爲花園區。其中養性殿爲太上皇寢宫，光緒年間慈禧太后居樂壽堂時，也曾在養性殿東暖閣進早、晚膳。整個寧壽宮區殿閣樓臺亭齋軒館皆備，各類陳設齊全，清《寧壽宮陳設册》《寧壽宮陳設書目》《養性殿書目》、道光十八年《佛日樓梵華樓佛堂檔》、光緒年《上傳東路各殿陳設册檔》《養性殿陳設檔》、宣統十五年《養性殿東暖閣》等，多達一百四十餘件，歷數着這一區域的方方面面。

（六）内廷外西路

中正殿區 以中正殿爲中心的一組佛堂建築，位于紫禁城内西北隅建福宮花園南，計有中正殿、中正殿後殿、東西配殿、香雲亭、寶華殿、雨花閣、東西配樓、梵宗樓等十處，爲清代宮廷藏傳佛教活動的中心。著名的雨花閣是乾隆時期改建而成，形制獨特，藏式佛教建築風格濃郁，是目前我國現存最完整的藏密四部神殿，對于研究藏傳佛教具有重要意義。此區陳設檔共有六十餘件，如乾隆二十一年《中正殿佛經供器總檔》、乾隆三十四年《般若品目録檔案》、乾隆年《功行品目録檔案》《瑜伽品目録檔案》《德行品目録檔案》、乾隆四十七年《雨花閣檔案》、道光十五年《雨花閣普明圓覺仙樓智珠心印目録》等，揭示了這一神秘區域的豐富典藏。

建福宮區 初建時擬爲乾隆皇帝"備慈壽萬年之後居此守制"之用，後因故未行。乾隆帝十分喜愛建福宮，時常到此游憩，吟咏亦多。後清宮定制每年嘉平朔日（臘月初一）皇帝莅此宮開筆書福志新禧。亦稱爲西花園，隨此宮而建的"建福宮花園"有建築十餘座，撫辰殿、建福宮、惠風亭、静怡軒、慧曜樓、延春閣、碧琳館、妙蓮華室、凝輝堂等，軒館樓閣雲集，奇珍異寶無數。1923年，此組建築連同中正殿等皆遭火焚，化爲灰燼，相關檔案成爲珍貴無比的歷史見證。清嘉慶七年《静怡軒雕博古紫檀木罩匣百式件》《静怡軒四美具百式件》、道光十九年《慧曜樓静室佛堂陳設檔》《延春閣現設陳設檔》、同治六年《凝輝堂佛堂》、光緒二年《延春閣上等次等石渠寶笈手卷》《敬勝齋碧琳館三友軒百式件》和宣統十三年二月立《静怡軒瓷銅玉陳設賬》（見圖八）等，共有六十餘件，翻閱着當年陳設盛況的記錄，令人感慨萬千！

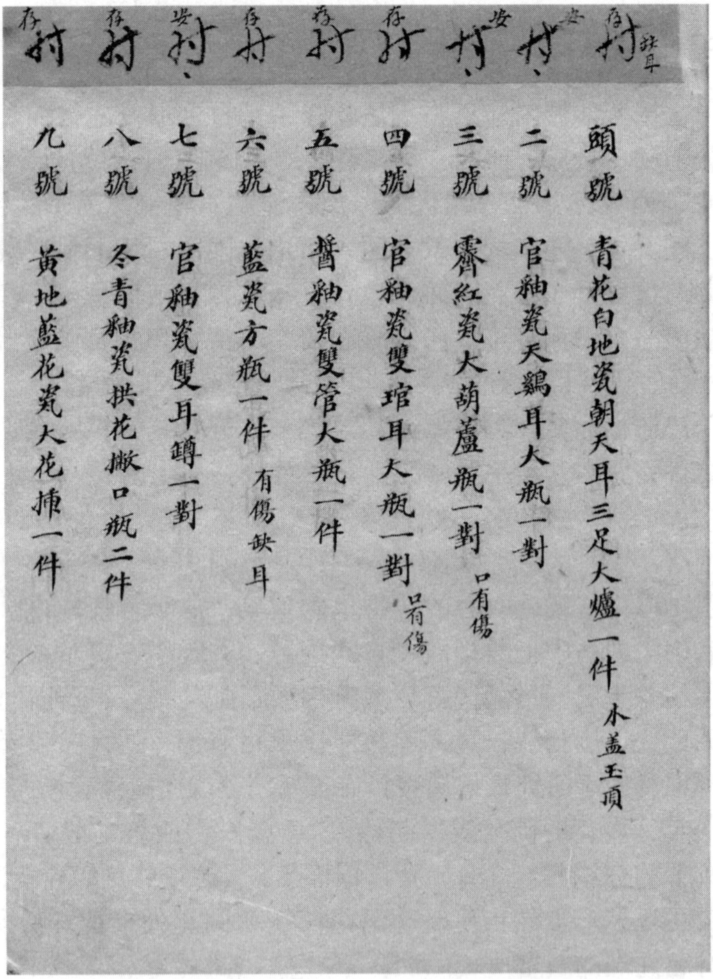
頭號 青花白地瓷朝天耳三足大爐一件 木蓋玉頂
二號 官釉瓷天鷄耳大瓶一對
三號 霽紅瓷大葫蘆瓶一對 口有傷
四號 官釉瓷雙琯耳大瓶一對 耳有傷
五號 醬釉瓷雙管大瓶一件
六號 藍瓷方瓶一件 有傷缺耳
七號 官釉瓷雙耳罇一對
八號 冬青釉瓷拱花撇口瓶二件
九號 黃地藍花瓷大花插一件

圖八　宣統十三年二月立静怡軒瓷銅玉陳設賬

八、陳設檔的多重價值

隨着文物、博物館、清史等各項研究的深入，陳設檔所具有的多方面作用和價值，已經或正在被越來越多的人所認識。以下結合故宫博物院各項科研和實務，進一步歸納、論證陳設檔的多重作用和價值。

（一）復原宫殿建築

2000年5月，由中國文物保護基金會捐助的“建福宫花園複建項目”開始，陳設檔發揮了重要作用。《國朝宫史》《日下舊聞考》等史書中均未提到該組建築中有“淡遠樓”，而在《延春閣現設陳設檔》等檔案中却有“淡遠樓”

的記載，昭示其曾經存在，學者並據以考證出具體方位。①

2002年8月，故宫博物院與美國世界文物建築保護基金會簽署協定，合作進行"倦勤齋室内裝飾裝修保護項目"。倦勤齋是乾隆皇帝歸政後的游樂之處，取"耄期倦于勤"之意。復原陳設方案的依據之一，即是《倦勤齋陳設檔》等四件陳設檔，結合其他圖文史料，考析出倦勤齋的修建年代、建築形制、内檐裝修特點、與其他宫殿建築的淵源關係及使用情況等。②

(二) 還原各殿陳設原狀

每一件檔案，都提供了某一時間内某一空間的具體陳設信息。如道光十五年七月十一日立《乾清宫明殿現設檔案》所記：

明殿地平壹分
　　金漆五屏風九龍寶座壹分
　　紫檀木嵌玉三塊如意壹柄　　黃綫穗　珊瑚豆二箇
　　紅雕漆痰盆壹件
　　玻璃四方容鏡壹面
　　攙攙撓壹把
　　銅掐絲琺瑯角端壹對　　紫檀木香几座
　　銅掐絲琺瑯垂恩香筒壹對　　紫檀木座
　　銅掐絲琺瑯仙鶴壹對　　琺瑯座
　　古銅甗肆箇　　紫檀木金漆香几座
　　銅掐絲琺瑯圓火盆壹對　　同治五年正月初十日總管蘇得交來

紫檀木大案壹對　　上設
　　古今圖書集成伍百貳拾套　　計五千零二十本
　　天球地球壹對　　紫檀木座
　　銅掐絲琺瑯魚缸壹對　　紫檀木座
　　銅掐絲琺瑯滿堂紅戳燈貳對

紫檀木案壹張　　上設
　　周蟠夔鼎壹件　　紫檀木座　紫檀木盖玉頂
　　銅掐絲琺瑯獸面雙環尊壹件　　紫檀木座
　　青花白地半壁寶月瓶壹件　　紫檀木座
　　皇輿全圖捌套

---

① 朱慶征：《建福宫花園之淡遠樓名實考》，《故宫博物院院刊》，2000年第5期。
② 張淑嫻：《倦勤齋建築略考》，《故宫博物院院刊》，2003年第3期；李福敏：《故宫〈倦勤齋陳設檔〉之一》《關於〈倦勤齋陳設檔〉的幾點認識》，《故宫博物院院刊》2004年第2期。

皇輿全覽一套
　　國朝宮史肆套
紫檀木案貳張　上設
　　皇朝禮器圖貳拾肆匣　計九十二冊
　　紅金漆馬扎寶座壹件
引見楠木寶座壹張　上設　道光三十年四月二十七日小太監平順傳旨交養心殿
　　紅雕漆痰盆壹件
　　玻璃四方容鏡壹面
　　青玉靶回子刀壹把　紅皮鞘
引見小床貳張　上設
　　圖絲根壹張
　　栽絨毯子壹塊
　　國朝宮史壹部拾肆套
年節安設
　　青漢玉挂璧壹件　紫檀木架
　　銅胎琺瑯四方瓶壹對　同治五年正月初八日總管蘇得傳旨上要去
　　銅胎琺瑯雙管尊壹對　同治二年八月二十六日總管徐皂保查明　奏咸豐元年至十年上要去
　　玻璃花壹對
年節及尋常鋪設
　　黃氆氌坐褥肆件　內有套一件　道光三十年四月二十七日小太監平順傳旨黃氆氌坐褥一件
　　　　　　　　　　隨葛布套　交養心殿
　　衣素小坐褥貳件
　　銅胎搯絲琺瑯八方亭式火盆壹對　紫檀木座
　　棕竹股扇子壹柄
　　御筆墨刻匾壹面
　　御筆對貳副
　　紅心白毡墊玖拾伍塊
　　道光三十年四月二十七日小太監張平順
　　養心殿交來引見床壹張　隨紅白毡貳塊虫喫　青緞邊紅毡壹塊虫喫
　　　　　　　　　　　　　綠錦坐褥壹箇破壞　葛布套壹箇　氆氌套壹箇
　　橙子貳張　破壞　隨青緞邊紅毡套貳箇
　　紅雕漆十菓小盒二件　咸豐九年正月初二日內殿總管沈魁要去賞通遍丹書克喇嘛等用完
　　青緞坐褥套壹件　咸豐元年二月二十二日衣庫八品司匠奎文交
　　羽扇大小肆把　同治十年十月初一日奏事總管楊長春交　隨木座　俱破壞不全
此類具體記錄，成為還原陳設的唯一文獻依據。（見圖九、圖十）

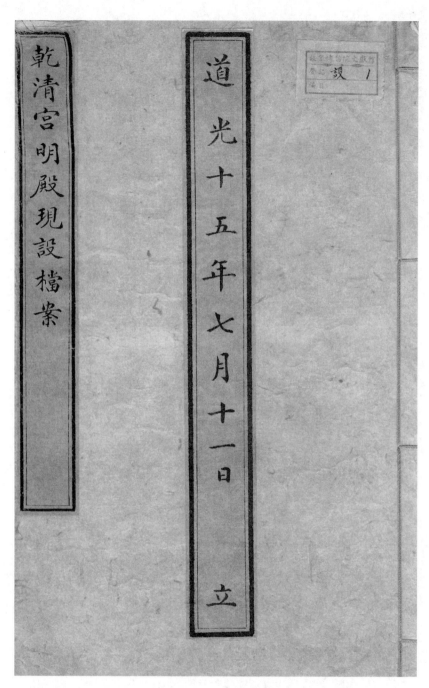

圖九　乾清宮明殿現設檔案（道光十五年七月十一日立）

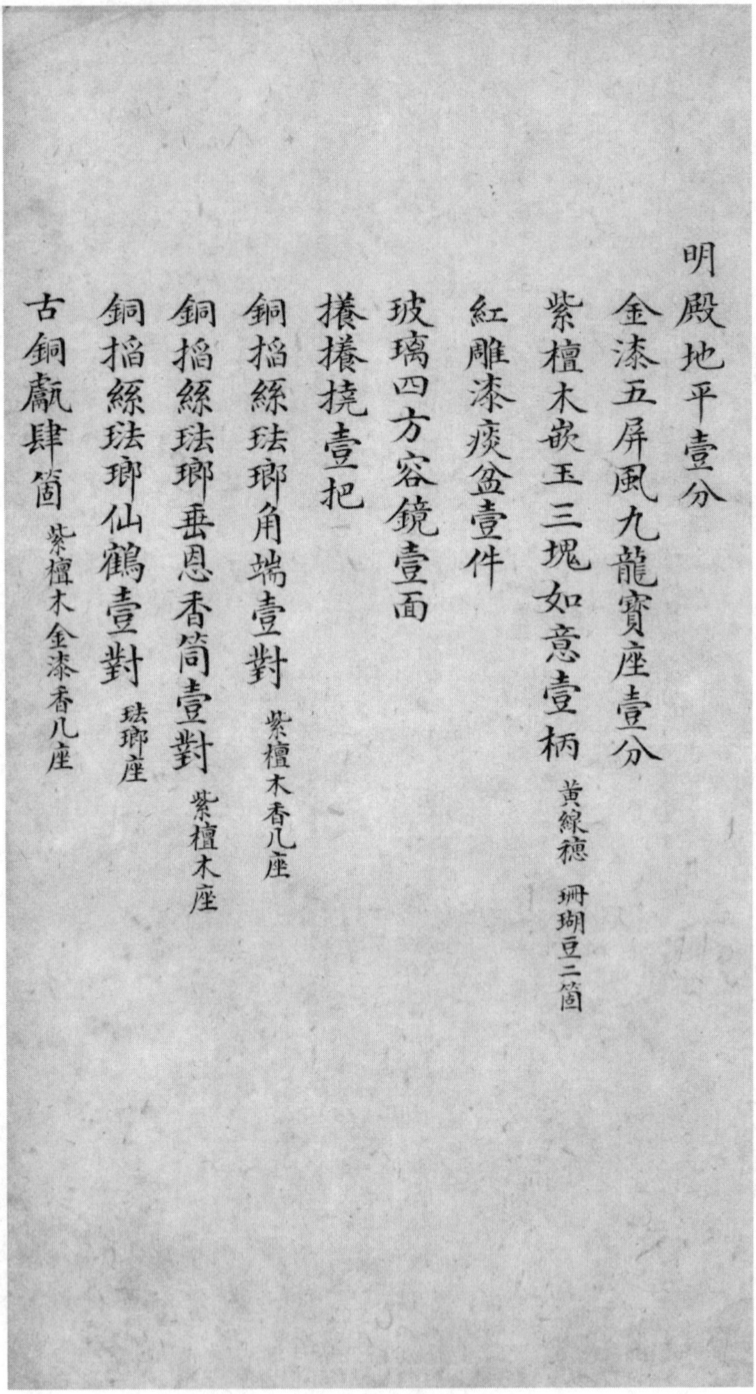

明殿地平壹分
金漆五屏風九龍寶座壹分
紫檀木嵌玉三塊如意壹柄 黃綠穗 珊瑚豆二箇
紅雕漆痰盆壹件
玻璃四方容鏡壹面
攙攙撓壹把
銅掐絲琺瑯角端壹對 紫檀木香几座
銅掐絲琺瑯垂恩香筒壹對 紫檀木座
銅掐絲琺瑯仙鶴壹對 琺瑯座
古銅羸肆筒 紫檀木金漆香几座

圖十　乾清宮明殿現設檔案（內頁）

（三）追溯歷年陳設沿革

當對某一宮殿不同時間所立的一組陳設檔案進行系統考察時，既可看出各代之間的相承關係，也可看出不同時代的陳設之間的變化關係。特別是前後數次易主的同一殿堂，多種關係不僅反映出時代差異、個性差異、愛好差異，還體現了更深層的審美情趣、陳設理念和當時的工藝技術水平等等。

表三　養心殿歷年所立陳設檔案一覽

嘉慶朝	養心殿後殿文竹文具百式件	嘉慶年內府鈔本
	養心殿後殿西間窗戶臺下洋漆	嘉慶年內府鈔本
	養心殿後殿現設	嘉慶七年十一月立
	養心殿後殿現設	嘉慶七年十一月立
	養心殿後殿洋磁櫃百式件	嘉慶七年十一月立
	養心殿後殿洋漆箱百式件	嘉慶七年十一月立
	養心殿後殿竹絲小格百式件	嘉慶七年十一月立
	養心殿後殿紫檀木雕博古箱百式件	嘉慶七年十一月立
	養心殿後殿紫檀木小櫃百式件	嘉慶七年十一月立
道光朝	音樂盒賬	道光年
	養心殿陳設書目	道光十五年七月十一日立
	養心殿陳設書目排架圖	道光十五年七月十一日立
	養心殿東暖閣玻璃格背後抽屜	道光十五年七月十一日立
	養心殿東暖閣博古格陳設	道光十五年七月十一日立
	養心殿東暖閣陳設檔	道光十五年七月十一日立
	養心殿東暖閣陳設檔	道光十五年七月十一日立
	養心殿東暖閣陳設檔	道光十五年七月十一日立
	入古上等時做次等多寶格東西暖閣陳設檔案	道光十九年立
	入古上等時做次等多寶格東西暖閣陳設檔案	道光十九年立
	天府球琳百式件	道光十九年立
	東暖閣	道光十九年立
	東暖閣陳設檔案	道光十九年立
	東暖閣陳設檔案	道光十九年立
	東暖閣雕漆器檔案	道光十九年立
	東暖閣雕漆器檔案	道光十九年立

(續表)

道光朝	東暖閣庫收	道光十九年立
	東暖閣新入書	道光十九年立
	東暖閣續入書寶笈三編石渠寶笈檔案	道光十九年立
	東暖閣續入書寶笈三編石渠寶笈檔案	道光十九年立
	東暖閣閑古格陳設檔案	道光十九年立
	寧壽宮交養心殿東暖閣現設	道光十九年立
	西暖閣	道光十九年立
	西暖閣陳設檔案	道光十九年立
	西暖閣陳設檔案	道光十九年立
	西暖閣葫蘆器檔案	道光十九年立
	西暖閣卷軸册頁檔案	道光十九年立
	西暖閣卷軸册頁檔案	道光十九年立
	西暖閣現設册卷軸	道光十九年立
	西暖閣續入書珠林三編秘殿珠林檔案	道光十九年立
	西暖閣續入書珠林三編秘殿珠林檔案	道光十九年立
	西暖閣玉器檔案	道光十九年立
	西暖閣玉器檔案	道光十九年立
咸豐朝	養心殿西暖閣瑾瑜匣百式件	咸豐二年正月立
	養心殿西暖閣庫收	咸豐年鈔本
	養心殿西暖閣琅玕聚百式件	咸豐年鈔本
同治朝	養心殿天球合璧百式件	同治二年立
	養心殿西暖閣博古格陳設	同治二年立
	養心殿西暖閣陳設檔	同治二年立
	養心殿西暖閣雕博古箱百式件	同治二年立
	養心殿西暖閣雕博古罩蓋匣百式件	同治二年立
	養心殿西暖閣雕龍紫檀木櫃百式件	同治二年立
	養心殿西暖閣黑漆罩蓋方匣百式件	同治二年立
	養心殿西暖閣糊字畫格百式件	同治二年立
	養心殿西暖閣金漆文具百式件	同治五年九月十六日立
	養心殿西暖閣金漆匣百式件	同治五年七月二十日立

(續表)

光緒朝	養心殿後殿集瓊藻百式件	光緒元年十一月初七日立
	養心殿後殿金洋漆二層方盒百式件	光緒元年十一月初七日立
	養心殿後殿庫收	光緒元年十一月初七日立
	養心殿後殿明間北窗戶臺三十抽屜	光緒元年十一月初七日立
	養心殿東暖閣雕漆長方匣百式件（庫存）	光緒元年十一月初七日立
	養心殿東暖閣庫收	光緒元年十一月初七日立
	養心殿東暖閣現設	光緒元年十一月初七日立
	養心殿東暖閣現設	光緒元年十一月初七日立
	養心殿東西耳房圍房陳設	光緒元年十一月初七日立
	養心殿東暖閣陳設檔	光緒二年十月初四日立
	養心殿東暖閣雕龍匣百式件	光緒三十年九月
宣統朝	養心殿西暖閣琳瑯笥百式件	宣統二年二月十四日立
	養心殿西暖閣勤政親賢現設百式件	宣統二年二月十四日立
	養心殿西暖閣現設	宣統二年二月十四日立
	養心殿西暖閣現設	宣統二年二月十四日立
	養心殿西暖閣珣琪宇百式件	宣統二年二月十四日立
	養心殿西暖閣紫檀木硬嵌小箱百式件	宣統二年二月十四日立
	養心殿西暖閣自強不息現設百式件	宣統二年二月十四日立
清	養心殿明殿陳設圖書集成分架圖	清
	養心殿明殿及後殿陳設檔	清
	養心殿體順堂衣服賬	清
民國	養心殿庫存陳設	民國
	養心殿庫房古銅	民國
	養心殿庫收三等並無等陳設	民國

上述檔案立檔時間，相對集中在嘉慶七年、道光十五年、道光十九年、咸豐二年、同治二年、光緒元年和宣統二年等，較爲系統地反映了乾隆以後各朝陳設情況，是籌辦原狀陳列等的系列參考。

（四）揭示陳設制度

《明清室內陳設》①《雍正年的家俱製造考（續）》②《一個稱職的博物館工作者——朱家溍先生在故宮》③《明清皇宮陳設》④ 等，都利用陳設檔對陳設原狀進行研究。《雨華閣探源》⑤《明成化藏漢文對音寫經淺探》⑥《中正殿與清宮藏傳佛教》⑦《故宮中的藏傳佛教藝術瑰寶（二）——六世班禪大師在北京的紀念》⑧《雨華閣唐卡辨析》⑨《雨華閣唐卡辨析續論——兼論與〈諸佛菩薩聖像贊〉之關係》⑩《清宮六品佛樓模式的形成》⑪《故宮雨華閣神系與密宗四部研究》⑫ 等文，依據《活計檔》《奏銷檔》、陳設文獻等，將現存實物與相關陳設檔的記載對比研究，或揭示並求證圖像的宗教意義和其相互之間的關係，闡明陳設的指導思想，梳理出各建築模式形成的過程以及內部陳列形式等。

（五）考察陳設來源

除各殿原有陳設外，由于各種原因，各殿物品常有遷移，這些都在陳設檔中如實記錄，從中可知原藏、轉藏和遷轉原因等。如：

"東架　星晷一個　八面羅經一對　針晷黃磁碗一個　看星夾紙轉的圓盤一件此四宗俱系南懷仁進"⑬。

再如表四所示。

---

① 朱家溍：《明清室內陳設》，紫禁城出版社，2004年。
② 朱家溍：《故宮博物院院刊》1985年第4期。
③ 朱傳榮：《中國博物館》2004年第1期。
④ 王子林：《明清皇宮陳設》，紫禁城出版社2011年。
⑤ 王家鵬：《故宮博物院院刊》1990年第1期。
⑥ 王家鵬：《故宮博物院院刊》1988年第4期。
⑦ 王家鵬：《故宮博物院院刊》1991年第3期。
⑧ 王家鵬：《中國西藏》（中文版）2002年第1期。
⑨ 羅文華：《故宮博物院院刊》2002年第3期。
⑩ 羅文華：《故宮博物院院刊》2000年第4期。
⑪ 羅文華：《故宮博物院院刊》2000年第4期。
⑫ 羅文華：《佛學研究》1997年。
⑬ 《陳設賬》，陳124，康熙三十三年正月立。

表四　寧壽宮交養心殿東暖閣現設（同治五年九月十六日立）

紅雕漆盒一對　一件內盛白玉玩器五件 　　　　　　　一件內盛瑪瑙玩器五件 　　　　　　　同治五年十月二十九日小太監進喜传旨　上要去一件
紫檀木刻字罩匣一件　內盛青玉十二辰　青玉四方盒一件
紫檀木都盛盤一件　內盛青漢玉盖罐一對　有缺　透綹 　　　　　　　　　青白玉盖罐一對　上嵌綠玉玻璃　玻璃不全
紫檀木嵌硝石八罩盒一件　廂嵌不全　內盛青玉雙耳盃一件 　　　　　　　　　　　　青玉雙螭手一件　牙座
青玉各樣圖章八方
墨池香雪手卷一卷
漢玉四環杠頭花一件　銅胆
青玉元盒一件
青玉花囊一件　瑚托豆
五彩瓷鼻烟壺一件
青玉圖章四方
銅点翠如意一柄　上嵌五色石綠穗紅面豆
白玉嵌玻璃箭靶一件
晴空冷翠手卷一卷
綠玉刻詩班指一件
白玉蟾一件
哥窑小鐃盌一件
青漢玉雙鵪鶉一件
青玉班指二件
白玉鳳暖手一件
洋瓷鼻烟壺一件
青玉荔枝一件
紅雕漆盒一件　內盛玉娃娃一件
青玉穿心花一件
碧玉十八羅漢手串一盤　上拴瑚佛頭塔墜角銅鍍金杵一件
青漢玉班指一件　有綹
青玉嵌玻璃箭箙一件　廂嵌不全
青漢玉卧猫一件
青玉喜雀一件

(六) 明瞭陳設去向等

陳設檔中還有物品提陳、撤陳、保管、修複程式、何人製作、何人進貢、賜予某人及管理人員姓名等信息，如：

> 太皇太后賜東珠數珠一盤　珊瑚佛頭松子石塔猫睛背雲珠子計念珠子墜角　三十九年十二月二十九日王以誠取去進皇太后　四十年正月初三日鄭開士送來東珠數珠一盤借用　内有青金石珠八個奉旨自鳴鐘收著①。

筆者曾對收有"千里眼"的陳設檔進行了綜合統計，涉及静怡軒、翠雲館、金昭玉粹殿、延春閣、寧壽宫等檔案，得到一百一十八條記録，每筆記録一件或一組，一組包括重複品二至八件不等，總計一百八十餘件，多于故宫博物院現存數量②。結合各件"千里眼"之下的注記文字，可知曉它們的去向：

> 千里眼一筒　三十五年六月二十日石文貴進　五十四年六月二十七日王以誠取去出兵用③
>
> 千里眼一筒　三十五年九月十五日李玉交來　系蘇海做的　五十六年二十五日王以誠取去出兵用④
>
> 還有千里眼若干，分賜誠直王、四貝勒、七貝勒、十三阿哥、皇太子等人，有的"賜阿哥用了"⑤。

再如嘉慶朝四庫未收書叢編《宛委別藏》，係阮元在巡撫浙江任上，留心搜訪《四庫全書》未收之書的碩果，先後求得一百七十五種，依《四庫全書總目》例，爲每書撰寫提要，隨書分三次奏進，總稱爲《四庫未收書》。所收多爲世所罕覯之珍本秘笈，或不見于公私著録，或久已失傳，或可補《四庫全書》之缺。同時《宛委別藏》所收各書均據舊本精鈔影寫，具有極高的版本價值。嘉慶帝十分寶愛，賜名《宛委別藏》。命人在每書首頁加蓋"嘉慶御覽之寶"御璽，又命工匠製作了一百個楠木書匣盛裝，匣上刻"宛委別藏"，匣蓋上刻所貯書名，並仿《四庫全書》四部陳設。與"天禄琳琅"一樣，《宛委別藏》只有一套，兩者堪稱清宫善本秘藏的姐妹篇，現藏臺北故宫。光緒、宣統、民國時期，在毓慶宫、昭仁殿、長春宫、景陽宫等陳設檔中都留下了《宛委別藏》的記載，可見其並未固定在一處陳設。

---

① 《陳設帳》，第一頁、第十二頁，康熙三十三年正月立
② 據故宫博物院官網公佈的《故宫博物院藏品總目》相關數字統計。
③ 《陳設帳》，第二十一頁，康熙三十三年正月立。
④ 《陳設帳》，第二十一頁，康熙三十三年正月立。
⑤ 《陳設帳》，第二十一至二十三頁，康熙三十三年正月立。

（七）調查全部陳設物品

近八百件清宮陳設檔，三萬五千餘頁，以平均每頁八條記錄計算，數量即達三十二萬件（套、組）。實際上，除每條記錄一件（套）以外，還有一部分是每條記錄一組器物，如"霽青磁供碗大小八十八件"[①]，這些重複品相加的話，數量就要翻增數倍。綜合來看，所有陳設檔就是一部清宮藏品的總登記帳，陳設方位、地點、名稱、數量皆可一目了然。除此之外，我們並未見過其他傳世的藏品帳目，因此，陳設檔是絕無僅有的清宮典藏帳目信息。

況且，陳設檔多產生于清末時代變革之前，除清帝有計劃地將其中部分珍品運至盛京等處外，大部分文物從未出宮，如此原始、海量的名品佳作的著錄信息和説明性信息，爲相關研究所提供的信息十分全面和完整，參考價值極高。

（八）參考陳設物品等級

按現今的評鑒標準，陳設檔所記錄的藏品均具有極高的歷史和藝術價值，有相當部分屬國寶級或珍貴文物級。而早在清代，部分陳設已劃分等級，如光緒年間《頭等旗龍袍褂蟒袍褂等項實存》和《二等旗龍袍褂蟒袍褂等項實存》，《頭等各色小卷綢緞紗等項實存》《二等各色小卷綢緞紗等項實存》和《三等各色小卷綢緞紗等項實存》等等。當時的劃分標準是什麼？與現在的標準有何不同？此類屬管理方面，也可據以探討。

（九）考證陳設物品定名

陳設檔距今已二三百年，其中記錄的文物信息與現今故宮博物院文物帳目的著錄信息存在差異。隨着時代發展，研究不斷深入，著錄標準逐漸統一和規範，描述的要素也隨之增加，僅名稱一項，就包括時代、質地、紋飾等，過去忽略或不夠統一規範之處，都在不斷增補或修訂，導致同一文物古今名稱有所不同。

（十）考察陳設物品傷況

陳設物品發生不同程度的損傷不可避免，是新傷還是舊傷呢？陳設檔提供了一些歷史信息。

[①] 《欽安殿陳設檔》，第二十一頁，清道光二十六年立。

表五 《養心殿後殿竹絲小格百式件》（清道光十九年立）傷況記錄

紫檀木邊鑲文竹絲小格一件　內盛	
漢玉蘡芝仙人一件	週身有透綹 紫檀木座
漢玉立人一件	耳臉有透綹 身有缺 紫檀木座
漢玉擊皷娃娃一件	腿手有綹 紫檀木座
漢玉鵞一件	脖有透綹 紫檀木座
漢玉獅子一件	火熖有缺 紫檀木座
漢玉虎一件	身有透綹紫檀木座
青玉犬一件	雙耳有缺 紫檀木座
漢玉圈一件	紫檀木座
漢玉水盛一件	紫檀木座
漢白玉東昇一件	紫檀木座
漢白玉雙娃娃一件	足有透綹 身有缺　紫檀木座
漢白玉鷄一件	身有透綹　紫檀木座
白玉鴛鴦一件	紫檀木座
漢玉雙桃一件	身有透綹 紫檀木座
青漢玉仙人一件	有綹 紫檀木座
漢玉檳頭筒一件	口有缺　紫檀木座
漢玉仙人一件	紫檀木座
漢玉鹿一件	紫檀木座
漢玉異獸一件	紫檀木座
漢白玉琴人一件	有透綹　琴有缺　紫檀木座
漢白玉荷葉仙人一件	身有透綹　荷葉有缺　紫檀木座
漢玉雙仙人一件	紫檀木座
白玉罐一件	紫檀木座
抽屜内	
李秉德　　花卉一卷　　楊大章　　花卉一卷	
方琮　　山水一卷　　金廷標　人物一册	

儘管陳設檔的文物信息較早，不是現代的著錄，但仍屬奠基性的管理工作，其後的文物帳目多在其基礎上派生或新建。這些記錄爲現今文博、考古等領域的專家學者提供了大量富有價值的參考，可據以瞭解當時的定名規律，分析古今名稱的演進與遞變等，在文博業務管理和研究等方面具有極高的應用價值。

（十一）開展專項和綜合研究

以百式件爲例，一種百式件的著録信息和研究内容就不少；而將多種"百式件"綜合、比較研究的話，又會得到諸多啓發，開啓無數新的研究空間，請看表六。

表六　清宫陳設檔中的"百式件"一覽

序號	檔案題名（按筆劃多少爲序）	立檔時間（同殿以時間爲序）
1	百什件	宣統二年立
2	百什件陳設檔案	道光十八年七月初一日立
3	百什件陳設等項賬	宣統十三年七月立
4	碧琳館樓上洋漆匣百式件	嘉慶七年十一月立
5	碧琳館樓下抽屜百式件	嘉慶七年十一月立
6	萃珍笥百式件	嘉慶七年十一月立
7	翠雲館萬寶箱百式件	嘉慶七年十一月立
8	翠雲館萬寶箱百式件	光緒二年立
9	德日新樓下文竹文具百式件	嘉慶七年十一月立
10	金昭玉粹寶座格櫃門内百式件	嘉慶七年十一月立
11	景福宫百什件册檔	道光十八年鈔本
12	敬勝齋雕白檀香匣百式件	嘉慶七年十一月立
13	敬勝齋嵌玉罩匣百式件	嘉慶七年十一月立
14	敬勝齋瓊瑶籔百式件	嘉慶七年十一月立
15	敬勝齋洋漆箱百式件	嘉慶七年十一月立
16	敬勝齋百式件	光緒二年立
17	敬勝齋碧琳館三友軒百式件	光緒二年立
18	静怡軒雕博古紫檀木罩匣百式件	嘉慶七年十一月立
19	静怡軒清玩閣百式件	嘉慶七年十一月立
20	静怡軒四美具百式件	嘉慶七年十一月立
21	静怡軒百式件（下）	光緒二年立
22	静怡軒清玩閣百式件	光緒二年立
23	寧壽宫移來百什件陳設檔	同治五年九月十六日立
24	寧壽宫移來百什件檔	同治五年九月十六日立
25	寧壽宫交來陳設百什件賬	同治八年六月初二日立

徜徉大内　一窺堂奥　　395

(續表)

序號	檔案題名（按筆劃多少爲序）	立檔時間（同殿以時間爲序）
26	三友軒團圓桌抽屜百式件	嘉慶七年十一月立
27	三友軒棕竹格百式件	嘉慶七年十一月立
28	漱芳齋金昭玉粹百式件	光緒二年立
29	漱芳齋五大格抽屜百式件	嘉慶七年十一月立
30	漱芳齋西間藍田集瑞百式件	嘉慶七年十一月立
31	漱芳齋西間紫檀木罩匣百式件	嘉慶七年十一月立
32	天府球琳百式件	嘉慶七年十一月立
33	延春閣北門嵌玉五塊罩蓋匣百式件	嘉慶七年十一月立
34	延春閣百式件儀器	光緒二年立
35	養心殿東暖閣博古格陳設	嘉慶七年十一月立
36	養心殿天球合璧百式件	嘉慶七年十一月立
37	養心殿東暖閣雕龍匣百式件	道光十九年立
38	養心殿東暖閣雕漆長方匣百式件（庫存）	道光十九年立
39	養心殿後殿金洋漆二層方盒百式件	道光十九年立
40	養心殿後殿洋磁櫃百式件	道光十九年立
41	養心殿後殿洋漆箱百式件	道光十九年立
42	養心殿後殿竹絲小格百式件	道光十九年立
43	養心殿後殿紫檀木雕博古箱百式件	道光十九年立
44	養心殿後殿紫檀木小櫃百式件	道光十九年立
45	養心殿西暖閣雕博古箱百式件	道光十九年立
46	養心殿西暖閣雕博古罩蓋匣百式件	道光十九年立
47	養心殿西暖閣雕龍紫檀木櫃百式件	道光十九年立
48	養心殿西暖閣黑漆罩蓋方匣百式件	道光十九年立
49	養心殿西暖閣糊字畫格百式件	道光十九年立
50	養心殿西暖閣金漆文具百式件	道光十九年立
51	養心殿西暖閣金漆匣百式件	道光十九年立
52	養心殿西暖閣瑾瑜匣百式件	道光十九年立
53	養心殿西暖閣琅玕聚百式件	道光十九年立
54	養心殿西暖閣琳琅笥百式件	道光十九年立
55	養心殿西暖閣珣琪宇百式件	道光十九年立

(續表)

序號	檔案題名（按筆劃多少爲序）	立檔時間（同殿以時間爲序）
56	養心殿西暖閣紫檀木硬嵌小箱百式件	道光十九年立
57	養心殿西暖閣博古格陳設	光緒十九年立
58	養心殿後殿集瓊藻百式件	同治二年立
59	養心殿後殿文竹文具百式件	同治二年立
60	養心殿西暖閣博古格陳設	光緒十九年立
61	養心殿西暖閣勤政親賢現設百式件	宣統二年二月十四日立
62	養心殿西暖閣自强不息現設百式件	宣統二年二月十四日立
63	毓慶宮繼德堂百什件	光緒二年立
64	齋宮百什件檔	嘉慶十二年十二月立
65	重華宮琬琰集百式件	嘉慶七年十一月立
66	重華宮璆琳笥百式件	嘉慶七年十一月立
67	重華宮璆琳笥琬琰集百式件	光緒二年立

除材質本身均屬物華天寶之外，其精湛工藝、表現形式、設計理念、帝王意趣、陳設制度、歷史發展等方面，都是有着無限研究空間的大課題。

（十二）爲史學研究提供大量文獻實證

前例説明，陳設檔不但記録室内藏品，也記録與此相關的人物、事件，爲明清史、民國史、外交史等方面的研究提供了若干史料。從一件物品的材質和製作工藝，清帝個人的文化修養和興趣愛好，到歷次灾害的巨大損失，再到民族關係和國際關係，都可找到大量相關史料，僅舉三例：

1. **宫廷生活與帝后好尚**　清帝的文化修養、興趣愛好各有不同，這决定了他們對陳設的選擇不同。如康熙三十三年所立《陳設帳》，穿插記録了很多西洋物品，如洋桌、洋案、西洋刀、千里眼、洋盒、洋烟、紅金洋槍、西洋寶石盒、西洋香、西洋細造上等繩蠟、西洋造銀烟燈、西洋布手巾①等。此類記載見于多個宫殿，不勝枚舉。反映個人情趣的記録還有：

　　花梨木蓮蓬樣香盒一個　四十四年正月初四日劉有運奏過奉旨抛了吧②
　　西洋香三樣一盒　南懷仁進　上用了些③

---

① 《陳設帳》，散見各頁，康熙三十三年正月立。
② 《陳設帳》，第十四頁，康熙三十三年正月立。
③ 《陳設帳》，第二十頁，康熙三十三年正月立。

再如，多個宮殿皆藏有大量帝后書畫，未入《秘殿珠林》《石渠寶笈》者還有很多，如慈禧字畫，雖非專業創作，並隨建福宮火災損毀了，也是帝后宮廷生活和慈禧雅好的文字確證。（見圖十一）

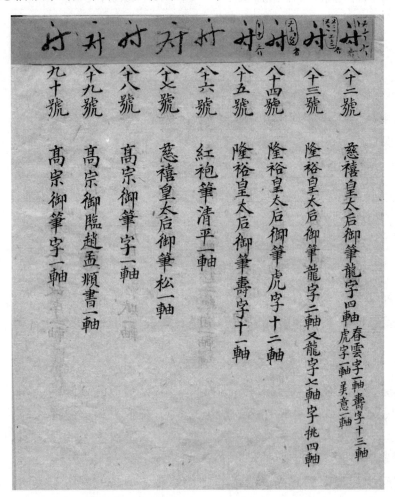

圖十一　静怡軒掛軸賬（宣統十二年四月立）

表七　静怡軒掛軸賬（宣統十二年四月立）所記慈禧書畫作品

八十二號	慈禧皇太后御筆龍字四軸　春雲字一軸　壽字十三軸　虎字一軸　美意一軸
八十七號	慈禧皇太后御筆松一軸
九十二號	慈禧皇太后御筆鳴鳳在竹一軸
一百九號	慈禧皇太后御筆松鶴一軸
一百十號	慈禧皇太后御筆砯揭判一軸

（續表）

一千六百八十三號	慈禧皇太后御筆松二軸
一千六百八十四號	慈禧皇太后御筆梅二軸
一千六百八十五號	慈禧皇太后御筆美人二軸
一千六百八十六號	慈禧皇太后御筆盆梅二軸
一千六百八十七號	慈禧皇太后御筆盆蘭二軸
一千六百八十九號	慈禧皇太后御筆緙絲群仙祝壽圖一軸
一千六百九十號	慈禧皇太后御筆墨塌菊一軸
一千六百九十一號	慈禧皇太后御筆壽星一軸
一千六百九十二號	慈禧皇太后御筆一統大清一軸
一千六百九十三號	慈禧皇太后御筆蝠桃一軸
一千六百九十四號	慈禧皇太后御筆牡丹一軸
一千六百九十五號	慈禧皇太后御筆盆蘭一軸
一千六百九十六號	慈禧皇太后御筆枝桃一軸
一千六百九十七號	慈禧皇太后御筆竹梅一軸
一千六百八十九號	慈禧皇太后御筆緙絲群仙祝壽圖一軸
一千六百九十號	慈禧皇太后御筆墨塌菊一軸
一千六百九十一號	慈禧皇太后御筆壽星一軸
一千六百九十二號	慈禧皇太后御筆一统大清一軸
一千六百九十三號	慈禧皇太后御筆蝠桃一軸
一千六百九十四號	慈禧皇太后御筆牡丹一軸
一千六百九十五號	慈禧皇太后御筆盆蘭一軸
一千六百九十六號	慈禧皇太后御筆枝桃一軸
一千六百九十七號	慈禧皇太后御筆竹梅一軸

2. 宮廷災害的損失 清宮典藏珍寶無數，幸存者可以數得清，被損毀者恐怕就難以全部查清了，幸虧還有陳設檔，至少可以幫我們查清一部分。1923年建福宮、中正殿一帶的火災，燒毀的文物、書籍和佛經無數。從陳設檔可知，僅靜怡軒書籍就達一百九十四種。

表八　静怡軒木器鐘表書籍路設陳設賬（宣統七年六月立）

1	欽定平定陝甘新疆回匪方畧　三十二套	
2	欽定平定雲南回匪方畧　五套	
3	欽定平定貴州苗匪紀畧　四套	
4	欽定平定臺灣紀畧　六套	
5	廣會要　十套	
6	遊名山記　二套　上下函	
7	欽定辛酉工賑記事　二套　上下函	
8	御製詩初集　二套　上下函	
9	述朱質疑　一套	
10	儀禮要義　六套　宣統九年正月十一日賜皇帝用一部	
11	佩文齋書畫譜　六套	
12	古笑史一套　宣統十二年八月二十四日　賜皇帝用一套	
13	欽定叶韻彙集　一套	
14	欽定廓爾喀紀畧　四套	
15	廣東輿地圖説　四套	
16	欽定吏部則例　十二套	
17	西漢會要　四套	
18	錦繡萬花谷續集　八套　宣統九年正月十一日賜皇帝用一部	
19	御撰資治通鑑綱目三編　四套	
20	欽定授時通考　四套	
21	宋板春秋　二套上下函　宣統九年正月十一日賜皇帝用一部	
22	梁昭明文選　一套	
23	宋板六家文選　六套	
24	欽定天文正義　四套	
25	御註道德經　一套	
26	清文開國方畧　一部計四套	
27	翰墨全書　一部計十二套　宣統十二年八月二十四日賜皇帝用十二套	
28	明鈔本兩漢詔令　一套　虫喫	
29	檀弓辨誣一套	
30	插花窗詩賦小楷　一套	
31	繙譯孝經　一套	

(續表)

32	定武敷文　一套　計一本	
33	易簡齋詩鈔　一套	
34	神課金口訣　一套　宣統十二年八月二十四日　賜皇帝用一套	
35	九家集註杜詩　四套　計二十四本	
36	補後漢書年表　一套	
37	欽定金史語解一部	
38	賦役全書一部	
39	經濟錄一部計十二本	
40	西漢會要一部計二十四本	
41	欽定盛京通志　一部計六十四本	
42	唐會要　一部計十套	
43	歷代詩餘集　一部計六本	
44	御註太上感應篇　二本	
45	三合清文鑑　一部計四套	
46	平定兩金川方畧　一部計八套	
47	朱子大學講義　二本	
48	繡餘藁　一本	
49	御製詩餘集　四本　虫喫	
50	御製文三集　八本　虫喫	
51	御纂朱子全書　一部計二十四本　虫喫	
52	欽定清涼山志　一部計八本　虫喫	
53	欽定元史語解　十本	
54	詠物詩選　一部計十六本	
55	御製盛京賦篆法　一部計四套	
56	資治通鑑　一部計六套	
57	御定歷代題畫詩類　一部計二十四本	
58	大藏一覽　一部	
59	文苑彙雋　一部	
60	四體清文鑑　一部計四套	
61	明朝宮史　三本　宣統十二年八月二十四日　賜皇帝用三本	
62	大金國志　四本	

(續表)

63	御製心經　二本
64	武經七書　一部
65	詞律　一套
66	淵鑑類函　計一百本　虫喫
67	註陸宣公奏議　三本
68	欽定詩經傳説彙纂　一部計四套
69	佩文韻府　一部計二十套
70	館課存稿　一部
71	御製金史詩　一部
72	庚辰集　全函一套
73	清寧合撰　一套
74	緑野仙踪　一部計二套
75	御製詩初集　一部計四套
76	御製嗣統述聖詩　一部
77	味餘書室全函訂本　一部計四套
78	詩韵含英　一部
79	御製詩二集　一部計六套
80	宋板柳河東文集　一部計二套
81	御製詩初集　一部計四套
82	清字古文淵鑑　一部計六套
83	欽定歷代賦彙　一部計六套
84	畿輔通志　一部計二十四套
85	草韻彙編　一部計二套
86	草聖彙辯　一套
87	陸宣公全集　一套
88	欽定春秋左傳讀本　一部計四套
89	御製文　全函一套
90	皇朝藩部要署　全函一套
91	陸宣公集一套
92	文宗詩文集全函一套
93	御製文初集全函一套

（續表）

94	欽定平定粵匪方畧四十二套	
95	欽定平定捻匪方畧三十二套	
96	欽定西域同文　一部	虫喫
97	御製文餘集　一部	虫喫
98	世祖章皇帝聖訓　二部計二套	
99	皇清開國方畧　一部計四套	
100	仁宗睿皇帝御製詩二集　一部計四套	
101	宣宗成皇帝御製詩餘集　一套	
102	聖祖仁皇帝聖訓　二部計八套	
103	世宗憲皇帝聖訓　二部計四套	
104	世祖章皇帝聖訓　一部計一套	
105	欽定全唐文　一百套	
106	欽定勦平三省邪匪方畧　一部計四十套	
107	高宗純皇帝聖訓　二部計三十二套	
108	仁宗睿皇帝聖訓　二部計十六套	
109	文宗顯皇帝聖訓　一部計六套	
110	欽定勦平捻匪方畧　一部計三十二套	
111	欽定勦平粵匪方畧　一部計四十二套	
112	皇清開國方畧　一部計四套	
113	暫安處修理鑾駕庫並恭理王大臣司員公所房間等工程銷算黃册　一部計六套	
114	欽定宮中現行則例　一部計一套	
115	皇朝通志　一部計六套	
116	味餘書室　四部計十六套	
117	養正書屋　四部計十六套	
118	仁宗睿皇帝御製詩初集　三部計十二套	
119	仁宗睿皇帝御製詩二集　三部計十二套	
120	仁宗睿皇帝御製詩三集　一部計四套	
121	仁宗睿皇帝御製文二集　三部計六套	
122	宣宗成皇帝御製詩初集　三部計六套	
123	宣宗成皇帝御製文初集　一部計四套	
124	宣宗成皇帝御製文餘集　一部計四套	

（續表）

125	文宗顯皇帝御製詩文全集　四套	
126	宣宗成皇帝御製詩餘集　全函四套	
127	仁宗睿皇帝御製詩文餘集　全函四套	
128	欽定滿洲源流考　全函一套	
129	清文平定兩金川方畧　一部計十二套	
130	貞觀政要　一部計二本	
131	皇清文穎續編　一部計二十四套	
132	皇朝文獻通考　一部計二十二套	
133	欽定續文獻通考　一部計四套　又十二套	
134	欽定續通典　一部計八套	
135	御製詠左傳詩　全函一套　蟲喫	
136	御製讀尚書詩　全函一套	
137	開國方畧　一部計二套	
138	御製詩文十全集　一部計四套	
139	盤山志一部計二套	
140	施註蘇詩　一部計二套	
141	何大復集　一部計二套	
142	御製全唐詩録　一部計四套　蟲喫	
143	御選唐宋文醇　一部計二套	
144	古今圖書集成　三部　每部計五百二十八套	
145	御製五體清文鑑　一部計六套　蟲喫	
146	高宗純皇帝聖訓　二部計三十二套	
147	仁宗睿皇帝聖訓　一部計八套	
148	宣宗成皇帝聖訓　一部計十套	
149	文宗顯皇帝聖訓　一部計六套	
150	高宗純皇帝御製詩初集　二部計四套	
151	高宗純皇帝御製詩餘集　二部計四套	
152	高宗純皇帝御製文初集　一部計二套	
153	高宗純皇帝御製文二集　一部計二套	
154	高宗純皇帝御製文三集　全函二套	
155	高宗純皇帝御製文餘集　全函二套	

（續表）

156	仁宗睿皇帝御製詩初集	二部計八套
157	仁宗睿皇帝御製詩三集	二部計八套
158	仁宗睿皇帝御製詩文餘集	全函二套
159	仁宗睿皇帝御製文初集	全函二套
160	仁宗睿皇帝御製文二集	二部計四套
161	聖祖仁皇帝御製文二集	二部計四套
162	聖祖仁皇帝御製文三集	二部計四套
163	宣宗成皇帝御製詩餘集	全函二套
164	宣宗成皇帝御製文初集	全函二套
165	宣宗成皇帝御製文餘集	全函二套
166	宣宗成皇帝御製詩初集	二部計四套
167	文宗顯皇帝御製詩文全集	全函二套
168	世宗憲皇帝御製文集	二部計四套
169	味餘書室全集	二部計八套
170	樂善堂全集	五部計二十套
171	宣宗成皇帝漢文聖訓	一部計二十六套
172	文宗顯皇帝清文聖訓	一部計二十二套　蟲喫
173	文宗顯皇帝漢文聖訓	一部計二十二套　蟲喫
174	高宗純皇帝聖訓	一部計五十套
175	仁宗睿皇帝漢文聖訓	一部計二十二套
176	皇清文穎續編	一部計二十四套
177	高宗純皇帝聖訓	二部計三十二套
178	聖祖仁皇帝聖訓	二部計八套
179	宣宗成皇帝聖訓	二部計二十套
180	仁宗睿皇帝聖訓	二部計十六套
181	世祖章皇帝聖訓	一部計二套
182	殿板春秋	一部計四套
183	文宗顯皇帝聖訓	二部計十二套
184	高宗純皇帝聖訓	二部計三十二套　原欠十三函一套
185	太祖高皇帝太宗文皇帝聖訓	全函六套
186	高宗純皇帝御製詩二集	二部計八套
187	高宗純皇帝御製詩三集	二部計十二套
188	高宗純皇帝御製詩四集	二部計十六套

（續表）

189	高宗純皇帝御製詩五集　二部計十六套
190	仁宗睿皇帝御製詩二集　二部計八套
191	仁宗睿皇帝御製詩三集　二部計八套
192	聖祖仁皇帝御製文一集　二部計四套
193	聖祖仁皇帝御製文四集　二部計四套
194	養正書屋全集　二部計八套

除書籍種數、部數、册數等明細外，我們還可以看出此期靜怡軒的藏書傾向。再加上中正殿等其他陳設檔，可以基本復原此次灾難的具體損失。

3. **清廷外交往來**　清廷與朝鮮、越南、琉球、蒙古等周邊國家之間來往密切，各自以特產或精心製作的器物頻繁進貢與回賞，在陳設當中有較多體現：

  紅雕漆壽春小圓盒壹對　簽注：道光十七年八月初十日總管趙德喜要去，上在同樂園賞東西兩邊看戲王大臣、蒙古王及越南國來使等用三件①。

  紅雕漆人物四方入角小盒玖件　下有五簽分注：咸豐三年正月二十三日內殿總管韓來玉要去二件賞琉球國王用，咸豐三年三月二十二日奏事首領陳鵾要去賞逈丹書克喇嘛等用一對，咸豐六年正月初五日內殿總管韓來玉要去一對賞琉球國王用，咸豐八年正月初七日內殿總管沈魁要去二件賞朝鮮國王用，咸豐九年六月十二日內殿總管沈魁要去一件賞琉球國王用②。

綜上所述，館藏近800件紫禁城各殿的陳設檔案相對完整，以翔實入微的第一手原始記錄，承載着清代200餘間宮廷陳設及與此相關的歷史信息，猶如一部綿延不絕的綜合性史料長編，正史不收，他史不錄，世所僅見，蘊蓄極富，具有唯一性和百分之百的可信度。若能深入挖掘，系統考察，綜合研析，定會大有所獲！

注：《故宮博物院藏清宮陳設檔案》，全45册，故宮出版社，2013年11月出版。

朱賽虹：故宮博物院圖書館研究館員

---

① 《東暖閣雕漆器檔案》，第二十五頁，光緒元年十一月初七日立。
② 《東暖閣雕漆器檔案》，第二十五頁，光緒元年十一月初七日立。

王蔭嘉藏《鐵琴銅劍樓藏書目録》批語輯存

李 軍

　　王蔭嘉（1892—1949），原名大森，字直夫，號蒼虬、殷泉。江蘇吴縣人，祖籍浙江嘉興。王祖詢次子，王大隆胞兄。早年隨父在京讀書，光緒三十二年（1906）十二月因父病逝于蘇州家中，乃南下奔喪，從此經理家業，未再北返。蔭嘉婚後，因西花橋巷老宅内有大樹二株，乃名其齋曰雙長生樹屋。抗战爆发，迁居上海。中年以後，酷嗜藏泉幣，與丁福保、羅伯昭等創立中國泉幣學社，編輯出版《泉幣》雜誌。1949年10月，因病逝世于上海，享年五十七歲。著有《雙長生樹屋泉觶》（稿本）、《二十八宿研齋珍藏書目》（鈔稿本）、《二十八宿研齋善本書録》（稿本）、《殷泉長物録》（稿本）、《殷泉橅拓集景》（稿本）及《王蔭嘉品泉録》《續品泉録》《錢幣論集》等。

　　王蔭嘉昆季繼承父志，酷嗜藏書，早年未析爨時，書儲一處，沿用其父二十八宿研齋之名，並用"王蔭嘉興父兄弟共賞""王蒼虬補安兄弟同賞"印。析産之後，蔭嘉仍用二十宿研齋之名，欣夫先生則改署抱蜀廬、學禮齋、蛾術軒。1918年，蔭嘉大病初愈，檢點家藏善本，與欣夫先生編訂《二十八宿研齋珍藏書目》，時蔭嘉二十七歲，欣夫年僅十八歲。《珍藏書目》收書一六二種，其中元刻本一種、明刻本三十五種、稿本四種、抄本三十七種。内多爲其父祖輩遺書，計王祖詢十五種、王寶瑩（星農叔祖）二十七種、王偉楨一種、王師晋一種、王祖錫兩種，此外尚有玉弟所購九種、馮桂芬曾孫表弟馮武雲所贈兩種，購自書肆如文津書坊（五種）、欣賞齋（一種）、楊福堂處（兩種）等。

玉弟，亦見於瞿《目》卷二十二《梅花字字香》一書批語，似即王欣夫先生。蓋《珍藏書目》中《淩忠清公集》一條"以上七集，均甲寅年玉弟於冷攤收得"一語，與《蛾術軒篋存善本書錄》"今目中所載明刻若干種，猶爲余十四歲時，節餅餌之資，得之冷攤者"相合。吳俗生子，幼有乳名，常作某官、某寶、某囡之屬，如俞平伯乳名僧寶，故疑欣夫先生乳名爲"玉官"耶？

王蔭嘉中年以後，興趣轉移，喜藏古泉，往往售書易泉。抗戰爆發前夕，蘇州舉辦吳中文獻展覽會，蔭嘉以古泉、善本應之。當時曾應王佩諍之請，編輯《二十八宿研齋善本書錄》一稿，自爲之序，稿本今藏蘇州圖書館。可見戰前王蔭嘉藏吳中文獻善本之概貌，並可窺王氏藏書自1918年以後二十年間更替之一斑。

1949年10月，蔭嘉歿後，家道遽落，其夫人托欣夫先生選擇藏書之精善者四十餘種，讓歸北京圖書館（今中國國家圖書館），以資家用。黃裳《來燕榭書跋·秋林琴雅》條云："此冊前有王氏廿八宿硯齋藏印，印色灰敗。其人名王蔭嘉，蘇州人，王大隆兄，頗藏佳書。身後有一皮箱書由來青閣介歸北京圖書館，大隆爲擬價，最著者《紅蕖記》一冊，六百元也。其實他種秘本尚有，唯不如曲本之能易高值也。"據《王氏二十八宿研齋鬻書記》前欣夫先生序署1955年1月，知二十八宿研齋之讓書在1954年。蓋欣夫先生檢書時，逐一加以記錄，事後彙編爲《鬻書記》，謄清稿本一冊，今藏復旦大學圖書館。收書四十二種，依四部爲序，其中泰半見於《善本書錄》，見諸《珍藏書目》者，僅弘治本《陳伯玉集》一種（即《四部叢刊》底本）而已。

其實，二十八宿研齋藏書之散失，集中于抗戰期間。檢臺灣"央圖"《善本書目》《善本書志初稿》可知，《珍藏書目》內《漢魏叢書》《三禮考注》《資治通鑑》《大明一統志》《左萃類纂》《咸賓錄》《夢粱錄》《大學衍義》及《善本書錄》內《大明一統賦》《玩芳堂摘稿》《雅宜山人集》《石浦衛族考》等，均歸臺灣"央圖"收藏。而臺灣"央圖"藏書中鈐有"王氏二十八宿研齋祕笈之印"朱文長方印者，竟達一千六百餘種，且各書多加蓋"恭綽"朱文方印、"遐庵經眼"白文方印、"玉父"白文長方印三記，殆曾經葉氏之手耶。抗戰期間，葉恭綽亦曾參與文獻保存同志會事，而其亦好藏泉，曾任中國古泉學會副會長，蔭嘉售書，藉葉氏之手，歸諸公藏，似頗爲合理也。

二十八宿研齋藏書，除大宗歸臺灣"央圖"，精善之本歸北京圖書館外，尚有王欣夫先生所保存者，如《珍藏書目》內《四禮權疑》《抱朴子內外編》《魂礩》《陶淵明集》《元次山集》《唐詩鼓吹》《唐詩叩彈集》《駢體文鈔》《絕妙好詞箋》及《善本書錄》內《三朝北盟會編》《樂府雅詞》《梅苑》等，均著録於《蛾術軒篋存善本書録》。此外，仍不免有零星流散在外者，如哈佛燕京圖書館藏明嘉靖休寧程氏刻本《休寧蓀浯二溪程氏宗譜》、湖南省圖書館藏清抄本《復社紀略》、上海圖書館藏明嘉靖范氏天一閣刻本《關氏易傳》等，皆爲王氏舊藏。而近年見於拍賣者，屢次見之，而如《珍藏書目》内汲古閣《津逮秘書》本《錦帶書》一卷《本事詩》一卷，合裝一册，前數年曾經眼《錦帶書》單册，則已爲人所拆分，令人慨嘆不置。

《二十八宿研齋珍藏書目》《二十八宿研齋善本書録》《王氏二十八宿研齋鬻書記》三種，分別成於王蔭嘉、王欣夫兩兄弟之手。《善本書録》之成，距《珍藏書目》二十載，至《鬻書記》之編定，又逾十七年，三種書目之次第完稿，前後歷三十七載，可謂一波三折，而今目存書散，雪泥鴻爪，聊見痕跡耳。《珍藏書目》《鬻書記》兩種儲於復旦大學圖書館，已近半世紀，鮮爲人知，兹已合并整理，復摘録《二十八宿研齋善本書録》簡目，附録於後，刊于《復旦大學古籍所學報》第二期。

王蔭嘉藏書事跡，除見於以上三種書目外，尚有日記《長物録》一種，詳記其收書之目，惜乎稿本僅殘存一册。此外，另有散見于所藏書目類文獻之批語中者，如上海古籍出版社所印王欣夫先生補正本《藏書紀事詩》中，即夾雜有蔭嘉批語。南京圖書館藏清乾隆刻本《讀書敏求記》、韋力芷蘭齋藏張氏刻本《適園藏書志》，均有王氏批注，於經眼、收購、假校、抄副、出借之書，多有涉及，而此類批本中，最值得注目者，實爲王氏手批常熟瞿氏家刻本《鐵琴銅劍樓書目》一種。

此書今藏復旦大學圖書館，半葉十行二十二字，上下大黑口，單黑魚尾。書中有"楨"白文方印、"祖詢長生安樂"白文方印、"蟬廬又字敦歐"朱文長方印、"慕唐"朱文方印、"華橋水閣人家"朱文長印、"風月天生一種人"白文方印、"王氏二十八宿硯齋藏書之印"朱文方印、"二十八宿研齋"朱文方印、"蔭嘉"白文方印、"蔭嘉"朱文方印、"王印蒼虬"白文方印、"殷泉"朱文方印、"興之所至"白文方印、"殷泉"朱文方印、"吴下阿安"朱文圓印、"王印蔭嘉"藍文古泉形印、"蒼虬經眼"朱文長印、"王印大隆"白文方印、"補安"朱文方印。似爲王偉楨、王祖詢、王蔭嘉、王大隆四人三代，祖孫、父子、兄弟遞藏之物。

瞿《目》中批語，大抵爲王蔭嘉於1930年至1936年間陸續所加，其内容却並非全出於王氏本人。内含王氏據丁國鈞藏本，過録其傳自八千卷樓丁氏藏本中之勞格批語，以及丁國鈞本人批語。另有劉公魯（冠以"泗案"者）、王欣夫批註若干，劉氏以王蔭嘉之請，更手批第十册。先後所作批注，有朱、墨、緑各色筆及鋼筆之别。批語所記，主要爲王氏歷年所見聞、收藏之書，蘇、滬等地書林之逸事。如與王氏交好之書估有來青閣楊壽祺、百擁樓鄒百耐、鳴琴室楊馥堂、集寶齋孫伯淵孫仲淵兄弟及屈伯剛、李德元、張石生等,文學山房江杏溪與潘氏兄弟過從甚密,藏書家則有鄧邦述、顧鶴逸、劉之泗、張元濟、丁國鈞、丁祖蔭等。兼及蘇湖等地舊家藏書之流散,如松江韓氏讀有用書齋藏書出讓,蔣祖詒代陳澄中收書,王文進南下競購;孫毓修身後,藏書1935年6月中旬於上海寓出售;楊壽祺收得王秉恩家書,又因雀戲失宋本《致堂讀史管見》,卒爲江杏溪所得;莫棠書散,歸丁初園者不少;丁祖蔭臨終前仍買書,身後書即散出;李儁臣任職財政廳,富於資財,藏書遂富,身後子孫不肖,皆散入肆;王氏好友許斧亭守先世遺書,與之互通有無,所借出宋本《演繁露》未及還而歿,爲其子乾没斥賣,以償賭債;玉海堂劉氏藏書,宋元本若干先燬於浦口大安棧火,再遭涵芬樓之難,宋本《隋書》與明清繪畫八十餘件俱燼,至倭寇吳門,劉公魯罹于難,藏書、文物遂星散;顧鶴逸藏宋本《新彫注胡曾詠史詩》,爲所謂"一日本人乾没",似即指島田翰借過雲樓書,一去不還之事。

　　批語所涉,版本之外,以王氏生平最爲可貴。如其別號,據批語後自署,又有"持齋""霽齋",爲前此所未見。是書每册、每卷前後,有王蔭嘉題記,或記近事,或憶往昔,知其藏泉之後,並不能忘情于書。初好收《四庫存目》中書,"專好黑口板",並以"黃蕘翁所未見,故漫度其非佳耳。其説不足恃。凡書苟非校讎,殊難信口雌黄",誠爲甘苦心得之語。而1934年月12月20日所作明本《爾雅翼》批語云"誓不收書矣,見之乃復不克自禁,記以志過",又卷十六尾題下批云"爲連日專意目録,古泉閣置之久,實爲近八年中所無之事",皆其旁證。至如康兒生病,始課康兒,記其嗣子啓睿事也;卷七末王蔭嘉夫人家書一紙,記其母病危也;壬申二月初七避亂移鄉,由山而滬,記其避難事也。一鱗片爪,爲王氏一生之細節,尤爲親切。庚寅夏六月廿五日雨窗,録訖於滬東復旦園。越四年甲午九月廿五日覆校一過書此,時予卅三初度也。吳縣李軍謹識於聲聞室。

第一册

書衣　墨筆:鐵琴銅劍樓藏書目録卷一

序後副葉　墨筆過録:江南圖書館購藏浙江丁氏書中有鈔本瞿氏《恬裕齋書目》,舊爲勞季言所藏者,書眉校語極精要,審知季言先生手筆,因悉迻録之,惜瞿氏刻此目時未見季言校語,不及改正耳。季言卒於粤逆亂時(同治乙卯歲),其所得鈔本《瞿目》大約在咸豐之初。今以照刊本,則字句皆同,誤處仍誤,《瞿目》刊於光緒三年,曾延葉鞠裳諸君重加審訂,然後付梓,乃竟未易一字,真不可解也。辛亥三月,秉衡記於江南圖書館(勞氏手校本存江南圖書館閲覽室,當時未經提出歸入善本書中)。

目錄　經部一下　　墨筆：宋六　元四　明三　鈔十
　　　經部二下　　墨筆：宋四　金一　元四　鈔七
　　　經部三下　　墨筆：宋三　元七　明二　鈔三　校一
　　　經部四下　　墨筆：宋八　元六　明十一　鈔五　校一
　　　經部五下　　墨筆：宋十　元六　明二　鈔八　校一
　　　經部六下　　墨筆：宋五　元五　明二　鈔九
　　　卷七下　　　墨筆：宋八　元十一　明五　鈔廿一　校二
　　　經部七　　　天頭墨筆：經部凡宋刊四十四，元刊四十三，金刊一，明
　　　　　　　　　　　　　刊廿五，鈔六十三，校五。
　　　史部一下　　墨筆：宋十三　元九　明二　鈔一
　　　史部二下　　墨筆：宋十二　元十六　明十三　鈔三十二　校一
　　　史部三下　　墨筆：宋三　元九　明六　鈔廿六　校三

正文
卷一　經部一
周易十卷（宋刊本）　墨筆：日本田中氏新假此本影印。庚午記。（一上）
周易註疏十三卷（宋刊本）　陳仲魚《經籍跋文》天頭　墨筆：《經籍訪古志》《周易註疏》十三卷，南宋槧本，有宋人標閱年月云：端平改元冬十二月廿三日陸子遹三山寫易東牕，標閱每卷之少異。十三卷末書：端平二年正月十日，鏡湖嗣陸子遹遵先君手標，以朱點傳之。時大雪始晴，謹記。字體行楷遒勁，句讀及段落批點皆用朱筆，其塗抹文字則用雌黃，具見謹嚴。子遹乃放翁第六子，三山在山陰縣鏡湖中。宋槧而經宋名人校者確屬稀覯，殷泉僅有不署名宋人筆耳。壬申中秋後五日雨牕。（四上、下）
周易兼義九卷略例一卷音義一卷（宋刊本）　天頭：陸氏《皕宋樓藏書志》著錄宋刊本，閩刊本。《經籍訪古志》：《周易》九卷《略例》一卷，南宋巾箱本每半葉九行，行十七字。注雙行，行十八字，四周雙邊。（五下）
吳園先生周易解九卷（舊鈔本）　天頭：此本愛日精廬舊藏，以後統稱張《志》。　庚午臘月初二日起校。（二十三下）
讀易詳說十卷（鈔本）　天頭：張《志》文瀾閣傳抄本。（二十四上）
周易經傳集解三十六卷（舊鈔本）　天頭：張《志》閣抄本。（二十四下）
周易古占法一卷古周易章句外編一卷（舊鈔本）　"天一閣范氏有刊本"一句天頭：陸《目》天一閣刊三卷。（二十六上）
程朱二先生周易傳義十卷（元刊本）　天頭：《訪古志》《周易傳義》十卷，元槧本，首起程朱二先生《周易》上經傳義卷之一，伊川先生程頤傳，晦菴先生朱熹本義，前有程頤序及朱子《易圖》，圖後有"延祐甲寅孟冬崇巖精

舍新刊"木記，每半葉十一行，行廿一字，注二十五字。 殷藏延祐槧本《書集傳》，行款刻風正同，疑亦出拏巖精舍刊。（二十六下）

張先生校正楊寶學易傳二十卷（宋刊本） 天頭：陸《目》明刊本有嘉靖四十二年張時徹序。 辛未三月既望，殷泉收瘵鶴初印白皮紙本於楊壽祺君，付值八十元，喜而識之。（二十八上） "特非鄭希聖所藏耳"天頭朱筆：鄭希聖所藏與此同本，今在聊城楊氏，其詳見《楹書隅錄》。二月廿三日，殷泉識。 墨筆：嘉靖二刻，一瘵鶴亭，一敏學書院，咸艱得，楊氏書新散，宋本《易傳》未知所歸，意尚在敬夫行笈中歟？頃收開州本版式特奇，亦有所謂得羊矣。固不敢覬覦宋槧本也。蔭嘉又記。（二十八下）

周易總義二十卷（舊鈔本） 天頭：陸《目》舊鈔本同，又文瀾閣傳抄本。 張《志》文瀾閣傳抄本。（三十上）

周易要義十卷（舊鈔本） 標題下：陸《目》舊鈔。 天頭墨筆：徐氏傳是樓鈔本。張《志》本即此。（三十一上）

晦庵先生朱文公易説二十三卷（宋刊本） 天頭墨筆：張《續志》以為元刊本。 殷泉見藍格明抄本，有愛日廬印記而不見於《志》，時已獲此本而汰去者。

周易象義十二卷（宋刊本） 天頭墨筆：陸《目》閣抄本，張《志》閣抄本。張《續志》下經第二之三一卷。（三十三上） "萬卷樓印"一句眉批：常熟人潘氏亦名萬卷樓，大約道咸間人，曾見明鈔《周益國公集》有其印記，不獨項、孫二家名萬卷樓也。庚午八月。（三十四下）

易學變通六卷（鈔本） 眉批：張《志》閣抄本。（五十二上）

周易經義三卷（元刊本） 眉批：見張《志》有吳枚庵跋。（五十二上）

卷一尾題 闌外墨筆：己丑仲春，殷泉室蔭嘉父敬讀。

第二册
書衣 墨筆：鐵琴銅劍樓藏書目錄卷二之四
卷二
附釋音尚書註疏二十卷（宋刊本） 眉批：陸《目》同。 《訪古志》足利學藏三山黃唐本，當屬此本所祖，前有端拱元年孔維等上表，永徽四年無忌等上《五經正義表》，末有黃唐刊版記。（二下）

尚書註疏二十卷（金刊本） 標題下墨筆：陸《目》明刊九行本。（三上）

禹貢山川地理圖二卷（鈔本） 眉批：張《志》閣抄本。（四下） 宋本《禹貢圖》為丁氏持靜齋中經籍之冠。（五上）

書説七卷（舊鈔本） 眉批：張《志》。

重刊明本書集傳附音釋六卷（元刊本） 眉批：張《志》參。 殷泉新收延祐三年初印，不附《音釋》，首尾完全，乃元代此書之第一刻本，不見各家書目，其佳字與陳仲魚宋本跋中所舉多同。朱子問答即以手帖真跡上版。庚午七月廿八日。 "杭"乃"抗"之誤，別本皆作"杭"，惟延祐三年本及此本尚不誤，亦可寶之一端也。八月廿三，殷泉又記。 此題與延祐三年本合，而陳仲魚《經籍跋文》所舉宋本之題則有"門人"二字，"蔡氏"作"蔡沈"。

張《志》載重刊凡例……元載朱子手帖數段未能盡一經大旨，今將鄱陽董氏錄注所輯朱子綱領取其精詳，而有補於書者，刊置卷首。 朱子問答之佚，始自董氏可知。 殷泉本當是翠巖精舍刻，日本昌平學藏麻沙劉氏南澗書堂本。

《天祿琳琅》卷五元板經部《集傳》宋蔡沈撰，六卷，宋鄒近仁音釋，前沈序並尚書纂圖傳序，共一冊，後附書序一篇……此書與宋版《纂圖互注毛詩》《周禮》體式相同，惟注字參差不齊，未能如宋槧耳。毗陵周良金藏本。 又《續目》八鄒季友《音釋書》六卷，前列書經序，考沈子杭進表尚有朱熹《問答》一卷，宋以來刊本俱不載，序末南谿精舍及至正乙酉鐘式、明復齋鼎式墨印，三書末刻至正乙酉菊節虞氏明復齋刊。

卷二 葉八下行七"至正辛卯" 墨筆：辛卯，十一年。

尚書精義五十卷（鈔本） 墨筆：陸《目》閣抄本（張《志》閣抄本）（葉九上）

尚書注六卷（舊鈔殘本） 墨筆：陸《目》同張月霄藏書，卷末有嘉靖戊午仲冬錄完八字。 張《志》抄本注曰：從子謙伻藏舊抄本傳錄，今《志》本歸陸而子謙本歸瞿也。（葉十二上）

讀書叢說六卷（舊鈔本） 墨筆：張《志》同，陸《目》同。（葉十二下）

尚書音釋一卷（元刊本） 墨筆：《訪古志》元槧六卷本。 殷泉收延祐本蔡傳，不附音釋。"降水儆予視乃厥祖，與石經及相臺本不異"朱筆：延祐本經文厥祖傳乃作烈。 延祐初印本蔡傳正作齋，故鄒氏不爲發音。八月八日殷泉記。

書蔡氏傳輯錄纂注六卷（元刊本） 墨筆：《天祿琳琅續》八本同，此書序、綱領後有建安余氏勤有堂刊墨記。 首題與延祐三年本合。 《天祿琳琅》又曰：是書槧手精工，雖宋本亦稱佳者，以書中宋諱皆不闕筆，而勤有堂世守其業，至今不廢，故列之元板。項篤壽萬卷堂藏本據此，則內府本於延祐等條皆經佚去，不若瞿藏之完善矣。綱領之傳與問答之佚始此，庚午八月廿二夜。殷泉。

卷三
經部 詩類
毛詩二十卷（宋刊本） 朱筆：案影印本第二行低二格題唐……釋文附分

列二行。加二字爲明。己巳三月廿二日殷泉。

詩經疏義二十卷（明刊本）

詩經疑問七卷附編一卷　吳枚庵《古香樓彙叢》影元抄本，其文曰《文王》爲周公戒成王之詩，爲兩君相見之樂，所以昭先王之德於天下，所謂恭敬齊莊，以變成王之德者也。此條案語錯亂，豈變發二字形致略同，而發之爲變，所審亦未諦歟。癸酉九月廿五日，李德元攜來，因檢及此，仍當按通志堂本。殷泉記。

卷三末　朱筆：康兒連日闌珊，慮其有病，今日果發熱矣。因祥哥延醫之便，即邀健安陳君用藥。加硃至此，心不能寧，兼以經注荒疏至多，不可句者，容以俟諸他日。三月廿二日雨窗。

卷四

儀禮註疏十七卷（明刊本）　墨筆：得周漪塘校宋彙參本，乃集《儀禮疏》各本之大觀，真瑰寶也。癸酉十一月。

儀禮要義五十卷（影鈔宋本）　墨筆：嚴氏手鈔原本，吳江沈氏舊藏，其子姓某習醫於曹智涵丈之門，三十年前攜蘇求售，留於復禮齋中月餘。後歸莫楚生氏銅井文房，價僅五十元耳。去冬莫氏書散，予曾借留數日，愛不忍釋，卒以索價過高，無可經營，坐失奇書，惋惜終身，安得腰纏十萬，羅致天下善本、珍泉，以暢吾所慾乎。迂陋之見，直書以鑑。清明後一日，殷泉漫志。

禮記二十卷（明刊本）　墨筆：徐刻三禮，莫氏書中有初印全部，惜無定價。

禮記纂言三十六卷（明刊本）　墨筆：壽祺于慈谿王氏得元槧本，大字黃紙，分裝四十冊，在滬售歸同業云。庚午七月記。

禮記集說十六卷（元刊本）　朱筆：殷泉有元槧十卷本，惜闕首冊二卷，楊鳴琴室所出售也。每葉廿行，行十八字，注低一字，雙行，行十七字，黑口。蓋元明之際坊本，以校崇道堂本，多同。

大戴禮三十卷（明刊本）　墨筆：庚午正月，壽祺收得嘉靖大字本，已攜至申店，未識嘉趣本否？

三禮考注六十四卷（明刊本）　墨筆：昔年於觀前文津書坊見此成化本，缺葉過多，未收，且不好宋元人言經也。

纂圖集注文公家禮十卷（宋刊本）　朱筆：殷泉新收元延祐初印《書集傳》，其《答問》中朱子手帖亦摹刻惟肖，可貴。

卷四末　墨筆：己巳清明後二日起誦《荀子》。　庚午臘二夜飯前以《愛日志》對校一過。

第三册

卷五

春秋名號歸一圖二卷（宋刊本）　　墨筆：丁秉衡曰：勞曰此附《集解》以行。（欣）

春秋經解十五卷（舊鈔本）　　墨筆：勞曰通志堂刊本記有邵序周跋。

左傳類編六卷（舊鈔本）　　墨筆：嘉靖間吳中施仁撰《左粹類纂》，兼取《外傳》，分類近乎瑣散，不能望此項背也。《四庫》入《存目》。予曩好收《存目》中書，得嘉靖初印本，甚精。近又收萬曆重刊本，已有批評惡習，實不足存，姑惜其舊刻行將就湮耳。壬申巧月二十六夕，俯仰無聊，取新鈔成之《草木子》整理一過，殷泉主人王蒼虯記。　劉公魯以張深之刻《西廂》見借，且借去應用各書，今日送往未遇云。

古文春秋左傳十二卷（鈔本）　　墨筆：勞曰此實惠徵君棟輯本，託名伯厚耳。

春秋屬辭十五卷春秋左氏傳補注十卷春秋師說三卷（元刊本）　　墨筆：婁韓氏藏細皮紙本，尚初印，有宋蔚如、寶籤堂諸朱記，惜缺補注，定價二百五十元，六折可售。　楊壽祺曾從王嚴士得《金鎖匙》，則僅二十元。余皆未收，大背專好黑口板之旨矣，記以博笑。甲戌十月初二。　殷泉曾見明印本，亦頗精好，李儁臣藏書也。此人生平頗蓄書，身後其子斥賣，初索巨值，不敢問，旋以千餘金售諸金陵云。　李為施姻伯（曜庚）婿，任歙省財政廳，故富有可以蓄書，不似吾輩寒酸也。

卷六

經典釋文（宋刊本，殘）　　墨筆：《經典釋文》一書，昔賢校本綦多，二十八宿研齋有兩善本，一陳碩父先生手校，一費屺懷世丈傳錄各家精校，幾彙無數善本於一，皆欣夫弟所得也。特著明，不掠美。庚午臘月呵凍記。

兩蘇經解（明刊本）　　墨筆：此板不足稱善，殷泉亦有之，未嘗重也。

論語鄭氏注二卷（鈔本）　　墨筆：勞曰此亦惠徵君棟輯本，鮑淥飲曾刊之，板式與叢書同，却罕見。

四書集成二十卷（宋刊本）　　墨筆：此僅存《論語》一種，殷泉藏《中庸》殘本，其佳字與前一本所舉者同，行款則朱注雖小字，而亦單行，凡大中小三體字，乃宋槧中所僅見。藏印有周九松，而無菉竹堂，蓋明中葉已殘闕，而珍之矣。庚午七月廿七日記。

讀四書叢說八卷（元刊本）　　墨筆：殷泉案《得一廬書目》有孫淵如藏元刊本八卷。癸酉正月十八日。

卷六末　墨筆：庚午臘月二日夜飯後再以《愛日志》校至此。殷泉。

壬申七月二十五燈下重觀。

第四冊
卷七　經部七
爾雅三卷（宋刊本）　　墨筆：庚午九月十九日，殷泉得吳刻初印本，舊錦函三冊，又得日本舊覆北宋本。

爾雅三卷（元刊本）　　墨筆：此平水曹氏本，辛未十一月初九日得觀於劉公魯臥室中。首有馬氏叢書樓朱記，每半葉八行，行十五字（《邵目》誤十六字），左右雙綫闌，小黑口上記字數。郭序四行，行十一字。後附《音釋》，乃張芙川舊藏，程瑤田、臧玉麐、謝墉等校語，張氏夫婦、江德量、李兆洛、孫原湘題記，張云得諸黃氏士禮居，惜蕘翁獨未著墨。薄皮紙初印，欠《音釋》首葉一，舊影寫補足。鄧孝先年伯在座，即向借校，其佳處當更有出此外者。
　　鄧公云不見長。

爾雅翼三十二卷（明刊本）　　墨筆：予收初印本較此多後序及顧璘跋。全書有原音釋，最善本也。甲戌十二月二十日。誓不收書矣，見之乃復不克自禁，記以志過。殷泉。

急就篇四卷（舊鈔本）　　墨筆：黃校明抄本又有鈕匪石跋，婁韓氏舊藏。今為周叔弢得，文禄堂估人代收也。蔭嘉記。

説文解字韻譜五卷（元刊本）　　墨筆：泗案，徐積餘姑父嘗得此原本，用西法石印行世，徐以為宋槧，不知何據。　朱筆：十卷本，馮校邠所重刻之祖本，現藏予處。

新集古文四聲韻五卷（宋刊本）　　墨筆：沈辨之為野竹齋，雁里草堂乃無錫秦氏。

歷代鐘鼎彝器款識法帖二十卷（明刊本）　　墨筆：泗案，先大夫曾以所藏孫淵如影宋石刻本刊行於世。阮文達亦嘗刻之，殆即從天一閣藏本出邪。　朱筆：己巳五月廿六日，觀丁初園所藏汲古閣毛氏精抄本。殷泉。

班馬字類五卷（舊鈔本）　　鋼筆：廿五年春，得馬氏藏明影宋精抄本，觸手如新，間有校語為全謝山筆，乃知叢書樓本改易行款，非復舊觀矣。嗣得沈曉滄校本，匆遽避亂，由山而滬，迄無一校之暇，冉冉老矣，不知尚有炳燭功否。卅五年二月十六日。

龍龕手鑑四卷（宋刊本）　　朱筆：印入《續古逸》。　墨筆：近日本影印高麗覆遼本，尚作"鏡"字，可驚。庚午八月。　殷泉曾遇日本古刻八卷本，勸友人潘君收之。

韻補五卷（宋刊本）　　墨筆：癸酉正月，欣夫續檢沈氏書，得曉滄手抄校許宋魯本，甚善。按《天一閣書目》有元刊本，後歸朱修伯結一廬。十八夜補記。

禮部韻略五卷附韻略條式一卷（宋刊本）　墨筆：泗案，先大夫曾從常熟楊氏假得一宋本，欲影刊行世，以匆匆索還，遂未果影寫，惜哉。

卷七末　墨筆：三月初三夜墨。

夾紅紙籤一枚：今日母親病更重矣，陳醫之方，終算出力用心。前日用石膏等，昨日羚羊粉、珠粉、竹瀝，服後至四時半熱度退至百〇一度，算是好處，而病人形想一天不如一天。山間有電話來，四、六兩叔今日出山，望君今日下午來此一看，最好阿男可以前來尤妙。倘渠不肯同來，亦可。瓊昨日來此，至今未睡，陳醫今日似已回絕，好得叔等今日必來，且看今夜如何。蒼君鑒。瓊白。

卷八

晉書一百三十卷音義三卷（宋刊本）　墨筆：丁曰《晉書》開卷宣、武二帝紀後論，皆稱"制曰"，非第陸、王二傳也。此蓋仍《四庫》提要之誤。

隋書三卷（宋刊殘本）　墨筆：涵芬樓張用大德本。劉君公魯云，有北宋本借與，被燬。　劉氏玉海堂有宋本，商務印書館借印，遂罹浩劫。

隋書八十五卷（元刊本）　鋼筆：廿九年在申得元刊本。

舊唐書三十一卷（宋刊殘本）　墨筆：閔裕仲、沈東甫雖未見宋刊，而校正處甚多，豈宋本亦復誤耶，抑此志之漏舉耶。昨晤鄧年伯云，涵芬樓雖燬，有移至香港之說，舊本廿四史之出版，仍有希望，則異日當據影本，以與閩人本復勘也。

舊唐書二百卷（明刊本）　墨筆：壬申三月既望，避亂入山，得閩初印白皮紙本，沈東甫墨筆、閔裕仲硃筆真跡詳校，有汪士鐘諸朱記，實沈氏著合抄藍本，堪稱景星慶雲。特銀根奇緊，典質皆停，幸得友助，遂藏於齋。今日不圖又獲名校，志此以表欣幸。殷泉王蒼虬。　朱筆：葉石君校本在葉煥彬處，詳其所撰《讀書記》中。今已全部藏書盡歸滬上估人之手，同好中聞不乏留意於此書者。四月五日記。聞葉校本不在所售之中，無可追尋。

第五冊

卷九

漢紀三十卷（影鈔宋本）　墨筆：黃刻傳世尚多，曩與蔣刻並見，同值。然予寧得蔣刻，愛其初印精妙，不愧尤物。

元經薛氏傳十卷（明刊本）　墨筆：許氏有明抄二部，但散出時乃未見。

資治通鑑二百九十四卷（宋刊本）　墨筆：丁謂，補葊曰今傅沅叔有百衲宋本，係以宋本七種配全，商務印書館曾以影印。原本舊爲端匋齋所藏，傅以五千餘元得之云。

資治通鑑（元刊本）　墨筆：明刻《資治通鑑綱目》，嚴虞惇滿批，常熟曾師宇以示石生，而壽祺爲估價六十金云。嚴撰《讀詩質疑》，康熙精印本，壽祺以十八元收之。癸酉四月十八日。

資治通鑑考異三十卷（明刊本）　二十八宿研齋有孔刻《通鑑》，而缺《考異》。每册有楊芸士及汪伯子等朱記。　先通城公之遺書也。予藏本通書初印無缺葉爛板之弊，真奇書也。嘗見一後印本，值僅數十金而捨旃。

歷代紀年十卷（宋刊本）　朱筆：壽昌錢於此又得一證。三月十四日，殷泉。　墨筆：《契丹志》全是壽昌。　鉛筆：天顯錢傳世祗一，不但未得，且未見也。丙戌新正四日記。

續宋編年資治通鑑十八卷（元刊本）　墨筆：勞曰此即《宋史全文》之前半部，德清許周生先生《鑑止水齋集》跋甚詳。

資治通鑑綱目五十九卷（元刊本）　墨筆：殷泉收明刊本，首載乾道壬辰序例，次發明序，次目錄。每卷冠花魚尾，王幼學集覽，尹起莘發明，汪克寬考異，陳濟正誤，劉寬裕稟行。每半葉十二行，行十八字，小廿二字。黑口，雙綫闌，雙魚尾，字體酷似元槧，未審即是弘治戊午本否。　劉寬裕稟行自非黃仲昭本，當在弘治前也。辛未中秋記。

通鑑紀事本末四十二卷（宋刊本）　朱筆：亡友許斧亭守其先人楹書，頗有珍本，如洪武本盧熊《蘇志》等，予曾向之通假。云有淳熙小字本《本末》全部，却未之見。予時適得汲古舊藏宋本《演繁露》十卷，爲之借去，旋即病歿。所有佳書均爲其子賤值售去，以償博資。并予之《演繁露》一書乾没之，微聞并小字宋本《紀事本末》二書，得價八百元入坊肆，爲常熟沈某所有云。許氏乃仁和舊家，古物充牣，及今已蕩焉泯焉矣。　墨筆：徐積餘先生曾見小字本，近知爲上元宗耿吾君所收，予之《演繁露》亦爲所有。宗君藏書世家，宜其得此。予固樂之，遂面質焉，果信。庚午春記。　近又歸江安傅氏，值僅二千數百元，亦云奇事。壬申重九。

三朝北盟會編二百五十卷（舊鈔本）　朱筆：殷泉收袁氏貞節堂鈔本，經又凱所手校者。龔孝拱遺書之爲莫祥芝知上海縣時得者也，未識較此孰勝。張菊生丈來函云，涵芬樓藏有鮑以文校舊鈔本。

汲冢周書十卷（元刊本）　朱筆：殷泉有張訒菴據校本，鄒百耐有袁又凱據校本，復經蕘翁補校加跋。近莫氏散出草蘂本有笪江上印記，初印頗精。索價五十元，正思籌款收之。苟無校元本及《四部叢刊》本，則亦不計其他，早收之矣。　墨筆：鄒氏本昔由欣夫爲之選出，頃云已以二百元售去。癸酉四月記。

古史六十卷（宋刊本）　墨筆：殷泉得正德刊賈誼《新書》及《湘中草》，

有李氏印記。

路史四十七卷（明刊本）　　墨筆：此刻不足著錄，予曾賤值得精印本，以贈集樓。陸靖伯舊藏本。

契丹國志二十七卷（元刊本）　　墨筆：群碧年伯藏穴硯齋鈔本。壬申十二月初三日。　壬申九月八日，訪大井巷屈伯剛，時晏，不及細檢，選書九種，此影元鈔本寫官精審，僅下真跡一等，所不逮汲古者，未畫烏絲、未描朱記而已。　近日瞿氏已無此等抄手，至功貲尤不堪其昂。涵芬劫後，規模大遜，此類善本影印無日，不得重此耳（此鈔出董授經家，故能精妙，非瞿氏嘗有此寫手也）。據伯剛云，實出瞿氏。

大金國志四十卷（影鈔元本）　　墨筆：同日自屈氏得馬笏齋藏舊鈔本四冊，有表無圖。又有《金國初興本末》，舊藏埽葉本傳錄葉石君校及參校甚精。昔見木瀆柳質卿家有影元舊鈔本，往返議值，卒不果購，惜之。　埽葉山房刻本表圖俱全，但無本末一篇。　李南澗鈔校本，予交臂失之。沈曉滄曾藏查慎行手校本，予得舊人傳錄者。又蔣穀生售出書中，有一殘本，僅缺一冊，當亦屬傳錄查本。予屬欣夫代購於滬而未果。癸酉。　新收鈔本眉間亦有提要，書法迂倪，雖不及柳氏之初影抄，亦聊償所願矣。合《遼志》付價四十金。

國語二十一卷補音三卷（明刊本）　　墨筆：予得金季最初印本，原裝如新，四冊。

戰國策校注十卷（元刊本）　　朱筆：《四部叢刊》影印借江南圖書館本，此書槧刻果精，尚非甚少。　墨筆：予為集樓購元刻元印本。

松漠紀聞二卷（明刊本）　　墨筆：此即《文房小說》本，不足存。但以藏家為重，究非此志體例。壬申重九。

大金弔伐錄二卷（舊鈔本）　　墨筆：群碧樓穴硯齋鈔本正無"大金"二字，卷數亦合，當與此同源，容借校。壬申十一月初三。　守山閣鈔本，屈伯剛君以此本詳校一過見歸，壬申重九。

金國南遷錄一卷（舊鈔本）　　墨筆：此類群碧樓凡藏穴硯齋鈔本八種。壬申十一月初三日得屈伯剛手鈔副本。　原書亦無"金國"二字。　是否元人鈔，當質伯剛。　二則，二跋乃祖本所自，此舊鈔本決不能即元本也。　群碧又藏陳西畇校本，從士禮居本影抄，并補浦跋二則。殷泉按此書紀年人地名之別，當皆傳寫之誤，不足據以疑正史，且此類年號古泉中亦未嘗見，聊充異聞秘籍快心娛目而已。壬申十一月初三。

唐大詔令集一百三十卷（舊鈔本）　　墨筆：殷泉按三十三卷當從《愛日志》作二十三卷。　明影宋鈔殘存十三至卅二、五十九至六十六二巨冊，有南葉樓學齋、孫印從添慶增氏諸印。每半葉十五行，行廿四字，異宋諱亦減筆，豈另一本耶。莫楚生舊藏，欣夫自申攜示，其硃校審非石君手。癸酉三月廿四日，歸自莫釐。殷泉記。

卷九末　墨筆：中華二十年一月二十三日，即舊臘五日殷泉以《愛日志》續校至此。

卷十
史部三
東家雜記二卷（宋刊本）　墨筆：癸酉正月初十日，殷泉收沈曉滄家影宋精抄本，亦源於此，後有康熙席萛山跋。又有成化乙巳袁則明甫一跋，何諸家均不及耶。　按書影，袁則明跋在書眉，毛鈔乃移諸卷後。席跋在毛鈔後。癸酉七月杪。

晏子春秋八卷（影鈔元本）　墨筆：全椒刊韓、晏二種，殷泉得自馮敬亭家。　綠筆：有校筆而不多，故不入目。

晏子春秋八卷（明刊本）　綠筆：全部綿眇閣，壽祺得自百雙樓，爲二十四元。喜其初見，以誇於余，余適心緒不寧，略展即舍。翌日，攜申售八十元，余之追購已無及矣。好書有緣，信哉。甲戌四月初七，殷泉。　"綿眇閣"三字居版心下，此譜體例甚嚴，於此忽錄一另種，則李刊益見其可貴矣。　《周秦諸子合鈔》全書，曾見壽祺收一部，原裝四冊一函，絕佳。價只數十元，忽略未收，思之深悔。瞿西塘藏印。

李相國論事集六卷補錄一卷（舊鈔本）　李深之文集明鈔本，莫氏殘書中尚存，識此備訪。　常熟某家有宋槧本，壽祺見之，議價未妥，記之以觀有緣否。癸酉四月十八日。　此二印與予收《霽山集》同。　莫天一收葉德榮手鈔《法帖刊誤》於杭肆，有蕘翁長跋，價值百元。癸酉。

雲韓堂紹陶錄二卷（舊鈔本）　墨筆：張本舊抄非此。　綠筆：甲戌四月初七，蔭嘉。　又張手鈔書甚精，今傳世者黃跋之《江月松風集》，在朱翼盦處。《東觀集》，群碧年伯藏本，余尚借觀未繳，并此而三種，然炳、淡兩兒云云，乃未必全部手鈔耶。

祠山事要指掌集四卷（元刊殘本）　墨筆：《北平圖目》有宣德刊本，疑即此板。丙子四月十二日。

古列女傳七卷續列女傳一卷（明刊本）　己巳七月十二日，收萬曆丙午刻有圖本，即《四部叢刊》之所據，以影印者被缺去刻書序，致人不明其源流，予本有之，故足貴耳。　四月五日見莫氏舊藏小讀書堆初印本，孫淵如五松園諸子等藍印記，朱墨校語，見解絕高，淵翁之手筆也。　是日收正德初印《南濠居士文跋》四卷，季滄葦藏本，《百川書志》著錄外，惟拜經樓吳氏有傳鈔本，故章式之丈以爲無傳本矣。　此書九日歸殷泉。　屈伯剛有陳培之參校本。

廣卓異記二十卷（舊鈔本）　墨筆：殷泉藏舊鈔有錢聽默經眼記、汪閬源諸朱記。亡友許斧廷借去，爲其子售予楊壽者，索值甚高，無可贖，幸當時曾傳副本，亦如黃蕘翁所謂去甲留乙耳。四月五日。　辛未季秋，劉公魯君以錢遵王本借校，亦互有短長。聽默本已校，而敏求本返未校故也。然從宋本出，遂成校勘記歸之。　聽默本，及予備款贖而適售去，終無緣返璧，不見遵王本，乃不知其善。

　　新刊名臣碑傳琬琰集一百七卷（宋刊本）　　墨筆：《目》外別藏經鉏堂鈔本。

　　京口耆舊傳九卷（鈔本）　　墨筆：丁曰此書爲宋劉宰（南宋金壇人，著有《漫堂集》）撰，宰集江南圖書館有之，其撰此書事詳見集中，此云不著撰人名氏，蓋沿《四庫提要》之誤。

　　重刻宋朝南渡十將傳十卷（元刊本）　　墨筆：鄧年伯群碧樓有殘本。

　　十七史百將傳六卷（元刊殘本）　　墨筆：陳元素《古今名將傳》十七卷《補遺》一卷，惟見《藝文志》，自禁燬後，絕不復存。余收初印本，圖繪精工，乃東鄰之舊藏也。

　　草莽私乘一卷（舊鈔本）　　墨筆：殷泉按，黃蕘翁跋舊鈔《知非堂稿》，附載同易之書，有錢東澗鈔陶九成《草莽私乘》一冊十三洋，當即此本。　壬申臘盡記。是日收呂無黨手鈔《宋遺民錄》《唐子西集》等書，咸祕册也。

　　通鑑總類二十卷（校宋本）　　墨筆：季蒅耘以宋本校元刊明修本。

　　吳越春秋十卷（元刊本）　　朱筆：涵芬樓先印明翻本，復改鄺璠本，則此本非不存，殆漫漶矣。

　　越絕書十五卷（明刊本）　　墨筆：涵芬樓先用明翻元本，後用雙柏堂本。張氏亦明刊本，無名氏跋尾，鈐虞山印記，未知即此本否。

　　蜀檮杌（舊鈔本）　　綠筆：丁丑正月得馮仲昭鈔本，係從焦弱侯本出，不分卷，有焦竑跋，又葉林宗、馮彥淵諸手跋，朱記累累，沈寶研、虞山潘氏萬卷樓歷藏。三月初三。殷泉。

　　南唐書三十卷（舊鈔本）　　屈伯剛校此本，又參以嘯園沈氏映宋本，壬申重九見歸。　癸酉七月二十三日，又收嘯園嘉慶癸酉活字板，所據爲映宋本、明本、蔣本，擇善而從，後附考異，即伯剛所據本，甚善而稀。

　　南唐書十八卷（校宋本）　　屈校錢遵王抄本，又參錢罄室抄本，同見歸，惜所用蔣刻，非初印。　殷泉按，烈祖爲元宗之誤。　張石生自常熟收極初印寬大本，以歸百擁。予審爲吳卓信閱本，而百耐謬謂蕘圃校筆，居爲奇貨，是日歸途獲嘉靖刻《宋狀元錄》，源流有自，稱快累日。癸酉四月十三日。　殷泉有汲古本，惜不得善本校正入目。辛未十月望。　晤屈伯剛云，兩書皆曾校之，可歸。壬申九月初五日，初八歸之廿金。　癸酉八月初五夜雨，閱屈校本，參以此則恐互有差，脫略標出之。　有蕘跋三則。

吳越備史四卷（舊鈔本）　藍筆：劫後初園藏書盡散，錢氏手抄《備史》爲來青閣得，運滬後，壽祺以爲不佳，五元售去，不知歸誰何矣。　予得王穀塍手抄校本，案語滿幅，真讀書者之藏書，乃緗素樓中乙等秘也。戊寅四月殷泉。　朱筆：錢遵王手鈔本，黑格竹紙，分楷絕精，審現藏丁初園所。五月十六日觀。　墨筆：初我許借校而不得其本，逮余獲掃葉初印本，而初我逝矣，亦斯文之不幸。　穴硯齋鈔一卷，藏群碧樓，恐非完足。

安南志略十九卷（鈔本）　墨筆：胡茨村藏本，錢潛硯校，黃蕘[圃]跋，又傳副本。頃原本復出，集寶齋收之，由楊壽祺攜滬，獲善價。辛未秋。據云粵人林姓得之。蕘翁副本乃在日本有排印者，欣夫見之，而未收，亦可惜。

東路史略六卷（舊鈔本）　墨筆：曾年伯虛廓園散出書中有萬曆刊本，余收之，未滿一月。

越史略三卷（舊鈔本）　墨筆：殷泉按，此書刻入守山閣，劉公魯君有全部，許借讀，安得此本一校。壬申重九。　余藏安南錢頗富，前人所無攷者，余皆考之，端賴法人稿本，而此類苦略不合於用。

卷十終　墨筆：己巳元月二十八深更，重閱史部舊鈔本之屬，加墨一過，是日得見黑口弘治本《賈長江集》於集寶齋，鄧孝先所購定，悵然乎無緣也。

蒼虹記於殷泉精舍。

卷十一
史部四
元和郡縣圖志四十二卷（舊鈔本）　墨筆：屈氏有沈欽韓參校本，苦一時乏貲，或歸圖書館，亦一美也。壬申重九。

太平寰宇記二百卷（舊鈔本）　墨筆：此二書今夏有李南澗藏鈔校本，在來青閣滬肆，惜予未及見，僅收其手鈔精校《金薤琳琅》一種耳。庚午臘月十日。

新編方輿勝覽十一卷（宋刊殘本）　墨筆：癸酉十一月十八日，見方功惠藏本於集寶齋，只首冊鈔補，後有祝氏行書跋，與瞿氏《書影》同，然形貌頗似元槧，未必嘉熙原刊也。霽齋。

輿地勝覽二百卷（影鈔宋本）　墨筆：懼盈齋、粵雅堂兩刻甚佳。

元一統志七卷（舊鈔殘本）　墨筆：此原本姚彥侍藏，今在北平館。　今更有元刊殘本。　林霽山大德丁未《平陽州志序》云，朝廷嘗下郡縣徧采圖牒，以成大一統之志，可證。　此序出集外，鮑刻補輯，"諜"字譌"牒"。癸酉重九夜丑，殷泉臥識。是日疾作，適小愈而集樓驟病，即沉可慮。　諜、牒通。

乾道臨安志三卷（舊鈔殘本）　墨筆：章氏式訓堂刊，據錢泰吉校呈姚伯昂本，今其底本藏群碧樓。　光緒刊爲翻宋本，大佳。曾以校正章刊本者不少。
朱筆：孫仰曾進呈壽松堂藏本，今有光緒間重刊本。已丑五月晦，殷泉。
墨筆：張《志》不著藏印。

吳郡志五十卷（宋刊本）　朱筆：士禮居之宋賓王校本後爲繆藝風所得，見其《藏書志》，乃葉焕彬復有宋氏校本，不知是一是二。今葉氏書歸滬上書估，蘇人多有欲此書者，容得一覯，始明了耳。四月初五日。　墨筆：《結一目》有宋刊鈔配本。癸酉正月十二。

會稽續志八卷（明刊本）　墨筆：近見鈔本，參校甚勤而不署名，已爲謝光甫購定云。正德一條在正志嘉泰結銜後，當從此刊本出，惜未録明人序。癸酉九月廿七寒夜記。

重修琴川志十五卷（影鈔元本）　墨筆：張從其外舅言耐偲藏元刊本影寫，當即此。　補菴曰：於丁秉丈處見影元舊鈔本，款式極大，繪繕甚精，經邵艇仙以朱筆校過，首葉有題識，惜缺末册，可瞿本選手鈔補。　殷泉案：今秉翁去世已久，遺書半歸……　群碧年伯有"舊鈔"（乃汲古刻），孫二西手校本，可假讀。　《桑鄧志》嘉靖刊本，十三册，鈔補首册，近從常熟流滬市，壽祺百十元收，百六十元可售，記以備忘。甲戌十月二日。　黃棐六撰《虞山雜記》七卷，原稿本，孫子瀟手書序，張芙川舊藏。壬申仲冬歸余齋。　朝楫當即耐偲名，張不言此跋。　陶小汭有洪武《蘇州志》，亦爲當事借去，失首册，何皆一丘之貉也。可慨。

玉峰志三卷續志一卷（舊鈔本）　墨筆：三月三日見新陽潘道根手抄本。癸酉蔭嘉。　四月望，并別種收之，按語精詳，誠善本，凡崑山人皆不欲之，可怪。

嘉禾志三十二卷（舊鈔本）　墨筆：桐鄉沈氏藏章芝齋精校本，不知散歸誰氏。　章校本似見張適園《志》。

至順鎮江志二十一卷（鈔本）　墨筆：張氏藏本占全目之大半，何獨識此耶。

崑山郡志六卷（鈔本）　墨筆：張《志》本錢竹汀誤謂首尾完具，黃琴六辯之。　此本由妙士而入稽瑞，張《志》本從之傳録，故有黃琴六跋。　此竹汀原跋。

水經注四十卷（舊鈔本）　墨筆：《大典》本藏涵芬樓，幸免劫灰。壬申重九。

洛陽伽藍記五卷（明刊本）　朱筆：繆《志》有張訒菴校本（在真意上）。予最留意執經堂物，近於莫氏書中時遇之，可喜也。如隱本甚艱得，予僅有董氏影印本。莫書中曾有真意堂三種全部，密校，先已爲陳乃乾檢去，並未知爲誰氏校。

幽蘭居士東京夢華錄十卷（舊鈔本）　　朱筆：丁初園處見弘治初印本，大字皮紙，均弘治正德（十二年止）公庫紙，頗饒異趣，（五月廿六日）殷泉識。
　　墨筆：孫竹鄉校本。　"弘治甲子重新刊行"下朱筆：此行乃長條墨記，白文外綫。
　　中吳紀聞六卷（明刊本）　　朱筆：傅氏雙鑑樓有元刊本。　綠筆：元刊即此板，首失弘治序耳。　補菴云：凡二本，黃紙者初印有弘治序，白紙者否。又有二本。野堂板，無省菴陸敕先同校汲古板，陸校板式略同。　墨筆：何義門批真跡本，亦明刊，藏顧鶴逸丈所，二册。
　　吳中舊事（舊鈔本）　朱筆：顧德育手鈔真跡本，現藏丁君初園。五月廿六日獲觀，楷法精妙，卷尾鈐有"停雲"圓印，以明源流所自。瞿《目》此本乃屬傳鈔而僞充者，丁君曾以相校，此等奇書，居然觸手如新，殆有鬼神呵護，印記纍多，而此不著錄，當係僞本不誣，鑑賞可不慎哉。殷泉。　是日觀書十四種，此乃第一。　墨筆：顧鶴逸丈有居士貞手抄毛子晉藏本，可知義門弟子，各有錄本，傳至今日，咸成稀世之珍。余藏關山行旅圖一小幅，爲高谷絶品，安得以此配合。壬申。　綠筆：目中書頗有遺失，丁本或即此，亦未可知，四月初七。殷泉。　關山行旅并非我有矣，一歎。甲戌。
　　遊志續編一卷（鈔本）　墨筆：錢叔寶手抄本，今武進陶氏有玻璃版本二册，綿紙，印價陸元四角。
　　宣和奉使高麗圖經四十卷（校宋本）　墨筆：欣夫記，滬市有拜經樓舊藏陳仲魚校跋本，甚精，價八十五元，歸瞿。甲戌秋。
　　卷十一終　朱筆：三月望日，祭莊既畢，待飯加硃。殷泉。　墨筆：壬申重九，許菊夫兄五十初度，賀之，歸後漫閱此册。辛未小春月望，以《愛日志》續校至此。　氣候不正，兒童多病，啓睿自初五日起，春溫頭熱，延陳醫健安方治，至今七日，漸慶痊可。予碌碌之餘，謝絶人事，而每夕仍伏案不休，計數日內雖輟此不閱，而校得《釣磯立談》《寓簡》兩書，由知一雖竹垞校本，舊鈔古雅，而與曹棟亭本同出一源，不及鮑刻據吳枚菴本之善。一則嘉靖陳鳳刊本，白綿紙初印，爲各藏家所不載，而脫漏舛譌，觸目繁夥，亦遠居鮑刻校宋本之下。讀書雖貴舊刻，苟非羅列多本，隨遇隨校，擇善而從不爲功，世之徒誇版本而束之高閣不觀者，慎勿侈談收藏，收藏良非易也。春分後一日新收《申鑒》，黃注正德初印本，范氏天一閣藏本，及《人物志》嘉靖顧從芳本，皆明刻之最善最先，而各藏書家所欣慕而艱得者，一旦爲予所有，寧非大喜過望，百金之費，所不暇較，貧士之樂，固不得不借此聊自慰也。　瞿氏藏《申鑒》亦正德本，雖不及予本之觸手若新，若《人物志》，則遠非吾嘉靖顧氏本之可比，大名收藏尚復如是，莫楚生一生積聚，良堪欽哉。得意之錄，不覺言贅，雅不計人之笑而揶揄於我後。

第六册

卷十二

大唐六典三十卷（明刊本）　　墨筆：殷泉藏馮孟亭校本，甚精。

作邑自箴十卷（影鈔宋本）　　墨筆：殷泉按，丁禹生獲錢穀影宋抄本，有題記二則，同治初曾以活字印數本，然舛謬甚多。《四庫》未收。錢《記》云假趙氏宋刻本。瞿氏舊影寫副本亦精，屈伯剛見歸全書僅五十四葉。壬申十一月初三日。

大唐開元禮一百五十卷（舊鈔本）　　墨筆：上海來青閣新出書目載舊鈔本十四厚冊，嘉慶辛未吳郡朱邦衡跋。時壽祺在蘇店，亟向索之，云目未成時，已早售去。與《太常因革禮》同出王雪澄家，乃廣雅局刻之祖本，有嘉興朱氏潛采堂、曝書亭、三山陳氏帶經堂、南皮張之洞諸家朱記、題跋，廉值僅四十元。壬申荷夏記。

太常因革禮一百卷（鈔本）　　墨筆：來青閣目《因革禮》八厚冊，有汪喜孫、龔自珍、張之洞諸朱記，又有顧千里印記數方，當即此本所從出者，售直更廉，二十五元耳。殷泉足跡不出里門，坐失奇書，不可勝算，連旬酷暑，且久不到護龍訪古，殊悶損焉。壬申巧夕，涼風頓蘇積困，然蚊蚋四集，仍不克從容讀書。

大元海運記二卷（舊鈔本）　　墨筆：羅鏡泉觀書恬裕齋時有長跋一篇。壬申中秋後六日。

故唐律疏議三十卷（元刊本）　　墨筆：集樓忽謂於桃花塢陳氏見此明刊本，硃校密滿，未知誰手。異日當訪觀之。八月十一日。

營造法式三十六卷（舊鈔本）　　墨筆：今武進陶氏有影宋精刻本，板歸涵芬樓。

昭德先生郡齋讀書志四卷後志二卷考異一卷附志一卷（舊鈔本）　　墨筆：故宫博物院有宋刻。

遂初堂書目一卷（舊鈔本）　　墨筆：是閒堂借此本傳校於海山仙館刻一冊，云是毛鈔，不知何據，姑以一元收歸，亦無聊之至矣。壬申八月廿五日。

金石錄三十卷（校宋本）　　墨筆：顧千里校本。《金石錄》予僅有雅雨本，欲得宋刻十卷本一覯，而鈍齋外叔祖遠寓青島，莫償私願，今日奇寒澈骨，憂心如擣。欣夫弟自友人處獲書數種，內有傳臨此校本在，始終精審，底本亦初印可觀，最愜予意，遂讀一過，遣此永宵。二十年十二月十三日，即辛未仲冬初五。殷泉記。是日同得者，任氏《釋繒》《喪服釋例》二冊（劉氏逢祿閣本），郝氏《爾雅義疏》（陸刻陳氏倬校本八冊），董氏《國語正義》（章刻八冊），淩氏《校禮堂集》。葉文莊真跡天壤間已希有，海源閣僅一種，有奇零殘跋，予近得原稿本《衛族考》，中有真筆數行，但識之者寡矣。癸酉。

《金石錄》宋刻十卷載潘文勤《滂熹齋讀書記》中，乃吳鈍齋外叔祖所藏，婁韓氏讀有用書齋有顧澗蘋手校本，六百元，歸潘北山君。癸酉十月。

隸釋二十七卷（舊鈔本）　墨筆：頃莫氏銅井山房散出，書中有舊鈔《隸釋》《隸續》，經龔定盦之劣子手校，趨會風尚，定值甚鉅。龔長金石，校此等書，尚非全謬（此本今歸潘氏子），奈予不欲一翻何。　丁曰：近洪琴西刊本最善，洪氏刻此書時，命二老兵任校看，能得訛字一則典以錢二，故校勘絕精善，凡校書必先屬不通文理之人對核後，再延通人是正，始無遺憾。　據潘北山云，此本顧千里手校，每卷題記，不僅龔筆，始悔當時乃熟視無睹。

蘭亭續考二卷（舊鈔本）　墨筆：右二種。莫楚生有明抄本，無人齒及，余亦附和，殊不自解。

古刻叢鈔一卷（鈔本）　墨筆：今夏滬中曾有舊抄本，古雅似元人手，有南村居士朱記，楊壽祺擬收而未果。云歸張叔馴，容函訊究竟。庚午，殷泉記。

知歸葉譽虎。　吳肝遜亦收舊鈔本，云甚精。

東萊先生音注唐鑑二十四卷（明刊本）　墨筆：施氏舊鈔本有士禮居諸印，索價不貴，余不好焉。　乙亥九月廿日，收《天祿琳琅續編》著錄黑口本二冊一函，當即此刻，而佚白口二序。

致堂讀史管見三十卷（宋刊本）　墨筆：江建椴有同版三十冊，向得其手寫目，定價二百金。今江估杏溪新以低價收一部，爲潘北山以二百餘元易之。據其弟云，即江氏本。楊估以雀戲交臂失之，致余無緣，爲之悼歎。乙亥四月十一日。賀瞿安表兄娶媳，集樓遷入鈕家巷故居，歸記。蔭嘉漫筆。

小學史斷二卷（明刊本）　綠筆：士禮居宋本藏張石銘家，見《適園志》。　李估攜來嘉靖皮紙初印本，刻板序舊已抽去，宋諱闕筆。甲戌四月七日雨窗，蔭嘉。　明刊有《續編》，此恐刪去，例不錄明人著，則當并全書而屏之方合。

卷十三

荀子二十卷（校宋本）　墨筆：婁韓氏讀有用書齋有惠校本，今爲潘北山君得，價三百元云，癸酉十月記。

孔叢子七卷（明刊）　墨筆：宋刻宋印巾箱本，七卷有徐乾學二印，惜缺首卷，而行綫不原，未收。

新語二卷（明刊本）　墨筆：莫氏有《兩京遺編》白紙初印，而經盧抱經校者，有"文弨借觀"白文方印，索三十元，未收。僅有程榮本及通行本耳。殷泉。　此正德十年，吉府重刊陸相本，每葉十六行，行十八字，葉數均排長號，中縫不記卷第，但記葉數，涵芬樓借江南圖書館藏者印入《四部叢刊》。見莫楚生家亦有此吉藩本，后印耳。　陸《目》正德刊本有胡仿淳熙辛丑序及正德黃寶、楊節序跋，與吉府重刊本行款悉同，惟册首蓋"吉府圖書"朱文方印，陸氏修於正德九年，吉府本據楊跋，重刊於正德十年，相距甚近，疑即一板，而歸吉府，改頭換面，掩爲重刻耳。陸本皆明朗，吉府本則損，亦多模糊處，第三葉十一、十二、十三行，陸本有空白處，吉本則否，挖補痕跡顯然，尤爲陸本即吉本之明證。　朱筆：殷泉收成化喬縡本，蕘圃曾據以校盧刻，乃抱經所未見，明代之最初刻，予復以校定本，佳處不可勝言。

鹽鐵論十卷（明刊本）　墨筆：《四部叢刊》借葉煥彬藏本印，十八行，行十八字。　張之象本，余亦有。　乙亥春，收涂刻初印原裝本一册，都、涂二跋，無前序也。殷泉。

鹽鐵論十卷（舊鈔本）　墨筆：攖寧齋鈔本，吳鈍齋外叔祖以贈劉翰怡。張刻余有最初印本，從涂刻影寫上板，字體僅仿佛耳。

新序十卷（校宋本）　墨筆：蔣杲傳錄何義門校。蔣香生據此刻入《鐵華館叢書》。

説苑二十卷（元刊本）　墨筆：《叢刊》借平湖葛氏藏明鈔本印。　海源閣之黃氏兩北宋槧，皆爲周叔弢有，真奇福也。

五臣音注楊子法言十卷（校宋本）　墨筆：勞曰嘉慶間嘉定李賡耘刻盧抱經學士校本，盧得之嚴道甫，題跋甚詳（亦見《抱經堂集》十）。似非方所校，此有盧印，當即所見之本。

潛夫論十卷（明刊本）　墨筆：殷泉藏張訒庵校舊刻本，勝處皆同，尚不止此，惟《氏姓篇》"似氏"，"似"不作"姒"爲異，則更善於此本也。十卷編長號，自一至百三十八止。

申鑒五卷（明刊本）　墨筆：予收正德初刻本，版心有"文始堂"三字。嘉靖重刊本亦然，但字體遠遜。殷泉。　勞曰：此黃省曾注，不足存。　朱筆：黃注本之原本寫刻紙墨全仿世綵堂韓、柳集，幾欲過之，板本而論，乃明刊之最精者，藏家每得嘉靖翻本，意趣全失矣。勞之所謂亦坐不見元本耳。庚午蒲月。

中論二卷（明刊本）　朱筆：八行十六字，予有殘本，王紹蘭印記。《四部叢刊》用嘉靖青州重刻本，卷首有四明薛晨子熙校正一行，筆意亦失。惟翻《申鑒》稍善耳。庚午蒲月。

朱子成書十卷（元刊本）　墨筆：殷泉曾有《啓蒙》一種，即此板。

大學衍義四十三卷（宋刊本）　墨筆：殷泉有顏習齋門人董漢儒康熙年間手抄本，八十餘老人，蠅頭小楷，始終一律，不可得也。

程氏家塾讀書分年日程三卷（元刊本）　墨筆：烏程蔣氏傳書堂有此初印細皮楮，誤以爲全，定直鉅，今悟其殘矣。而同紙鈔補亦非易事。乙亥夏記。　張蓉鏡藏與程恩澤皆有題記，又有翁覃溪印。

尉繚子直解五卷（明刊本）　墨筆：劉寅洪武時奉旨撰《武經直解》二十

五卷，有洪武本，成化本，殷泉近見高麗翻洪武，每册首題"萬曆五年敕賜其臣權德輿"云云，真秘笈也。惜貧乏未收。辛未三月見此書，至十月晦始收之。

銅活字繭紙大字初印，每半葉九行，行十七字。其稀秘不讓於宋刻。　此本或成化本之另種，莫邵亭有全部。

神機制敵太白陰經十卷（舊鈔本）　墨筆：殷泉收舊抄足本。　式之丈曰：此書以遵王説宋内府鈔本爲合，以秘閣爲宋端拱初所建，祗候黄門高班内品等，亦政和前内侍省舊制。瞿《目》爲唐代内臣，殊失考。　蔣香生丈曰：孫淵如曾以群書校定十卷本，求不能得。

何博士備論一卷（舊鈔本）　墨筆：曾見蕭氏畫册極精，則其手鈔之工緻，可想矣。乙亥夏。

卷十三末　墨筆：入春仍寒，晏起晷短，偕家人應人自由晨場之飡，歸已不早，更酌微醺，賡昨加墨至此而止，鐘撞鳴矣。正月晦日，蔭嘉識。

卷十四

管子二十四卷（宋刊本）　墨筆：此本虞山先有翻刻本，不著何人，據老書估云，其地坊肆之曰抱芳閣者，購得此板，刷以出售，今已印入《四部叢刊》，精神畢具，而縮小可惜。予讀此書，以覆刻本爲主，而參以各刻及各校凡十八本，終憾無舊刊也。奈何奈何。初園謂是章氏所刻，其板歸抱芳閣者，惜初我已逝，無從再敏其詳矣。　此等中立本皆合，惜校勘家均未之及。辛未五月，殷泉新得明善堂藏校本，乃中立初印書也。

管子二十四卷（校宋本）　朱筆：莫楚生有趙用賢《筦韓合刻》初印白紙本，經千里、壽皆等校宋本，今年散出，歸於丁初園。五月廿六日始獲一觀。大宋甲申序，蔡潛道紹興年刊已載之，則必重刻北宋本，而小字宋本亦南宋末重刻北宋本之一，此前人所未言。初園疑以質予，乃定爲如是，頗不謬也。説別詳。殷泉。　朱筆：宋本藏海源閣。

管子二十四卷（明刊本）　墨筆：陸敕先校本之見於録者，所知凡三：楊也、陸也、丁也，惟楊氏本有印記，當是真本，餘則傳録而不著明，以誇人耳。莫楚生有趙氏《管韓合刻》本，經袁又愷、顧千里詳校，歸之丁君芝生，恨無暇往一觀。

鄧析子二卷（宋刊本）　墨筆：陸目明刊有楊慎序，近人五種合印本，尚佳。　殷泉有影抄宋本，陳碩父跋，與劉卿生刻同出一本。

商子五卷（舊鈔本）　墨筆：勞曰，曾見嚴銕橋録孫馮翼本，云據秦西岩本。

齊民要術十卷（校宋本）　朱筆：張氏《藏書志續》黄琴六跋《要術》云，同里陳君子準曾手臨吴士禮居所藏校宋本六卷，月霄假以畀予。據此，陳氏明非親見宋槧本矣。十四日。殷泉。

《叢刊》借鄧孝先藏明崇禎間鈔本印之，謂與日本高山寺藏北宋殘本同，字句亦無大異。 案張認菴云，黃蕘翁得一校本，至第七卷之半止，已後未校。或所據殘缺之本，此校大約即從之傳錄宋槧云云，徒眩人耳。黃跋亦言此無宋刻，而嘉靖諸本亦爲估人居奇未得。四月十三日，殷泉。 今存宋本第五、第八兩卷，印入上虞羅氏《吉石盦叢書》。殷泉，四月十四日。

劉涓子鬼遺方（宋刊本） 墨筆：葉鞠裳先生爲蔣香生校刻《鐵華館叢書》時，力勸影刻，未果。予藏其往返書札中所論皆刻書事。近已印入徐氏叢書中，版本之奇，無能過之者。辛未十一月初四日同棊後記，嚴寒第二日也。

孫真人備急千金方三十卷（元刊本） 朱筆：陸《目》宋刊配元明刊本，士禮居舊藏有跋。又倭覆本，又元刊本。 宋本廿八行廿五字。與日本刊《千金方》所引唐本皆合，是林億未校以前本也。元本廿四行廿二字，題曰重刊……，明刊題名、行款，皆與元刊同，惟版心有某某類等字。 墨筆：《書影》中元刊醫書失載甚多，云攜書避難時不勝累也。

廣成先生玉函經一卷（宋刊本） 墨筆：《訪古志補遺》有《新刊廣成先生玉函經解》二卷，初明翻彫元板，杜光庭撰，黎民壽注，云又有順治中程林校刊崔嘉如注本，係全襲民壽注，託名者。又《孫祠目》影寫宋本一卷，當即從此出。

太平聖惠方三卷（鈔殘本） 墨筆：日本有全書，尚存宋槧五十卷，第百卷末云，福建路轉運使司令將國子監《太平聖惠方》一部一百卷二十六册。詳《訪古志補遺》，羅氏有自彼土攜歸影印本。

銅人腧穴鍼灸圖經三卷（舊鈔本） 朱筆：莫氏舊藏明初刊本，題《鼎雕銅人腧穴鍼灸圖經》三卷。與《平津館鑑藏記》本同。 墨筆：曹君直云此書已於咸豐庚申中失去。 朱筆：都數一卷，廿行廿四字，錦城紹錦徐三友校正，書林宗文堂繡梓。曹君直得元槧本借校，及半而歿，今在余所，此鈔當即出此。五月十二雨。

太平惠民和劑局方十卷附指南總論二卷（元刊本） 墨筆：正德陳氏進德堂刊本，密行小字，首尾遇膽錄字，均譌作膽，後缺附錄。小黑口。張芙川舊藏，有黃㮕六、孫子瀟觀款，又有倭艮峯等朱記。予見於來青閣，審非善本，且價昂，未收。觀此始知《學津討原》殆自此本出，則宜脫誤繁多矣。癸酉九月初七日。殷泉（鈐"吳下阿蒙"朱文元印）。

重校證活人書十八卷（影鈔宋本） 朱筆：陸《目》宋刊宋印本二十行十九字，版心有刻工姓名，每卷有目，連續篇目，有"謙牧堂藏書記"白文方印。百宋一廛有殘宋本三卷，此本惟首卷影抄補。

史載之方二卷（影鈔宋本） 朱筆：此北宋刊本，詳陸《目》，蕘圃跋二則，十八行十七字，有"嚴修能"朱文方印、"元焰私印"朱文方印、"芳椒堂"白文方印。　已刻入《十萬卷樓叢書》。

幼幼新書四十卷（明刊本）　墨筆：殷泉向有徐紫珊藏舊鈔本，供諸廣雲先伯，未識即此本否。惜早爲門人攜散矣。

衛生家寶產科備要八卷（宋刊本）　朱筆：瞿跋曰：…嘉慶辛酉夏，黃君蕘圃自都門購歸，出以相賞，因識數語，以爲奇書，欣賀。中溶。

醫説十卷（明刊本）　墨筆：陸《目》亦明刊本，嘉定甲申彭方、李以制，開禧丁卯江疇、徐杲，嘉靖甲辰馮彬、顧定芳序跋。宋本藏江南圖書館，予特借觀，欲校所藏吳勉學本，時迫未果。四月十四日，殷泉。群碧樓亦曾藏宋本。

卷十四末　墨筆：醫家秘本率多舊鈔，余家廣雲先伯精於斯道，曾藏《幼幼新書》，葉天士著全部精鈔二十四册，曾藏徐紫珊所。今已散佚，恐遂絕調。予每留心舊刻，惟得嘉靖《醫壘元戎》一種，藏以備格。餘尚收有金刊《本草》、顧刻《内經》，則以習見易去，於此可知世多俗醫，事不研古，動以人命爲兒戲，是可慨也。　此《幼幼新書》與目錄中之明刻有別。　又有《幼科雜症合璧》精抄本，徐紫珊手跋亦佚。

第七册

書衣　墨筆：《雲煙過眼錄》一卷，隆慶三年周日東手錄，馮舒藏，殷泉得。　《國秀集》則嘉靖三十六年，錄有題跋。朱記爲徐玄佐、項藥師、朱竹垞、鮑以文、趙素門、丁松生、丁秉衡諸家藏。乙亥春補記。　鋼筆：《書苑菁華》，洞庭徐氏物，有萬曆七年徐玄佐跋。乙酉臘月廿八日。

卷十五
子部三

周髀算經二卷音義一卷附數術記遺一卷（舊鈔本）　墨筆：《滂喜志》有宋槧本外，惟趙開美校刻本爲最舊，流傳絕罕，故涵芬樓影印善本，僅以《祕册彙函》之翻趙本充之。清明前二日，殷泉獲原刻初印而爲馮已蒼所手校者於莫氏銅井山房，朱記累累三十餘之多，孫慶增、顧竹泉及馮氏等其佼佼者，不勝喜焉。清明日記。　又有樂意軒吳氏藏書記及潢川吳氏企晉也。　滂喜宋本有目無書，按"仇"字爲"甄"字之譌。滂喜宋槧，今尚在云。乙亥二月廿五。蔭嘉又記。

大宋寶祐四年丙辰歲會天萬年具注曆一卷（舊鈔本）　墨筆：癸酉十月抄，婁韓氏書散於滬，欣夫得秋厓手抄校錄二惠氏本《京氏易傳》，朱墨爛然，印記重疊，真不惜精力，祗求盡美矣。予得張充之，聊過屠門而大嚼耳。　鋼筆：廿七年見張芹伯有鈔本，似即此名。芹伯新故，卅五年一月卅，即乙酉臘月廿八。殷泉記。　　墨筆：楊壽耆收王雪澄家書，有舊鈔《太常因革禮》，爲朱秋厓藏本，定値絶廉，謂有粵刻而不知祖本之可貴，殊昧昧也。

乾象通鑑一百卷（舊鈔本）　　墨筆：故友許斧亭有其先人所收葛香士舊藏鈔本，即嚴鐵橋所稱者，今已不堪問矣。

五曹算經五卷（影鈔宋本）　　墨筆：殷泉案《滂憙齋書目》，《宋刻周髀》《五曹》等，今爲博山嗣守，云故宫有汲古精鈔。乙亥二月注。

緝古算經一卷（影鈔本）　　墨筆：予收張敦仁細草本，皮楮精印，且有舊校勘愛玩也。殷泉。

數書九章十八卷（舊鈔本）　　墨筆：筭術以西法爲便，我國古本幾等覆瓿，予懼其成廣陵散也。每月有所遇，隨加收掇，所獲名家手校本凡五六。最近又得聖祖宸翰御定《幾何原本》七卷原稿及寫樣本兩部，稱快累日，自樂其樂，不求人附和也。殷泉。

太玄集注六卷太玄解四卷附太玄曆一卷（宋鈔本）　　墨筆：道光辛卯孫澈青崇書屋刻，此亦言得自唐伯虎家影宋抄本，但并集注六卷爲三卷，餘亦爲一卷。己巳三月七日收，雖年代無幾，亦極稀見。殷泉注。　　朱筆：三月十三日，又收嘉慶戊午五柳居刻本，此書之嫡傳也。

太玄經十卷（明刊本）　　墨筆：銅井文房散書中有兩部，郝氏刻者多鈔配，三十元。孝先購去，現尚存一本，其本不及郝氏之善。而完善居奇，倍蓰其價。予愛其爲抱經樓藏本，戀戀不忍舍。頃者在議價中。殷泉。　　黄省曾刊《申鑒》，亦周潮寫。

元包經傳五卷附元包數總義二卷（明刊本）　　墨筆：己巳三月七日，收此初印如新白紙楮本於集寶齋，并別種天一閣本，皆故鄉先輩曹倦圃、吳兔床諸家藏本，又皆有莫邵亭父子、叔姪印記，源流有自，欣而忘寢。每葉十六行，行十六字，與別種十八行十八字者獨異，然玩其版刻紙墨，亦必范氏所刻，此特覆宋槧尤佳耳。殷泉。

葬書集注一卷（明刊本）墨筆：壬申五月朔，殷泉收舊抄本，標題《劉江東家藏善本葬書》，前序末行斷殘，但存"文誌"二字，後有洪武三年秋八月望日鄭謐跋。寫手工雅，具有矩矱。鄭跋既在洪武三年，而兔床、蕘圃皆未之見，謂爲元本、弘治本，亦不言有此跋。惟鈔本獨存，得證其無元刊。　　蕘翁有洪武刊本，見《題跋記》，亦名《葬書集注》，而云標題果有"劉仁東家藏善本"七字。　　此書近刻有《琳琅祕室》《十萬卷樓》二本，五月初九。　　宋序見嘉靖韓刻本，卷五又見嚴榮本卷十二。

天機望龍經一卷（舊鈔本）　　墨筆：殷泉得一本曰《仲祥吳景鸞先生葬法》十七章及附録，署門人金精山人廖瑀注、後學婺東培元江世資編梓，有萬曆戊申上元日青嶼六我甫江寅序。内叔好堪輿家言，見而索去。甲戌七月二十九日，持齋誌痛記。　《四庫存目》宋吳克誠《天玉經外傳》條詳其行誼。《敏求記》吳景鸞《鉗龍經》一卷。

易林四卷（校宋本）　墨筆：今涵芬樓合北京圖書館之元槧殘本及蔣氏密韻樓之影元鈔本，印入《四部叢刊》。張菊生丈以白紙本見貽，讀之毫無精意，始悟陸氏故意不錄其注，以增世人之憾惜，亦文人遊戲神通，甚趣事也。己巳三月八日殷泉。　丁曰宋本有注，內閣大庫中尚存殘本，今在京師圖書館。繆藝風告余者。　案此云宋本，即元刊之誤耳。殷泉。　癸酉春，讀秋水閣刻《鶴歸來》二冊。

京氏易傳三卷（明刊本）　墨筆：癸酉十月，收朱秋厓校錄二惠定本於婁韓氏。

新雕豬疏珞琭子三命消息賦三卷附校正李燕陽三命二卷（影鈔宋本）　墨筆：涵芬樓藏宋本，有唐子畏題識，已印入《續古逸叢書》。

書法鉤元四卷（明刊本）　鋼筆：是書明有二刻，予有嘉靖刊本，題男啟錄。

琴史六卷（舊鈔本）　鋼筆：殷泉按，安愚似是柳大中別字。丙子又月鈔。

卷十五終　墨筆：三月八日傳錄勞、丁二家校語至此。殷泉室中深更記。

今春泉緣雖慳而書緣頗佳，既累收莫氏藏書至四五十種之多，而興夫亦以機緣獲百二十種於某氏，雖罕古本，而名槧精校祕笈琳琅，亦不勝其可快矣。晨夕瀏覽，不問世事，誠南面王不易也。二月二十，用硃。　二月朔日，天氣浸寒，讀鮑氏重刊陸氏本《白石道人集》一過，續墨二卷，精神疏懶，殊嫌草草。開始課康兒，識廿四字。

卷十六
子部四

重修考古圖十卷（明刊本）　墨筆：辛未六月，來青閣滬肆有元刊本，三百元歸宗子岱君。先是，蘇地誤傳為《考古編》，即此。

嘯堂集古錄一卷（影鈔宋本）　墨筆：見何義門藏影鈔殘本一册。

酒經三卷（宋刊本）　朱筆：現已影印入《續古逸叢書》。

墨子十五卷（明刊本）　墨筆：楊氏之藍活字本，全在滂喜齋。

呂氏春秋二十六卷（元刊本）　朱筆：藏有是刊明印本，略有補版。全書經惠半農、定宇父子手校，又有沈大成等案語，硃墨紛然，令人肅然，當為初園藏書之甲等矣。是日又觀定宇手稿本三厚册，其《春秋左傳》古注補輯本，尚未刊過，均祕笈無上上品。己巳八月初八，殷泉。　明補之似弘治本者，版匡縮小，嘉靖補則白口，而字數全不記矣。　初園本後印，故序後一行已經刊落，所重者在惠校，此區區者何妨。　丁氏本已傳錄一本，從此多一副本，可慰可慰。重九日。

　　淮南鴻烈解二十一卷（校宋本）　墨筆：辛未六月，楊壽祺於滬得二十八卷明初黑口本，題許慎注，各目所未見者，已歸通商銀行謝云云。　高注存十三篇，許注存八篇。

　　淮南鴻烈解二十一卷（明刊本）　朱筆：鄒氏書庫有茅刻本，擬購之。九月六日記。　墨筆：鄒本爲明季重刊本，予收初印本於馮校邠家，已缺末册，亦不欲補之也。

　　人物志三卷（明刊本）　墨筆：予收嘉靖顧定芳本，爲此書最先之刻，陸慶翻本已脱阮逸署名，劉劭不作"邵"矣。殷泉二月望記。

　　顔氏家訓二卷（明刊本）　朱筆：《滂喜志》之十卷宋本，實吳鈍齋外叔祖所藏。

　　白虎通德論十卷（元刊本）　墨筆：陸《目》大德大字刊本，與此同。毛子晋父子、宋蘭揮等舊藏。又一本天籟閣藏者。

　　東觀餘論二卷（舊鈔本）　墨筆：滂喜齋宋本無恙。

　　續談助五卷（影鈔宋本）　墨筆：勞曰名載之，鎖庭乃銷廳之誤。

　　考古編十卷（舊鈔本）　墨筆：《考古編》舊刻罕傳，頃聞來青閣滬肆忽得一本，以歸宗耿吾君。書凡六册，略有缺葉，價三百圓，宗君精於抉擇，而不惜此值，可決其宋本矣。《演繁露》一旦得偶，誠非易事，其福分蓋遠勝於我，不可强也。所恨此公祕惜過甚，每獲奇品，諱莫如深，雖時時晤談，恐終無緣一窺其鴻寶爾，惜哉。辛未荷夏二十八日，此説得諸孫仲淵，當再詳敏楊、宗二君。殷泉乘涼記。　次説爲元刊《考古圖》之誤傳。

　　程氏演繁露十六卷續演繁露六卷（明刊本）　墨筆：陸《目》明鈔顧千里校宋本，有道光甲申手跋，所據汪閬源藏十卷宋本，舊亦汲古閣物，印記甚多。予偶獲之，即爲亡友許斧亭借校，未還，爲其子售去，償博進，此書遂不知往何處。　《演繁露》宋本淡墨白紙，神情澹逸，至今尚追想歷歷，現悉爲宗君耿吾所得，物獲其主，夫復何憾。

　　困學紀聞二十卷（元刊本）　墨筆：殷泉頃收顧千里、顧于山、程念鞠三人合校本，其可貴乃在元刊之上。癸酉秋記。

　　論衡三十卷（宋刊本）　朱筆：殷泉有程榮《叢書》，每種皆張訒菴據善本手校，《論衡》即據此校補，眉字多菉翁之手。　墨筆：宣統二年冬十月，偶游廠市，見《論衡》殘本，自第二十六至三十，都五卷。每半葉十行，行二十字。版心有刻工毛奇、梁濟、卓佑、許中、陳俊、趙通、潘亨、周彦、徐顔、李文等姓名，皆宋刊也。字體方正渾厚，間有元時修補者，刀口極鋭，筆劃瘦挺，版心有楊字、昌字、良字記之，印以延祐五六年牘背紙。雖闕版，亦以此紙畫版匡式樣釘入，成書兩册，首尾有"鳳陽"朱文、"陳氏家藏"白文印。予乃知為宋洪适會稽蓬萊閣本，元宋文瓚所補刻者也。遂以重值購貴。檢《愛日精廬藏書志》，於《論衡》有元至元刊本（小字十五卷），載乾道丁亥五月十八日會稽太守洪适景伯跋云：右王充《論衡》三十卷，轉寫既久，舛錯滋甚，殆有不可讀者，以數本俾寮屬參校，猶未能盡善也。刻之木，藏諸蓬萊閣，庸見避（疑有誤，蓋從此本傳寫所致）堂舍蓋之。又有元刊明修本（當即此本，而有弘治正德修版）載至元七年仲春安陽韓性序云：番陽洪公重刻於會稽蓬萊閣下，歲月既久，文字漫漶，不可復讀，江南諸道行御史臺經歷克莊公，以所藏善本重加校正，紹興路總管宋公文瓚為之補刻，而其本復完。按性字可善，鄞人。見貝瓊《清江集·故韓處士碣銘》。據韓序知，元時洪本《論衡》仍在會稽蓬萊閣，故由紹興路補刊，而性序其事。所署至元為順帝後至元，其實六年之後，已改至正，性猶云七年仲春，詎紹興僻處海隅未及耶。從至正元年辛巳上推，延祐五年戊午、六年己未，想去二十餘年，以當牘背紙印書，由其紙亦紹興路總管物。背有縣尹何玉給由、縣尹趙好禮給由，並題延祐六年上半年可證。然則此殘宋刊本，尚是元修元印，即向來藏書家於此書，每謂元時重刻慶曆五年楊文昌本，豈知元時補刻，而非重刻。且元時補刻乾道丁亥洪适本，而非重刻慶曆乙酉楊文昌本，皆可據此正之。又近時日本島田翰著《古文舊書考》，稱其國祕府有宋本《論衡》二十五卷，其行款格式並刻工姓名，與此悉合。而闕卷即此五卷，倘能拼合，豈非快事，因乞陳侍郎弢庵署檢，而自書其後，以諗將來。三年辛亥夏四，曹元忠京邸凌波榭寫記。己巳四月四日殷泉錄。

殷泉偶收一天啓本，其佳處竟埒宋本，可知書苦不細校耳。

夢溪筆談二十六卷（明刊本）　墨筆：陸《目》宋刊本，廿四行十八字，小黑口本，語涉宋帝，皆空格，惟不避諱為可疑。　此元刻至精至奇，版匡小而紙幅之寬逾倫，蝶裝，在婁韓氏散出之中，價四千元，陳澄中得之云云。即蕘翁所據本也。癸酉十一月，殷泉。

珩璜新論一卷（舊鈔本）　墨筆：蕘圃跋云是編係數友先攜示陳仲遵而後以之歸余者……復收秀野草堂本……常熟友人陳子准來觀書於百宋一廛……意欲搜羅其邑人舊藏諸書仍歸故土……匄予以原值歸之。則此本本由子準以歸瞿氏者。秀野草堂本分歸陸氏，東瀛劫灰，遂不可問，惜哉。　近涵芬樓據陳仲魚校本重校印行，亦善本。

嬾真子錄五卷（舊鈔本）　墨筆：胡心耘《嬾真子校注》手藁，今藏張叔鵬處。

巖下放言三卷（舊鈔本）　墨筆：勞曰，丹鉛精舍藏文衡山鈔本，亦有脫誤。

寓簡十卷（舊鈔本）　墨筆：此從嘉靖陳鳳序刊本出，予以鮑以文刻校之，舛謁不少。　陸《目》即此本。

　　鶴林玉露十六卷（明刊本）　墨筆：初我臨命，書興不衰，壽祺收得一嘉靖本，予告知之，即出八十金購之。紙墨精良，尚出於宋。惟失序跋，不能斷其爲非即萬曆三年南臺刻本耳。翌日，初我即逝，束閣徒飽蠹矣。爲之慨然。

　　志雅堂雜鈔一卷（舊鈔本）　墨筆：壬申夏日，殷泉收康熙精刻本二卷，末有辛氏胡盧印。即余秋室寫刻，分二卷。

　　困學齋襍錄一卷（舊鈔本）　墨筆：知不足齋刊本即此。

　　雲煙過眼錄一卷（舊鈔本）　墨筆：《國秀集》嘉靖丁巳武邱仲子、周曰東手抄本，有題跋、朱記，爲明徐文敏公家藏，公子徐玄佐及朱竹垞、項藥師、鮑以文、趙素門、丁松生諸家朱記、手跋。甲戌，殷泉得。乙亥二月十一夕記。

　　意林五卷（明刊本）　墨筆：莫子偲校本不愜余意，舍之。　鋼筆：乙亥歲鈔，欣夫得吳頊儒本，朱筆校，嘉靖刻，墨筆校，各所引本甚佳。

　　皇宋事實類苑六十三卷（舊鈔本）　墨筆：《四庫》錄只六十三卷，脫去書末談諧、戲謔以次四門，此云補全，乃未知彼邦反有之也。　辛未十月十日，見日本元和七年活字板覆宋麻沙本，其原有序跋，皆易爲彼邦人作，而謁"實"字爲"寶"字，可異。本文皆作《皇朝類苑》，凡七十卷。　元和活字本亦作皇宋，惟本書則作《麻沙新雕□皇宋類苑》，首有江少虞序及汪俁後序，末有元和七年重光作噩六月晦日前南禪臣僧瑞保謹書。　董氏所覆即元和本。跋每半葉十三行，行廿字，目錄中有牌子曰：紹興二十三年/癸酉歲中元日/麻沙書坊印行。近董綬經氏新印覆宋本，此六十三卷，仍未全也。十三日力疾重往觀於集寶齋。傅沅叔亦有元和活字版。

　　自警編五卷（宋刊本）　墨筆：殷泉藏洪武刊九卷本，有明人約菴居士印，辛未三月。　案約庵爲張介唯號，名畫家，藏記之見於古書者甚罕。書實弘治刻，先希其爲洪武耳。十月初十日，蔭嘉又記。

　　卷十六終　墨筆：二月望，陰雨，整理所藏舊刻書籍畢，凡得三十七部。因復就此本明刊類加墨，爲連日專意目錄，古泉閣置之久，實爲近八年中所無之事。秀水王蒼虬蔭嘉父識。

卷十七
子部五
　　藝文類聚一百卷（明活字本）　墨筆：楊壽祺在湖州故家收書，示予全單。不列版本，茫無所向，惟得舊抄兩種。而此宗文堂小字精本在焉。後已售出，攜蘇潢治，始獲觀之，而已無法挽回，嗟歎累日。書題嘉靖九年歲在庚寅孟春穀旦書坊鄭氏宗文書堂重新刊行，序文七行，行十四字，刻畫跋均完全，原裝一十六册，價進百番。予願五倍其值，而壽祺守信不允，亦估人中之錚錚，己身繫蘇城，見聞不廣，坐失異書，何以自解，幸又後一月而得延祐三年《書集傳》原本。

藝文類聚一百卷（明刊本）　墨筆：殷泉按陸本去刻書年月，而鄭氏書肆起自元代，故誤以爲元版，陸采刻於嘉靖七年，鄭則刻於九年，在陸氏之後，而行款相同，可謂鄭出於陸耳。或則同一祖本，各不相謀，亦未可知，目錄之學，必廣見博閱，益可見矣。九月五。

龍筋鳳髓判二卷（明刊本）　墨筆：北平館亦有此刊。　與徐鈔藏本歧異，何也。

龍筋鳳髓判二卷（舊鈔本）　墨筆：士禮居藏張充之鈔弘治本，并以朱筆校徐禎卿本，與此當同癸酉十月婁韓氏讀未見書齋遺藏散出，爲點者居奇，無本不昂，我兄弟僅各得一充之鈔本，三十金，蓋其麟爪。廿八日記。

稽瑞一卷（舊鈔本）　墨筆：癸酉八月晦，收道光十四年常熟顧湄刊本，仿宋絕精。蔭嘉。

白孔六帖一百卷（舊鈔本）　墨筆：陸《目》殘宋刊本三十八卷，傳是樓舊藏，二十行十九字。又《白氏六帖類聚》，北宋刊本，廿六行，行二十六七字不等。歷藏明文淵閣、宋蘭揮、徐健庵、季滄葦家，又《唐宋白孔六帖》百六卷，明刊本。

小名錄二卷（舊鈔本）　墨筆：殷泉得明鈔本，"太原廷璋"白文小方印外，尚有"太原張家文苑"大方印一，因知其爲張氏璋廷，亦明季藏書家也。丙子四月初四，蔭嘉記。　涵芬樓藏吳夢窗詞不分卷，其印正同，且亦萬曆廿六年置云。

事物記原集類二十卷（校宋本）　墨筆：此本據丁《志》，當是成化本。按正統閻序本實刻於成化八年，此云正統刻，殊不醒目。《集類》陸《目》十卷，成化八年李果序，此作二十卷，乃從校本言也。　辛未十月十日，見正統本，亦二十卷，爲羅少畊自日本收歸者，惜貧乏，未克攜歸。後二日問之，已售去云。　十一月初七日，仍歸于余。　黃蕘圃藏沈寶硯校宋本，錢塘丁氏物，今在南京圖書館。（《事類》二十卷，成化刻）　丁《志》《事類》二十卷，陸《目》《集類》十卷，判若二書，但閻敬、李果乃同，豈仍一刻而著錄時有誤耶。不覩原書，姑毋置辯可也。十一月初八日檢。《事物紀原》正統甲子刊本，首有南平趙弼、建安陳華二序。目錄分上下各十卷，又有歷代考注《事物紀原》書傳諸儒姓氏，題漢陽府推官，建安陳華批點，致仕教諭南平趙弼校正，末有建安陳昌泰之繕寫一行。皮紙，印刻繕皆不精，且有爛版缺葉，集寶齋收之，楊壽祺爲評價五十元。丁氏善本書室本，今在南京圖書館，十三日力疾重往觀，歸而記之。　正統本校刻俱草草，但古趣可喜，此等書亦無取於校宋本也。宋刻亦麻沙。詳《儀顧堂集》。

錦繡萬花谷前集四十卷後集四十卷續集四十卷（明刊本）　墨筆：楊壽祺自崑山收，《書集傳》第一，予已得之，此秦刻本次之，定價百二十番，白紙精印，每葉版心上有"繡石書堂"四字。滬肆復有銅活字本。

新編古今事文類聚前集六十卷後集五十卷續集二十八卷別集三十二卷新集三十六卷外集十五卷遺集十五卷（元刊本）　墨筆：予昔年爲馮武雲表弟曝書，明見有此元板小字精本，而牌子間有佚者，去冬書散，竟亦不見，蓋凡校邠佳書，於武雲身後，已不知多少歷劫矣。或疑是心支表叔檢去，故其家有出售之意，然亦不便明質之。

小字錄一卷（明活字本）　墨筆：《涵芬樓祕笈》中有《孫氏書畫鈔》，爲孫鳳所撰，即此人否？俟考。

六帖補二十卷（影鈔宋本）　墨筆：張香濤藏宋本，價尚不昂，奈非予所好何。癸酉殷泉記於霽齋。

新編簪纓必用翰苑新書前集七十卷續集四十二卷（鈔本）　墨筆：補菴曰，此書傳鈔本於常熟圖書館見之，寫手不佳，乃前清瞿氏錄備進呈者，適國變，遂不及進，後即捐入圖書館。

世說新語三卷（明刊本）墨筆：陸《目》同。莫氏有此書，黃白紙配成，價至廉，予聞而往訪，已後於人。四月望。　辛亥初夏，揚估邱紹周得宋本，由震在廷大令介紹于鐵寶臣將軍，價百六十元，據云尚是宋時印本，精極，今不知尚存鐵處否。　須在申江繆藝風師爲言，鐵寶臣所得乃明袁氏初印本，非宋刊也。丁秉衡二則。　嘉趣堂刻、沈寶研校宋本，絕精。廿年前索卅金，可稱至廉，交臂失之，至今惆悵。殷泉。

因話錄六卷（舊鈔本）　墨筆：勞曰，趙官僅至朗官郡守，何以知爲名臣。　璘事跡，詳見拙著《郎官石柱題名》。

續世說新語十卷（明刊本）　墨筆：又曰是僞本，可刪。

大唐傳載一卷（舊鈔本）　墨筆：殷泉新收丹鉛精舍鈔本，勞季言手校，與《尚書故實》《桂苑叢談》合一冊。壬申仲冬。

雲溪友議三卷（校宋本）　墨筆：殷泉收嘉靖鈔十二卷本，有姚茶夢跋。

雲仙散記十卷（明刊本）　墨筆：勞曰，丹鉛有之，與《清異錄》同刻。

儒林公議一卷（舊鈔本）　墨筆：勞曰，以《禪月集》印證之，當是秦柄也。

重雕改正湘山野錄三卷續錄三卷（鈔本）　墨筆：丁曰，宋刻元抄本爲黃蕘父所藏，今在宗子戴處，蝶裝，甚古雅。宣統紀元六月，繆藝風師來虞，子戴出以索跋，存余篋數日，欲影鈔未果。頃晤藝風師，知已假鈔一分，癸丑六月。　陸《志》一本，葉石君藏，一本黃蕘翁藏跋。　乙亥秋杪，宗本以四千餘金爲蔣穀生購去，至冬而子戴善本悉去無遺矣。　殷泉案，《續錄》三卷，當是一卷之譌。癸酉九月初八。

鐵圍山叢談六卷（舊鈔本）　墨筆：此士禮居藏本，蕘翁曾据以補張充之鈔本。婁韓氏藏，現當亦歸蔣縠生。予得充之手鈔他種，韓跋云云可證。癸酉冬至後五日，蔭嘉。

癸辛雜識前集一卷後集一卷（舊鈔本）　墨筆：殷泉收照曠閣鈔校本，据春浮書屋及茶夢主人二抄訂正，亦僅前、後二集，適有照曠初印本配全。壬申孟冬。

南村輟耕録三十卷（元刊本）　朱筆：己巳五月晦，收玉蘭草堂本。　元槧近人翻刻，佳。　墨筆：辛未三月又收成化十年本，惜其手稿《古刻叢考》已失之。

山海經十八卷（明刊本）　墨筆：《四部叢刊》借傅沅叔成化庚寅刊本影印。

穆天子傳六卷（舊鈔本）　墨筆：秦氏本板心"玄覽中區"四字，見《愛日精廬志》。殷泉收明新都唐琳鈔本頗佳。壬申七月。

闕史二卷（舊鈔本）　墨筆：鮑以文藏御題本，裝潢精妙，曾得一觀，真堪艷羨。殷泉記。

卷十七終　墨筆：昨爲孫○有停止娛樂之舉，壽彭家兄忽思雀戲，予久不彈此調，因亦欣然破格，更深而散，例業爲廢。今日仍續昨歡，畢事尚有餘暑，竟點至此，鐘適三鳴，計費一時半之功也。二月初三。　殷泉不喜類書，以乏校勘之學，畜之亦所非計也。憶前後可得而未之得者亦不少。《藝文類聚》（嘉靖大字本，僅八月而卻之。嘉靖宗文書堂本，未見書時，壽祺勸收而未決，後願五倍其值而不可。錫山安國本，初印。）　《白孔六帖》（明刊，馮氏書，經予選餘。）　《山堂考索》（明刊舊藏，小殘而聽其自然，至今不存一册。）《事文類聚》（元刊，武雲曾許見贈，嫌其牌子不完，去年散出，并不之見。）　《玉海》（元刊，白紙，未收。）　《萬花谷》（嘉靖秦氏刻。）　《初學記》（嘉靖安國白皮紙初印本。）　《多能鄙事》（舊鈔。集樓有嘉靖黑口本。）

夾書單三紙

其一

清臺集　貫休詩二册　百元　二百

范香溪集　六册　八十元　一百

風雅遺音　二册　三百元　三百

梅宛陵集　十六册　四百五十元　此書須再閱一過

李嘉祐集　一　百元

朱澤民集　二　七十元

天禄外史　四　廿五元　廿四
輟耕錄　四　十元
韋蘇州集　二　七十元
廣韻　五　十元
集韻　十　廿五
元叟語錄　一　三十元
中吳紀聞　二　十六元
古虞石室記　一　〇
困學紀聞　四　十二元
大戴禮記　二　五百
三禮圖　十一　百元
六書正譌　　百十元
國朝詩選　十二
錢湘靈詩　六
牧齋詩　四　以上三種百六十元
毛抄吳中舊事　一　五十元
共計二千一百元
其二
清塞集　貫休詩　范香溪集　風雅遺音　梅宛陵集　李嘉祐集　朱澤民集
韋蘇州集　元叟語錄　困學紀聞　天禄外史　輟耕錄　廣韻　集韻　中吳紀聞
古虞石室記
另抄本
國朝詩選　錢湘靈詩　牧齋詩　六書正譌　吳中舊事
五月二十一日賬
其三
新序　明初本　四十元
清塞集　明刻　貫休詩　黃跋　一百元
廣川畫跋　五十元
范香溪集　明初　八十元
蘇老泉集　宋刊　乙千二百元
風雅遺音　宋刊　三百元
梅宛陵集　元刊　四百五十元
古虞石室記　一元
李嘉祐集　一百元
琬琰續集　宋刊　四百元

續博物志　明刊　五十元
天禄外史　廿四元
輟畊録　十元
韋蘇州集　明刊　七十元
顧校廣韻　十元
賈子新書　明刊　四十元
顧刻集韻　廿四元
元叟語録　黄跋　卅元
中吳紀聞　十六元
埤雅　明刊　六十元
黄鶴注杜詩　元刊　二百元
以上合三千二百六十元
鈔本
六書正譌　毛抄吴中紀聞　錢湘靈詩　余抄國朝詩選　共三百十元
兩共三千五百七十元
背面：初我遺墨，珍之珍之。

卷十八
子部六
法藏碎金録十卷（明刊本）　墨筆：四月五日，見莫氏舊藏是書，明晁氏寶文堂刊本，缺三四兩卷，莫氏据趙府刻手自補鈔，極精。每册首鈐閲古堂墨記。歷藏張氏執經堂、貝氏千墨庵，有磵香手跋兩段，誠罕秘之本。　又有"龜潛書舍"一印。　朱筆：寶文堂本較罕，藝風曾有殘本五卷，陸《志》本已亡於日本震災，故殷泉以鉅值收之。初九日。

景德傳燈録三十卷（宋刊本）　墨筆：觀玉海堂藏，與予本同，但較後印，公魯仍以翻元本見貽，向日之疑，爲之一破。審定版本，談何容易。　朱筆：庚午十一月十四日，收此十三行宋刻初印本，卷首有西來年表，逐卷末有墨牌曰釋民希渭刻梓虎巖禪幽之庵，曰四明苾蒭希渭命工刻梓虎巖之禪幽菴等，篆隸楷書各異形式字句，護葉咸金粟山藏經紙裱背，則唐人寫經及宋槧書襯紙用宋白麻薄紙，副葉同。間有元人字跡，題延祐皇慶等年，尚出宋時裝訂。容赴虞麓，向互校爲快。蔭嘉手識。　予藏本楊序凡二葉，每行廿一字至廿六七字不等，左右雙殘闌，小黑口，雙魚尾，上縫傳第△上記字數，下記刻工姓名，三字或一字，瞿均未言，何也。有"古秀州麟溪吴式夔鳴治圖書"寸方印，及"葉印時愷襄虞"朱記，乃東山姜氏物，交通書局收出，由來青閣轉歸於予，其價乃不貲矣。《年表》一卷，占八葉，即支那本全藏亦所不有，真稀世寶焉。

錢塘丁氏有十五行殘本，方其歸南京館時，不知何往。

　　五燈會元二十卷（元刊本）　　朱筆：劉氏玉海堂重刊本精。　玉海堂有宋本，今有許值五千金，而仍未諧者，首册橫截爛去，重刻乃以別本摹樣爲補之耳。

　　大慧普覺禪師普説一卷（宋刊本）　　墨筆：宋季盛行普説語録，至今傳者寥寥。惟於《續藏》中略見一斑。日本反多此類舊覆宋本，價亦不貲云。予近收淳祐建本《枯崖和尚漫録》等，咸有古高麗或日本覆刻本以副之。昔年羅△自彼土攜歸者。辛未夏正。

　　大慧普覺禪師年譜一卷（宋刊本）　　墨筆：《大藏經》騰帙收《大慧普覺禪師語録》三十卷，附年譜并宗門武庫（宋蘊聞集）。

　　龍舒增廣净土文十二卷（元刻本）　　墨筆：殷泉案，實明刊本。　殷泉藏成化刻《緇門警訓》，爲天一閣舊藏，全書作寫經體，遒勁可觀，亦嘉禾城僧所重鎸者，末有"四明王鴻刊"一條，則此亦成化特刊，非元板也。初與元版本不易辯，所持序跋完整，有紀年可考爲可貴。癸酉九月初六。

　　老子道德經四卷（宋刊本）　　朱筆：印入《四部叢刊》。　墨筆：丁曰，實每行十八字，七字譌。

　　纂圖互注老子道德經二卷（元刊本）　　墨筆：此本歸陸《目》。　朱筆：殷泉有此本。

　　沖虛至德真經八卷（宋刊本）　　朱筆：鐵花館蔣氏覆刊，又印入《四部叢刊》。　墨筆：蔣香生太姻丈刻此書，葉菊裳太世丈爲介所假，故後有葉跋。今重印《四部叢刊》，以明黑口本補張氏原叙及劉向上書表。庚午閏六月廿一日記。

　　通元真經十二卷（宋刊本）　　朱筆：鐵花館重刊，又印入《續古逸》。

　　周易參同契發揮三卷釋疑一卷（明刊本）　　墨筆：乙亥十月收宣德三年朱文斌刊本，有阮杜序，三山陳陵刻書序，自序二，後序一。楷刻精妙，皮楮如雪，《天一閣書目》著録本，蔣氏密韻樓散出。

　　抱朴子内篇二十卷外篇五十卷（舊鈔本）　　朱筆：殷泉藏慎懋官本，亦出《道藏》。《四部叢刊》用江南圖書館明嘉靖乙丑魯藩刊本。

　　真誥二十卷（明刊本）　　墨筆：癸酉十一月八日，見張步瀛臨毛壽公校本，爲俞刊初印。容謀得之，同時有吴琯刻《華陽國志》，亦校宋，予僅選定周香嚴、顧千里諸家彙校《儀禮疏》，檢藏本目，道家善本尚少。此校本明刻《真誥》，聊足饜乎。殷泉漫贅。

　　新雕洞靈真經五卷（宋刊本）朱筆：此書確是宋本，勞校似未可據。　殷泉案，《亢倉子》乃唐宜城王士源所著。其撰《孟浩然集序》曰：士源幼好名山，行年十八，首事陵山，踐止恒嶽，咨求通玄丈人，又過蘇門問道，隱者元知運，太行採藥，經王屋小有洞，太白習隱訣終南，修《亢倉子》九篇云云。又韋滔序曰，宜城王士原者，藻思清遠，深鑒文理，常游山水，不在人間。著《亢倉子》數篇，傳之於代云云。各目之所不詳，因閱明本《孟浩然集》，附錄於此。己巳六月十四日，蒼虬識於二十八宿研齋。　附音義舊從黃諫補釋本輯存。　又有徐健菴、汪厚齋、汪閬源諸藏本。

　　雲笈七籤一百二十二卷（明刊本）　朱筆：印入《四部叢刊》，涵芬自藏。
　　張平叔悟真篇集注五卷（元刊本）　朱筆：王府指揮乃明官。

卷十九
集部一
　　楚辭八卷附辨證二卷後語六卷（元刊本）　墨筆：壬申五月初九，殷泉收明刊大版，八行十七字本。
　　楚辭補注十七卷（明刊本）　朱筆：印入《四部叢刊》本，同乃丁氏者。　每葉十八行，行大十五字小二十字。　墨筆：殷泉收潘氏觀妙齋本，以汲古本為副。
　　離騷集傳一卷（宋刊本）　朱筆：有玻璃版影印本。　墨筆：勞曰，鮑刻本之原。
　　蔡中郎文集十卷（明活字本）　朱筆：印入《四部叢刊》，涵芬樓藏。墨筆：又明覆蘭雪本，徐興公藏書。　勞曰，華本有二本，似即一板，而有先後之異，一有"錫山"二字圓印。　庚午二月八日，有故家出售目一冊中嘉靖本《蔡集》未開價，不敢問。　乙亥四月，收徐子器刻本，泰州產也。蔭嘉。
　　蔡中郎文集十卷（鈔校本）　墨筆：初我云，昔年常熟有持黃校鈔本求售者，為價不鉅，失之交臂，遂流滬上，未識即此迻錄本所從出否。庚午二月八日記。
　　曹子建集十卷（宋刊本）　墨筆：勞曰，改作明嘉靖刊本。　初我有活字本，据云乃銅版，紙紋甚闊，似宋紙。又藏《李嶠集》，同樣皆逸品也。予收嘉靖殘刻，楮墨亦精，惜南京館本乏佳手影摹，至今不完。頃故家列目中雖有，而價必昂貴，且牌子如何，不可知。庚午二月八日。
　　曹子建集十卷（明刊本）　朱筆：己巳巧月十二日記。　活字本與郭刻本同為十九行十七字，蓋即重刻活字本，而增入《述行賦》《七步詩》耳。頃收郭刻初印殘本，七卷以下缺如，容據以影補完全。　江南圖書館亦有此本，借鈔甚便，活字影印者，人人能得，反不若嘉靖本之名貴，故不惜勞費以補完之。世間多留一舊刻，豈不美邪。　《四部叢刊》印活字本。　嘉靖本之異於活字本者，僅《七步詩》《述行賦》多二篇耳。
　　嵇中散集十卷（明刊本）　墨筆：士禮居叢書堂鈔本《嵇康集》詳黃跋。

陸《目》。

陸士衡文集十卷（校宋本）墨筆：黃蕘翁錄陸敕先校宋本。 張芹伯亦有正德本二種，陳仲魚傳陸校。

陸士龍文集十卷（校宋本） 朱筆：勞曰，明正德刊本。 墨筆：陸《目》陸敕先校宋本。又正德刊本。毛斧季出示宋刊云云。 陳子準校影宋本。 婁韓氏有叢書堂鈔本，割裂太甚。欣夫得之，旋讓與芹伯，乃席玉照、汪藝芸物。

支道林集一卷（明刊本） 朱筆：勞曰，朱述之言此集從《廣弘明集》中錄出。 墨筆：莫氏有七檜山房鈔本二卷，嘉慶間黃蕘翁以付僧寒石刻之，有潘三松序，今爲潘氏子收去。 陸《目》《支遁集》二卷，有葉奕手跋，崇禎己未抄自七檜山房本。

陶淵明集二册（宋刊本） 朱筆：有局刻本，近又印入《續古逸》。 勞曰，改作明刊校宋本。

箋注陶淵明集十卷（元刊本） 朱筆：殷泉收兩嘉靖本，蔣移齋刻，宋諱缺筆，博印臺刻則否，即出自蔣本。又兩本各有誤異。皆不題廬陵後學一行。 劉氏玉海堂覆宋本。又《四部叢刊》印宋本。 明刊《陶集》多部勝記，曾見之四種咸不同而殘缺不完，爲可惜耳。 墨筆：陸《目》同，又有影宋抄本。 陸《目》又有嘉靖劍泉山人刊本。

鮑氏集十卷（影宋鈔本） 墨筆：勞曰，《群書拾補》以毛氏影宋校明本，丹鉛有影宋本，行款相同，亦蕘圃物，以對《拾補》，反與明本多合，似一刻而有初刻重修之異，書本之不易勘也。

鮑氏集十卷（校宋本） 墨筆：葉石君錄錢遵王校宋本。 朱筆：涵芬樓藏毛斧季校宋本，套版印入《四部》。

江文通文集八卷（校元本） 墨筆：勞曰，據跋末王告訖功語，乃從元刻傳抄，非元抄也。《敏求》亦誤。 朱筆：烏程蔣氏明覆宋本，印入《四部叢刊》，以葉石君校本爲附記。

庾開府詩集四卷（明刊本） 朱筆：涵芬樓用萬曆本印入《四部》，則此本卒不爲瞿氏有已。

東皋子集三卷（舊鈔本） 墨筆：《邵目》云，此本最善，半頁九行，行二十字。某氏有士禮居校本，未知何據。甲戌五月廿七夕記。 陸《目》舊鈔本吳枚菴跋云，鮑以文丈處見宋槧五卷本，視此增多三十餘篇。

寒山詩一卷豐干拾得詩一卷附慈受擬寒山詩一卷（明刻本） 朱筆：印入《四部叢刊》，定爲高麗本。每葉二十行，行十六年。 有士禮居、稽瑞樓印記。

駱賓王文集十卷（明刊本） 朱筆：涵芬樓明刊印入《四部》。

陳伯玉文集十卷（明刊本）　墨筆：予有此弘治四年初印本，此不著弘治所刊，殆已缺其前後序耶。小小一黑口本耳。其完善者，僅存隻本，是可貴已。予本曾影印入《四部叢刊》。　陸《目》有正德、嘉靖二刻，均云十卷。　朱筆：楊壽祺云，曾收一完全之本，不知其貴，僅四百餘元售去。己巳蒲節。

張曲江集二十卷（明刊本）　朱筆：殷泉新收嘉靖丙申重刊成化本，無附錄，與丁氏《目》同，非缺失也。按，成化本有附錄，此本無之，殆亦嘉靖重刻本，而失去湛若水序文耳。己巳端午後一日。　嘉靖本每葉二十行，行二十字，即重刊成化本，面目竟無異也。《四部叢刊》印本用南海潘氏藏者，多附錄一卷。　見張訏莽舊藏成化本，略有闕頁，馬估瑞生以歸潘北山，合三十四元。　墨筆：新又收吳江周氏藏崇禎刊十二卷本於交通書局，略校嘉靖本，雖不免訛字，而亦甚佳，可并儲也。庚午正月，殷泉。　崇禎刊之佳，在集萬曆各刻之成。

分類補注李太白詩二十五卷（元刊本）　墨筆：陸《目》《李太白文集》三十卷，北宋蜀刊，及咸淳刊二部。　庚午八月杪，殷泉收正德庚辰安正堂新刊本，各目不載。　陸《目》同廿四行廿字，小字雙行，行廿六七字。小黑口，寶應元年李陽冰序，咸平元年樂史後序，貞元六年劉全白撰碣記，宋敏求題後，曾鞏後序，元豐三年毛漸跋，薛仲邕編年譜。　又嘉靖癸卯郭雲鵬刊卅卷。　朱筆：蕭山朱氏藏郭本，印入《四部》。

集千家注分類杜工部詩二十五卷附文集二卷（元刊本）　鋼筆：乙亥十二月廿四日，收稽瑞樓藏殘本，自曾虛廓園散出，書中初印甚精，殆余氏時印本也。殷泉。

杜工部草堂詩箋二十六卷（宋刊殘本）　朱筆：麻沙。　黎氏據此重刊入《古逸叢書》，其缺卷以高麗本補完，惜行款經手民改易。　鋼筆：劉聚卿有宋刊宋印白皮紙本玉蘭堂、王履吉、季滄葦、章應召及華亭朱氏諸朱記，存首卷序及年譜二卷，詩話二卷，不知即此一書之分散歟。又有徐健菴等印。丙子閏三月初十日觀，共二冊，九十一葉。季氏印用黑色。

杜工部五言律詩二卷（明刊本）　朱筆：昔年收明鈔藍格選本四百四首，歐體佳筆，殊便誦習。又收舊鈔一部，朱綠密批，亦國初名手出也。

王右丞文集十卷（影鈔本）　墨筆：陸《目》宋麻沙刊本，顧千里、黃蕘圃跋，藏印甚多，廿二行行廿字。　庚午立夏日，收弘治甲子呂夔刻六卷本，佳。殷泉。　又收漱玉齋本，亦精。擬收嘉靖本。　朱筆：須溪先生校本《唐王右丞集》六卷，涵芬樓元刊本印入《四部》。

岑嘉州集七卷（明刊本）　墨筆：陸《目》同。謝在杭藏。　朱筆：江南圖書館正德黑口本四卷，印入《四部叢刊》。

高常侍集十卷（明刊本）　朱筆：涵芬樓明活字本八卷，印入《四部》。

孟浩然集四卷（明刊本）　朱筆：江南圖書館本，入《四部》。又有同文舊石印本。

元次山集十卷拾遺一卷（明刊本）　墨筆：陸《目》舊鈔本從此刊出。朱筆：傅沅叔正德刊入《四部》。最劣。　殷泉有顧醉經手鈔本最善，有貝見香印，馮校郊跋。己巳六月。　又收黃旅研十二卷本，楷刻既精，校勘亦慎。黃堯翁所未見，故漫度其非佳耳。其說不足恃。凡書苟非校讎，殊難信口雌黃。

顏魯公文集十五卷（明活字本）　朱筆：涵芬樓同印入《四部》。

晝上人集十卷（舊鈔本）　朱筆：傅沅叔藏景宋抄本印入《四部》。

劉文房六卷（宋刊殘本）　朱筆：涵芬樓正德刊《劉隨州計集》十卷外集一卷，印入《四部》。

韋蘇州集十卷（明刊本）　朱筆：陸《目》亦弘治刊，有沈明遠補撰韋刺史傳，而無楊一清跋。　又明覆宋乾道刊本。　涵芬樓嘉靖戊申太華書院刊印入《四部》。

毘陵集二十卷（舊鈔本）　朱筆：陸《目》同。　《四部叢刊》用趙用賢刻，窮已哉。　墨筆：勞曰，趙味辛校本尤誤，須重校，補遺誤收。

陸宣公集二十二卷（校宋本）　朱筆：陸《目》元嘉興路學刊本廿行，行十七字。朱文石、張芷齋等遞藏。　墨筆：勞曰，錢氏宋本後藏知不足齋，為歸安嚴修能先生所得，後錢少詹為其先人志墓，以此為潤筆。

權文公集十卷（明刊本）　朱筆：陸《目》舊鈔五十卷，殷泉藏羅文紙初印本，似席氏刻。

昌黎先生文集四十卷外集十卷（校宋本）　朱筆：陳《目》有張敦仁藏北宋刊本，廿二行，行廿字。存卷一至十，無注，即《百宋一廛賦》中本也。

朱文公校昌黎先生文集四十卷外集十卷遺文一卷（元刊本）　朱筆：陸《目》正統刊、成化刊、吳兔床臨黃山谷、吳履齋批點本，共三本，又宋麻沙刊本，周九松藏十六行，廿三字，大黑口。

五百家注音辨唐柳先生文集十一卷（宋刊殘本）　朱筆：陸《目》《增廣注釋音辨唐柳先生集》四十三卷《年譜》一卷《別集》二卷《外集》二卷《附錄》一卷，北宋刊宋印，廿六行，行廿三字，小字雙行。述古堂、劉疏雨遞藏。　又明郭雲鵬刊本，今南海潘氏在上海得世綵堂本《柳集》，有影印本，真奇寶也。潘氏藏世綵本，蟬隱廬於癸卯之春，假以影印，絕精。己巳八月八日，始自集寶齋收一部，莫楚生之舊藏，近尚有《韓集》合印，愧尚無力以得之成雙璧也。

增廣註釋音辨唐柳先生集四十三卷別集二卷外集二卷附錄一卷（元刊本）　朱筆：此與陸《目》宋本同。　殷泉收萬曆重刊本。

劉夢得文集三十卷外集十卷（舊鈔本）　朱筆：陸《目》述古堂影宋本廿

行廿字，又舊抄明抄各一部。　殷泉按，宋本藏日本崇蘭館，董綬經以玻璃版影印，極精。流傳百部，今已無存。《四部叢刊》復影印之，近百雙樓有一部，索價五十餘元。

呂和叔文集十卷（舊鈔本）　朱筆：陸《目》同。　印入《四部叢刊》。
馮跋曰，右《呂衡州集》十卷，甲子歲從錢牧齋借得前五卷，戊辰歲從郡中買得三卷，俱宋本，第六、第七兩卷均之缺如，因棄置久之，越三年癸未，友人姚君章始爲余錄之，因取《英華》《文粹》所載者，照目寫入，俟他年得完本校定。正月盡日識，屏守居士。

張司業詩集八卷（舊鈔本）　朱筆：數年前，牛角濱小肆曾出宋刊，天地頭已無存。聞爲滬估收去，予未獲見，大約亦書棚本耳。

皇甫持正集六卷（舊鈔本）　朱筆：勞曰，丹鉛有趙清常抄閣本。

歐陽行周文集十卷（校本）　朱筆：勞曰，此集有正德慎獨齋刊本，又有嘉靖本。　陸《目》何義門校本，有跋。顧千里跋曰，何校葉抄多雜糅，而何自下己意，語多不確。　行周文尚當爲李元賓之亞，然其諸序固未減梁補缺，特不宜於多爾。昆湖舟中，義門焯記。

孟東野詩集十卷（明刊本）　朱筆：陸《目》嘉靖刊。　又毛氏影寫宋本，廿行十八字，後有臨安府棚北睦親坊南陳宅經籍鋪印一行。

歌詩編四卷（金刊本）　朱筆：陸《目》影寫宋本黃蕘翁兩跋。又明刊本均有外集一卷。　印入《四部叢刊》。

沈下賢文集十二卷（鈔本）　朱筆：陸《目》兩舊鈔，其一葉石君藏跋。
丁曰：余藏明謝在杭小草齋抄本，極精當，勝此二本。　又曰，《沈集》葉德輝吏部曾付刻，差譌滿紙，題語以爲從未刊過，尤誤。　墨筆：丁藏小草齋本爲八千卷樓中最精之物，國初時極享重名，今欣夫以廉值獲之，欣幸欣幸。予又得嘉靖鈔《國秀集》與萬曆刊同儲，金亦陶抄《丁鶴年集》等。甲戌秋，蔭嘉。

李文饒文集二十卷別集十卷外集四卷（明刊本）　朱筆：陸《目》一明刊藍印本，一明刊葉石君假太原張孟恭所藏文衡山宋本校，一舊鈔。　印入《四部叢刊》。　中縫下有甲、乙等字，以記冊數。

元氏長慶集六十卷（校宋本）　朱筆：陸《目》嘉靖壬子以董氏覆宋本，葉石君錄錢氏校宋。

白氏文集七十一卷（宋刊本）　朱筆：補萢案，廬山本今藏吳縣潘文勤家，實未泯絕，見葉鞠老《藏書紀事詩》。

白氏諷諫一卷（明刊本）　朱筆：華陽橋許氏散書中，聞有毛斧季校本，歸丁芝生。　墨筆：勞曰，《群書拾補》中有《諷諫》校本，不知與此書何如。　墨筆：初我收毛斧季五色校宋明初刊本，甚佳。故友許斧亭遺書。

温飛卿集七卷別集一卷（校宋本）　墨筆：《愛日志》著録今在鄧孝先家，殷泉收黃一經校宋本，亦從馮本出，亦爲汲古板。辛未三月裝成志。　鄧孝先年伯云，所藏陳南浦真跡本，並無瞿氏印記，然確是真筆，據此則此校不言印記，當或臨校本邪。辛未十一月初九日記。　鄧氏所藏爲又一本，非即此本。黃一經乃直接北宋刻校者，當有異同，出此上。十一月十二日記。　殷泉以黃校本乞鄧孝先年伯互勘加跋。

温庭筠詩集七卷別集一卷（明刊本）　墨筆：自滬寄到黑口本，刻印頗草草。

增廣音注丁卯詩集二卷（元刊本）　朱筆：陸《目》影寫宋本從百宋一廛之陳宅刊本出。　宋廛先藏宋刻，有義門手跋，登諸《廛賦》中者是也。復得同板而早印者，卷尾有木公松語二行，常熟歸氏影抄本，《四部叢刊》據印。

碧雲集三卷（影鈔宋本）　朱筆：士禮居宋本，現藏鄧氏群碧樓，又有毛抄。　毛氏藏元本，黑格竹紙抄寫，叠經汲古父子手校，蓋所刊之底本也。黃蕘圃跋乃《題識》所未收，現藏丁初園家，己巳五月廿六日，殷泉。

文泉子集六卷（舊鈔本）　墨筆：勞曰，詳黃梨洲《思舊録》。

文藪十卷（明刊本）　墨筆：殷泉藏錢夕公手校本，常熟各家所罕見也。癸酉十一月收舊刊本，即李氏覆刻之祖，所謂宋本。　朱筆：陸《目》正德庚辰袁表刊本。

笠澤叢書四卷補遺一卷（校本）　朱筆：陸《目》舊鈔吳兔床藏本，又舊鈔，何義門校本，亦兔床跋。　黃蕘翁跋舊鈔本，得觀於丁初園處。黃跋乃《題識》所未載，昔年文津書坊收朱氏書也。

甫里集二十卷（明刊本）　墨筆：陳子準以成化重刊寶祐本校。　勞曰，成化本佳，此萬曆本與《文藪》合刊，不足存。　殷泉案：此重在校宋，自當著録，勞説非也。

新彫注胡曾詠史詩三卷（影鈔宋本）　墨筆：胡曾《詠史詩》，士禮居宋本爲顧鶴廬丈所得，早經一日本人乾没云。今僅存影抄副本。

司空表聖文集十卷（舊鈔本）　朱筆：朱氏結一廬刊曹氏書倉本，今通行。

杜荀鶴文集三卷（宋刊本）　朱筆：陸《目》影寫南宋本，有顧千里跋。又《唐風集》，述古堂藏舊鈔本。

黃御史集十卷（明刊本）　墨筆：勞曰，正德本佳（記末缺一文，目尚存）。楊洪序尚摹宋本開板，萬曆、天啓本不足存。

李丞相詩集二卷（宋刊本）　朱筆：有景印玻璃版本。

鹿門集二卷（舊鈔本）　墨筆：群碧樓有張充之抄，吳枚菴跋本。　《鹿門集》三卷本佳，充之抄本附拾遺、續拾遺，金耿庵、吳枚庵所輯允稱大備，癸酉十一月初十日，自群碧樓假歸。

甲乙集十卷（宋刊本）　朱筆：印入《四部叢刊》，有黃蕘翁手跋。　以別本證之，當係臨安府棚北大街睦親坊南陳齋書籍鋪印行一行，此本殆係末少一字而誤認鋪字之米爲金氏云云耳。《四部叢刊書錄》云然。

白蓮集十卷風騷旨格一卷（舊鈔本）　墨筆：己巳正月收舊鈔本，末有"天啟七年仲冬，借綠斐堂抄本，錄於一字齋中，虛舟子記"二行。每葉版心有"曹氏書倉"四字，舊爲莫楚生藏書，疑即《知見傳本書目》中所稱曹彬侯家鈔本者，實非彬侯所鈔，莫氏未之考耳。又排印本書目，曹字誤作曾。《藝風藏書志》有《司空表聖集》，爲曹氏書倉本，云是曹學佺，但未著所出。各家書目均不載，可知書倉本之稀有已。二月既望，蒼虬漫記。　墨筆：丁芝生謂予云，述古堂本在渠處。　朱筆：裝十冊，檀匣。　綠筆：今失。朱筆：述古堂（綠筆改：非述古堂）黑格鈔本，復經馮鈍吟硃筆、何義門黃筆手校，題跋累累。初園云，得時費一百二十金。己巳五月廿六日觀。　綠筆：劫後此書散出，已佚二卷，爲張石生所得。予自滬歸，諧直得之。戊寅四月殷泉記。　自見此書，迨其來歸，屈指九年。初我墓草已宿，予亦髮有二毛，佳書佚其二卷，河山則全非矣。　此書似見朱氏《結一廬書目》。　朱筆：勞曰，丹鉛藏柳大中影宋本，亦有《旨格》，毛氏刻此書，而以《旨格》入秘書。

卷十九終　朱筆：四月廿二日，以各本對閱，朱墨雜糅，自取其便檢閱而已。　三月十三日，訪莫氏殘餘書，僅收五柳居刻《太玄》一本歸，尚有盧校《新語》一冊，索三十元，何義門批校殘本唐人總集，則所不取也。

第九冊
卷二十
集部二
徐文公集三十卷（校宋本）　墨筆：陸《目》舊抄校宋本。又朱竹垞手抄補足本，有盧抱經及山山叢桂數堂跋。今《四部叢刊》黃蕘翁舊鈔校宋本。

王黃州小畜集三十卷（補鈔宋本）　墨筆：《四部叢刊》第二次改用此本。

林和靖詩集四卷（明刊本）　朱筆：勞曰，《群書拾補》中校本最好。墨筆：予求明刻而不可得，姑收朱刻，最初印如新本以待之。癸酉春。

鉅鹿東觀集十卷（校宋本）　墨筆：洞庭東山翁又張手鈔七卷本，出自金亦陶，筆法絕妙。後有金元功朱記，今藏群碧樓中，三月五日借歸把玩，擬傳校於劉刻本上，以存舊本名抄之真，亦不廢也。甲戌，殷泉。

范文正公集二十卷別集四卷（元刊本）　墨筆：陸《目》多尺牘二卷，南宋乾道中饒州路刊本，廿四行廿字，天曆本即從此出，行款皆同，惟字體有方圓之別，季滄葦所藏。

雪竇頌古集一卷拈古一卷瀑泉集一卷祖英集二卷（宋刊本） 朱筆：勞曰，季《目》無此書。

趙清獻公文集十六卷（元刊本） 墨筆：集樓曾藏清獻長卷大行書。

趙清獻公集十卷（明刊本） 墨筆：陸《目》紅藥山房舊藏，閻序後有嘉靖壬戌楊準序，每卷有瞿州府西安縣△△校刊一行。 欣夫見此本，誤以爲同外書耳。癸酉四月十八日。 瞿氏確尚有黑口本、嘉靖本各一部，互有鈔補，故不入錄，其鑑別之精，良足欽佩。六月廿四日記。

元豐先生南豐類藁五十卷（明刊本） 墨筆：張石生昔收宋板萬曆補板本，今云常熟又有一嘉靖補板細薄皮紙本，壽祺曾往審定，當非誤也。癸酉四月十八日記。

南豐曾先生文粹十卷（明刊本） 朱筆：明何椒邱云，永樂初李文毅公爲庶吉士，讀書中祕閣，日記數篇，休沐日輒錄之。今書坊所刊《南豐文粹》是也，則此刻出於李時勉。季言。

文潞公文集四十卷（校本） 墨筆：瞿氏《目》外有舊鈔校本二册。

節孝先生集三十二卷（明刊本） 鋼筆：潘西圃遺書有此白皮紙本，北山收之，有黃俞邰印。

歐陽文忠公集一百五十三卷（明刊本） 墨筆：坊估俞姓曾收白皮紙初印本，一書而三分之，先出七册歸於我，旋出首册，莫楚生購去，皆一元一册，最後乃全出，歸京估某，尤廉，舊本之劫如是。

歐陽先生文粹五卷（宋刊本） 墨筆：南京館藏宋小字本，精絶。予於民國初年觀之，愛不忍釋矣。

嘉祐集十五卷（校宋本） 墨筆：弘治、嘉靖兩刻均題重刊……十五卷，予兼蓄之，亦堪欣也。 莫楚生有張鐔本，江建霞丈舊藏，由壽祺以百元歸申。藝風亦有弘、嘉二本，以嘉靖本（顧千里校）歸傅沅叔云。

嘉祐新集十六卷（校宋本） 墨筆：勞曰，《嘉祐新集》向藏錢唐關氏，今歸海寧唐氏，聞有徐氏、季氏印章，兩家書目載之。

臨川王先生文集一百卷（宋刊本） 墨筆：嘉靖版流傳尚多，予曾兩見，約價百元而不收。 甲戌三月三日，收嘉慶九年活字板《王荊公年譜攷略》三十二卷於百擁樓，爲荊公極力辨冤，語語有據，傳世絶罕，理宜重印，惜涵芬樓續刊中不合例耳。張菊生先生來函索續刊底本，爰附記此。

欒城集五十卷後集二十四卷三集十卷應詔集十二卷（明刊本） 墨筆：丁初我有明活字本，吳梅村評閱真跡，洵是佳書。庚午元月廿五記。

豫章黃先生文集九十七卷（明刊本） 墨筆：辛未四月，殷泉收萬曆甲辰方沉重刊本。

黃太史精華錄八卷（明刊本） 墨筆：宋季麻沙板亦小板式，惜缺卷三，以後有丁秉衡二跋，非朱子儋偽托，蓋坊賈所爲耳。甲戌春記。

后山詩注十二卷（宋刊本）　　墨筆：莫楚生有弘治馬暾刻本，著水太甚，歸潘北山（卅卷）。　　鋼筆：余客申時，歸途必經來青閣，小坐翻書。一日得見馬暾皮紙本，顧千里手校，并錄義門評校本，洵爲銘心絕品，久不收書，爲之技癢，已諧價矣。懶於攜歸，乃夜間電話，知爲北估所攘，遂不能一鈔其題記也。時壽祺適病，不問店事，否則安有此等事哉。猶憶其同時所收中善本不少，大約廿九、卅年間事，今追記之。中華民國三十五年二月十六日，即丙戌元宵，蔭嘉。

淮海先生文集二十六卷（宋刊殘本）　　墨筆：勞曰，曾見知不足齋明刊本，行款依約相似，似覆宋刊本，後有晁説之跋，有季滄葦印，惟少後集及《詞闋》，後歸吳門吳姓舫侍郎。　　朱筆：覆明刊本之"明"字當作"宋"始合。殷泉。

參寥子集十二卷（影鈔宋本）　　墨筆：汪柳門有宋刊精本，澄心堂紙，閃桃紅柳綠之色，裝四册，民國初年以歸蔣氏密韻樓，彼時定值千四百金，爲宋本之冠，近不知在涵芬樓否。庚午元月廿三日，殷泉記。　　宋槧本曾藏吳平齋處，予有其手書目錄可證。

青山集三十卷（影鈔宋本）　　綠筆：聞王克敏得宋刊本。

具茨晁先生詩集一卷（明刊本）　　墨筆：陸《目》同。頃丁芝生云，亦有一本。　　綠筆：丙子冬至夕，崑估攜來此刻，楷法刻工與習見明本迥異，蓋已開清初之風，舊藏《法藏碎金錄》，可稱雙璧矣。卷首古樂府一首，甚似爲今首領被困之詠，但今爲國事，非彼求仙盤遊之比。殷泉力疾記。

眉山唐先生集三十卷（舊鈔本）　　墨筆：壬申歲盡，收舊鈔二十卷，呂無黨手校，沈穀成所藏也。

唐先生集七卷（明刊本）　　墨筆：《上善堂目》云，宋刊六卷。　　南京館於舊書襯紙中抽得是刻，居然完全，亦奇事云。丙子午月十二日。

卷二十終　　朱筆：元房失慎，幾成鉅災，幸經内子設計撲滅，予得安心讀書。三月既望，殷泉。　　墨筆：二月初四日晴暖，觀前歸飲後重勘，向日校宋本《顏氏家訓》，以抱經堂本讎對。復得原刻初印趙用賢《松石齋集》，翻閱一過，《違禁目》中全燬之本，至不易覯者也。尚有餘光，續墨至此，自十八卷起，因記時日，殷泉。

卷二十一
集部三
梁溪先生文集一百八十卷附錄六卷（舊鈔本）　　墨筆：舊藏明鈔殘本僅二册，顧徵君遺笈也。

增廣箋注簡齋詩集三十卷無住詞一卷（宋刊本）　朱筆：此集影印入《四部叢刊》。新蓄四開本，其外集乃元人鈔本。　按影印本又有劉辰翁序。　勞曰，集三十卷，是麻沙本，詞一卷，則明嘉靖時刻也（此亦丁注）。　丁曰：此集脫誤甚多，如十一卷，《尋詩》兩絕句"亭角尋詩滿袖風"，"詩"字誤"酒"。廿四卷《五月二日避寇轉徙湖中》詩"江聲搖斗柄"，脫"搖"字，幾不成句。廿五卷《謝主人》詩"結茅依樹不依鄰"，"鄰"誤"憐"，《開壁置窗名曰遠軒》詩"過美出飢迫"，譌"飢"為"肌"，廿七卷《登海山樓》詩"白波動南極"，脫"白"字。廿九卷《題崇蘭圖》詩"山林從此不牢落"，脫"從此"二字。至註文奪誤尤多。蔣君蘇庵託余影抄付刊，余為校記付之，精神頹唐，不能悉正也。己未四月。　蔣君將刊此書，以影抄本就正於金壇馮公煦，馮公不知版本之學，謂此書破體字太多，萬不可刻，蔣君亦因而中止，惜哉（此秉翁以語欣夫者）。

簡齋外集一卷（舊鈔本）　朱筆：《四部叢刊》本為徐積餘藏，題識、印記與此同。其首序之小異者，以硃筆識之，未知與此本是一是二。　墨筆：《四部叢刊》於此書擇本凡三而後定，原擬用舊鈔本，第二次改用即此本，第三次始定徐氏藏元人手鈔本，據此則瞿藏影鈔元人鈔本，其所載朱記非出鈎摹，亦屬仿刻，不宜渾不舉明，令人滋疑，舊鈔二字，似應易作影寫元人鈔本方合。

北山小集（影鈔宋本）　朱筆：勞曰，宋本初為天蓋樓物。

栟櫚先生文集二十五卷（舊鈔本）　朱筆：勞曰，鄧廷楨據正德本重刊。

陵陽先生集四卷（舊鈔本）　朱筆：勞曰，後集一卷，今佚。

夾 乙亥得書目錄　一紙（鋼筆寫）

1. 讀畫錄四卷　原刊本二冊　二月十日　付八角
2. 鳳氏經說三卷　原刊校本　仝　付二元
3. 殷商貞卜文字考一卷　原印　又
4. 張中丞事實集錄三卷　原刊　三月初六日付二十
5. 五行類事占七卷　明抄三冊　三月十六日付十六元
6. 咸豐（戴書/闊緣）光緒（雕母）二品　張絅伯贈　三月廿一日
7. 正隆闊字
8. 高昌吉利　右二品三月廿六日絅伯贈
9. 舊唐書陶刻殘本配二冊　四月初二日付四元
10. 劉子一卷　明刊　嚴鐵橋跋　四月初四日付十五元
11. 精微集六卷　舊鈔殘本五冊　四月初四日付一元
12. 蔡中郎文集十卷　明徐刊本　四月九日付三元五角
13. 安南志略十九卷　排印本四冊　四月廿六日付五元
14. 顧怡人物立幅　六月初二日付十九元

15. 大曆元寶（小字異書）　永通籌國（小樣）　付二元
16. 吳夢窗詞二冊　孫留鈔　朱古微跋　付十二元
17. 詞綜三十卷　汪氏裘杍樓朱記　原刊　六冊　八月六日付七元
18. 別下齋本陰騭文　二冊　石印
19. 禁書書目　鄧秋枚排印本　二種張石生贈
20. 銅印　付三元
21. 黃石齋年譜二卷　舊鈔　丁氏藏跋　付四元
22. 遼左見聞錄　舊鈔　丁氏藏跋　付六元
23. 樊榭籜石詩鈔　蔣生沐鈔　丁跋　付一元九角
24. 石徂徠集　道光刊本　付五角
25. 居業堂集二十卷　原刊　楊濠叟校　四冊　付八元
26. 刊謬正俗八卷封氏聞見記十卷　盧刻一冊　付一元
27. 白郎尼鏡箱　附雜志六冊　付四元九角
28. 唐鑑二十四卷　弘治黑口本　《天祿續編》著錄　付三十元
29. 周易參同契發揮三卷釋疑一卷　宣德黑口本　天一閣藏　付十元

　　南（蘭）陵孫尚書大全文集七十卷（舊鈔本）　朱筆：勞曰，此即周序所云，誤入翟忠惠文之本。

　　豫章羅先生文集十七卷（元刊本）　墨筆：夏秋間常熟估人得一本，云有季滄葦手跡，而稍有闕葉，索價九十元，今已售去。庚午九月記。　云歸子戴。

　　尹和靖先生文集十卷（舊鈔本）　墨筆：《尹和靖集》《邵目》只載嘉靖、隆慶兩刻，頃見一故家開目，有弘治黑口本二冊，容再探訪，未識有緣否。庚午二月八日。

　　香溪先生范賢良文集二十二卷（元刊本）　墨筆：劉翰怡亦有元本，似即藝風賣與也。

　　羅鄂州小集五卷附鄂州遺文一卷（明刊本）　朱筆：勞曰，明刊本，餘杭章氏有之。　墨筆：有清初刊，甚精。乙亥荷月望，蔭嘉。

　　周益公文集二百卷（舊鈔本）　墨筆：張石生云，常熟某家有各名家各體精鈔本，全書如新。楊壽祺不喜鈔本，乃許二百元，當知其佳。至節後思往一觀。又壽祺四五年前曾收明鈔本，略殘為惜。　初我藏《對床夜話》真跡也。

石生復言有一淡生堂鈔本《閒居叢稿》，襯裝四冊，壽祺亦許百五十元，而物主如倍值始售。　予謂苟曠翁親筆，亦不為昂。癸酉四月十八日。按《閒居叢稿》二十六卷，非二冊可容，不知石生誤否。　余有《承明集》一種，明崑山葉氏鈔，黃蕘翁校宋。

　　止齋先生文集五十二卷（元刊本）　墨筆：故家售目中有弘治本，初我選。

斷腸集注十卷後集一卷（舊鈔本）　　朱筆：勞曰，曾見抄本，有小象。

　　梅溪先生文集五十四卷（明刊本）　　墨筆：百雙樓收陳氏書中有正統刻白紙本，惜傷重，而六十元亦稍昂。庚午。

　　盤洲文集把試卷（影鈔宋本）　　墨筆：今有影印本矣。

　　石屛詩集十卷（明刊本）　　墨筆：蕘翁復有精校本，在芹伯家，乃萬曆刊。

　　江湖長翁文集四十卷（明刊本）　　墨筆：此刻大可不錄。

　　注鶴山先生渠陽詩一卷（宋刊本）　　朱筆：當改明刊本。　　墨筆：曹君直跋劉蔥石宋本曰……王周卿注多引古籍，後附西山諸賢手札，皆鈎摹上版，深可寶貴，因考諸札明成化、弘治間具存，吾鄉吳文定題眞西山與周卿手簡，並及魏參政了翁、游丞相似、杜丞相範、王侍制遂、李侍郎心傳，見郁逢慶《續書畫題跋記》，逮我朝乾隆時，祇賸三札。見《復初齋集》。至今三札又不知流落何所，而文尚賴此詩注以存，顧此詩注據覃溪跋稱周卿裔孫維顒嘗付諸梓，與文定《家藏集》云所謂渠陽詩其裔孫觀字維顒者既取刻本翻刻傳世語合。今鐵琴銅劍樓所藏即翻刻本，而其《書目》誤爲宋刊，知維顒翻刻尚少流傳，端平舊槧，更爲斷種秘本……光緒壬寅……　　朱筆：丁曰，宋本無"嗣容鋟梓"四字，此蓋明翻宋本，詳貴池劉聚卿覆宋本跋語。　　宋本今藏劉氏，蓋章碩卿以賤値得諸南京狀元坊估者。

　　友林乙稿一卷（影鈔宋本）　　朱筆：勞曰，錢唐丁氏有重刊宋本。　　殷泉按：黃蕘翁《廛賦》中宋本後歸袁二公子，予得影印本，絕精。據其跋云，陸存齋所藏亦明人重刊宋本，而眞本世無其二，滄桑後不知今在潘明訓家否。丙子午月十二。

　　後村居士集三十八卷（宋刊殘本）　　墨筆：丙子午月十二，李德元稱金匱蔡氏有宋刻初印殘存四十七、八卷一册，汪閬源舊物，亟令收之。　　耿吾有舊鈔足本。　　鋼筆：四十七、八卷詞一册，於滬見於來靑閣，定價百元，久無人應，聞卒爲潘景鄭所得。予病在久不閱此目也。丙戌元宵追記。

　　棠湖詩稿一卷（影鈔宋本）　　鋼筆：有影印本。

　　秋崖先生小藁八十三卷（校宋本）　　鋼筆：亂後移申，此目久疏，無意中得賓王原本，甚精妙，士禮居遺物也。不久又得嘉靖刊本並儲，卅一年返吳，書簏寄存羅氏沐園，至今尚未收回，而衰病日增，思之黯然。三十五年二月十六夕，丙戌元宵。蔭嘉。

　　柴秋堂詩集三卷（舊鈔本）　　朱筆：勞曰，此從柴氏《四隱集》抄，乃其十一世孫復貞所輯，非季武也。提要亦兩收，却不認作元本。　　墨筆：顧緝庭家有鮑以文手校本，予最留意，逮散出時，乃爲博山所得，六十元也。

　　蛟峰集七卷附山房遺文一卷外集四卷（明刊本）　　墨筆：此當是天順刊，

孫毓修有之，今日正在上海界路寓中出售。乙亥六月望。

　　仁山金先生集四卷（舊鈔校本）　　朱筆：勞曰，餘杭章氏有舊刻本。

第十冊
書衣題"殷泉主人校閲本"
　　副葉墨筆題：余嘗出家藏池州路張伯顏刻《文選》，質之殷泉先生。先生遂出此册爲證，因得假讀諸家批語，亦信手識其所知者，遵先生命也。辛未七月十九夜，卧匡床聽蟋蟀聲書此，時病痁初退，手弱腕僵，幾不成字，貴池劉之泗在吳門大太平巷新居之固廬（固字命名，取堅固、頑固之執及固窮之意耳。并識之）。
　　卷二十二　　墨筆：甲戌三月初三日，晤瞿君良士於集寶齋，獲聞書林掌故甚富，歸後燈下復檢此目，殷泉記。　　瞿公子名旭初者，曾二晤。字鳳起者，精於目録。
　　集部四
　　閑閑老人滏水文集二十卷（舊鈔本）　　朱筆：《四部叢刊書録》，湘潭袁氏藏汲古閣鈔本，卷末章碩卿手題云，汲古主人精鈔本，無上妙品，大約即施研北所稱之劉疏雨藏本耶。　　墨筆：婁韓氏藏就堂上人手抄，義門、蕘翁合校，絶精，價千元，爲北平估所得。癸酉冬。
　　遺山先生文集四十卷（明刊本）　　朱筆：《四部叢刊》用烏程蔣孟蘋藏弘治戊午刊本文集四十卷，附録一卷，有秦敦夫印記。
　　湛然居士文集十四卷（鈔本）　　朱筆：《叢刊》用無錫孫氏小緑天藏影元鈔本，每卷末均跨行大字題"湛然居士文集卷之幾"，每頁廿行，行十六至十八字，遇元帝字樣皆提行。　　鋼筆：耶律文正王贈劉陽門一絶署曰"玉泉"，因所居也。群碧年伯跋謂此詩不載集中，後存宋景濂一跋，余於集寶齋見之，嗣歸周湘雲，刻石以傳，真奇跡也。周氏亡，尚未出售，余雖衰病餘生，尚能追作昔夢。乙酉臘月廿六，兩夕重披記。蔭嘉。
　　月屋漫稿四卷（舊鈔本）　　朱筆：勞曰，明刊四卷，近抄本并作一卷，中間有删去詩篇，實即一本。鋼筆：中華民國三五年一月廿七日，重檢，殷泉。
　　劫後得舊鈔本有龔野夫諸朱記，不分卷，後鈔目録，不佳。
　　剡元先生文集三十卷（舊鈔本）　　朱筆：《叢刊》亦用萬曆戴洵本，涵芬樓自藏，有繆荃孫圖記。
　　履素齋稿一卷（鈔本）　　朱筆：勞曰，此從《元詩選》中抄出。
　　松雪齋文集十卷外集一卷（元刊本）　　朱筆：今已影印入《四部叢刊》，江南圖書館舊藏不知何以爲涵芬樓所有。　　勞曰，上海曹氏刻本脱誤改竄不足據。　　墨筆：泗案，涵芬樓假圖書館藏書甚多，此或其一耳。　　公魯此條，未明予意。壬申二月初三日，以古物互交清訖，以俟大禍之臨。吾輩寧光明而死，勿含汙以辱生也。天哉天哉，豈敢以整暇自詡。　此書元刊流傳尚多也，近中國書店有明覆本，亦佳。

魯齋遺書六卷（元刊本）　朱筆：勞曰，《牧菴集》足本尚存。

靜修先生文集二十二卷（舊鈔本）　朱筆：涵芬樓有元刊小字本，即宗文堂刊，每葉廿八行，行廿一字，字畫清挺，元板之至佳者，已印入《叢刊》中。舊藏士禮居，有印記。

許白雲先生文集四卷（明刊本）　鋼筆：潘西圃遺書有名鈔本，藏章滿頁，似多何義門門人，不能記。余檢出後，未及諧價，爲北山收還，亦云物得其所。

雲峰胡先生文集十卷（明刊本）　鋼筆：二七、五、三，即戊寅四月初四日，收此刻於嚴瑞峰肆，劫後所得善本之第五種也。殷泉。　墨筆：《儀顧堂續跋》弘治本一百卷，每葉廿四行廿字，行款與元至治壬戌嘉興路刊本同，當即以元刊翻雕者，惟元刊有王構虎、王士熙、王公儀、羅應龍跋，明刊皆缺，元刊別辭、哀挽、墓誌皆列總目之後，目錄之前，版心刊"目錄"二字，未免眉目不清，明刊則改列於後，版心刊"附錄"二字，較爲允當耳。癸酉二月二日蔭嘉錄。

楚國文憲公雪樓程先生文集三十卷（明刊本）　墨筆：泗案，近日陶氏有影刻本。

清容居士集五十卷（舊鈔本）　朱筆：涵芬樓藏元刊本，每葉廿行，行十六字，白口，有朱之赤、金孝章印記，已印入《四部叢刊》。　《儀顧堂續跋》元槧元印本，集二十卷目錄二卷，後附王瓚所撰謚議、蘇天爵所撰墓誌銘，每半葉二十行，行十六字，字皆趙體，與元刊《玉海》相似，當爲同時所刊。上海郁氏宜稼堂所刊之祖也。卷五十後有永樂丙申畏齋王肆手跋，言得此書，蟲鼠損傷，於暇日補治，則中間抄補，皆明初人筆也。……余又藏舊鈔本，爲張月霄舊藏，王肆跋，當從此本出，恐世無第二本矣。

梅花字字香二卷（舊鈔本）　墨筆：泗案，黃蕘翁嘗集同時人所畫梅爲小册，題曰《梅花字字香》，本此。　婁韓氏之士禮居藏舊鈔本，朱黃校定爲精，惜未署何人，當是蕘翁屬友校元槧也。癸酉十月廿八日。玉弟自申攜歸，借玩二宵，其價五十元，不能堪也。殷泉記。

新編翰林珠玉（舊鈔校本）　墨筆：石門原本有吳尺鳧手跋，見丁氏《善本書室藏書志》，曾爲丁秉衡翁所有，今已流出，不知其歸誰氏，余乃苦訪而未得也。甲戌八月初七。

道園學古錄五十卷（明刊本）　墨筆：《滂喜志》有明覆元本，疑即景泰中鄭達崑山重雕者，今《四部叢刊》印行，中國書店有一本，云元刊而有黃復翁長跋，爲題識所未載。欣夫見之，已以五百金寄至廣東。庚午八月初三日。

范德機詩集七卷（元刊本）　朱筆：《叢刊》用江安傅沅叔藏影元鈔本，疑此本已漫漶，故不用耳。　墨筆：泗案，日本圖書寮有延文辛丑仲春刊五山板本，與元至正二十一年編次校刊之葛、孫二行，與此同。

揭曼碩詩集三卷（舊鈔本）　墨筆：蒼虬案，道源與錢夕公箋注李義山詩，其書未刊，朱長孺多採其説。夕公序之甚明，或疑朱有攘竊之嫌，冤矣。豈不見夕公序歟。丙子三月清明前夕。　錢夕公龍惕與牧齋、履之、遵王輩唱和，負盛名，藏書亦精，著有《大兗集》諸書。書未刊行，遂致不彰。予有其手校《皮子文藪》，考其行誼甚詳。今《大兗集》僅傳殘本後二卷，友人初我輩爲之刊印，流傳未廣，日前忽得一本，乃錢孝標、曹彬侯藏書也。蔭嘉丙子清明前夕記。

揭文安公文粹（明刊本）　墨筆：丙子三月十三夕，寶研堂是沈穎谷。近得所藏《懷舊集》刊本，有葉石君校跋。亦人間奇秘，可以誇虞人所未知。鋼筆：劫後在申來青閣見黑口本，未收。乙酉臘。

淵穎吳先生集十二卷（元刊本）　朱筆：《四部叢刊》用嘉靖本，再板時用元刊本。

金華黃先生文集二十三卷（元刊殘本）　朱筆：《四部叢刊》先用孫氏小綠天影鈔本，二次發行改用元刊四十三卷本。　丁曰，三十四卷（殷泉按，當作四十三卷）。錢唐丁氏有之，今在江南圖書館，余爲繆藝風師覓得楷書手精鈔，乃甫及半而辛亥之革命起，余離館，黃集亦輟鈔矣。惜哉。

圭齋文集十六卷（明刊本）　墨筆：此即成化本，而前後序跋缺也。　道光刊亦源此本，譌字皆改正。庚午四月記。　朱筆：《四部叢刊》用明成化善本，序跋較此爲全。

存復齋集十卷（明刊本）　朱筆：勞曰，錢唐瞿氏有抄本《續集》一卷。殷泉案，《續集》曾印入《涵芬樓祕笈》中。　墨筆：此書二册。顧鶴逸丈有元刊《朱澤民集》，又一刻也。壬申八月。

順齋先生閒居叢稿二十六卷（鈔本）　墨筆：傅沅叔先生有元刊云。　顧氏小石山房有淡生堂鈔，予許二百金，尚不能獲。癸酉。

至正集八十一卷（鈔本）　墨筆：《圭塘小稿》，得舊抄黃蕘翁校跋張芙川藏本。　丙子三月十三。芙川藏明刊《書法鈎玄》四卷，在大華書店，曾氏物也。

吳禮部文集二十卷（舊鈔本）　墨筆：《吳禮部外集》舊鈔有黃蕘翁、周香嚴諸跋，惜未之得。

秋聲集六卷（舊鈔本）　墨筆：涵芬樓據宗氏藏刊本印出。丙子三月十三夕。《愛日志》載刊本最佳，余自韓氏讀有用書齋，奇價得順治間周亮工福建刊四卷本，僅詩。郡先輩薄啓源以東澗老人校補於玉峰徐氏之小有園二跋，亦士禮居舊物也。甲戌九月杪。蔭嘉記。

陳衆仲文集十三卷（元刊本）　墨筆：泗案，余今夏遊滬，於陳渭泉家見一元人畫（名不記憶），紙本，水墨筆，極佳。上有陳旅題詩，鈐旅卦朱文圓印。

青陽先生文集九卷（明刊本）　綠筆：初我有黑口本，黃蕘翁跋。估人曾以此求售，送至予家，予乃在申，未見，當再訪之。戊寅四月。

蜕庵詩四卷（明刊本）　朱筆：勞曰，今所傳五卷本係後人從選元詩諸書中增入，又未詳備。渌飲先生有補輯本，今歸錢唐瞿氏。　墨筆：《蜕庵詩》近涵芬樓已以洪武刊本影印，余收陳西畇手鈔有詞本，亦僅五卷者，初不過好其楷法之明妍耳。劉泖生舊藏顧聰生家散出，甲戌八月初三，蔭嘉雨窗記。四卷舊本既經印出，人人可獲，五卷本多詩百餘首及詞，則舊抄外，無從得見。余收西畇本及以罕見為可珍，亦物理之變遷有如是也。殷泉再記。

金臺集二卷（舊鈔本）　墨筆：亦陶喜鈔元人集，曾數見之，涵芬樓為最多，惜咸付之劫灰。略有數種入《涵芬樓祕笈》中。近見集寶齋自北平收一山水，題字甚詳備，但用筆似含婁東派，恐不足恃，而書法亦平平。壬申初夏。
　亦陶手抄元人集。甲戌秋日始獲一本。蔭嘉記。

栲栳山人詩集三卷（鈔本）　朱筆：勞曰，乾隆間餘杭張廷枚從岑氏後人得本，有所作行狀付刻。詳《抱經堂集》跋。

句曲外史貞居先生詩集六卷詞一卷雜文一卷（舊鈔校本）　墨筆：殷泉案，何良俊嘉靖名家，曾見其文集二刻，其一為舊字紙所印者，卒以不愛明人集失之，可惜。壬申五月望，疾發臥覽記。　綠筆：初我有黃校本，劫後屬於何人，待查。戊寅五月。

北郭詩集六卷補遺一卷（鈔本）　墨筆：葉鞠裳先生盛稱顧聰生家藏本，今其書全散，却不之見。甲戌秋。

鶴年先生詩集四卷（影元鈔本）　墨筆：甲戌秋收金亦陶手鈔本，八千卷樓舊藏，有汪魚庭藏閱書朱記。蔭嘉記。

龜巢摘藁三卷（舊鈔本）　鋼筆：得楊慧樓鈔本。

梧溪集七卷（元刊本）　朱筆：予幼時旅京，最愛此詩，奈舊鈔亦罕，至今僅有思補齋重刊鮑氏本耳。殷泉。

九靈山房集三十卷（明刊本）　墨筆：士禮居藏本在宗氏，而蔣穀生購以轉歸陳澄中云。丙子三月。　集二十九卷外集一卷，已影入《四部叢刊》。

倪雲林先生詩集六卷附錄一卷（明刊本）　朱筆：沈乙盦有弘治黑口本，已印入《四部叢刊》。余見萬曆重刊本，去年嘉定秦氏書也，價昂未收。己巳三月十一日。　墨筆：孫留庵有天順本，標二百元，惜未得也。丙子春記。

玉山璞稿二卷（舊鈔本）　勞曰，鮑刻集可案。

鐵崖先生古樂府十六卷（明刊校本）　墨筆：《四部叢刊書録》，此本雕刻極古雅，明成化己丑海虞劉俶重刊元顧氏玉山草堂本也。明人刻書序今多爲書估割去，以充元槧。　中國書店新收元刊本白皮紙，甚佳，欣夫見之，未識仍是成化刻否。惜其不好舊本，無從一證，奈何。庚午八月三。

鐵崖漫稿五卷（舊鈔本）　勞曰，止四卷，故卷三、卷四有跋，末一卷初名"鐵崖先生文集"，故與四卷本有重出者，曾席玉照藏抄本。

鐵崖文集五卷（明刊本）　墨筆：《四庫》未收、阮未進，陸本爲朱象元、謝埔舊藏。癸酉二月二日，殷泉記。　蔣氏傳書堂有此。　庚午二月既望，自來青閣楊壽祺所收得此本，黑口雙魚尾，楷刻古雅，尊元處皆提行，故《愛日志》誤爲元槧，惜殘首卷。擬向此本借鈔補足之。殷泉記。　八千卷樓本疑屬陳于京刻本，不能影寫。　《儀顧堂續跋》同此刊本，云其爲《東維子集》所未收者序三首，題識三首，傳二首，録一首，議記四首，跋八首，書四首，辨一首，志五首，贊五首，箴一首，說十六首，銘一首，祭文二首，墓誌銘四首。　瞿藏此本缺卷二之第五葉，庚午立夏日，以舊藏囑予影寫成，即寄之。至予本所缺，已於前日面交，囑手精鈔矣。從此遂各有一完帙。　十一月初十日影寫成。　《竹汀日記》亦載有此本，頃得良士覆初園函，允予影寫補完。庚午清明，殷泉記。

新刊麗則遺音古賦程式四卷（元刊本）　墨筆：此本全書僅四十葉，蕘翁跋，繆氏未採。甲戌十月。

夷白齋藁三十五卷外集一卷（舊鈔本）　墨筆：欣夫云是元鈔，較張習刊本，多文無數，但只云舊鈔，何也。丙子清明前夕。蔭嘉記。

張光弼詩集二卷（舊鈔本）　墨筆：《善本書室志》有此書，亦二卷，《八千卷目》却改變爲《可間老人集》四卷，兩歧之，故當查。　癸酉荷夏初七日，收毛古愚藏舊精鈔本。形致頗似影寫，觀裝潢尚桐鄉金鄂嚴物。

竹齋詩集三卷（舊鈔本）　墨筆：曾見一惡鈔，雖舊不取。

卷二十二終　墨筆：二月十七日雨窗讀明刊本至此。　昨日看竹，未曾伏案。　春日晴和，百物欣欣向榮，我獨憔悴索居，埋首陳編，尋討生活，歲月因循，德功奚在，思之唏噓。昨夜康兒忽然發熱，勢猛而烈，冀其得汗，竟夜未眠。二月初七日。

卷二十三
集部五
文選二十九卷附李善與五臣同異一卷（宋刊殘本）　朱筆：楊郁孫氏尤刻《文選》而外，並無其他善本，如能得價七八千，即可贈人。又有漢玉壹事，大約璧類，亦著名神品，因名其齋曰蕭選漢玉之齋，甚不倫云。此初園所説，聊並記之，殷泉。　丁曰，此殘本凡字畫清勁仿歐者，與楊郁孫處宋刻尤延之本同，其字體肥濁者，則與胡果泉翻宋本同，用此知胡刻雖影宋，而實非池本也。　又曰，余曾假此二十九卷校閲旬日，字體有清勁、肥濁二種，絶不一律。蓋兩刻合成二十九卷，非皆池本也。此云刻本無異四字，未的。空二字乃真尤本，有善曰字者，乃胡果泉翻宋本，實非尤本也。　此篇提要須大加删改方妥。尤本有此十四字，胡刻所據之宋本乃脱佚耳。此二語尤爲瞎説，總由未見尤本真面目，爲胡刻所誤也。楊藏本較胡刻本注文增多。　又曰，楊氏藏本昭明序末句"文選"字提行，"世"作"代"，"淵"作"潛"，均避唐諱，附有尤延之《音義》一卷，胡刻《攷異》云誤者，此本均不誤，真人間瑋寶，聞物主有五千元肯讓之説。　補庵曰，楊書未經諸名家收藏，故無印記可考。墨筆：殷泉案，《前塵夢影録》言吳門陸氏住金太史場所藏。　此袁跋，楊郁孫處所藏宋刻池本，完全不缺字，大如錢。隸法古雅，余曾摹一分寄劉蔥石（泗案，先公所刻者，殆即出丁丈所摹耳）。　明遼府翻宋本《昭明太子文集》有此袁跋。殷泉。　墨筆：泗案，丁秉衡丈嘗爲先大夫以胡本池州宋刻原本，朱批細字，詳著於眉，今猶珍襲之。先大夫又嘗依丁校影鈔一部，即以胡果泉刻爲藍本，而改其異池本處，欲刊以行世。然終以未得楊氏宋本，不肯昧然付梓，楊氏原本經數度磋商，愈益昂貴，楊氏知先公必欲得此書，雖出萬金不讓。今余侄婿即楊氏後人，余曾屢詢之，謂爲公家之寶，故益難問津，閲此浩嘆。泗案，袁氏此跋，先大夫曾影刊之，跋作隸書，約半葉多耳。《昭明文集》亦曾影刊行世。宋本原書敬從昭仁殿假出也。惜雙字一書，世無傳本，不然亦欲刊行也。殷泉先生倘見之否。

　　文選六十卷（宋刊本）　墨筆：羅少畊家藏五山覆宋大字本，力勸潘博山并《龍龕手鏡》得之，余乏善本《文選》同校也。

　　六臣文選六十卷（明刊本）　墨筆：泗案，余家藏元池州路本，張伯顏銜上無"元"字。又李善表後有五臣集注表，爲明藩繙本所無，此皆是爲元本之證也。

　　文選六十卷（明刊本）　墨筆：泗案，明晉府嘉靖乙酉亦嘗刻元張伯顏本《文選》六十卷。　繆《志》明唐藩覆元張伯顏本元本，每半葉十行，行二十三字。此本二十二字，稍有分別，餘黑口面目悉同，張刻原本李善、張伯顏官銜擠寫各一行，後刻改兩行，此從兩行本重彫，前有成化丁未唐藩序，"希古"二字另行，下有唐國圖書墨印，後有弘治元年唐世子跋。　殷泉頃見劉氏玉海堂藏本，三黑口，白綿紙初印，寬大。藩刻中之絶精書也。惜唐藩刻書序跋已遭抽去，意在冒元槧耳。明刻不乏佳本，而受此毒者，亦復不少，深堪痛惜。公魯先生以爲如何。辛未秋。　（"魯侯"）泗案原本作"公"，（"我遺"）遺原本作"逎"，方叶韻。

玉臺新詠十卷（明刊本）　墨筆：莫氏書中有《吕氏家塾讀詩記》，陸鈇刻本，爲枝指生所校，惜僅二册而止，未之收也。及今思之，亦殊可惜。　朱筆：勞曰，趙氏重刻書估往往去其跋充宋刻。　又曰，葉字祖仁，號枝指生，林宗子也。

中興間氣集二卷（校宋本）　墨筆：楊惺吾《日本訪書志》載何義門校舊鈔本，不知何時流出日本，有日本人以汲古閣本過録者，章碩卿言何校近有刻者，然未之見。何跋凡三則，又有何氏第二跋，與此相同，但《間氣集》下有"極玄集"三字。壬申九月十二日，向集寶齋主人孫仲淵假《訪書志》，竭一夕力，通閲一過，摘要録成小册備考，工竣天尚未明，再檢及此，殷泉漫記。《述古目》注宋本影鈔。

竇氏聯珠集一册（宋刊本）　朱筆：丁曰，瞿氏此書于粵匪亂時散出，光緒辛卯趙次侯先生以銀餅五枚得于書估徐金生，用藏經紙爲封面，重加裝治，置酒招余賞之，未幾以百六十餅銀售於汪柳門侍郎。汪卒，又歸繆小山師，則售價叁百六十矣。然轉輾購藏，仍不出吳中也。　又云此書今歸劉翰怡（墨筆：藝風并得何校本）。今已印入《續古逸叢書》，翰怡加"抗心希古"等印記，予有影印本。殷泉。　勞曰，《記》中有一條義門校本失校。　墨筆：殷泉案，繆《記》兼獲何校而未言有失校處，二家校勘之深淺可見。此等不可憑空妄斷，須以二本重勘始定耳。　泗案，句讀疑誤，已爲妄改。

古文苑二十一卷（宋刊本）　朱筆：今《四部叢刊》重印已改宋刊，未識即此否。　勞曰，孫刻本顧氏序跋中云所見章注係宋本。　鋼筆：二次遇明初印本，皆以求全未得，一有油污，一有缺葉也。

文苑英華辯證十卷（鈔本）　朱筆：丁曰，余有盧抱經校武英殿本。　墨筆：丁所云盧校本，亦八千卷樓物，既非校宋，斤斤點畫，毫無發明，其跋語復漫記別事，無涉本書，估人陶某置集寶齋中，意圖厚值，笑置之耳。甲戌十月初二日重閲記，蔭嘉。

西漢文類五卷（宋刊殘本）　墨筆：初我曾得前半部，適能璧合。

文粹一百卷（元刊本）　朱筆：《四部叢刊》用元翻宋小字本，大約與此同。　重印時以元刊漫漶，改以顧千里、江鐵君宋本校明本印行。　鋼筆：嘉靖甲申徐文明刊本，每半葉十四行，行廿五字。　施序爲寶元二年。　墨筆：胡氏藏本至今莫傳，即其例矣。庚午冬。　殷泉謂得一善本，而祕不示人，此等惡習，只可視爲大言欺人，彼固不曾得，亦不應得，即真得之而亦不能守。

唐文粹一百卷（明刊本）　鋼筆：徐文明名焴。　丙子四月望日，收此本，常熟趙次公舊山樓藏書，更有嘉靖丁亥胡纘宗序。又見查聲山手録《八代詩選》，印記重疊，行草精妙。　原題云陸坡星選，一厚册，皮紙，約百餘頁，廿元，爲潘氏先鞭，頗悵悵云。

西崑酬唱集二卷（舊鈔本）　朱筆：《四部叢刊》用舊抄，自嘉靖丁酉高郵張綖刊出者。

崑山雜詠三卷（宋刊本）　朱筆：短褐見賈誼《新書》，寒者利短褐，但建本作短褐。殷泉五月九月。

新雕聖宋文海五卷（宋刊殘本）　朱筆：勞曰，青浦王述庵侍郎有篆竹堂抄足本。

古文關鍵二卷（明刊本）　朱筆：丁曰，此爲足本，文瀾閣、皕宋樓及丁氏善本書室所藏，皆析卷充數。余爲藝風從古里借抄，以丁、陸所藏本詳校乃知之，海内始無第二本矣。　補庵云，此書傳抄本，亦在常熟圖書館見之，抄手不佳。

赤城集十八卷（明刊本）　勞曰，《簣窗集》從《大典》抄出。

東萊集注觀瀾文丙集八卷（宋刊本）　朱筆：方柳橋碧琳琅館覆刻本，凡甲乙丙三集，每集附考。

衆妙集一卷（舊鈔本）　朱筆：勞曰，疑是姚咨跋。　墨筆：殷泉案，秦忭有繡石書堂，嘉靖時人，姚豈即寓其家。　朱筆：近見舊影寫宋本二集各一册，項氏朱記，亦鉤摹逼真，題識亦作宋槧體，精妙不亞毛鈔。楊壽者索價五十金，蘇地無過問者，遂攜以至滬，五月初九雨窗。　影宋本無何小山跋，舊人圖記盡經剜去，無源流可考，惜哉。

箋注唐賢絕句三體詩法二十卷（元刊本）　墨筆：癸酉二月廿二日見明刊小字本，每半葉十一行，行十九字，書名省去"絕句"二字，第四行曰"隴西金鶯在衡校訂"，第五行曰"廣陵火錢元卿重梓"，火姓罕見。寫刻，白皮紙初印，甚精，前存方氏大德九年序，序八行，行十四字。次綱目，有錢祿爵印、樹常氏朱記，述古支裔是也。估人誤爲元槧本，不議值，却之。　正嘉間精本，可取高刻。　何義門真跡本，藏群碧樓，殷泉借觀經月。　義門本借已經年。

吳都文粹十卷（舊鈔本）　墨筆：新收舊活字本，差訛頗多，暇當以各善本校之。

西漢文鑑二十一卷東漢文鑑二十卷（明刊本）　朱筆：勞曰，有慎獨齋本，不足貴。

增廣聖宋高僧詩選前集一卷後集三卷續集一卷（影鈔宋本）　墨筆：群碧樓藏張充之手抄毛氏本，吳枚庵朱筆校并二跋，黃蕘圃又以墨筆校讀畫齋刻本，朱筆校滋蘭堂本，有嘉慶辛酉跋，而不署名。每册前有澄谷、獨樹二朱記。按蕘圃有獨樹逸翁之稱，但此則與澄谷印泥同，疑未必蕘翁所鈐。特手跡分明，吾輩能一目了然耳。甲戌三月初五日，觀書群碧樓中，借此及翁又張手抄《東觀集》二種歸，所欣羨者尚有吳尺鳧手抄《唐子西集》，次日燈下記。　檢全

《大清會典》百冊，雍正十年內府精印本，陳仲魚舊藏，亦我家高曾王父手澤也。

九僧詩一卷（舊鈔本）　墨筆：余蕭客本今尚存。　丁《目》有嘉慶庚申吳嘉泰鈔本。　毛抄及余蕭客、陸銕簫諸本恐皆不存矣。　《四部續刊》擬目僅注"鈔本"二字，疑即此本，則前本今亦不復在瞿氏耶。

中州集十卷（元刊本）　朱筆：武進董綬經以延祐本影刻，極精。每葉三十行，行廿八字。粗黑口，卷首書名皆跨行大字，總目冠"翰苑英華"四字。又有《中州樂府》一卷仝刻，《叢刊》即用董刻影印。

注唐詩鼓吹十卷（元刊本）　綠筆：曹葵一先生舊藏馮評原本，細皮楮，黑口板，藏家印記如毛、錢、馮、何朱記累累，劫後予始見之。在估人吳杏初處，尚未諧值。戊寅四月，殷泉。　此則爲《瀛奎律髓》之誤記，中佚數卷，余得之而卒不能守，歸諸鄭振鐸也。

段氏二妙集五卷（舊鈔本）　朱筆：勞曰，足本尚存。

國朝文類七十卷（元刊本）　朱筆：《四部叢刊》已影印，用涵芬樓自藏本。每葉二十行，行十九字，上下小黑綫，有吳嘉泰、漢唐齋、臥雪廬諸家印記。

皇元風雅三十卷（元刊本）　朱筆：《四部叢刊》用此梅溪書院本，後因印已漫漶，無法攝影，改用高麗十二卷本。

草堂雅集十三卷（影鈔元本）　墨筆：泗按，文藏原本端匋齋丈嘗贈之先大夫，先大夫已影刊行世，惜於戊午秋燬於浦口大安棧火中。宋蜀大字本《孔子家語》、元貞本《論語註疏》均同化劫灰。今上海倭寇焚炸商務印書館，敝藏明清二朝名人書畫八十餘件，又北宋本《隋書》，又遭兵燹，思之令人心膽俱裂。斯文天喪，亦吾家之不幸也。壬申正月廿八夜記。　朱筆：丁曰，文氏原本後歸姚氏咫進齋，近爲端尚書匋齋所藏。余曾見之，海內孤本也。　元刻本每半葉十二行，行廿二字，每本有"竹塢"藏書印。

玉山紀遊一卷（鈔本）　朱筆：勞曰，明刻《名勝集》，此編亦列其中，乃後人抄出別行。

玉山名勝集二卷（舊鈔本）　墨筆：殷泉案，"洪水"當是"洪永"之誤。壬申五月望。

玉山名勝集二卷（舊鈔本）　綠筆：《名勝集》四卷本，白紙楷刻，似萬曆間本，曹潔躬舊藏，黃蕘翁跋。李芝綬跋以贈舊山樓趙次侯，分訂七冊，嗣歸初園，更輯逸詩一冊，共裝八冊。劫後李估以此見歸，媵以毛斧季校宋本白氏《諷諫》，共議百五十五元。戊寅四月廿四日，忽變計贖去。余亦聽之，河山破碎，猶何必斷斷此耶。徐州失而復得，僞政府居然成立。　墨筆："首"當作"首末"，壬申五月望，殷泉。

卷二十四

集部六

文心雕龍十卷（舊鈔本）　墨筆：壬申七月，凡收文心十種，不外梅注，彼善於此閔繩初本耳。　此已蒼眞跡，其跋文詳載《愛日志》，而愛日本雖弘治刊，較舊，係出臨本，不及此本之佳。向日最善之說，未塙，似當推《皕宋志》本爲白眉耳。壬申七月廿一日，佗傺無聊，漫記。

朱筆：勞曰，刊刻原委《敏求記》詳之。　墨筆：殷泉案，《愛日志》弘治本校宋最善，不知何往。黃蕘翁尚見元刊，曾囑顧澗蘋校錄兼藏弘治、嘉靖兩刻，余愛讀此，僅得黃注本，而姜午生本頗未滿意，壽祺重收一嘉靖初印者，有萬曆間來夢湘批校手跋，亟思得之，而滬事暴發，至今未果，今且并家藏萬笈而無法長保矣。　庚午八月杪，殷泉收梅慶生音注姜午生刻本。

新雕詩品三卷（影鈔宋本）　墨筆：壬申二月初七日避難移鄉，束裝待發，爲寄存書籍事四出籌商，偶遇秀水陳氏紫藤書屋校刊本，每卷後有"乾隆玄黓歲秀水陳氏依宋本重雕"篆文墨圖記，附刻司空表聖及《四庫全書》辯證通俗字各一卷，仍以鉅價收之，重其鄉里遺梓，流傳絕罕，且勿計其他也。云依宋本，不知與此鈔如何？瞿氏移藏滬瀆，歷已數年，今良士先生亦倉皇離鄉。涵芬鉅藏既付劫灰，海虞遺編難保無恙，聞已有借印宋本多種遭燼云。　二月十九日晝陰夜雨，明日爲店友金雲汀受唁之期，因先往一拜，歸後閑披《筠廊偶筆》，初印單行本，予所深喜者，酒後加墨，兩眼昏昏，即以輟之。殷泉。

詩話總歸前集四十八卷後集五十卷（明刊本）　墨筆：壽祺明初影宋鈔本甚佳，惜殘。今歸張君芹伯。癸酉十月，蔭嘉記。

韻語陽秋二十卷（明刊本）　墨筆：滬中國書店有此黑口初印本，價二百四十元。癸酉十月廿八日，欣夫歸述。蔭嘉。

文則二卷（元刊本）　墨筆：蔣穀生有明刊，錄何義門校本，價昂，未收。彼誤以爲眞跡也。

詩人玉屑二十卷（明刊本）　墨筆：見國初古松堂翻本，黑口古雅。癸酉十月廿八日。

草堂詩話二卷（舊鈔本）　朱筆：勞曰，道光中山陰杜氏據宋本重刊，宋本有脫葉，杜氏不審連綴刻之，又多訛字。

對床夜話五卷（舊鈔本）　朱筆：丁初園藏祁曠翁手鈔本，墨格竹紙，八千卷樓舊物，希世珍也。己巳五月廿六日，獲觀於其大石頭巷寓齋。

東山詞一卷（宋刊殘本）　朱筆：勞曰，直齋所據乃長沙書肆《百家詞》本。　又曰，今亦園所刻即此本，稍易其次第。又曰，又有以抄本《賀方回詞》二卷本，與此本多少不同。

簡齋詞一卷（舊鈔本）　　墨筆：於集寶齋見蕭江畫冊，甚精。

　　樵歌三卷（舊鈔本）　　朱筆：勞曰，今本從吳訥《名賢詞》本抄出。

　　于湖先生長短句五卷拾遺一卷（影鈔宋本）　　朱筆：勞曰，直齋所據是長沙《百家詞》本，毛氏初刻，當即長沙本。兩本不當合行，猶鮑氏刻《張子野詞》，不當以兩本合編也。鮑編張詞，亦園本脫去一首。　《叢刊》印《于湖全集》宋本。

　　蕭閑老人明秀集注三卷（金刊殘本）　　朱筆：四印齋有重刊本。　墨筆：目外善本尚多，有斧季、敕先手校全部《六十家詞》，欣夫云。甲戌四月七日。

　　花間集十卷（明刊本）　　朱筆：《四部叢刊》用杭州葉氏藏明萬曆壬寅玄覽齋巾箱本，有補遺二卷，字跡略帶行體。

　　陽春白雪八卷外集一卷（舊鈔本）　　朱筆：勞曰，《書錄》所云五卷本，人名不同，當別一書，且趙在直齋後。　又曰，集中不經見之詞甚多，且如△△△△諸人，它選本俱無采錄其詞者。

　　中興以來絕妙好詞選十卷（明刊本）　　朱筆：翻宋。　《四部叢刊》亦用此刻，無錫孫氏小綠天藏。

　　新刊張小山北曲聯樂府三卷外集一卷（舊鈔本）　　朱筆：勞曰，李刻所有而元刻所無者十餘首。　又曰，題詞所見，汪氏振綺堂鈔本無之，疑斧季從《太平樂府》鈔入。

　　朝野新聲太平樂府八卷（元刊本）　　朱筆：《四部叢刊》用蔣氏密韻樓藏元刊本九卷，首列總目二葉，姓氏一葉，每卷首跨行大字題"朝野新聲太平樂府卷之幾"，卷尾亦然。次行題"青城澹齋楊朝英集"，次空二字題某類，次空三字跨行題曲名，每葉二十八行，行二十三四字。題序公均黑質白字，有黃堯父手跋，闕至正辛卯、己酉鄧子晉序，乃從士禮居舊鈔本補之，有朱臥庵、黃堯圃、味蘭軒等印記。　勞曰，此小令何得入《詞綜》耶。

　　中原音韻一卷（元刊本）　　朱筆：有玻璃版影印本。　勞曰，曾見明刊本，與坊本不同，後有小令一冊，惜忽忽未及詳勘。

　　卷二十四終　　鋼筆：三十五年一月廿七夕重閱。家人團聚外，猶有姚氏全家，雖喘，亦足樂也。　廿八、五、十九即己卯四月朔，暫回蘇州，得藝風、半塘、大鶴、葵一、古微、印丞諸老合校詞集三十餘種，燈下重檢及此。蔭嘉記。是日謁群碧年伯。　朱筆：三月廿一日，錄勞、丁二家校語，祥哥病危，時作時報，心不在此，聊藉遣愁緒耳。

　　　　　　　　　　　　　　　　李軍：蘇州博物館館員

常熟周大輔鴿峰草堂鈔書藏書知見録

鄭偉章

  周大輔（1872—1932?），又名輔，字左季，號都廬，別署老左、烏目子民、虞山里民、句吳週四、鴿峰居士、鴿峰外史、鴿峰樵子、鴿峰草堂主人、鴿峰墓祠守者、小螺旅人等，江蘇常熟縣人。周大輔爲清末民國年間著名文獻大家，却迄未見其相關傳記資料。關於其生年，有"壬申行年"朱方①及"我生之年歲在玄默涒灘月在終辜辛亥朔丁酉時"朱方兩枚印章②，可以勾稽出即出生於清同治十一年壬申臘月初一日酉時。其卒年則不詳。我讀見其於民國廿一年壬申冬所撰跋③，知其周甲之歲尚存於世。

  關於其先世，《重修常昭合志稿》（上海社科院版）人物志乙三（下册第1072—1073 頁）有其高祖周榮傳及曾、祖、父附傳。高祖周榮，字肄三，號晴波，乾隆四十三年進士，官武清知縣，章學誠爲撰《墓誌》；曾祖碻（字孟高），翁心存爲撰《傳》；祖壬福（字鶴儕），歷官知縣升桃源同知，高密單爲總爲撰《墓誌》；父濤（字少鶴），官至山東東平知州，嘉興余霖爲撰《墓誌》。近日，我托友人王忠良先生從常熟檔案館複印周文曉先生撰《周大輔傳略》三

---

  ① "壬申行年"朱方見本拙稿（一）周氏抄校本 39《清流摘鏡》、48《莆陽知稼翁集》、57《新刊張小山北曲聯樂府》等篇。

  ② "我生之年歲在玄默涒灘月在終辜辛亥朔丁酉時"朱大方見本拙稿（一）周氏抄校本 51《李長吿集》、53《晞髮集》等篇。

  ③ 見本拙稿（二）周氏藏書 5《庚辛之間亡友列傳》篇。

紙，亦僅詳其先人及其子略歷，獨少關於大輔本人履歷之叙述。其子周子鶴，字鳴九，與周文曉同爲桃塢中學同學，住上海孟納拉路187號。民國十六年，二人又同日就婚于白茆鎮張氏。後聞鳴九於滬上遭毒而死①。

關於周大輔本人，夏定棫云，"清末在浙江任税吏，以薪資向藏書家抄校群籍甚多。"② 周氏《皇明末造録》跋云，"此書係光緒庚子（按即廿六年，1900）夏間在甬江司榷時，托杭人旋希友借鈔于八千卷樓丁氏。"榷者，税務也。可知其庚子前後確曾在寧波擔任過税務官員。周文曉先生云，大輔爲"浙江候補知縣，以官爲家，鮮返鄉里"③。辛亥革命以後，周大輔同其他前清遺老一樣，仍以遺民身分自居。他在辛亥後所鈔書上，仍鈐以"吾生之後逢此百罹"白方、"有清周季"朱方、"有清周季藏書"朱方和朱圓各一。

周大輔不同階段所鈔書，有三枚印章標分開來。一曰"光緒庚子所鈔書"白長方，正是他在甬江司榷時（28歲）所鈔書；一曰"周左季宣統紀元後所鈔之書"朱方，這是宣統三年中所鈔之書；一曰"虞山周左季辛亥以後寫書記"朱長方，這是周氏作遺民之後所鈔書。周氏鴿峰草堂藏書以鈔書、校書爲突出特點。其鈔書處或爲鴿峰草堂，或爲郜公鐘室（以收藏古物郜公鐘而命名）。所鈔書或爲藍格，或爲烏絲，端楷工鈔，一筆不苟，精緻可愛，一望而賞心悦目，令人愛不釋手。所鈔底本或所校底本往往借自藏書名家，如八千卷樓丁氏、鐵琴銅劍樓瞿氏、緗素樓丁氏、丹鉛精舍勞氏、鳴野山房沈氏及無錫朱達甫、何秋濤等。

近年來，我在國家圖書館等處閱讀善本膠捲及普通古籍中，碰見不少周氏藏書、鈔書、校書。又臺北"國家圖書館"《善本書志初稿》亦頗有著録。又近年來古籍善本拍買市場亦異常活躍，不斷踴現周氏所鈔、所校、所藏。我統加以綜合整理，大體分爲：一、周氏鈔校本六十七種；二、周氏藏本二十九種，兩部分共九十六種。又夏定棫先生撰有《常熟周佐季鴿峰草堂鈔校書目》（原載在1978年油印本《浙江圖書館善本檢記初稿》第一集後），我托袁逸先生代勞爲我複印二紙寄來，作爲附録一；又瞿冕良先生撰《中國古籍版刻辭典》（齊魯書社1999年版）"鴿峰草堂"條所記鴿峰草堂周氏抄書目近百種，我將此條複印作爲附録二，均附於後，以便同好者作進一步深入研究，互相印證和參改。筆者識見有限，遺漏錯訛之處當不少，敬祈天下方家有以教我，自當感激不盡。

---

① 周文曉撰《周大輔傳略》，我請常熟翁同龢紀念館館長王忠良先生代勞從常熟檔案館複印三紙寄來，識此以表謝忱。

② 夏定棫撰《常熟周左季鴿峰草堂抄校書目》（原附於1978年油印本《浙江圖書館善本檢記初稿》第一集之末），見本拙稿附件一。

③ 周文曉撰《周大輔傳略》，我請常熟翁同龢紀念館館長王忠良先生代勞從常熟檔案館複印三紙寄來，識此以表謝忱。

一、周氏抄校本六十七種

1. 《干常侍易注疏》一卷集證一卷，（清）方成珪撰，常熟周氏鴿峰草堂抄本。鈐"周左季宣統紀元後所鈔之書"朱方、"清俸寫來手自校"白長方、"亦是風流罪過"朱方、"丙辰"朱長方。（臺北"國家圖書館"《善本書志稿初編》經011號，以下簡稱爲臺志·經011號）

2. 《魯春秋》一卷，（清）查繼佐撰，周氏郘公鐘室鈔本。鈐"常熟周左季家鈔本書"白方，"郘公鐘室"白長方、"周左季校正圖書"朱方，"爲流傳勿汙損"白方。（臺志·史·雜史類02319號）

3. 《國榷》不分卷，（明）談遷撰，周氏郘廬鈔本，書口下端鐫"郘廬甌江鈔本"六字，現藏上海圖書館。（周文曉《周大輔傳略》談及此書，待至上圖檢讀）

4. 《酌中志》廿四卷，（明）劉若愚撰，鴿峰草堂藍格端楷精抄本，每冊有校勘記。抄稿紙書口下端鐫"虞山周氏鴿峰草堂寫本"十字。鈐"虞山周大輔字左季印"白方、"虞山周氏鴿峰草堂寫本"朱方、"常熟周左季家秘本書"白方、"鴿峰草堂鈔傳秘册"朱長方、"此是左公所置田"朱方、"爲流傳勿損汙"白方、"鴿峰草堂"朱方。（上海嘉泰公司2007年春季古籍善本圖錄1275號，雅昌網）按：曹培根輯注之《曹大鐵〈藏書目錄〉》第38條《酌中志》云，此書係周大輔從八千卷樓丁氏移錄。曹大鐵記云："甲午（按即1954年）臘月中旬得杭州書友函，謂有錢牧齋《楞嚴蒙鈔》手稿及吾鄉鴿峰草堂鈔本《酌中志》《姜氏秘史》等書。廿七日專程踐約，捆載而歸。"又嘉德公司2004年春季圖錄"曹大鐵藏書"第2724號即周氏所精鈔此書。

5. 《歸閑述夢》一卷，（明）趙璜撰，周氏鴿峰草堂藍格端楷精鈔本，鈔稿紙右欄外下端鐫"虞山周氏鈔藏"六字，書末二浮簽係周氏手校之語。鈐"大輔私印"白方、"周左季"朱方、"虞山周氏鴿峰草堂寫本"朱方。（臺志·史·傳記類02758號）

6. 《慟餘雜記》一卷，（明）史惇撰，周氏郘公室鈔本，抄稿紙四周雙邊，書口下端鐫"郘公鐘室鈔本"六字，鈐"常熟周左季家秘本書"白方。（國家圖書館善本4647號，以下簡稱國善4647）

7. 又，同上，係無格白紙端楷所抄，每頁書口下端有"郘公鐘室鈔本"六字。未見周氏鈐印。（國家圖書館普通古籍74472號，以下簡稱國普74472）

8. 《皇明末造錄》二卷，（明）金鐘撰，周氏郘公鐘室抄本。抄稿紙書口下端鐫"郘公鐘室鈔本"六字。鈐"常熟周左季家秘本書"白方。前有題識云："此書係光緒庚子夏間在甬江司榷時，托杭人施希友借鈔于八千卷樓丁氏，當時因北耗頻傳，丁氏索還甚急，未將原書寄校，故多脫誤。今春在達甫朱丈家見其手校抄本，與余書同出一源，遂攜歸對勘。凡所脫誤一一改正，此後庶可稱完善本矣。同時向朱丈假歸者尚有舊鈔全本《所知錄》（《荆駝逸史》本，不全）《嶺表紀年》《安龍逸史》三種，余已錄副，蓋與此書可參考也。記以志欣，宣統辛亥二月廿三日穀雨，鴿峰樵者記於杭州。"按：跋中提及周氏所鈔《嶺表紀年》四卷現存臺北，見下；《安龍逸史》一卷，現存浙圖，見附錄一夏目。從此跋可知，周氏每鈔一書必加校，使之成爲"完善本"也。（圖善 1219）

9.《嶺表紀年》四卷，（明）魯可藻等撰，紀南明永曆帝之事也。周氏鴿峰草堂抄本並經周大輔手校。鈔稿紙黑口最下端鐫"鴿峰草堂藏書"六字。鈐"八求齋"朱方、"周大輔印"白方、"此是左翁所置田"朱方、"虞山周氏鴿峰草堂寫本"朱方、"難得幾世好書人"白方、"常熟周大輔之印"白長方、"周左季宣統紀元後所鈔之書"朱方等。（臺志・史・編年類 01933 號）

10.《甲乙史》二卷，（明）計六奇撰，紀明末甲申、乙酉年明清鼎革戰亂之事，周氏鴿峰草堂鈔本。國圖有民國間據周氏鈔本影印之本，書口下鐫"鴿峰草堂"四字，抄稿紙左欄外下端鐫"常熟周左季家寫本"八字。此書後附《遽六 295 種書目》，所輯書目皆記明末清初戰亂之書，末有宣統二年十月遽六之跋。（國普 158153）

11.《宣靖備史》四卷，（明）陳霆撰，周大輔家抄本，有其跋。《中國古籍善本書目》史部雜史類著錄，今藏浙江圖書館。按：南京圖書館（112385）《宣靖備史》四卷係八千卷樓丁氏所藏，上鈐有："虞山周輔借觀"朱長方，我疑周氏抄本即以丁氏此書爲底本。

12.《海虞妖亂志》三卷附《張漢儒揭稿》一卷，（明）馮舒撰，周氏鴿峰草堂抄本。抄稿紙書口下方鐫"鴿峰草堂"四字，左欄外下方鐫"常熟周左季家寫本"八字。鈐"有清周季子"朱方、"吾生之後逢此百罹"白方、"常熟周左季家鈔本書"白方、"常熟周氏鴿峰草堂藏書印"朱長方。（臺志・史・雜史類 02313 號）

13.《查東山年譜》一卷，（清）沈起撰，張濤、查餘谷注，周氏鴿峰草堂藍格精鈔本。鈔稿紙書口下端鐫"虞山周氏鴿峰草堂寫本"十字。鈐"常熟周氏左季家鈔本書"白方、"鴿峰墓祠守者"朱方。（臺志・史・傳記類 02840 號）

14.《海虞錢氏家乘》不分卷，（清）錢謙益撰，周氏鴿峰草堂抄本，抄稿紙書口下端鐫"虞山周氏鴿峰草堂抄藏"十字。鈐"周大輔印"白方、"虞山周氏鴿峰草堂寫本"朱方、"鴿峰樵子"朱方、"耀纓濱釣師"白方等。（臺志・史・傳記類 03019 號）

15.《明史斷略》一卷，（清）錢謙益撰，周氏鴿峰草堂抄本，書口下端鐫

"虞山周氏鴿峰草堂鈔藏"十字。鈐"虞山周氏鴿峰草堂寫本"朱方、"難得幾世好書人"白方、"虞山周輔"白方。(《四庫未收書輯刊》一輯廿一冊據中央黨校圖書館藏周氏鈔本影印)

16.《江變紀略》一卷,(清)徐世溥撰,周大輔端楷精鈔本,書口下端鐫"虞山周氏鴿峰草堂抄藏"十字,與(明)夏完淳《大哀賦》合抄一冊。兩書行款(半頁10X20)、風格相同。首頁鈐"周大輔印"白方、"都廬長物"朱方。此書今在浙圖(859)。

17.《庚辛之間亡友列傳》一冊,(清)章學誠撰,周氏鴿峰草堂端楷精鈔本,抄稿紙書口下端鐫"虞山周氏鴿峰草堂鈔藏"十字。鈐"鴿峰草堂鈔傳秘冊"朱長方、"周左季校正圖書"朱方、"常熟周左季家鈔本書"白方、"虞山周大輔字左季印"白方、"此是左公所置田"朱方。(國普123527)

18.《平定羅剎方略》四卷,(清)佚名撰,周氏鴿峰草堂光緒三十年藍格端楷精抄本。書口下端鐫"虞山周氏鴿峰草堂寫本"十字。鈐"常熟周左季家鈔本書"白方。此從邵懿辰跋本所鈔,末又有"從何秋濤朔方借來本校",並手撰校記三紙。(國普75710)

19.《秘書省續到四庫闕書》二卷,(宋)佚名撰,周氏鴿峰草堂黑格端楷鈔本,抄稿紙書口下端鐫"鴿峰草堂"四字,欄外鐫"常熟周左季家寫本"八字。鈐"常熟周氏左季家秘本書"白方。(上海國際公司2000年春季古籍善本圖錄0036號,雅昌網)

20.《皕宋樓藏書源流考》一卷,(日)島田翰撰,前有王儀通(志盦)吟詩十二首,後有光緒三十二年丁未夏董康跋。周氏鴿峰草堂墨格端楷鈔本。抄稿紙書口下端鐫"虞山周氏鴿峰草堂鈔藏"十字。鈐"周左季宣統紀元後所鈔之書"朱方、"周大輔印"白方、"都廬長物"朱方、"虞山里民"白方、"周大輔印字爲左季"朱方。(國普XD8960)

21.《抱經樓書目》一冊,(清)盧址藏編,1935年,燕京大學圖書館據杭州拜經樓書肆所藏常熟周氏鴿峰草堂鈔本傳抄。書末有跋云:"《抱經樓藏書目》未有刊本,傳抄不一。此乃杭州拜經樓書肆所藏常熟周左季鴿峰草堂抄本,紀雖繭略,而序尚具,與江安傅氏藏津寄廬抄本及南開大學圖書館藏舊鈔本較之,均不相同。爰借傳録以供參改。經子部付石星五寫,史部徐度寫,集部趙鳳岐寫。原本多誤字,即據左季所録校刊記更正行間。廿四年十月廿二日,顧廷龍記。"查《顧廷龍文集》(北圖出版社2002年版)未收此篇,故録於此以備補遺。按:石星五所分鈔之經子部分每頁左欄外下端均影録"常熟周左季家寫本"八字。今不知杭州拜經樓書肆原藏周氏鈔本流落在誰家?燕大抄本今仍在北大。(北大圖書館NC9628·5124·2)

22.《海源閣書目》,周氏鴿峰草堂黑格端楷精抄本。抄稿紙書口下端鐫

"鸇峰草堂"四字，左欄外下端鎸"常熟周左季家寫本"八字。鈐"周大輔印"白方、"周大輔印字爲左季"朱方、"世居虞山"白方。（《海虞文史》網沙家浜論壇載周氏抄本書影；又見江蘇拍賣公司 2010 年春季圖録 0247 號）

23.《文選樓藏書記》六卷，（清）阮元藏編，周氏鸇峰草堂黑格端楷鈔本，抄稿紙書口下端鎸"鸇峰草堂鈔藏"六字。鈐"汝南鈔藏"朱方。又鈐上圖及"上海圖書館退還圖書章"朱長方。（北京保利公司 2007 年春季古籍善本圖録 2779 號，博寳網）

24.《豐順丁氏持靜齋書目》四卷續增書目一卷，（清）丁日昌藏編，周氏鸇峰草堂黑格端楷鈔本。抄稿紙書口下端鎸"虞山周氏鸇峰草堂鈔藏"十字。鈐"周左季宣統紀元後所鈔之書"朱方、"虞山周氏鸇峰草堂寫本"朱方、"難尋幾世好書人"白方。又鈐上圖及"上海圖書館退還圖書章"朱長方。（上海博古齋 2009 年秋季古籍善本圖録 0088 號）

25.《閩行日記》一卷，（清）周榮撰，此係大輔之高祖榮所撰。周氏鸇峰草堂抄本，抄稿紙書口下端鎸"虞山周氏鸇峰草堂鈔藏"十字。鈐"虞山周氏鸇峰草堂寫本"朱方。（國普·地 8008962）

26.《閩行續記》一卷，（清）周榮撰，周氏鸇峰草堂抄本，與前《閩行日記》合鈔一册。（同上）

27.（康熙）《羅平州志》四卷，（清）黃德巽修，胡承灝纂，民國間常熟周氏鸇峰草堂傳抄本。（古籍圖書網·方志）

28.（道光）《昌化縣誌》廿卷，（清）于尚齡修，王兆杏纂，民國間周氏鸇峰草堂黑格端楷精鈔。抄稿紙書口下端鎸"鸇峰草堂"四字，左欄外下端鎸"常熟周左季家寫本"八字。按此書裝訂每頁所用襯紙爲《續資治通鑒》書背紙。（國普·地 240·29·36·1）

29.《吳中舊事》一卷，（元）陸友仁撰，周氏郚公鐘室光緒三十年甲辰黑格抄本。按：《善本書志初稿》署爲乾隆甲辰（四十九，1784）周氏抄本，誤。抄稿紙下端鎸"邵公鐘室抄本"六字。鈐"常熟周氏左季家鈔本書"白方、"難尋幾世好書人"白方。（臺志·雜史類 04071 號）

30.《至正重修琴川志》十五卷，（宋）孫應時纂修，（宋）鮑廉增補，（元）盧鎮續修，（明）毛晉汲古閣重刻元本，周氏鸇峰草堂曾影鈔汲古閣毛氏刻本，又傳鈔士禮居黃氏所藏鈔本。（《海虞文史》網·沙家浜論壇）

31.《寶刻類編》八卷，（宋）佚名撰，周氏郚廬黑格端楷精抄本。抄稿紙左欄外下端鎸"海虞周氏郚廬重録"八字。鈐"虞山周氏鸇峰草堂寫本"朱方。（南京正大公司 2008 年春季古籍善本圖録 633 號）

32.《武林石刻記》五卷，（清）倪濤撰，周氏邵公鐘室抄本，抄稿紙書口下方鎸"郚公鐘鈔本"六字。鈐"虞氏周大輔字左季印"白方、"此是左公所

置田"朱方、"常熟周左季家鈔本書"白方。（臺志·史·金石類05147號）

33.《家兒私語》一卷，（明）徐複祚撰，周氏鴿峰草堂黑格端楷鈔本，抄稿紙書口下端鐫"虞山周氏鴿峰草堂鈔藏"十字。鈐"周左季校正圖書"朱方、"難尋幾世好書人"白方。（國普127897）

34.《姜氏秘史》五卷，（明）姜清撰，周氏鴿峰草堂精抄本。鈐"虞山周氏鴿峰草堂寫本"朱方、"周大輔印"白方。（嘉德公司2004年秋季古籍善本2681號）按：此書後歸曹大鐵家。曹培根輯注之《曹大鐵〈藏書目錄〉》第76條《姜氏秘史》云，此書係周大輔懸價征天下高手以重酬爲之抄藏，校勘甚謹，爲清季抄藏善本之最。曹大鐵記云："甲午（按即1954年）臘月中旬得杭州書友函，謂有錢牧齋《楞嚴蒙鈔》手稿及吾鄉鴿峰草堂鈔本《酬中志》《薑氏秘史》等書。廿七日專程踐約，捆載而歸。"

35.《牛氏紀聞》十卷，（唐）牛肅撰，（唐）崔造注，有虞山周氏郘公鐘室鈔本。（古籍圖書網）

36.《續墨客揮犀》十卷，（宋）彭乘撰，周氏鴿峰草堂黑格端楷精鈔本，抄紙書口下端鐫"鴿峰草堂鈔傳秘册"八字。書内有周氏校勘簽條若干，末條云："光緒庚子三月從無錫朱達夫大令假吾鄉惠氏紅豆齋鈔本校勘一過，記此，左翁。"此書《四庫總目》有前集十卷而無續集十卷，續集甚爲難得。鈐"周大輔印"白方、"虞山周氏鴿峰草堂寫本"朱方、"鴿峰草堂鈔傳秘册"朱長方。（上海國際公司2007年秋季古籍善本圖錄0300號，博寶網；北京海王村公司2009年秋季古籍善本圖錄396號，孔夫子舊書網）

37.《麈史》三卷，（宋）王得臣撰，周氏鴿峰草堂光緒間黑格端楷精寫本，鈔稿紙書口下方鐫"鴿峰草堂鈔傳秘册"八字。鈐"光緒庚子後所鈔書"白長方、"鴿峰草堂鈔傳秘册"朱長方、"虞山周氏鴿峰草堂寫本"朱方、"周左季校正圖書"朱方、"爲流傳勿汙損"白方。（臺志·子·雜家類07265號）

38.《南園漫録》十卷，（明）張志淳撰，周氏鴿峰草堂黑格端楷精寫本，抄稿紙書口下端鐫"鴿峰草堂藏書"六字。鈐"周左季宣統紀元後所鈔之書"朱方、"常熟周大輔之印"白長方、"周大輔印"白方。又鈐上圖及"上海圖書館退還圖書章"朱長方。（嘉德公司2011年秋季古籍善本圖錄229號）

39.《鄭桐庵筆記》一卷，（明）鄭敷教撰，周氏鴿峰草堂抄本，書口下端鐫"虞山周氏鴿峰草堂鈔藏"十字，其書今藏臺北"國圖"，新興書局1981年據以影印入《筆記小説大觀》。（《太倉閒話網》論壇）

40.《花草編》十二卷附《樂府楷迷》一卷，（明）陳耀文輯，周氏鴿峰草堂於光緒卅一年黑格端楷精抄本，抄稿紙書口下端鐫"鴿峰草堂校録"六字，鈐"周大輔印"白方、"虞山周大輔字左季印"白方、"虞山周氏鴿峰草堂寫本"朱方、"此是左公所置田"朱方。又鈐上圖及"上海圖書館退還圖書章"

朱長方。（上海崇源公司 2003 年春季古籍善本圖錄 1044 號，雅昌網）

41. 《清流摘鏡》四卷，（明）王嶽撰，周氏郤公鐘室黑格端楷鈔本，抄稿紙書口下端鎸"郤公鐘室鈔本"六字。鈐"周大輔"白方、"壬申行年"朱主、"常熟周左季家秘本書"白方、"虞山周氏鴿峰草堂寫本"朱方、"爲流傳勿汙損"白方。（國普 2835）

42. 《養屙客談》一卷，周氏鴿峰草堂鈔本。鈔稿紙下端鎸"鴿峰草堂"四字，左欄外鎸"常熟周左季家寫本"八字。其書今藏臺北"國圖"，新興書局據以影印入《筆記小說大觀》38 編。（《蘇州大學學報》哲社版 2010 年第 6 期載朱琴《養屙客談淺探》）

43. 《灌園漫筆》七卷，（清）王初桐撰，光緒十五年周氏抄本，有周大輔跋，現藏南京圖書館。《中國古籍善本書目》子部·譜錄類著錄（213 號）。

44. 《憩亭雜組》二冊，（清）許樹棠撰，常熟周氏鴿峰草堂抄本。此書後被周作人先生購得，周氏跋云："庚辰（按即 1940 年）舊除夕，得常熟鴿峰草堂抄本。"庚辰（2000 年）除夕又被某人得之。（見周作人《書房一角·憩亭雜組》；又孔明網·書話）

45. 《寒松閣談藝瑣錄》六卷，（清）張鳴珂撰。周氏鴿峰草堂黑格端楷精鈔本，抄稿紙書口下端鎸"鴿峰草堂"四字，左欄外下端鎸"常熟周左季家寫本"八字。末有宣統二年庚戌夏吳受福跋。鈐"鴿峰草堂"朱圓、"虞山周左季辛亥以後寫書記"朱長方、"有清周季子"朱方、"吾生之後逢此百罹"白方、"擁書豈薄福所能"朱長方。（國善 5866）

46. 《曆祘書》四冊，（清）范景福撰，周氏鴿峰草堂黑格端楷棉紙精抄本，前有嘉慶八年阮元序、范景福自序。鈐"虞山周氏鴿峰草堂寫本"朱方、"虞山周輔"白方、"難尋幾世好書人"白方、"爲流傳勿損汙"白方。（國普 8197）

47. 《三異詞錄》三卷，周氏鴿峰草堂鈔校本。（夢得聚書網）按：北善（11263）爲《三異詞錄》十二種十二卷，清鈔本，其前詳列十二種子目，係清初馬思贊紅藥山房藏本，民國間經趙元方無悔齋遞藏。不知鴿抄三種三卷是否在其中，所據底本不知出自誰家，亦不知抄在何時。又按：瞿冕良《中國古籍版刻辭典》鴿峰草堂條有（清）沈香山編《三異詞錄》三種，包括客溪漁隱《求野錄》一卷、（明）鄧凱《也是錄》一卷、（清）羅謙《殘明紀事》一卷。

48. 《元書畫考》一卷，（清）高士奇撰，周氏鴿峰草堂抄本。（古籍圖書網·古籍善本·子·書畫）

49. 《鳴野山房書畫記》三卷，（清）沈複燦藏撰，周氏鴿草堂黑格抄本，抄稿紙書口下端有"鴿峰草堂"四字，左框外鎸"常熟周左季家寫本"八字。鈐"虞山周氏鴿峰草堂寫本"朱方、"常熟周左季家抄本書"朱方。並經周大輔校、跋。按：南京圖書館（110832）爲《書畫記》稿本六册，末有"虞山周輔借觀"朱長方，原藏八千卷樓丁氏，我疑此即周氏借鈔于丁氏之底本。（漢風堂主人博客《中國歷代善本書畫目錄》之八十；周振國《藏書家校書家周大輔》）

50.《樊紹述文》不分卷，（唐）樊宗師撰，（明）胡世安注，周氏都公鐘室抄本，有周大輔跋，現藏南京圖書館。《中國古籍善本書目》集部·別集類著錄（1055號）。按：周氏又藏鳴野山房原藏本，我疑即周氏抄本所據之底本。

51.《李長吉集》四卷，（唐）李賀撰，周氏鴿峰草堂影鈔明弘治刻本。鈐"鴿山草堂"朱圓、"虞山周左季辛亥以後寫書記"朱長方、"有清周季藏書"朱圓、"周大輔字左季號都廬"白方、"虞山周大輔字左季號都廬"白方、"常熟周氏傳鈔秘書之一"朱方、"我生之年歲在玄黓涒灘月在終辜辛亥朔丁酉時"朱方、"古人以鬻假爲不孝"白方、"我生之後逢此百罹"白方。其中最重要的一枚是"我生之年"朱方，詳細記載了大輔出生在同治十一年壬申臘月初一日酉時。（臺志·集·唐別集09807號）

52.《莆陽知稼翁集》十二卷，（宋）黃公度撰，周氏鴿峰草堂黑格精鈔本，抄稿紙書口下方鎸"虞山周氏鴿峰草堂鈔藏"十字。書末有跋云："歲在壬子孟冬，常熟周氏鴿峰草堂從獲溪章紫伯舊藏善本重錄。"鈐"常熟周氏鴿峰草堂藏書印"朱長方、"周左季校正圖書"朱方、"願流傳勿汙損"白方、"虞山周左季辛亥以後寫書記"朱長方、"八求齋"朱方、"古人以鬻假爲不孝"白方、"周大輔印"白方、"周左季"朱方、"鴿峰草堂"朱圓、"海虞舊族"朱方、"周大輔"白方、"周大輔"白方、"難尋幾世好書人"白方、"常熟周左季家鈔本書"白方、"鳥目子民"朱長方、"句吳週四"白方、"壬申行年"朱方、"都廬長物"朱長方、"老左無恙"白方、"兩世名宦，清白傳家，虞山周氏"朱方、"賈豎藏貨貝，儒家惟此耳"白方、"此是左公所置田"朱方、"難尋幾世好書人"白方。（臺志·集·宋別集10463號）

53.《晞髮集》三卷，（宋）謝翱撰，周氏鴿峰草堂影鈔明弘治刻本。鈔稿紙書口下端鎸"歲在柔兆執徐（按即丙辰，1916年）鴿峰草堂重錄"十二字。此本幾乎完全依照弘治本的格式抄錄，卷首卷末的序跋及所刻印記皆照描。卷末有手書題記，署"乙翁"。鈐"周大輔字左季號都廬"白方、"常熟周氏傳鈔秘書之一"朱方、"有清周季藏書"朱圓、"鴿峰草堂"朱方、"臣印大輔"白方、"周左季"朱方、"我生之後逢此百罹"白方、"虞山周左季辛亥以後寫書記"朱長方、"古人以鬻假爲不孝"白方、"常熟周大輔左季之印"白方、"我生之年歲在玄黓涒灘月在終辜辛亥朔丁酉時"朱方、"擁書豈薄福所能"朱長方。（臺志·集·宋別集10740號）

54.《彝齋文編》四卷，（宋）趙孟堅（子固）撰。其書久佚，清四庫館臣

常熟周大輔鴿峰草堂鈔書藏書知見錄　　*473*

從《永樂大典》中輯得。清季，周大輔從《四庫全書》本鈔錄副本，間有朱筆校字。此爲黑格端楷精抄，抄稿紙書口下端鐫"都公鐘室鈔本"六字。鈐"常熟周左季家鈔本書"白方。（上海博古齋 2008 年古籍善本圖錄 1197 號，孔夫子舊書網）

55.《蠹齋先生鉛刀編》卅二卷，（宋）周孚撰，周氏都公鐘室抄本，並經周大輔批校過，現藏浙江圖書館。《中國古籍善本書目》集部·別集類著錄（1747 號）。

56.《僑吴集》十二卷，（元）鄭元祐撰，此爲周氏藍格端楷精抄本。抄稿紙書口下端鐫"學佛龕鈔藏"五字，左欄外上方有耳，鐫"虞山周氏文房"六字。鈐"周左季宣統紀元後所鈔之書"朱方、"虞山周左季辛亥以後寫書記"朱長方、"古人以譽假爲不孝"白方、"有清周季子藏書"朱圓、"鴿峰草堂"朱圓、"丙辰"朱長方。又有上圖及"上海圖書館退還圖書章"朱長方。（北京中安太平公司 2007 年秋季古籍文獻圖錄 0887 號，雅昌網；嘉德公司 2011 年 25 期 6908 號，博寶網）

57.《桐江集》四卷續集四十八卷，（元）方回撰，周氏鴿峰草堂抄本，有周大輔跋。現藏南京大學圖書館。《中國古籍善本書目》集部·別集類著錄（61 號）。

58.《永懷堂丙子詩》二卷，（明）阮大鋮撰，（明）葛一龍校，周氏都公鐘室黑格端楷精鈔本。鈔稿紙書口下端鐫"都公鐘室鈔本"六字。鈐"常熟周左季家鈔本書"白方。（國普 99526）

59.《大哀賦》一卷，（明）夏完淳撰，周氏鴿峰草堂端楷精抄本，抄稿紙書口下端鐫"虞山周氏鴿峰草堂抄藏"十字，書末有周氏跋云："夏節湣公《大哀賦》僅見鈔本。戊申（按即光緒卅四年，1908）嘉平（按即臘月），同里沈石友以舊鈔本寄示，即錄副藏之。鴿峰草堂主人記，時司權長興。"又云："《夏内史集》曾刻入《藝海珠塵》第五集，前云僅見鈔本，余偶誤也。辛亥春月初三日，杭州陸官菴廨舍書。"按：此書僅十一頁，周氏將此書與（清）徐世溥撰《江變紀略》一卷合抄成一册，今藏浙江圖書館（859）。

60.《柳如是尺牘》一册，（清）柳隱撰，周氏鴿峰草堂黑格端楷精鈔本，抄稿紙書口下端鐫"虞山周氏鴿峰草堂鈔藏"十字。鈐"周左季宣統紀元後所鈔之書"朱方。（國圖 35764）

61.《畏壘山人文集》四卷，（清）長洲徐昂發撰，周氏鴿峰草堂黑格抄本，抄稿紙書口有"鴿峰草堂藏書"六字。王大隆先生藏周氏此抄本。《蛾術軒篋存善本書錄》下册第 1042 頁（上海古籍出版社版）此書提要云，此書所載多係徐氏代納蘭性德、徐乾學作。徐乾學爲納蘭性德代編刻《通志堂經解》，昂發係乾學之門客，故昂發亦參予是役。此書《府志·藝文》及各家書目均不載,疑後人得其殘稿而錄存者,故編次參差,譌字不少。近《吳中文獻小叢書》即據從此本傳鈔者付印,而烏焉帝虎益不勝掃矣。大輔號左季,虞山人,而久客於外。故友丁初我曾識其人,好傳鈔未刊秘籍,亦有心爲古人續命者。書中鈐有:"鴿峰草堂"朱圓、"虞山周左季辛亥以後寫書記"朱長方、"古人以鬻假爲不孝"白方、"大輔私印"白方、"周左季"朱方、"壬申行年"朱方格印等。①按:周氏又藏有清經鋤堂綠格抄本此書,現存臺灣,蓋即周氏所據以抄之底本也。

62.《批本隨園詩話》一卷,(清)袁枚撰,周氏鴿峰草堂鈔本。抄稿紙書口下端鎸"鴿峰草堂"四字,左框外下端鎸"常熟周左季家寫本"八字。鈐"周左季宣統紀元後所鈔之書"朱方、"我生之後逢此百罹"白方。(臺志·集·詩文評類14809號)

63.《樵歌》三卷,(宋)朱敦儒撰,周氏鴿峰草堂鈔本。按:《善本書志稿初編》著錄是書爲鐵琴銅劍樓紅格抄本,以板口上方鎸"鐵琴銅劍樓"五字。我意此爲周氏鈔本,使用"鐵琴銅劍樓"抄稿紙而已。鈐"常熟周左季家抄本"白方、"都廬長物"朱長方、"虞山周氏錄鐵琴樓秘本"朱方、"周大輔印"朱方、"趙文敏公書卷末云,吾家業儒,辛勤置書以遺子孫,其子何如?後人不讀,將至於鬻,頹其家聲,不如禽犢,苟歸他室當念斯言,取非所有,毋寧舍旃。虞山周氏鴿峰草堂謹述"六行六十六字朱文無框長方。(臺志·集·詞曲類14847號)

64.《渭川居士詞》一卷,(宋)呂勝己撰,周氏鴿峰草堂鈔本。鈐"鴿峰草堂鈔傳秘冊"朱方、"光緒庚子後所鈔書"白長方、"常熟周左季家鈔本書"白方、"都廬長物"朱長方、"虞山周氏錄鐵琴銅劍樓秘本"朱方及"趙文敏公"(略)六行六十六字朱文無框長方(同上)。(臺志·集·詞曲類14851號)

65.《新刊張小山北曲聯樂府》三卷外集一卷,(元)張可久撰,周氏鴿峰草堂傳抄琴川張氏小瑯嬛閣鈔本。鈐"壬申行年"朱方、"虞山周大輔字左季印"白方、"此是左公所置田"朱方、"周左季校正圖書"朱方、"願流傳勿損汙"白方、"鴿峰草"朱長方、"常熟周左季家鈔本書"白方、"周大輔"白方、"周輔私印"白方、"虞山周氏鴿峰草堂寫本"朱方等。(臺志·集·詞曲類14984號)

66.《典雅詞》十四卷,周氏鴿峰草堂抄本,抄稿紙書口下端鎸"常熟周

---

① 《畏壘山人文集》條,我從周振國先生撰《藏書家校讐家周大輔》一文(原載《常熟史志》獲取綫索而撰成。二月下旬,王忠良館長給我惠寄來《周大輔傳略》後,知我需有關周氏參改資料。三月下旬,我又收到他惠寄之周先生所撰此文,頗有參考價值,我從中獲取多條資訊,使拙稿更加充實。王忠良館長年輕而博學多才,爲人忠厚熱情,世間難覓此良友也。識此以表謝忱。

左季家寫本"八字。按此爲宋詞叢編之書。國善11254《典雅詞》十種十卷，係（清）勞權所鈔。周氏所鈔較勞氏所鈔多出四種。（見《館藏資源，珍貴古籍》，架號 D9/ 5：7）

67.《宋金元詞廿二種》，周氏鴿峰草堂黑格端楷精鈔本，抄稿紙書口下端鎸"鴿峰草堂"四字，左欄外下端鎸"常熟周左季家寫本"八字。周氏傳抄士禮居黃氏本及八千卷樓丁氏藏本，並以丹鉛精舍勞氏抄校本、鐵琴銅劍樓瞿氏藏本校。如（宋）姚述堯撰《簫臺公餘詞》末有"宣統辛亥暮春，鴿峰草堂以勞氏丹鉛精舍鈔本重勘"題識二行。此書舊藏繡谷亭吳氏，黃丕烈購藏並跋，周氏係從勞氏抄本轉錄並頗多校正。又（宋）張鎡撰《玉照堂詞鈔》一卷，亦係黃丕烈購藏吳本並跋，周氏依黃氏藏本抄錄並以鮑刻本校。又（金）元好問撰《遺山樂府》三卷，周氏係從勞氏抄本轉錄並過錄勞校。又（宋）呂勝己撰《渭川居士詞》一卷，周氏係抄自八千卷樓丁氏，用鐵琴銅劍樓藏本校，有光緒卅四年戊申（1908）朱筆題識一行。又（宋）李曾伯撰《可齋詞》六卷，周氏係從八千卷樓丁氏所藏汲古閣毛氏抄本轉錄，並經朱祖謀以黃筆手校。又（宋）秦觀撰《淮海居士長短句》三卷，周氏亦轉錄自士禮居黃氏藏本等。周氏抄藏此書所據底本之精善可見一斑。書中鈐印有"虞山周氏鴿峰草堂寫本"朱方、"周左季校正圖書"朱方、"鴿峰草堂"朱方、"常熟周氏鴿峰草堂藏書印"朱長方、"古人以嚮歿爲不孝"白方及"趙文敏公"六行六十六字朱文無框長方（見前）、"臣輔之印"、"郤公鐘室"白長方。（上海國際公司2007年春季圖錄0258號，雅昌網及孔夫子網）

二、周氏藏本二十九種

1.《四書遇》不分卷六册，（清）張岱撰稿本，上有馬浮手書題識五行，上鈐"周大輔印"白方、"虞山周左季鴿峰草堂藏書印"白長方、"曾經鴿峰草堂周氏所得"朱方。（浙圖14）按：是書已被收入第一批國家珍貴古籍名錄第1392條。1985年浙江古籍出版社據此爲底本出版。

2.《史記文鈔》不分卷，（漢）司馬遷撰，清乾隆年間鈔本。按：此書經常熟魚元傅、翁同龢等名家收藏，藏印累累，後歸周氏所藏，上鈐"左季流覽所及"朱方、"虞山周大輔左季藏書"雙行小篆朱長方。（西泠印社2011年春季古籍善本圖錄2583號）

3.《野獲編》卅卷補遺四卷，（明）沈德符撰，（清）錢枋輯，清道光間錢塘扶荔山房姚氏刻本，鈐"壬申行年"朱方、"虞山周氏圖史"、"虞山周大輔藏書刻章"朱方，書名頁下鈐"趙文敏公"六行六十六字朱文無框長方。（北京保利公司2009年秋季圖錄4416號，又2013年秋季圖錄4500號）

4.《惕齋見聞錄》一卷，（清）蘇潚撰，光緒年間龐可廬所鈔本並托沈曾植寄周大輔者，上有周跋三則：封面題曰："《惕齋見聞錄》，丙午（按即光緒卅二年）冬沈石叟寄贈。鴿峰居士記。"下鈐"鴿峰外史"朱方。旁注云："此係龐可廬手鈔，托沈石叟寄餘者。龐喜鈔書，終日無倦，年少嗜學，亦奇才也。"所書手跡與前則相同。書末有紫色手書兩行云："光緒卅三年秋，從同裏丁芷生兄借得舊鈔本對勘一過。常熟周都廬記於杭州廌次。"下鈐"一日之跡"朱方、"聽秋"白方。按：此書專記清軍屠城嘉定及遭頑強抵抗和黃淳耀兄弟等盡節之事，周氏尤留意鈔寫、收藏晚明抗清史籍，此其一也。從跋中可見，周氏不但自家鈔校書籍，亦網羅他人所鈔之書，並從丁祖蔭（字芝孫，號初我）借舊鈔本對勘。此書首頁尚鈐"常熟周大輔印"白大方。（國善5459）

5.《神州古史考》一卷，（清）倪璠撰，康熙廿七年崇岫堂藏板，今藏上海華東師大圖書館。此書舊藏汪憲振綺堂，後歸周大輔，上鈐"常熟周氏鴿峰草堂藏書"白方等印。（見周振國撰《藏書家校讐家周大輔》載《常熟史志》）

6.《庚辛之間亡友列傳》一冊，（清）章學誠撰，乾隆年間刻本。此書先經蕭山王氏十萬卷樓、錢唐丁氏八千卷樓遞藏，後歸常熟周氏鴿峰草堂。上鈐"常熟周氏鴿峰草堂藏書印"朱長方、"虞山周大輔字左季印"白方、"此是左公所置田"朱方。書中有其手跋云："此書雖是乾隆年刻本，然傳世稀如星鳳，亦恐世間無第二本。"周篔谷先生跋中所謂子季武清知縣某某者，即輔之高祖。小螺旅人周大輔記，時壬申冬。此書1953年癸巳黃裳先生于杭州舊書肆陳估處（號小六爺）購得之。黃先生跋云，"其兄得周左季家書最多，佳本早已散盡，餘所見只新鈔若干而已。"按：周大輔跋署"時壬申冬"，他出生在上一壬申，此一壬申當即民國廿一年（1932），時年六十一。（黃裳《來燕榭讀書記》上冊第87—88頁，遼寧教育出版社2001年3月版）

7.《海鹽縣圖經》十六卷，（明）胡震亨修，明天啓二年刊本，鴿峰草堂藏本，鈐"虞山周大輔左季藏書"朱長方、"常熟周氏鴿峰草堂圖書印記"朱方等。（臺志·史·地理類03406號）

8.《讀書敏求記》四卷，（清）錢曾撰，此書先爲長樂謝章鋌（字枚如）所藏，後歸周星貽。周氏傳錄黃丕烈校語，並時有添注。又歸蔣鳳藻（香生），寫入所見各本。光緒卅年甲辰，"常熟周左季從杭州梅花碑書賈處，收得夏氏末次散出之書，此書在焉。左季複以裘杼樓本校補。"後又從周左季家歸入沈曾植。"蓋由謝而周、而蔣、而夏、而周、而沈，三四十年六易其主，深可慨也。"（章鈺《錢遵王讀書敏求記校證》據校各本略目之廿七種）

9.《金石苑》《三巴漢石紀存》不分卷，（清）劉喜海輯，清道光廿六年劉氏來鳳堂刻本，鈐"常熟周左季家藏書記"白方、"曾經鴿峰草堂周氏所得"朱大方。（國善13636）

10.《於越訪碑錄》一卷，（清）沈復燦撰，稿本未刊，鈐"海虞周輔借觀"朱長方（《粹芬閣珍藏善本書目》）。又夏定棫所編目（見後附）亦收入同名之書，注明係山陰杜煦撰。浙圖本係周氏所抄，前者似應爲借鈔之底本。

11.《六朝造像四種》，清中晚期拓本，紙本經折裝一册，鈐"常熟周氏鴿峰草堂藏書"白方。又鈐鄭文焯、葉銘等藏印。（上海朵雲軒公司2011春季古籍善本圖錄2365號，雅昌網）

12.《古鉢印文傳》一册，（清）陳介祺之族弟陳佩綱（子振）輯、自刻仿古鉢印譜。作者天舒在《話説古鉢印文傳》一文中提及，（2013年）"八月初在杭曾見虞山周左季鴿峰草堂舊藏《古鉢印文傳》殘册"。（新浪博客）

13.《商周彝器銘文拓片》一册，古器清代拓片百餘枚，上有（清）金聲傳（蘭坡）藏印。金氏係秀水著名收藏家，上海博物館有其舊藏（明）趙左繪《溪山無盡圖》卷。金氏所藏此拓片後歸於周氏，上有"常熟周左季家藏器"朱方。（上海朵雲軒公司2004年秋季古籍善本圖錄0453號）

14.《南宋畫苑錄》八卷，清光緒十年錢唐丁氏竹書堂刻本，鈐"鴿峰外史"朱方、"虞山周大輔藏書刻章"朱方。（上海朵雲軒公司2011年春季古籍善本圖錄2506號，博寶網）

15.《習苦齋畫絮》十卷，（清）戴熙撰，光緒十九年精刻本，鈐"虞山周輔"白方、"虞山周左季藏書記"匾朱長方。（孔夫子舊書網）

16.《青霞館論畫絶句》不分卷，（清）吳修撰，清光緒二年刻本，周大輔舊藏，上鈐"周左季"朱小方、"周輔印"白方。從周氏散出後，歸入施蟄存家。（上海嘉泰公司2010年春季圖錄0866號，博寶拍賣網）

17.《避署錄話》二卷，（宋）葉夢得撰，明萬曆年間會稽商氏《稗海》本，鈐"虞山周輔"白方、"左翁薰習"朱方、"常熟周大輔印"匾白方、"曾經鴿峰草堂周氏所得"朱方、"虞山周左季鴿峰草堂藏書記"朱方、"虞山里民"白方。（臺志·子（二）·雜家類07294號）

18.《初月樓聞見錄》十卷，（清）吳德旋撰，清道光二年壬午刻本，鈐"曾經鴿峰草堂周氏所藏"朱方、"常熟周左季家藏書記"白方。（北京保利公司2013年秋季古籍文獻圖錄4114號，孔夫子舊書網）

19.《洞天福地嶽瀆名山記》一卷梅仙觀記一卷，（五代後蜀）杜光庭撰，（宋）楊智遠編，清代人用無格白紙端楷精鈔本，鈐"鴿峰草堂"朱方、"常熟周左季家藏書記"白方、"周大輔"白方、"常熟周大輔印"白方、"壬申行年"朱方等印，又鈐王端履、黃裳等人印。按：此書先經蕭山王端履藏，後歸於周氏。從周氏散出後，1953年（癸巳）被黃裳先生購于杭州。黃氏跋云，"此册爲虞山周氏舊物，尚是舊鈔，有王端履印記，蓋十萬卷樓中故物也。"此書起拍價僅定爲三千元，落槌爲近十萬元。此種爲子部道家類書。（上海國際公司

2010 年秋季古籍善本圖録 0287 號）

20.《樊子》一卷，（唐）樊宗師撰，（明）胡世安輯注，民國年間，其裔孫樊鎮綿絳書屋曾據周氏所藏本開雕，有題記兩行云："庚申（按即民國九年）孟冬，紹興樊氏用虞山周氏鴿峰草堂所藏鳴野山房舊藏本開雕。"（國普 81956《樊子》）

21.《張光弼詩集》二卷，（元）張昱撰，清文瑞樓金氏鈔本，鈐"虞山周大輔左季藏書"朱方、"常熟周氏鴿峰草堂"。（今在上圖 828247—828248，録自《祁陽陳澄中舊藏善本古籍圖録》）

22.《穉山先生詩集》三卷，（明）吳鐘巒撰，清乾隆年間錢濬恭無格白紙抄本，有周大輔跋，現藏寧波天一閣博物館。《中國古籍善本書目》集部·別集類著録（4082 號）。

23.《畏壘山人文集》四卷，（清）徐昂發撰，清經鋤堂緑格鈔本。封面右側有題記云："舊鈔《畏壘山人文集》四卷，常熟周氏珍藏。墨齋。"鈐"趙文敏公書卷末云，吾家業儒，辛勤置書，以遺子孫，其志何如，後人不讀，將至於鬻，頼其家聲，不如禽犢，苟歸他室，當念斯言，取非其有，勿寧舍旃。虞山周氏鴿峰草堂謹述"六行六十六字朱文無框印、"虞山周大輔左季藏書"朱長方、"鴿峰草堂"朱方、"虞山周左季珍藏經籍金石書畫印"白方、"常熟周氏鴿峰草堂藏書印、虞山周大輔字左季印"白方、"此是左公所置田"朱方等印。（臺志·集·清別集 13302 號）

24.《唐大詔令集》一百卅卷，（北宋）宋敏求輯，此書爲明末清初鈔校本，經吳焯校跋，後經許宗彥、丁氏八千卷樓遞藏，又經周大輔、沈曾植遞藏，近由海外而歸入西泠印社。上鈐"常熟周左季家藏書記"白方、"虞山周左季鴿峰草堂藏書記"朱方、"兩世名宦清白傳家虞山周氏"朱方、"賈豎藏貨貝，儒家此耳"白方、"周輔私印"白方。（西泠印社 2013 年春拍推出古籍善本《唐大詔令集》，見新華網）

25.《唐大詔令集》存一百七卷，係清蕭山十萬卷樓王氏藍格鈔本，光緒卅二年丙午配鴿峰草堂抄本。書中有周大輔題記云："蕭山王氏十萬卷樓殘抄本，光緒丁未（按即卅三年）鴿峰草堂周氏從吳尺鳧校本補鈔。"文末又云："光緒丙午（按即卅二年）清明日，虞山鴿峰草堂周氏從泉塘丁氏藏吳尺鳧先生校本補鈔。"鈐印有："周大輔印"朱方、"虞山里民"白方、"鴿峰草堂"朱方、"周氏鴿峰草堂鈔補"朱長方等。（臺志·史部（二）04633 號）

26.《衆妙集》一卷，（宋）趙師秀撰，汲古閣刻本，與（明）鐘惺評《道言》十二卷，（宋）田況撰《儒林公議》二卷，合爲三明版書，鈐"虞山周大輔左季藏書"朱方、"虞山周氏鴿峰草堂藏書"朱方、"有清周季子"朱方、"虞山周大輔藏書刻章"朱方。（北京雍和嘉誠公司 2012 年秋季古籍文獻圖録

3613號)

27.《續會稽掇英集》五卷，（明）黃康弼撰，明隆慶戊辰夏錢谷鈔本，有文震孟跋，經（清）沈慈、王芑孫等人題款，鈐"周輔私印"白方、"虞山周氏鴒峰草堂寫本"朱方。（國普105077）

28.《山谷詞》三卷，（宋）黃庭堅撰。此爲八千卷樓丁氏藏本，丁氏《善本志》著錄，謂《宋史·藝文志》載爲二卷，《直錄》載爲一卷，此爲明藍格棉紙鈔本三卷，甚爲難得。此書有丁丙跋。書末又有周大輔題款云："鴒峰草堂主人假讀一過，時壬寅（按即光緒廿八年）除夕。"（南京圖書館111442）

29.《香南雪北詞》一卷，（清）吳藻撰，清刻本，鈐"鴒峰草堂臨習之記"白方、"左翁墨□"朱方、"但願得之如我輩"白方。

附錄一：常熟周左季鴒峰草堂抄校書目

周大輔，字左季，清末在浙江任稅史，以薪資向藏書家抄校群籍甚多。今歸我館收藏有四十多種。茲匯目如後，以見其人節衣縮食，獨好抄校群籍，今其所儲歸得其所，爲可許也。

《江變記略》一卷　（明）徐世溥撰，合一册

《大哀賦》一卷　（明）夏元啓撰

《荊溪盧司馬九臺公殉忠實錄》一卷　（明）許德士撰　盧象觀訂　一册

《崇禎遺錄》一卷　（明）王世德撰

《嘉定紀事》一卷　（明）趙鼎撰

《宋江紀事》一卷　不著撰人名氏　與上合一册

《劫灰錄》不分卷　原題珠江寓舫撰

《明季南都大略》存卷中卷下（清）吳興沈鳴撰　二册　末粘附校記一紙

《安龍逸史》一卷　原題滄洲漁隱撰　二册

《過墟志》一卷　附《潮災紀略》一卷　原題墅西逸史撰　一册

《重修琴川志》十五卷　（宋）孫應時創修、（元）盧鎮重修　八册　影鈔汲古閣刻本

《吳下家墓遺文》三卷　（明）都穆撰　一册

《吳下家墓遺文續編》五卷　（明）葉恭煥輯　二册

《越中金石錄》一卷　（清）山陰沈復燦撰　一册

《於越訪碑錄》一卷　（清）山陰杜煦撰　一册

《淳化閣貼考釋》十卷《十七貼考辨》一卷《書譜考釋》一卷《自叙貼考釋》一卷《聖母貼考釋》一卷　（清）程穆衡撰　四册

《宣靖備史》四卷　（明）德清陳霆撰　抄校本　二册

《眉山唐先生文集》二十卷　（宋）唐庚撰　周氏據宋賓王抄校本精抄並

有校記三紙

《沈下賢文集》十二卷　（唐）沈亞之撰　鴒峰草堂傳鈔鉄琴銅劍樓藏本，朱墨筆錄校，粘附周左季校記二紙

《傅忠肅公文集》三卷　（宋）傅察撰　鴒峰草堂鈔校本　三冊

《濟南集》八卷《文粹》二卷補遺一卷　（宋）李廌撰　鴒峰草堂抄校本　四冊

《余德甫先生集》十四卷　（明）餘日德撰　抄校本　六冊

《刑統賦》二卷　（宋）傅霖撰　鴒峰草堂影寫士禮居仿宋樣本　一冊

《譚賓錄》十卷　（唐）胡璩撰　二冊

《開元天寶遺事》二卷　（五代）王仁裕撰　一冊

《却掃編》三卷　（宋）徐度撰　鴒峰草堂影宋抄本　三冊

《吟室霞談》一卷　（宋）周密撰　一冊

《澠水燕譚錄》九卷　（宋）王闢之撰　粘附校記一紙

《蠹齋先生鉛刀編》三十二卷　（宋）周孚撰　周氏依宋鈔本　四冊

《遼東行部志》一卷　（金）王寂撰　一冊　有《藕香零拾》本

《鵲南雜錄》一卷（清）戴東撰；《熙怡錄》一卷　不知撰人；合一冊

《鈍吟老人遺稿》十二卷　（明）馮班撰　二冊　集外詩以下四卷刊本

《顧頷集》不分卷　（清）吳騏撰　四冊

《師友言行記》四卷（清）方宗誠撰　二冊

《高江村書畫記》一卷　（清）高士奇藏並編目　一冊

《榕村語錄續集》十六卷家書一卷奏對一卷（清）李光地撰　十冊，卷三、六、十、十三後各粘附校刊記一紙

《澹生堂藏書訓略》一卷　（明）山陰祁承爜撰　一冊

《皕宋樓藏書目》四卷　一冊

説明：

①此爲一九七八年夏定棫先生所編《浙江圖書館善本檢記初稿》第一集（油印本）所附《常熟周左季鴒峰草堂抄校書目》。2013年12月9日收到浙圖袁逸先生寄來影本一紙。我與袁先生素未謀面，係經姚伯岳先生介紹也。識此以志對姚、袁二先生之謝。

②第一批國家珍貴古籍名錄1392號《四書遇》係周氏抄本，且爲浙圖藏書，爲此目所未載。説明此目尚不完全，猶有待補者。偉章2014年4月2日。

附錄二：《鴿峰草堂》篇（見瞿冕良先生撰《中國古籍版刻辭典》，齊魯書社 1999 年版第 551—552 頁）

鴿峰草堂，清光緒間常熟人周大輔的室名，在白鴿峰畔。大輔字左季，曾任漢陽兵工廠總工程師，喜藏書，尤愛抄錄稀見善本，紙印藍格，卷首下端有"虞山周氏抄藏"或"虞山周氏鴿峰草堂寫本"字樣，有：
　　（清）方成珪《幹常侍易注疏證》2 卷
　　（清）郝懿行《大戴禮記補注》1 卷
　　　　　　　《嶺表紀年》4 卷
　　（明）顧季謙等《三朝要典》24 卷
　　（明）陳霆《宣靖備史》4 卷
　　（明）金鐘《皇明末造錄》2 卷
　　（明）錢澄之《所知錄》1 卷附《南渡三疑案》及《阮大鋮本末小紀》
　　（明）史惇《慟餘雜記》1 卷
　　（明）馮舒《海虞妖亂志》3 卷附《張漢儒揭稿》1 卷
　　（明）談遷《國榷》100 卷
　　（清）胡希晋（樗園退叟）《盾鼻隨聞錄》10 種（《粵寇紀略》1 卷、《楚難紀略》1 卷、《江禍紀略》1 卷、《豫災紀略》1 卷、《摭言紀略》1 卷、《異聞紀略》1 卷附吳家楨《金陵紀事雜詠》1 卷、周志復《楚南被難記題詞》1 卷、《各省守城紀略》1 卷、《絕命詞》1 卷、《獨秀峰題壁》1 卷）
　　（清）查繼佐《魯春秋》1 卷
　　　　　　滄洲漁隱《安龍逸史》1 卷
　　（清）黃宗羲《弘光實錄鈔》4 卷
　　　　　　珠江寓舫《劫灰錄》不分卷
　　（宋）傅霖《刑統賦解》2 卷
　　（元）孟奎《粗解刑統賦》1 卷附別本《刑統賦解》1 卷
　　（元）沈仲緯《刑統賦疏》1 卷
　　（金）王寂《遼東行部志》1 卷
　　（元）盧鎮《重修琴川志》15 卷
　　　　　　《無爲州鄉土志》2 卷
　　　　　　胡承灝《羅平州志》4 卷
　　（清）周榮《閩行日記》1 卷《續記》1 卷
　　（清）沈起《查東山年譜》1 卷
　　（清）葛萬里《錢謙益年譜》1 卷《附錄》1 卷

（清）錢謙益《海虞錢氏家乘》不分卷
　　　又《明史斷略》不分卷
（清）蘇灪《惕齋見聞錄》1卷
（清）沈複粲《越中金石錄》1卷
（清）盧址《抱經樓書目》（卷數不詳）
日本島翰《皕宋樓藏書源流考》1卷
　　　沈複粲《鳴野山房書畫記》3卷，又《鳴野山房彙刊貼目》4卷
（明）祁承爜《澹生堂藏書訓略》1卷
（清）沈香山編《三異詞錄》3種（客溪漁隱《求野錄》1卷、明鄧凱《也是錄》1卷、清羅謙《殘明記事》1卷）
（清）傅以禮《莊氏史案本末》2卷
（清）李光地《榕村語錄續集》16卷《家書》1卷《奏對》1卷
（清）趙學敏《串雅外編》4卷
（五代）王仁裕《開元天寶遺事》2卷
（宋）徐度《却掃編》3卷
（宋）王得臣《麈史》3卷
（宋）周密《吟室霏談》1卷
　　　《芥子彌禪師鉏斧草》1卷、《異聞識略》1卷
（明）趙鼎勳《嘉定紀事》1卷，又《松江紀事》1卷
（明）夏完淳《大哀賦》1卷
（清）徐世溥《江變紀略》1卷
（清）程穆衡《淳化閣貼考釋》10卷《十七貼考釋》1卷《書譜考釋》1卷《自叙貼考釋》1卷《聖母貼考釋》1卷
（清）孫星衍《泰山石刻記》1卷
（清）張鳴珂《寒松閣談藝瑣錄》6卷
（元）陸友仁《吳中舊事》1卷
（明）鄭敷教《桐庵筆記》1卷附《語亭雜記》1卷
（明）趙璜《歸閑述夢》1卷
（明）張本《五湖漫聞》2卷
（清）陳鈖《竹溪見聞志》1卷
　　　自輯《鴿峰草堂叢抄》存8種14卷
（唐）李賀《李長吉詩集》4卷
（宋）王禹偁《小畜集》30卷
（宋）唐庚《眉山唐先生文集》20卷
（宋）黃公度《莆陽知稼翁集》12卷

（宋）周孚《蠹齋先生鉛刀編》2 卷
（宋）謝翱《晞髮集》不分卷
（宋）楊澤民《和清真詞》1 卷
（宋）方千里《和清真詞》1 卷
（元）方回《桐江集》4 卷《續集》48 卷
（元）張可久《張小山北曲聯樂府》3 卷《外集》1 卷
（明）周同穀《霜猿集》1 卷《補遺》1 卷
（明）吳麒《顱頷集》不分卷
（明）阮大鋮《詠懷堂詩集》4 卷《外集》3 卷
批本《隨園詩話》1 卷。

說明：

瞿先生在"鴿峰草堂"篇中所列目近百種，有已爲拙稿所錄者，有出自浙圖目者，亦有世人所不知者，惜均未詳每目之出處。亦姑錄附于此，以備參改。偉章，2014 年 4 月 2 日。

2014 年 4 月 9 日定稿

鄭偉章：外經貿部《國際商報社》原副社長　編審

濟寧孫氏蘭枝館舊藏清集補録

康冬梅　程仁桃

孫楗（1865～1908），字壽松，號孟延，又號夢巖，山東濟寧人，清末軍機大臣孫毓汶子。關於孫楗藏清集（含清人別集、總集）事，李軍先生有《濟寧孫氏蘭枝館藏書事跡鉤沉》①及《濟寧孫氏蘭枝館舊藏清集經眼記》②兩文。前文考訂孫氏生卒年及聚書之史事，并指出孫氏蘭枝館藏書特點，似專門收藏清人詩文集。後文輯録復旦大學圖書館藏孫氏蘭枝館百十數種。前文又檢《北京師範大學圖書館古籍善本書目》，據著録之孫氏印記，確定清康熙間刻《静觀堂詩集》等數種清集爲蘭枝館舊藏。

筆者在北京師範大學圖書館司編目多年，於清人集中數見有孫氏蘭枝館藏印，知館藏孫氏藏書當不止數種。檢館藏舊分類圖書卡片目録，推知孫氏蘭枝館藏清集似爲同一批次購入。經詢前輩編目員，知爲1987年與中國書店交換所得。再檢《館藏綫裝登録本》，知當時從中國書店交換所得共69種。另於普查中發現3種，即《秋水集》《樸村集》《韓江雅集》，雖不在此批購入，但亦有孫氏蘭枝館印記，知亦爲孫氏舊藏。兹依《濟寧孫氏蘭枝館舊藏清集經眼記》體例（另增價格一項，爲當時中國書店價簽標注），記録於下文，以爲孫氏藏清集之補録。其中孫氏題記，尤可訂補孫氏藏清集事跡。

另中國書店所交換69種中，內有十餘種未見有孫氏題記或印章，此或孫氏

---

① 《中國典籍與文化》2010年第4期。
② 《版本目録學研究》第五輯，北京大學出版社，2014年。

當時并未鈐章題記，或因書函更換而佚失，亦不排除其中有中國書店以他家所藏清人集摻入者。因難以攷辨，姑都著錄於玆。

石園詩草十五種附石園五集　八册　200.00元

李元鼎、朱中楣著，康熙間刻本。

每半葉八行，行十九字，白口，四周單邊。函套原裝，有墨筆題簽："李梅公石園詩集，朱遠山夫人詩詞坿。"卷前有清順治丙申（1656）熊文舉序、康熙壬寅（1722）朱徽序及文德翼、陳弘緒、黎元寬等人序。倡和初集卷前有傅振鐸、錢謙益、熊文舉等人序。隨草卷前有順治丙申熊文舉、李楷序。隨草詩餘卷前有杜猗蘭序及朱中楣識語。詩草首册書衣鈐"蘊古樓之章"白文方印，書中鈐"濟寧孫氏蘭枝館藏"朱文大方印。

林屋詩集九卷　二册　12.00元

鄧旭撰，道光三年刻本。

每半葉十一行，行二十字，白口，單黑魚尾，左右雙邊，函套已易。首册書衣題"鄧元昭先生詩曾選入別裁集，國初名家也。戊戌春初在肄業堂架底搜得此全集，當珍藏之。孟延閱記"。卷前有康熙二十四年錢陸燦序，卷末有康熙三十年鄧旭之子鄧烋、鄧煒、鄧烺、鄧煐、鄧煊、鄧爌校書跋及鄧廷楨道光三年跋。

偶更堂文集二卷詩稿二卷　四册　30.00元

徐作肅著，徐世際、徐世徵編，康熙間刻本。

每半葉十行，行十九字，黑口，雙黑魚尾，四周單邊。函套已易。內封B面鐫："傳盛社藏板。"文集卷前有順治丙申年計東序、徐作肅本傳、康熙庚午年劉榛序。詩稿卷前有康熙庚午年劉榛序，卷末附計東書後。書中鈐"孟延得來"白文方印。

七頌堂詩集十卷　二册　20.00元

劉體仁著，同治九年刻本。

每半葉九行，行二十二字，小字雙行同，白口，單黑魚尾，四周雙邊，原裝原函原簽。書前有康熙十五年施閏章序，康熙十七年徐乾學序，同治五年孫家鼐序，同治九年胡鳳丹序，王柏心序。卷末有同治七年劉璸跋。書中鈐"臣樅祕藏國朝名集之印"朱形長方印、"孫樅寶藏"白文方印、"濟甯孫氏蘭枝館藏"朱文方印。

虛直堂文集二十四卷首一卷　六册　50.00元

劉榛著，康熙二十七年刻本。

每半葉十行，行十九字，小字雙行同，黑口，雙黑魚尾，四周單邊，函套原裝。孫氏題簽"劉山蔚先生虛直堂集，戊戌孟秋，蘭枝館藏"。前有徐隣唐序，康熙己未年田蘭芳序，康熙戊辰宋犖序，康熙丙午湯斌序，康熙丙寅劉榛自序。

志壑堂詩十二卷後集五卷文集十二卷後集三卷吳越同遊日記二卷辛酉同游倡和詩餘後集二卷　十八冊　450.00 元

唐夢賚撰，康熙間刻本。

每半葉九行十九字，白口，單黑魚尾，四周單邊。首冊書衣有墨筆題"志壑堂全集廿冊，丁酉十月孟延重裝"。內封鐫"西湖書林藏板"。志壑堂詩集十二卷（存卷一至六、九至十二），卷前有康熙己未馮溥撰《唐嵐亭詩文集序》、康熙庚申施維翰、康熙己未李呈祥、及法若真、孫光祀、許纘曾、王士正、汪懋麟、姜宸英等人序。志壑堂詩後集五卷，卷前有田雯《書志壑堂集後》、康熙丙寅年宮夢仁《志壑堂集序》、康熙丙寅年吳陳琰《志壑堂後集序》、王晫《唐濟武太史小傳》、康熙壬戌年高珩《唐豹嵒太史生壙誌》。志壑堂文集十二卷，卷末有林雲銘跋、康熙辛酉年吳菜《題志壑堂集後》。志壑堂文後集上中下三卷，卷前有許纘序、周稚廉序。吳越同遊日記上下二卷。辛酉同游倡和詩餘後集上下二卷，清唐夢賚、吳陳琰撰。卷前有康熙丙寅吳陳琰序、康熙乙丑唐夢賚自序。

阮亭選志壑堂詩十五卷　二冊 50.00 元

唐夢賚撰，康熙三十年刻雍正間印本。

每半葉十一行，行二十字，黑口，雙黑魚尾，四周單邊。函套已易。首冊書衣有墨筆題"阮亭選志壑堂詩二冊，孟延寶藏"，並有孫氏題記"唐濟武先生，淄川人，與高念東先生齊名，為吾東國初二老，詩宗唐賢實，開壇坫先聲，余得是集，已蟲蝕累累，襯幈重裝，仍有杜集飛過馬之歎，當與栖雲閣集共珎之"。卷前有王士正康熙辛未年序，姜宸英序。

葦間詩集五卷　二冊　60.00 元

姜宸英著，唐執玉編，康熙五十二年刻本。

每半葉十一行，行十九字，小字雙行同，黑口，單黑魚尾，左右雙邊。函套已易。首冊書衣題"姜西溟葦間詩集五卷，蘭枝館秘藏本"，並有孫氏題記云："湛園未定稿，近來翻刻本只文集六卷，葦間集久不易覯，余思之十數年，今始覓得此本，尚是原刻初印，真不啻希世之寶也。光緒丙申九月十四日蘭枝館主人誌。"內封面鐫："二南堂藏板。"書前有康熙五十二年唐執玉識語，書眉有孫梴墨筆批註，書末鐫"劉正誼、唐少游校訂"。書中有"臣梴祕藏國朝名集之印"朱文長方印、"孫孟延鑒賞書畫之章"朱文長方印、"濟寧孫氏蘭枝館藏"朱文大方印、"蘭枝館"朱文長方印、"孟延秘玩"白文方印、"孫梴印信"白文方印、"孟延"朱文方印。

安靜子集十六卷　六冊　80.00 元

安致遠、安箕著，康熙間刻本。

含：紀城文槖四卷、玉礎集四卷、嶽江草一卷、倦游草一卷、柳邨雜詠二卷、蠱音一卷、吳江旅嘯一卷。以上安致遠著；又：綺樹閣賦槖一卷、詩槖一卷。安箕著。六册版式、行款不盡相同。《倦游草》《柳邨雜詠》版心"卷"字下圖墨釘。紀城文槖四卷，每半葉九行，行十八字，白口，單白魚尾，四周單邊。版心下鐫"蘭雪堂"。卷前有李澄中序、康熙三十四年安志遠自序。玉礎集四卷二册，每半葉九行十八字，粗黑口，單黑魚尾，四周單邊。卷前有康熙三十七年安致遠自序。嶽江草一卷、倦游草一卷、柳邨雜詠二卷共一册，每半葉十行，行二十一字，小字雙行同，白口，白魚尾，四周單邊。嶽江草卷前有康熙十年李澄中序、康熙六年安致遠自序。倦游草卷前有康熙二十五年安致遠自序、龐塏序。柳邨雜詠卷前有作者自序。蠱音一卷、吳江旅嘯一卷、綺樹閣賦槖一卷、詩槖一卷共一册。蠱音半葉九行十八字，小字雙行，粗黑口，上黑魚尾，四周單邊。卷首有康熙三十六年安致遠小引及張貞序。吳江旅嘯每半葉八行二十字，小字雙行，四周單邊。卷首有康熙丁未年葛元福序二篇、陳醇儒未署年月序一篇。綺樹閣賦槖每半葉十行，行十九字，小字雙行，粗黑口，四周單邊。卷前有康熙丙子張貞序。綺樹閣詩槖每半葉十行，行十九字，小字雙行，粗黑口，上黑魚尾，四周單邊。詩題年月止於戊寅。卷末附《游冶泉記》一篇。

秋水集十卷　二册　18.00元

嚴繩孫著，康熙間刻本。

每半葉九行，行十九字，黑口，單黑魚尾，左右雙邊。函套已易。首册書衣有墨筆題："嚴藕漁秋水集二册，孫問清同年贈，孟延珪臧。"内封面鐫"雨青草堂藏板"，版心下鐫"佚亭"。卷前有孫氏鈔配記錄此書求得過程："是書余求之廿餘年，曾遍搜海王邨各書坊尠不可得。歲庚子二三月間，孫問清太史來都，余乙酉同年正好也，時時購書，知余藏聚國初人集已成大觀，兼爲代覓各種，一日報余曰篋中有嚴秋水集，是爲鄴架補其闕，余聞之喜甚，固不啻飢渴之得飫飲也。於是遂以見贈，篝燈快讀，欣慰如何矣，特敬誌良朋之惠，并以見余好古之癖云尔，光緒庚子三月初六日清明節孟延誌，同日又得牧雲和尚懶齋集汲古閣刻本，坿記於此。"鈔記旁又有小字附記"孫問清太史云此集於光緒初年購於蘇州，二十餘年來亦未見弟二部也，如此佳集已呈星鳳，可珎如何，初八日又記"。后又有附記："人皆曰冷集可棄也，余則謂先輩之精神情性於此寄焉，安乃不珎愛乎？連日於小園中種海棠、蘭枝、丁香及棣黎各一樹，昨復得微雨，皆攢蕊抽芽，欣欣生意，而是書適至，主人於是開口笑矣。初八日燈下又記。"下附小詩一首"小園遍種花，春來皆放蕊，尚友一人來，勾吳嚴秋水，蓀友來已幸，牧公復同至，旦夕悦其言，時更聞花氣"。右又附記："余收國朝人集已近千種，皆有大名者，同人莫不羨美，往往有一書，思之既久，忽不經意遇之，若誠至感通前賢，默貺余者，故每於除夜設酒脯祭之，則是歲秘本罕見之，本來逾多也。曹秋岳收宋元人集至七八十種，漁洋已歎其富，若國初諸老集至今亦將三百年，余已收數萬種矣。"后有"中允嚴先生傳"爲鈔配。書中鈐："庚子"朱文長方印、"孫梴印信"白文方印，"孟延"朱文方印、"存三草堂"白文方印、"夢嚴秘笈"朱文長方印、"孟梴所寶"朱文長方印、"諸暨孫氏藏書"朱文方印、"孫梴"朱文長方印、"孫梴寶藏"白文方印、"保訓之印"白文方印、"繹庭"朱文方印。

静觀堂詩集三十卷　四册　100.00元

勞之辨撰，康熙四十年刻本。

每半葉十行，行十九字，黑口，單黑魚尾，左右雙邊，函套原裝。存卷一至二十七。有孫氏墨筆題簽："静觀堂詩集，孟延署。"首册書衣題"静觀堂詩四册，勞介嚴先生著，孟延識"。卷前有康熙丙子年尤侗序、康熙四十一年王頊齡序、康熙辛巳年勞氏自序。書中鈐"蘭枝館藏書印"朱文大方印。

野香亭集十三卷　六册　40.00元

李孚青著，光緒十四年鉛印本。

每半葉九行，行十九字，白口，單黑魚尾，左右雙邊，函套已易。卷前有王士禎、陳廷敬、田雯、姜宸英、章藻功、費錫璜、徐嘉炎、毛奇齡、王棨、及康熙丙子年戴名世序。序後光緒戊子年蒯德標《續刻野香亭記》。卷末有查嗣瑮跋。書中鈐"孫梴寶藏"白文方印。

夢月巖詩集二十卷附詩餘一卷　四册　80.00元

呂履恒著，雍正三年刻本。

每半葉十行，行十九字，白口，單黑魚尾，左右雙邊，函套已易。

卷前有康熙三十四年張希良序、沈德潛序，雍正三年張漢序，康熙己巳年周稚廉序，序後有《王廉夫先生書》，書後爲王士正、陳廷敬、許旭等人評語。書中鈐"孫梴寶藏"白文方印、"孫孟延紅豆山房秘藏印"朱文長方印。

懷清堂集二十卷　四册　160.00元

湯右曾著，乾隆十二年刻本。

每半葉十行，行二十一字，白口，單黑魚尾，左右雙邊，函套已易。首册書衣題"湯西崖先生懷清堂詩集，凡四册，孟延藏"。内封面鐫"本府藏板"。卷首有湯右曾"文光果唱和詩"及揆敘、張廷玉、蔣廷錫、勵廷儀、陳邦彦、趙熊詔、王圖炳的和韻詩、乾隆丙寅年湯學顯題記、黃叔琳序、乾隆十年潘思榘序，乾隆丁卯年納蘭常安序。書後鐫"男學基學顯孫衛源孝策謹校"，卷末有吳趨繆跋。書中鈐"臣梴祕藏國朝名集之印"朱文長方印、"官屬大司農"白文方印、"阿蒙"朱文長方印、"案頭遺集有先生"白文方印、"孟延平生所好"朱文方印、"濟寧孫氏蘭枝館藏"朱文大方印。

據梧詩集十五卷　十二册　280.00元

管棆著，康熙間刻嘉慶間補修本。

每半葉十行，行二十一字，白口，雙黑魚尾，四周單邊，函套原裝。卷前有清康熙乙未張大受序，《欽定四庫全書》"據梧詩集提要"。卷後有乾隆六年管基承"跋"，管學洛"跋"。附《萬里小游儶集》一卷（標爲卷三十四）；《都門贈行詩》一卷。書中鈐"蘭枝館"朱文方印、"孫孟延鑑賞書畫之章"朱文長方印、"孫樇印信"白文方印、"孟延"朱文方印。

樸村文集二十四卷詩集十三卷　四册　12.00元

張雲章著，康熙五十三年刻本。

每半葉十三行，行二十五字，黑口，單黑魚尾，左右雙邊。函套已易。

首册書衣孫氏墨筆題："樸村全集，凡四册，孟延珤藏。"文集卷前有康熙四十九年陳鵬年序、康熙五十三年作者自序、同學助刊姓氏名錄、康熙五十三年作者自敘。詩集目錄十三卷，正文存卷一至卷十一。書衣孫氏墨筆題："張漢瞻詩集，丁酉孟秋蘭枝館收得。"書中鈐"孫樇"朱文長方印、"江山劉履芬彥清父收得"朱文方印、"臣樇祕藏國朝名集之印"朱文長方印、"夢巖秘笈"朱文長方印、"阿蒙"朱文長方印。目錄葉鈐："劉履芬印"白文方印、"泖生"朱文方印。

青要集十三卷　二册　30.00元

呂謙恒撰，呂宣會校，乾隆十五年刻本。

每半葉十二行，行二十二字，小字雙行同，白口，單黑魚尾，四周雙邊。函套原裝。內封面鐫"乾隆十五年重鐫本衙藏板"。卷端題"第三房孫肅高幼恭敬梓"。卷末有呂宣會跋言刻書事宜。書前有乾隆十五年張璨、夏之蓉序。張序前有墨筆題："余舊藏夢月巖集，今復獲此，可謂二美俱矣。戊戌正月孟延。"

思綺堂文集十卷　十册　50.00元

章藻功撰註，康熙六十一年刻耕禮堂印本。

每半葉十行，行二十二字，小字雙行同，白口，單黑魚尾，四周單邊。函套原裝，有墨筆題："思綺堂文集"（疑似孫樇題）。內封鐫"思綺堂全集箋註，耕禮堂藏板，錢唐章豈績著"。卷前有康熙五十八年傅作楫序，許汝霖序，有康熙壬寅年章藻功撰《凡例》。有補鈔《思綺堂文集總目目錄》。書中鈐"壽松氏藏"朱文長方印。

研堂詩十卷附贈言一卷續稿二卷晚稿二卷附拾遺一卷花外散吟一卷　六册　60.00元

楊維坤撰，康熙四十六刻雍正十年續刻八年增刻本。

每半葉九行，行二十一字，小字雙行同，黑口，單黑魚尾，左右雙邊，函套已易。首册內封鐫"研堂詩槀，花外散吟附"。研堂詩卷前有康熙庚午趙東旭序，康熙丙子錢陸燦序，序後有董訥題詞，卷末附胡芋莊、南樓、鄒蒨叔等人贈言。續稿由楊顥、楊燦校字，後附張醇村、陸錫山贈言。晚稿、拾遺由楊書謨、楊詩南校字，後附潘長卿、王虛亭、邵飈園等人贈言。花外散吟由楊維坤口占，楊時保、楊書謨、楊詩南記錄。卷前有作者自序，有龔秋崖、王道成、釋庶菴等人題詞、贈詩。卷末附雍正十二年龔時愷題跋。有雍正十年以後詩數首，止於癸亥（乾隆八年），則乾隆癸亥有續刻。書中鈐"碧芙蕖館珍藏"朱文方印、"擁書權拜諸侯"白文方印、"蓉士過眼"白文方印、"今爲梃所寶"朱文長方印。

南華詩鈔十六卷　四册　50.00元

張鵬翀著，乾隆間刻本。

每半葉十一行，行二十一字，白口，單黑魚尾，左右雙邊。函套原裝，孫氏題籤"張南華詩鈔，蘭枝館藏，精刻本"。首册書衣題："南華詩鈔四册，孟延珆臧。"書前有御賜鄭宅茶賦一篇，御試五六天地之中合賦一篇，御試卷一卷，進呈卷一卷。卷前有乾隆五年史貽序，乾隆四年張照撰《南華詩詠小記》一篇，卷末有乾隆七年馬榮祖後序。

得天居士集六卷　一册　20.00元

張照著，清刻本。

每半葉九行，行十八字，小字雙行同，黑口，左右雙邊。函套已易。首册書衣題："張文敏公集一册，光緒庚子蘭枝館收藏。"書中鈐："蘭枝館"橢圓朱文印、"賞"朱文印、"詩癖"白文印、"詩不求工字不奇"朱文方印、"孟延得來"白文方印等諸印。

鮚埼亭詩集十卷　四册　15.00元

全祖望著，光緒十六年刻本。

每半葉十行，行二十一字，小字雙行同，黑口，雙黑魚尾，左右雙邊。函套已易。內封牌記鐫："慈谿童氏大韻山館鋟本。"書前有鄞縣志人物傳中的全祖望傳，卷末有光緒十六年孫鏘跋。書中鈐："夢喦收藏圖書"朱文長方印。

紅豆詩人集十九卷　四册　20.00元

董潮著，道光二十年刻本。

每半葉十一行，行二十三字，小字雙行同，白口，單黑魚尾，左右雙邊。函套已易。卷前有李兆洛序、陽湖縣志文學傳中的董潮小傳、道光十九年董敏善識語、以及舒瞻所作棲靜閣詩序。卷末附錄陳敬祉、趙翼、趙懷玉等人詩文、馮調鼎跋及道光二十年董似縠跋。書中鈐"濟寧孫氏蘭枝館藏"朱文大方印。

生香書屋詩集七卷文集四卷　四册　80.00元

陳浩撰，道光間刻本。

每半葉九行，行十八字，小字雙行同，白口，單黑魚尾，左右雙邊。函套已易。内封鐫"三多齋藏板"。詩集卷前有道光九年劉蔭堂序。

黃琢山房集十卷　二册　50.00元

吳璜撰，道光十九年刻本。

每半葉十二行，行二十三字，白口，單黑魚尾，左右雙邊。函套原裝，孫氏題簽"黃琢山房詩鈔，孟延寶藏"。書前有蔣士銓、沈清任撰吳璜傳，道光十七年王昶、朱岐、程晉芳序，萬光泰、金文淳、胡元琢、程晉芳、蔣士銓等人舊序，還有王霖、周天度、嚴遂成、周大樞、商盤、蔣士銓題詞。書末有李聲振後序，尊盤跋，道光十九年徐青照跋。書中鈐"濟寧孫氏蘭枝館藏"朱文大方印。

丁辛老屋集十二卷　二册　40.00元

王又曾撰，乾隆五十二年刻本。

每半葉十二行，行二十二字，小字雙行同，白口，單黑魚尾，左右雙邊。函套已易。内封面鐫"乾隆丁未七月刊於鄢陵官舍"，卷前有畢沅、吳泰來序。書中鈐："臣梴祕藏國朝名集之印"朱文長方印、"夢岩祕藏"朱文長方印。

海山存稿二十卷　四册　100.00元

周煌著，乾隆五十八年刻本。

每半葉十行，行二十一字，白口，單黑魚尾，四周雙邊。函套已易。内封面鐫"乾隆癸丑鐫"、"葆素家塾"。卷前有乾隆己丑陳兆崙序、嘉慶丙辰姚鼐序，卷末有乾隆五十八年周興岱識語。書中鈐："濟寧孫氏蘭枝館藏"朱文大方印。

半舫齋編年詩二十卷　四册　80.00元

夏之蓉著，侯學詩批點，乾隆三十六年刻本。

每半葉十行，行二十一字，小字雙行同，白口，單黑魚尾，左右雙邊。函套原裝，有孫氏題簽："夏醴谷先生半舫齋詩鈔，孟延題藏。"卷前有周長發、傅爲詝、茹敦和、陶易序。目錄後有乾隆三十六年侯學詩跋，有作者之孫夏味堂"識語"，目錄後鐫"維揚湯鳴岐刻"字樣。書中鈐"濟寧孫氏蘭枝館藏"朱文大方印。

來鶴堂詩鈔四卷　二册　25.00元

于宗瑛撰，乾隆五十二年刻本。

每半葉八行，行十八字，小字雙行同，白口，單黑魚尾，左右雙邊。函套已易。内封面鐫"乾隆丁未秋鐫"、"本衙藏板"。書前有乾隆五十二年金學詩序、乾隆二十九年富森泰序、乾隆四十七年惠寧序。卷末有乾隆五十二年楊復吉跋。書中鈐："濟寧孫氏蘭枝館藏"朱文大方印。

筠心書屋詩鈔十二卷　四册　50.00元

褚廷璋著，嘉慶十一年刻本。

每半葉十行，行二十一字，白口，單黑魚尾，左右雙邊。函套已易。内封面鎸:"嘉慶丙寅春鎸"、"鑑湖亭藏版"。卷首有乾隆四十二年王昶序,嘉慶十一年張祥雲敘。書中鈐"濟寧孫氏蘭枝館藏"朱文大方印、"孫"朱文長方印、"延"朱文方印。

悅親樓詩集三十卷詩外集二卷　十冊　150.00元

祝德麟著,清嘉慶二年刻本。

每半葉十一行,行二十一字,白口,單黑魚尾,四周單邊。函套原裝,有墨筆題簽:"祝止堂先生悅親樓集,孟延珤臧。"詩集首冊書衣有墨筆題:"祝止堂先生著,丁酉季秋梃臧。"內封鎸:"本宅藏版"、"嘉慶二年開雕",卷首附嘉慶三年戊午王文治序、乾隆五十五年施朝榦序、吳錫麒序。總目末有"姑蘇張遇清局刻"。

清獻堂集十卷　六冊　40.00元

趙佑著,清刻本。

每半葉九行,行二十字,小字雙行同,白口,單黑魚尾,左右雙邊,函套已易。內封面鎸:"本衙藏板"。書前有乾隆五十二年作者自記。

後村詩集七卷附吳越遊草一卷　八冊　80.00元

王文治撰,康熙四十五至五十六年刻本。

每半葉九行,行二十字,黑口,單黑魚尾,左右雙邊,函套原裝。有孫氏題簽"王後村詩集,丙申四月,孟延收得"。首冊書衣題"王後村詩集,凡八冊,孟延藏誌"。內封鎸"後村詩集,本衙藏版"。卷前有康熙四十六年王棨序、王翁荃序、康熙四十九年先著序、朱元英序、劉捷序。吳越遊草前有陳塏序、康熙四十五年王棨序、蔡堃序及作者自序。書中鈐"臣梃祕藏國朝名集之印"朱文長方印。

恩餘堂經進初藁十二卷續藁二十二卷三藁十一卷附知聖道齋讀書跋尾二卷策問存課二卷　十八冊　150.00元

彭元瑞撰,清刻本。

每半葉八行,行十九字,小字雙行同,白口,單黑魚尾,左右雙邊。函套原裝,孫氏題簽:"恩餘堂經進稿,孟延臧。"卷前有作者自序,書中鈐:"濟寧孫氏蘭枝館藏"朱文大方印、"長在來枝案頭"朱文方印、"仁龢龔氏家藏"朱文大方印。

素脩堂詩集二十四卷詩後集六卷補遺一卷　八冊　160.00元

吳蔚光著,嘉慶十六年刻本。

每半葉十二行,行二十四字,小字雙行同,黑口,雙黑魚尾,四周單邊。函套原裝,孫氏題簽"素脩堂詩集,吳蔚光著,八冊,任城孫梃藏書并題"。內封牌記鎸:"素脩堂詩集,嘉慶辛未年鎸,古金石齋藏板。"書前有嘉慶十八年法式善序,嘉慶十二年姚鼐序,嘉慶十三年李堯棟序,乾隆四十八年馮偉序,孫原湘序，乾隆六十年作者自序，序後有鮑偉題辭，乾隆四十一年黃景仁題辭。詩後集前有嘉慶五年吳蔚光自序。書中鈐："臣梴祕藏國朝名集之印"朱文長方印、"案頭遺集有先生"白文方印、"孟延平生所好"朱文方印、"濟寧孫氏蘭枝館藏"朱文大方印。

清素堂詩集十卷　二冊　60.00元

石鈞撰，乾隆六十年刻嘉慶間續刻本。

每半葉十行，行十九字，小字雙行同，上黑口，單黑魚尾，左右雙邊。函套原裝，有孫氏題簽"清素堂詩集，石遠梅著，梴臧"，鈐"孫"朱文方印。卷前有王鳴盛、王昶、吳世基序、乾隆六十年楊安濤、梅冲、徐熊飛序、乾隆五十九年王豫序。所收詩止於嘉慶四年。鈐"濟寧孫氏蘭枝館藏"朱文大方印，有墨筆批點。

小羅浮草堂詩鈔四卷　四冊　15.00元

馮敏昌著，嘉慶十四年刻本。

每半葉十二行，行二十四字，小字雙行同，白口，單黑魚尾，四周單邊。函套已易。卷前有秦瀛、覺羅桂芳序及嘉慶十四年宋湘跋，卷末有嘉慶十四年張岳崧跋。書中鈐："濟甯孫氏蘭枝館藏"朱文大方印。

小木子詩三刻六卷　六冊　150.00元

朱休度著，嘉慶十七年刻本。

每半葉十二行，行二十三字，小字雙行同，白口，單黑魚尾，左右雙邊。函套原裝，有墨筆題："朱梓廬詩存"。首冊書衣有墨筆題："朱梓廬先生詩槀六冊"，內封面鐫："小木字詩三刻，梓廬舊槀一卷，壺山自吟槀三卷，俟寧居偶詠二卷，八十一翁手定稿。"梓廬舊槀卷前有錢昌齡作梓廬先生小像一幅，畫像後有吳修題詩。壺山自吟槀內封鐫："嘉慶三年鐫，梓廬主人手戰題。"卷前有錢大昕嘉慶三年《錢宮詹札》、嘉慶元年朱休度《壺山自吟槀小引》。卷末有嘉慶四年楊茂才、朱鴻跋。俟寧居偶詠內封鐫："嘉慶辛未梓廬題"。書後鈐有"拙槀自戊午鐫後，間復校改字句，壬申始刊正，故前今印本有不同處，謹著之以質大雅，休度"。書中鈐："江山劉履芬彥清又收得"朱文方印、"賫卿"朱文方印、"劉履芬印"白文方印、"泖生"朱文方印、"秀水陸氏鬱林山館收藏之印"朱文大方印、"魯門愛居"白文方印、"與漚爲客"白文方印、"夢喦墨緣"朱文長方印、"孫孟延收藏書畫印"朱文長方印、"僕當時年三十三"朱文方印、"夢喦收藏圖書"朱文長方印、"今爲梴所寶"朱文長方印、"濟寧孫氏蘭枝館藏"朱文大方印、"孫喦"朱文長方印。

存素堂詩初集錄存二十四卷　六冊　150.00元

法式善著，嘉慶十二年王墉刻本。

每半葉十二行，行二十四字，小字雙行同，黑口，雙黑魚尾，四周雙邊。

函套已易。首冊書衣有墨筆題："初印存素堂詩初集六冊，孟延藏書并題"，鈐"夢叟收藏圖書"朱文長方印。又有小字附記："此湖北初刻不精，見書首詩龕自記，書中批改處亦詩龕親筆，今時得之已可寶貴矣，近時坊本有二集，刻尤劣，初集則仍翻此本，此外未見善本書，待博訪，孟延又記。"內封面 B 面鐫："存素堂詩七千餘首，茲錄存者吳蘭雪查梅史選本也。彭石夫寄自京師，受業弟子王墉校刊於湖北德安官署，時嘉慶丁卯孟夏。"序頁有法式善墨筆手書題識："此版刊於湖北德安王春堂，守禦雅意也，刻手既不佳，重複訛舛，時復有之，刪增且非余意，已致書春堂，版片姑藏之，不可刷印，以彰予短，及門輩有必欲得此者，因識數語，爲懺悔焉，法式善。"卷前有嘉慶八年楊芳燦序，嘉慶六年法式善原序，序後有畫像一幅，後有鮑桂星、吳嵩梁題記。書中鈐"法式善字梧門"朱文方印。

師竹齋集十四卷　四冊　25.00 元

李鼎元撰，嘉慶七年刻本。

每半葉十行，行二十一字，小字雙行同，白口，單黑魚尾，四周雙邊。函套已易。內封鐫："師竹齋集，蜀綿李鼎元撰，本衙藏板。"卷前有嘉慶己未王昶、馮培序、嘉慶七年法式善序。

思不辱齋全集十一卷　十冊　150.00 元

萬承風著，嘉慶二十一刻道光間印本。

每半葉十行，行二十四字，白口，單黑魚尾，左右雙邊。函套原裝，含：思不辱齋詩集四卷、外集三卷、賡颺集四卷。有墨筆題："思不辱齋全集，萬和圃先生著"（按字體，應爲孫梴題）。內封鐫："嘉慶丙子鐫"、"古瓦山房藏板"。卷前有道光丁亥曹振鏞序。

芙蓉山館全集二十卷　八冊　50.00 元

楊芳燦著，光緒十七年木活字印本。

每半葉十行，行二十四字，黑口，單黑魚尾，四周單邊。函套原裝，有墨筆題："夫容山館詩文鈔八冊，梴題。"內封 A 面鐫："夫容山館全集，光緒己卯七月常熟楊沂孫題。"內封 B 面鐫："右書衣濠丈作於光緒己卯，越十有二載，辛卯秋九月全集始以聚珍版印成，惜濠丈已歸道山不及見也，繼增記。無錫匡寶才排印。"卷前有光緒辛卯無錫劉繼增敘、道光戊戌王昶序、道光己亥顧敏恒序、楊廷錫跋、嘉慶六年法式善序、道光癸卯楊廷錫識語。後附《無錫金匱縣志‐文苑列傳》楊芳燦小傳、陳文述撰傳記、陳用光撰墓志銘、姚椿撰墓表。書中鈐："孟延讀過"、"夢叟收藏圖書"朱文長方印。

五硯齋詩詩鈔二十卷文鈔十卷寄傲軒讀書隨筆十卷續筆六卷三筆六卷　十冊　120.00 元

沈赤然著，嘉慶間刻本。

每半葉十一行，行二十二字，小字雙行同，黑口，單黑魚尾，四周雙邊。函套原裝，有墨筆題簽"沈梅村五硯齋詩文隨筆，十册"。首册書衣有孫氏墨筆題："五硯齋詩鈔，沈赤然梅村著，十册，蘭枝館藏書。"詩鈔卷前有乾隆五十四年潘應椿序、嘉慶三年吳錫麒序。寄傲軒讀書隨筆十卷，卷前有嘉慶十年吳錫麒序、沈赤然自序、胡元杲跋。寄傲軒讀書續筆六卷，卷前有嘉慶十年沈赤然自序。寄傲軒讀書三筆六卷，卷前有嘉慶十二年沈赤然自序。書中鈐"臣梃祕藏國朝名集之印"朱文長方印、"濟寧孫氏蘭枝館藏"朱文大方印。

復初齋詩集六十六卷　十四册　80.00元

翁方綱撰，嘉慶間刻本。

每半葉十一行，行二十一字，小字雙行同，白口，單黑魚尾，左右雙邊。函套已易。首册書衣鈐"孫孟延收藏書畫印"朱文長方形印、"僕當時年三十三"朱文方印。書中鈐"蘭枝館收藏金石書畫印"、"孟梃永保"白文長方印、"夢岩收藏圖書"朱文方印。

天寥遺稿三卷附館課偶存賦　一册　10.00元

吳鶡著，嘉慶二十四年刻本。

遺稿每半葉八行，行二十一字，白口，單黑魚尾，左右雙邊，函套已易。書前有嘉慶二十四年郭麐、魏塘雁塔寺住持衲广信分別作序。另有郭鳳作天寥塔銘一篇。《館課偶存賦》一卷。每半葉八行，行十八字，白口，單黑魚尾，四周雙邊。書中鈐"臣梃祕藏國朝名集之印"朱文長方印。

小峴山人詩文集三十四卷　十六册　160.00元

秦瀛撰，嘉慶間城西草堂刻本。

每半葉十行，行二十一字，白口，單黑魚尾，左右雙邊，函套已易。有嘉慶二十二年凌鳴喈序。詩集首册書衣題"小峴山人詩集，廿六卷共八册，蘭枝館藏"。文集首册書衣題"小峴山人文集并續集八卷八册"。孫氏題記云："是集極不易觀，偶得此本猶多斷爛，索值尚昂，甘爲書呆矣。丙申二月記。孟延寶藏。"內封面鐫："嘉慶丁丑秋編"、"城西草堂藏板"。鈐"濟寧孫氏蘭枝館藏"朱文大方印。書中鈐"臣梃祕藏國朝名集之印"朱形長方印、"孫孟延鑑賞書畫之章"朱文長方印、"濟寧孫氏蘭枝館藏"朱文大方印、"孟延平生所好"朱文方形印、"案頭遺集有先生"白文方印、"孫孟延收藏書畫印"朱文長方印、"今爲梃所有"朱文長方印。

小山泉閣詩存　八卷　四册　35.00元

汪爲霖著，道光二十年刻本。

每半葉九行，行十九字，白口，四周雙邊，函套已易。內封面鐫"道光庚子年重刊"，板心下鐫"文園"，目錄後鐫"李堯佐鐫"。書前有道光十八年阮元序，道光十一年韓崶序，道光二十五年嚴保庸序，道光二十五年范仕義序，以及袁枚、錢玷、蔣士銓、錢維喬、趙翼、吳錫麟、唐仲冕序。序後是汪爲霖六十歲畫像一幅，畫像後題有朱瑋銘文一篇。書後題有道光二十年朱瑋跋。鈐"臣梃祕藏國朝名集之印"朱文長方印、"孟延戊戌收閱"白文方印、"今年弍十六矣"朱文方印。

惟清齋全集十九卷　十册　250.00元

鐵保著，道光二年刻本。

每半葉十行，行二十一字，白口，單黑魚尾，左右雙邊。函套原裝。首册内封鐫："道光壬午秋月鐫"、"石經堂藏板"。全集卷前有道光二年汪廷珍序，道光元年劉鳳誥、魏成憲、馮元錫序，道光二年阮元、英和序。詩鈔卷前有嘉慶十年百齡、吳錫麟、阮元、王芑孫序，嘉慶九年徐端序、吳蘦序、以及作者自序。卷末有嘉慶九年徐端、金湘跋，嘉慶十年曾燠跋。首册書衣及書中鈐"濟甯孫氏蘭枝館藏"朱文大方印。

來雨軒存稿四卷　四册　100.00元

莫晉著，道光十六年刻本。

每半葉十行，行二十二字，小字雙行同，白口，單黑魚尾，左右雙邊。函套已易。内封面鐫："道光丙申鐫"、"本宅藏板"。首册書衣有孫氏墨筆題："莫寶齋來雨軒存稿四册，光緒丁酉臘月夢岩藏書。"書前有道光十六年莫鐘琪識跋，書中有墨筆句讀。

韋廬詩集八卷　四册　150.00元

李秉禮撰，道光十年知稼堂刻本。

每半葉十行，行二十二字，白口，單黑魚尾，四周雙邊，函套已易。内封面鐫："道光庚寅仲秋重編"、"知稼堂藏版"。詩内集四卷，前有乾隆五十六年李憲喬序，嘉慶六年秦瀛序，嘉慶三年朱依真序。序後是韋廬小像一幅，畫像后有鶴道人題詞。卷末附李懷民、王克紹、李憲喬、李天英、鄭焕、吳照、吳嵩梁、蔣知節、李經、葉二西、童毓靈、葉時習等人題詞和評跋。詩外集四卷，前有嘉慶十三年李秉禮自序，嘉慶二十四年鄧顯鶴序，嘉慶十九年陶章潙序。卷末附汪端光、朱錦、李毅、應會、楊兆璜、歐陽紹洛、王延襄、曾燠、張維屏、王克紹、穆揚阿等人題詞，吳俊、宋湘、王崇熙、龔立海等人評跋。書中鈐"孫孟延紅豆山房祕藏印"朱文長方印。

靈芬館集十八卷　十五册　25.00元

郭麐著，日本明治十七年擁書城石印本。

每半葉十二行，行二十三字，白口，四周雙邊，原裝原函原籤。牌記題"日本東京擁書城石印"，書口下印"擁書城石印"。初集書前有屠倬、孫均嘉慶丁卯序、二集書前有錢唐吳錫麒、海昌查初揆、揚州阮元序三篇，三集書前有無錫楊芳燦作《後移家集》序，鎮洋彭兆蓀作《邗上雲萍》序，朱文翰嘉慶丁卯十月作《剛卯集》序，樂鈞作《雲萍續集》序。初集書後牌記題："明治十七年十月十一日御届同年十月初集出版東京神田五軒町五番地東京府本旅林安之助。"二集書後牌記題："明治十七年九月十一日御届同十八年五月貳集出版東京神田五軒町五番地書肆擁書城林安之助。"三集書後牌記題："明治十七年九月十一日御届同年十一月弍集出版東京神田五軒町五番地書肆擁書城林安之助。"初集首冊鈐"蘭枝館"朱文橢圓印、"孫孟延收藏書畫印"朱文長方印、"鮑顯謨"白文長方印、"阿蒙"朱文長方印、"孫梃"朱文長方印、"夢岩墨緣"朱文長方印、"臣梃祕藏國朝名集之印"朱文長方印、"孟延所寶"朱文方印、"濟寧孫氏蘭枝館藏"朱文大方印、"蘭枝館"白文長方印、"梃嘗三復"朱文方印、"孟延心賞"白文方印、"案頭遺集有先生"白文方印、"孟延平生所好"朱文方印、"孫梃永保"白文長方印、"蘭枝館所藏金石書畫印"朱文方印、"魯門愛居"白文方印。二集鈐"孫夢喦收藏"白文圓印、"孫"朱文圓印、"梃"白文方印、"孫孟延鑒藏本"白文長方印、"延"朱文三角形印、"孫"朱文三角形印、"梃"白文三角形印、"孟"朱文方印、"孫"白文方印、"孟"白文方印、"延"白文方印、"梃"朱文方印。三集鈐"夢喦所藏圖書"朱文長方印、"孟延讀過"朱文長方印、"平生好詩仍好畫"朱文長方印、"仍好樓"朱文長方印、"孟延所藏"白文長方印、"妙達此旨"白文長方印。

榕園全集十四卷　八冊　80.00元

李彥章撰，道光二十年刻本。

每半葉十行，行二十一字，白口，單黑魚尾，左右雙邊。函套原裝，有墨筆題："榕園文集，侯官李彥章"（疑似孫梃題）。文鈔卷前有道光二十年葉紹本序、道光十二年高澍然榕園文鈔序、道光己丑李彥章自序。潤經堂自治官書卷前有道光己丑李彥章自序。

文溪頌言十一卷首一卷廣頌二卷　二冊　15.00元

葉元堦輯，道光二十五年刻本。

每半葉十行，行二十一字，小字雙行同，白口，單黑魚尾，左右雙邊。函套原裝。内封鎸："文溪頌言，衢光乙巳端午日補蘭館主題。"内封B面牌記和卷端下署："赤堇詩海之第八種。"卷前有葉元壁序，卷首有道光十六年尹元煒撰《恭送邑侯王蘭圃明府解篆回省序》、阮福瀚撰《慈湖餞別序》、葉元堦道光丙申志。卷末有道光乙巳葉金鑾跋。

壹齋集三十一卷奏御集二卷　八冊　160.00元

黃鉞撰，嘉慶二十年刻道光間增刻本。

每半葉十二行，行二十四字，小字雙行同，黑口，雙黑魚尾，四周單邊，函套已易。目錄前有嘉慶二十年黃鉞自序。奏御集二卷，卷前有嘉慶二十五年黃鉞自序。書中"寧"字替以小字"御名"，避道光諱。書中鈐："濟寧孫氏蘭芝館藏"朱文大方印。

秋水閣詩集八卷首一卷　四册　100.00元

許兆椿著，道光二十五年刻本。

每半葉九行，行二十一字，小字雙行同，白口，單黑魚尾，四周雙邊。函套原裝，有墨筆題簽"秋水閣集"。首册書衣孫氏題："許秋巖中丞秋水閣詩集。"内封面鐫"道光乙巳年刊"，卷前有道光甲辰程懷璟序，目錄後有許方增、許方墀識語。書中鈐："孫"朱文圓形印、"梴"白文方印、"孫孟延鑒賞書畫章"朱文長方印。

張亨甫全集三十三卷首一卷　十八册　80.00元

張際亮著，同治六年刻本。

每半葉十行，行二十三字，白口，單黑魚尾，左右雙邊。函套已易。内封牌記鐫："同治丁卯麥秋鐫，藏福省南後街永泰漆行發售。"書前有同治六年楊度琛、楊浚雪序，序後有張亨甫先生遺像一幅，畫像後有同治六年李雲誥題記、道光四年宗人紳序、姚瑩撰張亨甫傳、以及陳壽祺、黃鉞、潘世恩等人題辭。卷首鈐"夢喦收藏圖書"朱文長方印。

潘少白先生集十五卷　八册　200.00元

潘諮著，道光二十四年瞻園刻本。

每半葉九行，行二十一字，小字雙行同，白口，單黑魚尾，左右雙邊。函套原裝，孫氏題簽"潘少白先生集，陳蓮史刻本，孟延藏書"。含：潘少白先生文集八卷，潘少白先生詩集五卷，潘少白先生集二卷。文集八卷，内封B面牌記："道光甲辰刻於瞻園。"書前有道光二十四年陳繼昌敘、道光十六年程恩澤原刻古文序、姚元之原刻詩集序，姚學塽道光五年姚鏡塘先生錄詩原跋。卷末有吳葆晉道光十六年原刻跋。詩集五卷，首册書衣孫氏題記"萬里遊一詩，長篇至五百六十四韻，真從古未有之奇作也，在此册内，不可不看"。卷前有桂林陳繼昌記、著者原刻自書，卷二五言古詩"萬里游"下有孫氏墨筆詩評"五百六十四韻，自有詩以來未有長於此詩者也"。潘少白先生集上下二卷二册，卷末有林當春原刻舊跋、姚慶布原刻舊跋。書中鈐"臣梴祕藏國朝名集之印"朱文長方印。

僊屏書屋初集詩錄十六卷詩後錄二卷　五册　60.00元

黃爵滋著，道光二十六年刻本。

每半葉九行，行十八字，白口，單黑魚尾，左右雙邊。函套已易。書前有道光二十六年作者自序及排印說明，卷末有道光二十六年彭蘊章、洪齮孫跋。卷首鈐"夢喦收藏圖書"朱文長方印。

今白華堂詩錄八卷　二册　15.00元

童槐著，童華校錄。同治八年刻本。

每半葉十行，行二十二字，白口，單黑魚尾，四周雙邊。目錄後有同治八年童華謹識。函套已易。卷首鈐"濟寧孫氏蘭芝館藏"朱文大方印。

小重山房初槀十五卷　三册　60.00 元

張祥和撰，清道光二年刻本。

每半葉十二行，行二十三字，黑口，單黑魚尾，左右雙邊。函套原裝。有道光二年張祥河序。卷末附清代張昌緒撰霞閣小稿。

復莊詩問三十四卷駢儷文榷初編八卷二編八卷疏影樓詞五卷　二十四册　200.00 元

姚燮撰，道光咸豐間大梅山館刻彙印本。

其中復莊詩問三十四卷，十四册。道光二十六—二十八年鎮海大梅山館刻本。內封 A 面題："大梅山館集"，內封 B 面牌記題："道光丙午五月開雕戊申元月竣工版藏本館。"版心下鐫："大梅山館集。"每半葉十行，行二十一字，小字雙行同，白口，單黑魚尾，左右雙邊，函套原裝。孫氏題籤"復莊詩問，十四册，孟延題"。首册書衣題"姚某伯詩集，十四册，孟延讀過"。書前有道光二十六年孫廷璋序及詩傳、書後、詩評。總目後有復莊四十三歲小像一幅，後有道光二十七年陳繼揆題詞，書中鈐"孫楗寶藏"白文方印、"濟寧孫氏蘭枝館藏"朱文大方印。

復莊駢儷文榷初編八卷四册、二編八卷四册、疏影樓詞五卷二册，初編爲咸豐四年大梅山館刻本，二編爲同治十三年刻本，疏影樓詞道光十三年上湖草堂刻本。

初編首册內封 A 面題："復莊駢儷文榷初編八卷"，內封 B 面牌記題："咸豐四年歲甲寅春日大梅山館開雕"，版心下鐫"大梅山館集"。函套原裝，有墨筆題籤"復莊駢儷文榷八册，疏影樓詞二册"。書前有咸豐四年王蒔蘭編序目，書中鈐"孫楗寶藏"白文方印、"濟寧孫氏蘭枝館藏"朱文大方印。

二編首册內封牌記題："咸豐六年丙辰八月大梅山館姚氏刊"，版心下鐫"大梅山館集"。卷末鐫"甯城千歲坊蔣瑞堂鐫"。卷前有同治十三年蔡鴻鑑序，咸豐十一年王蒔蘭編序目，序目後有復壯先生五十歲畫像一幅，畫像後有題詞。

疏影樓詞共五卷，其中包括書邊琴趣二卷，吳涇蘋唱一卷，蘜鐙夜語一卷，石雲唫雅一卷。卷前有道光十三年姚儒俠序及姚燮自記，附作者二十九歲小像一幅，像後有自題一篇。卷末附孫家穀撰《種玉詞》及葉元墀、喻蘭、汪遠孫等人題詞。版心下鐫"上湖草堂"。每半葉十一行，行二十三字，黑口，單黑魚尾，左右雙邊。書中鈐"孫楗寶藏"白文方印、"濟寧孫氏蘭枝館藏"朱文大方印。

樂志堂詩略二卷文略四卷　三册　30.00 元

譚瑩撰，光緒元年刻本。

每半葉十一行，行二十二字，白口，單黑魚尾，左右雙邊。函套已易。詩略前有光緒元年陳澧序。書衣鈐"孫楗"白文方印、"夢喦"朱文方印，書中鈐"孟延讀過"朱文長方印。

拙修集十卷續編四卷　二册　六册　35.00 元

吴廷栋撰，同治十年刻本。

每半葉十一行，行二十一字，黑口，雙黑魚尾，左右雙邊。函套已易。拙修集内封面B面鐫"同治十年六安求我齋刊曾國藩署檢"。卷前有同治戊辰吴廷棟自敘，目錄後有同治十年楊德亨識語。續編内封B面鐫"光緒九年十一月年六安求我齋校刊"。卷前有國史本傳—吴廷棟傳，卷末有光緒九年宗誠編次拙修集跋、涂宗瀛跋。

存吾春齋詩鈔十卷　二册　60.00元

劉繹著，同治二年木活字印本。

每半葉十行，行二十二字，小字雙行同，白口，單黑魚尾，四周雙邊。函套已易。内封面鐫"聚珍板印"。卷前有同治二年劉繹序。書中鈐："濟寧孫氏蘭枝館藏"朱文大方印、"孫延"朱文長方印、"梃"朱文方印、"蘇完瓜爾佳景霖藏書畫之印"朱文長方印。

龍岡山人詩鈔十五卷　四册　30.00元

洪良品著，光緒五年刻本。

每半葉十行，行二十五字，白口，單黑魚尾，四周雙邊，原裝原函原簽。内封面鐫"光緒歲次己卯"。書前有咸豐五年谢芸、同治十一年孔憲毅、同治五年錢崇柏、同治十年吴鐸序，序后有王柏心、王燕瓊、程應玉跋，跋後谢芸、梅見田、錢崇蘭、陶銳、胡道岷、錢崇柏、殷兆蘭、唐文田、梅鼎臣、陸光祖、增鑅、謝維藩、胡毓筠、鮑桂生題詞。續刻前有光緒五年范鳴龢、黃雲鵠序，張岳齡、龍汝霖跋，雷春沼、錢崇蘭、陳錦、鮑桂生、宗韶、曹毓英等人題詞。

感舊集十六卷　六册　50.00元

王士禎輯，盧見曾補傳，乾隆十五年刻本。

每半葉十一行，行二十一字，小字雙行同，白口，單黑魚尾，左右雙邊。函套已易。首册書衣有墨筆題："感舊集六册，盧雅雨原刻本，鄉後學孫梃藏"，鈐"孫孟延收藏書畫印"朱文長方印。内封鐫"漁洋山人感舊集，雅雨山人補傳"。卷前有乾隆十七年盧見曾序，康熙十三年王士正自序，朱彝尊序，序後按語："此序與曝書亭集删定之本小異，今從原本。"卷末有小傳補遺，乾隆十七年張元《刻感舊集後序》。書中鈐："蘭枝館"朱文方印、"孫孟延收藏書畫印"朱文長方印、"孫梃寶藏"白文方印。

韓江雅集十二卷　二册　8.00元

全祖望撰，乾隆十二年刻本。

每半葉十行，行二十一字，白口，單黑魚尾，四周單邊。函套已易。殘存：卷一至六。首册書衣有墨筆題："原刻初印本精雅可愛，當與汪氏清尊集共珍之，光緒丁酉冬月孟延收得。"書中鈐"孫梃寶藏"白文方印、"夢厴秘笈"朱文長方印。

述本堂詩集十八卷詩續集五卷　八册　150.00元

方登嶧、方式濟、方觀承撰，清乾隆二十年刻嘉慶十四年續刻本。

每半葉十行，行十九字，白口，單黑魚尾，左右雙邊。函套原裝。

方登嶧：依園詩略一卷，星硯齋存稿一卷，垢硯吟一卷，葆素齋集三卷，如是齋集一卷。卷前有乾隆十八年黃叔琳序，乾隆二十年桼如序。方式濟：陸塘初稿一卷，出關詩一卷，龍沙紀略一卷，卷前有雍正十一年蔡世遠序。方觀承：東閣剩稿一卷，入塞詩一卷，懷南草一卷，豎步吟一卷，叩舷吟一卷，宜田彙稿一卷，看蠶詞一卷，松漠草一卷，卷前有乾隆十一年錢陳群序、陳兆崙序，卷末有乾隆十四年方觀本跋，乾隆十八年顧光、張鳳孫後序。詩續集五卷，方觀承著，依次爲含薇香集一卷，燕香集上下二卷、燕香二集上下二卷，卷前有嘉慶十四年姚鼐序。書中鈐："孫梴"朱文長方印、"孫孟延鑒賞書畫印"朱文長方印、"濟寧孫氏蘭枝館藏"朱文大方印。

三李詩鈔　四册　60.00元

光緒十二年刻本。

每半葉十行，行二十二字，小字雙行同，白口，單黑魚尾，四周雙邊。函套原裝。內封B面鐫"光緒丙戌仲夏西安郡齋刊"。石桐詩鈔，清李懷民著。卷前有單紹序、石桐先生墓志銘。少鶴詩鈔十三卷，清李憲喬著。詩鈔子目：少鶴內集十卷、鶴再南飛集一卷、龍城集一卷、賓山續集一卷。卷前有單紹、李秉禮序。叔白詩鈔，清李憲嵩著。全書分爲兩集：定性齋集、蓮塘遺集。定性齋集卷前有李憲喬乾隆己亥序，蓮塘遺集卷前有李憲喬乾隆乙巳序。

湖海詩傳四十六卷　十二册　120.00元

王昶輯，嘉慶八年三泖漁莊刻本。

每半葉十二行，行二十三字，黑口，單黑魚尾，左右雙邊。函套已易。首册書衣有墨筆題："原板初印，二函十二册，鮑覺生先生藏本，乙未夏日孟延收得。"內封B面鐫："嘉慶癸亥鐫，三泖漁莊藏版"，鈐"孫梴"白文方印、"夢喦"朱文方印、"蘭枝館收藏金石書畫印"朱文方印。卷前有嘉慶癸亥王昶序，序頁鈐"古歙鮑氏覺生藏書印"朱文方印。目錄頁鈐："讀書"朱文方印、"最樂"朱文方印、"孫孟延收藏書畫印"朱文長方印，卷首鈐："孟延讀過"朱文長方印、"孫梴寶藏"白文方印、"夢喦收藏圖書"朱文長方印。

廬江錢氏詩匯四種　二册　20.00元

錢儀吉輯，道光間刻本。

每半葉九行，行二十一字，小字雙行同，黑口，單黑魚尾，四周雙邊。函套已易。竹房遺詩，清錢福胙撰。內封B面鐫："廬江錢氏詩匯第四十三集"，有道光二十二年錢儀吉"序"。知非草，清代錢界撰。內封B面鐫："廬江錢氏詩匯第二十四集"，卷前有《嘉興府志列傳》《國朝畫徵續錄》所收錢界傳。有道光癸卯錢儀吉"序"。艮齋詩存，錢豫章撰。內封B面鐫："廬江錢氏詩匯第三十五集",有嘉慶己卯吳璥"序"。漆林集,錢開仕撰。內封B面鐫:"廬江錢氏詩匯第四十一集",有錢儀吉"乾隆乙卯世父侍讀公奉"。

是程堂倡和投贈集二十五卷　五册　80.00元

屠倬輯,道光五年刻本。

每半葉十一行,行二十三字,小字雙行同,白口,單黑魚尾,左右雙邊。函套已易。內封面鐫"道光五年乙酉刊"。首册書衣有墨筆題:"是程堂倡龢投贈集五册",鈐"夢巖"朱文印。卷前有道光五年胡敬總序,序後有作者小傳。書中鈐:"孫樾寶藏"白文方印、"長在來枝案頭"朱文方印。

粵東三子詩鈔十四卷卷首一卷　五册　80.00元

黃玉階編,道光二十二年刻本。

每半葉十行,行十九字,小字雙行同,黑口,單黑魚尾,左右雙邊。函套原裝。首册書衣鈐"耿文光字星垣一字酉山"朱文大方印。內封A面鐫"粵東三子詩鈔十四卷",B面鐫"道光二十二年歲在壬寅孟春之月刊于廣州"。卷前有嘉慶十六年翁方綱序,卷首道光二十二年爲黃玉階編總目。

附記:

此文完稿之際,又見西泠印社拍賣有限公司2014年十周年慶典秋拍古籍善本專場有孫氏蘭枝館舊藏清集一種,因未寓目,兹據拍賣圖錄迻錄於此:

石園全集三十卷　（清）李元鼎撰

清雍正間香雪堂精寫刻初印本

1函6册　開化紙

鑑藏印:蘭枝館主（朱）濟甯孫氏蘭枝館藏（朱）蘭枝館（朱）孫孟延鑑賞書畫之章（朱）孟延大木（白）字曰壽松（朱）名余曰樾（白）今爲樾所寶（朱）東山藏書（朱白）。

提要:是書爲李元鼎詩文合集,由其子李振裕等刻於香雪堂,前刊康熙四十一年宋犖序,又有熊文舉、黎元寬等五人舊序六篇。……此集寫刻精雅,以開化紙撫印,舊裝品佳。書中"胤"字闕筆避諱,"弘"字不避,當爲雍正間所刊。首册封面有晚清收藏家孫樾（孟延）題跋。

康冬梅:北京師範大學圖書館館員
程仁桃:北京師範大學圖書館副研究館員

孫毓修顧希昭夫婦稿本四種掌故談

章 力

孫毓修（1871—1923）字星若，一作恂如，號留庵，江蘇無錫人，早年于南菁書院就讀，曾從美國教士學習英文，光緒末年從繆荃孫學習版本目錄，1906年進入商務印書館任高級編譯，主持涵芬樓收購古書等事，參與出版《四部叢刊》。在輯印《四部叢刊》同時，孫毓修將涵芬樓所藏之舊鈔、舊刻中的零星小種整理編輯，仿《知不足齋叢書》之例，匯成《涵芬樓秘笈》十集。所著有《中國雕版源流考》及《伊索寓言演義》等，還出版過童話《無貓國》，被譽為中國童話的開山祖師。

留庵先生藏書處曰"小緑天"，齋名源自同邑明代出版家安國。安國本姓黄，後改姓安，字民泰，酷愛桂花，所住之處多有種植，故號桂坡，所居則稱桂坡館。安國為明代中期無錫巨富，人稱"安百萬"，素喜收藏古書畫及鐘鼎彝器，尤其喜購異書，藏書處有"小緑天室""墨顛齋"等，藏書同時亦有刻書，其所刻者，既有木質雕版，亦有金屬活字，其中桂坡館銅活字於古代刻書史上極負盛名。安國藏書散後，孫毓修陸續收得其中一部分，故亦以"小緑天"顔其齋，以示一脈相承，淵源有自。

近二十年來，寒齋陸續收得孫毓修舊藏十餘部，多有經其題跋者，又有小緑天書目類稿本四册，其中多有未刊行者，不敢自秘，現摘録片段，介紹如下。

一、《小緑天藏書筆卷式》不分卷　孫毓修稿本

此爲留庵先生稿本，毛裝一册，封面墨筆題《小緑天藏書筆卷式》，下署"留庵手稿"，內頁爲十二行黑格稿紙，書耳處有"梁溪孫氏文房"六字，內文以紫色鉛字列印，最末數頁轉爲黑色鉛字列印，從印刷史來講，此種結合體具有標本意義：傳統雕版印刷與半現代化的印刷結合，新舊之交匯與替代盡在其中。此本應該是準備出版之底稿，內中朱、墨二色校改及眉批、補注皆出自孫毓修親筆，或因時局及大限之故，該稿最後並未正式出版，幸而未毀於兵火蟲齧，保留至今。

此本無目錄，首頁首行題"小緑天藏書筆記"，次行即爲正文，由其父嗜書開始講起，繼而述其父嗜何書，有何書，以何書課子等等，繼而講所藏家譜事，以示淵源，之後始講述小緑天藏書，每段之間無標題，僅以換行爲示。孫氏家譜現藏芷蘭齋，封面有留庵先生手跡，早年與書目稿本等一並收來。因年代久遠，油墨發散，數頁已洇漫成紫色墨點，閱之極傷目力，又恐繼續發散下去終不可讀，常思將其點校出版，既向留庵表示敬意，亦爲士林略盡綿力。從寫作方式來看，此稿介於書跋與筆記之間，有記版本者，有講故事者，其中有《無錫華氏安氏活字版考》，約一千兩百餘字，未知是否曾正式出版，文章最末云："邑人沿先輩遺風，近世印書，亦喜用活字。張金吾《言舊錄》：'嘉慶己卯，從錫山得活字十萬有奇，排印《續資治通鑒長編》。'是其證也。惟皆用楊木版，字體亦不及明時之古雅矣。"寒齋亦收有張金吾排印《續資治通鑒長編》一部，十函六十册，一向知其爲木活字，然從未想過爲何木所製，讀留庵先生文始知爲楊木。

稿本第九頁講光緒中葉書籍盛行石印本，科舉考試所用之書多有縮印拼湊成袖珍版，以便挾入考棚，爲當時業科舉者喜愛欲得之品。留庵亦購有《十三經注疏》《皇清經解》《資治通鑒》《文獻通考》等，然其中訛誤極多，兼字跡過小不耐觀，故極欲得木板印刷之三史，求之坊中，後於光緒二十三年（1897）秋闈購得王延喆刻《史記》一部。該書爲《史記》明代三個最有名版本之一，此三個版本均刊刻於嘉靖年間，書界稱之爲《史記》本"嘉靖三刻"。留庵所購之《史記》卷首有楊守敬光緒十二年（1886）手跋。楊守敬於跋語中稱，該書原爲宋黃善夫所刊，曾於日本見得一部，相傳王延喆從書賈處借得宋本，影摹上版，不一月而工畢，以宋本與新印本交于書賈視之，書賈竟然難分新舊，楊守敬跋云："余謂如此巨帙，豈能成之一月，且此刻雖精，與宋本終有間，然自今言之，則即作宋本觀也。"楊守敬亦是刻書人，熟悉刻書過程與所需時間，其從刻書角度來分析傳言之真僞，可信度應當頗高。留庵于楊守敬跋語之後繼

續寫道："楊氏所見黃本《史記》，後歸上海涵芬樓，予得借校，洵翰墨因緣也。"《張元濟傅增湘論書尺牘》中曾多番提及黃善夫本《史記》，由商務印書館影印出版的百衲本《史記》即採用此本作爲底本。跋中讀跋，有如鏡中窺鏡，九曲玲瓏處，妙趣無窮。

稿本第十一頁講楊守敬《古逸叢書》事，云："《古逸叢書》，爲戊戌所購，此書能得日本摹印者佳。余本墨光如漆，其紙似美濃而黟，似苔箋而薄，所謂雁皮箋者也，在彼國極貴重。仿刻舊本，不外二法：一依元書影寫，一用元書蒙版。顧影寫則失真，蒙版則易誤。相傳黎氏刻《古逸叢書》，用照相法，留影於玻璃，更以膠紙移於版上，依樣雕出，故能與印本酷肖。自有影刻以來，未有用此法者，宜其書一出，藝林爭奉爲至寶，不以新刻而菲薄之也。其版攜歸中國，在上海縣齋模印者，視此已遠遜矣。"吾曾於別處讀過有關《古逸叢書》書版事，云日本刻書手法與中國相異，印刷方式亦不同，紙在下而版在上，印刷時以鈐印方式壓下去，該書書版自日本歸來後，以中國方式刷印，將書版置於下，紙置於上，刷出來效果不甚理想，於是有人將書版再次剜深以便於印刷，結果不僅未達到效果，反而傷版，因此在中國刷印出來的《古逸叢書》雖然出自同一書版，但效果遠遠不如在日本刷印者。關於《古逸叢書》的刻製方式，數年前讀書中曾見過有多種說法，却沒有一文提及該書的刻製，竟是先照相、後雕刻，留庵這段話對於今人研究《古逸叢書》，又提供一新的證據。

稿本第二十六頁記庚申冬，書賈在蕪湖得書一批，爲漢陽洪汝奎舊藏，其中古刻名鈔皆有宜稼堂印記，皆洪氏宦江南時自郁氏所得，然洪汝奎無一印記鈐於書上，這批書後歸蔣汝藻所得，留庵云："其書盡歸烏程蔣氏，未獲嘗鼎一臠。越歲，乃得顧千里手校《笠澤叢書》，有郁泰峰印，亦洪氏物也。顧千里極留意唐人文集，而校本流傳極罕，此可作寒齋長物矣。"短短數語，宜稼堂所藏自顧千里至郁泰峰、洪汝奎，再至蔣汝藻，复歸孫毓修，脈絡清晰，流傳有序，今人研究古籍遞藏，多賴前人有此著錄。

黑色鉛字部分有記黃梨洲輯《明儒學案》，稱道光中有何凌漢、陳用光先後視學浙江，訪得黃百家補本與全祖望定本于盧月船蔣學鏞家，鄞縣王梓材爲之校勘，馮雲濠出資付梓，刻成覆勘，尚待修改，故未印行，壬寅年春，英軍入侵，書版遂毀。李慈銘僅知此書付梓，不知後事，以爲馮雲濠等人刻而不印，頗爲不滿，於《越縵堂日記》中稱："此書刊槧甚精，書版皆以紅木而爲，刻竣後深藏不出，未曾印行。世往往有刻書而不印者，其與不刻何異哉？印行矣，又高懸其價，是仇其書而不欲其行。"留庵特地於此解釋稱，越縵堂出此語，蓋未審也。讀越縵堂此語，可知其爲真讀書人，有書而不得讀，或讀而付昂值，難免出怨語，也算情有可原。然而以紅木來鐫刻書版，吾未見他處有記載，頗疑是越縵堂憤懣誇張之語，該書六十二卷，雖然不算煌煌巨著，亦非箋箋小冊，即便馮雲濠富可敵國,全部以紅木來鐫刻書版,仍然有些誇張。馮雲濠曾於寧波建有藏書樓醉經閣,兩年前吾曾專程前往尋訪,後來在馮本懷的抱珠樓中,聽一位老者閒話舊事,稱醉經閣不戒於火,今已無跡可尋。

書稿中如此講述版本及故事者,比比皆是,不僅可以書目、書跋視之,更可以史料及書林掌故觀之。此稿本尚有一個特點,即每當提及銅活字,必云"吾鄉舊刻",或稱"吾鄉華氏",每提及孫星衍,則稱"家淵如先生"。人之謂"根本",大抵如是乎。

二、《孫毓修編年書目》不分卷 孫毓修稿本

此本封面墨筆題"編年書目一册",稿紙版心刻有"梁溪孫氏小綠天寫"八字,前有目錄,起自宣統元年(1909),訖於1924年,實際內文記至1922年,最後一條爲該年十一月廿八日,內容爲瞿良士自京中購贈《四庫簡明目錄標注》一部,此時留庵身體已極其虛弱,次年一月即歸道山。目錄頁中,每行上記甲子,下空數格記當年購書費用,以及鈔書所用金額,如"宣統元、二年買書錢二百十三元,鈔書三十八元"。目錄後有《編年書目題辭》:"明知世事等雲煙,刻意求書亦太偏。辛苦得來非易事,編年漫學史家篇。"又有《書廚銘》:"少愛求書,晚耽誦讀。力不能多,聊寄所託。佳趣分年,茶夢手錄。密士典裘,芙真勵牘,吾皆師之,積於此櫝。寒以爲衣,饑則當肉;老屋三間,陳編萬軸。蘊采儲精,清門是福。"

《書廚銘》後空兩頁爲《買書記》,此文曾於1916年刊於《小說月報》,然刊於《小說月報》者與此稿本文字間略有不同,稿本篇末記有年款"己未七月無錫孫毓修記於上海",己未乃1919年,則字句修改之不同處,當以此稿本爲定。《買書記》亦由其父嗜書開始講起,繼而述其少年時雖然嗜書,却並不懂如何買書,直至光緒辛卯十七年(1891)偶於篋中撿得《四庫簡明目錄》,乃知群籍之名。知道群籍之名後,却又不知往何處求之,繼而又見金陵書局目錄,欲買之書多在其中,始傾半年薪金購得數部而歸。光緒二十五年,留庵藏書已有數架之多,但仍然不知版本,這一階段的留庵先生即便得白版新書,亦快之何如。光緒三十四年,留庵至涵芬樓工作,所見既多,開始接觸版本目錄之學,始正式開始由嗜書變爲藏書。

由《買書記》可知留庵曾先後娶過兩位妻子,皆能助其藏書,其談及第一位妻子時稱:"出赴郡縣試,輒就書棚,擇所喜者,傾囊購之,鄉人皆以爲怪,獨亡妻鈿閣典釵相助。"至鼎革前後,新舊交替,留庵亦受時代影響,視壓架爲廢物,又因經濟原因,"斥賣笨重之書數部與觀前某坊,雖亡妻阻之,亦不顧也"。在談及第二位妻子時,則稱:"吾妻顧希昭,今之姚畹真也。時時助余寫

録，又雇筆工借鈔于江浙諸家，計其費，則新鈔一，不及舊刻舊鈔三之一也，所以勤勤於此者。"姚畹真爲清代藏書家張蓉鏡之妻，號芙初，精於鑒別古籍，因其夫張蓉鏡字芙川，故夫婦二人藏書處名雙芙閣。留庵兩度娶妻若此，實幸運也。此稿本中1915年所記最後一部爲舊鈔本《詩式》五卷，下有小字注"外舅顧振卿藏書"，可見其妻顧希昭出自書香世家。

《買書記》之後有長文一篇，未題篇名，其内容有藏書心得，如"聚書貴乎識某書應急、某書應緩，非識高見卓者不能辨也"。又有對當時書賈之描寫，洪亮吉將藏書家分爲五類：考訂、校讎、收藏、鑒賞及掠販，留庵於五類之後稱："稚存先生之言曲盡其狀。近日又有以書估之心思而更持賞鑒之名得流通之譽者，可謂名實兼收，世風日巧，是又稚存先生所不及知矣。"以及："北京之李子東、紹興之陳立炎、蘇州之柳蓉春爲最著亦最巧獪，舊家所藏亦皆捆載而來，上海遂爲書市聚會之所。"最後一段述涵芬樓事，孫毓修與涵芬樓可謂淵源極深，"涵芬樓"之名稱亦爲孫毓修所起，然此段極短，僅三行文字："涵芬樓者，商務印書館編譯所藏書之所，其地在寶山縣境，光緒末年得山陰徐氏之書，皆尋常本子，其善本多得之祥符周氏書鈔閣、太倉顧氏謏聞齋，此外複陸續收買，十餘年來所積遂富，主之者海鹽張菊生也。"文章至此戛然而止，似乎並未寫完，之後又空有兩頁，仿佛有待續寫，然先生已長逝，無人再續佳篇。

長文之後爲書目"手澤"部分，僅著錄圖籍十七部，皆其先人手稿、批校之本，第一部爲《禹貢錐指要刪》一册，下注"先人志伊公手稿"，又有《唐詩三百首》一册，下注"先人手批"。又有《孫氏宗譜二十卷》十四册，下注："道光廿五年江陰斜河宗人所修，第十四册有先祖及先父手跡，書面之字是先叔季才所書。"亦有並非手稿及批校本者，但因與其家人相關，故亦著錄於中，如《靈飛經帖》，下注"此帖先君常臨"；《閲微草堂筆記》下注"四叔季才遺書"。

"手澤"之後始爲正式編年書目，首頁首行題"留庵編年書目"，次行低兩格爲："庚戌。宣統二年。年四十歲，在上海。"其後每一年首行皆如此，下注以是年多少歲，在何地，内文中亦多有於某書下注明當時身在何地、發生何事者，則此書目亦可作留庵簡易年譜視之。此目每行記一書，上記書名，下記册數，册數下以小字注明版本，其中多有珍本秘笈，如宋本《王狀元集百家注編年杜陵詩史》爲季振宜舊藏；《中原音韻》爲陸勅先手鈔本，有黄蕘圃跋；《高忠憲公文集》爲安念祖手寫未刊孤本；《説文解字》十五册，汲古閣初印未剜本，有孫星衍、顧千里、洪筠軒校；明嘉靖本《史通》及《救民急務録》，有黄蕘圃跋；愛日精廬鈔本《劉後村大全集》，有張月霄、周星詒、傅以禮跋，劉尚文、繆荃孫校。又有《經籍跋文》一册，下注"吾妻希昭手寫"。他如咫進齋鈔本、淡生堂鈔本等皆有著錄。楊守敬跋《史記》一書，著錄於1915年，其下注有"明王延喆翻宋本，楊惺吾跋，五月二日"。又於宣統二年見其著録有《絕妙好詞箋》三冊，下注"道光戊子杭州愛日軒刊本，謖聞齋藏本"，此本現藏寒齋，乍於此目中得見，如逢故人。由此編目還可知其交遊，小注中多有記該書來歷者，如購於某處，某人所贈，又或贈於某人，其中贈書予留庵者，所見名録有章一山、曾燠、劉翰怡、瞿良士、葉焕彬、宗舜年、趙學南、蔣竹莊、徐世昌、陳乃乾、惲鐵樵、繆藝風等等。

編年書目之後隔有數頁空白，最後五頁爲留庵所藏鄉賢著述類書目，首行題"鄉賢著述"，其中《編年書目》中曾經著録之黄蕘圃跋《救民急務録》又現於此目中，可見留庵此目爲單獨所撰，特意有別於《編年書目》，亦與其桑梓之心暗相呼應。《救民急務録》後爲黄裳先生所得，黄裳先生曾經收得小緑天舊藏頗多，如今先生亦歸道山矣。此目與《小緑天藏書筆卷式》共有之特點，即以先人手澤爲衆書之首，次則鄉梓文獻，留庵先生家族桑梓之心，於其筆端處處可見，其人之敦厚情深可想而知。

三、《梁溪孫氏小緑天收藏善本書目》不分卷　孫毓修稿本

此本封面有留庵先生墨筆題"梁溪孫氏小緑天收藏善本書目"，同時亦爲購書帳目。其著録序次以存放古籍之書箱爲先後，以"第一箱""第二箱"或"杉木箱第一箱""杉木箱第二箱"，以及"玻璃橱第三層"等分類，未依傳統書目按經、史、子、集分類，而是隨取隨記，再分別以紅色"經"、"史"、"子"、"集"單字鈐於書眉上，以示區別。其中首頁第二行書眉上"子"字鈐錯，變成側躺，複以正字重新鈐於側躺"子"字之上。每箱之中，四部混雜，可見留庵書齋中存書方式亦未按四部歸類，然吾亦爲藏書人，知聚書與存書過程之漫長及瑣碎，今日所得爲經部，明日所得或爲集部，實在難以將每一部書皆按四部歸於專架，故常有知道寒齋有某書，却遍尋不得之事。先生家譜亦存寒齋，爲道光二十五年世德堂木活字本，兼有孫氏藏書及題記，本欲尋出一同介紹，結果遍尋不得，未知當時歸入何架。

此目著録方式爲每行記一書，上記書名，下略注版本，中間註册數，最下注購書金額，共著録善本四百七十餘部，其中多有秘笈，見之忘俗，徒生羨慕。開卷著録第一部即爲《安桂坡館遊吟小草稿》二册，下注"明嘉靖本"，購書款爲八十元。此本爲留庵宣統三年於滬上所購，嗣後爲黄裳先生所得，著録于《來燕榭讀書記》中，黄裳先生記曰："此無錫安國所作詩稿並遊草二册，余獲之小緑天遺書中，人間孤本也。"又記曰："此書用紙與當日所印活字版書者正同，當是一時風氣。"留庵以此書爲開卷著録之第一部書，與其前兩部書目中皆以先人鄉梓爲重之風格一貫，《小緑天藏書筆卷式》稿本中，《無錫華氏安氏活

字版考》述及安氏桂坡館時稱："嘉靖間華版散而安版起。安國，字民泰，我素光祿之祖也。邑志稱其富可敵國，居膠山，因山治圃，植叢桂於後岡，因號桂坡。五世孫璿（家乘拾遺）云：廖塚宰知翁家有活字銅版，以《東光縣誌》求翁爲殺青，故契誼最深。每訪古書中少刻本者，悉以銅字翻印，故名知海內。翁歿後，六家以量分銅字，各殘闕失次，無所用矣。"安氏銅活字居然以此種方式分散乃至消亡，令人扼腕。

以書價觀之，卷中價最昂者爲明蘭雪堂銅活字本《藝文類聚》及愛日精廬鈔本《劉後村大全集》，皆爲五百元所購。檢《編年書目》，兩書均爲1921年居上海時所得，購書日期爲正月十二日，同時所得尚有明刻初印有圖本《元曲選》，以及明蜀府活字本《欒城集》，留庵注曰："以上均正月十二從繆氏買得，《藝風堂藏書志》著錄。"留庵所云"繆氏"爲繆荃孫子繆祿保，此時繆荃孫去世已有年餘，繆祿保陸續將藝風堂舊藏售出。是日留庵嘗致繆祿保手書云："伻來，送下《藝文類聚》等書五種，均已檢悉。中以《二范集》《花庵詞選》二書爲最次，徐積餘先生亦云然。但區區之意，在分得藝風堂一鱗片甲，藉寄羹牆之意，更不敢與兄論價也。《茅亭客語》務求見讓。尚有《小辨齋偶存》《顧雙溪集》二種，前單已曾列入，亦請一併交下爲禱。"儘管留庵信中稱購書原因在於想分得藝風堂一鱗片甲，但在吾看來原因不僅如此。信中提及《小辨齋偶存》作者爲明萬曆進士顧允成，無錫人，《顧雙溪集》作者爲清乾隆進士顧奎光，亦無錫人，《藝文類聚》更無須多說，"吾鄉華氏"也，且經季振宜、張月霄等收藏，留庵在意鄉梓文獻在其文章、書目中皆表現得非常明顯，故吾認爲其以昂值購《藝文類聚》，意不僅僅在於藉寄羹牆也。然而未知何故，《小辨齋偶存》與《顧雙溪集》並未如願得償，今檢1921年得書目錄，其中並未載此二書。

此目著錄銅活字本尚有會通館《宋諸臣奏議》，書價爲二百五十元，亦爲"吾鄉華氏"所刻。此書爲今日尚能得見之最早金屬活字本，據云當年僅刷印五十部。近二十年來，該書於拍場僅現身一冊，所存卷數恰好是國圖藏本中所缺者，活字本亦爲芷蘭齋專題收藏之一，該書于活字印刷史上地位超然，既經得見，當然不能輕易放過。至拍賣當日，儘管吾志在必得，但仍然擔心國圖會與吾相爭此書，又將是一場慘不忍睹之廝殺，吾甚至已經做好慘勝之準備，然而結果令人十分意外，該書居然被吾以底價得之。

該目中尚有兩部黃跋與一部顧批，黃跋爲《救民急務錄》兩冊與《槎軒集》兩冊，書價皆爲兩百元，顧批爲《笠澤叢書》兩冊，書價爲三百元，留庵注云："顧千里密校三跋。"與其他衆多數十元之書價相比，此三部書價可謂昂矣，然而有新印之書，較此價更昂者，即深受書界追捧之楊守敬所刻《古逸叢書》，是書凡六十冊，書價三百五十元，留庵注云："美濃紙初印。"以此觀之，

孫毓修顧希昭夫婦稿本四種掌故談 511

彼時書價可謂公道，書價之貴賤並非全憑名氣之大小，亦非舊必勝新，新印古籍如果校、刻、印及紙張俱佳，書界自然追捧，而辛苦爲役之人亦得大家尊重。今時《古逸叢書》於拍場上時有得見，多爲零種，整部出現者吾曾經眼四部，皆非美濃紙印本，其中日本皮紙本已算四部中最佳者，成交價近五十萬元，餘外皆爲剜改後以連史紙刷印者，於今日而言，能夠整部出現，亦屬難得。該書之美濃紙印本，吾多年來僅湊得十餘種，書源日漸枯竭，看來配齊全部二十六種美濃紙印本，頗爲無望。彼時留庵能夠以三百五十元之昂值購此美濃紙印本，不得不欽服其眼光之獨到。

目中又有《後村大全集》，曾經《編年書目》著錄："愛日精廬鈔本，有張月霄、周星詒、傅以禮跋，劉尚文、繆小山校。"檢《愛日精廬藏書志》，張金吾稱此本爲自天一閣舊鈔本影寫而來，追本溯源，藏書樂趣又豈在片刻之擁有哉！書目中還著錄查慎行舊鈔本《陪獵筆記》，有吳兔床校跋，兩冊書價兩百五十元，有意思的是，另一部《吳兔床手寫詩草》居然僅五元錢，大約爲留庵冷攤負手所得，今日翻閱此目，雖寥寥數字，仍能體會到當日留庵獲書之悅。總而言之，該書目所著錄者，多爲名家遞藏而來，且多有注明舊屬誰家鄴架，逢鈔、稿、校、跋，必有小注爲誰經手，遇有特別紙張者，亦別有注明，如桃花紙、美濃紙、羅紋紙等，凡此種種，可見留庵之藏書觀，首重家族鄉邦，然後爲銅活字本、舊家遞藏有序之本，以及名家稿抄校本，對於宋元舊籍，反而並沒有特別看重，這一點與當時藏書家通行之看重宋元舊籍者頗不相同，值得研究者注意。

近幾十年來，國內各公共圖書館競相出版古籍藏書目錄，於目錄版本之學功德無量，然而略顯遺憾者，則是衆多公館中，沒有任何一部館藏目錄能夠標明古籍用紙。一部古書，不外乎紙與墨之結合，不標明紙張，於鑒定而言，則缺失極爲重要之證據。留庵於此顯然極具前瞻性，在其幾部書目中，凡遇紙張特殊者，皆一一注明。吾亦踵先生之行，於自編芷蘭齋書目中，標明每部書所用紙張，亦或稗益後之研究者。

與前兩部書目稿本不同者，此本明顯爲留庵先生自己存檔所用，或是準備編寫善本書目之底稿，有待重新編寫，並無就此出版流傳之意，首先所用書紙爲最常見之紅格稿紙，而非之前所用之刻有"梁溪孫氏文房"及"梁溪孫氏小綠天寫"專用稿紙，其次卷中有頗多印記，如"〇"及"卍"字等，又有單雙之分，大約除却留庵本人，無人能會其意。儘管此爲一部未打算流傳之底稿，亦有其極重要之價值，今日得藏芷蘭齋，吾之幸也。

四、《梁溪孫氏小綠天藏書目》不分卷　顧希昭稿本

此本爲孫毓修夫人顧希昭於留庵身後代爲編撰。顧希昭資料不詳，僅由《編年書目》中留庵所注"外舅顧振卿藏書"所知，其出身書香世家，父親亦藏書，從小耳濡目染，亦知藏書之可貴，故于歸後頗能協助留庵整理書籍，代爲鈔書，留庵則以"今之姚畹真"形容之。此本卷前有顧希昭所撰序言，因此序各處不見記載，故錄之以公諸同好：

  先夫梁溪孫氏小綠天主人也，名毓修，字星如，又號留庵，平生酷愛舊書，又善板本之學，有自著《中國雕板源流考》《雕板之始》及《目錄之學書目考》二十餘卷，將來必要刻出送人也。彼之一生心血，收藏古書及舊精鈔本數萬卷，皆宋元明初精刻本，即各大藏書家散出者，亦有名人校過者，皆極有價值之書也。因恐遺失，今編此書目以備流傳於世，以成先人之志也。又因兒子貴定服務于廈門大學，無暇編輯，所以余勉爲編輯者也。孫顧希昭跋。中華民國二十一年，歲在壬申九月。

此跋下鈐有"端文女孫"朱方。次爲卷首，首行題"梁溪孫氏小綠天藏書目"，次行爲"無錫孫顧希昭編輯"，下鈐"希昭手鈔"朱方，所用書紙爲黑格稿紙，版心下刻"小綠天鈔藏"，孫毓修曾言顧希昭常代爲抄書，以及雇人代爲抄書，故孫家印有多種不同款式之專用抄書紙，以吾所見至少有四種。此本全卷爲顧希昭小楷書就，字跡娟秀端莊，不愧出自舊家。其著錄方式亦未按經、史、子、集分類，而是四部混雜，當爲隨取隨錄，然亦未按留庵著書、作文以及著錄之慣例，以先澤及桑梓爲第一。其著錄第一部爲《學庸論語孟子》，下注"桃花紙大字仿宋刻"以及"有藝風堂、雲輪閣、筌孫三印"，並未注明版本。此後大部分藏書皆以此格式著錄，上注書名，下注卷數及冊數，凡經名人藏過以及某人校過者必注明，兼注明紙張款式，如桃花紙、白棉紙、連史紙等，亦有部分藏書後面略有簡介。然而於目錄而言，最重要的版本一項，其著錄却非常簡單。

細讀此書目，可見凡留庵校跋過者，其下皆有小注，足見夫婦情深，如《金石錄》，其注云："此書不愧爲精鈔者，值天下無雙之本耳。星如生平酷愛舊抄者，皆有一無二之書也。"又有《史通》下注云："此書已各大藏書家藏過並校過，各有印章，留庵亦親校，此亦極有身分之書也。"武英殿聚珍版系列，其注云："星如平生所喜收藏之原板初印武英殿聚珍本叢書數十種。"後列武英殿聚珍版數十種。另有部分特別之書，顧希昭於版本後略爲介紹，如《韻徵樣板》，其版本著錄爲"所謂精寫樣本"，後注："錫山安吉古琴輯，男安念祖景林

篆録，門人華湛恩紫屏校。此書安氏家藏散出者，實在寶貴難得之書也。好奇之心人皆有之，可見其價值又在宋板之上矣。"安念祖爲錫山人氏，留庵收有不少安念祖舊藏，爲其所收集鄉邦文獻之一部分。《藝文類聚》下注："此書各大藏書家皆已藏過，且有深長之歷史。星如從藝風堂買得，甚爲欣幸，常云此書之價值可與宋板並肩矣。"又有《古逸叢書》，其注云："光緒甲申遵義黎氏刊于日本東京使署，此雖爲翻宋校板之《古逸叢書》，然較真宋本有過之無不及，爲世已罕有之書矣。"研究留庵藏書，此書目亦爲極重要之史料。

前三部書目中所載之兩部黄跋及一部顧批，於此目中已不見記載。此目編於1932年，孫毓修已去世十年。據云孫毓修去世後，顧希昭與子孫貴定守書十餘年，至1935年始首次售書，則此三部書可能在孫毓修生前已經散出。留庵生前曾將部分藏書售予涵芬樓，未知此三書是否在其中。《救民急務録》後爲黄裳先生所得。今查《中國古籍善本總目》，黄丕烈跋《救民急務録》不見記載，上海圖書館有黄跋《槎軒集》一部，顧千里校跋之《笠澤叢書》有兩部，分藏于南京圖書館及國圖，分別爲東山草堂本及古韻閣本，未知其中是否有留庵舊藏。

此目編寫雖精，却可以看出顧希昭於版本目録之學不甚諳熟，雖耳濡目染，知其可貴，却不知其何以貴，於版本著録一項極爲含糊，尤其刻本往往僅注以"精刻本"字樣，而不注明究竟爲何刻本，然後以"實在好極""極罕見之書""少見之秘本"等形容之，其中《六藝綱目》一書，版本著録居然爲"看去極古之刻本"。小緑天所藏誠多秘本，然而以藏書目録來説，讀者更欲知者，往往是其具體版本，故此目雖善，猶未解渇。又《古逸叢書》當爲美濃紙初印，其却著録爲"高麗紙"，如此等等，可想見顧希昭女士雖有心爲其夫流傳所藏，畢竟心有餘而力不足，留庵先生譽夫人爲"今之姚畹真"，更多爲鶼鰈情深。此目又令吾想起柳如是，《絳雲樓書目》因其中多有訛誤，後人多有稱其爲柳如是代錢謙益所編撰，然柳如是編撰書目畢竟爲傳説之事，並無證據可考，此目却的確出自顧希昭之手，亦爲目前已知女性編撰藏書目録之惟一實物。

韋力：芷蘭齋主人

人 物
版本目錄學研究第六輯

趙之謙的撰著與刻書

李 蜜

趙之謙是今人熟知和推重的晚清書畫家、篆刻家，但他生前並非像時代稍晚的吴昌碩、任頤等人以書畫爲職業。趙之謙説"余家世業賈，余始爲儒"。（光緒六年［1880］《仰視千七百二十九鶴齋叢書序》）這無疑充滿了一種自豪感，趙之謙是士人。

作爲一名士人，趙之謙在科場與仕途都極不順利。道光二十九年（1849），二十一歲的趙之謙終於考取秀才，此後遊幕寧波知府繆梓門下，佐理錢穀律令文牘瑣事，生活的主題是貧窮困頓，"終歲奔走，賣衣續食而已"（《鶴齋叢書序》）。生活艱辛並未磨滅他的讀書治學之志，"終歲不數飽，當飢寒交迫時，鍵扉讀書聲琅琅出金石，或哂爲迂、目爲怪，弗計也"（潘祖蔭代撰《趙撝叔行略》）。趙氏祖輩家資豐厚富於藏書，家道中落後惟書尚存。其時同鄉長者孫古徐亦好聚書，藏有王佐《北征日記》、張岱《石匱文編》等珍稀稿本。趙之謙建議孫氏取希有之本編刻叢書，並自薦代爲蒐集。山陰文教昌明繁華富庶，私人藏書亦豐，趙之謙拜訪沈玉書、許增等藏家，多處搜求假錄，五年内得書百三十餘種，然刻書事却因孫古徐病逝而廢止。這些書稿後來在戰亂中盡數遺失，原借讀之家亦"半爲焦土"，此事也讓趙之謙一生爲憾。

貧困挫折與才華學養塑造了趙之謙孤絕的性格，他自稱"離世絶俗"之人，看不起孜孜於科場之輩，"蓋乾隆後吾鄉好講墨卷……弟及友人日日講古義，衆皆駭之。即令弟輩日日接當世所云古人者，談不但厭聽，且竊笑離絶極矣"（咸豐三年［1853］致胡培系函），自負之情難掩。然而他雖清楚"離世必世離我，絶俗必俗絶我"（同上函），却同時渴望立言立功。清代士人一展抱負的首要條件是獲得功名，然而功名亦隨世俗離絶他而去，這種矛盾也構成他一生的基調。趙之謙二十至三十歲間數次鄉試未第，直到三十一歲才終於中舉，"因首藝簡古抑至第三"（《趙撝叔行略》），依然爲自己的"古學"自負不甘。次年太平軍攻陷杭州，繆梓守城戰死，趙之謙自海路避難於甌、閩，繼而聞知家鄉淪陷，藏書手稿盡失、妻女皆歿，悲傷不已，爲自己取了別號"悲庵"，刻印作款曰"三十四歲家破人亡更號作此"。

但趙之謙自負才學，建立功業之心愈熾。此時咸豐帝歿，幼帝甫登基，太平軍據半壁江山對峙湘勇，江南兵禍連年，百姓流離。趙之謙迫切期待在新君治下踏上仕途、有所建樹，刻印文作"生逢堯舜君，不忍便永訣"，款云"悲盦居士辛酉之後萬念俱灰，不敢求死者，尚冀走京師，依日月之光，盡犬馬之用"，拳拳之意溢於言表。此年底趙之謙乘船入都，等待參加恩科會試，不想一考便是客居京師近十年，四應禮部試落第。至此趙之謙終於心灰意冷，呈請以國史館謄錄議叙知縣分發江西，至南昌志局修《江西通志》。在志局趙之謙司編輯職，總攬修志事。經七年《通志》完稿，五十歲的趙之謙由潘祖蔭等官員朋友資助捐官，赴任鄱陽縣令。在知天命之年才終於踏入官場的趙之謙却隨即發現官場之腐敗險惡遠超自己想象。"江西官場，昏昏悶悶，人獸一關，人絶獸活。"（光緒八年二月廿八日致魏本存函）江西水患不絶，饑民遍野，上級催課又緊，趙之謙陷入手足皆縛進退不得的困境，每日殫精竭慮於地方政務獄訟，舊疾日臻，於光緒十年五十六歲時卒於南城知縣任上。

趙之謙一生追求事功學問二途，事功阻於功名既不可成，而其學在身後則爲書畫才華所掩。趙生平所作書畫篆刻或朋友贈答，或鬻字爲糧，不過視之爲託興小技或窘迫處的生計來源。同治初友人魏錫曾爲他集成印譜，趙之謙於書稿徑題"稼孫（錫曾字）多事"四字，並自記曰："意則厚矣，然令我一生刻印、賦詩、學文字，固天所以活我，而於我父母生我之意大悖矣！"今世人以"書畫篆刻全能大師""海上畫派奠基人"名之，若趙氏泉下有知，其無奈乎？趙之謙平生撰著刊刻經其子嗣述爲："《國朝漢學師承續記》未成。其成者《六朝別字記》一卷、《悲盦居士詩賸》一卷，爲府君自定之本。《悲盦居士文存》一卷、《四書文》一卷，不孝壽佺所輯。《補寰宇訪碑録》四卷，同治初刻於京師，尋以所采未備棄之。校刻之書則有新化鄒氏《學藝齋遺書》如干卷、德清戴氏《謫麟堂集》如干卷、《仰視千七百二十九鶴齋叢書》如干卷，内《勇廬閒詰》《英吉利廣東人城始末》《張忠烈公年譜》三種則府君自撰也。又《江西通志·凡例》《選舉表》《經政》《前事》二略，全出府君之手。其餘著述或遭兵燹，或散遷播，其所獲存者止於此，不能盡府君問學十分之一。"（《趙撝叔行略》）今作此文略記趙之謙撰著與刊刻事，以誌其學，以述其志。

一、撰著

《漢學師承續記》是趙之謙最主要的述學之作,然生前未及刊印。今有殘稿本三冊,存國家圖書館(善本12986),經漆永祥教授整理校點收入《漢學師承記箋釋》(上海古籍出版社,2006年,2013年再版)。

趙之謙崇尚實學,"平生學術皆以空言爲戒,論學主金壇段氏、高郵王氏父子及武進莊氏、劉氏"(《趙撝叔行略》)。他並非有漢宋門户之見,稱自己"少事漢學,十歲後潛心宋學者七年,今復爲漢學,竊謂漢宋二家其原則一,而流則殊。康成諸公何嘗不明理道,周程諸子何嘗不多讀書?流極而衰,乃有木雕泥塑之考據,子虚烏有之性命,此類爲二家作奴"(咸豐三年致胡培系函)。趙之謙作此《續記》,是對於其時"詩人名士""不讀書","苟有詞章考謬已算高招"(咸豐四年致胡培系函),"假名道學,以掩固陋"(同治十一年〔1872〕爲潘祖蔭治漢學居印側款),鎮日大談心學性理,"以'篤信程朱'四字爲聖賢招牌沿街叫賣"鄙視不已,諷刺説:"宋儒造何冤孽,竟爲若輩趨奉!"(同治四年五月廿二日致胡培系函)"近日名流,未見《説文部首》,便罵宋儒不識字,一肚皮八比本領,便推大作家。"(同治七年九月五日致胡培系函)

趙作此書的另一大心結也在於入都之後因金石書畫交接名儒宿耆,對自己學無師承慚憾不已:"年齒漸長,學無師承,冥想孤寂,又不能如頓禪,可以空口了事,可危可懼。"(同治四年五月廿二日致胡培系函)趙之謙曾囑託胡培系代爲牽綫,叩首汪士鐸門下:"此事關係終身,求一引進,没世感戴。"汪治地理之學,趙認爲"此學須實實見到,處處留心,走遍天下,博覽群籍,而後可以下筆"(咸豐四年致胡培系函),是實學中的實學,然而拜師事不知因何未果。

雖然趙之謙對當世學風牢騷滿腹,自己也承認"余少負氣,論學必疵人,鄉曲皆惡"(同治元年作《亡婦范敬玉事略》),然所撰《續記》秉承江藩義例,裁取碑傳墓表及傳主原説,少有議論之辭,"蓋此書原不與不讀書人看",不必去"爭閒氣"(同治七年九月五日致胡培系函)。

是《記》始撰於同治四年夏,同治六年初成,至光緒六年,趙之謙曾表示次年即可改定(十二月廿日致伯循函),説明趙之謙生前已基本完成《續記》的撰寫。今殘本散佚如此,殊爲可嘆,然較趙氏全然湮滅之稿,又爲僥倖。

《六朝別字記》趙之謙生前撰有初稿,凡例未定,《行略》所述"自定成者"不確。此本寫於同治三年十月,有同年十一月胡澍序,又有光緒十三年凌霞序,稱"擬付梓人,爰書數語歸之",可見趙身後子嗣爲刊遺著時曾列入,然未刊成。至1919年趙家整理遺稿,檢出此種,遂請商務印書館攝影石印

（1958年文字改革出版社再影印，又收入《續修四庫全書》）。趙作書多習漢魏以來石刻，集衆碑別字成此卷。可笑可悲的是，此稿撰成的次年趙之謙應禮部試，因經義中多援緯書子史，有"主司不識之字三十餘"而落榜，却又以書法卓群被挑取至國史館任謄録。

《寰宇訪碑録》爲孫星衍、邢澍所撰。趙之謙十七歲始爲金石之學讀此書時，便立志續補孫《録》，然十數載間所積拓片文稿於辛酉年毀於一旦。同治初趙之謙在京師新結交金石同好溫忠善、樊斌、劉福銓、潘祖蔭、沈樹鈞等人，友人鼓勵趙重輯《補録》，並助廣爲搜訪。至同治三年書成付梓，然版刊成後印資難以籌措（同治三年夏致魏錫曾函），故趙原刻《補寰宇訪碑録》存世印本不多。《補録》付刻之先魏錫曾建議刊刻事宜從緩，蓋因搜碑難盡。趙之謙此時仕途無望、貧病交纏，悲觀表示"窮厄極處，猶恐一旦溝壑"，"天下之大，未必有人肯爲我刻書"，"止能就見在論，蓋刻刻虚心，後來必至一字無有"（同治三年春致魏錫曾函）。雖然稍晚趙之謙自己也承認蒐集難盡，完全放棄了對《補録》的修訂，但此書是他各論作中最受重視的一種。羅振玉、劉聲木先後作有《補録刊誤》《補録校勘》，趙氏《補録》也因二氏之書得廣流傳。

以上二種均爲趙之謙居留京師時治金石之學的成績。同期趙還輯有《説柁》一種，爲集衆人論書學、印學文集。趙曾表示將來要最先刻此書（同治四年致魏錫曾函），然而當他至江西後薄有薪俸稍具刊書能力之時，則完全放棄了金石之學。今按此稿已佚。

又趙之謙有二種雜著收入《仰視千七百二十九鶴齋叢書》。《勇盧閒詰》一卷，爲鼻煙傳入中國小史及煙與煙壺之譜録。趙及友人潘祖蔭皆頗嗜鼻煙，潘氏又好煙壺收藏，因有此作。《張忠烈公年譜》一卷，爲趙所作張煌言年譜。趙之謙幼時聞叔祖述張煌言就義事，感動於心，年長後又閲讀鄉里遺黎私寫張《集》，並借鈔得署名全祖望撰張氏《年譜》一種。趙之謙以爲此《年譜》錯亂訛誤，且不見於全祖望所撰《張集序》及全氏各文集，判斷爲托名之作，故爲重撰。

《悲盦居士詩剩》《文存》及《四書文》都是趙身後子嗣所刊，後二種爲繼子趙壽佺輯。《詩剩》一卷，光緒十一年刊，收詩一百三十五首，其中辛酉之前詩僅七首，蓋"三十三歲前屢作屢棄，積稿已數十册，留于家……今當無剩字"（同治元年作《書江弢叔服敔堂詩録後》）。同治十年趙曾自集《消寒集》呈潘祖蔭，潘有題識，此刊本即以潘氏識語及諸友人和詩爲序。《文存》一卷，光緒十六年刊（2010年上海古籍出版社影印收入《清代詩文集彙編》），收文二十二篇，什九爲趙在江西任職時所作代撰應酬之文。《四書文》一卷，光緒十一年刊（收入《清代詩文集彙編》）。據趙壽佺跋，是將咸豐四年趙與友人周雙庚合刊《四書文》中的二十篇趙作重刊。今按以上二種文集之輯纂潦草敷衍，趙之謙一生文字，實以爲友人撰著所作序跋及《鶴齋叢書》各序跋爲長，然《文存》中皆未收錄。又趙論學著述不多，其學問性情於友朋信札内最爲鮮明。自趙歿後其尺牘手札乃至信封片紙皆爲藏家搜求寶愛，存世不少，惜收藏零散，且藏家多秘之。民國初西泠印社輯印《悲盦賸墨》六集，行世最廣（1992年上海書店重新出版，題爲《趙之謙尺牘》）。民國至今，國内及日本有多種趙之謙手跡書札影印出版品，不一一述之。

此外又有《章安雜説》一種，爲趙之謙咸豐十一年避難臺州章安時與江湜交往論學所作簡札隨筆，1989年由上海人民美術出版社據手稿本影印出版，又收入《續修四庫全書》。

又據《行略》，《江西通志·凡例》《選舉表》《經政》《前事》二略全出趙氏，則光緒《江西通志》一百八十卷内至少有此三十五卷爲趙之謙手訂。

趙之謙撰著存世者即如上述。

二、刻書

趙之謙撰著不多，然刊書情結極深，一生代他人校刊了兩部遺著，自己輯刊了數集叢書，具體書目及事蹟如下。

《學藝齋遺書》，鄒漢勳撰，署爲光緒四年攸縣龍汝霖南昌刻本，共收書五種：《讀書偶識》八卷、《五均論》二卷、《顓頊曆考》二卷、《學藝齋文集》三卷附《詩》一卷、《紅崖石刻釋文》一卷。鄒漢勳爲湖南新化人，長於地理輿圖之學，於湘中聞名，入江忠源幕參贊軍務，咸豐四年守廬州爲太平軍所殺，屍骨不收。鄒氏所撰《寶慶府志》《貴陽府志》《大定府志》《興義府志》《安順府志》皆有刊行，其藁存於家者有《學藝齋文集》《詩詞》《讀書偶識》《穀梁傳例》《廣韻表》《説文鯌聲部》《夏小正義疏》《易象隱義》《雜卦圖説》《卦象推廣》《六國春秋》《顓頊曆考》《帝繫詁》《詩序去害釋滯發微》十四種，因家貧不能刊印。同治二年土匪焚其舊居，樓書俱燼，僅餘殘藁十八卷（同治《新化縣志》）。同治十三年，鄒氏舊識湘人龍汝霖致書其家索遺稿，欲行校刊。光緒初龍赴任江西鉛山，結識在南昌志局修書的趙之謙，兩人頗爲相投（光緒二年致伯循函）。趙之謙仰慕鄒氏學名，又恰藏有鄒氏遺稿《讀書偶識》殘鈔一種，龍遂邀趙共同輯刻鄒氏遺著。據龍汝霖致趙之謙手札，趙負責校勘，龍負責集資刊刻事。

《學藝齋遺書》前有趙之謙撰《總序》，稱"求之二十七年始有是書，雖未盡叔績（鄒漢勳字）一生著述，要其精神志節不可磨滅者於是焉在"。又有龍汝霖友湘人王闓運作《鄒漢勳傳》。各書後有龍汝霖跋語。按鄒漢勳遺著另有《鄒叔子遺書》本，爲其孫鄒代鈞以南昌刻本與鄒漢勳早年繕寫贈左宗棠求正本參校刪并而成，計收書七種：《讀書偶識》十卷附一卷、《五均論》二卷、《顓頊曆考》二卷、《紅崖石刻釋文》一卷、《南高平物產記》二卷、《學藝齋文存》八卷、《詩存》二卷，全書前有光緒八年鄒代鈞撰《刻書緣起》。此年五月王闓運曾致函趙之謙"索叔績遺稿書板"（《湘綺樓日記》），當為此事。

《謫麐堂遺集》為趙之謙好友戴望詩文遺作。戴望為周中孚甥，受經於宋翔鳳、陳奐，交遊於俞樾、孫詒讓，崇顏李之學。入曾國藩幕，任職金陵書局，治學甚勤而性孤高，體衰多病而手不釋卷，同治十二年卒，年僅三十七歲。戴望身後無嗣，趙之謙整理其詩文遺稿並為集資刊刻，計《文集》二卷、《詩集》二卷。趙親為改定《墓表》、撰寫《序目》。是《集》於光緒元年十二月刊成，此後趙之謙又收集到數篇戴望遺文，曾擬補刻（光緒六年十月五日致凌霞函），然終未果。今按原刊本《謫麐堂遺集》存世不多，故又有宣統三年（1911）歸安陸氏依趙刊重刻本，及同年鄧實排印本（《續修四庫全書》《清代詩文集彙編》均影印該本）。戴望著作生前付刊者有《論語注》《管子校正》《顏氏學記》等，趙之謙特將其學記入《漢學師承續記》，今殘槀本中已不存此篇。

以上趙之謙校刻遺著二種。

趙之謙刊刻叢書的夙願自青年時與孫古徐輯書便已種下。同治中客居京師時，他曾請潘祖蔭出資刊書，《滂喜齋叢書》內同治時刊刻的《虞氏易消息圖說初槀》《大誓答問》《求古錄禮說補遺》《吳頊儒遺書喪禮經傳約》《京畿金石考》《橋西雜記》等數種，或據趙之謙提供的底本付刊，或據趙建議重刻。趙之謙還欲續刻陳鱣所輯《埤倉》《聲類》、翟灝《爾雅補郭》等書，但仰仗他人終非長久之計，"渠（潘祖蔭）近況甚窘，不敢再索，只得走一步看一步矣"（同治七年正月廿七日致胡培系函）。趙之謙親自輯刊叢書的夙願直至赴任江西薄有薪俸後才終得實現，所刊者即《仰視千七百二十九鶴齋叢書》。《鶴齋叢書》共六集四十種，自光緒六年起陸續付刻並分集刷印贈人寄售（光緒八年致伯循函，光緒九年致傅以豫函），故各處收藏者有四集、五集、六集之本。葉昌熾稱"撝叔藏秘冊甚富，先後付梓。今《叢書》僅四集三十一種，知其未刻者尚多也"（《藏書紀事詩》），知葉未見後二集。又1929年紹興墨潤堂書苑影印《鶴齋叢書》，也只印了前四集，至1934年羅振常蟫隱廬補印了第五、六集。

然葉所謂未刻者尚多則不虛。趙之謙自言刻書事"以錢之有無，身之壽夭爲斷"（光緒六年十二月致伯循函），既怨且悲，又言"如長此無資則專刻小種，有資別刻大種"，所謂大種意指臧庸、臧相父子及徐養原遺作等（光緒六年十月致凌霞函，又按臧相遺書今無傳本）。然最終《鶴齋叢書》內最"大"之書不過區區八卷。趙之謙所選輯者並非名著善本，他自謂"存前人述作，避免散亡，則弟自幼至老不易之志也"（同上函）。須一一了解他選取的書目與得書經歷，才能理解這份不易之志。

《韓詩遺説》二卷附訂譌一卷，臧庸撰，爲顧廣圻、阮元等評作"輯《韓詩》者最精"。臧庸爲臧琳曾孫，受業於盧文弨，一生無功名，久客浙中阮元幕府，《十三經註疏校勘記》《經籍纂詁》二書多出其手。臧庸壯年早逝後手稿散佚，《遺説》未及付梓，在浙有鈔本流傳。趙之謙以己藏之本、兼以譚獻藏汪氏振綺堂鈔本補闕輯刻。趙在同治九年所撰《序》中指出臧庸數處"千慮之失"，還是給予了"綜校數家，蔑以加於此"的評價，認爲陳喬樅《韓詩遺説考》雖後出居上，然"損益甚微"，在卷内未作訂補，僅校改鈔胥誤寫之字。光緒中後期江標刊《靈鶼閣叢書》，亦據譚獻藏本收刻，内有陶方琦據《韓詩遺説考》所作增補按語。

《九經學》三卷，王聘珍撰。王聘珍爲江西南城人，自幼力學，精治《十三經注疏》，而學豐遇嗇，僅有拔貢生身份，鬱鬱不得志以終。此本爲王聘珍嘉慶二年寄贈翁方綱求正的副本，僅有第八、九、十卷，即《儀禮學》一卷、《周禮學》二卷。趙之謙客居京師時見此殘卷，對王聘珍治經"謹守師法，不務高調，不習調人"極爲讚賞，希望故去的王聘珍"九京有知，爲我獲其全璧"（同治七年九月十日致胡培系函）。同治九年趙托請江西學政李文田尋訪王聘珍遺著，然只得到《大戴禮記解詁》刊本一種。後趙之謙赴南昌志局修《江西通志》，特在《王聘珍傳》内補入著作《九經學》，並至王氏之鄉南城冀求全帙，然終無所得。趙之謙將此殘稿收刻入叢書，仍題爲《九經學》，期待後人能"搜葺補成"。此殘本稍晚又收刻入《清經解續編》，析爲二種。

《朩廬札記》一卷，丁泰撰，爲雜考經史的十數則札記。丁少年喪父，一貧如洗，嘉慶間中進士，以經學聞。平生瘠弱多疾，藥爐在側卷未釋手，四十九歲卒，至清末其著述已絕少流傳。趙之謙與丁同鄉，特意尋訪遺作，於同治九年借鈔得《朩廬札記》，後刻入《鶴齋叢書》。今按丁泰著作有清道光七年刊《仙朩廬詩集》四卷，另有《丁中翰遺集》二卷附補遺一卷，爲 1920 年鉛印本，其輯印者待考。趙之謙同鄉尚有錢協和曾入内閣，經學亦爲人所稱，撰有《周易映義》《論語映義》，皆刊而未成。趙少時曾往其家求所著未得，後得汪中《大戴禮記正誤》稿本内存有錢氏手校十七條，哀嘆"二君皆余鄉人，然所見者僅此而已"（光緒六年《朩廬札記序》）。今按錢協和曾輯有《國朝上虞詩集》，撰《擊石拊石齋詩稿》（光緒《上虞縣志》），皆不見傳本，又國家圖書館藏有鈔本《上虞錢氏叢著十種》（善本13732），内有錢協和撰《考工記作車田職淺説》一卷、《沁香隨筆》一卷。

《從古堂款識學》一卷，徐同柏撰。徐是嘉興縣鄉居的貢生，在舅氏張廷濟指授下精研六書篆籀，此《款識學》中所錄多爲張廷濟清儀閣收藏。清儀閣物毀於太平軍戰火，故趙之謙稱"此册幸無恙，未可湮没也"。"此册"爲趙之謙居京師時所得稿本，"隨取題識存者，詞多複疊"（《從古堂款識學序》）。今按《從古堂款識學》另有十六卷本,爲光緒三十二年蒙學報館據徐同柏之子徐士燕校錄本石影印,是整理後的定稿本,收錄内容亦較《鶴齋叢書》本爲多。另 1917 年鄧實《風雨樓秘笈留眞》據徐同柏手稿影印有《清儀閣古印附注》一卷。

《汰存録》一卷,黄宗羲撰,是以東林黨立場極力批判夏允彝《幸存録》的文章,全篇皆激憤之語,即使推重黄宗羲史學的全祖望也表示"梨洲門户之見太重,其人一墮門户必不肯原之,此乃其生平習氣,亦未信也"(全祖望《跋》引鄭平之語)。趙之謙先後得《汰存録》刻本鈔本各一,文有異同,後又得何元錫夢華館藏清初鈔本,文字爲長,因刻入《鶴齋叢書》。趙之謙認爲此文雖"語過激、嫉惡過甚",然"所説事非誣","有志之士"可"平心讀之"(《汰存録跋》)。又楊復吉輯道光十三年刊《昭代叢書丁集新編》内收有《汰存録》一卷,字多譌誤,不知與趙之謙所獲鈔刻本有無關係。

《俙陽雜録》一卷,章大來撰,爲章氏讀書筆記。章是會稽諸生,受學於毛奇齡之徒范家相,"奇齡所著《四書賸言》《四書改錯》等多載大來之説"(乾隆《紹興府志》)。趙之謙青年時尋訪章大來遺著,於咸豐三年在章氏故居邨寺得《文集》四卷,爲其族人章學誠晚年手訂之本(按據乾隆《紹興府志》章大來有《玉屏山房集》),另有筆記三册不分卷。這些珍貴稿本在辛酉紹興陷落時盡數遺失。至同治十三年趙之謙復於書肆得章大來筆記鈔本一種,篇幅僅原稿十分之一,題"《俙陽雜録》"亦爲寫手代署。趙之謙感慨章氏之學"幸此書之賴存",據以刻入《鶴齋叢書》(光緒六年《俙陽雜録跋》)。今按章氏遺著又有日記《後甲集》(即《躍雷館日記》)二卷,光緒中由其後人章壽康刊入《式訓堂叢書》。

《英吉利廣東入城始末》一卷,署七弦河上釣叟撰,記述道光七年十月清軍與英軍在廣州交戰事。此書不見趙之謙序跋,不知刊刻本末。今按趙壽佺所述《行略》中稱"府君自撰"實誤,據潘乃光《荔莊隨筆》,此卷蓋採南海縣令華廷傑日記及永嘉張志瑛紀述而成,七弦河上釣叟即華廷傑别號(《清人室名别稱字號索引》作七絃河上釣叟)。又此卷爲考察第二次鴉片戰爭開戰情況重要史料,《鶴齋叢書》本爲最早刊者,近代諸叢書所收皆爲重刻或據以排印。

《東籬耦談》四卷,朝鮮金正喜撰、金敬淵輯。此書不見趙之謙序跋,不知刊刻本末。金正喜爲李朝官員學者,曾至中國,與翁方綱、阮元等交友。此卷爲金正喜於純祖二十七年(當嘉慶二十二年)所述朝鮮山川志,經其族人金敬淵輯録成文。今按此書僅見《鶴齋叢書》本。

《阮亭詩餘》一卷,爲王士禎少年時詞集,有邱石常、徐夜評語。此書不見趙之謙序跋,不知刊刻本末。今按《阮亭詩餘》有康熙刊本(《新城王氏雜文詩詞十一種》,國圖善本 04793),題爲《阮亭詩餘畧》。又據黄裳《來燕榭讀書記》,《詩餘嚳》尚有清初單行刻本,未查到收藏情況。另國家圖書館藏有《詩餘嚳》鈔本一種。

《書巖賸藁》一卷,爲楊峒所撰經史劄記。楊峒山東宜都人,乾隆間舉人,以樸學聞名,淹貫經史,工古文,詞韻學尤精,與桂馥、郝懿行交友,所著有《毛詩古音》《律服考古錄》等。趙早年赴山左曾求其著述不可得,偶從廠肆中見殘藁十餘紙,前有郝懿行題識,因存之,後刻入《鶴齋叢書》(同治六年《書巖賸藁序》)。今按《毛詩古音》已無傳本,《律服考古錄》二卷,有光緒三十四年武進李氏聖譯樓刊本(《聖譯樓叢書》),又有1974年臺北文海出版社影印稿本(《清代稿本百種彙刊》)。

《二十一都懷古詩》一卷,乃朝鮮學者柳得恭撰漢詩集。趙之謙所得爲手稿本,先後經翁方綱石墨書樓及葉名澧寶芸齋收藏。葉名澧稱《懷古詩》刻本刪改大半,與手稿殊異。趙未得見刻本,僅據稿本刊刻。趙之謙以爲其詩中"牡丹"之字皆作"牧",與《顏氏家訓》記《詩》"駉駉牡馬"河北本作"牧"同,"存古音古義之遺,足資考證"。今按《二十一都懷古詩》朝鮮刻本有正祖九年(當乾隆五十年)序翰南書林刊本(奎古86)及光緒三年補鐫本,又有哲宗三年(當咸豐二年)序玉磬山房刊本。此外國家圖書館還藏有鈔本一種。

以上第一集。此集內有趙之謙自撰《勇廬閒詰》一卷。

《虞氏易事》二卷,張惠言撰,爲張治虞氏《易》所作衆書之一,因"《易事》刻最後,行世最尟"(光緒七年《虞氏易事跋》),《清經解》亦未收錄,人或以爲因書有遺議而張氏去之。趙之謙以張氏弟子江承之《安甫遺學》中所記證《易事》爲張氏最後定本,並"重爲校栞,以存一家之學,毋使未見者有異詞也"。今按清道、嘉間刻彙印本《張皋文箋易詮全集》各處收藏者子目數量不一,有《易事》者不多,又南京圖書館藏有道光元年河合康氏刊《易事》,此二種早期刊本孰爲趙刊底本待核對原書。

《質疑》一卷,任泰撰,爲治經札記。此書不見趙之謙序跋,不知刊刻本末。任泰江寧荊溪人,爲任啟運的孫輩。道光間中進士,選庶吉士,因性恬淡隨即辭歸鄉里閉戶不出,曾編纂《釣臺經學遺書》,未及成而卒。據同治《續纂江寧府志》,任泰著有《質疑》二卷,《志》中《質疑》下有"采訪"小字,知修《志》者亦未見是書。《鶴齋叢書》所收爲一卷本,或爲殘本。

《補五代史藝文志》一卷,顧櫰三撰。此書不見趙之謙序跋,不知刊刻本末。新舊《五代史》均不著《藝文志》,清人有二種補《志》,一爲宋祖駿撰,一即顧氏所撰。顧櫰三江寧人,自幼孤貧苦讀,史學尤劬,才名滿江南北,然以歲貢生卒。今按顧氏《補志》最早刊本即《鶴齋叢書》本,稍晚又有光緒十七年廣雅書局本（與《鶴齋叢書》本出同一底本）、光緒二十三年《金陵叢刻》本及 1915 年《金陵叢書》排印本（增《補遺》一篇），開明書店據《金陵叢書》本收入《二十五史補編》。又顧氏遺著以《金陵叢書》輯錄最全，另收印《補後漢書藝文志》十卷、《補輯風俗通義佚文》一卷、《然松閣賦鈔》一卷、《詩鈔》三卷、《存稿》三卷。又《然松閣詩鈔》原稿本 1976 年影印收入聯經公司《明清未刊稿本彙編初輯》。

《六壬神定經》二卷，爲宋景祐間楊惟德奉敕撰六壬占卜之書，原有十卷，自《通志·藝文略》《宋史·藝文志》後久失著錄，亦無刊本流傳。同治四年趙之謙得明寫本殘帙二卷，據戴望跋，是卷載古六壬之法，頗不同於清季之術。趙之謙亦認爲其中稱引古說如"費直、虞喜、陳卓、樂產諸家，雖一二語，亦徵異聞"，引"《緯候》《白虎通》《新論》《物理論》《月令章句》《說文》《釋名》諸書"，亦可資考訂群籍。今按《六壬神定經》除《鶴齋叢書》外不見其他刊本。

《天問閣集》三卷，李長祥撰。李氏四川達州人，崇禎間舉人，明亡後參與抗清，忠義不屈。此集在清代列爲全毀，全祖望撰《李公行狀》中載曾見《天問閣集》四卷，爲杭人張熷得於吳中書肆，"舊聞佚事，有足疏證正史案者"。趙之謙所見者爲一殘本，題爲《天問齋明季雜稿》，爲徐傳經（吳羌山人）舊藏，前有題識，趙認爲"絕類"張熷字跡。趙之謙將此殘本刊入叢書，並期待有朝一日"能得完帙，當爲補刊"。今按民國間劉承幹輯《求恕齋叢書》，據嘉慶間達州李淑刊本刻《天問閣文集》四卷，與《鶴齋叢書》本篇次有別詳略互異。又李長祥曾作《易經參伍錯綜圖》，不見傳本，與楊大鯤合纂《杜詩編年》有清初梧桐閣刊本。

《鮓話》一卷，佟世思撰。佟世思遼東人，有文采，此卷爲記述其清初在肇慶、恩平見聞的筆記小說。此書不見趙之謙序跋，不知刊刻本末。今按《鮓話》有康熙四十年佟世集刻《與梅堂遺集》十二卷附一卷本（1997 年影印收入《四庫全書存目叢書》），文字與《鶴齋叢書》本無異，或爲趙刊原本。

《西藏考》一卷，撰人不詳，爲作者雍正初年前往西藏隨筆記錄，記述道里甚詳，於考證西藏史地及清初西藏政策頗具價值。趙之謙在《序》中未言底本由來，此卷除《鶴齋叢書》外不見其他刊本。

以上第二集。

《讀史舉正》八卷，張熷曦撰，爲對《史記》至《宋史》諸史及《資治通鑑》考證糾繆之作。張熷曦清初舉人，讀書極博，尤熟於史，然爲文矜慎，中年因病暴卒後遺稿不過數十篇。《讀史舉正》一書亦未完成，經全祖望輯爲八卷，並囑其後人傳抄（全祖望撰《張南漪墓誌銘》）。乾隆五十一年（1786）張熷曦再傳弟子許烺曾刊印《讀史舉正》，後錢大昕、王念孫考史之書紛紛而出，世士不復留意張書，傳本亦罕見。同治十年趙之謙得到一部刊本，認爲"所舉誠略有諸家所未及者，弗可棄也"，於是重校刊入《鶴齋叢書》（光緒七年《讀史舉正跋》）。今按《讀史舉正》又有光緒十七年廣雅書局覆《鶴齋叢書》本、光緒間《史學叢書》石影印廣雅書局本，未查到乾隆刊本收藏情況。

《弟子職注》一卷，孫同元撰，爲注《管子》該篇之作。同元乃孫志祖子，承其家學。同元去世後其子貧甚，於同治元年與趙之謙有一面之交。廿餘年後趙之謙編刊叢書時，念同元之子已不存，且恐無後嗣，故爲重刊《弟子職注》，以其篇幅過簡，尤易亡佚。據趙之謙光緒八年《跋》，同元頗有詩文稿未刊，已所刻不過"存其十一"。今按《弟子職注》有嘉慶六年孫氏刊本，即趙氏重刊所據原本。

《餘生録》一卷，張茂滋撰，爲記述明清易代之時其祖張肯堂闔家殉節事的回憶録，全祖望曾爲之跋。因文涉明亡之事，故在清代遭禁，傳本絶少。趙之謙由董沛得鈔一本，收刻入《鶴齋叢書》（光緒七年《餘生録跋》）。又全祖望《甬上續耆舊集》内録其文有小異，趙之謙作《校勘記》附後。今按《續耆舊》無刊本，《續修四庫全書》影印有槎湖草堂鈔本，卷三十二附《餘生録》，文字什九合趙之謙《校記》。

《甲乙雜著》一卷，乃孫肩所撰文集。孫氏嘉興人，明遺民，抗清失敗後隱於僧籍。趙之謙從友人處借鈔此集，其卷内"字經三寫，已多譌闕"，後有戴光曾跋語，稱"世無副本"。孫氏文中有隱晦提及抗清事者，趙之謙跋曰"文字雖拙，尚無悖妄語，諒其心苦，取而存之"。

《遯翁隨筆》二卷，祁駿佳撰，爲祁氏讀史札記。此書不見趙之謙序跋，不知刊刻本末。祁駿佳爲澹生堂主人祁承㸁子，亦是趙之謙同鄉山陰人，生活年代當明清之際，與陳洪綬交友，明亡後隱逸。今按除此《隨筆》外未見祁氏有其他著作流傳。

《鄭堂札記》五卷，周中孚撰。周中孚即趙之謙友人戴望外祖，曾就學阮元詁經精舍，潛研經史。生平著述甚豐，有《孝經集解》《逸周書補注》《金石識小録》《讀書記》《子書考》《四庫書存目附録》《顧亭林年譜》《詞苑叢話》及詩文題跋劄記等。周身後子嗣不肖，鬻書他氏，並手稿棄之。戴望求其遺稿，僅得《札記》五卷。同治十一年戴望病重，將副本交趙之謙，請代爲校勘，十年後趙終於將此《札記》刻入《鶴齋叢書》。據趙《跋》，《讀書記》稿舊歸平湖朱爲弼，太平軍亂中爲"粵東鉅公某"取去，遂不得見。今按民國間劉承幹刊有《鄭堂讀書記》七十一卷（《吳興叢書》），據《劉氏》跋，稿本得自洪爾振，原百餘册僅存七十一卷。

以上第三集。

《春秋朔閏異同》二卷，羅士琳撰。此書不見趙之謙序跋，不知刊刻本末。

羅士琳揚州甘泉人，精通天算之學，爲阮元推重，曾以天文生入欽天監，爲同輩所嫉，不得官而歸鄉，咸豐三年在太平軍亂中遇難。羅士琳算學之書有道光、嘉慶時數種刊本，天學論作僅餘此書，由趙之謙初刊，又收入《清經解續編》等。

《金源劄記》二卷，施國祁撰。施氏爲烏程諸生，長於史學，病《金史》蕪雜，擬作考正，遂棄舉業專力著書，積二十餘年成《金史詳校》，又列舉條目爲《金源劄記》。此書不見趙之謙序跋，不知刊刻本末。今按《金源劄記》有嘉慶十七年潯溪施氏吉貝居自刊本，又有二十一年刊《又劄》一卷，《鶴齋叢書》據嘉慶本重刊，且可知趙未見《又劄》。又《金史詳校》施氏生前未刊，光緒六年會稽章氏刊有《金史詳校》十卷《史論五答》一卷，《詳校》原稿本現歸靜嘉堂文庫。

《存漢錄》一卷，高斗樞撰。此書不見趙之謙序跋，不知刊刻本末。高斗樞爲明末進士，崇禎十四至十五年任湖廣按察使，守鄖陽，與張獻忠部及李自成交戰，是卷即爲高手錄戰事。明亡後高隱逸。此書由趙之謙初刊，民國時收入《中國內亂外禍歷史叢書》等，均題爲《守鄖紀略》。

《論語孔注辨僞》二卷，沈濤撰。孔安國《論語注》散見於何晏《集解》內，不載於《隋志》《唐志》，清人以爲僞托，道光中丁晏、沈濤先後撰有辨僞。丁書四卷，未刻，沈書雖刻至清末版亦不存，故趙之謙爲之重刊。今按沈《辨僞》有道光元年自序刊本，光緒中《清經解續編》等多種叢書有收刻。又1945年上海合衆圖書館據稿本重鈔石印丁晏《論語孔注證僞》二卷（《合衆圖書館叢書》），《續修四庫據全書》影印之。

《敬修堂釣業》一卷，不署撰人，經王崇武考證實爲查繼佐撰（《史語所集刊》第十本）。此書不見趙之謙序跋，不知刊刻本末。查繼佐曾於南明魯王政權任軍職，兵敗後隱居，於杭州敬修堂講學，將弘光初所上十五篇奏疏匯爲本卷。因卷中有違礙語，故《鶴齋叢書》本有挖去字。今按國家圖書館藏有《敬修堂釣業》鈔本二種各一卷。

《古易音訓》二卷，呂祖謙撰，宋咸熙輯。此書不見趙之謙序跋，不知刊刻本末。呂撰《音訓》失散已久，其文散見元董季眞《周易會通》內。宋咸熙爲仁和舉人，讀書等身而屢試春闈不第，後回鄉執教。嘉慶中宋氏輯成此書。今按《鶴齋叢書》本爲重刻嘉慶七年序仁和宋氏刊本，其卷上署臧庸校，卷下署徐鯤校，最末又有嚴杰重校識語，皆與原刻同。又按宋輯本《古易音訓》光緒中多種叢書有收刻。

以上第四集。此集內有趙之謙自撰《張忠烈公年譜》一卷。

《憶書》六卷，爲焦循所撰雜錄筆記，生前未刊。光緒九年趙子壽佺見之揚州市肆，後友人朱養儒購贈趙之謙，寄至南城已是十年三月。時趙繼室甫喪，己身咳疾彌甚，終夜危坐，"中宵展卷淒絕，爰爲刻之，比諸營齋，以文字緣而作佛事"（光緒十年五月《憶書跋》）。又趙壽佺曾見焦氏三册手札同售，編年當乾隆五十八年至六十年，跋内未言所踪。

《柳邊紀略》五卷，楊賓撰。楊賓爲清初山陰人，父楊越因參與抗清流放寧古塔。康熙時楊賓兩度出塞，先爲探父，後爲扶柩。回鄉後楊賓以乃父二十年間見聞及自身考察所得撰成此書，記述寧古塔輿地風土甚詳。《鶴齋叢書》本不見趙之謙序跋，不知刊刻本末。今按《柳邊紀略》有沈楙惪輯道光二十四年刊《昭代叢書壬集補編》本，原不分卷，内容合《鶴齋叢書》本一至四卷，文字亦頗有出入，其篇後有沈氏跋語。又《柳邊紀略》爲東北史地名著，近代多種叢書有收録，民國間《遼海叢書》排印本增有楊賓自序。

《曹州牡丹譜》一卷又附記七則，余鵬年撰，爲記述山東曹州名産牡丹品類之譜録。此書不見趙之謙序跋，不知刊刻本末。余鵬年又名鵬飛，乾隆間舉人，曾主當湖書院，有詩才。今按《曹州牡丹譜》有乾隆五十七年序刊本，及乾隆間刊本。又民國間陶湘輯印《喜詠軒叢書》本卷前有翁方綱《題曹州牡丹譜詩》三首，不見於《鶴齋叢書》本。

《明氏實録》一卷，楊學可撰，記元末義軍領袖明玉珍事。清嘉慶間徐松得彭元瑞校本，取《明太祖實録》及《大事記》《明史》本傳諸書補注甚詳（沈垚原跋）。此書不見趙之謙序跋，不知刊刻本末。今按楊學可《明氏實録》原本有曹溶輯道光間木活字排印《學海類編》本（民國中涵芬樓影印），而徐氏校補本僅見此種。

《天慵菴筆記》二卷，方士庶撰。方爲清初畫家，亦工詩，是卷原爲雜記手稿，大抵爲所作題畫詩跋，並雜録所見前人畫卷。嘉慶十一年焦循得此稿，乃手録之，稍加釐葺爲二卷（焦循《天慵菴筆記序》）。光緒九年趙之謙從友人處假録焦循手鈔本，並爲校刊，"記中論畫數則，以存其人，今既刻此書，開卷即得，亦仍之"（光緒十年《天慵菴筆記序》）。趙之謙認爲方士庶的精神正僅存於篇中零散的畫論内，故不爲刪改以求整齊。卷末有戴采孫跋，補録其先人戴熙所藏方士庶畫作題跋數首，蓋"咸豐辛酉杭州再陷，先世收藏半歸浩劫，僅此數語留行篋中"。

以上第五集。

《奇門金章》一卷，不題撰人。此書不見趙之謙序跋，不知刊刻本末。此卷爲記載奇門兵占法的占卜書，有小題《遁甲玄機賦》，卷内有闕字，卷末署"以下缺"，則原爲殘本。今按清代式占法衰落，相關書籍亦隨之亡佚，《宋志》所載數十種式占書什九已不存。又《奇門金章》除《鶴齋叢書》外不見其他傳本。

《南江札記》四卷，爲邵晉涵所撰考史雜劄。此書不見趙之謙序跋，不知刊刻本末。今按《南江札記》有嘉慶八年邵氏面水層軒刊本（1965 年中華書局影印入《清人考訂筆記》，2004 年重印），《鶴齋叢書》即重刊該本。

《墨妙亭碑目攷》二卷附攷一卷，張鑑撰。宋熙寧時孫覺任吳興太守，築墨妙亭收藏境内古文遺刻，至清代石刻僅存十之六七，張鑑烏程人，以博學聞名，曾入阮元幕府。張氏於嘉慶中作此《碑目攷》，以存古蹟。此書不見趙之謙序跋，不知刊刻本末。又《碑目攷》有光緒十年江蘇書局刊本。

以上第六集。

《仰視千七百二十九鶴齋叢書》之名來自一夢，趙之謙夢見自己前往仙人所居的鶴山，遇到脈望幻化的仙童，其間又有可照鑑本相的大溪地鏡，忽而"聞空中大聲獵獵如烈風，仰視則群鶴翔舞而出，羽翼蔽天日。因問鶴數……'山外鶴不知其萬億兆也，此皆膺籙者一千七百二十有九。'已而清唳間發，變異殊甚，齊飛過前溪。偶俯瞰，則水中影鸛鵝雞鳧皆有之，且雜鏥螳蟊蟯虯蜬蠮蝓之屬，其爲鶴者百不一焉"（《鶴齋叢書序》）。

這是寓言式的夢境：清國的萬億兆士人皆是山内外之鶴，膺籙便是踏入官場"鶴山"，山内看似仙人居，終却發現石壁上鑿"貙山"名號。貙即貉，《說文》云，"貉之爲言惡也"，官場之險惡黑暗難以名狀，翩然雲鶴的達官鉅公本相不過是蟲豸而已。趙之謙爲功名事業追逐一生，最終却是"儒冠誤身，溷跡俗吏，無可自效，撫今追昔，寂寞何論"（《讀史舉正跋》）。"昏昏作卑官已十餘年矣，一事無可爲。以刻書爲事亦可笑。"（光緒九年致傅以豫函）輯刻叢書成了他唯一的寄託。

而此事可以寄託者，正是因爲叢書衆作者是趙之謙心中的真鶴（包括趙氏自己，儘管他在夢中於地鏡視己仍爲人形）。這些人物或生前即有令名，或逝後仍寂寂無聞，然他們的人生軌跡都避不開遺民、隱逸、早逝、殉難、孤微、困苦、遠逐、不第這些字眼。趙之謙一生體會着不得晉身無以用的苦澀滋味，又曾親罹喪亂，目睹兵騎踐踏下生命與文化的脆弱。因此他要刊印微隱孤絕之士的遺作，這是對不得志者人亡書散的悲憫，是對犧牲者身名俱滅的不忍。他的友人魏錫曾說："爲前人蒐拾殘賸文字，比掩骼埋胔。"趙之謙認爲僅僅蒐拾是絕不夠的，"欲人弗見，令萬馬蹴平，世有多矣……當節縮衣食，盡與棗行，庶有封樹置防護"（《書巖賸稾序》），必須刊書行世才不易再次流散，才能使精神志節終不致湮滅。趙之謙的努力果然使一些孤本傳至今日，而他自身仍不免落入與衆失意者相似的結局，或許他正是預料到此才竭力爲前人刻書。趙之謙是敏銳的，年輕時他曾與朋友戲言："天令趙益甫活到百九十歲，將來古文、詩、說經，必……成一家言。設趙益甫今日已死，所謂古文、詩、經說皆虛也。故求學問當長生，不生無學。"（咸豐三年致胡培系函）不想一語成讖。

趙之謙在《鶴齋叢書序》的結尾這樣寫道："徐堅《初學記》十九引《夢

書》曰,'舉事中止後無名,百姓所笑人所輕'。斷章取之,其言可法。西極之南古莽之國今尚有人乎？持此相質,庶幾心知其意者矣。"典出《列子》:"西極之南隅有國焉,不知境界之所接,名古莽之國。陰陽之氣所不交,故寒暑亡辨；日月之光所不照,故晝夜亡辨。其民不食不衣而多眠,五旬一覺,以夢中所爲者實,覺之所見者妄。"

附記

漆永祥教授《漢學師承記箋釋》附錄三《趙之謙國朝漢學師承續記整理記》內提及"書中有'之''謙'連珠、'大興馮氏玉敦齋收藏圖書記'長方、'大興'小長方、'御賜蘊真靈邁''御賜鳳庭集祉''御賜經厚''御賜蕃祉'、'公'圓形、'公度'小長方、'御賜景星照堂''北京圖書館'小方諸印"。今按除趙之謙自用印及北圖藏印外,其餘諸印主均爲馮恕,"御賜"諸印爲光緒帝頒馮氏語。

馮恕字公度,號華農,原籍浙江慈溪,寄籍直隸大興,與趙之謙子爲中表親。據趙壽佺《六朝別字記跋》,1919年春,馮恕至趙家索閱遺著,檢出《六朝別字記》稿本,並建議攝影石印出版。又該年商務印書館影印《六朝別字記》卷末亦有"公度""蘊真堂"印章,可知此稿本亦由馮恕收藏。

馮恕晚清翰林出身,民國後從事實業,善書法,多收藏。1948年馮氏去世後,其子遵遺囑將家藏文物圖書捐獻人民政府。《漢學師承續記》稿本何時入藏北京圖書館（今國家圖書館）待進一步核實檔案。

又按"御賜蘊真靈邁"印文應作"御賜蘊真恩遇",其餘印文待核對。

又附記

趙之謙光緒後在江西有多封致伯循函言及刻書事者,此"伯循"名氏未詳。按趙於信內自稱"兄",又常言及家事,則伯循或爲趙之族弟。又戴采孫於《天慵菴筆記跋》中稱憶"先文節公"如何,考戴熙子侄內並無名"采孫"者。以上二氏事蹟倘有知者,敬希賜告。

李蜜:國家圖書館館員

小莽蒼蒼齋藏陳介祺致吳大澂函考證

馬　楠

《小莽蒼蒼齋藏清代學者書札》載陳介祺（壽卿、簠齋）致某函六紙，① 發首曰：

齊陳☒古憲字或曼簠，葉氏物，如得之或可借，則乞棉紙一二十本。竅鼎有師淮父字，與敝藏录簠事同。今寄器、蓋文各一，備攷。與四字同名，鼎真則俱真。☒☒雖字美而斑存，未敢即無疑。父乙八則疑之，乞賞之。今幸拜惠，當珍存不敢書也。

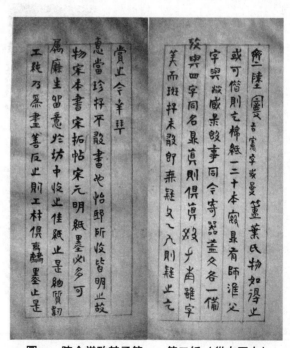

圖一　陳介祺致某函第一、第二紙（從右至左）

---

① 《小莽蒼蒼齋藏清代學者書札》，人民文學出版社，2013 年。第 668—693 頁。

函中涉及五件銅器，分別是：

表一

	《殷周金文集成》	備註
齊陳曼簠，葉氏物	陳曼簠，《集成》4596	齊陳曼簠係漢陽葉志詵（東卿）平安館舊物，後歸潘祖蔭。 《簠齋尺牘》① 同治十三年甲戌十月十三日致潘祖蔭函"李君釋收存免簠殘片、齊陳曼盉皆佳……金文目如編定，乞見寄。免簠、齊陳曼盉各乞十餘紙"。 《愙齋集古錄》② 15.8。吳氏正確釋出爲"曼"字，見《說文古籀補》卷三。
窛鼎有師淮父字，與敝藏录簠事同	窛鼎，《集成》2721	《愙齋》6.11，師雍父鼎。
	录作辛公簋，《集成》4122	陳介祺藏录簋。

---

① 《簠齋尺牘》，《石刻史料新編》第四輯，新文豐出版公司，2006年。第4頁上。
② 《愙齋集古錄》，涵芬樓影印，1916年。

(續表)

	《殷周金文集成》	備註
⿰殳⿱屮冃（尊）	疑即冊父庚尊，《集成》5744	疑即《愙齋》13.4，⿱屮冃父庚尊。（鈐印"廉生得來"）
父乙八尊	父乙八尊，《集成》5621	《愙齋》13.19

則此函係陳簠齋與吳大澂（清卿）書，殆無可疑。據函中所言，陳曼簠或已歸潘祖蔭（伯寅），窚鼎尚未歸吳大澂，⿰殳⿱屮冃、父乙八已歸吳大澂。

其中"窚鼎"（師雍父鼎）在吳大澂書信、日記中屢有提及：

光緒三年八月廿四吳大澂致陳簠齋函：①

　　窚鼎已歸通州李氏，不知何以又入廠肆，暇時當代訪之。

光緒四年三月廿一吳大澂致陳簠齋函：②

　　窚鼎尚在廠肆，索值百五十金，無人過問，可徐圖之。

光緒十二年七月十六日吳大澂《皇華紀程》③：

---

① 《吳愙齋尺牘》，謝國楨編，《石刻史料新編》第四輯，新文豐出版公司，2006年。第810頁上。
② 《吳愙齋尺牘》，第818頁下。
③ 《皇華紀程》，東方學會，第52頁。

釋師䇅父鼎金文九種。

光緒五年二月，大澂赴河北督河工，六年四月回京陛見，旋即赴吉林寧古塔練兵。後數年往返吉林省城與寧古塔之間，光緒九年十月返津，之後又往返朝鮮辦理合約事宜。據此窾鼎之歸清卿，似在光緒四年九月初二到京之後、五年二月出京之前。

而陳壽卿函又云：

> 怡邸所收皆明之故物，宋本書、宋拓帖、宋元明紙墨必多，可屬廉生于坊中留意收之。

是作書之時，清卿不在京中。疑此函在清卿光緒三年八月廿四、四年三月廿一復書之前。陳壽卿謂窾鼎與自藏录篋所載一時之事（案皆周穆王時事），吳大澂遂云"不知何以又入敞肆，暇時當代訪之""窾鼎尚在廠肆""可徐圖之"。

又《簠齋尺牘》中有陳介祺致王懿榮（廉生）函①，所涉諸器，與前揭《小莽蒼蒼齋藏清代學者書札》所載正同，見圖二。

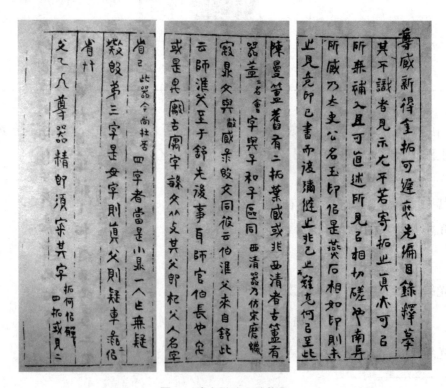

圖二　陳介祺致王懿榮函

---

① 《簠齋尺牘》，第12頁上。

陳曼簠舊有二拓，葉臧或非西清者。古簠有器蓋（蓋名會），字與子和子區同。（西清器乃仿宋磨蠟。）

　　𣪘鼎文與敦臧录簋文同。彼云伯淮父來自舒，此云師淮父至于舒，先後事耳。師，官伯長也。𠭯或是禺，廁，古寓字，繁文从攴。其父即杞父，人名字省已（此器今尚在否）。四字者當是小鼎一人作無疑。

　　𣪘簋第三字是母字則真，父則疑，車彝彝似省廾。

　　父乙人尊器精，即須審其字。（拓何似觶，四拓或見二。）

二函當爲一時所書，或致清卿函即由在京師之廉生轉寄，亦未可知。

此三紙附在與王懿榮信札最後，考此五行箋多用於同治十三年甲戌、光緒元年乙亥、光緒二年丙子，據信箋形制内容，似爲光緒二年丙子三月四日函①後所附：

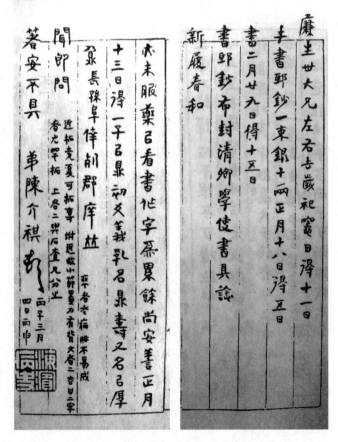

圖三　陳介祺致王懿榮函（光緒二年丙子三月四日）

---

① 《簠齋尺牘》，第97頁上—第98頁下。

第十一紙云"裝者老病，册不易成"與"尊藏金拓可遲裝"文義正相接。函中又言"唯清卿所收多有可疑，若悉刻而不可去（一器一版則可去），則亦悶悶……此非專爲清卿發，然清卿之意又甚可感，奈何奈何"，亦與"尊藏金拓可遲裝"相照。

　　如推論不誤，《小莽蒼蒼齋藏清代學者書札》所載陳介祺致吳大澂函當在光緒二年丙子三月四日前後。《簠齋尺牘》載同年五月廿五日陳介祺致王懿榮函稱"富莫富于伯寅，而精拓從此恐不易流傳"，又稱"然齊陳曼簠之'齊'却亦中直下貫"，在簠齋索得陳曼簠拓片之後，可爲佐證。

馬楠：清華大學歷史系講師

朱自清先生信札一通考釋

方 韜

朱自清（1898—1948）是現代著名詩人散文家，也是傑出的學者。抗戰時期朱自清任職于西南聯合大學，撰寫出《詩言志辨》《古詩十九首釋》《經典常談》等一系列學術名著，奠定其古典文學研究大家的地位。但在《朱自清日記》外，可供研究朱氏此間治學經歷的材料較少。本文所刊爲朱氏致西南聯大清華中國文學系新聘助教何善周（1910—2008）的信札①。該信內容與朱自清《詩言志辨》有重要的關係，還涉及王力、許維遹等學者的活動，對瞭解西南聯大學者治學有着積極的意義。

此信一紙，無行格，墨筆繕寫，有標點，字下上皆至紙邊。以下照原文迻錄：

　　善周同學：你的信接到好久了，謝謝你②。這些日子家裏人輪流的病，所以老沒寫回信，請原諒！你到清華幫助了一先生③研究詞彙，我早就知道了，那時我很高興。這件工作很重要。了一先生的領導和你的協助都是

---

① 何善周先生1940年至1950年任職於西南聯大及清華大學國文系，1950年調往東北師範大學中文系，歷任副教授、教授，後爲東北師大古籍整理研究所首任所長。此信由何先生妥善保存65年，2006年在深圳贈予門人韓格平教授，韓教授後將原件交給何先生家屬。本文據韓格平教授所授影本錄文。
② 何善周投寄朱自清的書信已亡佚，內容難以盡知。
③ 王力（1900—1986），字了一，時任清華大學國文系教授。信中注釋乃筆者所加。

很難得的。秋天回去的時候，盼望從你們兩位的工作裏得到些新知。了一先生現在住那裏，我們也久不通信了。見面時請代我問候。你的詩正變說，我極願意一讀。但是郵寄怕不易。若作文稿（貿易契類）寄，怕走得慢，也許我走到昆明，它還沒到成都呢。再則也怕遺失。如篇幅不多，可作掛號信分寄。如篇幅多，還是留着我回來看的好。去年我七月間在昆明寄的書大部分到了，但是許先生代寄的六包①，七個月了，還沒到。這中間頗有緊要的東西，也只好聽之。

我的研究工作進行得很慢。屋子小，不大能安靜，又要寫些應世文字，所以如此。大半年過去了，總想急起直追才好，只好作到那兒是那兒。說起詩正變說，我近來看《穀梁傳》，屢有"變之正"的話，（僖五，襄二九，昭卅一）不知和詩正變說有點關係沒有。你也許可以參考一下。

我的胃病好些，但因喝酒太多，胃裏出過一點血，大概不妨事。體重比在昆時增加些。你的身體好否？常在念中。祝

好！

朱自清，二月十八燈下。

據季鎮淮《朱自清年譜》，清華教員工作滿七年可休息一年，朱自清1940年夏開始休息，離開昆明暫住成都②。"去年七月間在昆明寄的書大部分到了""體重比在昆時增加些"等都表明此信寫于成都，時間爲1941年2月18日。《朱自清日記》1941年2月18日明確記載："寫信給：逖生與化成，三弟、達元、冠英、善周、聖陶、曉夢、吳個鈍（附詩稿）。"③故此信之真僞與時間皆無疑。

何善周1936年至1940年就讀北京大學及西南聯合大學國文系，1940年8月受聘爲清華大學國文系助教④。據張谷、王輯國、郭錫良編《王力先生年譜》⑤，1939年夏王力開始一年的教授休息，攜夫人夏蔚霞赴越南遠東學院進修東方語言，次年7月歸國。王力結束休假後不久，何善周即擔任其助教。朱自清、何善周自此在清華大學國文系同事八年，直至1948年朱氏去世。檢《朱自清日記》，提到何善周近40次；而《朱自清書信》亦在致浦江清及聞一多夫人

---

① 許先生，指清華大學國文系副教授許維遹（1900—1950），號駿齋。
② 季鎮淮：《聞朱年譜》，清華大學出版社，1986年，第150頁。
③ 朱喬森編：《朱自清全集·日記》（第12卷），江蘇教育出版社，1997年，第98頁。
④ 據聞一多1940年8月23日致清華大學校長梅貽琦信，何善周任清華大學中文系助教在1940年8月間。孫党伯、袁謇正主編：《聞一多全集·書信》（第12冊），湖北人民出版社，1993年，第366頁。西南聯大雖集合三校之力，但人員的聘任各校仍相對獨立。
⑤ 張谷、王輯國、郭錫良編：《王力先生年譜》，《中國語言學年鑑》附錄，1993年，第363頁。

信中2次言及。顯然兩人的交往較多。然《朱自清全集》未收録兩人間的通信。此信的刊佈,可彌補這一缺憾。

信中云"你到清華幫助了一先生研究詞彙"①,可知此時詞彙成爲王力學術研究的重要方向。據《王力先生年譜》,1940年王力出版了《中國文法學初探》,又發表《邏輯與語法》(《國文月刊》1卷6期),關注重點仍在漢語語法學。而1941年4月王力作《理想的字典》演講,又撰《談意義不明》(《國文月刊》1卷5期)、《古語的死亡殘留與轉生》(《國文月刊》1卷9期)等詞彙類研究文章,可見其自越南歸國後非常注意在詞彙上用功。由於日軍經常空襲昆明,王力"因防空襲移居昆明東北郊龍頭鎮的龍頭村的一間簡陋平房"②,而遠在成都的朱自清不知王力的住址,故云"了一先生現在住那裏"。

朱自清對何氏《詩正變説》產生濃厚的閲讀興趣。惜此文已佚,内容難以確知。而朱氏是否讀過該文,相關内容對其研究有無助益,則是有趣的話題。應該説,詩學是朱自清用力最深的研究方向③。寫此信時,其正從事古詩十九首與詩言志辨兩個詩學題目的研究。前者仍在儲備資料,1941年2月17日《日記》載"午後去圖書館,做《古詩十九首研究》的摘記"。後者業已完成《詩言志説》《比興》二篇④。但與何氏《詩正變説》相關的《正變》篇尚未着手。據《朱自清日記》,1943年5月17日"爲寫《詩正變説》一文搜集材料",18日"準備《詩正變説》的有關材料",6月1日"下午繼續寫《詩正變説》一文",7月5日"續寫《正變説》",8月26日"修改《詩正變説》一文",11月7日"閲《詩正變説》稿並改錯",歷時近半年,朱自清撰成《詩正變説》一文,待《詩言志辨》全稿殺青後易其名爲《正變》⑤。顯然,朱氏初撰《詩言志辨·正變》晚何氏《詩正變説》二年。

那麽,朱自清《正變》篇是否受到何文啓發呢?《詩言志辨·正變》第一節爲《風雅正變》,題下有注云:"本段的主要論點,由何善周君啓發,引證的材料也多由他搜集給我,特此志謝。"⑥根據朱自清《詩言志辨》的注釋體例,

---

① 據聞一多1942年8月29日致梅貽琦的信可知,何善周在擔任半年王力助教後,又轉爲聞一多助教。即1940年8月至1941年年初爲王力助教。《聞一多全集·書信》(第12册),第375頁。

② 《王力先生年譜》,第363頁至364頁。

③ 朱自清給吳組緗的信也説:"我的興趣本在詩,現在是偏向宋詩。"見《朱自清書信》,朱喬森編:《朱自清全集·書信》(第11卷),江蘇教育出版社,1997年,第181頁。

④ 朱自清《詩言志辨·序》:"《詩言志》篇跟《比興》篇是抗戰前寫的,曾分别登載《語言與文學》和《清華學報》。"見《詩言志辨》,開明書店,1947年,序第8頁。

⑤ 事實上,在書稿寄開明書店後,朱自清仍在校改《正變》一節。1947年5月26日給葉聖陶的信提到:"《詩言志辨》的《正變》篇第一部分靠近末尾提到:汪琬給俞無殊等選的《唐詩正》作序,今改爲:汪琬給南史和汪森選的《唐詩正》作序……"見《朱自清書信》,第108頁至109頁。

⑥ 《詩言志辨》,第161頁。

若引用當時學人未發表的論著，往往特別致謝。此類注釋全書共三處。其一，《詩言志辨·詩言志》引用同事許維遹"樂語"的研究心得。注云："以上論'樂語'是許駿齋（維遹）先生說，承他許在這裏引用，謹此致謝。"① 其二，《詩言志辨·比興》引用了北京大學研究生逯欽立的論文，也特別注明："北京大學文科研究所逯欽立君有《六義參釋》一稿。本章試測賦比興的初義，都根據他所搜集的材料，特此致謝。"② 其三即爲所用何善周的研究。由此推測，何善周《詩正變說》的主要内容或與《詩經》風雅正變相關，而朱自清可能讀到此文，並採用了何氏提供的資料。這種同事師生間啓發合作的學風，在西南聯大格外濃烈。聞一多曾與學生季鎮淮、何善周"集體考據"，作《七十二》③。《朱自清日記》1942年8月30日載："一多與善周討論《鄢之戰》一文。"在師徒研討的基礎上，何善周次年發表了《左傳鄢之戰集解》④。

朱自清"近來看《穀梁傳》"，當與準備撰寫《經典常談》有關。據《日記》，1941年2月5日云"我無論如何要進行《穀梁傳》的工作"，9日"上午唯讀了《說文》"，14日"前天開始讀《易經》"，27日"讀完《周易》，開始讀《詩經》"。而《說文解字》《周易》《詩經》《春秋》三傳正是《經典常談》論述的内容。這些努力是次年完成《經典常談》的基礎。2月初剛讀完《穀梁傳》，故其迅速檢出《穀梁傳》僖五、襄二九、昭卅一三則"變之正"材料，並提示何善周注意其與《詩》正變說的聯繫。此後，這些材料亦被朱氏《詩言志辨·正變》第一節《風雅正變》所利用。在《詩言志辨·正變·風雅正變》中，朱自清在指出風雅正變的重要來源是受六氣正變的分別與天象正變理論的影響後，又引《穀梁傳》說明"變"的一個重要别義爲禮之常異：

> 《詩譜序》的風雅正變說顯然受了六氣正變的分別和天象正變的理論的影響；特別是後者，只看《序》裏歸結到"弘福""大禍""後王之鑒"，跟論災變的人同一口吻，就可知道。陰陽五行說是當代的顯學，鄭氏曾注諸《緯書》，更見得不能自外。但"變"還有一個重要的别義，也是助成他這一說的。《穀梁傳》僖公五年。
>
>> 夏，……公及齊侯、宋公、陳侯、衛侯、鄭伯、許男、曹伯會王世子于首戴。……秋八月，諸侯盟于首戴。無中事（中間無他事也）而複舉諸侯，何也？尊王世子而不敢與盟也。（諸侯夏"會"王世子，

---

① 《詩言志辨》，第13頁。
② 《詩言志辨》，第95頁。
③ 聞一多：《七十二》附識："這可算作一次'集體考據'的實例罷。"朱自清編：《聞一多全集·神話與詩》（第1冊），北京三聯書店，1982年，第207頁。
④ 何善周：《左傳鄢之戰集解》，《國文月刊》第20期、第21期（續），1943年3月、4月。

秋始自相"盟")。尊則其不敢與盟何也？盟者，不相信也，故謹信也。不敢以所不信而加之尊者。（齊）桓，諸侯也，不能朝天子，是不臣也。王世子，子也，塊然受諸侯之尊己而立乎位，是不子也。桓不臣，王世子不子，則其所善焉何也？是則"變之正"也。天子微，諸侯不享覲。桓控大國，扶小國，統諸侯，不能以朝天子，亦不敢以致天王。尊王世子于首戴，乃所以尊天王之命也。世子含王命會齊桓，亦所以尊天王之命也。

是則"變之正也"，范甯《集解》云，"雖非禮之正，而合當時之宜"。又襄公二十有九年：

> 夏，……仲孫羯會晋荀盈、齊高止、宋華定、衛世叔儀、鄭公孫段、曹人、莒人、邾人、滕人、薛人、小邾人城杞。古者天子封諸侯，其地容易容其民，其民足以滿城，以自守也。杞危而不能自守，故諸侯之大夫相率以城之。此"變之正"也。

《集解》云："諸侯微弱，政由大夫。大夫能同恤災危，故曰變之正。"又昭公三十有一年：

> 冬，仲孫何忌會晋韓不信、齊高張、宋仲幾、衛太叔申、鄭國參、曹人、莒人、邾人、薛人、杞人、小邾人城成周。天子微，諸侯不享覲，天子之在者惟祭與號。故諸侯之大夫相率以城之。此"變之正"也。

諸侯"城杞""城成周"都是越俎代庖，"非禮之正；而合當時之宜"，所以稱爲"變之正"①。

此外，信中還提到抗戰時西南後方的郵政。所謂"貿易契類"是民國時期郵件的一種，指各項紙張類檔，或半書寫半刊印，或全書寫，所敘非通信性質，且未能列入印刷物類的，可作貿易契交寄。貿易契類郵件通常容量較大，故郵寄長篇幅文稿應在此類。但其投遞慢又有遺失之虞，不如掛號信有保障，故朱自清更信賴後者。朱氏曾懇請俞平伯將自己急用的書籍拆散用掛號信分寄，1941年4月16日致俞平伯信云："更有一事奉懇。即《謝靈運詩注》一書，弟暑後擬授謝詩，需用甚切。如能拆開，每數頁另封，列號寄下，最所感盼，能掛號自最佳。"②

信的最後朱自清談到飲酒過多導致胃出血，這恐怕也是其英年早逝的原因之一。《朱自清日記》多次提到自己飲酒過量，如1942年5月31日："參加梅校長晚餐會，飲酒逾量，意外地醉倒。"同年11月22日："參加襄七之生日宴會，

---

① 《詩言志辨》，第151頁至152頁。
② 《朱自清書信》，第138頁。

對那裏的客人不感興趣,飲酒甚多。"1945 年 1 月 7 日:"在厚德福舉行歡迎景超之晚宴,酣醉大睡。"胃病本是朱氏之痼疾,大量飲酒無疑是有損健康的。

(謹以此文紀念朱自清先生、何善周先生)

方韜:北京師範大學古籍與傳統文化研究院講師

形制
版本目録學研究第六輯

編輯部告讀者

　　《版本目錄學研究》第三輯刊出的方廣錩先生所作《談梵夾與梵夾裝》（上）的後續部分，仍將延遲刊出。此後延遲將不再逐輯敬告。懇祈諒解，敬請耐心期待。

版框樣式：描述與記録的歷史

石　祥

　　版框係指在古籍書葉的文字四周以綫條或圖案所構成的邊框，多爲一葉一框（晚明曾一度流行每半葉單獨成框的樣式）。大體來説，寫本中有無版框者，而絶大多數刻本皆有版框。常見的版框樣式有四周雙邊、左右雙邊、四周單邊三種；[1] 其花式除常見的直綫欄之外，另有竹節欄、博古欄等較爲少見的裝飾性邊欄。
　　由於不同版本的版框樣式不盡相同，因此版框樣式可作爲判别版本異同的比較基點之一，在版本學研究中具有一定的參考作用。是以各種版本學論著尤其是善本書志常記録版框樣式；就此還有專門的術語表達形式，即"四周雙邊"、"四周單邊"、"左右雙邊"，無版框者則稱"無欄格"或"無版框"。這樣的記録及其術語表達形式，凡對版本學有所瞭解者皆不會感到陌生。
　　但是這一現今研究者耳熟能詳的版本學基本常識，其歷史源流究竟如何，却尚未得到應有的學術史梳理。人們何時開始以"版框"一詞指稱版框這一物理實在？歷史上是否還有其它指稱版框的術語？人們何時開始注意版框樣式並將其作爲版本鑒定時的考察點？相應的文字記録何時始見於版本學著述？現今通行的"四周雙邊"的術語表達形式何時形成？或綜言之，在版本學的歷史世

---

[1]　偶有個別書葉爲上下雙邊，但全書均爲上下雙邊的實例從未見過。其原因不明，筆者推測，可能是上下雙邊的版框樣式在視覺觀感上有欠協調。另外，佛藏道藏刻本由於長期採用卷軸裝、經折裝，因此僅在書葉文字的上下兩端有版框。

界中，人們是如何言說版框的？這一系列問題迄今未有解答，本文擬就此做出初步探索。

一、版框術語的共時多樣與歷時多變

對於版框這一客觀實在，早在明代，學者就開始予以關注，並有專門名詞指稱之。但與現今通用的"版框"一詞不同，當時的對應名詞是"匡廓"，該詞首見於明代著名藏書家葉盛（1420—1474）所撰《水東日記》"二程遺書"條：

> 宋時所刻書，其匡廓中折行上下不留黑牌，首則刻工私記本版字數，次書名，次卷第數目，其末則刻工姓名。①

此後，嘉靖年間的著名刻書家袁褧亦使用"匡廓"指稱版框，他曾據宋本翻刻《文選》，有識語稱：

> 家有此本，甚稱精善，而注釋本以六家爲優，因命工翻雕。匡郭、字體未少改易。

明代關於版框的記載爲數有限，上引兩處皆以"匡廓"稱之，似可認爲該詞係當時流行的版框術語。此詞至清代仍有使用，清代中期的著名藏書家黃丕烈在其藏書題跋中兩度援引上引《水東日記》之條，可見黃氏同樣瞭解"匡廓"是指稱版框的術語，然而他本人從未使用該詞。此外，僅見光緒時代的楊守敬《日本訪書志》曾以"匡廓"指稱版框，似乎該詞在清代業已式微，逐漸遭人棄用：

> 春秋經傳集解三十卷　日本覆宋本
> 右日本古時覆宋刻《左傳集解》，不附《釋音》，每半葉八行，行十七字。……其後借得楓山官庫所藏興國本，行款、匡廓、字體皆與此本同……②

在明代，"匡廓"並非唯一的版框樣式術語。萬曆年間的文學家屠隆在其《攷槃遺事》中論及宋刻本的形制特點時，以"格"指稱版框：

> 宋人之書，紙堅刻軟，字畫如寫，格用單邊，間多諱字。

---

① （明）葉盛：《水東日記》，中華書局，1980年，第147頁。
② （清）楊守敬：《日本訪書志》，遼寧教育出版社，2003年，第13頁。

所謂"格用單邊"，乃指宋刻本的版框多爲四周單邊，而古籍版本的其他物質形態特徵皆無法稱爲"格用單邊"，是故屠隆筆下的"格"係指版框無疑。

　　清代及民國學者長期使用此詞，有時直接單獨以"格"指稱版框，更常見的是"黑格"、"墨格"、"紅格"、"藍格"、"緑格"，以描述版框顔色。此類實例在清代民國的書志題跋中極爲多見，擇引若干如下：

　　　　吴匏庵鈔本用紅印格，其手書者佳。吴岫、孫岫鈔用緑印格，甚有奇書，惜不多見。葉文莊鈔本，用緑、墨二色格。（孫從添）①

　　　　……又有舊鈔，黑格，棉紙，首題"孟東野詩集"，結銜"山南西道節度參謀試大理評事平昌孟郊"，亦十卷，無總目。……嘉慶壬申三月三日，香巖居士周錫瓚記。②

　　　　丁卯歲，收得（陸遊《南唐書》）穴研齋鈔本，卷末一葉格旁有"虞山錢遵王藏書"七字一行，審是遵王手書……乙亥五月二日，廿止醒人識。

　　　　李文饒文集十六卷　鈔本

　　　　癸未歲初，整理案頭堆積之書，知紅格舊鈔本尚留在外未歸，因加跋語，取與此本並儲。……正月人日，癸未人蕘夫手記。（以上黄丕烈）③

　　　　此書《通志堂經解》所刻者，失其自序，末二卷多闕字。抱經學士得元板，鈔此本，乾隆甲寅，學士曾郵示予，未及録副。次年，予得明人藍格鈔本，較此更勝，即以呈學士……嘉慶十年，歲在乙丑，秋八月十二日，歸安嚴元照書於畫扇齋。④

　　　　後村集

　　　　右五十卷，藍格，鈔寫極精。……（吴壽暘）⑤

　　　　大學增修聲律資用太平總類殘本七卷

　　　　舊鈔。……其每卷首頁格右並有"嘉靖十五年某人寫"一行。（莫友芝）⑥

　　　　國史唯疑

　　　　……辛巳冬，蔣香生太守得藍格舊鈔三册於榕城坊肆，方以末册失去爲惜。……（傅以禮）⑦

---

① （清）孫從添：《藏書記要》，收入《澹生堂藏書約（外八種）》，上海古籍出版社，2005年，第39頁。
② 王文進：《文禄堂訪書記》，上海古籍出版社，2007年，第260頁。
③ （清）黄丕烈：《蕘圃藏書題識》，上海遠東出版社，1999年，第143、546頁。
④ 《標點善本題跋集録》，"國立中央圖書館"，1992年，第55頁。
⑤ （清）吴壽暘：《拜經樓藏書題跋記》，上海古籍出版社，2007年，第164頁。
⑥ （清）莫友芝：《持静齋藏書記要》，上海古籍出版社，2009年，第277頁。
⑦ （清）傅以禮：《華延年室題跋》，上海古籍出版社，2009年，第120頁。

廣川書跋十卷　明錫山秦氏雁里草堂鈔本
　　……從子啓藩從長沙故家收得此本，爲明錫山秦氏雁里草堂墨格鈔本。每半葉十一行，行二十三字。……（葉德輝）①

清代還興起與"格"同質化的另一版框名詞——"欄"，該詞同樣多與顔色名詞搭配，形成"烏絲欄"、"緑絲欄"、"朱絲欄"等，以描述版框顔色。據所見文獻，康熙時代的何焯最早使用該詞，其後嘉道年間的朱錫庚、殷樹柏，同光年間的楊紹和、瞿鏞、陸心源，清末民國的葉德輝、鄧邦述、傅增湘、張元濟等人皆曾用之：

　　己丑重陽，從錢楚殷借得屛守居士閱本，因録其評語，其在行側者，録之欄下。……始誤以爲牧翁初入史館時所閱，故欄上下皆寫錢評，詳質之楚殷，乃改正云。焯。（何焯）②
　　右影宋槧鈔本唐陸元朗《經典釋文》三十卷，版長七寸，博九寸有奇，白棉紙，烏絲欄，紙色、墨色光潤如鑒，洵書工之良也。……道光元年辛巳秋九月十有二日，大興朱錫庚識。③
　　晚菘居士《一角編》，序文題詞俱係諸前哲真蹟，昔藏老友叔未張孝廉處，今歸生沐蔣廣文六兄。册高五寸，烏絲欄。……時道光壬寅重九前一日，樹柏記。（殷樹柏）④
　　宋本證類本草三十二卷
　　每半葉十一行，行十九、二十字不等。中有缺葉，用泰和本影寫補之。……卷尾欄外有小字題款一行，爲匠裝池時割損，惟"王世"兩半字可辨，或即鳳洲故物也。（楊紹和）⑤
　　茶録一卷　舊鈔本
　　……皆爲錢遵王鈔本，楮墨精絶，疑從宋刻摹寫也。錢氏又附以《觴政》、《叚食良方》、《燭夜仙酒法》，以類相次，合爲一册。每卷末一紙，欄外左角有"錢遵王述古堂藏書"八字。
　　吕和叔文集十卷　舊鈔本
　　題："朝議郎使持節衡州諸軍事守衡州刺史上騎都尉賜徘魚袋吕温撰。"述古堂藍絲欄鈔本。……（以上《鐵琴銅劍樓藏書目録》）⑥

---

① （清）葉德輝：《郋園讀書志》，上海古籍出版社，2010年，第301頁。
② 轉引自（清）鄧邦述：《寒瘦山房鬻存書目》，第475頁。
③ 《標點善本題跋集録》，第51—52頁。
④ 《標點善本題跋集録》，第294頁。
⑤ （清）楊紹和：《楹書隅録》，收入《訂補海源閣書目五種》，齊魯書社，2002年，第177頁。
⑥ （清）瞿鏞：《鐵琴銅劍樓藏書目録目録》，上海古籍出版社，2000年，第402、507頁。

宋槧蔡琪一經堂本後漢書跋

《後漢書》一百二十卷，帝紀存卷一下至卷十下，志存卷四至卷九、卷二十三至三十，列傳存一至四十八，皆題"宋宣城太守范曄撰、唐章懷太子李賢注"。小題在上，大題在下。每頁十六行，每行十六字，小字雙行，每行二十一字。欄外有篇名。……（陸心源）①

欽定天祿琳琅書目十卷　光緒甲申長沙王氏刻本

……因憶丙戌在都，見通志堂《三禮圖》初印本，卷末後有宋人刻書緣起數行，後印本已削去。書估堅持有刻書緣起者必是真宋本，余取初印、後印二本，尋其墨欄粗細、字畫肥瘦之處比校，其同一刻本，書估大服。（葉德輝）②

宋槧《隋書·禮儀志》卷五，一冊。書中佳處，公魯已詳加考訂，無待推尋。此卷欄外皆紀篇目，凡書有耳者，亦宋刊之磧證……辛未六月，群碧居士邦述。（鄧邦述）③

鈔本玉臺新詠跋

此寫本字極古舊，似出清初人手，烏絲欄，半葉十二行，行二十四字，審其篇目次序，與宋刻同，知從趙氏小宛堂本傳錄，特未遵其行格耳。

宋本纂圖互注揚子法言跋

……卷中貞、慎等字缺末筆，左欄外記篇名及卷數。間有元補之葉，則欄外不記。（以上傅增湘）④

纂圖互注禮記二十卷　宋刊本

……左右雙欄，欄外記篇名、卷數、葉數。……（張元濟）⑤

約略同時，"欄"與"格"又粘着在一起，構成了版框術語"欄格"，該詞還有一個變型即"格欄"；在實踐中還出現了"烏絲欄格"的用法（如下引楊守敬例）。如下引諸例所示，這兩個術語在清代民國時期的使用頻率也相當高，使用者有黃丕烈、張金吾、瞿鏞、陸心源、楊守敬、傅增湘等：

春秋繁露十七卷　校本

右《春秋繁露》十七卷，袁壽階借得揚州秦太史藏鈔本，而余轉假，

---

① （清）陸心源：《儀顧堂題跋》，收入《儀顧堂書目題跋彙編》，中華書局，2009年，第36頁。
② 《郋園讀書志》，第175頁。
③ 《標點善本題跋集錄》，第66頁。
④ 傅增湘：《藏園群書題記》，上海古籍出版社，1989年，第910、294頁。
⑤ 張元濟：《涵芬樓燼餘書錄》，收入《張元濟古籍書目序跋彙編》，商務印書館，2003年，第397頁。

以手自校讎者也。鈔本爲影宋，遇宋諱間有闕者。字畫斬方，一筆不苟，信屬宋刻精本。每卷首尾葉最末一行欄格外，有細楷書十字，曰"虞山錢遵王述古堂藏書"，蓋猶述古舊物矣。……嘉慶九年甲子二月朔辛酉日，蕘翁黃丕烈識。①

  太倉稊米集七十卷　舊鈔本
  宋周紫芝撰
  格欄外有"浣香居抄本"五字。（張金吾）②
  圭塘欸乃集二卷　舊鈔本
  ……舊爲錢遵王鈔藏本。格欄左角有"虞山錢遵王述古堂藏書"一行，有周伯琦序，周溥、哈剌臺、丁文昇、黃昂、張守正、王翰、王國寶等跋。（瞿鏞）③
  經進後漢書年表十卷　盧抱經手抄本
  ……案：此盧抱經手抄本，格欄有"抱經堂校定本"六字。……（陸心源）④
  附音增廣古注蒙求三卷　日本鈔本
  此本缺李良《表》、李華《序》。首題"附音增廣古注蒙求卷上"，下題"安平李瀚撰注"。以"滕公佳城"爲中卷，"陳遠豪爽"爲下卷。與徐子光本不同。烏絲欄格，每半葉十三行，行二十字。……（楊守敬）⑤
  鈔本國史經籍志跋
  ……此帙舊人所鈔，末題"康熙丙子仲春手録"，而欄格有"曼山館"三字，每卷有"錢塘徐象樗校"、"茂苑許自昌"各一行，是乃從明徐刻録出，初無他異矣。……（傅增湘）⑥

此外，還有將版框稱爲"欄綫"者，有時亦簡化爲"綫"。就所見文獻，此詞最早見於乾隆時期編成的《天禄琳琅書目》，嗣後孫星衍、瞿鏞、陸心源、徐乃昌等人使用之，其中以瞿鏞《鐵琴銅劍樓藏書目録》使用較多（共4處）：

  （宋刻）纂圖互注南華真經
  此與前一部版式相同，惟每葉左方欄綫外俱刊篇名、卷數、葉數於上，

---

① 《蕘圃藏書題識》，第48—49頁。
② （清）張金吾：《愛日精廬藏書志》，中華書局，2012年，第468頁。
③ 《鐵琴銅劍樓藏書目録》，第674頁。
④ （清）陸心源：《皕宋樓藏書志》，清光緒刻本，卷十八，葉10b。
⑤ 《日本訪書志》，第181頁。
⑥ 《藏園群書題記》，第264頁。

宋版往往有此。(《天禄琳琅書目》)①

輿地紀勝二百卷

……此本從宋板影摹。每葉廿行，行廿字。左右欄綫外俱標卷數篇目……（孫星衍）②

婺本點校重言重意互注尚書十三卷　宋刊本

……卷止四寸，寬不及三寸。每半葉十行，行廿字。傳用夾注。"匡"、"恒"、"慎"、"敦"等字皆闕筆。每葉左方欄綫外標篇名。……

隋書三卷宋刊殘本

原書八十五卷，厪存第八十三至末卷。每半葉十行，行十九字。左綫外有篇名，後有無名氏志序及天聖二年勑。（以上瞿鏞）③

隋書八十五卷　宋刊配元覆本

……案：每葉二十行，每行十九字。左綫外有篇名，"敬"、"慎"、"貞"、"恒"、"桓"、"構"皆缺避，南宋時官刊本也。（陸心源）④

北宋官槧殘本《隋書》一卷。是本半葉十行，行十九字。左綫外紀篇目，恒字缺避，蓋真宗時官本也。……公魯姻兄屬題。戊辰六月，南陵徐乃昌。⑤

此外，又有"邊欄"。該詞最早見於《天禄琳琅書目》，之後使用者有乾嘉時代的丁傑、晚清民國的陸心源、葉德輝、鄧邦述、傅增湘、葉啓勳，以下擇引實例若干：

春秋經傳集解

此書寬行大字，槧刻極精，書賈得之，遂偽作"咸平辛丑刊"五字補印於版心上方以當宋槧，不知墨色濃淡一望可知，且其中有不能容五字者，其"咸"字已印出邊欄之外……（《天禄琳琅書目》)⑥

去年春，五柳居書肆得（《佩觿》）張刻綿紙初印本，苦争以爲宋板，並指卷上第一葉第八行"渴"字注"其列翻""其"字未損爲證。余同金檢亭逐葉互勘，惟第一、第二（卷上）、第二十三、第二十四（卷中）、第三十四、第四十二（卷下）六葉確有不同，餘葉字形肥瘠、邊欄粗細皆相

---

① （清）于敏中：《天禄琳琅書目》，上海古籍出版社，2007年，第48頁。
② （清）孫星衍：《平津館鑒藏記書籍》，上海古籍出版社，2008年，第110頁。
③ 《鐵琴銅劍樓藏書目録》，第43、202頁。
④ 《皕宋樓藏書志》卷十八，葉22a。
⑤ 《標點善本題跋集録》，第65—66頁。
⑥ 《天禄琳琅書目》，第217頁。

吻合，即剝蝕處亦無絲毫之異，安得指爲二本？……傑又記。（丁傑）①

宋槧方輿勝覽跋

新編《方輿勝覽》七十卷，題曰"建安祝穆和父編"。前有嘉熙己亥呂午序及穆自序，宋刊宋印本。每頁十四行，每行大字十四，小字廿三。邊欄外有府州名。……（陸心源）②

僞本斜川集十卷　舊刊本

……此本染紙作古色，每頁補畫烏絲，僞鎸"虞山汲古閣毛子晉印"，印於卷末，蓋欲以宋本炫俗也。余以藏本證之，有邊欄而無行綫，與《存目》之本一一符合，則同一僞本。……（葉德輝）③

叔黨負盛名，其集乃無傳本，此《斜川集》十卷，正《四庫》存目中所指，坊間所刊但有邊欄而不界烏絲之龍洲集耳。……宣統紀元三月十一日，正闇居士寫記。（鄧邦述）④

監本纂圖重言重意互注點校毛詩跋

……以上四書皆題"監本纂圖重言重意互注"，惟《尚書》及《毛詩》有"點校"二字。亦皆十行十八字，《左傳》爲十行二十字。其餘句讀、加圈、左欄有耳、板式、邊欄，無一不同。（傅增湘）⑤

漢雋十卷　元延佑庚申袁桷序刊本

……頃從書友杜振湘別見一本，亦爲元刊而印在明時者，亟假歸，竭二晝夜之力，手自填補，始知明印本頗多補板。全書邊欄有單雙綫之分……丙寅冬日，拾經樓主人葉啓勛識。⑥

又有將版框稱爲"欄匡"或"匡欄"者。二者之前未見，使用者僅見葉德輝、沈曾植；以此推測，它們或是清末民初出現的新術語。其中葉氏較愛使用之，《郋園讀書志》使用兩者計12處，以下擇引若干：

誠齋易傳十卷　明嘉靖壬寅尹耕刻本

宋楊萬里《誠齋易傳》二十卷，明嘉靖壬寅尹耕刻，即藏書家著錄之療鶴亭本，世以爲希見者也。書版有匡欄，無直綫。……

---

① 《拜經樓藏書題跋記》，第30頁。
② 《儀顧堂題跋》，第66頁。
③ 《郋園讀書志》，第400頁。
④ 《標點善本題跋集錄》，第550頁。
⑤ 《藏園群書題記》，第15頁。
⑥ 葉啓勛：《拾經樓紬書錄》，收入《湖南近現代藏書家題跋選》，岳麓書社，2011年，第39頁。

劉拾遺集不分卷　明崇禎庚辰閔齊伋刻本

……首葉書面總題"大中兩儁"四字，版心上題"劉拾遺集"四字，無魚尾，葉數小字刻，近下欄匡內。每半葉九行，行十八字。前有閔序，稱其"《文集》十卷，僅見新安吳氏所校本如干篇"云云。按，吳氏即天啟甲子吳馡合刻《劉集》及《孫樵集》二家之人。但吳本稱《劉蛻集》，前書面題"唐名家文集"五大字，"劉蛻孫樵合刻"六小字。每半葉七行，行十六字。其版式有欄匡無墨綫，如支那本佛經。……（以上葉德輝）①

此書（明刊白口十行本《管子》）得之龍舒，以校明刻注本及瞿翻宋本，時有異文，足資研味。後檢莫氏《經眼錄》有此本，邵亭定爲元明間刻，亦爲朧統語耳。項見楊惺吾所藏道藏本《韓非子》，匡欄行字與此一同，乃知此是道藏本也。宣統五年仲春，植記。（沈曾植）②

此外尚有"匡格"，該詞最早見於嘉道年間，黃丕烈、陳鱣皆曾用之，之後陸心源、葉德輝亦有使用。其中以陸心源最爲偏愛該詞，《儀顧堂續跋》中該詞出現凡8處。案，陸氏所撰書志題跋有《皕宋樓藏書志》《儀顧堂題跋》《儀顧堂續跋》三種，《藏書志》編纂於光緒八年，《題跋》撰成於光緒十六年，《續跋》成書於光緒十八年。如前引諸例，《藏書志》《題跋》使用了不少其他版框術語，而"匡格"僅見於《續跋》，由此似可推測"匡格"是陸氏晚年愛用的術語。

元本毛詩注疏跋

……每葉十六行，行十八字，《傳》《箋》《釋文》及《正義》夾行，行二十五字，其款式與向藏《周易注疏》符合，匡格亦約略相同……（陳鱣）③

石門集二冊　舊鈔本

……項松門戴五自禾來吳，出行篋之書以相質，撿得此集，始知書爲松門物，而佺山借鈔，故留於彼。今松門欲以此歸余，遂出舊藏證之，乃知兩本一而二二而一者也，行款多同，特此鈔較刻匡格略大，每葉起訖不爽一字，此二而一者也。然詩文互有多寡存佚，此一而二者也。……（黃丕烈）④

宋槧蜀大字本後漢書殘本跋

《後漢書》一百二十卷，首行小題在上，大題在下，"范曄"二字居中，次行題"唐章懷太子賢注"。每卷有目連屬正文。每葉十行，每行十

---

① 《郋園讀書志》，第26—27、362頁。
② 《標點善本題跋集錄》，第248頁。
③ （清）陳鱣：《經籍跋文》，清光緒戊寅龍眠山房刻本，葉10b。
④ 《蕘圃藏書題識》，第743頁。

六字，注雙行。"構"注"今上御名"，"桓"注"淵聖御名"，與眉山刊七史行數、<u>匡格</u>相仿，當亦紹興初蜀中所刊，世所謂蜀大字者也。（陸心源）①

東坡集四十卷後集二十卷奏議十五卷内制集十卷附樂語外制集三卷續集十二卷應詔集十卷　明成化四年吉州知府程宗刻本

……近瞿氏後人以所藏宋本、元本書編成《書影》八册，每書影印一二葉，中有《東坡集》稱爲元本者，取校此本，字畫<u>匡格</u>及墨綫觕細一一無絲毫差池。蓋彼因失去序文，故不知爲明刻。（葉德輝）②

此外，還有一些較爲少見、使用者有限的版框術語，如"框子"（僅見黄丕烈使用）、"邊格"（楊守敬）、"版欄"（傅增湘）、"版格"（傅增湘）、"界格"（鄭文焯）等。這些術語的存在，進一步證明了清代民國時期版框術語的多樣性：

《（夢溪）筆談》於宋人説部中最爲賅備，故世尤珍之。然宋刻絶少，所見惟元刻小<u>匡子</u>本爲最古，此外則皆黑口本，爲好本子矣。……嘉慶丙子，蕘翁。③

碧岩録十卷　元刊本

卷首題"佛果圓悟禪師碧岩録卷第一"，每半葉十一行，行二十一字。書首有封面，記刊板縁起，<u>邊格</u>外標"杭州北橋北街東崦中張氏書隱印行"。……（楊守敬）④

明鈔本論語意原跋

……庚辰新歲，偶遊廠肆，得明鈔殘本一册，存下卷，棉紙，烏絲欄，半葉十行，行二十字，<u>板格</u>下有"小草齋鈔本"五字。……（以上傅增湘）

唐書藝文志注跋

鈔本，墨格，<u>版欄</u>外左下方有"藕香簃鈔"四字，蓋出自藝風繆氏也。⑤

今觀是刻（明白鹿齋刻陶李合刻本《陶淵明全集》），所沿譌繆並無殊世本，而版紙精雅，類宋元舊籍，字仿古歐陽體，修整有度。箸録家僉弗載有是刻，《桃華源記》文<u>界格</u>邊有"白鹿齋摹古"五字，諮諸簿録博古

---

① 《儀顧堂續跋》，第313頁。
② 《郋園讀書志》，第390頁。
③ 《蕘圃藏書題識》，第372頁。
④ 《日本訪書志》，第255頁。
⑤ 《藏園群書題記》，第37、96頁。

者，並無知白鹿齋爲誰氏矣。（鄭文焯）①

至於當代通行的"版框"一詞，約出現於乾嘉年間，《天禄琳琅書目》即有其例。該詞問世雖早，但之後長期少有運用，所見僅嘉道間的瞿中溶《古泉山館題跋》有之，顯然不甚流行；至清末民初，該詞在文獻中的出現頻率明顯提升，使用者也顯著增多，如曹元忠、劉之泗、傅增湘、羅振常、楊壽祺、葉啓勳、王古魯等人均有相關實例，可謂後來居上。

監本附音春秋穀梁注疏
……勘對此書，與前景德二年中書牒刻《公羊注疏》板框字體俱合，板心上注每紙大小字數，中標名"公疏"、"穀疏"，字亦從俗省筆，出於匠手，兩本正符。……（《天禄琳琅書目》）②

翻宋岳氏本毛詩 十册二十卷
大板。每葉十六行，行十七字。板匡左外上有耳格……（瞿中溶）③

宣統二年十月，偶遊廠市，見《論衡》殘本，自第二十六至三十都五卷，每半葉十行，行二十字……字體方正渾厚，間有元時修補者，刀口極銳，筆劃瘦挺，版心亦有"楊"字、"昌"字、"良"字記之，印以延佑五、六年牘背紙，雖遇闕版，亦以此紙畫版匡式樣釘入……辛亥三月，元忠。（曹元忠）④

元大德丙午，建康道廉訪司徇太平路之請，分刻十七史，爲元代路學最善之本。此（《北史》）與南史板匡一式，刻畫略瘦，蓋信州路刊本也。……乙亥六月望，曝書校識，公魯坐吳門太平巷固廬之魏石佛龕。（劉之泗）⑤

明姜道生刻唐詩三家跋
……《君平集》後有"雲陽姜道生重生父校刊，姜志琳明生父仝校"二行，《香匳集》後則道生校刊，後爲"新都潘最懋卿父仝校"，《義山集》雖無校刊姓名，而版匡行格斠若畫一，其爲一家所刻，自不待言。（傅增湘）⑥

---

① 陳先行、郭立暄：《上海圖書館題跋選輯·集部》，載《歷史文獻》第8輯，上海古籍出版社，2004年，第8頁。
② 《天禄琳琅書目》，第12—13頁。
③ （清）瞿中溶：《古泉山館題跋》，民國繆荃孫刻藕香零拾本，葉1a。
④ 陳先行、郭立暄：《上海圖書館題跋選輯·子部》，載《歷史文獻》第7輯，上海古籍出版社，2004年，第82頁。
⑤ 《標點善本題跋集録》，第65頁。
⑥ 《藏園群書題記》，第891—892頁。

......如《方泉詩集》之字大悦目,《學詩初稿》之寫刻精妙,與袁寒雲氏影印之《友林乙稿》,彷佛若出一手,此二種在鄧氏影印之時均將板匡縮小,與棚本相同,我人已無從識別之矣......中華民國三十五年十一月吳縣楊彭齡壽祺精選明紙,以五日之力,謹書此自製跋語於上海之來青閣。①

元刊平話,現僅存五種,均爲日本內閣文庫所珍藏。每種分上中下三卷,共十五卷。五種書名爲:(一)新刊全相平話武王伐紂書(版框高十九生的五、寬十二生的七)......(王古魯)②

綜上所述,自明代中期出現"匡廓"一詞起,先後產生了大量指稱版框的術語,約略計之,約有十數種之多,若將各種變型計入,則多達20餘種;各個術語的使用頻率、使用範圍在不同時代亦此消彼長。清人運用最多或曰最具"優勢"的版框術語是"欄格"、"格"、"欄"一系;今日此系列的術語則很少見於使用,儘管今人閱讀文獻時遭遇之,並不會對其所指疑惑不明,但它們實際已被"廢棄"了。至於現今最爲通行的"版框",雖然早在乾隆年間即已見於文獻,但真正流行則晚至清末民初,這點從使用者的時代構成上即可看出。此外,還有一些文獻例證有限、使用者較少的版框術語。無論如何,以上諸多例證充分證明了版框術語在歷時性維度上的多樣與多變。

從橫向維度觀察,不同版框術語的混用亦非常明顯,即便是同一學者也會混用多個版框術語(儘管有時可以看出他或許更傾向於其中的某一個)。例如傅增湘,除了"欄格"一系的術語與"版框"之外,他至少還曾使用"邊欄"、"版欄"、"版格",而後兩者未見他人運用。若將考察範圍放大至某一具體時代,版框術語的共時性同聲喧嘩則更爲顯著。以上現象說明:在明代中期至民國的四百餘年間,版框術語具有歷時多變與共時多樣這兩個密切相關的面相。

二、版框樣式記錄的興起:清代前期至中期

如前述,早在明代中期,版框術語就已出現於文獻,明人屠隆甚至還提出宋刻本版框多爲單邊的說法。術語的問世,說明人們已注意到版框這一書籍中的物理實在;而歸納版框樣式的趨同性現象,則說明學者已認識到版框不僅是書籍的功能性物件之一,且其樣式體現了一定時代的版刻風格,具有認知、分析與總結的價值。

---

① 《標點善本題跋集錄》,第691—692頁。
② 《標點善本題跋集錄》,第407頁。

以常理推想，欲總結版框樣式的"規律"，必先經眼大量的版本實物，進而積累相應記錄，始可從事之。從理路上來説，這已暗示了記錄版框樣式的必要性；但在版本學實踐中，版框樣式的文獻記錄却長期付之闕如。就見聞所及，明人未有之，直至清初，是時最傑出的藏書家錢謙益、毛晉、毛扆、錢曾等人皆未留下任何版框樣式記錄。

這並不是說，當時學者在研討版本時會將版框置於視野之外，而是他們的觀察點與今人不同，主要關注的是寫本的版框顏色。直至乾嘉之交，學者在文獻中言及版框，幾乎僅限於以"藍格"、"綠格"、"烏絲欄"、"朱絲欄"等術語描述版框顏色，清代中期的此類記錄頗多，以下列出筆者所見的康熙時代的兩例：

> 《揭文安集》十卷，歲己丑得於昆山葉氏，後有文莊先生名號圖記，意謂文莊時舊本，每焚香讀一過，即什襲而藏。歲壬辰初夏，搆書於甪里之高陽氏。丹臣許兄慨然出《揭集》賸余，乃以繭綿紙<u>紅格</u>書寫，紙墨俱古……康熙歲壬辰（五十一年，1712）孟夏，蓮涇後學王聞遠識於孝慈堂之雨窗。①

> 此卷（《元英先生詩集》）雖鈔錄草率，然尚是先王父遺書分授相弟者。予亦分得一<u>黑格條鈔本</u>，頗多異同，並校一過。歲在甲午，日唯長至，汲古孫綏萬識。②

案，王聞遠是康熙年間的藏書家；"綏萬"係汲古閣主人毛晉之孫（毛晉孫輩以"綏"字排行），跋中稱"先王父"，然則此跋作於順治十六年毛晉卒後，結合年輩壽命考量，宜爲其後之第一甲午，即康熙五十三年。

常熟藏書家孫從添活躍於康熙中期至乾隆早期，③所著《藏書紀要》總結宋刻本的形態特徵規律時，特別指出宋本版框多爲"單邊"，這與前揭屠隆宋本"格用單邊"之説完全一致：

> 宋刻本須看紙色、羅紋、墨氣、字劃、行款、忌諱字。<u>單邊</u>，末後卷數不刻末行，隨文隔行刻。④

案，孫從添收藏宋刻本甚多，其《上善堂宋元本精鈔舊鈔書目》著錄宋刻本53部，他所經眼的宋本自然更多，是故以上總結固爲經驗之談，非得自耳

---

① 瞿良士：《鐵琴銅劍樓藏書題跋集錄》，上海古籍出版社，2005年，第289頁。
② （清）楊紹和：《楹書隅錄續編》，收入《訂補海源閣書目五種》，齊魯書社，第468頁。
③ 據謝灼華考訂，孫從添生於康熙十至十五年，卒於乾隆十五年前後，見謝灼華：《孫慶增其人及其書》，《圖書館學通訊》1986年第4期。
④ 《藏書記要》，第36頁。

食。不過，孫氏雖已強調版框樣式是鑒别宋刻本的考察點之一，却與前人同輩一樣，未留下任何具體的版框樣式記録。這説明：早在清代前期，已有部分學者在版本學實踐中留心觀察並總結特定時代版本的版框樣式的趨同性；但與此同時，他們尚未建立起書面記録版框樣式的習慣。

時間推移至乾隆晚期，情況發生了些許變化，有關版框樣式的記録逐漸見於文獻。饒有趣味的是，其中一條重要史料出自乾隆帝及群臣《天禄琳琅鑒藏舊版書籍聯句》小序，且是以富於文字遊戲色彩的駢文形式出現的：

別梓梨而選粹，<u>寧徒邊論單雙</u>？驗楮墨而差良，奚小畫分粗細？①

雖説此處（未知出自乾隆帝抑或館臣手筆）指出鑒别版本優劣時更重要的是"别梓梨而選粹"，即從整體上予以把握；但從中仍可看出，"邊論單雙"即談論版框之爲雙邊單邊，在當時學人研討版刻時已相當普及流行，以至於"上達天聽"，連萬機之餘的乾隆帝都有所知曉。《天禄琳琅書目》本身也印證了上述推測，書中出現了比對不同版本版框樣式的實例：

（宋版）監本附音春秋穀梁注疏

……勘對此書，與前景德二年中書牒刻《公羊注疏》<u>板框字體俱合</u>，板心上注每紙大小字數，中標名"公疏"，"穀疏"，字亦從俗省筆，出於匠手，兩本正符。②

上引解題指出，宋刻《谷梁注疏》《公羊注疏》的版框樣式與字體相同；顯然，館臣在鑒定時比對了二者的版框樣式，而此類操作未見於之前的版本學實踐。更爲重要的是，其潛臺詞是：鑒於版框樣式與字體相同，這兩部宋刻本很可能刊刻於同時同地；這一推論實較前人總結宋刻本版框多爲"單邊"更進一步。

更有甚者，當時學者對版框的觀察比對已相當細緻，甚至開始關注版框綫條的粗細乃至斷版位置是否相同，例見《拜經樓藏書題跋記》傳録的丁傑題跋：

去年春，五柳居書肆得（《佩觿》）張刻綿紙初印本，苦爭以爲宋板，並指卷上第一葉第八行"渴"字注"其列翻""其"字未損爲證。余同金檢亭逐葉互勘，惟第一、第二（卷上）、第二十三、第二十四（卷中）、第三十四、第四十二（卷下）六葉確有不同，餘葉字形肥瘠、<u>邊欄粗細皆相</u>

---

① 《天禄琳琅書目》，第3頁。
② 同上書，第12頁。

吻合，即剝蝕處亦無絲毫之異，安得指爲二本？……傑又記。①

　　此跋前丁傑另有一跋，署"壬寅三月朔日"，此跋稱"傑又記"，宜爲同年所作。案，丁傑乾隆三年生，嘉慶十二年卒，其間僅有一壬寅，即乾隆四十七年（此時《天禄琳琅書目》已成書七年）。可以推想，丁氏比對版框粗細、斷版位置是否吻合之時，也會觀察版框樣式是否一致，惜哉跋中未談及此節，我們只能空存懸想。

　　儘管版框樣式在當時已成爲學者研討版本時被矚目的考察點之一，而且學者已開始比對版框樣式是否相同，以確認版本異同（這與當今版本學實踐中記録版框樣式以便比對的做法實無二致），但實際描述版框樣式的文獻記録並未隨之出現（《天禄琳琅書目》、嘉慶二年續成的《後編》以及所見乾嘉之交的題跋皆無），可見當時學者尚缺乏記録版框樣式的意識。

　　至於在文獻中正面描述版框式樣的第一人，據所見史料，當爲黄丕烈。其例有二：一是嘉慶二十一年（1816）爲金刻本《太醫張子和先生儒門事親》所撰題跋，所使用的術語表達形式是"四圍雙綫"，與現今通行的"四周雙邊"略有不同：

　　　　去秋有書估自禾中歸，攜得醫家書一部，皆太醫張子和先生著述。……忽憶舊藏《醫家圖説》一册，周香嚴以爲張從正《儒門事親》殘本，内有所云《扁華訣》《病機》者，必此是矣。急取證之，果是新收本所缺者，版刻行款多同，唯四圍雙綫筆劃較精緻。……已裝成，爲嘉慶丙子中春。越日展觀，是爲上巳前二日。蕘翁識。②

　　另一例發生於道光五年（1825），與今日所通行者不同，指稱"單邊"、"雙邊"時，用"雙夾綫"、"單夾綫"：

　　　　《後村集》五十卷，爲林秀發編次者，予向曾蓄，其餘舊鈔皆如是，雖講習堂鈔本亦不外是，知五十卷之傳世久矣。惟予訪書華陽橋顧氏，乃見有六十卷本，與五十卷有雙夾綫、單夾綫之别……道光乙酉立秋荷華生日，宋廛一翁識。③

　　在黄丕烈的全部著述題跋中，具體描述版框樣式者僅此二例，可見他並不認爲記録版框樣式具有普遍意義。與之呈鮮明對比，黄氏却極爲重視記録另一項書籍物質形態特徵——行款；其《百宋一廛賦注》著録宋刻本109種

---

① 《拜經樓藏書題跋記》，第30頁。
② 《蕘圃藏書題識》，第282—283頁。
③ 同上書，第659—660頁。

122部，幾乎全數著錄行款，而無一處記錄版框樣式，其題跋著錄行款之例亦隨處可見。事實上，著錄行款而不記錄版框樣式，是乾嘉道光年間的通例，如錢大昕《竹汀先生日記抄》、孫星衍《平津館鑒藏記書籍》《廉石居藏書記》、陳鱣《經籍跋文》、吳壽暘《拜經樓藏書題跋記》、張金吾《愛日精廬藏書志》等皆如此。

此時代唯一記錄版框樣式的版本學著述，是瞿中溶（錢大昕之婿）《古泉山館題跋》。其書規模不大（收錄題跋43篇），但描述書籍特徵之詳細完備在當時可謂首屈一指，其中8篇記錄版框樣式，① 如：

> 翻宋本《國語》六冊廿一卷
> 大板。每葉廿行，行廿字。板匡左右內有細綫，摺口板心中題"國語幾"，下題葉號。首卷首行上題"周語上"，中題"國語"，下題"韋氏解"三字，卷末尾行則無"韋氏解"三字，餘同，他卷放（仿）此。前有序二葉，每葉十四行，行十五字，首題"國語解叙"，次行下題"韋昭"二字，尾行"國語解叙"下旁注"畢"字，其下題小字云"嘉靖戊子吳郡後學金李校刻於澤遠堂"。……②

值得注意的是，儘管記錄版框樣式的做法可謂迥出時賢之上，但瞿氏似乎尚不掌握"左右雙邊"之類抽象的術語表達形式，而是使用了直接具象的表述——"板匡左右內有細綫"，以指此本版框爲左右雙邊。事實上，《古泉山館題跋》的所有版框樣式描述皆屬此類，如"翻宋本《干祿字書》"條，爲表達此本版框係左右雙邊，他使用了"上下單邊，左右邊內有細綫"這樣繁複而笨拙的描述。結合前舉黃丕烈稱"四圍雙綫""雙夾綫""單夾綫"之例，似可大膽推測，在黃丕烈、陳鱣的時代，版框樣式記錄始嶄露於文獻，不僅相對一致的術語表達尚未形成，甚至簡練有效的術語表達亦未有之。

三、漸次展開：清代晚期的版框樣式記錄

受太平天國戰爭的影響，版本學研究在咸豐年間一度沉寂，有關版框樣式的文獻記載極爲少見，以下爲筆者所見的唯一一例：

> ……是冊（明仿宋刻本《米海岳畫史》）宋槧初印善本，不獨闊簾，

---

① 分別是翻宋本《國語》、翻宋本《干祿字書》、翻宋板《畫繼》、翻宋板《梁溪漫志》、翻宋本《李翰林集》、翻宋本《李太白集》、翻宋本《元氏長慶集》、翻宋本《杜審言詩集》。
② 《古泉山館題跋》，葉3b—4a。

天地頭無雙綫可按，如購、貞、徵、殷等字，敬避宋廟諱，其爲宋版無疑。首頁下有葉氏藏書印，蓋即文莊故物，末有硃字一行，何義門太史手筆也。咸豐五年嘉平月，卂臺志。①

卂臺名爲顧武保，生平事蹟不詳。他在題跋中未正面描述版框樣式，而是以"天地頭無雙綫可按"稱之，意即此本版框爲左右雙邊，並結合紙張簾紋及規避宋諱等特點，判定此爲宋刻本。可以看出，與前舉孫從添之說相同，明代以來學者所總結的宋刻本爲單邊的規律，爲清代中期學者所普遍信從。

至同治年間，版本學研究漸趨復蘇。在短短十三年間，先後有莫友芝《宋元舊本書經眼錄》《持靜齋藏書記要》、楊紹和《楹書隅錄》三部善本書志問世，但僅《宋元舊本書經眼錄》有兩處關於版框的記錄，其關注點仍非版框樣式，而是版框極粗，與衆不同；可見這兩處並非出於莫友芝對版框樣式的關注而被記錄的：

資治通鑒　元興文署本
……是刻字體多波折，四邊綫極粗。……
前後漢書　明翻宋淳化本
……售者以爲北宋本，細核之，蓋明時翻刻者。其避諱皆不及南宋，固北宋子本也，半葉十行。《前》每行大十九字，小廿七字。《後》行大十九字，小廿五字，亦並有多少參差者。四邊極粗。②

時間推移至光緒年間，善本書志、題跋集等版本學著述大量問世，可謂是版本學的又一黃金時代。然而與嘉道年間的同類著作相同，光緒時代的善本書志與題跋集少有版框樣式記錄，知名者如陸心源《皕宋樓藏書志》《儀顧堂題跋》《續跋》、瞿鏞《鐵琴銅劍樓藏書目錄》、傅以禮《華延年室題跋》、李希聖《雁影齋題跋》等皆無任何版框樣式記錄。從橫向維度比較，同爲版本形態特徵的行款，却已成爲非常普遍的著錄項，可見當時絕大多數學者仍未意識到記錄版框樣式的重要性，他們對於版本物質形態特徵的關注存在着明顯偏向。在此種風氣下，記錄版框樣式的善本書志實屬鳳毛麟角，以下着重介紹。

編寫於光緒十四至十五年間、由葉昌熾操刀的《滂喜齋藏書記》著錄善本130部，其中有1部記載了版框樣式，其餘則未及焉；其術語表達形式爲"四圍雙綫"，此爲黃丕烈曾使用者：

元刻太醫張子和先生儒門事親三卷直言治病百法二卷十形三療三卷
……黃氏跋云殘本行款多同，惟四圍雙綫，未能定其何刻。今此本正

---

① 《標點善本題跋集錄》，第289頁。
② （清）莫友芝：《宋元舊本書經眼錄》，第54、66—67頁。

版框樣式：描述與記錄的歷史　563

雙綫，惟上下以墨塗之，改爲單綫，當是作僞者以充金刻耳。黄氏所見殘本必與此本同出一源也。……①

楊守敬《日本訪書志》是光緒時代的較早重視記録版框樣式的善本書志，其撰寫始於光緒六年，但延至光緒二十三年始開雕。書中記録版框樣式者計21部②，數量之多，前所未見，其中包括宋刻本4部、元刻本7部、明刻本6部（明初刻本2部、嘉靖刻本2部、隆慶刻本1部、明仿宋刻本1部）、日本刻本3部、影宋鈔本1部；更重要的是，現今通行的"左右/四周×邊"的術語表達形式亦首見於該書：

> 大廣益會玉篇三十卷　元刊本
> 每半葉十二行，四周雙邊，篇幅較至正本、鄭氏本尤廓，無刊板年月，蓋亦元槧。
> 文中子中説十卷　日本重刊北宋小字本
> ……每半葉十四行，行二十六、七字不等，注雙行，約三十一、二字不等，四周單邊。……
> 楊氏家藏方二十卷　影宋鈔本
> 首有自序，又有"殿木氏藏書"印記，末有延璽跋。又有小島尚質朱筆點校。每半葉十一行，行十九字，左右雙邊。……③

《日本訪書志》還曾使用"兩邊雙綫"的術語表達形式，相比"左右雙邊"，它與黄丕烈曾用之"四圍雙綫"更爲接近，可視爲後者的一種變型：

> 廣韻五卷　宋刊本
> 首題"陳州司法孫愐唐韻序"，與元至順本同。序後當有木記，爲後人割去。每半葉十二行，兩邊雙綫，缺宋諱處與各本同。……④

在記録版框樣式的同時，楊守敬與之前學者一樣，亦在版本鑒定時比勘各本版框樣式之異同，作爲版本鑒定的依據之一：

> 廣韻五卷　明刊本
> 標題改"司法"爲"司馬"，與元至正本同。序後木記云"永樂甲辰良月廣成書堂新刊"。行款匡廓亦同至正本，而字體稍寬博，文字亦有異

---

① （清）葉昌熾：《滂喜齋藏書記》，第51—52頁。
② 含《日本訪書志補》中的1例。
③ 《日本訪書志》，第36、112、169頁。
④ 同上書，第39頁。

同。避宋諱處則皆與宋、元本同，則亦據舊本重翻者也。……①

更爲難能可貴的是，楊守敬還根據自身鑒定經驗，試圖總結出版框樣式與版本時代之間的關聯性趨勢或曰時代風氣。他曾提出四周雙邊的版框樣式不見於北宋，而出現於南宋刻本，進而爲元代刻本所承襲；這種説法較前述起於明代而長期爲清人所襲的宋刻本爲單邊的説法更趨細密，也更能體現版刻風格的時代性流變：

《增廣注釋音辯唐柳先生集》二十卷附《別集》《外集》《附錄》南宋刊本……或疑此本不缺宋諱，又四周雙邊而黑口，當是元以下本，未必爲宋刻。余謂不然，余所見麻沙宋本不避宋諱者甚多，小字《唐文粹》其一也。四周雙邊及黑口亦起於南宋，而元人承之，詳見余《古刻源流考》及《留真譜》中。②

右附釋音本《周禮》鄭注，亦周櫟園、宋牧仲所藏。存《夏官》《秋官》《冬官》六卷，蓋以補前六卷不附釋音本者。版式四周雙邊，當爲南宋之初刊本，北宋本無四周雙邊者。……光緒丙戌十二月十三日，宜都楊守敬記於嘉魚官廨。③

顯然在楊氏的版本學實踐中，版框樣式是鑒定版本時所需考察的要件之一，且其價值功用已不限於具體個案中的兩本互勘，以確定是否爲同一版本（這是之前學者所關心的問題點），更可據以推斷版本時代，以上規律的提出正是爲此服務的。就廣度而言，他可以說是在善本書志中較多著録版框樣式的第一人，④現今通行的著録版框樣式的術語表達形式亦首見於其著述；就深度而言，他提出的版框樣式的時代性規律，亦較前人之説完善。要之，在版框樣式這一點上，楊守敬相當超前於他所身處的時代。

與楊守敬（1839—1915）同時代而年輩略晚的繆荃孫（1844—1919）亦較重視記録版框樣式。繆氏一生編撰書志題跋甚多，在此僅以其爲己藏善本所撰之《藝風藏書記》《續記》《再續記》爲例。《藏書記》撰於光緒庚子辛丑（1900—1901）之間，著録善本627種，無一記録版框樣式。《續記》撰於民元前後，晚前約十年，著録善本738部，其中記録版框樣式者46部，詳見

---

① 《日本訪書志》，第43—44頁。
② 同上書，第226頁。
③ 張元濟：《寶禮堂宋本書録》，"周禮鄭注"條過録楊守敬跋，上海古籍出版社，2007年，第145頁。
④ 楊氏的生活時代固然大大晚于瞿中溶，但瞿氏《古泉山館題跋》晚至民國初年繆荃孫輯刻《藕香零拾》，方纔付梓，晚於《日本訪書志》之刊刻約15年；且從記録版框樣式的實例數量而言，楊氏亦大大超過瞿氏。

下表：

表一

	宋刻	元刻	明刻	清刻	稿本	批校本	明抄	影鈔	鈔本	和本	朝鮮本	不明
總數	27	25	253	1	25	33	14	28	301	29	1	1
記錄版框樣式	17	22	2	0	0	0	0	4	0	0	0	1

《再續記》記錄繆氏 1913 年以後所得善本，著錄善本 110 部，其中 11 部記載了版框樣式，如下表：

表二

	宋刻	元刻	明刻	清刻	抄本	傳鈔本	影寫本	批校本
總數	9	4	17	2	18	28	6	26
記錄版框樣式	5	4	1	0	0	0	1	0

以上三書陸續撰成，體例相仿，《藏書記》絕無版框樣式記錄，後二者則反之，且記錄比例遞增。這似乎暗示繆氏的理念發生了一定變化。不失爲巧合的是，《藏書記》之撰成與楊守敬《日本訪書志》之刻成大致同時，之後繆氏便開始接受在善本書志中記錄版框樣式的做法，並在之後的撰著中實踐之。筆者固然無從論證繆氏是受楊守敬的影響，但基於記錄版框樣式的實例數量客觀增加、相應善本書志連續出現的事實，光緒晚期是版框樣式記錄開始大規模"進入"以善本書志爲首的版本學著述的關鍵節點，蓋無疑問。

另一方面，繆荃孫所使用的術語表達形式多爲"單邊""雙邊"，如：

(《聖宋文選》) 此本亦出於蕘圃，跋云鈔配過半，刻本存一至六、十二至十五、二十四至三十二，止十九卷，此半足本也。董授經大理以易余張習刻《僑吳》《夷白》兩集，因假盛氏所藏，倩黄岡饒心舫影補一二兩卷，此二卷，蕘圃時有之，失於粵匪之亂者，再影補七至十一，此五卷，蕘圃時即無之，重爲裝治，並志緣起，而錄盛本蕘圃跋於後，亦可入宋本乙編矣。每半葉十六行，行二十八字，高五寸三分，廣四寸六分，白口，單邊，字數、刻工姓名均在下，亦與他刻不同。……歲在旃蒙單閼（1915）餞春日，繆荃孫識。①

---

① 《標點善本題跋集錄》，第 690 頁。

相比黄丕烈所用"四圍雙綫",繆氏的用法更接近楊守敬愛用的"左右/四周×邊",只是不及前者明確,特別是"雙邊"究爲左右四周,抑或四周雙邊,存在歧義。

綜上所述,版框樣式記錄雖在嘉道年間出現,但不見於同治及光緒早期的善本書志等版本學著述,直至光緒晚期,始有少數學者在其著述中有限度地記錄版框樣式;且如楊守敬、繆荃孫之例所示,被記錄者基本限於宋元刻本。——這當然與長期以來版本學者所執念的善本品級觀念有關。與此同時,類似於瞿中溶那樣笨拙的直觀描述已不見於清代晚期學者筆下,而代之以"左右/四周×邊"、"四圍雙綫"這類簡單明晰的專門術語。術語表達形式的確立與成熟,從側面印證了記錄版框樣式業已成爲版本學的技巧之一,爲人所實踐(若無相應實踐,則術語表達形式"毛將焉附")。另一方面,"左右/四周×邊"與"四圍雙綫"的並存,則證明相關術語表達形式與版框術語一樣,亦存在着共時多樣的現象。

四、民國時代的版框樣式記錄

如上述,晚至光緒末季,學者對於記錄版框樣式仍不甚熱心,並未將之視爲善本書志題跋的主要著錄項或曰版本學實踐的重要考察點。這種情況在民國時代有所改觀,最直接的表現是善本書志題跋中記錄版框樣式的實例及其比例有明顯增多。

傅增湘是民國時代無可置疑的版本學宗師。所著《藏園群書題記》《藏園群書經眼錄》《藏園訂補郘亭知見傳本書目》中,記錄版框樣式者隨處可見。以傅氏的題跋集《藏園群書題記》爲例,該書著錄善本598部,其中184部記錄了版框樣式,比例與絕對數量均遠超出前人的同類著述。這是一個值得關注的現象。如所周知,題跋是一種自由度極高的文體,沒有固定體例的拘囿,内容因人而異;就此而論,跋中談及者可視爲作者所關心的要點。若説清代善本書志中版框樣式記錄的相對缺位,表明是時學者不甚重視此節;然則《藏園群書題記》這一藏書題跋集中出現大量版框樣式記錄,便不能不説傅增湘已將記錄版框樣式視爲版本學的重要技巧、版本鑒定時須經常考察的問題點以及版本學著述不應付之闕如的重要著錄項;換言之,他具有高度的"版框意識"及其自覺。

不獨有此,傅增湘還曾從學理高度強調記錄版框樣式的重要性。他借閲李盛鐸舊藏惠棟校本《逸周書》後,對於惠棟未記載用以參校的宋刻本的版式行款深致不滿,其中明確指出版框樣式是關乎版本考證的要點之一:

> 項從德化師遺書中假得吳琯《古今逸史》全帙，其中《逸周書》十卷乃惠定宇手校，卷末記有"借元印宋刻校對"二行，是近代校此書者惟紅豆得覯宋刻耳。……
>
> ……至惠氏校勘，頗嫌疏略，此書宋刻最爲罕秘，<u>其書藏於誰氏，刻梓屬於何時，字體版式，行格邊欄，凡此數端</u>，咸關考據，乃卷尾略綴數字，<u>餘皆闕而不書，使吾輩今日開卷茫然，於版刻源流無所取證</u>，亦良足惜矣。①

傅氏這般言論實爲前所未見。雖然早在清末，楊守敬即已於書志中記錄版框樣式，但他在《日本訪書志緣起》中只是說著錄體例爲"行款匡廓詳於宋元而略於明本"。繆荃孫在《適園藏書志序》中也只是說撰寫書志應"行款尺寸，偶有異同，必詳載之；先輩時賢手跋題跋、校讎歲月，源流所案，悉爲登載，使人見目如見此書"；從學理上來說，"使人見目如見此書"已蘊含了書志題跋應記錄版框樣式的結論（若不著錄行款，即無法達成這一目標），但終未明確點出，比之傅氏，終有一間之未達。

民國時代在藏書題跋中記錄版框樣式者，並不止傅增湘一人。曹元忠《箋經室所見宋元書題跋》共收 54 則題跋，其中 5 則記錄版框樣式。袁克文所撰宋本提要二十九種（今有手稿影印本），全部記錄版框樣式。葉啟勛《拾經樓紬書錄》收錄題跋 110 篇，其中 5 篇記錄版框樣式。葉啟發《華鄂堂讀書小識》收錄題跋 92 篇，其中 5 篇記錄版框樣式。啟勛、啟發昆仲爲葉德輝從子，親炙教誨，從習版本之學，既有叔侄之倫，又兼師弟之序。《郋園讀書志》無一記錄版框樣式，而《拾經樓》《華鄂堂》轉有之，不能不說是時代風氣轉變的明證。

此外未有題跋書志專書傳世的學者，又或題跋集失收的零散篇章，也不乏記錄版框樣式者。以下各舉曹元忠、朱文鈞、劉之泗的一例：

> 博明新得《東萊先生標注三國志》二十卷，首列《上三國志注表》，及世系、紀年、疆域三圖、次目錄，次口本書。每半葉十四行，行二十四字，小注雙行同，細黑口，<u>左右雙欄</u>，欄外上方標"事要"，右方記篇名、卷、葉數，版心上魚尾下記"三國卷幾"，下魚尾上記"一"、"二""三"、"四"等字。……時上章涒灘（1920）二月己丑，清明前四日也。吳曹元忠書於錫福堂。②（此跋《箋經室所見宋元書題跋》未收）
>
> 宋楊冠卿《客亭類稿》，《四庫》著錄者乃據舊刊巾箱本，復從《永樂

---

① 《藏園群書題記》，第 141—142 頁。
② 《標點善本題跋集錄》，第 60—61 頁。

大典》搜輯補綴,釐爲十四卷,而以《書啓》一卷附之。其家世仕履,亦略考見大概。此宋刻殘本,每半葉十一行,行十八字。<u>四周雙邊</u>。……甲子(1924)九月上浣,翼盦朱文鈞識。①

此樂史《廣卓異記》二十卷,虞山錢遵王藏書,《讀書敏求記》著錄,《述古堂藏書目》注"鈔"字,即此本也。先大夫得之常熟翁相國家。黑格紙鈔本,半葉十三行,行二十字,<u>左右雙欄</u>,中縫無魚尾,有上下格……乙亥(1935)五月,上海涵芬樓欲假景印,乞拔可年丈紹介索之,余因花近樓主開八秩壽來祝,攜之行笈,午節夜五鼓,逆旅客散,信筆識此,並倩內子錄《敏求記》一則於後,時東方既白久矣。貴池劉之泗。②

民國時代的善本書志記錄版框樣式,亦較晚清爲多。所謂多者,既指記錄版框樣式的善本書志增多,亦指書志中此類實例的數量及比例增多。關於前者,儘管當時仍有不少善本書志(如王文進《文禄堂訪書記》、王重民《中國善本書提要》、鄧邦述《群碧樓善本書錄》《寒瘦山房鬻存善本書目》等)幾乎或根本不記錄版框樣式,但記錄者的數量確較之前有明顯上升。

張元濟是民國時代另一著名的版本學大家,《寶禮堂宋本書錄》《涵芬樓燼餘書錄》是他撰寫的兩部善本書志。前者著錄潘宗周寶禮堂所藏宋元善本113部,體例謹嚴,每書解題皆有"版式"一項,著錄行款、版框樣式、書口、魚尾等版本形態特徵;除宋刻本《漢雋》遺漏未記,其餘皆記錄版框樣式。後者亦有不少版框樣式記錄,其特點是較多記錄宋刻本的版框樣式(但非全部記錄),元刻本偶有之,其他版本則基本不記;這與前述清末繆荃孫、楊守敬等人幾乎只記宋元刻版框樣式的做法如出一轍,由此可見版本等級觀念長期影響了版本學相關技巧的運用。

羅振常(1875—1942)《善本書所見錄》記錄民元以來三十年間經眼所得,著錄善本596種,③據筆者統計,其中記錄版框樣式者115種。此書不惟著錄數量多,且已不限於宋元刻本,而開始關注明刻本。全書共記錄20部明刻本的版框樣式,具體包括明初刻本5部、洪武刻本2部、永樂刻本2部、正統刻本1部、成化刻本1部、弘治刻本3部、正德刻本1部、嘉靖翻宋刻本1部、嘉靖翻元刻本1部、明翻元刻本2部、明活字本1部。從版刻時代來説,羅氏所關注的對象主要是嘉靖之前即版本學意義上的所謂"明初",少數被記錄的嘉靖本乃是因其"翻宋""翻元",要點在於其與宋元刻本之間的密切關聯,萬曆以

---

① 《文禄堂訪書記》,第310頁。
② 《標點善本題跋集錄》,第108頁。
③ 羅振常:《善本書所見錄》,上海古籍出版社,2014年。此本係據稿本整理,著錄善本較1958年商務印書館本多82種。

降則概不與焉。

周叔弢（1891—1984）是現代藏書大家，其藏書活動的高峰在民國時期（1952年他將所藏善本菁華715種捐贈北京圖書館）。在鑒藏過程中，周氏編寫了一些書目手稿，其中《古書經眼錄》是著錄書籍較多、較具規模的一種。此書著錄善本四百餘種，記錄較爲簡略且隨意，主要記載行款、版式、牌記、序次、刻工、藏印及前人藏書題跋。對於版框樣式，宋元本記錄甚詳，明刻記錄雖不完備，但數量已相當可觀，達91部；具體包括明初刻本5部、洪武刻本3部、永樂刻本1部、正統刻本2部、天順刻本1部、成化刻本4部、弘治刻本6部、正德刻本4部、嘉靖刻本7部、萬曆刻本4部、明仿宋刻本2部、明活字本5部、未記具體刊刻年代的明刻本48部。與前述諸人不同，周叔弢記錄版框樣式的範圍不局限於宋元本及明初本，已擴展至嘉靖、萬曆刻本。另一方面，此稿原分四册，不按部類編排，宜爲當時隨見隨記者。其首册記錄版框樣式較少，後三册漸多，這似乎説明周氏在實踐中日漸重視記錄版框樣式（與繆荃孫頗類似）。①

趙萬里（1905—1980）是現代著名的版本學家。1933年，他與馬廉、馮貞群等調查寧波天一閣藏書，將當時閣中所存二千餘種藏書做了全面整理，次年撰成《重整天一閣藏書記略》，文中談及整理編目的具體操作，特别强調了記錄版本形態特徵，曰：

> 我們整理的步驟，是用預定的一種較精密的統計法。<u>無論行款、邊口、版心大小，屬於機械方面的，固非一一記載不可</u>。②

趙氏當時所做記錄最終未能形成書志書目，但《記略》給出了他設想中附帶"簡短提要"的天一閣書志的樣稿一則，其著錄項便包括"屬於機械方面的"版框樣式：

> 我現在正努力編制這一次整理天一閣藏書的全部報告。<u>每一部書，在可能範圍内，都給它一個簡短的提要。所用方法似乎比阮目、薛目繁密得多</u>。舉個例子如下：
>
> 詩學梯航一卷　明鈔本
>
> 正統十三年戊辰之歲夏五南京翰林侍講學士奉訓大夫前兼修國史兼經筵官吉水周叙序
>
> 正統十三年夏六月朔日承事鳳陽府臨淮縣知縣渝川彭光後序

---

① 周叔弢：《周叔弢古書經眼錄》，國家圖書館出版社，2009年。
② 趙萬里：《重整天一閣藏書記略》，載《趙萬里文集（第二卷）》，國家圖書館出版社，2012年，第472頁。

半葉十行，行十二字。白口，四周單邊。藍格。此吉水周鳴所著。鳴字岐鳳，洪武中以經明行修薦爲桐城訓導。永樂初，授國子學正，預修《永樂大典》。仁宗時升國子博士，官至職方員外郎。故其子叙序此書，謂之職方府君。事蹟見《吉水縣誌·宦業傳》。此書體裁，略似傅與礪《詩法源流》。爲類六：曰叙詩，曰辨格，曰命題，曰述作，曰品藻，曰通論。《千頃堂書目》載此書，注云宣宗命學士周叙等編，則失之矣。①

儘管趙萬里在前一則引文中未直接提及記録版框樣式，但既然"屬於機械方面的"要"一一記載"，然則版框樣式勢必包括在内；另據樣稿逆推，他整理時所做原始記録亦必有版框樣式一項，否則離甬歸平後寫作《記略》，又何從懸想此本之爲"四周單邊"。趙萬里聲稱"所用方法似乎比阮目、薛目繁密得多"，若與阮目、薛目相比對，可知所繁密者主要就是對於版本形態特徵的細緻描述，而版框樣式恰是編撰於清代的後二者所未及的。此外，同時參與整理的馬廉、馮貞群亦是嫻於版本的學者，既然"我們整理的步驟"是"預定的"，那麽記録版框樣式自然也是馬、馮二人所具有的"共識"。

趙萬里還曾撰寫《北平圖書館善本書志·明别集類》《館藏善本書提要》《舜盦經眼書録》《海源閣遺書經眼録》《芸盦群書題記》《芸盦群書經眼録》《宋元刻本寫本經眼録》《明清刻本鈔本經眼録》《內閣大庫書經眼録》《昭仁殿景陽宮藏書經眼録》等。以上諸作，部分曾公開發表，更多則是趙氏訪書時隨筆劄記的手稿，體例格式不一，記録或詳或簡；但總體來説，其版本學著述顯露出更趨精密細緻客觀的取向，其中記録版框樣式的比例較之清人著述有明顯上升。

隨着民國時代的書志題跋記録版框樣式的增多，不同學者所使用的術語表達形式的差異也漸趨明顯。就整體而言，與清代相同，民國時代的術語表達形式呈現出共時多樣的面相；具體到術語本身，則與清人所用者有明顯不同，大體來説，"四周/左右×欄"、"四周/左右×邊"、"單/雙框"是民國學者主要使用的三種術語形式，其他如"四圍雙綫"則近乎消失。

先看"四周/左右×欄"，此語未見清人用之，很可能是清末民初之際出現的新興術語，民國學者中以張元濟、傅增湘二人使用最多。其中張元濟《涵芬樓燼餘書録》《寶禮堂宋本書録》凡稱版框樣式，必用"四周/左右×欄"，整齊劃一，未見例外，可知此爲其所愛用者，以下各舉一例：

---

① 趙萬里：《重整天一閣藏書記略》，第476頁。

  國朝諸臣奏議殘二十二卷　宋趙汝愚編　宋刊本 十册 汪閬源舊藏
  存目錄、乙集卷九至十一、卷二十九至三十一、卷三十八、九，卷五十六至五十九、卷六十九至七十三、卷一百十九、一百二、卷一百四十四至一百四十六。半葉十一行，行二十三字，大小字同。左右雙闌，版心雙魚尾。書名署"奏議幾"，或僅記卷數。……①
  禮記鄭注殘本
  ……
  版式　半葉十行，行十六七字。小注雙行，行二十三字。左右雙欄，版心白口，單魚尾。書名題"禮記幾"，下記刻工姓名。②

傅增湘使用最多者亦爲"四周/左右×欄"，《藏園群書題記》《藏園群書經眼錄》《藏園訂補邵亭知見傳本書目》中隨處可見其例，兹各舉其一：

  校明劉大昌刻本華陽國志跋
  此本半葉十行，行二十字，白口，四周雙欄。前有嘉靖甲子知成都府昆明楊經序，後有大昌自序。鈐有"尊生父脩緪圖書"白文印，又"淮"字朱文印。③
  朱文公校昌黎先生外集十卷遺文一卷集傳一卷
  唐韓愈撰 宋朱熹考異 王伯大音釋
  元刊本，中板心，半葉十二行，每行二十一字，注雙行同，細黑口，左右雙闌。宋諱朗、貞、徵、匡、烜、慎、敦皆缺末筆。每卷首行標題下注"考異音釋附"五字。題低三格，題注低四格，注中引某氏作某，皆以陰文一二字別之。……④
  （補）書經集注十卷 宋蔡沈撰。○明武昌學宮刊本，九行十七字，白口，左右雙闌。李木齋先生藏。○明隆慶三年刊本，行欵同上。翰文齋見。○明萬曆熊氏刊本，九行十七字，白口，四周單闌。⑤

此外，傅氏有時只稱"單欄"、"雙欄"而略去"四周""左右"，這與繆荃孫之"單邊""雙邊"頗爲類似，如：

  明嘉靖刊本阮嗣宗集跋
  此集爲明嘉靖二十二年癸卯范欽刻本，半葉九行，行二十字，白口，

---

① 《涵芬樓燼餘書錄》，第496—497頁。
② 《寶禮堂宋本書錄》，第150頁。
③ 《藏園群書題記》，第146頁。
④ 傅增湘：《藏園群書經眼錄》，中華書局，2009年，第882頁。
⑤ 傅增湘：《藏園訂補邵亭知見傳本書目》，中華書局，2009年，第42頁。

单栏，分上下卷。……①

他也曾偶尔使用"×边"的术语形式，但为数极少，《藏园群书题记》有此一例：

> 明谈恺刊本太平广记跋
> ……其版半叶十二行，行二十二字，白口，单边。……②

袁克文亦为"四周/左右×栏"的重要使用者，尽管相应的实例数量无法与张元济、傅增湘相比肩，但其所撰宋本提要二十九种一律使用之，可谓此术语的坚定拥趸，如：

> 春秋二十国年表一卷　　宋刊宋印　一册
> 不着撰者姓氏
> 半叶横二十三行，行二十一二三字不等。线口，四周双阑，版心上端有字数，下标"春秋表"。③

周越然是民国时期著名的藏书家，所藏以所谓"淫书小说"为专门。周氏又喜就收藏而作书话，大量发表于报刊，文中描述诸项版本特征颇详，即便是晚近刻本、石印本乃至线装排印本亦多记版框样式；从记录的广泛程度而言，迥出同辈之上。他所使用的术语形式同样以"四周/左右×栏"、"双/单栏"为主，仅有少数使用"四周/左右×边"。

此外偏向使用"四周/左右×栏"的学者尚有不少，如叶启发《华鄂堂读书小识》记录版框样式者凡五，四处为"单栏/双栏"，一处为"单边"。要之，据所见材料，"四周/左右×栏"及其简化形式"双/单栏"是民国时代使用者最多、实例亦数量众多的记录版框样式的术语表达形式。

如前述，"四周/左右×边"系清末杨守敬、缪荃孙率先使用。在民国时代，此术语形式为不少学者所承袭使用，相关实例及使用者数量似虽不及"四周/左右×栏"，但也堪称当时的"优势"术语。

周叔弢是此术语形式的主要使用者之一，其《古书经眼录》几乎一色使用"四周/左右×边"，如：

> 宋学士文粹十卷补遗一卷
> 明初本。半页十三行廿五字，四周双边，小黑口，版心下有刻工姓名，

---

① 《藏园群书题记》，第550页。
② 同上书，第474页。
③ 袁克文：《寒云手书所藏宋本提要廿九种》，手稿影印本。

版框样式：描述与记录的历史　573

洪武丁巳鄭濟跋。……①

趙萬里亦爲此術語形式的主要使用者之一，所編撰的諸多善本書志（經眼錄）中使用"四周/左右×邊"者居絶大多數，以著録書籍較多的《芸盦群書經眼録》爲例，此目著録書籍84種，記録版框樣式者20種，其中17種爲"四周/左右×邊"，僅有3種用"四周/左右×欄"，以下各舉其一：

> 禮記注二十卷（殘　北宋刻南宋補本）
> 存九册（卷五至八、十一至十五）。
> 半葉十行，行十六、十七、十八字不等，小注約二十五字。白口，<u>左右雙邊</u>，蝶裝散葉。補版版心下方有吴世榮、陳詢等刊工姓名，後題下有經注字數。……②
> 江淮異人録一卷（明嘉靖刻本）
> ……
> 半葉十行，行十八字。白口，<u>左右雙闌</u>。鮑漱飲以朱筆校於行間。……③

陳國慶（1890—1973）是現代文獻學家，抗戰勝利後，奉命接受僞滿皇宫所藏善本（"天禄繼鑒"舊藏之一部分），整理編目，撰寫解題，於1947年撰成《瀋陽圖書館藏長春僞宫殘存宋元珍本目録考略》。此目收録善本90部，記録版框樣式者54部，所用術語全爲"四周/左右×邊"，少數簡稱爲"雙邊/單邊"，如：

> 新編事文類聚翰墨全書後丙集（殘）　宋劉應李撰　元坊刻麻沙袖珍本
> 存"氏族門"四卷，自第一卷至第四卷。四册。每半葉十五行，行二十四小字。小黑口，<u>雙邊</u>。板心魚尾下刻"氏族"、"平"、"上"、"去"、"入"等字及葉數。……④

據所見材料，曹元忠同樣偏向於"四周/左右×邊"，《箋經室所見宋元書題跋》記録版框樣式者5處，4處爲"單邊/雙邊"，1處爲"雙綫"，另有1篇集外題跋則爲"左右雙欄"（已見前引）。

"單框/雙框"是民國時代的另一常見術語表達形式。與"四周/左右×欄"

---

① 《周叔弢古書經眼録》，第135頁。
② 趙萬里：《芸盦群書經眼録》，《趙萬里文集（第二卷）》，第417頁。
③ 同上書，第425—426頁。
④ 陳國慶撰、王清原整理：《瀋陽圖書館藏長春僞宫殘存宋元珍本目録考略》，載《歷史文獻》第6輯，上海古籍出版社，2004年，第95頁。

相同，其未見清人使用。相比前二者，"單框/雙框"的使用者較爲有限，所見有羅振常、朱長圻二人。羅振常《善本書所見錄》記錄版框樣式時，基本全用"單框/雙框"。朱長圻著有《珍書尋享錄》，記錄平日經眼所得，共著錄善本175部，其中記錄版框樣式22部，稱"單框/雙框"12部，稱"單欄/雙欄"者10部。有趣的是，羅、朱二人皆從事古書業，羅氏開設蟬隱廬書肆於滬，朱氏經營萃文書局於寧。是否"單框/雙框"係民國古書業者之常用術語形式，俟考。

如前述，清代學者早在於書志題跋中記錄版框樣式之前，即已通過比對各本版框樣式之異同，以確定是否爲同一版本；在此之上，進而發展出根據版框樣式的同一性推論諸本刊刻於同一時代，或存在翻刻/被翻刻的關係等一系列技巧。這些技巧爲民國學者所承襲，其例至多，實難逐一列出，以下各舉傅增湘、張元濟的一例：

> 《毛詩鄭箋》二十卷，宋刊本，半葉十行，行二十八字，注雙行二十四字，黑口，<u>四周雙欄</u>，板心記刊工姓或名一字，左欄外記篇名。……
> 　　按：纂圖互注本始於南宋，群經多有之。余生平所見者，如《論語集解》二卷，見楊惺吾《留真譜》，今歸李木齋師。《尚書孔傳》十三卷，見繆藝風《藏書續記》，得於日本西京芳華堂。《禮記鄭注》二十卷，爲汲古閣舊物，余得之琉璃廠文友堂，今儲雙鑒樓中。《春秋經傳集解》三十卷，見丁氏《善本書志》，今歸江南館。以上四書皆題"監本纂圖重言重意互注"，惟《尚書》及《毛詩》有"點校"二字。亦皆十行十八字，《左傳》爲十行二十字。其餘句讀、加圈、左蘭有耳、<u>板式、邊欄</u>，無一不同，證以《毛詩》，亦咸脗合。是此五經必爲同時同地開雕，毫無疑義也。（傅增湘）①

> 東坡先生後集殘本
> 　　……繆藝風藏殘本。是刻行款相同，尺度亦合，<u>惟彼爲單邊，此則左右雙邊，微有差異，或版刻前後偶歧耳</u>。……（張元濟）②

要之，在民國時期的版本學實踐中，記錄版框樣式的重要性日益獲得學者的認知。傅增湘、趙萬里等人已認識到版本學研究的深入有賴於著錄版本形態特徵的細緻全面，其中版框樣式記錄必預焉；相應記錄隨之增多，且已突破之前僅限於宋元刻本及少數明刻本的局面，漸及嘉靖以下的刻本，在周越然的實踐中，甚至出現了記錄晚近刻本、石印本乃至排印本的實例。另一

---

① 《藏園群書題記》，第14頁。
② 《寶禮堂宋本書錄》，第304—305頁。

方面，對應的術語表達形式出現了新舊更替的現象，同時又繼續呈現共時多樣的面相。

五、當代的版框樣式記錄

在直接承襲自民國版本學的現代版本學研究中，記錄版框樣式的比例愈發高漲，甚至有普及於全體的趨勢（儘管距離完全普及尚遙遠）。此趨勢之明顯，實例之多，難以一一枚舉。

至於術語表達形式，在當代的版本學實踐中，幾乎統一使用"四周/左右×邊"，清代民國曾流行的"四圍雙綫"、"單/雙框"近乎絕跡，而"四周/左右×欄"則保有相當有限的使用空間。① 毋庸置言，術語趨向固定唯一或曰"規範化"，是學術典範成熟的重要標誌。

在上文的論述中，筆者側重分析善本書志題跋記錄版框樣式的情況，這是因爲由於善本書志帶有解題，最宜記錄書籍的版本特徵，因此最具記錄版框樣式的先天"優勢"；且如前述，在清代民國的版本學實踐中，也以善本書志記錄版框樣式的實例最多。至於當代，概論之，善本書志已成爲版本學研究的主要成果形式，而當代的善本書志特別是1990年代以來問世者，幾乎已將版框樣式作爲固定的著錄項，且幾無重宋元而輕明清的"偏向"。這點在諸多善本書志中隨處皆可覆按，論文、專著等其他形式的當代論著亦如此，故不再贅述。

接下來，討論書目記錄版框樣式的情況。自從宋代尤袤《遂初堂書目》開啓標注版本的先例，長期以來標注版本的書目不附解題，因此未見其中有版框樣式等版本形態特徵的記錄；降及晚清，邵懿辰《四庫簡明目錄標注》在標注版本之餘，開始記錄部分版本（主要是宋元刻本）的行款等特徵，這爲書目記錄版框樣式提供了學理上的基礎和準備，之後如前述傅增湘《藏園訂補邵亭知見傳本書目》即開始記錄部分版本的版框樣式。在當代，則有越來越多的不附解題的古籍書目記錄版本特徵，這一趨勢在近年出版的書目中愈發明顯；與之對應，凡記錄版本特徵的書目，大多將版框樣式列爲著錄項。以下就見聞所及，編制表格如下，以證前説：

---

① 就見聞所及，有部分當代臺灣學者偏愛使用之。如昌彼得《增訂蟬菴群書題識》（臺灣商務印書館，1997年）、周彥文《日本九州大學文學部書庫漢籍目錄》（文史哲出版社，1995年）、張棣華《善本劇曲經眼錄》（文史哲出版社，1976年），凡記錄版框樣式，皆用"四周/左右×欄"。

表三

	出版年代	記錄版本特徵	記錄版框樣式
上海圖書館善本書目	1957	僅限宋元刻本	否
國立中央圖書館善本書目	1958	否	否
復旦大學圖書館善本書目	1959	否	否
杭州大學圖書館善本書目	1965	部分著錄	否
中國古籍善本書目（徵求意見稿）	1980年初	是	是
西北民族學院圖書館善本書目	1980	否	否
南京大學圖書館館藏古籍善本圖書目錄	1980	部分著錄	部分著錄
吉林省社會科學院圖書館善本書目	1981	否	否
中國書店三十年所收善本書目、補編	1982、1992	部分著錄	否
北京師範大學圖書館中文古籍書目	1982	否	否
中山大學圖書館古籍善本書目	1982	是	是
江西省圖書館古籍善本書目	1982	否	否
安徽師範大學圖書館善本書目	1984	是	部分著錄
中國古籍善本書目	1985—1996	否	否
南開大學圖書館館藏古籍善本書目	1986	部分著錄	部分著錄
中央黨校圖書館館藏古籍善本書目	1988	否	否
吉林省古籍善本書目	1989	否	否
中國歷史博物館古籍善本書目	1990	是	是
中國人民大學圖書館古籍善本書目	1991	是	部分著錄
四川大學圖書館古籍善本書目	1992	否	否
中國社會科學院文學研究所藏古籍善本書目	1993	否	否
中國科學院圖書館藏中文古籍善本書目	1994	否	否
四川省高校圖書館古籍善本聯合目錄	1994	否	否
北京藝術博物館古籍善本書目	1996	是	是
湖南省古籍善本書目	1998	否	否
北京大學圖書館藏古籍善本書目	1999	否	否
浙江省圖書館古籍善本書目	2002	部分著錄	部分著錄

版框樣式：描述與記錄的歷史

（續表）

	出版年代	記錄版本特徵	記錄版框樣式
北京師範大學圖書館古籍善本書目	2002	部分著錄	部分著錄
清華大學圖書館藏善本書目	2003	是	是
山東師範大學圖書館館藏古籍書目	2003	善本著錄	善本著錄
山東大學圖書館古籍善本書目	2007	部分著錄	部分著錄
天津圖書館古籍善本書目	2008	部分著錄	部分著錄
天津圖書館活字本書目	2008	是	是
山西師範大學圖書館古籍善本書目	2011	是	是
保定市圖書館古籍善本書目	2011	是	是

接下來再看善本圖錄的情況。自從清末善本圖錄這一著述形式出現以來，大多數圖錄在書影之外另有解題/說明，以解說此本的具體情況。就學理而言，書影已將版框樣式清晰反映，本無再加記錄的必要，但如下表所示，大量善本圖錄仍在解題中記錄版框樣式，編纂者的"畫蛇添足"恰從側面說明學者對於版框樣式的重視。

表四

	出版時間	解題/説明	記錄版框樣式
舊京書影	1929	有	否
宋本書影	1933	有	是
重整內閣大庫殘本書影	1933	無	否
靜嘉堂宋本書影	1933	有	是
文禄堂書影	1937	有	否
涉園所見宋版書影	1937	無	否
宋元書式（有正書局）	1940年前	無	否
明代版本圖錄初編	1940	有	否
"國立中央圖書"金元本圖錄	1961	有	否
"國立故宮博物院"藏沈氏研易樓善本圖錄	1986	有	是
清代版本圖錄	1997	有	否
北京大學圖書館藏善本書錄	1998	有	是

(續表)

	出版時間	解題/説明	記録版框樣式
浙江圖書館館藏珍品圖録	2000	有	是
首都圖書館館藏珍品圖録	2001	有	是
四川省圖書館藏珍品集	2002	無	否
歷代珍稀版本經眼圖録	2003	有	是
湖北省圖書館藏古籍善本圖録	2004	有	是
清代内府刻書圖録	2004	無	是
明代閔凌刻套印本圖録	2006	有	否
南京圖書館珍品圖録	2007	有	是
明代版刻圖典	2008	有	是
國家珍貴古籍名録圖録	2008—2012	有	是
山東省圖書館館藏珍品圖録	2009	有	是
上海圖書館藏宋本圖録	2010	有	是
中國活字本圖録（清代民國卷）	2010	有	是
（西北民族大學圖書館）漢文古籍圖録	2010	有	是
上海師範大學圖書館館藏精品圖録	2010	有	否
蘇州博物館藏古籍善本	2011	有	是
鄭州大學圖書館館藏古籍善本圖録	2012	有	是
（中國書店藏）珍貴古籍圖録	2012	有	是

小　結

如前述，與今日版本學者人人皆知記録版框樣式不同，儘管早在明代中期既已出現指稱版框的術語以及總結宋刻本版框樣式之説，但實際記録版框樣式的文獻例證却大大落後，直至清嘉道年間始有萌芽（黃丕烈、瞿中溶），當時絶大多數知名的版本學者並不重視此節。之後至清代末年，通過楊守敬、繆荃孫的實踐，始在書志題跋中有限度地記録版框樣式，隨着民國學者的更多記録以及擴展記録範圍，記録版框樣式方漸漸成爲版本學者的"習慣"。與此同時，版框術語以及記録版框樣式的術語表達形式，則具有共時多樣與歷時多變這兩個複雜却又密切關聯的面相。以上諸端，或可提示研究者注意：今日人所共奉的一系列版本學常見技巧,絶非一蹴而就,而是經歷漫長而曲折多變的演化,始具今日規模。

毫無疑問,記録版框樣式僅爲版本學研究典範之一端,而在版本學的歷史世界中,尚有諸多歷史現場有待清理言説,請俟續篇。

石祥:天津師範大學文學院講師

試論古籍版式中的魚尾及其在版本鑒定中的功能

向 輝

古籍版式是古籍樣式中最爲直觀的表徵，可以用作鑒定的依據，魚尾即其中細微的一點。在《四庫全書總目》中，四庫館臣曾提到墨蓋與魚尾的問題，並以此作爲版本鑒定的一個小細節：

> 大德本（宋唐慎微《證類本草三十卷》）于朱書、墨蓋（案：原本每條稱墨蓋以下爲慎微所續，其式如今刻工所稱之魚尾）較爲分明。泰和本則多與條例不相應，然刊刻清整，首末序跋完具①。

在四庫館臣看來"墨蓋"即"魚尾"。此四庫館臣之按語至少可以説明：清人認爲元刻本中之墨蓋之形式，與清代之魚尾之形式相同或相似，且魚尾爲清代刻工之稱呼。作爲古籍版式特徵之一，可以用作版本鑒定且爲一個相當明顯的特徵。這裏，四庫館臣所説的魚尾或墨蓋非版心位置之魚尾。但無論如何，四庫館臣已經注意到魚尾是一個版本鑒定的依據，雖然這個依據並不是特別充分的理據，但與其他版式風格一起可以構成鑒定的證據。由於此書並非專門談版本鑒定之書，他們並没有進一步深入探究什麽是魚尾，只是使用魚尾作爲判斷版本的一個理據。關於墨蓋子的説法，在葉德輝《書林清話》中也曾提及：

---

① 魏小虎：《四庫全書總目匯訂》卷一百三，上海古籍出版社，2012年，第3174頁。

《宋刻纂圖互注經子》條：宋刻經子，有纂圖互注重言重意標題者，大都出於坊刻，以供士人帖括之用。《纂圖互注揚子法言十卷》，見孫記，云：重意重言互注俱用墨蓋子別出。黑口版，每葉二十二行，行二十一字。《纂圖互注經老子道德經》二卷，見孫記，云：宋版。卷中有重意重言互注，俱用墨蓋子別出。黑口版。每頁二十二行，行二十字①。

此文所指之墨蓋子並非版心位置的魚尾，但它至少提醒我們注意到宋版書的版式特征之一是魚尾形狀的墨蓋子別出標題的樣式是判斷當時書坊刻本的一個側面。這也提醒我們，在版本鑒定的過程中，墨蓋子或者魚尾是有它的功能的，在版本的諸多特徵中，作爲一個較爲明顯的版式，或可作爲鑒定的一個輔助，特別是在其他諸如書法風格、行款特徵等不是特別明顯判斷之時，可以作爲一個判定差異的特徵。因此，有必要專門提出來做進一步討論。

一、魚尾的問題提出及爭議

古籍版本研究常被人冠以"觀風望氣"的學問，即在某種程度上認爲學人對於版本中的各種特徵無法給出較爲明確的説明，僅僅能看出是何種版本。這一説法並非虛指，在我們進行版本鑒定之時，需要進行觀察，進而在此基礎上進行解釋和説明，如果有可能還應該對歷史的淵源進行一定的解釋性分析。但這樣一來就相當繁雜，不如觀察來得快，所以以視覺爲中心並由此進行一些合理的推測成爲一種常態。如本文所論之魚尾的認識，基本上走的路數就是觀察，並由此進行的推測，缺乏堅實的文獻證據。不過這種推測，往往也具有一定的合理性，後來也就成爲一種常識性知識。從古籍的版面來看，魚尾是中國傳統典籍形制中的一個版式特徵，或因其視覺印象爲魚的尾鰭貌，故得名。這裏的故事其實是可疑的，即從何時起人們稱其爲魚尾？這個已不得而知，據前引《四庫全書總目》，或可認爲至少在清代初期已經有刻工和學者開始用魚尾這個説法。

就目前的文獻記載來看，魚尾並非古籍專用術語，在建築學上也是較爲常見的一種物件，它或者叫"鴟尾"或者叫"魚尾"，與傳説中的辟火神話有關，起源於漢代，如：

"鴟尾"：《唐會要》曰："漢柏梁殿災，越巫言海中有魚虯，尾似鴟，激浪則降雨，遂作其像於屋，以厭火災。"②

"魚尾星"：漢時以宫殿多災，術者言天上有魚尾星，宜爲其象冠於

---

① 叶德辉：《葉德輝詩文集》，岳麓书社，2010年，第135頁。
② 高承撰，金圓等點校：《事物紀原》卷八，中華書局，1989年，449頁。

室,以禳之。自唐以來,寺觀舊殿宇尚有爲魚尾形指上者。今屋上獸頭乃是龍種九子之一,名曰螭吻,性好望,人多知之。或有不用獸頭,但作魚尾形,意謂止從省約,不知亦有故事也①。

明人孫能傳認爲當時人對於非首頭的魚尾形之故事不太知曉,因爲文獻不足征。同樣,在古籍中的魚尾更是缺乏足夠可靠的史料證據,難以做出十分符合其原初意義的論斷。從現存諸多的典籍來看,魚尾的表現方式相當豐富,在不同時代的版刻中呈現出不同的封面。這樣一來,看似簡單的魚尾就頗有疑問,其一爲魚尾在古籍中究竟有什麽意義或者說魚尾在典籍中的功能是什麽?其一爲在鑒定古籍版本時,魚尾又有何作用?對於前者,學者們給出了各自不同的答案,但他們一般都認爲魚尾與書頁裝訂有關;對於後者,學者們似乎不太重視,在很多人看來魚尾太過細微,且本身又有若干變化,所以在古籍版本鑒定與研究中無足輕重,只有李清志、陳先行等古籍版本學者認爲魚尾可能與版本鑒定有一定關聯。他們認爲通過對魚尾的細緻考察,配合古籍的其他版式特徵,可以作爲判斷典籍的刊刻時代風貌的直接證據。

關於魚尾的說法,象形說與對折綫說最爲流行,所謂象形說指的是魚尾形狀像魚的尾巴,所謂對折綫說指的是魚尾的功能在古籍刊刻中所起的作用是對折紙張所用。象形一說的文獻根據並沒有特別的證據,而對折綫的功能亦爲揣測。最爲簡潔的說法是張秀民先生的提法,《中國印刷史》中提到魚尾時,認爲魚尾具有裝訂指標的功能,並認爲自宋版開始:宋本書爲便於折疊裝背,已開始有魚尾,多爲一個或兩個②。這種說法,基本上成爲古籍版本界的常識,如:

黃永年《古籍版本學》云:

> 版心往往用花紋或橫綫分割成三段,花紋按其形狀叫"魚尾"。只有上面一個魚尾、下面用橫綫的叫"單魚尾",上下都有的叫"雙魚尾"。雙魚尾上面一個叫"上魚尾",下面一個叫"下魚尾",多數是上魚尾正,下魚尾倒,也有上下都作正的,還有不用魚尾只用上下兩道橫綫的。極少數連橫綫也不用。魚尾本身的花式也很多,有黑魚尾、白魚尾、花魚尾幾類,以黑魚尾最常見。魚尾分叉的地方,正當版面的中心,可以作爲對折書頁的標準點,這也是所以要在版心設計魚尾的目的,不僅爲了加個圖案形象以增添美觀③。

---

① (明)孫能傳:《剡溪漫筆》卷二,明萬曆四十一年(1613)孫能正刻本。
② 張秀民:《中國印刷史(插圖珍藏增訂版)》,韓琦增訂,浙江古籍出版社,2006年,第370頁。
③ 黃永年:《古籍版本學(2版)》,江蘇教育出版社,2009年,第53—54頁。

李致忠《古籍版本知識500問》云：

> 魚尾呈▆▐形，多在書口中出現，且有單魚尾、雙魚尾、順魚尾、對魚尾之別。書口上的魚尾，其作用主要是以尾叉來標示中縫綫，以便折葉時取做標準。其實中縫綫只刻一道綫同樣能承當折葉標準，可是古人卻把它設計成魚尾形象，既實用又美觀，是美與用的成功結合。在宋遼金元的書刻中，這種魚尾也有的不用於書口，而用於問內標題、曲牌等的標示。這跟書口處的魚尾作用就不同了①。

劉兆祐《認識古籍版刻與藏書家》云：

> 版心上像魚尾狀的部分，就叫做"魚尾"：它的功能是用來做折疊時的中綫。一個叫"單魚尾"，兩個的叫"雙魚尾"；偶爾有三個或四個的，視其數目，而有不同的稱呼。兩個魚尾方向相對的，叫"對魚尾"，如果是方向相同的，叫做"順魚尾"。黑色的叫"黑魚尾"，中空的叫"白魚尾"，中間有花紋的，叫做"花魚尾"。元刊本有不少是"花魚尾"②。

從上述三位的論述中，我們可以發現，對於魚尾的認識，基本上未曾脫離象形與對折綫的預設，前者解釋了為什麼叫魚尾的問題，後者解釋了魚尾的功能問題。但在我們看來，這種解釋所具有說服力是可以商榷的，因為無論是象形的解釋還是對折綫的功能都是具有想象力的判斷，沒有文獻的證據，甚至可以說，基本上是在沿襲舊說的基礎上，對魚尾做了一個概觀性的論說。對於魚尾問題，質疑通行說法的有何遠景的《魚尾的起源》一文，他對古籍版式中的魚尾的產生，提出了不同的推斷：

> 許多介紹古籍知識的書都把它（魚尾）解釋為折疊書面的標誌。古籍界的這種流行觀點有一定的道理，魚尾左右兩個直角三角形的連接點位於版心的中縫處，以魚尾兩個三角形的連接點畫一條與界欄平行的直線，可將古籍版面分為大小相同的兩個部分，在一定的條件下，版心的魚尾可以起到折頁標誌的作用，是無庸置疑的事實，但據此進一步認為設計魚尾的最初意圖也是為了折頁，卻是一種想當然的看法③。

何遠景根據相關資料說明魚尾並不必然是書葉折疊標準。經過考證，他認為魚尾起源于簡牘文獻的編繩契口；他認為典籍制度由簡牘時期進入雕版印刷時代人們依舊保持了舊有的習慣，即在契口下面有檢索文字的習慣，而人們在

---

① 李致忠：《古籍版本知識500問》，北京圖書館出版社，2001年，第43—44頁。
② 劉兆祐：《認識古籍版刻與藏書家》，臺灣書店，1997年，第20頁。
③ 何遠景：《魚尾的起源》，《文獻》1999年第4期，第247頁。

新材料上使用了老辦法：在原來檢索文字之上原來契口位置設計一個與契口類似的圖形，即魚尾。

但何氏此一論説，基本未能得到學界的公認，現如今可見的古籍版本學書籍，依舊流行的是前述象形説與對折綫説，如魏隱儒、王金雨《古籍版本鑒定叢談》①、施廷鏞《中國古籍版本概要》②、曹之《中國古籍版本學》③ 諸書中關於魚尾的論述基本大同小異。

魚尾是不是也跟建築上的鴟尾或魚尾一樣，因爲缺少文獻記載，其最初的意義已經不得而知了，而後人爲了解釋它，就以意揣度，形成了象形和對折綫的説法？其最初的意義是否爲闢火之特殊意涵？此説雖貌似荒誕，但也未必不能構成一説。由於缺少確切的文獻記載可以説明古籍版式中魚尾是幹什麽用的，只能靠猜測，或者推理，但這種猜測和推理往往難以保證一定確切，所以在没有其他可資論據的史料的情況下，我們只能存疑，或者提出幾種可能的假説，如避火的理念、對折綫的標識、檢索的功能等等。當然，其中任何一個都只能是一種假説而非實際。但對於另外一個問題，即魚尾對於古籍版本鑒定有什麽功能，我們可以以實踐的經驗進行討論。

二、歷代版刻典籍中的魚尾形制

在討論魚尾在古籍版本鑒定中的作用之前，我們應先對歷代典籍中的魚尾形制有一個大致地瞭解，盡可能更多地瞭解這一細節的變化情況，將有利於我們對典籍的考察。在古籍書口位置的魚尾形態相當多，有很多特别有趣，不同時代有不同的視覺印象，當然最爲常見的還是黑魚尾的形式，即便是黑魚尾自宋至清其視覺印象也有些微差異，每個特定時代基本上都有特定的魚尾形制。葉德輝④認爲白口、黑口、魚尾、耳子等處無關要義，故在《書林清話》中略而不論。但日本松崎鶴雄問其版本之事，提到這些問題，葉德輝不以其瑣屑，在《書林餘話》中簡要叙述魚尾，云：

> 魚尾有單有雙，雙者上下同；單者上刻一魚尾，下則祗刻一横綫紋。亦有版心全系黑口者，則魚尾以外，皆粗黑綫，如元張伯顏本《文選》，及明刻宋章如愚《山堂考索》之類，此則匠人以意爲之，不爲定式也⑤。

---

① 魏隱儒、王金雨：《古籍版本鑒定叢談》，印刷工業出版社，1984年，第61頁。
② 施廷鏞著，張秀民校：《中國古籍版本概要》，天津古籍出版社，1987年，第110頁。
③ 曹之：《中國古籍版本學》，武漢大學出版社，1992年，第37—38頁。
④ 葉德輝：《書林清話》，國家圖書館出版社，2008年，第219頁。
⑤ 同上。

葉氏認爲魚尾多爲匠人（刻工）以意爲之，没有所謂定式之説，只能根據具體的版本來説具體的細節。這一説法，在今天看來確實存在這樣的情況，即便是同一時代的版印書籍亦存在多樣性的特徵，基本上是符合歷史事實的，這或許就是所謂的不定式吧。但這種不定式其實也存在一定之規。如果我們首先對魚尾進行觀察，可以得出描述性的論述，曹之先生的叙述較爲完善，如下：

> 魚尾——版心全長四分之一處的魚尾形標誌。魚尾種類很多。以魚尾數量區分，有單魚尾、雙魚尾、三魚尾等：版心只有一個魚尾的，叫單魚尾；版心有兩個魚尾的，叫雙魚尾；版心有三個魚尾的，叫三魚尾。以魚尾的方向區分，有對魚尾和順魚尾：兩個魚尾方向相反者，叫對魚尾；兩個魚尾方向相同者，叫順魚尾。以魚尾的虚實圖案區分，有白魚尾、黑魚尾、綫魚尾、花魚尾等：只有魚尾外部輪廓的，叫白魚尾；魚尾輪廓用墨填實的，叫黑魚尾；魚尾由綫條構成的，叫綫魚尾；魚尾由圖案構成的，叫花魚尾①。

但版本鑒定絶不以描述爲第一要義，而是要對各個朝代版刻中，找出各自的特徵，以便類分，進而作爲判斷的一般性依據。以下，本文結合各家研究，以朝代爲序，對魚尾的基本特徵做一簡單梳理：

（一）宋刻本魚尾

一般認爲，宋代書籍刊刻已經形成了較爲完善的風格形式。這與當時政府的重視有關，如早在北宋淳化五年（994）國子監就專設書官，掌管印書事宜：

> 淳化五年，判國子監李志（至）言，國子監舊有印書錢物所，名爲近俗，乞改爲國子監書庫官。始置書庫監官，以京朝官充，掌印經史群書，以備朝廷宣索賜予之用，及出鬻而收其值，以上於官②。

國子監書庫官是否對書籍版式（如魚尾）進行規定，今已不可考，但相關文獻記載多有"書例"之説（將另撰文詳述）。魚尾的起源是否起源於宋刻本，亦不可考。據葉盛《水東日記》"宋時所刻書，其匡廓中摺行上下不留黑牌，首則刻工私記本版字數，次書名，次卷第數目，其末則刻工姓名。予所見其時印本書如此，浦宗源郎中家司馬公《傳家集》，往往皆然"。③ 這裏黑牌或指黑口，並没有提及魚尾，或許當時人看來魚尾即在黑牌處。李致忠將其歸納爲：

---

① 曹之：《中國古籍版本學》，武漢大學出版社，1992年，第37—38頁。
② 《宋史·職官志》五《國子監》條，轉引自宿白：《唐宋時期的雕版印刷》，文物出版社，1999年，第17頁。
③ 昌彼得：《蟬庵論著全集》，臺北故宫博物院，2009年，第286頁。

宋代刻書，書品極爲考究，且版面設計精細。版心出現單魚尾或雙魚尾，上魚尾上方出現象鼻，象鼻處鎸印本版大小字數。版心下端鎸印刊工姓名。魚尾之間鎸印書名簡稱、卷第、頁碼①。宋版書上已經出現了單魚尾是確定無疑的。從傳世宋代古籍中，我們能發現一些規律性的知識：以魚尾（或單魚尾，或雙魚尾）將版心分爲上下二段或上中下三段；到了南宋中後期，又在上魚尾的上端與下魚尾的下端之中鎸刻一條黑綫②。

宋版書魚尾較爲常見的是一橫綫下面一個黑色的凹形魚尾，也有的没有上面的橫綫，在上魚尾凹形内側再加一道橫綫的情況比較少見（如《雪岩吟草甲卷忘機集》《春秋傳三十卷》③）。一般而言，宋版書的魚尾較小。這種魚尾形制體積較小，看起來不是特别棱角分明，一般在凹形魚尾上方有橫綫也可能没有這條橫綫僅僅有黑色部分。具體而言，李清志的考察最爲細緻：宋版浙蜀等地區刻本，大多爲單魚尾，少數爲雙魚尾，間有無魚尾，而以橫短綫將版心區分成若干格，通常以五格較多；建陽刻本則絶大部分爲雙魚尾，單魚尾極少；江西刻本雙魚尾多於單魚尾，亦間有無魚尾者；此外，宋版偶爾亦出現有三魚尾之罕例④。從現存的早期雕版印刷古籍來看，其中没有魚尾的情況不少，如北宋刻《長短經》無魚尾，故陳先行認爲：

> 幾乎所有南宋本都有魚尾，中晚期甚至出現黑口，魚尾與黑口雖有版面裝飾效果，但其直接作用是方便書葉以版心爲基準向外對折，亦就是説爲包背裝甚至綫裝所用，而蝴蝶裝因版心向内就没有這種實用需要。由此可以這樣講，雖然蝴蝶裝演變至包背裝或綫裝也會有過渡現象，即包背裝、綫裝的本子也會是白口，或蝴蝶裝的本子亦可能有魚尾，但早期蝴蝶裝的刻本版心應無魚尾，而這類本子當刻於北宋⑤。

這裏的推論前提是魚尾起爲對折綫功能，如果不需要對折就極有可能没有魚尾，因此，早期的蝴蝶裝版心應無魚尾，這類書則刻於北宋。這一觀點得到了學者的進一步考證支持，如劉明在考察北宋版存世古籍後得出結論，認爲："北宋時期刻書書口版式上是不同於南宋以降的版刻風格的，蒙元刻書由於繼承金刻而因襲北宋版的舊貌。這種書口特徵總結起來就是不刻魚尾，而是以短橫綫代替魚尾。所以説，書口是否有魚尾是鑒定北宋刻本或其翻刻本的一個重要

---

① 李致忠：《宋版書叙録》，北京圖書館出版社，1994年，第3頁。
② 陳先行：《宋版之魅力（上）》，《收藏家》2008年第11期，第58頁。
③ 陳堅、馬文大：《宋元版刻圖釋（一）》，學苑出版社，2000年，第209頁、285頁。
④ 李清志：《古書版本鑒定研究》，文史哲出版社，1986年，第107—108頁。
⑤ 陳先行：《打開金匱石室之門：古籍善本》，上海文藝出版社，2003年，第47頁。

依據①。"此一結論亦有例外者，如北宋本《重廣會史》一百卷，日本前田氏尊經閣藏，左右雙邊，半葉十五行，行字不等，上小黑魚尾，下橫綫②。又如上海圖書館藏南宋初年刻本《重雕足本鑒誠錄》十卷，此本版刻樣式之一是：除了版心的單魚尾之外，每則標題之字另起行，上加魚尾作識別字，該樣式于宋本中亦顯特殊，或徑據北宋本翻刻，而北宋本面貌即如此③。這部書的獨特處是版心及文内均有魚尾，此處所謂標題處之魚尾即前述四庫館臣所謂墨蓋（或墨蓋子）。一般情況下，魚尾下面是篇名、篇題，這可能是用於檢索的，也可能是裝訂時用於排序的，也可能是用於裝訂對折。因爲没有相關記載，我們其實已經很難確定其原有用途。但是魚尾不僅出現在書口位置，在文中書題的位置出現魚尾的情況也經常出現，似乎從一個側面證實了何遠景對魚尾源自簡牘編繩契口的説法。這種魚尾一般要比書口的魚尾更具視覺效果。這一版式起源於何時則待進一步考證。

（二）元刻本魚尾

就書籍版刻而言，元承宋制，以其厚實濃重的墨色和圓活流動的行筆在印刷史上作出了新的探索，在版式上，版心用大黑口、標題有陰文、加上墨蓋子、字體平整、筆劃重拙，是從南宋末期發展到元代才成爲主流④。但由於元刻本與宋刻本的繼承性，以元本爲宋本之事多有發生。就魚尾而言，元刻本魚尾多與宋刻類似，魚尾體積較小，或有橫綫；採用上面是黑魚尾，下面没有魚尾而是一道或者兩道橫綫的情況。當然，最明顯的變化是元刻本魚尾出現了較爲方正且面積較大的魚尾樣式，這種樣式在宋刻本中較爲罕見。上文提到的流綫型魚尾在元版中屬特例。元版書魚尾變化較多，魚尾與象鼻相連的情況較爲常見，偶爾也有三魚尾的情況，如元刻本《周易本義集成十二卷》⑤、元大德信州路儒學刻明嘉靖元年重修本《北史》等，流綫型的魚尾也開始出現，如元刻本《金史》。具體而言：元代不論何地刻本，大多爲雙魚尾；其中江浙所刻多逆魚尾，建本則多順魚尾；間亦有無魚尾，而代以橫綫將版心區分成五格者。又元版之魚尾刻在文内小題上之例，較宋版爲多，亦出現了刻有花紋之魚尾，即所謂的花魚尾⑥。

---

① 劉明：《略論被宋刻本的書口特徵及其鑒定》，《中國典籍与文化》2013年第3期，第61頁。
② 圖版見宿白：《唐宋時期的雕版印刷》，第21頁。
③ 上海圖書館：《上海圖書館藏宋本圖錄》，上海古籍出版社，2010年，第70頁。
④ 楊成凱：《元刻本的鑒賞和收藏（上）》，《紫禁城》2009年第3期，第121頁。
⑤ 中國國家圖書館、中國國家古籍保護中心：《第一批國家珍貴古籍名錄圖錄（一）》，國家圖書館出版社，2008年，第235頁。
⑥ 李清志：《古書版本鑒定研究》，第110頁。

（三）明刻本和清刻本魚尾

從目前研究來看，學者傾向于將明代的版刻分爲三個時期，從洪武至正德爲早期，嘉靖至萬曆爲中期，萬曆後爲晚期①。就魚尾而言：三個階段的區分並不是特別明顯，大體上明代初期大多爲雙魚尾，自中期後，單雙並行。從現存的明代典籍來看，此一時代的魚尾形狀更具裝飾性的藝術效果，特別是早期內府本的魚尾更具靈動性，頗爲可愛。

明代早期刻本中最具典型特徵的魚尾是流綫型的魚尾，不過即便是明代版刻中的仿宋刻本、影宋刻本，魚尾形制也往往有明代的特點，此爲鑒定某本爲明本非宋本的一個理據，詳下文鑒定例。另外別具特點的是明代中後期開始出現了綫魚尾、白魚尾。又從有版刻以來，皆爲黑色魚尾，或單或雙或多至三、四魚尾，但從未見僅刻魚尾之輪廓綫而挖除魚尾肉塊之白魚尾，從明弘治間碧云館活字印本《鶡冠子解》，可見已有白魚尾形式②，其後正德刻版亦見有白魚尾者，至嘉靖間刻有白魚尾者頗多（通常凡見有白魚尾，且印以白綿紙者，大半爲正嘉間刊本），萬曆、崇禎版仍有極少數白魚尾，清代白魚尾又罕見矣。這種白魚尾的常見樣式是上爲兩條橫綫，構成三角型魚尾形的斜綫爲一條綫，與之對應的是版心下方爲一條橫綫，如嘉靖刻本《詩外傳》十卷③、《爾雅》三卷（1538）④、《司馬文公稽古錄》二十卷（范氏天一閣刻本）⑤、《兩漢紀》六十卷（1548）⑥、《國語》二十一卷（1536年葉邦榮刻本）⑦ 等。較爲特殊的白魚尾是萬曆刻本中有一種雙綫型，上兩橫綫而斜向亦爲兩條綫，與之對應的是版心下方有兩道橫綫且爲白口，如明萬曆刻本《重刻唐荊川精選史記》（1584）⑧、《葛

---

① 詳見李致忠：《古書版本鑒定》，北京圖書館出版社，2007年；趙前：《明代版刻圖典》，文物出版社，2008年。
② 徐憶農認爲此書魚尾爲綫雙順魚尾（詳見徐憶農：《活字本》，江蘇古籍出版社，2002年，第102頁）。
③ 上海圖書館：《上海圖書館善本題跋真跡》（第2冊），上海辭書出版社，2014年，第160頁。
④ 上海圖書館：《上海圖書館善本題跋真跡》（第3冊），上海辭書出版社，2014年，第43頁。
⑤ 中國國家圖書館、中國國家古籍保護中心：《第四批國家珍貴古籍名錄圖錄》（第3冊），國家圖書館出版社，2014年，第28頁。
⑥ 同上書，第40頁。
⑦ 同上書，第59頁。
⑧ 趙前：《明代版刻圖典》，第291頁。

仙翁肘後備急方》八卷（1574）①、《太素脈要》二卷②、《疑耀》七卷③、《唐世説新語》十三卷（1603）④，等等。這種樣式的綫魚尾在明中晚期的其他刻本中亦有出現，如正德刻本《唐沈佺期詩集》（1518）⑤、隆慶刻本《太玄月令經》（1571）⑥。當然，從版刻數量來説，明中葉以後黑魚尾仍占着絶大多數⑦。另外，古籍中單魚尾與雙魚尾情況較多，兩個以上就較爲少見，像明天順五年（1461）鮑氏耕讀書堂刻本《天原發微五卷圖一卷篇目名義一卷》⑧一書有四個魚尾，崇禎十年車應魁所刻明金忠纂輯的《瑞世良英》五册，版心竟有六個魚尾，分成兩兩相向的三對⑨。

古籍版刻到清代基本上已經成爲固定格式，版式、字體等都愈發整齊。就魚尾形制而言，棱角分明的三角型成爲主流，内府本一般用黑魚尾，且在凹形魚尾内外均有一條綫，清代版刻之魚尾多爲兩個相對的直角三角形，如果是單魚尾的，一般在下面還有一條横綫。清代版式，單魚尾遠較雙魚尾爲多，白魚尾除活字本外未見其例⑩。不過，清雍正二年内府刻本《禦製律曆淵源一百卷》爲白魚尾⑪，明秦榛刻清雍正華希閔增刻本《容春堂後集》爲白魚尾⑫。清刻本的魚尾多爲兩個相連的直接三角形，其連接點一般是紙張的中間點，以此作爲頁的對折綫的確不無可能。

以上所論僅爲一般性論述，越往後的刻本，魚尾的形態越複雜，特別是有些製作精良的刻本，爲了達到所謂的古的效果，往往會對早期宋元刻本進行全方位的仿刻翻刻，打眼之下似乎與原本無甚差異。這樣，在版刻上就不能僅僅以視覺爲依據了。視覺依據，只能在有限的限度内發揮它的作用。

---

① 劉心明等：《子海珍本編圖録》，鳳凰出版社，2013年，第68頁。
② 同上書，第87頁。
③ 同上書，第232頁。
④ 劉心明等：《子海珍本編圖録》，第273頁。
⑤ 趙前：《明代版刻圖典》，第245頁。
⑥ 同上書，第150頁。
⑦ 李清志：《古書版本鑒定研究》，第111頁。
⑧ 中國國家圖書館、中國國家古籍保護中心：《第一批國家珍貴古籍名録圖録（七）》，國家圖書館出版社，2008年，第47頁。
⑨ 張秀民：《中國印刷史（插圖珍藏增訂版）》，韓琦增訂，第370頁。
⑩ 李清志：《古書版本鑒定研究》，第112頁。
⑪ 翁蓮溪：《清代内府刻書圖録》，北京出版社，2003年：第56頁。
⑫ 徐憶農：《活字本》，第26頁。

三、魚尾在古籍版本鑒定中的作用

　　古籍版本學是一門實學，關於版本的判定需要對版本的各種細節進行綜合性考量。探究細節，發現細微差異，都足以對版本的鑒定起到一定的助益。在這個前提下，需要對包括行款、版式、字體、魚尾等細節進行綜合性分析。在進行具體的版本鑒定過程中，往往是某些細節是不同版本或同一版本的重要證據。

　　筆者認爲，由於早期雕版印刷古籍存世量有限，以個別書籍推及當時所有書籍樣式存在一定風險。與此相反的是，明清時期的大量古籍經常無法斷定版本，或者以明爲宋，以明爲元，或者以翻刻爲原刻。與其冒着風險進行推論或者猜想，還不如考證那些被鑒定爲宋版的明版，也就是所謂的宋版贋品，考察這些書是以何種方式被人認爲是宋版的，以及又是通過什麼樣的證據證明這些書是贋品的，通過對這些證據的瞭解進而增強對於所謂贋品的判斷能力，同時也增強對原版的鑒賞能力，這也許就是版本鑒定的一個功能吧。那麼，在所謂的以明爲宋的經典案例中，魚尾是否能起到一定的參考作用呢？答案是肯定的。

　　如《六家文選》，明嘉靖二十八年吳郡袁褧嘉趣堂覆刻南宋廣都裴氏本，是最習見的被坊賈拿來僞充宋版的書①。《天祿琳琅後編》就將這個書定爲宋版，實際上是書賈將卷末之"皇明嘉靖壬寅四月立夏日吳郡袁氏兩庚草堂善本雕"木記剜去。此嘉靖本與宋刻原版極爲相似，但魚尾這個細節却截然不同，嘉靖本爲上雙綫下單綫，宋版則有小黑魚尾。

　　如《梁昭明太子文集》五卷，亦被收入《天祿琳琅後編》，且定爲宋版，實爲明嘉靖周滿刻本。此本書賈作僞手法亦是割去刻書者題跋，並將卷端校勘者由楊慎改爲魏徵。此書魚尾爲雙黑魚尾，且體積較大，並明顯呈現出綫條銳利的特徵。這種魚尾，在宋版書中較爲罕見，基本上是明代中後期開始才有的情況。如果在沒有可資比較的版本情況下，這個魚尾特徵則可以作爲論斷其非宋版的一個小細節。魚尾在古籍版本鑒定中可能有一點小小的助益。因爲它太不起眼了，所以一般人並不會太在意這個東西，不在意就意味着那些對原刻本進行翻刻、仿刻、覆刻、修版時很容易忽略它。易忽略的問題，也是我們值得注意的問題。程千帆認爲，包括魚尾在內的書口具有時代特徵，翻刻本在書口上往往有變化，人們便可以利用書口來從事版本鑒定工作②。當然，利用書口

---

① 昌彼得：《蟬庵論著全集》，第304頁。
② 程千帆：《程千帆全集（第一卷：校讎廣義·版本編）》，河北教育出版社，2000年，第251頁。

鑒定版本有兩點應加注意，一是書口雖具時代風格，但也有例外……要注意例外的現象；二是要謹防書估在書口上作僞①。不過鑒於魚尾太微不足道，作僞時很少會注意到它。

如明刻本《貞觀政要》，有成化元年內府刻本，十二年晉府本，還有一個不知道具體年代的蜀蕃本。這三個本子內容、版式基本上是一樣的，特別是晉府和蜀蕃的本子，都是覆刻內府本，相互之間差別不大，難以判定。魚尾在這裏可能就有一定的作用，因爲成化內府本有一個相當明顯的特徵，魚尾做的相當好看，是波浪形（流綫型）的冒泡式雙黑魚尾，其中上魚尾橫綫下面有個小圈，下魚尾橫綫上面也有一個小圈，而兩種藩府本子都沒有。那麼這種流綫型的魚尾是否只有明內府本才有呢？經初步查考明內府刻本，如《五倫書六十二卷》《聖學心法四卷》《孝順事實十卷》《古今列女傳三卷》《資治通鑒綱目五十九卷》《資治通鑒綱目集覽五十九卷》《歷代君鑒五十卷》《歷代名臣奏議三百五十卷》《大明一統志九十卷》《大明仁孝皇后勸善書二十卷》《大明集禮五十三卷》《明倫大典二十四卷》《性理大全書七十卷》，等等，魚尾形制基本上都是這種情況，當然不是每個都一模一樣，但大都是流綫型的黑魚尾。這種流綫型的魚尾在其他非內府的書籍中較爲少見，藩府翻刻內府諸書時內容不變，版式上有些變化，其中最爲顯著的就是魚尾已經不是流綫型，而是直綫型了。藩府在覆刻內府本時往往沒有標注覆刻，而是把內府本一應照舊，我們往往難以分清哪個是內府本，哪個是藩府覆刻本。以上諸書，如果我們注意到魚尾這個細節，基本上能分辨出哪個不是內府本。明代內府刊本的這種流綫型雙黑魚尾並且上下魚尾外均有一條細綫的魚尾樣式在其他版刻中較爲少見，不過元刻本中也多有這樣的流綫型魚尾，但沒有明刻本那樣有一個小圈，如《韻補五卷》《宋史四百九十卷》《金史一百三十五卷目錄二卷》②。後兩種現定爲元至正五年（1345）江浙等處行中書省刻本，前一種僅著錄爲元刻本，是否此書也爲此地刻則有待研究。另外明本《五經直解二十三卷》也爲這種流綫型魚尾，但爲雙順黑魚尾。清刻本中這種魚尾也相當少見，但清順治內府刻本《禦注孝經一卷》採用了這種形式的魚尾，且爲雙黑逆魚尾③。

如《呂氏春秋》二十六卷，明弘治十一年河南巡撫覆刊元嘉興路儒學本。此本原有"弘治十一年秋河南開封府許州重刊"木記。書估截取此牌記，以充元刻本。今僅以卷端書影觀之，元刻本與明刻本各不相同④。元刻本書口上記

---

① 程千帆：《程千帆全集（第一卷：校讎廣義·版本編）》，第252頁。
② 中國國家圖書館、中國國家古籍保護中心：《第一批國家珍貴古籍名錄圖錄（二）》，國家圖書館出版社，2008年，第116頁、164頁、165頁。
③ 翁蓮溪：《清代內府刻書圖錄》，第13頁。
④ 昌彼得：《蟫庵論著全集》，第323頁。

本葉字數，下記刻工，雙黑魚尾，體積較小，綫條不平整。明刻本書口上記本葉字數，下記刻工，雙黑魚尾，上魚尾下方有斜綫，並有小圈，下魚尾上方亦有斜綫。這種冒泡式魚尾在元刻本中極爲稀見，但明刻本中却爲常見。故在未有其他參考條件下，可先據魚尾作出非宋本初步判斷。

又如白魚尾與綫魚尾基本上是明後期刻本方才大量使用，特別是在活字本此類魚尾較多見，但它出現的時間不會太早，如有人認爲有白魚尾的某書爲明早期的本子，就值得我們細緻考察了。比如陸心源藏《吳越春秋》十卷，陸氏《儀顧堂題跋》卷四云其書爲元刻本。但此本實爲明覆宋刻本[1]，此本魚尾爲綫魚尾，從前文可知，此種形式魚尾非元刊。

魚尾在古籍版式中好像是一個無足輕重的符號，似乎對於古籍版本的判定沒有多大關係，雖然四庫館臣、葉德輝均曾記錄了魚尾，但僅僅是非書口的版式特征，葉德輝[2]甚至認爲魚尾、耳子之類的無關要義，錢存訓[3]在《中國紙和印刷文化史》一書中，也僅用了一句話"或有上下相對的兩個凹形尖角黑花，稱爲魚尾，凹形的尖頂處爲折綫的標準"。而我們在進行古籍著錄時，一般也只說明是單魚尾或雙魚尾，或者乾脆不著錄。

通過前文分析，我們注意到，在考察古籍版本時，魚尾也是一個值得注意的面向，不是一個可以完全忽略不計的細節，通過配合考察典籍的其他諸如版式、文字和內容等方面特徵，可以更好地判定一個本子的時代風貌；同時，考察魚尾的變遷情形，或者也能發現一些新的問題，引發我們的思考。當然，所謂魚尾考察僅僅是一個直觀觀察，並未深入到文本內容，遇到那種惟妙惟肖的翻刻本或者影印本，魚尾判定基本上就毫無意義了。魚尾在鑒定中的作用僅僅是屬於觀風望氣之一，如果熟知各朝格式，可以迅速對需要鑒定的版本進行一個初步的估計，在此基礎上進行細緻分析才能得出可靠的結論。本文從魚尾的爭議出發，在前人研究的基礎上，對歷代版刻中魚尾的典型特徵做了初步的探討，這一討論還非常粗糙，有待進一步考索。

向輝：國家圖書館館員　北京師範大學博士研究生

---

[1] 昌彼得：《蟬庵論著全集》，第324頁。
[2] 葉德輝：《書林清話》，第219頁。
[3] 錢存訓：《中國紙和印刷文化史》，廣西師範大學出版社，2004年，第206頁。

《版本目録學研究》（第七輯）徵稿啓事

《版本目録學研究》每輯設本輯專欄，以及典籍、目録、寫本、版本、校勘、活字与套印、版畫、收藏、人物、形制與裝潢、保護與修復、感言十二個長期欄目，舉凡版本目録學領域的考論文章，均所歡迎。

第七輯專欄爲"紀念趙萬里先生誕辰一百十周年"，歡迎研究趙萬里先生生平和學術的各類文章踴躍投稿。

第七輯計劃于2015年12月出版。論文具體要求如下：

1. 行文通順簡練，言之有物，論之有據，不襲舊説，不蹈空言。
2. 請發繁體字版（包括圖版説明），並請認真核對繁簡體字，認真核對引文。
3. 題目（包括英文題目）用4號字，宋黑體。
4. 姓名（包括英文名稱）用小4號字，宋體。
5. 内容提要用第三人稱寫法，用小4號字，宋黑體。
6. 關鍵詞3-5個，用小4號字，宋黑體。
7. 正文用5號字，宋體。
8. 正文層次序號爲一、（一）、1、（1），層次不宜過多。
9. 正文數字執行GB/T15835—1995《出版物上數字用法的規定》，夏曆、歷代紀年及月、日、古籍卷數、葉數等數字，作爲語素構成的定型詞、詞組、慣用語、縮略語、臨近兩數字並列連用的概略語等，用漢字數字。公元紀年及月、日、各種記數與計量等用阿拉伯數字。
10. 正文中儘量少用圖表，必須使用時，應簡潔明瞭，少占篇幅。
11. 主要參考文獻用小4號字，宋體。
12. 引用文獻隨文注釋，每頁單獨編號，編號用帶圈的阿拉伯數字，如①②③……注釋文字一律采用小5號宋體。
13. 文末請附作者簡介，包括姓名、出生年月、工作單位、職務、職稱、聯係地址、郵編、手機號碼、Email地址。用5號字，宋體。
姓名、單位、職稱將隨文刊出，聯係方式用於聯係和郵寄。
14. 入選論文作者，將在出版後，得到樣書1册、抽印本20册，並由出版社支付稿酬。
15. 每年投稿日期截止于10月31日。
16. 凡經審稿確定暫時不擬刊出的稿件，編輯部將儘快通知作者。凡未接到不擬刊出通知的稿件，皆在審校刊發之中。
17. 請將稿件以Email發至《版本目録學研究》編輯部。
　　　　張麗娟 zhanglijuanpku@126.com
　　　　劉薔　 roselau@tsinghua.edu.cn
歡迎積極投稿。

Contents（英文目録）

Bibliographical Studies of Traditional Chinese texts, No. 6

Classics

1 An analysis on textual criticism of Zhou Yi Jiang Yi He Can (Assembled Commentaries on Classic of Changes)

Zhuang Minjing

2 Emendation, annotation, supplement and correction to Shi Kao (Research on Poems) by scholars in period of Qianlong and Jiaqing

Ma Xin

3 History significance of Shi Yi Ji Shuo (Collected Notes on Poems) by Sun Ding

Chen Yiling

4 Brief study on compilation and circulation of Huo Ren Shi Zheng Fang (Collected Prescriptions and the Case Histories) and Huo Ren Shi Zheng Fang Hou Ji (Continued Collected Prescriptions and the Case Histories)

Chen Xiaolan

5 Gu Jin He Bi Shi Lei Bei Yao (Full Essentials of Affairs Ancient and Modern): based on civil section

Li Geng

6 A brief description of You Huo Zhai Wen Ji (Chen Daoping's Works) collated by Cheng Jiaying in Central China Normal University Library, with a brief biography of Chen Daoping

Chen Dongdong

Bibliography

7 A study on the emendation value of " Zhizhai Content Explanation" collected by Song Lanhui

Zhu Tianzhu

8 Record of survived transcribed copies from Mao's Jiguge

Fan Changyuan

9 A textual research on some abstracts received in the Preliminary Catalogue of the Si Ku Quan Shu for Imperial presentation which hadn't been included into the General Catalogue of the Si Ku Quan Shu

Jiang Qingbai

10 The Study on the influence of Tianlu Linlang Shumu on later catalogues of editions

Liu Qiang

11 The collections and explanations of postscripts of rare books of Xiaoshan Wangs´shi wan juan lou (One Hundred Thousand Volumes Building) in Nanjing Library

Chen Shiyi

12 An initial exploration of the document value of Tian Yu Zhai Cang Shu Ji (Book Collecting of Tianyuzhai)

Wang Tianran

13 Studies on the hand - postscripts in the bibliography by Weng Xincun and Weng Tonghe

Hou Yinguo

Edition

14 Notes on the early nine woodblock editions of Sutra

Fang Guangchang

15 Afterword to the photocopied edition of Li Ji Zheng Yi (Rectification of Meanings of the Book of Rites), 8 - column edition carved at Shaoxing in the Southern Song Dynasty

Classic and Cultural Work Section of Peking University Press

16 A study on Zhuang zi (The Book of Master Zhuang) annotated by Guo printed in Song Dynasty

Ma Hongyan

17 Study on edition of the Wan Guo Gong Fa (the Elements of International Law)
——Chinese classics Spread to Japan and Returned to China from Japan in late Qing

Kuo Mingfang

18 A textual study of Han Hai (Seas of Book) compliled by Li Tiaoyuan and its printing

Wang Yongbo

19 On editions printed in Guangzhou in cataloging for Chinese ancient books in the library

Yao Boyue

Collation

20 A study on the textual criticism value of Fu Ben Li Ji Zheng Zhu Kao Yi (Textual Collation of Zheng's Explanation on Books of Rites, printed in Fuzhou)
Li Ke

Movable Type Edition

21 To intensify to study and to summarize the method of eye test for appraisal of ancient books: based on movable type edition
Liu Xiangdong

Collection

22 Preface to Two Enlarged Bibliographies for Chinese Ancient Books in the East Asian Library, Princeton University
Tai – Loi Ma

23 On multiple values of court exhibited archives in the Forbidden city
Zhu Saihong

24 Collected comments on Bibliography of Tieqintongjianlou (Iron Guitar and Bronze Sword Pavilion) in Wang Yinjia's collection
Li Jun

25 Records of book transcribing and collection from Zhou Dafu's Gefengcaotang (Dove and Peak Cottage)
Zheng Weizhang

26 A supplement to the catalog of works by the people of Qing Dynasty in the former collection from Sun's Lanzhiguan of Jining
Kang Dongmei, Cheng Rentao

27 Anecdotes about four manuscripts by the couple Sun Yuxiu and Gu Xizhao
Wei Li

People

28 Works and printing bookds by Zhao Zhiqian
Li Mi

29 On letters from Chen Jieqi to Wu Dacheng from the collection of Xiaomangcangcang Studio
Ma Nan

30 A study on a letter by Zhu Ziqing

Fang Tao

Format

Editor's note

31 Style of ban-kuang (the margin): a history of description and record for it

Shi Xiang

32 The fishtail of Chinese traditional book format and its role in ancient version identification

Xiang Hui